胡适留学日记

汇校本

曹伯言　曹杨　汇校

上海书店出版社

1914 年在美国康奈尔大学读书时的胡适

胡适在哥伦比亚大学校园

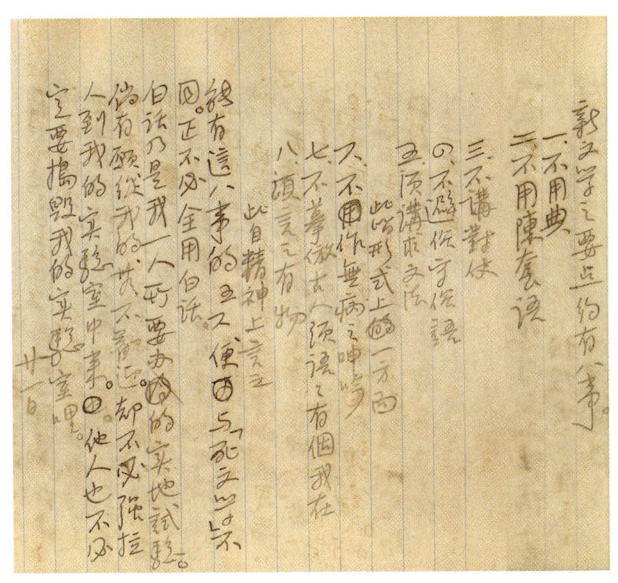
新文学之要点约有八事。
一、不用典。
二、不用陳套語
三、不講對仗
四、不避俗字俗語
五、須講求文法
此皆形式上之一方面
六、不作無病之呻吟
七、不摹倣古人，須語語有個我在
八、須言之有物
此皆精神上言之
能有這八事的五六，便與死文学不同。正不必全用白話。白話乃是我一人所要的實地試驗。倘有願從我的，我不敢謝。却不必強拉人到我的實驗室中來。他人也不必定要搗毀我的實驗室哩。
廿一日

《胡适留学日记》手稿一页："文学改良八主张"

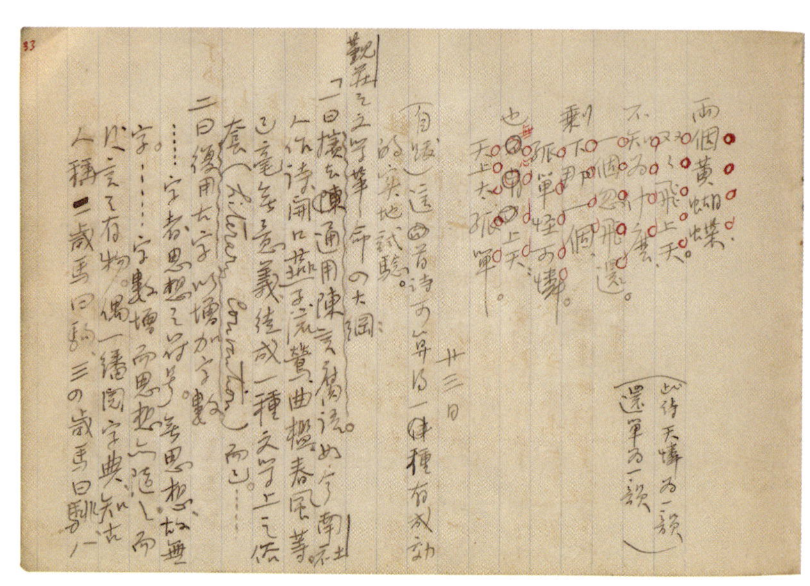

《胡适留学日记》手稿一页：白话诗《蝴蝶》

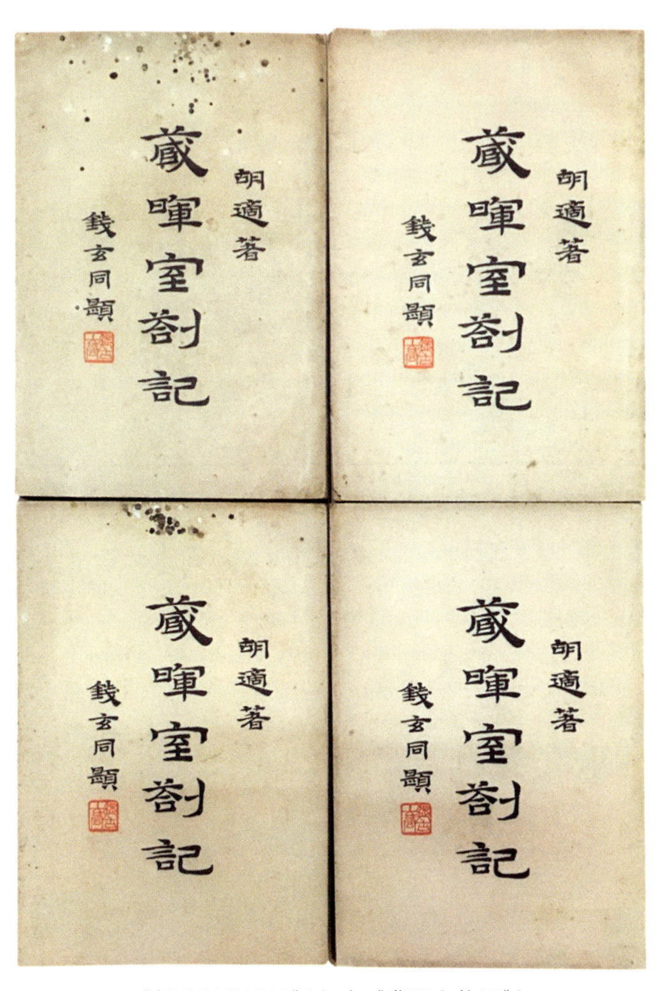

《胡适留学日记》(初名《藏晖室札记》)
1939年4月亚东图书馆版

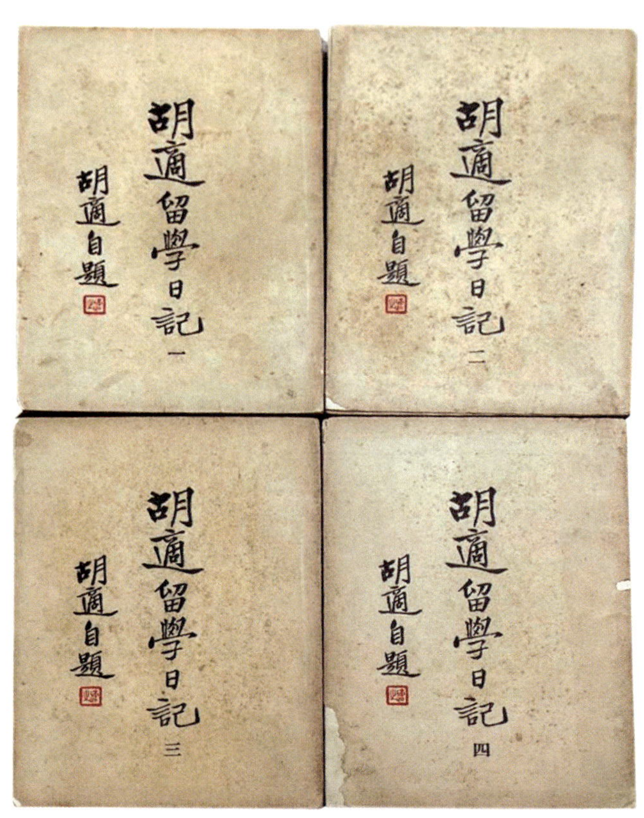

《胡适留学日记》
1947 年 11 月商务印书馆版

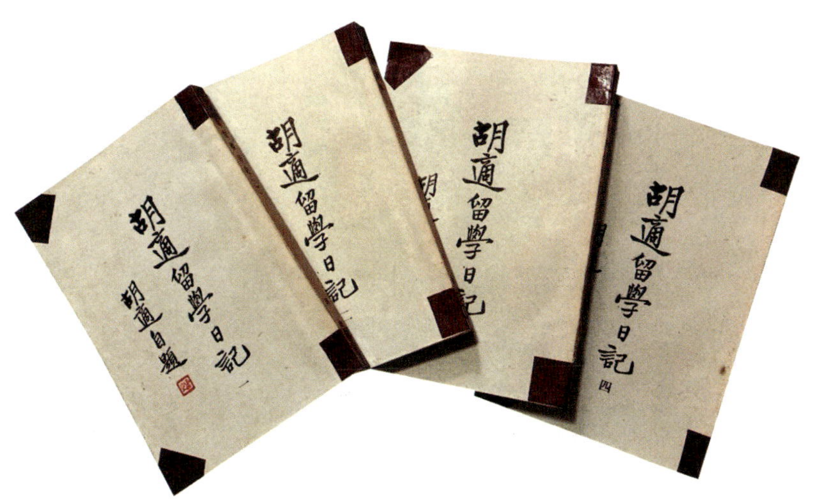

《胡适留学日记》
1959 年台北商务印书馆版

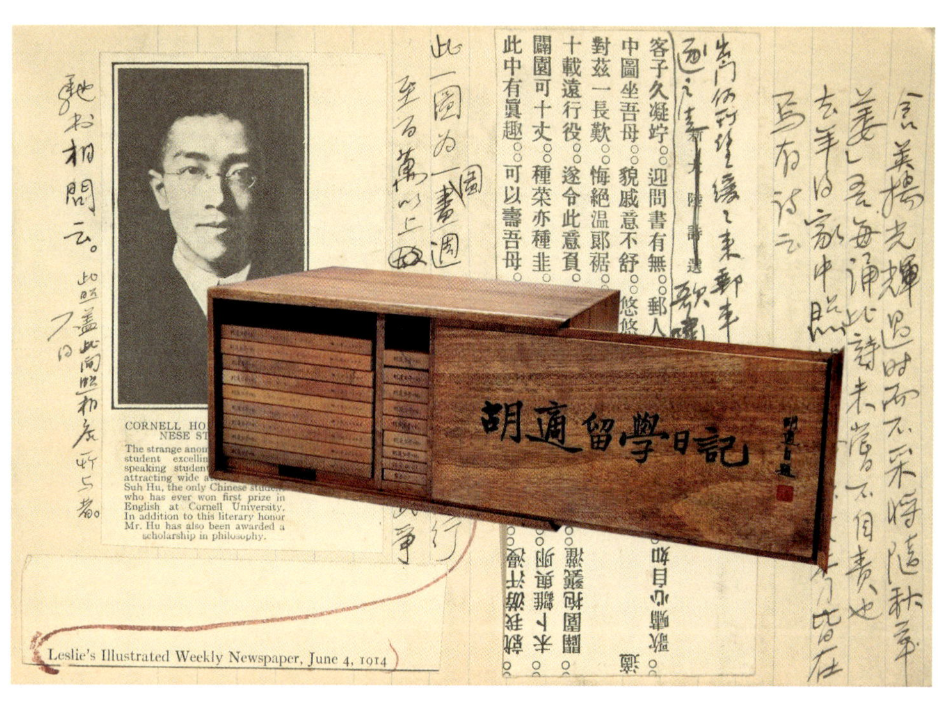

《胡适留学日记》手稿本
2015 年上海人民出版社版

序

曹伯言先生以九十岁高龄偕同他的长公子曹杨一起，于最近完成了《胡适留学日记》的汇校工作，真是可喜，可贺，可敬，可佩！

我同曹伯言先生因研究胡适而结识，从1992年到现在，已经三十多年了。我们就是从1992年开始着手筹备编辑出版《胡适全集》的工作。伯言先生主动提出，他愿意承担胡适日记的整理和编辑工作。他很出色地完成了他的工作。在此基础上，他为台北联经出版公司校勘整理的《胡适日记全集》，现在成了被征引次数最多的胡适作品之一。1995年，我们决定在上海举办第四次胡适研讨会，因得到伯言先生的鼎力相助，这次由华东师范大学历史系承办的会议，非常圆满成功。伯言先生对于推动胡适研究的进步和发展，作出了重要的贡献。

《胡适留学日记》1916年12月由胡适的朋友许怡荪用《藏晖室札记》的题名送登《新青年》杂志，后来1939年、1947年先后由亚东图书馆和商务印书馆整部出版。我个人拥有的第一部胡适的作品，也恰好是1947年商务版的《胡适留学日记》。胡适先生有一句非常浅显，其意义却极其深刻的名言："要那么收获，先那么栽。"留美七年的学习生活，是胡适整个人生的准备时期，他准备得十分充分，所以他的一生也就活得异常充实而多彩。

伯言先生先后两次整理校勘胡适先生的日记，而这次汇校《胡适留学日记》，已是对此书第三次校勘了。

校勘工作是一件极须艰苦、耐心和细心的工作。中国历史悠久，古籍文献繁富，因流传久远，发生毁损、错讹、混淆的情况甚多，有些古籍甚至变得"不可理董""不可卒读"。为了恢复原典的真相，所以整理校勘古籍，成为许多第一流学者的重要工作。例如著名的《水经注》，就是经过明代，特别是清代学者的校勘，才成为一部可读可用之书。回想三十多年前，著名的地质学家黄汲清老先生有一次来信说，他偶读《论语·先进》，其中说道："莫春者，春服既成。冠者五六人，童子六七人，浴乎沂，风乎舞雩，咏而归。"老先生说，从地图上看，沂水离曲阜有百余里之遥，他们何能当日去当日归？我查看一下地图，也有同感。于是，我想也许是沂水历时两千多年，发生过改道的情况。于是我查《水经注》一书，该书卷二十五《泗水、沂水、洙水篇》说："夫子教于洙、泗之间，今于城北二水之中，即夫子领徒之所也。《从征记》曰：'洙、泗二水交于鲁城东北十七里，阙里背洙面泗。'"这句话是说，当年孔子师生所在之地，在故城东北十七里左近之地。该书又说："泗水自城北南迳鲁城西南合沂水。沂水出鲁城东南尼丘山西北……平地发泉，流迳鲁县故城南。”这里只说沂水流经故城南，而未说沂水离城多远。按《水经注》行文，未说明距离里数，即为近乎零距离。由此说来，孔子和他的学生教读之地，距离沂水应不超过二十里远。这样的话，他们当日出游，当日回归，是不会有问题的。我当时大概就是这样复信给黄老先生的。但后来查明，沂水并无改道，如今曲阜城边修起沂河公园。沂水本来就在曲阜城边流过。当年孔子及其弟子去沂水洗浴，不过就相当于进一趟县城而已。如今，黄老先生在地下长眠多年，已不能与老先生细说此事。都怪我们当年所查看的地图，可能因是“文革”时期所刊印者，很不准确，以致造此乌龙。

我提起这件事，就是想说明，像《水经注》这样的“一大奇书”，是因得明清两代学者，特别是清代最杰出的三位校勘学者（全祖望、赵一清、戴震）的努力才成为一部可读可用之书。连我这样于历史地理学绝对外行的人，也能用此书解决一些问题。这完全是拜前贤校勘之功所赐。前人有说“翻译之功不在禹下”；我觉得，校勘之功，也不在禹下。

《胡适留学日记》是近人之作，语言文字与当下习用者不存在大的差别，流传的版本也不过数种，自不能与古籍相比。但是这部汇校本的《胡适留学日记》，曹伯言先生父子是下了绝大的功夫，他们一段一段、一句一句、一字一字地比勘各本，发现差异，分别出注，加以说明。他们在这次汇校过程中发现原手稿本与亚东排印本有许多不曾被注意到的差别。例如，因原手稿有语焉不详的地方，排印本有时会添加文字。这些添加的文字有的竟多达

200 字，即使有些是原编辑所加，也是经过胡适本人审读后给予认定的。这些添加的文字，对于理解原稿的内容很重要。不仅如此，《胡适留学日记》手稿中的大量插图和照片，其中有些在亚东出版排印本时，就曾弃用一些。经过仔细斟酌，曹先生父子决定全部予以恢复。部分从手稿中恢复的剪报，为不影响原排印本的流畅可读，伯言先生父子把它们分别编号置于该卷之末，这种处理办法是很妥当的。还要特别指出，原手稿中各卷正文之前或之后，往往有些胡适的随手杂记。这是各种排印本都一概弃用的，现在在汇校本中都以影印的方式呈现。这些随手杂记，现在看来也许意义不大，但随着有关胡适的资料不断深入发掘，或许这些随手杂记到某个时候会意外地显现出某种意义来。

总之，这部汇校后的《胡适留学日记》，是迄今最为完整的印本。一书在手，有关原稿和各种版本的情况，皆一一呈现，给读者和研究者以极大的便利。所以，我们能够读到《胡适留学日记》的汇校本，应当深深致谢曹伯言和曹杨两位先生。

耿云志

2024 年 1 月 17 日于北京泰康之家燕园

《胡适留学日记》汇校说明

一、日记价值与版本流变

胡适早年考取庚子赔款第二期资助，于1910年至1917年留学美国康奈尔大学和哥伦比亚大学。胡适能在回国短短几年间脱颖而出，“暴得大名”，与这七年的留学经历有着极大的关系，这是他“一生思想事业的准备期”。而他留学期间所记十七册四十多万字的日记和札记，则详细记录了他留学期间的所思所想及求学、生活、交游的情形，真实而准确地反映了他的留学生活。在1939年亚东版的《自序》中，胡适称这些留学日记为“自言自语的思想手稿”(thinking aloud)，并说：“这几十万字是绝好的自传。这十七卷写的是一个中国青年学生五七年的私人生活、内心生活、思想演变的赤裸裸的历史。”故这些日记不仅是其传记的第一手材料，也是研究这位一代学人的可靠史料，对了解胡适的思想成长和事业的发展极其重要。同时，它不仅是胡适个人成长的心灵史，也是了解近代中国留学生史的极好途径。

《胡适留学日记》最初是由其好友许怡荪摘抄推荐给了《新青年》杂志。因此从1916年12月1日的第二卷第四号直到1918年9月15日的第五卷第三号，《新青年》一共连载了11期，前后历时近两年。

《胡适留学日记》最初于1939年由上海亚东图书馆以《藏晖室札记》为名，整理排印出版。胡适“主张以原稿有几册就分几卷”，故日记共分为17卷，编为4册。亚东的编辑，也是胡适的多年好友章希吕于1933年专程赴北平，住在胡适家中，对日记手稿做了认真细致、卓有成效的编辑整理工作，得到了胡适的充分认可和高度评价。

1947年11月，胡适将日记移至商务印书馆出版，并修改书名为《胡适留学日记》。在《重印自序》中，他对此作了说明：“我同亚东图书馆商量，请他们把全书的纸版和发行权让给商务印书馆。这件事现在办好了，这十七卷日记就由商务印书馆重印发行了。”由此可知，商务印书馆1947年版本是根据亚东图书馆1939年版的纸型重印。

1957年，胡适又改正了日记中的几个错误，即交台北商务印书馆出版。

此后多年来，先后有海南出版社（1994年）、安徽教育出版社（1999年）、湖南岳麓书社（2000年）、同心出版社（2012年）、上海三联书店（2014年）、上海科技文献出版社（2014年）等多家出版社影印或排印出版《胡适留学日记》。但《藏晖室札记》所开创的体例，一直被沿用至今。

2013年，失落多年的《胡适留学日记》手稿重现于世，堪称21世纪以来胡适研究史料发掘方面最重大的发现（一同现世的还有胡适1917年学成归国后所著《北京杂记》和《归娶记》的手稿，从未公开出版，尤为珍贵）。2015年8月，上海人民出版社以仿真影印的形式将这批珍贵的文献飨诸社会，不仅为胡适研究提供了极其珍贵的第一手资料，也为《胡适留学日记》的汇校工作提供了前提和可能。

二、版本差异与汇校凡例

《胡适留学日记》由上海亚东图书馆首次整理出版前，亚东专门派出骨干编辑，同时也是胡适的多年好友章希吕于1933年11月赴北平，住在胡适家中，对日记手稿进行整理校勘，做了十分细致的工作，直至1934年7月才结束，前后历时8个月。具体工作包括日记整体架构的确定，文字内容的整理校勘，剪报和图片的增删以及增补图注文字等。章希吕还从第三卷开始，开创性地为每篇日记起了小标题（还提出了拟定小标题的三原则），并将胡适原标注于每篇日记后的写作日期前移至小标题后，同时为全书新增了目录，便于读者检索，这一系列专业而细致的编辑工作大大增强了本书的实用性。他每整理完几卷，便寄回上海，由亚东的另一位骨干编辑余昌之负责排印和“末校”。

对日记的校勘整理工作，胡适是放心放手让章希吕、余昌之去做的，他自己先后审阅过两次。第一次是章希吕每整理并抄好一卷，即交胡适审定。对手稿内容的增删及修改等，当是此时所为。第二次是审阅末校样。在这一时期章希吕致余昌之的信中，他多次关照后者，将每卷的末校样校好，“在未打纸版之前，都寄来交适兄一阅……此事虽费事，但于书的本质定可格外好点”。

为排印清楚起见，章希吕甚至从第五卷下半部分开始，将手稿重新誊抄了一遍，一边抄一边整理。其认真细致的工作得到了胡适的充分肯定和高度评价，他在《自序》中特地说道：“整理这一大批札记的工作，我的朋友章希吕用力最多最勤（札记的分条题目，差不多全是希吕拟的），我要特别致谢。”

因手稿遗失多年，几十年来，世人所见均为排印本，故其内容的完整性、准确性，与手稿本存在哪些方面的差异，差异有多大，等等，多年来一直无从校勘考证。本次汇校，以上海亚东图书馆 1939 年版《藏晖室札记》（以下简称“亚东本”）为底本，以上海人民出版社 2015 年版《胡适留学日记》手稿本（以下简称“手稿本”）为对校本，以上海商务印书馆 1947 年版《胡适留学日记》（以下简称“上海商务本”）、台北商务印书馆 1959 年版《胡适留学日记》（以下简称“台北商务本”）为参校本。这是《胡适留学日记》出版八十多年来第一次全面、系统、规范的校勘。

汇校以客观展示差异，真实再现原貌为原则，严格对照校雠，凡遇差异之处，皆出注说明。同时本着“应收尽收”的原则，对手稿本中的中外文剪报、图片乃至卷首卷末的零散杂记等，均以影印方式悉数补入，故相比现有的通行版本，不仅图文内容大为丰富，手稿原貌真实再现，更使读者第一次得见亚东本与手稿本之间的诸多差异，为进一步的研究提供了真实客观的基础材料，胡适先生欲使其日记图文并茂的愿望也在百年之后得以完整实现。

据汇校所见，亚东本与手稿本的差异，除了标题、目录等显而易见的差异外，主要体现在文字、剪报、图片这三个方面。因为这些方面也正是汇校整理的重点所在，一并陈述会更有针对性，行文也更顺，所以我们就将差异和汇校凡例一并叙述如下。

（一）文字

胡适一生重视写日记，但他的日记常在匆忙中写成，不少地方写得比较简单，不能充分反映当时的实际情况和所思所想。留学日记自然也是如此。另外，回望自己多年前的日记，有所欠缺是自然的，故他在整理出版时的增删修改及补注说明等也是自然的了。例如：

1. 1911 年 2 月 15 日的日记中，有一则记载仅十个字："无忘威尔逊教授之讲演。"对于这条记载，大概除了胡适自己以及和他同时听课的同学外，其他人看了都不知所云，所以在整理原稿时，胡适在其下加了一条近 200 字的"补记"。

2. 1911 年 6 月，胡适参加中国基督教学生夏令营，一时为耶教经师和信徒的说教所感动，在一次夜间聚会中，他起立，自称"愿为耶稣信徒"。后来整理原稿时，他觉得"这册日记太简略"，于是不仅特意找出当年给章希吕和许怡荪的信，附在此条日记后，让人能知道这件事的全过程。更再加"追记"，表示对当年耶教经师和信徒用"感情的"手段来捉人的"把戏"的"深恨"，并认为这"是一件个人历史的好材料"。

3. 1916 年 7 月下旬，胡适特地用白话做了一首长诗，批驳梅觐庄反对用白话作诗作文，使他和一些朋友本就存在的文言和白话之争更加尖锐激烈。他将双方针锋相对的来往信件、摘要记入当时的日记，但因太匆忙，很难周全。1933 年整理原稿时，他在摘录梅觐庄来信的相关段落时，依照原信又作了不少重要补充，真实完整地再现了两人在观点上的尖锐对立和梅的冷嘲热讽。同时，他还将日记中原有的致任叔永的信件摘录换成了全文，让读者可以从中体会到他当年的真实思想和心情。

类似情况，日记中颇多。

对文字方面的汇校，约定凡例如下：

1. 改繁体直排和旧式标点为简体横排和新式标点。原文未点断者，酌情点断。凡亚东本与手稿本有不同者，均于当页出注说明。凡手稿本中的文字，有亚东本未收者，也一律当页出注说明。

2. 亚东本中有少量胡适对引文的注释是夹排在引文中的。为方便阅读，我们将其中一些过长的注释移为页下注，并注明“胡适原注”。此类情况多见于诗词引文。

（二）剪报

《胡适留学日记》手稿本的一大特点，便是胡适在其中黏附了大量的中外文剪报和图片。胡适对此十分热衷，他在 1914 年 7 月 5 日的日记中写道：“吾近所作札记，颇多以图画衬写之，印证之，于吾国札记中盖此为创见云。”得意之情溢于言表。而对于今天的读者来说，的确也是益处多多，剪报不仅是文字的“衬写”和“印证”，为研究者提供了大量真实可信的史料，为探寻胡适的思想形成的轨迹提供了路标，也使普通读者有身临其境的真实感。据粗略统计，手稿本共附剪报近百则，绝大多数是英文，小部分是中文，还有一则日文剪报。所涉内容十分博杂，甚至有两则禁酒广告的剪报，大概也因其文字诙谐幽默，被作者附在了日记中。当然，大部分剪报为胡适所关注的重要时政消息和社会新闻，及他参加各种社会活动、演讲和得奖的消息或报道。亚东本完整收入约 44 则，节选重要段落或结语的近 10 则，其余的或因字迹模糊，或因文字太长，同时还考虑到当时亚东的外文排版和制版有难处，皆被删。虽被删，但其中的要点或中心大意，大都在日记中有摘录。收入亚东版的英文剪报，有不少的要点或段落被翻译成中文，其中一些可能是章希吕根据一般读者的需要所做的。

手稿本中所附中文剪报虽不多，但史料价值很高，只是有时这些剪报的编校质量有问题。如有一条记“宋教仁被刺案中之秘密证据”，文前胡适说：“偶检故纸，得宋教仁被刺案内应夔丞家中所搜得之证据若干件。念此案今已以不了了之，他日青史终有公论，吾故以此诸件黏于左方。”这些证据，当时国内各大报多有刊载。胡适所附的是 1913 年 4 月 27 日上海《大共和日报》，共四十三件。章希吕整理时，“疑心有多处错误，但适兄事既忙，虽经他看过一遍，也非查报不能解决”。他认为上海《申报》“较靠得住”，就函请余昌之去查阅民国二年三四月间的《申报》。果然，与《申报》对照，《大共和日报》所载的四十三件有许多错误和缺漏，其中一件中便有六七处错误。

针对日记剪报部分的情况，汇校约定凡例如下：

1. 中文剪报

（1）如亚东本已逐字逐句排入，内容与手稿本完全一致，则不再收录；

（2）如亚东本未排入，但已有剪报的内容简介或摘要，为体现其完整性，仍采纳全文，并于当页出注，每卷需增补的剪报以影印形式作为附录集中呈现于每卷末；

（3）如亚东本未排入，也无剪报内容简介或摘要，于当页出注，剪报以影印形式作为附录集中呈现于每卷末。

2. 外文剪报

（1）如亚东本已逐字逐句排入，内容与手稿本完全一致，则不再收录；

（2）如亚东本未排入，但已有剪报的内容简介或摘要的中译，为体现其完整性，仍采纳全文，并于当页出注，每卷需增补的剪报以影印形式作为附录集中呈现于每卷末；

（3）如亚东本未排入，也无剪报内容简介或摘要，于当页出注，剪报以影印形式作为附录集中呈现于每卷末。

将每卷增补的剪报集中呈现于卷末，主要是为避免过多剪报的插入使日记正文时常被隔断，影响阅读，同时也并非每件剪报的内容都与日记正文关系密切，读者可按需选择阅读。

（三）图片

据统计，手稿本共应有图 242 幅，实存 163 幅，缺失 79 幅。亚东本实收图 110 幅，未收图 134 幅，共计 244 幅。亚东本两者之和应与手稿一致，现有 2 幅的差距，应为当年整理出版时的增减所致。手稿本中的缺空，多为当年取出制版后未能及时归位及以后的年久脱落散失所致。亚东本中的缺空，则是当年整理出版时，出于各种原因，包括因当时的排版校对技术所限，胡适“答应照片可删的尽量删去”。但亚东本出版时，对图片也有少量的增补，这就造成了亚东本与手稿本在图片数量上的不一致和互有缺漏。

汇校对亚东本和手稿本的图片作了细致的校勘比对，本着“应收尽收”的原则，凡手稿本中有图片而亚东本未收者，一律收录，置其于原所在手稿本位置，并出注说明。凡亚东本中有图片而手稿本未收或两本皆未收的，也于当页出注说明。

1934年3月，章希吕在给余昌之的信中曾说：“照片适兄坚持插入书中，汇印一处不好。我现在抄了几册，也觉得有些照片确非印与文字相连处不可。”因此，我们将补入的图片插入正文，而非集中于每卷末附录，既是尊重胡适原意和手稿本原貌，同时方便读者参照阅读，另也可避免附录过于臃肿。

关于汇校，还有几点说明如下：

1. 当年整理出版亚东本时，曾对手稿本中的个别文字、剪报或图片作了删除，当然这些删除都是由作者本人所为或是经过了他的审定的。凡遇此，汇校均出注说明，并尽力对删除的内容予以恢复，以还其真实原貌。如有些被删除文字难以识别，则将其整体影印，以图片形式插入原所在手稿本位置，并出注说明。

2. 胡适在每则日记后都标明了日期，但他有时会在同一则日记中记录多件事或多条札记。为方便读者阅读和检索，章希吕在编辑整理时将不同主题的内容分拆单列，并另拟标题、加注日期。如此亚东本便有不同于手稿本的相同日期的多则日记并存的情况，谨此说明。

3. 汇校时发现，在几卷手稿本的起始或卷末，尚有一些胡适随手记录的日常开销账单、通信记录、友朋往来、杂事备忘等。可能是因为较为杂乱和零散细碎，当年整理出版亚东本时一概未收，此后迄今的所有版本自然也是付之阙如。此次汇校，本着“应收尽收”的原则，同时鉴于其中一些文字较难辨认，故均以影印形式补于原所在手稿本位置，并出注说明。这部分内容为首次面世，经初步检视，有些内容尚有一定价值，可供研究之用。

4. 2013 年与手稿本一同发现的胡适回国后所记《北京杂记》和《归娶记》，当时章希吕曾建议一并收入，列为第十八、十九卷，但胡适认为不妥。章在 1933 年给汪原放的信中写道：“这两卷他不愿意加入，我亦不好坚持。他以札记到《归国记》止作一结束较好。回国以后所记将来另行编印。”可惜后来不仅未能“另行编印”，这两册的原件也不知所踪多年，直至 2013 年重见天日。考虑这两册虽为其回国后所记，但与留学日记在写作时间、体例、载体上均有相当自然的延续性，故作为附录置于留学日记之后。

5. 因手稿本缺少第一卷，故该卷无从校勘，仍同亚东本第一卷，特此说明。

汇校不仅要耐得住青灯孤影的寂寞，更离不开各位同仁友朋的鼎力相助。值本书出版之际，我们要向为本书工作提供帮助的各方人士致以诚挚的谢意，尤其要感谢为校勘中的英文手迹识别提供帮助的朱子仪先生，感谢严谨认真、一丝不苟的责编徐矜婧，更要感谢一直关心本书出版，并欣然作序的著名学者、胡适研究权威耿云志先生。

因《胡适留学日记》著于20世纪初，初版于20世纪30年代，故一些文字及标点使用存在与现今通用规范相违之处。为完整体现本书的文献价值和时代特色，汇校时对于此类问题均未作改动，只改正明显的排印错误。书中所涉译名，有些与现今通用译名不符，也均保留原文，不作改动和统一。

汇校本旨在校勘手稿本与排印本的异同，为广大读者及相关研究者提供一个客观真实的基础范本，以供他们作进一步的深入研究。但因手稿本所含内容较为庞杂，间有中外文剪报、图片等多项内容，且当年整理出版时又经编辑及作者的多处修改及增删，情况较为复杂。汇校中，一些校勘体例较难在全书一以贯之。个别只能一事一例，个案处理。因此，尽管汇校者已尽力做到汇校的规范和统一，但仍不免有所错漏，还请读者不吝指教，便于我们及时纠正。

2024年4月28日

目　录[1]

一

《胡适留学日记》台北版自记　001

重印自序　001

自序　001

卷一

（一九一一年一月卅日——一九一一年十月卅日）　001

日记　003

卷二

（一九一二年九月廿五日——一九一二年十二月廿八日）　067

日记　069

卷二附录　117

卷三

（一九一三年四月——一九一四年二月廿八日）　119

[1]　此“目录”，手稿本无，为章希吕在编辑整理时所建。胡适在《藏晖室札记·自序》中说：“整理这一大批札记的工作，我的朋友章希吕用力最多最勤（札记的分条题目，差不多全是希吕拟的），我要特别致谢。”根据本次汇校工作，也为方便读者阅读，我们对目录作了一些补充，一是为每卷增加了起讫时间；二是在每卷后增加了附录；三是在目录末列入了新增的两卷。

一、国家与世界 122
二、道德观念之变迁 122
三、第一次主议事席 124
四、“博学铁匠”巴立特 124
五、杂志之有益 125
六、中国似中古欧洲？ 125
七、“希望所在，生命存焉” 125
八、读 Synge 短剧 126
九、读《嘉富尔传》 126
一〇、胡彬夏女士 127
一一、苦学生 127
一二、读 *The Inside of the Cup* 说部 128
一三、西文诗歌甚少全篇一韵 128
一四、论纽约省长色尔曳被劾去位 128
一五、五十年来黑人之进步 130
一六、《论语》译本 131
一七、假期中之消遣 131
一八、耶稣诞日诗 132
一九、托尔斯泰临终时事 133
二〇、吾国女子所处地位高于西方女子 134
二一、灯谜三则 135
二二、叔永岁莫杂感诗 135
二三、大雪放歌和叔永 136

二四、孔教问题　137
二五、康南耳大学费用　139
二六、非驴非马之大总统命令　140
二七、伦敦一块地三百六十年中增价四千倍　141
二八、湘省一年之留学费　142
二九、友人劝戒吸纸烟　142
三〇、但怒刚死事情形　143
三一、鲍希参夭折　144
三二、今日吾国急需之三术　144
三三、我之自省　144
三四、我所关心之问题　145
三五、演说吾国婚制　145
三六、美国各大学之体育运动费　146
三七、“宗教之比较研究”讲演　146
三八、壁上格言　147
三九、借一千，还十万　148
四〇、久雪后大风寒甚作歌　150
四一、乐观主义　151
四二、裴伦《哀希腊歌》　152
四三、记白里而之社会名剧《梅毒》　162
四四、绮色佳城公民议会旁听记　164
四五、郊天祀孔　167
四六、一种实地试验之国文教授法　167

四七、《说文》有许多字不满人意　168

四八、英国布商之言　168

四九、宋教仁被刺案中之秘密证据　168

五〇、应桂馨死矣　185

五一、死矣赵秉钧　185

五二、杂组三则　186

五三、美国有色人种之大官　187

卷三附录　189

卷四

（一九一四年三月十二日——一九一四年七月七日）　209

一、养家　211

二、母之爱　211

三、言字　211

四、Fred Robinson 君之慷慨　212

五、雪消记所见并杨任二君和诗　212

六、学生会之哲学教育群学委员会　212

七、西人研究中国学问之心得　213

八、入春又雪因和前诗　213

九、请得毕业助学金　214

一〇、美国禁酒　214

一一、得卜朗吟征文奖金　214

一二、初次作临时演说　215

一三、赵元任、胡达同时得两种学会荣誉　216
一四、欧美有一种“剪报”营业　216
一五、“但论国界，不论是非”　217
一六、赴白博士夫妇家宴　219
一七、卸去世界学生会会长职务　220
一八、在世界会演说“世界和平与种族界限”　220
一九、赵元任作曲　221
二〇、叔永作即事一律索和　221
二一、山谷诗名句　222
二二、论律诗　222
二三、杏佛和前韵　224
二四、吾国人无论理观念　224
二五、张希古亡故　225
二六、《春朝》一律并任杨二君和诗　225
二七、山谷之三句转韵体诗　226
二八、叔永赠傅有周归国，余亦和一章赠行　227
二九、记历　228
三〇、《春秋》为全世界纪年最古之书　230
三一、《大英百科全书》误解吾国纪元　230
三二、题室中读书图分寄禹臣、近仁、冬秀　231
三三、得家中照片题诗　233
三四、图画周报中余之照片　233
三五、我国之“家族的个人主义”　235

三六、第一次访女生宿舍　236
三七、思家　239
三八、游英菲儿瀑泉山三十八韵　240
三九、记本校毕业式　243
四〇、观西方婚礼　248
四一、科学社之发起　250
四二、黄监督不准学生暑期上课　252
四三、奥太子飞的难死于暗杀　252
四四、余之书癖　253
四五、积财不善用，如高卧积薪之上　253
四六、提倡禁嫖　253
四七、绮色佳城公民会议第二次旁听记　254
四八、统一读音法　256
四九、读《爱茂生札记》261
五〇、《旧约·鹭斯传》与法国米耐名画　262
五一、札记　267
五二、伊里沙白朝戏台上情形　267
五三、读《老子》“三十辐共一毂”　269
卷四附录　275

二

卷五

（一九一四年七月七日——一九一四年八月十日） 293

一、《自杀篇》 295

二、爱迪生拜蜜蜂做老师 296

三、勉冬秀 297

四、时事画四十五幅 297

五、美国亦有求雨之举 337

六、美国驻希腊公使义愤弃官 337

七、录《旧约·以斯拉》一节 338

八、威尔逊与罗斯福演说之大旨 338

九、威尔逊 338

一〇、《哀希腊歌》译稿 339

一一、乘桴归来图 340

一二、记兴趣（Interest） 342

一三、利用光阴 343

一四、读书会 344

一五、读《东方未明》 344

一六、欧洲几个“问题剧”巨子 344

一七、诺贝尔奖金 345

一八、读《织工》 346

一九、戒纸烟 348

二〇、“遗传”说　349
二一、读《獭裘》　349
二二、印度无族姓之制　349
二三、玛志尼语　351
二四、两处演说　351
二五、录怡荪来书　352
二六、拨特劳“吾邻”之界说　352
二七、师友匡正　353
二八、“是”与“非”　354
二九、游活铿谷记　354
三〇、赫仆特满所著剧之长处　364
三一、标点符号释例　366
三二、法律之弊　367
三三、读《梦剧》　368
三四、往听维廉斯歌曲　368
三五、解儿司误读汉文　368
三六、记欧洲大战祸　370
三七、客来尔之爱国说　376
三八、读《海妲传》　377
三九、叔永《活铿谷游记》　377
四〇、谁氏之书　378
四一、答某夫人问传道　379
卷五附录　381

卷六

（一九一四年八月十一日——一九一四年九月十五日） 393
一、悉尔演说欧战原因 395
二、蒋生论欧战影响 395
三、读君武先生诗稿 395
四、刺杀奥皇嗣之刺客 396
五、记奥匈人种 397
六、本校夏课学生人数 397
七、送许肇南归国 397
八、祖先节 399
九、青岛归谁 399
一〇、赴苛勿演说 399
一一、一个模范家庭 399
一二、还我青岛，日非无利 400
一三、日英盟约 401
一四、圣安庙记 405
一五、裴厄司十世死矣 406
一六、读《老子》（二） 406
一七、《神灭论》与《神不灭论》 409
一八、叔永送肇南断句 414
一九、日德宣战 415
二〇、欧战之罪魁祸首 415
二一、征人临别图 415

二二、都德短篇小说　415
二三、裴頠《崇有论》　417
二四、范缜《因果论》　417
二五、哲学系统　418
二六、近仁来诗　420
二七、《弃父行》　420
二八、亚北特之自叙　422
二九、俄之仁政　423
三〇、波士顿游记　423
三一、再论无后　469
三二、朝鲜文字母　469
卷六附录　477

卷七

（一九一四年九月二十三日——一九一四年十二月十一日）　483
一、传记文学　485
二、迁居　487
三、海外送归人图　487
四、木尔门教派　489
五、耶稣之容忍精神　489
六、录《新约》文两节　490
七、征人别妇图　491
八、悼郑仲诚　495

九、赴亥叟先生之丧　497
一〇、家书屡为人偷折　501
一一、韦莲司女士之狂狷　501
一二、惜别　502
一三、罗斯福演说　502
一四、纽约美术院中之中国名画　504
一五、国家主义与世界主义　507
一六、"一致"之义　511
一七、读葛令《伦理学发凡》与我之印证　512
一八、周诒春君过美之演说　513
一九、《李鸿章自传》　513
二〇、演说之道　514
二一、近世不婚之伟人　514
二二、"容忍迁就"与"各行其是"　515
二三、印度"月中兔影"之神话　516
二四、理想贵有统系　517
二五、吾国"月中玉兔"之神话　518
二六、法人刚多赛与英人毛莱之名言　520
二七、西人所著之中国词典　521
二八、梵文《内典》名字　521
二九、所谓爱国协约　524
三〇、读《十字架之真谛》后寄著者书　525
三一、备作宗教史参考之两篇呈文　526

三二、专精与博学 530
三三、拒虎进狼 531
三四、西人骨肉之爱 531
三五、秋柳 533
三六、读英译本《汉宫秋》 536
三七、记“辟克匿克” 536
三八、袁氏尊孔令 537
三九、刘仲端病殁 539
四〇、读 *David Harum* 539
四一、世界大同之障碍 539
四二、读《墨子》 540
四三、择耦之道 540
四四、大同主义之先哲名言 541
四五、“My country, right or wrong”之出处 542
四六、犹太文豪 Asher Ginzberg 542
四七、译《诗经·木瓜》诗一章 543
四八、墨茨博士 544
四九、毛莱子爵 545
五〇、节录威尔逊训词 548
五一、歌德之镇静工夫 550
五二、再与节克生君书稿 553
卷七附录 556

卷八

（一九一四年十二月十二日——一九一五年二月十四日） 557

一、论充足的国防 559

二、金仲藩来书 562

三、海外之家人骨肉 562

四、读戏剧七种 563

五、世界会十周纪念，诗以祝之 564

六、《告马斯》诗 568

七、世界学生总会年会杂记 570

八、善于施财之富翁 576

九、裴立先生对余前二诗之指正 577

一〇、记世界会十年祝典 577

一一、再游波士顿记 578

一二、罗斯福昔日之言 593

一三、英日在远东之地位 594

一四、C. W. 论男女交际之礼 595

一五、为学要能广大又能高深 597

一六、加藤演说远东问题 598

一七、本校学生的文学团体 599

一八、《李鸿章自传》果出伪托 600

一九、矛盾 600

二〇、《战时新妇》 601

二一、室中摄影两帧 603

二二、记新闻两则　604
二三、裴伦论文字之力量　605
二四、与普耳君一段文字因缘　605
二五、本赵耳寄赠飞瀑冬景影片　608
二六、西方学者勇于改过　608
二七、诗贵有真　611
二八、三句转韵体诗　611
二九、罗素论战争　612
三〇、荒谬之论　613
三一、纽约旅行记　613
卷八附录　622

三

卷九
（一九一五年二月十八日——一九一五年六月七日）　625
一、自课　627
二、国立大学之重要　628
三、写生文字之进化　629
四、救国在“执事者各司其事”　630
五、婉而谑之乐观语　630
六、范鸿仙　631
七、蒋翊武　632

八、海外学子之救国运动　633
九、为祖国辩护之两封信　634
一〇、投书的影响　638
一一、致张亦农书　639
一二、塔虎脱演说　640
一三、吾国各省之岁出　641
一四、致 *The Post-Standard*（Syracuse）书　642
一五、往见塔虎脱　643
一六、韩人金铉九之苦学　644
一七、可敬爱之工读学生　644
一八、纽约公共藏书楼　644
一九、理想中之藏书楼　645
二〇、梦想与理想　645
二一、贝尔博士逸事　647
二二、《睡美人歌》　648
二三、《告马斯诗》重改稿　650
二四、致留学界公函　651
二五、吾国之岁出岁入　655
二六、星期日之演说词　657
二七、误删了几个“？”　660
二八、一九一四年纽约一省之选举用费　661
二九、日本要求二十一条全文　662
三〇、墓门行　665

三一、莎士比亚剧本中妇女之地位　667
三二、陆军用榻　667
三三、《致留学界公函》发表后之反响　668
三四、赴尼格拉县农会演说　668
三五、雾中望落日　669
三六、火车中小儿　669
三七、黄兴等通电　669
三八、《老树行》 673
三九、立异　673
四〇、得冬秀书　674
四一、书怀　674
四二、留日学界之日本观　675
四三、抵制日货　675
四四、致 *Ithaca Daily News* 书　676
四五、远东战云　678
四六、五月六日晨之感想　678
四七、东西人士迎拒新思想之不同　678
四八、韦女士　679
四九、读 *Aucassin and Nicolete*　679
五〇、读 *In the Shadow of the Glen*　680
五一、观 Forbes-Robertson 演剧　680
五二、又作冯妇　682
五三、日人果真悔悟乎　682

五四、《月报》编辑选举　687
五五、威尔逊演说词　687
五六、哀白特生夫人　694
五七、蔼城演说　695
五八、第九号家书　695
五九、都德短篇小说　696
六〇、读《日本开国五十年史》　696
六一、狄女士论俄、美大学生　697
六二、美人不及俄人爱自由　697
六三、报纸文字贵简要达意　698
六四、读梁任公《政治之基础与言论家之指针》　698
六五、吾之择业　700
六六、致 C. W. 书　701
六七、《墓门行》之作者　702
六八、东方交易　702
六九、两个最可敬的同学　703
七〇、英国哲学家鲍生葵之言　704
七一、日本议会中在野党攻击政府　704
七二、美国男女交际不自由　704
七三、秦少游词　705
七四、词乃诗之进化　706
七五、陈同甫词　706
七六、刘过词不拘音韵　707

七七、山谷词带土音　708
卷九附录　712

卷十

（一九一五年六月十二日——一九一五年八月九日）　719
一、《满庭芳》　723
二、读《猎人》　723
三、日与德开战之近因　724
四、杨任诗句　725
五、记国际政策讨论会　725
六、记农家夏季“辟克匿克”　749
七、盛名非偶然可得　749
八、思迁居　753
九、再记木尔门教派　753
一〇、读托尔斯泰《安娜传》　757
一一、题欧战讽刺画　759
一二、游凯约嘉湖摄影　768
一三、夜过纽约港　768
一四、克鸾达儿轶事　771
一五、欧美学生与中国学生　771
一六、节录《王临川集》三则　772
一七、读《墨子》及《公孙龙子》　773
一八、“今别离”　774

一九、妇女参政运动 775
二〇、读《小人》及《辟邪符》 776
二一、《论句读及文字符号》节目 777
二二、驯鼠 780
二三、《水调歌头》 今别离 783
二四、读词偶得 783
二五、读白居易《与元九书》 787
二六、读香山诗琐记 793
二七、札记不记哲学之故 794
二八、老子是否主权诈 795
卷十附录 801

卷十一
（一九一五年八月九日——一九一五年十一月三日） 805
一、吾之别号 808
二、王安石上邵学士书 808
三、不是肺病 809
四、“时”与“间”有别 809
五、论“文学” 809
六、论袁世凯将称帝 812
七、《临江仙》 819
八、“破”号 819
九、“证”与“据”之别 822

一〇、与佐治君夜谈　822
一一、将往哥仑比亚大学，叔永以诗赠别　823
一二、美国公共藏书楼之费用　824
一三、凯约嘉湖上几个别墅　825
一四、如何可使吾国文言易于教授　827
一五、瘦琴女士　831
一六、《百字令》吾母挽白特生夫人　833
一七、成诗不易　833
一八、《水调歌头》杏佛赠别　833
一九、将去绮色佳留别叔永　834
二〇、辟古德诺谬论　835
二一、读《丽莎传》　836
二二、英人莫利逊论中国字　836
二三、《沁园春》别杏佛　836
二四、对语体诗词　837
二五、两个佣工学生　839
二六、韦儿斯行文有误　842
二七、《新英字典》　842
二八、拉丁文谚语　843
二九、读《狱中七日记》　843
三〇、读 *The New Machiavelli*　847
三一、"八角五分"桑福　849
三二、送梅觐庄往哈佛大学诗　849

三三、论文字符号杂记三则　854
三四、叔永戏赠诗　855
三五、别矣绮色佳　855
三六、依韵和叔永戏赠诗　856
三七、有些汉字出于梵文　856
三八、《古今图书集成》　858
三九、调和之害　860
四〇、相思　860
四一、文字符号杂记二则　860
四二、读《集说诠真》　861
四三、《圣域述闻》中之《孟子年谱》　862
四四、印书原始　863
四五、叶书山论《中庸》　864
四六、姚际恒论《孝经》　864
四七、读 *The Spirit of Japanese Poetry*　865
四八、论宋儒注经　865
四九、为朱熹辨诬　867
五〇、女子教育之最上目的　868
五一、女子参政大游街　869
卷十一附录　880

卷十二
（一九一五年十一月廿五日——一九一六年四月十七日）　885
一、许肇南来书　887

二、杨杏佛《遣兴》诗　887
三、《晚邮报》论“将来之世界”　888
四、西人对句读之重视　890
五、郑莱论领袖　890
六、国事坏在姑息苟安　891
七、录旧作诗两首　891
八、梅任杨胡合影　892
九、《秋声》有序　892
一〇、Adler 先生语录　895
一一、论“造新因”　896
一二、读章太炎《驳中国用万国新语说》后　897
一三、再论造因，寄许怡荪书　904
一四、七绝之平仄　904
一五、赵元任　905
一六、论教女儿之道　906
一七、美国银币上之刻文　908
一八、和叔永题梅任杨胡合影诗　908
一九、读音统一会公制字母　909
二〇、论革命　913
二一、《水调歌头》寿曹怀之母　914
二二、与梅觐庄论文学改良　914
二三、“文之文字”与“诗之文字”　914
二四、论译书寄陈独秀　915

二五、叔永答余论改良文学书 915
二六、杏佛题胡梅任杨合影 916
二七、《诗经》言字解 916
二八、美国初期的政府的基础 921
二九、家书中三个噩耗 921
三〇、伊丽鹗论教育宜注重官能之训练 922
三一、泽田吾一来谈 925
三二、往访泽田吾一 926
三三、吾国古籍中之乌托邦 926
三四、柳子厚 927
三五、刘田海 927
三六、叔永诗 928
三七、忆绮色佳 929
三八、吾国历史上的文学革命 929
三九、李清照与蒋捷之《声声慢》词 933
四〇、胡绍庭病逝 934
四一、写定《读管子》上下两篇 934
四二、评梁任公《中国法理学发达史论》 935
四三、《沁园春》誓诗（初稿） 949
四四、怡荪、近仁抄赠的两部书 950
四五、灯谜 950
四六、《沁园春》誓诗（改稿） 951
四七、《沁园春》誓诗（第三次改稿） 952
四八、吾国文学三大病 952

四

卷十三

（一九一六年四月十八日——一九一六年七月廿一日） 955

一、试译林肯演说中的半句 957

二、《沁园春》誓诗（第四次改稿） 957

三、作文不讲文法之害 958

四、论文字符号杂记四则 959

五、《沁园春》誓诗（第五次改稿） 962

六、读萧山来裕恂之《汉文典》 962

七、古代文明易于毁灭之原因 966

八、谈活文学 966

九、“反”与“切”之别 972

一〇、记“的”字之来源：

“之”“者”二字之古音 973

一一、元任论音与反切 976

一二、美国诗人 Lowell 之名句 977

一三、死矣袁世凯 977

一四、论戊戌维新之失败于中国不为无利 978

一五、尔汝二字之文法 979

一六、马君武先生 983

一七、喜朱经农来美 985

一八、杜威先生 986

一九、麦荆尼轶事四则 986
二〇、“威尔逊之笑” 989
二一、恍如游子归故乡 990
二二、陶知行与张仲述 991
二三、白话文言之优劣比较 991
二四、记袁随园论文学 995
二五、得国际睦谊会征文奖金 1001
二六、记第二次国际关系讨论会 1002
二七、觐庄对余新文学主张之非难 1007
二八、克鸾女士 1008
二九、罗素被逐出康桥大学 1009
三〇、移居 1011
三一、国事有希望 1013
三二、政治要有计画 1014
三三、太炎论“之”字 1016
卷十三附录 1019

卷十四
（一九一六年七月二十二日——一九一六年十一月四日） 1021
一、答梅觐庄——白话诗 1023
二、答觐庄白话诗之起因 1028
三、杂诗二首 1033
四、一首白话诗引起的风波 1033

五、杜甫白话诗　1046

六、不要以耳当目　1046

七、死语与活语举例　1046

八、再答叔永　1047

九、打油诗寄元任　1048

一〇、答朱经农来书　1048

一一、萧伯纳之愤世语　1049

一二、根内特君之家庭　1050

一三、宋人白话诗　1052

一四、文学革命八条件　1053

一五、寄陈独秀书　1054

一六、作诗送叔永　1055

一七、打油诗戏柬经农、杏佛　1056

一八、窗上有所见口占　1056

一九、觐庄之文学革命四大纲　1057

二〇、答江亢虎　1058

二一、赠朱经农　1058

二二、读《论语》二则　1059

二三、又一则　1061

二四、论我吾二字之用法　1061

二五、读《论语》一则　1065

二六、尝试歌　有序　1066

二七、读《易》（一）　1067

二八、早起　1068
二九、读《易》(二)　1068
三〇、王阳明之白话诗　1069
三一、他　1071
三二、英国反对强迫兵役之人　1071
三三、读《易》(三)　1074
三四、中秋夜月　1077
三五、《虞美人》戏朱经农　1077
三六、研(读《易》四)　1079
三七、几(读《易》五)　1079
三八、答经农　1081
三九、哑戏　1082
四〇、改旧诗　1082
四一、到纽约后一年中来往信札总计　1083
四二、白话律诗　1083
四三、打油诗一束　1084
四四、戒骄　1087
四五、读《论语》　1087
四六、打油诗又一束　1088
四七、写景一首　1089
四八、打油诗　1089
卷十四附录　1092

卷十五

（一九一六年十一月六日——一九一七年三月廿日） 1097
一、欧阳修《易童子问》 1099
二、希望威尔逊连任 1100
三、吾对于政治社会事业之兴趣 1102
四、戏叔永 1102
五、黄克强将军哀词 1103
六、编辑人与作家 1103
七、舒母夫妇 1104
八、发表与吸收 1105
九、作《孔子名学》完，自记二十字 1105
一〇、陈衡哲女士诗 1105
一一、纽约杂诗（续） 1106
一二、美国之清净教风 1107
一三、月诗 1108
一四、打油诗答叔永 1109
一五、“打油诗”解 1109
一六、古文家治经不足取 1110
一七、论训诂之学 1110
一八、论校勘之学 1111
一九、近作文字 1114
二〇、印像派诗人的六条原理 1115
二一、诗词一束 1116

二二、黄梨洲《南雷诗历》 1118

二三、论诗杂诗 1121

二四、威尔逊在参议院之演说词 1122

二五、罗斯福论“维持和平同盟” 1123

二六、维持平和同盟会之创立 1124

二七、补记尔汝 1126

二八、一九一六年来往信札总计 1127

二九、中国十年后要有什么思想 1128

三〇、在斐城演说 1128

三一、湖南相传之打油诗 1128

三二、记朋友会教派 1129

三三、小诗 1131

三四、寄经农、文伯 1131

三五、迎叔永 1132

三六、王壬秋论作诗之法 1132

三七、袁政府“洪宪元年”度预算追记 1133

三八、无理的干涉 1134

三九、落日 1134

四〇、叔永柬胡适 1134

四一、“赫贞旦”答叔永 1135

四二、寄郑莱书 1135

四三、又记吾我二字 1136

四四、记灯谜 1137

四五、兰镜女士　1138
四六、哥仑比亚大学本年度之预算　1139
四七、威尔逊连任总统演说辞要旨　1139
四八、论“去无道而就有道”　1141
四九、艳歌三章　1143
五〇、吾辈留学生的先锋旗　1144
五一、俄国突起革命　1145
五二、读报有感　1145
五三、赵元任辨音　1145
卷十五附录　1149

卷十六

（一九一七年三月二十一日——一九一七年六月一日）1169
一、《沁园春》俄京革命　1171
二、读厄克登致媚利书信　1171
三、昳　1174
四、中国科学社第一次年会合影　1174
五、林琴南《论古文之不宜废》1174
六、汉学家自论其为学方法　1177
七、几部论汉学方法的书　1178
八、杜威先生小传　1178
九、九流出于王官之谬　1182
一〇、访陈衡哲女士　1183

一一、觐庄固执如前　1183
一二、作《论九流出于王官说之谬》　1184
一三、记荀卿之时代　1184
一四、《沁园春》新俄万岁　1188
一五、清庙之守　1189
一六、我之博士论文　1189
一七、新派美术　1191
一八、读致韦女士旧函　1192
一九、宁受囚拘不愿从军　1193
二〇、关于欧战记事两则　1194
二一、瞎子用书　1194
二二、绝句　1196
二三、纽约《世界报》　1199
二四、在白原演说　1199
二五、祁暄“事类串珠”　1199
二六、博士考试　1203
二七、改前作绝句　1204
二八、辞别杜威先生　1206
二九、朋友篇　寄怡荪、经农　1206
三〇、文学篇　别叔永、杏佛、觐庄　1206
卷十六附录　1208

卷十七

（一九一七年六月九日——一九一七年七月十日） 1215

归国记 1217

北京杂记

（一九一七年九月十一日——一九一七年十一月三十日） 1237

归娶记

（一九一七年七月十六日——一九一八年二月廿一日） 1263

《胡适留学日记》台北版自记

这几十万字的日记，最初用《藏晖室札记》的标题，由亚东图书馆出版；后来改称《胡适留学日记》，由商务印书馆出版。现在仍用《胡适留学日记》的标题，由台北商务印书馆出版。

我借这个机会，改正这里面几个错误：

一、页七九七[1]，《读〈集说诠真〉》条。《集说诠真》的作者是天主教司铎黄伯禄斐默氏，我当年错认他是一个外国人，故说，“又以其出于外人之手也，故记以褒之”。黄伯禄是江苏海门人，是一位很有学问的天主教神父，他的著作很多。方豪先生去年曾指出我这个错误，我很感谢他的指示。

二、页七九九—八〇〇[2]《印书原始》一条。依现在的知识看来，此条错误不少，例如，其中引《事物原会》说隋文帝开皇

[1] 参见本书第 861—862 页。

[2] 参见本书第 863—864 页。

十三年敕"废像遗经，悉命雕板"。末四字当作"悉令雕撰"。又如其中说"宋仁宗庆历中，有布衣范昇者，为活字板"，范昇当作毕昇。毕昇的活字，详见沈括的《梦溪笔谈》。

三、页八〇四[1]，第十行："至于唐人之繁而无当（邢昺以百八十四字注"学而第一"四字，孔颖达以千六百四十字注"俟我于著乎而"三语）。"……

邢昺是宋太宗真宗时人，他的《论语正义》是咸平二年（西历九九九年）奉诏撰定的。所以"唐人之繁而无当"应该改作"唐宋人诸经疏之繁而无当"。

这几条错误都在七页之内。其他错误想必还不少，倘蒙读者随时指示，我很感谢。

民国四十六年除夕，在纽约记

[1] 参见本书第 867 页。

重印自序

这十七卷《留学日记》，原来题作《藏晖室札记》，民国二十八年上海亚东图书馆曾排印发行，有民国二十五年我写的自序，说明这七年的日记保存和付印的经过。这书出版的时候，中国沿海沿江的大都会都已沦陷了，在沦陷的地域里我的书都成了绝对禁卖的书。珍珠港事件之后，内地的交通完全断绝了，这部日记更无法流通了。

去年我回国之后，有些朋友劝我重印这部书。后来我同亚东图书馆商量，请他们把全书的纸版和发行权让给商务印书馆。这件事现在办好了，这十七卷日记就由商务印书馆重印发行了。

我向来反对中国文人用某某堂，某某室，某某斋做书名的旧习惯，所以我自己的文集就叫做《胡适文存》《胡适论学近著》。这个法子可以节省别人的脑力，也可以免除后人考订“室名”“斋名”的麻烦。“藏晖室”本是我在四十年前戒约自己的一个室名。在日记第十一卷的开始，我曾说：“此册以后，吾札记皆名‘胡适札记'，不复仍旧名矣。"民国初年，我的朋友许怡荪摘抄我的日记在《新青年》杂志上发表，曾用《藏晖室札记》的标题。后来我允许亚东图书馆印行全部日记的时候，因为纪念一个死友的情感关系，我就沿用了《藏晖室札记》的名目。现在回想起来，我颇懊悔这件太牵就旧习惯的举动，所以我现在决定改用《胡适留学日记》的标题。

亚东图书馆的几位朋友校对这几十万字，用力很勤苦，错误很少。今年我曾自己校对一遍，又改正了一些小错误。

民国三十六年（一九四七）十一月八日胡适记

于北平东厂胡同一号

自　序

这十七卷札记是我在美国留学时期（一九一〇——一九一七）的日记和杂记。我在美国住了七年，其间大约有两年没有日记，或日记遗失了。这里印出的札记只是五年的记录：

一九一〇年八月以后，有日记，遗失了。

一九一一年一月至十月，有简单日记。（卷一）

一九一一年十一月至一九一二年八月，这中间只有短时期的日记（名为北田 Northfield 日记），遗失了。

一九一二年九月至十二月底，有日记。（卷二）

一九一三年一月至九月，只有四月间记了一条札记（卷三的首二页），其余全缺。

一九一三年十月至一九一七年七月回到上海，有札记十五卷。（卷三至卷十七）

这些札记本来只是预备给兄弟朋友们看的；其实最初只是为自己记忆的帮助的，后来因为我的好朋友许怡荪要看，我记完了一册就寄给他看，请他代我收存。到了最后的三年（一九一四——一九一七），我自己的文学主张，思想演变，都写成札记，用作一种“自言自语的思想草稿”（thinking aloud）。我自己发现这种思想草稿很有益处，就不肯寄给怡荪，留作我自己省察的参考。因此我对于这种札记发生了很大的兴趣，所以无论怎么忙，我每天总要腾出一点工夫来写札记，有时候一天可以写几千字。

我从自己经验里得到一个道理，曾用英文写出来：

Expression is the most effective means of appropriating impressions.

译成中国话就是：

要使你所得印象变成你自己的，最有效的法子是记录或表现成文章。

试举一个例子。我们中国学生对于“儒教”大概都有一点认识。但这种认识往往是很空泛的，很模糊的。假使有一个美国团体请你去讲演“儒教是什么”，你得先想想这个讲演的大纲；你拿起笔来起草，你才感觉你的知识太模糊了，必须查书，必须引用材料，必须追溯儒教演变的历史。你自己必须把这题目研究清楚，然后能用自己的话把它发挥出来，成为一篇有条理的讲演。你经过这一番“表现”或“发挥”（expression）之后，那些空泛的印象变着实了，模糊的认识变清楚明白了，那些知识才可算是“你的”了。那时候你才可以算是自己懂得“儒教是什么”了。

这种工作是求知识学问的一种帮助，也是思想的一种帮助。

它的方式有多种：读书作提要，札记，写信，谈话，演说，作文，都有这种作用。札记是为自己的了解的；谈话，讨论，写信，是求一个朋友的了解的；演说，发表文章，是求一群人的了解的。这都是“发挥”，都有帮助自己了解的功用。

因为我相信札记有这种功用，所以我常用札记做自己思想的草稿。有时我和朋友谈论一个问题，或通信，或面谈，我往往把谈论的大概写在札记里，或把通信的大要摘抄在札记里。有时候，我自己想一个问题，我也把思想的材料，步骤，结论，都写出来，记在札记里。例如我自己研究《诗三百篇》里“言”字的文法，读到《小雅》“彤弓”篇的“受言藏之”“受言櫜之”，始大悟“言”字用在两个动词之间，有“而”字的功用。又如我研究古代鲁语的代名词“尔”“汝”“吾”“我”等字，随笔记出研究的结果，后来就用札记的材料，写成我的《尔汝篇》和《吾我篇》。又如我的世界主义，非战主义，不抵抗主义，文学革命的见解，宗教信仰的演变，都随时记在札记里，这些札记就是我自己对于这些问题的思想的草稿。

我写这一大段话，是要我的读者明白我为什么在百忙的学生生活里那样起劲写札记。

我开始写札记的时候，曾说“自传则吾岂敢”（卷三首页）。但我现在回看这些札记，才明白这几十万字是绝好的自传。这十七卷写的是一个中国青年学生五七年的私人生活、内心生活、思想演变的赤裸裸的历史。他自己记他打牌，记他吸纸烟，记他时时痛责自己吸纸烟，时时戒烟而终不能戒；记他有一次忽然感情受冲动，几乎变成了一个基督教信徒；记他在一个时期里常常发愤要替中国的家庭社会制度作有力的辩护；记他在一个男女同学的大学住了四年而不曾去女生宿舍访过女友；记他爱管闲事，爱参加课外活动，爱观察美国的社会政治制度，到处演说，到处同人辩论；记他的友朋之乐，记他主张文学革命的详细经过，记他的信仰思想的途径和演变的痕迹。（在这里我要指出，札记里从不提到我受杜威先生的实验主义的哲学的绝大影响。这个大遗漏是有理由的。我在一九一五年的暑假中，发愤尽读杜威先生的著作，做有详细的英文提要，都不曾收在札记里。从此以后，实验主义成了我的生活和思想的一个向导，成了我自己的哲学基础。但一九一五年夏季以后，文学革命的讨论成了我们几个朋友之间一个最热闹的题目，札记都被这个具体问题占去了，所以就没有余力记载那个我自己受用而不发生争论的实验主义了。其实我写《先秦名学史》《中国哲学史》，都是受那一派思想的指导。我的文学革命主张也是实验主义的一种表现；《尝试集》的题名就是一个证据。札记的体例最适宜于记载具体事件，但不是记载整个哲学体系的地方，所以札记里不记载我那时用全力做的《先秦名学史》论文，也不记载杜威先生的思想。）这就是我的留学时代的自传了。

这十七卷的材料，除了极少数（约有十条）的删削之外，完全保存了原来的真面目。我后来完全不信任何神教了，但我不讳我曾有一次"自愿为耶稣信徒"。我后来很攻击中国旧家庭社会的制度了，但我不删削我当年曾发愤要著一部《中国社会风俗真诠》，“取外人所著论中国风俗制度之书一一评论其得失”（页一〇三[1]）。我近年已抛弃我的不抵抗主义的和平论了，但我完全保存了札记里我的极端不抵抗主义的许多理论。这里面有许多少年人的自喜，夸大，野心，梦想，我也完全不曾删去。这样赤裸裸的记载，至少可以写出一个不受成见拘缚而肯随时长进的青年人的内心生活的历史。

因为这一点真实性，我觉得这十几卷札记也许还值得别人的一读。所以此书印行的请求，我拒绝了二十年，现在终于应允了。

整理这一大批札记的工作，我的朋友章希吕用力最多最勤（札记的分条题目，差不多全是希吕拟的），我要特别致谢。亚东图书馆的几位朋友的抄写，整理，校印，也是我很感谢的。

最后，我用十分谢意把这部札记献给我的死友许怡荪。他在二十年前曾摘抄《藏晖室札记》在《新青年》上陆续登载。这部札记本来是为他记的，它的印行也是他最盼望的。

一九三六，七，二十，在太平洋上总统柯立芝船里

---

[1] 参见本书第 82 页。

卷一

一九一一年一月卅日——一九一一年十月卅日

在康南耳大学农学院

此卷，上海人民出版社出版的《胡适留学日记》手稿本（此后简称“手稿本”）中缺。《章希吕日记》一九三三年“十二月二十二日：适兄昨夜又寻得一册宣统三年在美的日记，亦加入《藏晖室札记》，作为卷一。因是袖珍本，字太小，为之另抄一份”。（颜振吾编：《胡适研究丛录》，生活·读书·新知三联书店1989年2月第1版，第249页）这个作为卷一的袖珍本，在另抄一份后，究竟是留在了胡适处，还是和另抄的一份同寄给亚东图书馆了？至今下落不明。

一九一一年一月卅日（星一）

辛亥元旦。作家书（母四）。考生物学，尚无大疵。

今日《五尺丛书》送来，极满意。《五尺丛书》(Five Foot Shelf）又名《哈佛丛书》(*Harvard Classics*)，是哈佛大学校长伊里鹗（Eliot）主编之丛书，收集古今名著，印成五十巨册，长约五英尺，故有“五尺”之名。

今日有小诗一首：

永夜寒如故，朝来岁已更。层冰埋大道，积雪压孤城。
往事潮心上，奇书照眼明。可怜逢令节，辛苦尚争名。

一月卅一日（星二）

保民有母丧，以一诗寄之：

雪压孤城寒澈骨，天涯新得故人书。
惊闻孙绰新庐墓，欲令温郎悔绝裾。
秋草残阳何限憾，升堂拜母已成虚。
埋忧幸有逃名策，柘涧山头筑隐居。

二月一日（星三）

读英文诗。作植物学报告。得云五一片。

余初意此后不复作诗，而入岁以来，复为冯妇，思之可笑。

二月二日（星四）

考英文，计默诗三首，作五题。得仲诚一书。温德文。读

《时报》十数纸。

二月三日（星五）

考德文。温植物学。

二月四日（星六）

考植物学。

连日以温课失眠，今日下午无事，昼寝三小时，醒后一浴，畅快极矣。

作家书（冗二）。夜与同居诸君烹鸡煮面食之。

二月五日（星期）

人日。今日起戒吸纸烟。刘千里以电话邀打牌。读《左传》两卷。

向沈保艾处借得颜鲁公《元次山碑》，偶一临摹，以悬腕习之，殊觉吃力，拟此后日日为之，不知有效否？

二月六日（星一）

写字二张。读狄更氏《双城记》。

平日已习于学，今假中一无所事，反觉心身无着落处，较之日日埋头读书尤难过也。

大雪深尺许。

二月七日（星二）

写字一张。看沈艾君写隶字一张。沈君作字极佳，亦新少年之不可多得者也。（君为沈文肃公之孙。）

下午与 Mr. Ace 入城购拉丁文法一册，此君许以相教故也。

二月八日（星三）

晨访 Gould 医生。踏雪行二里许，过去年所觅得之幽境始达其家。先诊两目，敷以药水。验视目力已，乃归。故是日不能读书。

读《古诗十九首》。

二月九日（星四）

尚不能读书。夜赴学生会所举编辑人会。

二月十日（星五）

晨往访 Dr. Gould。医言吾右目几完全无亏，惟左目甚近视，故右目实作两目之工作，不御目镜，将成盲人。盖余少时常患目疾，左目尤甚。

往市定购目镜，下午复往取之。

二月十一日（星六）

入校办注册事，访 Dr. Gould。

今年吾国新年适逢大考，未得一日之休暇，今诸事大定，此间同人于今夜会宴于 Alhambra。是夜有中西音乐，程君之幻术，蔡李两君之演说，极一时之盛。

二月十二日（星期）

读拉丁文十课。写颜字二纸，似稍有进境矣；自人日以来，幸未作辍，不知后此尚能如是否？

得 Kappa Alpha 会柬邀夜宴。

二月十三日（星一）

今日为吾国元夜（辛亥正月十五日），吾人适于此时上第二学期第一日之课，回思祖国灯市之乐，颇为神往。

下午生物学实习。作字。德文新读一书，甚苦多生字。

二月十四日（星二）

上课。昨今两日皆每日七时，颇忙碌。

此次大考，生物学得九十五分，植物学得八十三分，殊满意矣。

二月十五日（星三）

上课。

夜赴 K. A. 会夜宴，主人为 Mr. Watson。来宾有休曼校长（President Schurman）及会员。席上有歌诗，有演说。既撤筵，乃聚于客室，谈笑为乐，极欢而散。

无忘威尔逊教授之讲演！

〔**补注**〕气象学教授威尔逊先生是日在班上说："世界气象学上有许多问题所以不能解决，皆由中国气象学不发达，缺少气象测候记载，使亚洲大陆之气象至今尚成不解之谜。今见本班有中国学生二人，吾心极喜，盼望他们将来能在气象学上有所作为。"大意如此。此条所记即指此。于今二十余年，我与同班之王预君皆在此学上无有丝毫贡献，甚愧吾师当年之期望。所可喜者，近年有吾友竺可桢君等的努力，中国气象学已有很好的成绩了。

（一九三三年十二月廿二夜记）

二月十六日（星四）

上课。读 Shakespeare 一生事迹。

连日失眠，殊非佳事。

前此此间中国学生会拟著一书曰《康南耳》，余亦被举为记者之一，今日诸人分任所事，余分得本校发达史（Historical Development）。

二月十七日（星五）

上课。

读报有《树谷》一篇，撷译为中文。

作《中国虚字解》六纸。

读莎氏 *Henry IV*。"Shakespeare"当译萧思璧。

二月十八日（星六）

上课。

夜有学生会，余适值日，须演说，即以“虚字”为题。此余第一次以英文演说也。

记“Shakespeare's Wife”未完。

连日报载吾国将与俄国有边衅，辞甚迫切，不知结果如何？

二月十九日（星期）

晨起出门，思买报读之，偶一不慎，仆于冰上者二次，手受伤，去皮流血，幸无大害。

写字。作家书。夜读德文。

二月廿日（星一）

连日似太忙碌，昨夜遗精，颇以为患。今日访 Dr. Wright，询之，医云无害也。余因请其遍察脏腑，云皆如恒，心始释然。

作植物学报告。

二月廿一日（星二）

上课。

自昨日起为此间“农人星期”，农院停课，招四方农夫来此参观，并为开会演讲，去年来者至千人之多。

得二兄书，附一照片，极喜。

二月廿二日（星三）

上课。

夜赴青年会欢迎会，中西学生到者约五六十人，是夜有中西音乐及演说，颇极一时之盛。

二月廿三日（星四）

上课。因作一文须参考书，遂至藏书楼读书，至夜十时半乃归，即灯下作之，夜半始脱稿。

二月廿四日（星五）

晨入学时，大风雪扑面欲僵，几不可呼吸，入冬以来，此日最难堪矣。

读萧氏 *Henry IV*。

二月廿五日（星六）

上课。

是日下午与刘千里出外散步，循 Bryant 街而上，绕一大圈子而归。

是夜赴世界学生会（Cosmopolitan Club）。

二月廿六日（星期）

写植物学与生物学报告。

英文须作一辩论体之文，余命题曰“美国大学宜立中国文字一科”。

二月廿七日（星一）

上课。

下学期之课虽未大增，然德文读本《虚馨传》，英文 *Henry IV*，皆需时甚多；又实习之时间多在星期一与星期二两日，故颇觉忙迫。

二月廿八日（星二）

上课，读《国粹学报》三册。读 *Henry IV* 及 *Hühnchen*。

三月一日（星三）

上课。写字。读 *Henry IV*。

三月二日（星四）

上课。拟成辩论文之纲目。

三月三日（星五）

读毕 *Henry IV*。上课。

三月四日（星六）

上课。写字。写生物学报告。

三月五日（星期）

此间有学生组织一会，互相讨论中国情状，大率以教徒居多，今日 Mr. Ace 邀往一观，彼中人令予为述中国宗教情状，予为述“三教源流”。

三月六日（星一）

作辩论文。但时间不足，未能尽量发挥。

写植物学报告。

三月七日（星二）

上课。读《虚馨传》毕。

三月八日（星三）

英文及德文均有小考。

新课本：*Kleider Machen Leute*（德），*Romeo and Juliet*（英）。

三月九日（星四）

昨日读美国独立檄文，细细读之，觉一字一句皆扪之有棱，且处处为民请命，义正词严，真千古至文。吾国陈、骆何足语此！

续林肯 Gettysburg 演说，此亦至文也。

三月十日（星五）

上课。读达尔文 *Origin of Species*。

夜打牌，晏睡。

三月十一日（星六）

上课。至芭痕院读 Smith's *China and America* 一册。读萧氏 *Romeo and Juliet*。

夜赴第一年级新生宴会（Freshmen Banquet）。是夜与宴者凡六百人，兴会飞舞，极欢乐，他日当另为作一记。

三月十二日（星期）

赴中国讨论会。

读 Smith's *The Uplift of China*。此君居中国三十余年，故其言皆切中情弊焉。

三月十三日（星一）

上课。作一书寄二兄。

阅报见有一妇再嫁至十二次之多，计重婚者三次，凡嫁九夫，亦可谓怪物矣。

三月十四日（星二）

上课。

夜读 *Romeo and Juliet*。此书情节殊不佳，且有甚支离之处。然佳句好词亦颇多，正如吾国之《西厢》，徒以文传者也。

是日闻生物学教员言美国今日尚有某校以某君倡言“天演论”

致被辞退者，可谓怪事！

三月十五日（星三）

上课。英文试卷得九十一分，颇自喜也。

是日始习游水。

三月十六日（星四）

天大风，道行几不能呼吸，又寒甚；是日生物学教员为之罢课，可见其寒矣。回首故国新柳纤桃之景，令人益念吾祖国不已也。

三月十七日（星五）

读 *Romeo and Juliet* 完。背诵 Romeo“窥艳”一节。此书有数处词极佳，如“初遇”“窥艳”“晨别”“求计”“长恨”诸节是也。此剧有楔子（Prologue），颇似吾国传奇。

三月十八日（星六）

作“*Romeo and Juliet* 一剧之时间的分析”。

夜与金仲藩观戏于兰息院。是夜演 *White Sister*，为悲剧，神情之妙，为生平所仅见。今而后知西国戏剧之进化也。

三月十九日（星期）

今日为先君诞辰（二月十九日）。

读生物学，颇有所得，另作笔记。夜读德文。

三月廿日（星一）

上课。连日读德文甚忙。

三月廿一日（星二）

上课。现“植物一”已学毕。下星期将有大考。

三月廿二日（星三）

购 Webster 大字典一部，价二十元。

读 Keats' *The Eve of St. Agnes* 诗，未毕。

改前日所作辩论体文。

三月廿三日（星四）

作书致仲诚、君武，颇多感喟之言，实以国亡在旦夕，不自觉其言之哀也。

三月廿四日（星五）

英文小试。

连日日所思维，夜所梦呓，无非亡国惨状，夜中时失眠，知“嫠不恤其纬，而忧宗周之陨”，是人情天理中事也。

三月廿五日（星六）

得保民书，以一书复之。

余前评《赖芬传》(W. D. Howells' *The Rise of Silas Lapham*),

以为书名“振起”(Rise)，而其中事实，皆言赖芬衰落之状，书名殆指其人格之进境（Rise）也。今日教员宣读著者 Howells 来书，正是此意，余不禁为之狂喜。

三月廿六日（星期）

温植物学。

连日大忙，虽星期亦不得暇。

三月廿七日（星一）

上课。下午适野为生物学之实习，道遇大雨。夜温植物学，晏睡。

有马小进君者以一诗见寄，因以一诗答之。

三月廿八日（星二）

考植物学。温气象学。

昨日和诗甚劣，有“应怜何处容归鹤，只有相携作鬼雄”二句稍佳。

三月廿九日（星三）

考气象学。读萧氏 *Much Ado*。

得家书及大哥书。

三月卅日（星四）

作一文。读 *Hamlet*。

夜读德文 *Kleider Machen Leute* 完。

三月卅一日（星五）

读生物学。

读 *Much Ado*。是夜大学学生演是剧于兰息院，余往观之，景物布置，殊费经营，演者亦多佳处，而尤以扮 Dogberry 者为最佳。

四月一日（星六）

今夜世界学生会有“中国之夜”，由中国学生作主人，招待会员及来宾。成绩大好。

四月二日（星期）

写生物学讲义。温德文。

自今日起就餐于 A. C. C. 会所。

四月三日（星一）

考德文，甚不满意。读生物学。

四月四日（星二）

考生物学。

德文新读 Lessing's *Minna von Barnheim*，乃一喜剧也。

四月五日（星三）

上课。

明日为耶稣复活节假，共得假期五日。

读“Andrew White 自传”。此君前为本校校长，以学者为外交家。其书计二巨册，亦殊有趣味。

四月六日（星四）

此间吾国学生举行运动会，余亦与焉，与跑百码赛跑两次。此亦生平创见之事也。一笑。

今日得友人书甚多，夜一一答之。

四月七日（星五）

读 *Minna* 英译本（载《五尺丛书》中）完，甚喜之。读 *Hamlet*。读《左传》。

四月八日（星六）

读《左传》毕。计余自去冬读此书，至今日始毕。

读本校创办者康南耳君（Ezra Cornell）传。此传为君之长子 Alonzo（后为纽约省总督）所著。

四月九日（星期）

晏起。读《杜诗》。

下午与刘寰伟君往游 Buttermilk Falls，步行数英里始至。地殊可观。归时已明月在天，林影在地。饭于“二十世纪”。至沈君处打牌，十二时始归。

四月十日（星一）

作《康南耳传》，未完。

前此传言女生宿舍中女子联名禀大学校长，请拒绝有色人种女子住校。今悉此禀签名者共二百六十九人之多。另有一禀反对此举，签名者卅二人。幸校长 Schurman 君不阿附多数，以书拒绝之。

四月十一日（星二）

今日假期已毕。上课。下午读 *Hamlet*。读“Minna 传”。夜读英文诗数十首。

四月十二日（星三）

上课。

今日习农事，初学洗马，加笼辔，驾车周游一周。

读《周南》。

四月十三日（星四）

上课。

读《召南》《邶风》。汉儒解经之谬，未有如《诗》笺之甚者矣。盖诗之为物，本乎天性，发乎情之不容已。诗者，天趣也。汉儒寻章摘句，天趣尽湮，安可言诗？而数千年来，率因其说，坐令千古至文，尽成糟粕，可不痛哉？故余读《诗》，推翻毛传，唾弃郑笺，土苴孔疏，一以己意为造“今笺新注”。自信此笺果成，当令《三百篇》放大光明，永永不朽，非自夸也。

四月十四日（星五）

作一文论“Ophelia”。

赴学生会。

四月十五日（星六）

上课。读 *Hamlet* 毕。

赴世界会之“德国夜”(German Night)。有影片六十张，写德国学生事业极动人。

作一文论 *Hamlet*，未毕。*Hamlet* 真是佳构，然亦有疵瑕。余连日作二文，皆以中国人眼光评之，不知彼中人其谓之何？

四月十六日（星期）

续作“*Hamlet* 论”，写成之。读 *Minna*。

阅报，有 *Philadelphia Express* 报者，每日平均销 80559 份，星期日销 177049 份，然犹未为大报也，真令人可惊。

四月十七日（星一）

上课。作植物学笔记。读 *Minna*。

今日已为吾国三月十九日，春莫矣，此间犹有雪，天寒至冰点以下。Browning 诗曰：

Oh, to be in England

Now that April's there.

读之令人思吾故国不已。

四月十八日（星二）

上课。今日植物课为"花"，嫣红姹紫，堆积几案，对之极乐，久矣余之与花别也。"Begonia"名海棠，余多不知汉文何名。

四月十九日（星三）

今日忽甚暖，大有春意，见街头有推小车吹箫卖饧者，占一绝记之：

遥峰积雪已全消，洩漏春光到柳条。

最爱暖风斜照里，一声楼外卖饧箫。

今日英文小试。

四月二十日（星四）

读《警察总监》（*Inspector-General*）曲本。此为俄人 Gogol 所著，写俄国官吏现状，较李伯元《官场现形记》尤为穷形尽相。

明日大学生将会演于兰息院，余拟往观之。

得君武一片。

四月廿一日（星五）

余前作“Ophelia 论”，为之表章甚力，盖彼中评家于此女都作贬词，余以中国人眼光为之辩护，此文颇得教师称许。

读 Bacon's *Essays*：“Studies”；“Dissimulation and Simulation”。

观演俄剧 *Inspector-General*，大有“鲁卫之政兄弟也”之感。

今日雨后甚冷。

四月廿二日（星六）

上课。读《诗》：王、郑、齐、魏、唐、秦诸国风。

今夜世界学生会有“菲律宾之夜”，以读《诗》甚不忍释手，故未往。

四月廿三日（星期）

在世界会午餐时闻席间人言，昨夜菲律宾学生有演说者，宣言菲人宜自主。今日席上人谈及，尚有嗤之以鼻者。有某君谓余，吾美苟令菲人自主，则日本将攘为己有矣。余鼻酸不能答，颔之而已。呜呼，亡国人宁有言论之时哉！如其欲图存也，惟有力行之而已耳。

四月廿四日（星一）

上课。读倍根文。

四月廿五日（星二）

上课。今日植物课为野外实习，踏枯树以渡溪，攀野藤而上坂，亦殊有趣。

夜读倍根文。倍根有学而无行，小人也。其文如吾国战国纵横家流，挟权任数而已。

四月廿六日（星三）

上课。读 *Minna*。得母书。

四月廿七日（星四）

上课。作气象学报告，论空气之流动（Circulation of Atmosphere）。作倍根文提要二篇。

四月廿八日（星五）

上课。作倍根《友谊论》提要。

美国画家 Melchers 尝画“圣餐”（*The Communion*），为一时名作，有 Hawkins 者以重价购之，以赠此间大学，今悬于文学院南廊。今日为作一记。

四月廿九日（星六）

天时骤暖至八十度以上，不能读书，与沈、陈诸君打纸牌，又与刘、侯诸君打中国牌，以为消遣之计。

夜赴世界会之“美国夜”（American Night）。

四月卅日（星期）

晏起。读生物学。打牌。

同室陈君赴某地神学院之招，往为演说中国教会情形，今日归为予谈此事甚有趣。

读 Emerson's "Friendship"，甚叹其见解之高，以视倍根，真有霄壤之别。

五月一日（星一）

生物学为野外实习。读 *Minna*。

连日热极，今日下午忽雨雹，继以大雨，积暑尽祛矣。

五月二日（星二）

今日遂甚冷，犹有雨也。

作一文，评倍根与爱麦生之"友谊论"。

五月三日（星三）

今日微雪，中历已四月矣，而此间犹至冰点以下。

得家书。得友人书甚多，极慰。

作书复怡荪，怡荪两次来书，词旨畅茂，进境之猛，可钦可钦。

五月四日（星四）

读倍根之《建筑》与《花园》两文，皆述工作之事。惟此君为英王进土木之策，其逢迎之态，殊可嗤鄙。

五月五日（星五）

作一文评倍根《财富篇》，此文与小考同等。

读《豳风》。《豳风》真佳文。如《七月》《鸱鸮》《东山》，皆天下之至文也。

五月六日（星六）

读艾迭生与斯提尔（Addison and Steele）之《旁观报》（*Spectator*）论文集。

打牌。夜赴中国学生会。

五月七日（星期）

作一文论倍根，以中人眼光东方思想评倍根一生行迹，颇有苛词；不知西方之人其谓之何？

五月八日（星一）

上课。读《旁观报》。

连日春来矣，百卉怒长，嫩柳新榆中，天气骤暖，如在吾国五六月间；盖此间无春无秋，非大寒即大热耳。

五月九日（星二）

上课，作植物学报告。

五月十日（星三）

读《旁观报》中有“Westminster Abbey” and “Visions of Mirzah”二篇，余极爱之。

读 Johnson’s “Addison 传”。

五月十一日（星四）

上课。

夜读《小雅》至《彤弓》“受言藏之”“受言櫜之”等句，忽大有所悟。余前读诗中“言”字，汉儒以为“我”也，心窃疑之。因摘“言”字句凡数十条以相考证，今日始大悟，因作《言字解》一篇。久不作文，几不能达意矣。

五月十二日（星五）

Minna 已读毕。今日读歌德（Goethe）之 *Hermann and Dorothea*。读 Addison and Steele 二人传。

打牌。

五月十三日（星六）

今日英文小考，即作 Addison and Steele 二人传。

至 Percy Field 看联合运动会（Track）及棒球（Baseball），是日康南耳与普麟斯吞（Princeton）竞争，结果康南耳胜。

〔**附注**〕Track Meet 今译“田径赛”。

五月十四日（星期）

作生物学报告。

夜与刘千里诸人打牌。刘君已毕业，云下星期二将归祖国矣。

五月十五日（星一）

得君武一片。

生物学课观试验脑部，以蛙数头，或去其头部，或去其视官，或全去之，视其影响如何，以定其功用。

五月十六日（星二）

植物学课往野外实习，行道甚远。读歌德之 *Hermann and Dorothea*。读《旁观报》。

自今日为始，每日读书有佳句警句撷录其一，另纸录之。

五月十七日（星三）

读 *Hermann and Dorothea*。改所作诸文。

得家书及友朋书甚多，一一复之。怡荪来书有“世风日下，知音不可得，得一性情中人，吾辈当性命视之——然而不可得也！”

五月十八日（星四）

大热。

昨夜往听 Prof. John A. Lomax 演说，题为“Cowboy Songs in America”，盖即吾国所谓“牧童放牛之歌”。此君搜求甚多，亦甚有趣。

五月十九日（星五）

苦热不能作事，作诗一篇，写此间景物，兼写吾乡思。

孟　夏

孟夏草木长，异国方深春。平芜自怡悦，一绿真无垠。
柳眼复何有？长条千丝纶。青枫亦怒茁，叶叶相铺陈。
小草不知名，含葩吐奇芬。昨日此经过，但见樱花繁；
今来对汝叹，一一随风翻。西方之美人，蹀躞行花间：
飘飖白练裾，颤颤蔷薇冠。人言此地好，景物佳无伦。
信美非吾土，我思王仲宣。况复气候恶，旦夕殊寒温。
四月还雨雪，溪壑冰嶙峋。明朝日杲杲，大暑真如焚。
还顾念旧乡，桑麻遍郊原。桃李想已谢，杂花满篱樊。
旧燕早归来，喃喃语清晨。念兹亦何为？令我心烦冤。
安得双仙凫，飞飞返故园。

夜读 Macaulay's“Addison 传”，爱不忍释，计全篇七十九页，读毕已钟二下矣。

五月二十日（星六）

郭守纯君邀往 Cayuga 湖上荡舟游览。余来此几及一年，今日始与湖行相见礼。湖水稍有浪，然尚不碍舟行，景物亦佳，但少点缀耳。

是夜，赴中国学生年宴。

五月廿一日（星期）

大热。读 *Hermann and Dorothea*。

作家书上吾母，另以一书寄冬秀，吾母书言冬秀已来吾家，故以一书寄之。

五月廿二日（星一）

上课。作植物学报告。

大热至华氏表百〇三度。夜中犹热，窗户尽开，亦无风来，即有亦皆热风，尤难堪也。而百虫穿窗来集，几案口鼻间皆虫也。此真作客之苦况矣。

五月廿三日（星二）

上课。

旁晚时，大雨如注，积暑尽除，始能读书。

读气象学，明日将有小考。

五月廿四日（星三）

英文小考。气象学小考。

得家书。得德争书，大是快事。作书复德争。

五月廿五日（星四）

上课。读 *Hermann and Dorothea*。夜读 Macaulay's *Leigh Hunt*。

五月廿六日（星五）

上课。读《说文》。

连日精神疲倦，终日思睡，下午昼寝，及觉已过七时，几误餐时。

五月廿七日（星六）

今日为校中所谓“春朝”（Spring Day）假期。赴 Spring Day 会场。

下午读英文诗数家。

是日本校与哈佛（Harvard）竞舟，与耶而（Yale）竞球，皆大胜；又参与美国全国运动大赛（Track），亦大胜；尚有小竞皆胜：计一日而七捷，此间士女喜欲狂矣。

五月廿八日（星期）

看报。美国报纸逢星期日则加图画增篇幅，价亦倍于平日，盖星期无事，几于无人不读报。

读 Macaulay's *Byron*。

五月廿九日（星一）

上课。夜作一英文小诗（Sonnet），题为“Farewell to English Ⅰ”，自视较前作之《归梦》稍胜矣。

五月卅日（星二）

上课。植物学野外实习，行道极远，归途过湖，遂与郭君荡舟入湖游览，一时许始归。

五月卅一日（星三）

上课。有 Adams 君者，其母来视之，留此已数日，君日偕往游此间名胜，今日来邀余偕往，游 Gorge，风景绝佳，惟途中忽大雨，衣履淋漓，且天骤冷，颇以为苦。

六月一日（星四）

上课。连日生物学教授倪丹先生（Dr. Needham）所讲演，均极有趣，此老胸中自不凡也。

六月二日（星五）

写生物学讲义。读 Thackeray's "Swift 论"。Swift 即著《海外轩渠录》(《汗漫游》）者。Thackeray 即著《新妇人集》者。

六月三日（星六）

本学期英文科，余得免考（Exempt），心颇自喜，实则余数月以来之光阴大半耗于英文也（每学期平均分数过八十五分者得免大考）。

写生物学讲义。作生物学报告。

六月四日（星期）

温德文。德文之“主有位”(Genitive Case) 甚有趣，汉文“之”字作主有位时亦与此同，他日拟广此意为作“之”字说。

六月五日（星一）

考生物学。下午考德文。夜打牌。

六月六日（星二）

得大哥一书，以书复之。作书与容揆监督。

阅报见但怒刚成仁于广州之耗，不知确否？念之慨然。

六月七日（星三）

温气象学。考气象学。

下午看《水浒》。久不看此书，偶一翻阅，如对故人。此书真是佳文。余意《石头记》虽与此异曲同工，然无《水浒》则必不有《红楼》，此可断言者也。

六月八日（星四）

读植物学。

得怡荪一书，知乐亭（程干丰）已于三月廿六日谢世，闻之伤感不已。乐亭为松堂翁之子，余去岁北上，即蒙以百金相假，始克成行。其人沉毅，足以有为，而天不永其年，惜哉！

六月九日（星五）

温植物学。

昨日怡荪寄一长诗哭乐亭之丧，情真语挚，读之令人泪下，为另录一通藏之。

哭程君乐亭

许怡荪

始与君同学，高楼共晨昏。同学数十辈，我独心许君。
气味渐相投，交情日以亲。西阁联床夜，竟夕同笑言。
奄忽尽二载，业毕将离群。离群伤吾意，脉脉不忍分；
故复与君约，担簦游沪滨。从此长聚首，意气弥复新；
齐心同志愿，剖腹见性真。感念时多难，慷慨气益振；
砥励复砥励，耿耿此心存。岂图旦夕间，堂上萎灵萱！
君躯既清羸，君怀惨莫伸：以此伤心意，二竖遽相缠。
参苓罔能效，怅怅归故园。方期天伦乐，可以疗瘴瘝；
何堪风雨夜，西望招汝魂！颜色不可见，徒想平生人。
杳杳即长夜，声气不相闻。君亲素长者，岂弟闻四邻；
君亦无罪过，胡不永其年！天道果何知，已矣复何论！
往岁七八月，自家来贵门。君望见我来，眉宇喜欲颠；
走伻招旧雨，剪烛开清樽。吾适有远行，不得久盘桓。
江天下木叶，明月满前轩；执手一为别，黯黯共伤神。
还问何时会，要我以明春。岂知成虚愿，念之摧心肝？
四野多悲风，哀鸿遍中原，死者长已矣，此生复何欢！
掷笔一长叹，泪下如流泉。

六月十日（星六）

考植物学。

作书寄松堂翁，亦不作慰词。夫天下岂有劝为人父母者不哭其子者哉？

大考已毕，一无所事矣。

第一学年毕矣！

六月十一日（星期）

得保民、仲诚、慰慈、蜀川书。蜀川书言饶敬夫（名可权，嘉应州人）亦死于广州。此君前殉其妇，吾辈救之，得不死，今乃死于革命，可谓得所矣。

读《王临川集》。

六月十二日（星一）

慰慈为我寄《马氏文通》一部来，今日始到。

读《马氏文通》，大叹马眉叔用功之勤，真不可及，近世学子无复如此人才矣。若贱子则有志焉而未之逮也。

打牌。

六月十三日（星二）

出门旅行第一次，游 Pocono Pines。十二时廿五分车行，下午五时半到。自 Ithaca 至此，计百四十七英里。中国基督教学生会在此开夏令会，明日起至十九日止。今日华人到者十三人（到会者不全是基督徒)。

六月十四日(星三)

第一日:中国公学同学陈绍唐君亦来,不相见者三年矣。中国学生来者约三十人,有张履鳌、曹云祥等。游湖上。是夜开会,穆德(Dr. John R. Mott)演说,极动人。会已,为欢迎茶会。

六月十五日(星四)

第二日:穆德演说二次,此君演说之能力真不可及。有 Prof. Hildebrand 之经课及 Dr. Beach 之讨论会。游湖上。夜会。与陈君谈。与胡宣明君谈。齿痛。

六月十六日(星五)

第三日:李佳白君(Dr. Gilbert Reid)经课,李君自上海来。洛克乌德君(Mr. Lockwood)演说,亦自上海来者。朱友渔君演说。合影。是日牙痛甚剧,不能赴夜会。早睡。

六月十七日(星六)

第四日:经课。讨论会,题为"孔教之效果",李佳白君主讲,已为一耻矣,既终,有 Dr. Beach 言,君等今日有大患,即无人研求旧学是也。此君乃大称朱子之功,余闻之,如芒在背焉。Mr. T. R. White 演说"国际和平"(International Peace)。下午为欢迎茶会。夜会。

得希吕一书。

六月十八日（星期）

第五日：讨论会，题为“祖先崇拜”（Ancestor Worship）。经课。Father Hutchington 说教，讲《马太福音》第二十章一至十六节，极明白动人。下午绍唐为余陈说耶教大义约三时之久，余大为所动。自今日为始，余为耶稣信徒矣。是夜 Mr. Mercer 演说其一身所历，甚动人，余为堕泪。听众亦皆堕泪。会终有七人起立自愿为耶稣信徒，其一人即我也。

〔附记〕

这一次在孛可诺松林（Pocono Pines）的集会，几乎使我变成一个基督教徒。这册日记太简略，我当时有两封信给章希吕与许怡荪，记此事及当时的心境稍详细，现在附抄在此，与怡荪信附有八年十月一跋，也附抄在此：

一　寄章希吕

希吕足下：

现方外出赴一耶教学生会于 Pocono 山之巅。此间地高，气爽天寒，有围炉者。

今日忽得由 Ithaca 城转来手书，读之亦悲亦慰。乐亭之噩耗，已于怡荪手书中知之。自是以后，日益无聊，又兼课毕，终日无事，每一静坐，辄念人生如是，亦复何乐？此次出门，大半为此，盖欲借彼中宗教之力，稍杀吾悲怀耳。乐亭已矣！

吾辈生者失一分功之人，即多一分责任，今方求负责任之人而不可得，而忍见沈毅少年如乐亭者夭折以死耶！来书言旧日同学将为乐亭开哀悼会，适与乐亭非独友朋之感而已，岂可默然无一言以写吾哀！惟顷见怡荪已有长诗哭之，适心绪如焚，不克有所作，仅集《文选》句成一联。弟能为我倩人书之否？

此间耶教学生会乃合二会而成：一为美国东省耶教学生会，一为中国留美东省耶教会。中国学生到者约三十余人。适连日聆诸名人演说，又观旧日友人受耶教感化，其变化气质之功，真令人可惊。适亦有奉行耶氏之意，现尚未能真正奉行，惟日读 *Bible*，冀有所得耳。

来书言有“无恒”之病，此为今日通病，不止弟一人而已也。治之之法，在于痛改。其法大概如下：

（一）读书非毕一书勿读他书。

（二）每日常课之外，须自定课程而敬谨守之。

（三）时时自警省。如懈怠时，可取先哲格言如“人而无恒，不可以作巫医（古谚）”“德不进，学不勇，只可责志（朱子）”“精神愈用则愈出（曾文正）”之类，置诸座右，以代严师益友，则庶乎有济乎？

居此十日，便仍归去。适有去 Cornell 之志，不知能实行否？

匆匆奉闻，即祝

无恙。

小兄适顿首。

一九一一，六，十七。

二　寄许怡荪

怡荪吾兄足下：

得手书，及哭乐亭诗之后，已有书奉复，想已得之。此后日益无聊，适大考已毕，益无所事事，适此间耶教学生会会于孛可诺（Pocono）山之巅，余往赴之。此会合二会而成：一为 Chinese Student's Christian Association，一为美国东省耶教学生会。计中国学生到者约三十五人，美国学生约二百人。此山地高二千英尺，故寒如在深秋，早晚有拥炉者，可称避暑福地。会中有名人演说，如 Mott（即《青年会报》所称之穆德，乃世界名人），Beach（此君曾居中国，能通《说文》，亦一奇也），Gilbert Reid（李佳白）等。弟愁苦之中，处此胜境，日聆妙论，颇足杀吾悲怀。连日身所经历，受感益甚，昨日之夜，弟遂为耶氏之徒矣。想故人闻之，必多所骇怪，颇思以五日以来感人最甚之事为足下言之。

方弟入中国公学时，有同学陈绍唐君（广西人）与弟同班，一年之后，此君忽入守真堂专读英文，后遂受洗为耶教徒。他于前年来美，今于此相见。其人之言行，真如程朱学者，令人望而敬爱。其人信道之笃，真令人可惊。然其人之学问见识非不如吾辈也。此可见宗教之能变化气质矣。

昨日之夜，有 Mercer 者，为 Mott 之副，其人自言在大学时染有种种恶习（美国大学学生之风俗有时真如地狱），无所不为。其父遂摈弃之，逐之于外。后此人流落四方，贫不能自活，遂自投于河；适为水上巡警所救，得不死，而送之于一善堂。堂中人劝令奉耶教。从此此人大悔前行，遂力行善以自赎。数年之后，一日有会集，此君偶自述其一生所历，有一报纸为揭登其词；其父于千里之外偶阅是报，知为其子，遂自往觅之。既至，知其果能改行，遂为父子如初。此君现卒成善士，知名于时。此君之父为甚富之律师，其戚即美国前任总统也。此君幼时育于白宫（总统之宫），则所受教育不言可知，而卒至于此，一旦以宗教之力，乃举一切教育所不能助，财产所不能助，家世所不能助，友朋所不能助，贫穷所不能助之恶德而一扫空之，此其功力岂可言喻！方此君述其父再见其子时，抱之于怀而呼曰："My boy, My boy..."，予为堕泪，听众亦无不堕泪。会终有七人（此是中国学生会会员，大抵皆教中人，惟八九人未为教徒耳）起立，自言愿为耶教信徒，其一人即我也。

是会在一小屋之中，门矮可打头，室小如吾南林里所居之半，拾门外落叶枯枝为炉火，围炉而坐，初无宗教礼仪之声容节奏，而感人之深一至于此，不亦异乎？现弟尚留此，三日后即归 Ithaca 城。……

匆匆奉闻，即祝

无恙。

弟适顿首。

六月廿一日。

此书所云"遂为耶氏之徒"一层，后竟不成事实。然此书所记他们用“感情的”手段来捉人，实是真情。后来我细想此事，深恨其玩这种“把戏”，故起一种反动。但是这书所记，可代表一种重要的过渡，也是一件个人历史的好材料。 适。 八年十月追记。

六月十九日（星一）

第末日：祈祷集会。事务会。美国基督学生夏令会之欢迎茶会。运动比赛。

六月廿日（星二）

吾国学生会已毕，自今日为始，吾辈留此为美国学生会之客。

外出散步。看打棒球。

是日早晚俱有讲道会。

有 Elkington 者，为此间地主，曾至中国，现招吾辈明日往游其家。

六月廿一日（星三）

是日早有 Talbot 主讲之讲道会。

步行至 Pocono 湖，Elkington 以舟来迎，舟行湖中，约一时始至其家（湖广约四英里）。其地幽绝，冬青之树参天蔽日，湖光荡漾，如在画图。主人导吾辈周览一匝，出橘浆饮吾辈已，复致词，甚殷挚，有陈某答之。五时辞归。

六月廿二日（星四）

Fosdick, Hurry 等演讲。

下午与陈绍唐、胡宣明二君荡舟于 Naomi 湖，约二小时至一小岛，名“Comfort”，登岸一游，以小刀刻“二胡一陈”四字于一枫树之上而归。

六月廿三日（星五）

今日归矣。十二时十分上车，一时至 Scranton。其地有车站极壮丽，垣壁皆以花石为之，嵌画甚多，皆就有色之石缀合而成，可谓奇观。过 Elmira，即陈晋侯（茂康）所游者也。八时至 Buffalo，住 Iroquis 旅馆。

六月廿四日（星六）

晨以电车至尼格拉瀑布（Niagara Falls）观飞瀑，所谓全景（General View）者是也。泉自高岩飞下，气象雄极，唐人诗所谓“一条界破”，对此便觉其语寒酸可嗤，水触石，喷沫皆成云雾。既复以车游瀑布下之大壑（Gorge）。下壑仰观飞瀑，状尤雄伟。三时归 Buffalo。五时五十分上车，十时至 Ithaca。

六月廿五日（星期）

晏起。作一书寄母。昨日归，得保民、叔永等书。

六月廿六日（星一）

访宪生诸君于湖上别墅，下午始归。

六月廿七日（星二）

作《康南耳传》未完。

六月廿八日（星三）

今日始习打网球（Tennis）。夜打牌。

阅《国风报》，见梁卓如致上海各报馆书，心颇韪其言，以为上海各报对梁氏，诚有失之泰甚之处，至于辱及妻女，则尤可鄙矣。

六月廿九日（星四）

写字一纸，甚苦磨墨。打球。夜读周畇叔（星詧）《鸥堂日记》三卷，亦殊好之。

今日天气甚凉，仅七十余度耳。思作诗挽乐亭，未成。

六月卅日（星五）

作《康南耳传》未完。

读《马太福音》第一章至第五章。

七月一日（星六）

天骤热。初购希腊文法读之。读《马太福音》五章至七章。

读班洋（Bunyan）之《天路历程》(*Pilgrim's Progress*)。

七月二日（星期）

读《马太福音》八章至九章。作书寄李辛白。天热不能作事，打牌消遣。

七月三日（星一）

有休宁人金雨农者，留学威士康星大学（Wisconsin University）电科，已毕业，今日旅行过此，偶于餐馆中遇之，因与偕访仲藩。十二时送之登车。

今日天气百一十度。打牌。

七月四日（星二）

读 Plato's *Apology of Socrates*。

今日为美国独立纪念日，夜八时至湖上观此间庆祝会。士女来游者无算，公园中百戏俱陈，小儿女燃花爆为乐。既而焰火作矣，五光十色，备极精巧。九时半始归。

七月五日（星三）

往暑期学校注册。下午打牌。

七月六日（星四）

暑期学校第一日，化学（八时至一时）。打牌。

七月七日（星五）

上课。打牌。

七月八日（星六）

无事。打牌。天稍稍凉矣。

七月九日（星期）

读《马太福音》。

七月十日（星一）

上课。化学实验，左手拇指受玻璃管刺伤，流血甚多。

七月十一日（星二）

读 Fosdick's *The Second Mile*。此书甚佳。余在 Pocono 曾见此人演说三次。

作“哭乐亭诗”成：

人生趋其终，有如潮趣岸；前涛接后澜，始昏倏已旦。[1]
念之五内热，中夜起长叹。吾生二十年，哭友已无算。
今年覆三豪，[2] 令我肝肠断。于中有程子，耿耿不可漶。
挥泪陈一词，抒我心烦惋。惟君抱清质，沈默见贞干。

[1] 胡适原注：“此四句译萧士璧小诗第六十章。”

[2] 胡适原注：“粤乱吾友二人死之，与乐亭而三也。山谷诗云，‘今年鬼祟覆三豪’。”

似我澹荡人，望之生敬惮。去年之今日，我方苦忧患：
酒家争索逋，盛夏贫无幔。君独相怜惜，行装助我办，
资我去京国，遂我游汗漫。一别不可见，生死隔天半。
兰蕙竟早萎，孤桐付薪爨。天道复何论，令我眦裂盱！
我今居此邦，故纸日研钻。功成尚茫渺，未卜雏与鷇。
思君未易才，尚如彩云散。而我独何为？斯世真梦幻！
点检待归来，辟园抱瓮灌，闭户守残经，终身老藜苋。

七月十二日（星三）

上课。读 H. Begbie's *Twice-born Men*。

得怡荪书，附乐亭行述，嘱为之传。下午为草一传。久不作古文，荒陋可笑。昨日一诗，今日一文，稍稍了一心愿。然此岂所以酬死友者哉！

程乐亭小传

乐亭以辛亥三月二十六日死。后二月，其友胡适为诗哭之。诗成之明日，而许怡荪以乐亭之行述来嘱为之传，适不文，然不敢辞也。谨按行述：

君程姓，名干丰，居绩溪十一都之仁里。其先代以服贾致富，甲于一邑，累叶弗坠。父松堂先生，敦厚长者，好施而不责报，见侵而不以为忤。当国家初废科举，即出资建思诚学校，近又建端本女学，以教育其乡之子女，吾绩风气之开，先生有力焉。

君为人少而温厚，悱恻有父风，为思诚校中弟子，与其弟

三四人晨趋学舍，皆恂恂儒雅，同学咸乐亲之。日夕罢学，则与同学胡永惠、胡平及其诸姑之子章洪钟、章恒望数人促膝谈论，以道义学行相砥砺。君深于英文，尤工音乐，同学有所质问，辄极其心思为之往复讲解。盖其爱人之诚，根于天性如此。

既卒业而有母丧。后半载，始与其友数人入金陵某校，旋去而之上海，读书于复旦公学。君既遭母丧，意气即惨然弗舒，至是益憔悴，遂病。而读书仍不少辍，尝曰："为学宜猛进，何可退也？"至庚戌之夏，日益不支，家人乃促之归，归未一年而死。年二十一。君生平笃于朋友恩谊，其卒也，同学皆哭之如手足云。

胡适曰："呜呼！余识乐亭在戊己之际，已丧母矣，形容惨悴，寡言笑；嗣后虽数数相见，其所与我言才七八十语耳，盖其中怀惨痛有难言者。不知者以为乐亭矜重难合，而乌知此固前数年沉毅佳侠抵掌谈论不可一世之少年耶！"

许怡荪曰："呜呼！余与乐亭六载同学，相知为深，孰谓乐亭之贤而止于此！夫以乐亭与其尊甫之恻怛好义，天不宜厄之，而竟死，可伤也！"胡适曰："许君之言诚也。"遂以为传。

七月十三日（星四）

上课。读《陶渊明诗》一卷。

七月十四日（星五）

化学第一小试。读拉丁文。

夜游公园，适天微雨，众皆避入跳舞厅内。已而乐作，有男女约二十双，双双跳舞。此为余见跳舞之第一次，故记之。

七月十五日（星六）

读拉丁文。读谢康乐诗一卷。作书寄友人。夜赴暑期学生之欢迎会。

七月十六日（星期）

游湖上别墅，归后大风雨。读拉丁文。

七月十七日（星一）

上课。化学试卷竟得百分，真出意外。读拉丁文。

七月十八日（星二）

上课。作化学算题，久不作算数之事矣。（去年北京试后，即未一亲此事。）

夜听 Prof. Sprague 演说“Milton”。此君为本校最先英文掌教，今老矣。

七月十九日（星三）

上课。偶与沈保艾谈，以为吾辈在今日，宜学中国演说，其用较英文演说为尤大，沈君甚以为然，即以此意与三四同志言之，俱表同意，决于此间组织一“演说会”。

七月廿日（星四）

上课。写化学讲义。

七月廿一日（星五）

化学第二小试。是夜邀演说会同志会于余室，议进行大旨。打牌。得近仁一书。

七月廿二日（星六）

晨往 Robinson 照相馆摄一小影。打牌。读美国短篇名著数种。

七月廿三日（星期）

晨十时，康南耳中国演说会第一会，余演说“演说之重要”。是日有参观者六七人。余演说每句话完时常作鼻音“nn”声，亦不自觉，此是一病，今夜承友人相告，当改之。

七月廿四日（星一）

上课得德争一书。打牌。演化学算题。

七月廿五日（星二）

上课。作书复德争。打牌。

七月廿六日（星三）

上课。演化学算题。

连日极寒，中夜尤难堪。天明时梦见吾母，又梦见蜀川。

七月廿七日（星四）

上课。写化学讲义。

七月廿八日（星五）

化学第三小考。

七月廿九日（星六）

读《马太福音》。读 Samuel Daniel 情诗数章。打牌。

七月卅日（星期）

演说会第二次会，余为主席。

七月卅一日（星一）

上课。演算题。

八月一日（星二）

上课。读 George Eliot's *Silas Marner*。

八月二日（星三）

读 *Silas Marner*。此书虽亦有佳处，然不逮 *The Mill on the Floss* 远甚。友人某君昔极称此书，盖所见不广耳。

八月三日（星四）

读 *Silas Marner* 之第十二回“The Discovery of Eppie”，不觉毛发为戴，盖惨怆之至矣。

八月四日（星五）

化学第四小考，极不称意；平生考试，此为最下。打牌。

八月五日（星六）

打牌。

八月六日（星期）

演说会第三次会，余演说“祖国”。

自今日起不吸烟矣。余初吸最贱之烟卷，继复吸最贵之烟卷，后又吸烟草，今日始立誓绝之。

八月七日（星一）

上课。

八月八日（星二）

上课。今日读 *Silas Marner* 毕。作家书。作书寄近仁。朱友渔君自纽约来。取回所摄影。

八月九日（星三）

得保民一书。演算题。

八月十日（星四）

上课。夜早睡；连日或以读书，或以打牌，恒子夜始寝，今日觉有不适，故以此矫之。

爱国会举余为主笔，尚不知何以答之。

八月十一日（星五）

上课。下午晤 Brown 君夫妇。此君夫妇皆尝至吾国，教授于天津某校者也。取照片。夜打牌。

八月十二日（星六）

读狄更氏《双城记》。

八月十三日（星期）

演说会第四次会，余演说“克己”。

韩安君自西方来。此君字竹平，吾皖巢县人，毕业于此校，今以爱国会事，周游东方诸校。

温化学。

演说会自下星期起暂停。

八月十四日（星一）

化学大考。读《双城记》。

八月十五日（星二）

上课。天大雷雨。读《双城记》完。

韩君见访，谈甚久，此君貌甚似保民。

学生会特别会，为爱国会事也。

八月十六日（星三）

今日为暑期学校课最末一日。

去年今日去国，去祖国已一年矣。今日得堂上家书，坐 Morse 院外坡上读之。读已四望，湖光如镜，白杨青枫，萧萧作声，树间鼪鼯窥人，毫无畏态。佳哉此日！

八月十七日（星四）

读爱麦生文（Emerson's *Essays*）。读《五尺丛书》中之 *Tales*，此书如吾国之《搜神述异》，古代小说之遗也。连日无事，极无聊，故读之。

此间国人十去其九，皆赴中国东美学生年会者也。

八月十八日（星五）

读马可梨（Macaulay）之 *History* 及 *Johnson*。打牌。

见北京清华学堂榜，知觐庄与钟英皆来美矣，为之狂喜不已。

八月十九日（星六）

读密尔顿（Milton）之 *L'Allegro*。

与魏作民诸君游湖上别墅，夜八时始归。

八月廿日（星期）

与魏、李诸君躬自作馔，烹鸡炙肉，大啖之。

下午独游 Cascadilla 谷，独行林中，长松蔽天，小桥掩映，溪声淙淙可听，胸襟为之一舒。

读密尔顿之 *L'Allegro* 及 *Il Penseroso*，皆佳构也。

八月廿一日（星一）

读密尔顿稍短之诗。下午至藏书楼作《康南耳传》。

八月廿二日（星二）

作《康南耳传》毕，凡五六千言，拟系以短论，久之未成。

八月廿三日（星三）

下午与同居诸君泛舟湖上，此日所用为帆船，但恃风力，亦殊有趣。夜打牌。

八月廿四日（星四）

是日打牌两次。读密尔顿小诗。

八月廿五日（星五）

作《康南耳传》结论，约三百余字，终日始成；久矣余之不亲古文，宜其艰如是也。打牌。

八月廿六日（星六）

读德文诗歌 *Lyrics and Ballads*。打牌。

八月廿七日（星期）

金旬卿君归自纽约，闻其谈旅行事甚详，拟今冬亦往纽约一游。

王益其君昨日约往一谈，今日赴之，谈气象学建设事。

八月廿八日（星一）

昨夜寻思非卖文不能赡家，拟于明日起著《德文汉诂》一书，虽为贫而作，然自信不致误人也。

读 *Lyrics and Ballads*。

八月廿九日（星二）

晨起读王介甫《上仁宗皇帝言事书》，极爱其议论之深切著明，以为《临川集》之冠。

访 Prof. Wilson，承其导观气象所（Weather Bureau）一切器械。

夜读 *King Lear*。

八月卅日（星三）

晏起。打牌。读 *The Tempest*。连日读萧士璧戏剧，日尽一种，亦殊有趣。

八月卅一日（星四）

上午至王益其处，与同炊爨为午餐食之。下午散步 Cascadilla 谷。是日，读 *Macbeth* 未完。

九月一日（星五）

昨夜误碎目镜，今日入市令工治之。理什物。

读 *Macbeth* 毕。此书为萧氏名著，然余读之，初不见其好处，何也？

得傅有周寄小影，附题词廿四韵。以一书报之，亦媵以一影。

九月二日（星六）

陈晋侯、沈保艾归自年会，为言余被举为赔款学生会中文书记兼任会报事，余已许爱国会为任主笔之一，今若此，恐遂无宁日矣。

读 Dryden's *All for Love* 毕。此剧甚佳。

九月三日（星期）

读仲马小说。改《康南耳传》结论，删去二百字，存百字耳。打牌。

见《小说时报》所登上海伎人小影，知吾前所识之某辈今皆负盛名矣。

九月四日（星一）

今日为劳动节（Labor Day），为休息之日。打牌。

读仲马小说。吾读《侠隐记》续集，已尽六巨册，亦不知几百万言矣。此 *Son of Porthos* 为最后之一册。伟矣哉，小说之王也！

九月五日（星二）

读小说。打牌。阅报知第三次赔款学生今日抵旧金山。与金涛君谈话。今日拟迁居而未成。是夜大雨。

九月六日（星三）

主妇大可恶，几致与之口角。此妇亦殊有才干，惟视此屋为一营业，故视一钱如命，为可嗤耳。

今日迁居世界学生会所。初次离群索居，殊觉凄冷。

昨日与金涛君相戒不复打牌。

九月七日（星四）

得君武书，知杨笃生投海殉国之耗，为之嗟叹不已。其致君武告别书云："哀哀国祖，徇以不吊之魂；莽莽横流，淘此无名之骨。"读之如闻行吟泽畔之歌。

君武赠诗一首。

九月八日（星五）

昨夜译 Heine 小诗一首。作书寄君武。读《荀子》一卷，小说一卷，陶诗数首。写去国后之诗词为《天半集》。

九月九日（星六）

读《荀子》第二卷。读 *Fortunes of Nigel*，小说也。

与匈牙利人 A. Janitz 君谈。预备明日演说。

九月十日（星期）

演说会第五次会，余演说“辩论”。与诸君论下次辩论会择题事。

读《荀子》半卷。读 *Fortunes of Nigel*。

九月十一日（星一）

读 *Fortunes of Nigel* 毕。此为司各得氏小说之一，以有苏格兰文字，故读之稍费时力。

得钟英一电，知明日可到。

九月十二日（星二）

至车站迎钟英。十二时车到，同来者四人：裘维莹、杨孝述、章元善、司徒尧诸君。是日与钟英及诸君闲谈终日。

九月十三日（星三）

读《荀子》半卷。

得保民一书，附《艺舟双楫》及《广艺舟双楫》二册。

夜开欢迎会，欢迎新来诸君。

九月十四日（星四）

与钟英诸人闲谈，又同游农院。

得二兄一书，久不得二兄书矣。

九月十五日（星五）

钟英前已定居 Lee 姓之屋，今日始迁往。主妇之子，余同班也。

读 *Man in the Iron Mask*。作公私书函。

钟英携来照片甚多，有余十八岁时小影，对之不胜今昔之感。

九月十六日（星六）

读小说。与钟英往见注册主任 Hoy。与程、计二君议明日会事。

夜与钟英闲步至 Happy Hour 看影戏，余九阅月不至此矣。

钟英父母俱存，有兄有妹，承以合家影片见示，天涯游子，对之感慨何限！

九月十七日（星期）

演说会第一次举行辩论，题为“中国今日当行自由结婚否？”余为反对派，以助者不得其人，遂败。

读小说。

九月十八日（星一）

读小说。作书。读《荀子》。是日购 C. Lamb 尺牍二帙读之。

九月十九日（星二）

读 Lamb 尺牍。删定《气候学论》。

下午往观 Ithaca Fair。Fair 者，所谓“展览会”也。陈一乡之所出而定其优劣焉，以鼓舞其优者而汰其劣者，意至善也。

九月廿日（星三）

作家书。今日为始，以后每七日作书一次寄吾母与吾兄。作书寄上海友人。

今日终日未读一书，何也?

九月廿一日（星四）

读《荀子》。

下午至 Fair 观飞行机，所见为一双叶机，亦不甚大，待之久乃不见飞起。天忽大雨，时来观者约数万人，皆狼狈走散。余亦衣履皆濡。

九月廿二日（星五）

读 Sophocles’（希 腊 人 495—405 B.C.）*Oedipus The King* 一

剧。读《荀子》。

以所居之图寄母兄。得仲诚一书，觐庄一书。

九月廿三日（星六）

今日匆匆竟未读书何也？上午拍球；下午预备演说，定下学期课程。

九月廿四日（星期）

今日以会所不可用，故演说会展缓一星期。读《马太福音》两卷。

九月廿五日（星一）

在藏书楼阅书，为作《本校发达史》之材料。史目如下：

第一章　概论

第二章　白校长（White）时代

第三章　亚丹校长（Adams）时代

第四章　休曼校长（Schurman）时代

九月廿六日（星二）

至藏书楼读书。作校史第一章未成。作书寄觐庄，约二千言。有 M.B. Haman Felix Kremp 者来谈。

九月廿七日（星三）

上山注册，归时小雨。下午作校史第一章成。

出游偶见书肆有 Henry George's *Progress and Poverty*（亨利·乔治著《进步与贫穷》），忆君武曾道及此书，遂购以归，灯下读之。卷首有其子序一首，甚动人。

九月廿八日（星四）

昨夜夜分腹痛大作，几不可忍，一夜数起，今晨诣医视之，服药两种，稍稍愈矣，然尚泄不已。

今日为上课之第一日，休曼校长演说。

九月廿九日（星五）

今日犹时时泄下，医云，“此药之力也，病已祛矣”。

上课。夜读 Wordsworth's *Tintern Abbey*。

九月卅日（星六）

上课。听 Prof. Strunk 讲 *Tintern Abbey* 甚有味。西人说诗多同中土，此中多有足资研究者，不可忽也。

偶见 *Little Visits with Great Americans* 一书，甚爱之。

十月一日（星期）

至 Sage Chapel（本校礼拜堂）听 Anderson 讲道。

今日以会所未得空地，遂不开演说会。

读 Wordsworth（华茨沃氏）诗。

十月二日（星一）

经济学第一课宣言农院二年生不许习此课，以人太多故也。

听 Prof. Northup 讲英文，谓欲作佳文，须多读书。其说甚动人。

十月三日（星二）

以改定课程颇费周折，卒仅得读十五时耳。

得觐庄所寄《颜习斋年谱》，读之亦无大好处。

十月四日（星三）

上课。读华茨沃诗。

得觐庄一书，亦二千字，以一书报之，论宋儒之功，亦近二千言。

是日大雨。天骤热。中夜忽流鼻血不已。

十月五日（星四）

上课。读 De Quincy's "The Knocking"，甚喜其言之辩，惟所论余殊不谓然，为作一文驳之。

十月六日（星五）

今年每日俱有实验课。上午受课稍多，竟不暇给；惧过于劳苦，自今日为始，辍读演说及英文诗二课，而留英文散文一科。

今日为中秋节，天雨无月，为之怅怅不已。

十月七日（星六）

上课。下午看影戏，有科学片“花的生长”（*The Growth of Flowers*），真妙不可言；又有 Cornell 景物写真，亦可观。

夜学生会第一次会，新职员为金涛、刘仲端、林亮功、程义藻等。会毕访邹树文，归见月色甚佳，心神为之怡悦无已。

十月八日（星期）

未读一书，未作一事。

十月九日（星一）

上课。读 Burke's“The Age of Chivalry is gone !”，文秾丽极矣。写地质学报告。

十月十日（星二）

上课。下午地质学野外实习。读 Thackeray's *Round About Papers*，甚趣。至 Fall Creek，风景佳绝，余居此一年，乃未游此地，可惜可惜。

十月十一日（星三）

上课。得觐庄书，攻击我十月四日之书甚力。夜世界学生会（Cosmopolitan Club）常会，是日有人提议宾客不宜太滥一事，甚有理。作一书寄马小进。

十月十二日（星四）

上课。闻武昌革命军起事，瑞澂弃城而逃，新军内应，全城遂为党人所据。

十月十三日（星五）

作英文记一篇。上课。

革命军举谘议局长汤化龙为湖北总督；黄兴亦在军，军势大振；黎元洪为军帅。外人无恙。

十月十四日（星六）

上课。种果学野外实习。

武昌宣告独立。北京政府震骇失措，乃起用袁世凯为陆军总帅。美国报纸均袒新政府。

十月十五日（星期）

Prof. Comfort 有圣经课。

起用袁世凯之消息果确，惟不知袁氏果受命否耳。汉口戒备甚严，念大哥与明侄在汉不知如何？

十月十六日（星一）

上课。夜温习地质学与化学，以明日有小试也。

十月十七日（星二）

上课。地质学小试。化学小试。下午地质学野外实习，至湖上，还至鬼头山而归。

相传袁世凯已受命，此人真是蠢物可鄙。

十月十八日（星三）

上课。作一书致本校图书馆长 Harris 君，论添设汉籍事。

闻有兵轮三艘为新军击沉于江中。

十月十九日（星四）

上课。昨日汉口之北部有小战，互有杀伤。下午《神州日报》到，读川乱事，见政府命岑春萱赴川之谕旨，有“岑某威望素著”，又“岑某勇于任事”之语，读之不禁为之捧腹狂笑。

十月廿一日（星五）

下午至 Percy 场观本校与 Washington and Jefferson College 比球，本校胜也。

十月廿二日（星期）

演说会开会，余演讲 Ezra Cornell 之事迹。

经课，Prof. Comfort 主讲。此君博学能言，辞意恳切动人。今日言人生处世如逆流之舟，须以汽力助之始可逆流而上耳。

十月廿三日（星一）

作一写景文字。温种果学，明日有考也。

报载袁世凯果不肯出山，而以足疾辞。

十月廿四日（星二）

野外实习至南山，教师谓此地四千万年前尚为大海，汪洋无际，今考山石尚多介族化石之遗，山石分层，序次井然，非一川一渎之所能成也。闻之感慨世变，喟然兴思。

十月廿五日（星三）

上课。偶读 Newman 文而喜之，余初不知此君，今始读其文，始信盛名非虚也。读俄国短篇小说数则。

十月廿六日（星四）

广州新将军凤山赴任尚未登岸，有党人以炸弹投之，凤山死，同时死者二十余人。广州今日防卫之严，自不待言，而犹有此事，亦可异矣！

上课至花房（Green House）实习，见菊花盛开，殊多感叹。

十月廿七日（星五）

作一书寄君墨。余去年作《重九词》，有“最难回首，愿丁令归来，河山如旧”之语，今竟成语谶，可异也！

十月廿八日（星六）

腹中作痛。夜赴学生会，归赴世界学生会 Smoker（“Smoker”者，无女宾，可以饮酒、吸烟，故名）。是夜有诸人演说，侑以酒饼，至夜半始散。余助之行酒，以余不饮酒故也。

十月廿九日（星期）

赴康福（Prof. Comfort）之经课。下午有辩论会。夜作植物生理学报告。昨日报记官军获胜，复夺汉口。

十月卅日（星一）

今日为重九，“天涯第二重九”矣。而回首故国，武汉之间，血战未已；三川独立，尚未可知；桂林长沙俱成战场；大江南北人心皇皇不自保：此何时乎！

（以下阙）

卷二

一九一二年九月廿五日——一九一二年十二月廿八日

在康南耳大学文学院

此卷在手稿本中为第一册。此册封面题“藏晖日记”，题右旁略低有小字“留学康南耳之第三年”。文字皆竖写。第一页开头，又题“藏晖日记”。正文以写作日期为标题，但不单独占行，用顶格书写来表示。正文低两格写。文中常以“上午”“下午”“夜”等方式分段。无标点。

元年九月廿[1]五日（星三）[2]

晨起入校，办注册事。下午有印度人 Setna 君来访。此君自孟买来，与前记之盘地亚君同乡也。

夜往戏园观南君夫妇[3]（Southern and Marlowe）演萧氏名剧 *Hamlet*。南君串 Hamlet，其妻马女士串 Ophelia。此戏为萧氏名剧中之最难演串者，因 Hamlet 之唱白居全书十分之九，为书中主人者甚不易得，故难也。剧中事实，约略记之如下：

丹麦之王有弟 Claudius，伺其兄昼寝，潜以毒灌入耳内，遂弑之；复求婚于其兄之后，许焉，遂篡位。故王之子 Hamlet 耻其母所为，哀痛不欲生。适故王之鬼现形于某处，王子闻之，夜往伺之。鬼为言遭弑之状。王子大愤，誓为报仇。然王子温柔，宽仁长者也。转念鬼语，或不可深信，思有以证之。又惧见猜，乃佯狂以自晦。尝爱一女子 Ophelia，女子[4]父兄皆不愿之[5]，令女尽还所遗书物，人或疑王子为爱狂也。其叔狡诈，常戒备之。王子喜戏曲，一日观剧，忽有所悟，因改窜一旧剧，令其中情节与其父之死相仿佛，因设筵招其叔往观之。其叔观至进毒一节，大怒，拂袖遁去。后招其子入宫，适篡王方伏地忏悔，王子拔剑欲刺之。继思罪人方在忏悔，杀之，其魂魄可升天，是福之也，遂

[1] 廿，手稿本为“二十”。手稿本中“廿”与“二十”、“卅”与“三十”等的混用情况较多，后不再注。

[2] （星三），手稿本无。

[3] 南君夫妇，手稿本无，只有两人的英文名字。

[4] 子，手稿本为“之”。

[5] 不愿之，手稿本为“不欲之”。

舍之。入宫，数其母之罪。母愧悔大哭。时 Ophelia 之父 Polonius 方伏帷后窃听，偶作声，王子以为其叔也，拔剑隔帷刺之，毙。明日，其叔假杀大臣罪，送其侄往英国，而嘱英王杀之。途中王子窃发国书，得其谋，潜易其词，令英人杀监者二人，皆其友也。海行数日，遇海盗，王子[1]与斗，被虏去，后盗[2]知为王子，纵之生还，令纳金以赎，王子遂复归丹麦。

时被杀大臣之女既恸失所欢，又哀父死于非命，遂发狂投水死。其兄归自异国，欲报父仇，王复耸动之，令与王子决斗，以毒药淬刃。决斗之日，王犹恐其侄不死，则置毒酒中，欲以赐之。既斗，王子受微伤，其仇伤重将死矣。后忽思饮，举毒酒尽之，毒发立毙；临死呼曰，“酒也，酒也！”受伤之仇本任侠少年，以父仇故，堕奸人术中，至是自知将死，遂告王子以刃中有毒，已不可救，主谋者篡王也。王子闻之，恨极，即剚刃篡王之腹，遂毙。王子毒发亦死。

南君（Southern）串王子大佳。吾去岁观其串 *Romeo and Juliet*，颇以为不如其妻，今乃知名下果无虚士耳。原书分五出廿幕：

第一出

幕一（郊外）守兵夜见故王之鬼。

幕二（宫中）婚宴之后。

幕三（潘氏〔Polonius〕之家）兄妹言别，潘老戒女。

幕四（郊外）王子见父。

[1] 王子，手稿本为“H”，即 Hamlet。

[2] 后盗，手稿本无。

幕五（郊外）父魂诉冤。

第二出

幕一（潘老之家）王子惊所欢。

幕二（王宫）潘老以王子情书示王。王子见优人定计。

第三出

幕一（王宫）以王子所欢试探王子之心事。

幕二（王子之宫）演剧大决裂。

幕三（王宫）王子入宫，见王跪祷，欲杀之，已而舍之。

幕四（后宫）训母。刺潘。

第四出

幕一（王宫）流王子于英。定计。[1]

幕二（王宫之一室）王子随监者下。

幕三（王宫）王子见王遂行。

幕四（郊外）王子在道上。

幕五（王宫）王子所欢发狂疾。潘老之子举兵入宫，欲弑王复父仇。女子投水死。

幕六（王宫之一室）王子之友得信，知王子已归。

幕七（王宫之一室）王与潘老之子定计谋杀王子。

第五出

幕一（坟地）掘坟。王子与其友过此。王子所欢之柩过此。王子与女兄相见约决斗。

---

[1] “流王子于英。定计”，手稿本为“定计，流王子于英”。

幕二（王宫）王子与其友谈别后事（追叙）。决斗。幕下。

是夜之戏仅有五出十幕而已，则已删去十幕矣。盖萧氏著书之时，远在十七世纪初[1]，舞台尚未有布景。所谓景者，正如吾国旧剧悬牌为关门，设帐为床而已，故不妨多其幕景。今日之剧场则不然矣。布景皆须逼真，则装置为难，决不能刻刻换景，则择其可合并者并之，不可并者或仍或去，其所换之景，皆必不可不换者也。即如今夜之戏，第一出之五幕，皆不能不换者也。(四五两[2]幕同在郊外，惟王子随鬼下，故不能不另易一景。）第二出仅有一幕，布王宫之景，潘老立宫侧，其女奔诉王子来访[3]狂态，遂同下。王子上，遇优人，已而下。王后并出，潘老以王子情书示之，是合第一幕于第二幕也。第三出原有四幕，今仅存三幕，其原第一幕已并入第二出之下半。所存幕一为王宫演剧，篡王遁去；幕二为王宫，王子入宫，见王方伏地祈天；幕三为后宫。第四出原有七幕，今删存一幕，则原文第五幕也。原第七幕亦并入此幕。其余各幕，皆删去，以其无甚紧要也。第五出仍原文之旧，有二幕，以其不可删并也。即此一节，可见古今情形之异，尤可见戏剧之进化。留心此事者，苟细心研究之，于舞台布景分幕之法思过半矣。

此剧[4]仅第一，四，五，三幕，鬼景幽寂动人，台上灯火尽

[1] 初，手稿本为“其时”。

[2] 两，手稿本为“二”。

[3] “访”后，手稿本有“时”字。

[4] “此剧”后，手稿本有“布景”两字。

歇，幽暗仅可辨人影往来而已。此景甚动人，余皆寻常无足道也。

南君串王子，写孝子神情都现。Hamlet 为萧氏剧中人物之最有名者。其人以孝子而遭再醮之母，其所嫁又其杀父之仇也。以仁人之心，而处天下最逆最惨最酷之境；以忠厚长者，而使之报不共戴天之仇；其仇又即其母与叔也，其事又极暗昧无据。荒郊鬼语，谁则信之？不知者方以为觊觎王位耳。读其事者，宜合吾国史上伯奇、申生、子胥诸人之境地观之，尤宜知王子处境，比较[1]诸人尤为难处，其人其事，为吾国历史伦理所未有，知此而后可以论此剧中情节。

王子之大病在于寡断。当其荒郊寒夜，骤闻鬼语，热血都沸，其意气直可剸刃其仇而碎砾之。及明日而理胜其气：一则曰鬼语果可信耶？再则曰此人果吾仇耶？三则曰吾乃忍杀人耶？至于三思，则意气都尽矣。王子之人格全在独语时见之。剧中无人自语，谓之独语（Soliloquy），颇似吾国之自白，尤似近日新剧中小连生诸人之演说。但西方之独语声容都周到，不如吾国自白之冗长可厌耳。独语为剧中大忌，可偶用不可常用，此剧独多用此法，以事异人殊，其事为不可告人之事，其人为咄咄书空之人，故不妨多作指天划地之语耳。吾国旧剧自白姓名籍贯，生平职业，最为陋套，以其失真也。吾国之唱剧亦最无理。即如《空城计》，岂有兵临城下尚缓步高唱之理？吾人习焉不察，使异邦人观之，不笑死耶？即如《燕子笺》一书，其布局之奇，可颉颃西剧，然以

[1] 比较，手稿本为“较此”。

词曲为之，便失精采。又如《桃花扇[1]》，使近人以说白改演之，当更动人。又如新剧中之《明末遗恨》，使多用唱本，则决不如说白之逼真动人也。

萧氏之剧，必有一丑脚之戏，谓之插诨（Comical part）。此剧中之潘老丈，蠢态可掬，真是神来之笔。后半掘坟一节，掘坟工人亦是丑角，其人亦一蠢物，令人捧腹。凡丑角之戏，非在台上演出，不能全行领会。即如掘坟一节（原文第五出幕一第十五行以下），匆匆读过，初不着意，及演出始知为妙文也。吾国丑角之戏亦有佳者。然丑角要在俗不伤雅。生平所见，西剧中丑角以萧氏名剧 *Much Ado About Nothing* 中之 Dogberry 为最佳。他如 *Henry IV* 中之 Falstaff 当极佳，惜不得[2]舞台上见之耳。

南君串王子，第一出独语时神情真佳绝。此后则对潘老丈种种藐视之态，尤为毕肖。盖王子极鄙薄潘老，而潘老偏不知趣，故王子每戏弄之，冷嘲热骂，以佯狂出之，皆恰如其身分，此其所以为佳也。

马女士（Julia Marlowe）串娥蜚（Ophelia），王子之意中人也，此为萧氏戏中女子之特异者。萧氏之女子如 Portia，Juliet，Beatrice 之类，皆有须眉巾帼气象，独娥蜚始则婉转将顺老父，中则犹豫不断，不忍背其父之乱命，终则一哀失心，绝命井底。迹其一生所行，颇似东方女子，西人多不喜之。吾去岁曾作一论为

[1] 扇，手稿本为“篇”。
[2] “得”后，手稿本有“于”字。

之辩护，以非论剧本旨，故不载。马女士串此女，于第四出发狂一幕，声容凄惋，哀动四座。其狂歌数章，声细仅可辨，然乃益哀。若放声高歌，则未免不近人情矣。散花一节尤伤心，初读是书时，有人志语谓此时女以花分赠王后及其兄，而是夜乃无赠花之事，但女自语作狂言耳。二解不知孰是。

剧中配角亦多佳者。丑角潘老，吾已言之矣。此外如篡王，奸状如绘，亦殊不易得。潘老之子乃不甚出色，王子之友 Horatio 亦不大佳，殊失望耳。

是夜座客为满，名人如白博士（Hon. Andrew D. White）亦在座。

是夜有一二小节颇不满意，如布景牵合之处有颇牵强者。如第二出之第一幕合于第二幕，颇不近情。又如第三出之演剧宜在王子之宫，所设景乃似王宫，是草率也。

此剧为萧氏第一名著，其中佳句多不胜收，文人多援引之。凡读萧氏书，几无有不读此剧者，书中名句如：

1. “Frailty, thy name is woman!”
2. “Give every man thy ear but few thy voice.”
3. “Loan oft loses both itself and friend.”
4. “This above all, to thine own self be true,
   And it must follow, as the night, the day,
   Thou canst not then be false to any man.”
5. “Couscience does make cowards of us all.”

此种名句，今人人皆能道之，已成谚语[1]矣。

[1] 谚语，手稿本为“俚谚”。

九月廿六日（星四）[1]

第一日上课：哲学史。美术哲学。

下午往旁听 Prof. Burr 之中古史，甚喜之。夜译[2]《割地》，未成。

九月廿七日（星五）[3]

上课：伦理学。英文。美术史。中古史。

英文课，予初意在学作高等之文，今日上课，始知此科所授多重在写景记事之文，于吾求作论辨之文之旨不合，遂弃去。

美术史一科甚有趣。教师 Brauner 先生工油画，讲授时以投影灯照古代名画以证之。今日所讲乃最古时代之美术，自冰鹿时代（Reindeer Stage 约耶纪元前八九千年）以至埃及、巴比伦，增长见闻不少。

九月廿八日（星六）

上课。夜作一长书寄德争。

九月廿九日（星期）[4]

往听 H. E. Fosdick 讲经。

---

[1] [3] （星四），手稿本为“（四）”。（星五），手稿本为“（五）”，依此类推，后同，不再注。

[2] 译，手稿本为“写”。

[4] （星期），手稿本为“（复）”。后同，不再注。

下午往听 Dr. Moore 演说“青年卫生”，注重花柳病，甚动人。

夜译《割地》(即《最后一课》) 成。[1] 寄德争，令载之《大共和》。

九月三十日（星一）

上课：论理[2]。美国政治。下午，美国政党。

十月一日[3]（星二）

上课：心理学。第一课讲师 Prof. Titchener 为心理学[4]巨子之一，所著书各国争译之[5]。

世界大同会总会书记 Louis P. Lochner 君自麦狄森来。此君以会事故，与余早已有书往来，今始于此相见，[6] 执手言欢，快慰之至。

夜世界会开会欢迎 Lochner 君，即以送总会长 George W. Nasmyth 君往游欧洲。二君皆有演说。

送 Lochner 君登车往纽约。

十月二日（星三）

上课。作书寄仲诚。

---

[1] 此句，手稿本为“夜写《割地》成”。

[2] 论理，手稿本为“伦理”。

[3] 手稿本中，此月“一日”至“十日”前皆有“初”字。以后每月初，时有时无，不再注。

[4] 学，手稿本无。

[5] “之”后，手稿本有“云”字。此类情况较多，后不再注。

[6] 今始于此相见，手稿本为“今日始得相见”。

美术哲学科所用书名 *Apollo*，为法人 S. Reinach 所著，记泰西美术史甚详，全书附图六百幅，皆古今名画名像之影片，真可宝玩之书也。

夜至车站送 Nasmyth 夫妇往游欧洲。

十月三日（星四）

上课。昨夜补记观 *Hamlet* 记事，今日补成之。作学生会会计报告。

十月四日（星五）

上课。夜有世界会董事会。作报告。读心理学，此书文笔畅而洁，佳作也。

是日上午有 Prof. N. Schmidt 演说"石器时代之人类"，辅以投影画片，写人类草昧之初种种生活状态，观之令人惊叹。吾人之祖宗，万年以来，种种创造，种种进化，以成今日之世界，真是绝大伟绩，不可忘也。今年[1]大学文艺院特请校中有名之教师四人每星期演讲一次，总目为"文明之史"，自草昧之初以迄近世，最足增人见闻，当每次往听之。

十月五日（星六）

上课。

---

[1] 年，手稿本为"日"。

下午拟赔款学生致黄监督书稿一道，金仲藩为写之。

夜[1]学生会选举新职员，余被推为书记，辞之。[2]

十月六日（星期）

检阅会中所藏旧杂志中所载滑稽画（Cartoon），择其尤者集为一编，将为作一文，论“海外滑稽画”，送德争载之。

午[3]与新西兰人 A. McTaggart 君同出散步，日朗气清，天无纤云，真佳日也。

下午小睡。

十月七日（星一）

上课。作家书（十一号）。录世界会会员姓名住址录。读 *Apollo* 论希腊造像。

十月八日（星二）

上课。写会员录。至藏书楼读书。

十月九日（星三）

上课。

山下有美国进步党（罗斯福之党）政谈会，党中候选纽约省

---

[1] 夜，手稿本为“夜有”。

[2] 此后，手稿本还有：“与仲藩夜话。”

[3] 午，手稿本为“午时”。

长[1] Oscar Straus 过此演说，因往听之。

下午读书。夜有世界会议事会。

十月十日（星四）

上课。

下午得纽约 *The Outlook* 一书，以予前投一稿，论我[2]国女子参政权，因旁及选举限制，此报欲知其详，来书有所询问，以书答之。余月前作此稿，投之纽约 *The Independent*，未蒙登载，故改投此报。此二报为此邦最有势力之杂志，故以投之。

今日为我[3]国大革命周年之纪念，天雨濛笼，秋风萧瑟，客子眷顾，永怀故国，百感都集。欲作一诗[4]写吾悠悠之思，而苦不得暇。

今日 Montenegro 王国与土耳其宣战，巴尔干半岛风云又起矣。世界和平[5]之声犹在耳边，而战歌杀声亦与相间而起，东亚革命之周年纪念，乃与巴尔干战云相映[6]，亦一奇也。

十月十一日（星五）

上课。下午作书寄友人。夜读 *Apollo* 十篇。

---

[1] 省长，手稿本为“总督”。

[2] [3] 我，手稿本为“吾”。

[4] “诗”后的文字，手稿本为“纪之而苦不得暇。志之以写吾悠悠之思云尔”。

[5] 和平，手稿本为“平和”。

[6] 相映，手稿本为“相映如此”。

十月十二日（星六）

上课。

得家书（十一号），知二哥新丧爱妾，所遗子女数人，无人抚养。我[1]兄此时处境当有非人所能堪者，作书慰之，并劝其归。写至"羁人游子，百不称意时，当念莽莽天涯中尚有一个家在"一语，不禁凄然欲绝者久之。慈亲许我多留一二年，言期我归在乙卯（1915）。我[2]前知吾母为天下贤母，吾终留耳。

夜，金仲藩来语余，有[3]中国女子李君过此，寓 Mrs. Treman 家[4]，因与同访之。座间有一人为 Methodist Church 经课讲员，为余略述讲经之法[5]，其言荒谬迷惑，大似我[6]国村妪说地狱事，可见此邦自有此一流人，真不可解也。

十月十三日（星期）

作书。

经课第一会，康福先生仍为主讲。

下午往听一人演说。此人自言曾周游列国，其言亚洲日本、中国、印度三国风俗毫无真知灼见，徒皮相耳。

夜与菲岛友人 Locsin 君往访此间最大写真馆主 Robinson 君。其人曾旅行欧洲，胸襟极恢廓，蔼然可亲。坐甚久始归。

---

[1] [2] [6] 我，手稿本为"吾"。

[3] 有，手稿本为"谓有"。

[4] 家，手稿本为"之家"。

[5] 讲经之法，手稿本为"其讲经之法"。

十月十四日（星一）

得德争寄报甚多，一一读之。

上课。

夜与印度盘地亚君闲谈。

忽思著一书，曰《中国社会风俗真诠》(*In Defense of the Chinese Social Institutions*) [1]，取外人所著论中国风俗制度之书一一评论其言之得失，此亦为祖国辩护之事。书中分篇目，大约如次 [2]：

一、绪论

二、祖先崇拜（Ancestral Worship）[3]

三、家族制度（Family System）

四、婚姻（Marriage）

五、守旧主义（Conservatism）

六、妇女之地位（Position of Woman）

七、社会伦理（Social Ethics）

八、孔子之伦理哲学（The Confucian Ethical Philosophy）

九、中国之语言文字（The Chinese Language and Literature）

十、新中国（The New China）

---

[1] 此处书名，手稿本中为英文在前，无括号；中文在后，有括号。此后也有类似情况，不再注。

[2] 次，手稿本为“下”。

[3] 篇目二至十，手稿本中只有英文，无中译。

十月十五日（星二）

上课。下午至藏书楼读 A. H. Smith：*Characteristics of the Chinese*。夜读 E. A. Ross：*The Changing Chinese*。皆作札记识之，以为他日之用。

十月十六日（星三）

上课。

读 Paul. S. Reinsch：*Intellectual and Political Currents in the Far East*，中有一长篇论吾国廿年以来学术思想变迁之大势，于实在情形，了如指掌。美国人著书论吾国者，未有及此书之真知灼见者也。中于人名年月稍有讹误，为纠正之[1]，作书寄之著者。

十月十七日（星四）

上课。下午作一文，未竟。

夜往听此间进步党演说大会，有 Judge Hundley of Alabama 演说，极佳。

〔追记〕前二日，美国前总统罗斯福至 Milwaukee 演说，下车时万众欢迎之。忽有人以枪轰击之，中胁，穿重裳而入。有人搏刺客不令再发。罗君受弹，亦不改容。时万众汹涌，将得刺客而甘心焉。罗君即[2]麾止之，驱车至会所，演说六十五分钟，然

[1] 之，手稿本为“而”。
[2] 即，手稿本为“力”。

后解裳令医诊视，其镇静雄毅之态，真令人敬爱。罗君体魄极强，故能支持。弹已入骨，不易取出，至今三日，尚未取出也。刺客名 John Schrank。美国总统为刺客毙者已三人：

林肯（Abraham Lincoln 1865）[1]

加非尔（James A. Garfield 1811）

麦荆尼（William McKinley 1901）

十月十八日（星五）

上课。

往听 Prof. Sill 演说“The Civilization of Crete”。Crete 为希腊之南一大岛，文化之早，在希腊之前[2]千余年，今过其古宫殿，遗址之宏壮，犹依稀可想见当日之文明也。宫殿皆石筑，雕刻甚富，亦有精者，可见当日美术之发达。有女子像，腰细仅盈握，则此陋俗四千年前已风行矣。诗人荷马言雅典当日须纳岁币若干于 Cnossus。又岛上宫殿，初无城郭防守之迹，可见当日海军（舟师）之强，称[3]霸海上。而今安在哉！考古者遥度此岛最盛时代当在西历纪元前一千七八百年之间，宫殿之毁当在十四世纪，则其盛时当吾国殷汤之时，其衰时当与盘庚迁亳同时耳。

下午作一书寄友人。

---

[1] 手稿本中，三人只有英文名，无中译。

[2] 前，手稿本为“西”。

[3] “称”前，手稿本有“必”字。

夜有世界会董事会。

是日下午曾往听 Dr. Johnson 奏风琴，中有 MacDowell 之“海曲”（Sea Song），特佳。

十月十九日（星六）

上课。

郑莱君[1]自哈佛来。

下午作文，未成。

夜有世界会“Smoker”，来者甚众。

十月廿日（星期）

晨与郑君同出访友。

赴康福先生经课。

夜读报。作一报告论上两星期中美国三大政党之竞争。

十月廿一日（星一）

上课。得 *Outlook* 一书，作长书覆之。夜赴理学会（英文 Ethics 旧译伦理，[2]当作理学或道学，如宋人道学是也），听人讲“债负之道德”，甚得益。

---

[1] 郑莱君，手稿本为“郑君来”。

[2] “伦理”后，手稿本有“实误也”。

十月廿三日（星三）

上课。下午下山听共和党政谈[1]会，有共和党候选纽约省长[2] Job E. Hedge 演说。作书。

十月廿四日（星四）

上课。

自警曰：胡适，汝在北田对胡君宣明作何语，汝忘之耶？汝许胡君此后决不吸纸烟，今几何时，而遽负约耶？故人虽不在汝侧，然汝将何以对故人？故人信汝为男子，守信誓，汝乃自欺耶？汝自信为志人，为学者，且[3]能高谈性理道德之学，而言不顾行如是，汝尚有何面目见天下士耶？自今以往，誓不再吸烟。又恐日久力懈也，志之以自警。[4]

"The only way to prevent what's past is to put a stop to it before it happens."—Kipling.

"Once to every man and nation
Comes the moment to decide,
In[5] strife of truth with falsehood,

[1] 谈，手稿本无。
[2] 省长，手稿本为"都督"。
[3] 且，手稿本为"旦旦"。
[4] 此后，手稿本还有："兼志吾过，以示后人。"
[5] "In"后，手稿本有"the"。

For the good or evil side."—Lowell

不知其过而不改，犹可言也。知而不改，此懦夫之行，丈夫之大耻。人即不知，汝独不内愧于心乎？汝乃自认为懦夫耶？知过而不能改者，天下最可耻之懦夫也。亏体辱亲，莫大于是矣。

十月廿五日（星五）

上课。下午在藏书楼读[1] Grote: *History of Greece*，此为世界有名历史之一，与吉本之《罗马衰亡史》齐名。

忽念及罗马所以衰亡，亦以统一过久，人有天下思想而无国家观念，与吾国十年前同一病也。罗马先哲如 Epictetus and Marcus Aurelius 皆倡世界大同主义，虽其说未可厚非，然其影响所及，乃至见灭于戎狄，可念也。又耶教亦持天下一家之说，尊帝[2]为父而不尊崇当日之国家，亦罗马衰亡之一原因也。

〔注〕吾作此言，并非毁耶，实是当日实情。后世之耶教始知有国家，其在当日，则但知有教宗（Church）耳。

十月廿六日（星六）

上课。下午稍事作书。夜有学生会常会。办事记事。

---

[1] "读"后，手稿本有"书"字。

[2] 帝，手稿本为"上帝"。

十月廿七日（星期）

晨赴康福先生经课，讲保罗悔过改行一节。其言曰保罗改过之勇为不可及。然 Ananias 知保罗怀叵测之心以来，将得新教之徒而甘心焉，乃敢坦然往见保罗，说以大义，则其人诚独为其难，尤不可及也。此说甚新，予读此节时，乃未思及此，何也?

下午作文。夜读上星期报纸所记三大政党之事，摘为报告，为明日之用。

十月廿八日（星一）

上课。至藏书楼读 Andrew D. White's *Seven Great Statesmen* [1] 中之《石台传》(Stein 普鲁士大政治家)。

十月廿九日（星二）

上课。下午读书。夜与南非人法垒闲谈，夜分始睡。

十月卅日（星三）

上课。下午写信。

夜，予忽发起于世界学生会 [2] 餐堂内作“游戏投票”，选举

---

[1] 此后文字，手稿本为“中之‘Stein’石台传（德国大政治家）”。

[2] 世界学生会，手稿本无。

美国总统，所得结果如下[1]：

	T. R. 罗斯福	Wilson 威尔逊	Taft 塔夫脱	Debs 德　卜
美国人	1	10	3	0
中国人	6	7	0	2
巴西人	1	8	0	0
菲岛人	0	4	0	0
暹罗人	3	0	0	0
南非人	0	2	0	0
埃及人	1	0	0	0
法国人	0	0	1	0
印度人	0	1	0	0
匈牙利人	1	0	0	0
纽西兰人	0	1	0	0
苏格兰人	0	1	0	0
共 53 人	13	34	4	2
	进步党	民主党	共和党	社会党

此甚耐寻味者也。此中有数事，尤不可不留意：

（一）吾国人所择 Wilson 与 Roosevelt 势力略相等，皆急进派也，而无人举 Taft 者。又举社会党者共二人，皆吾国人也；此则极端之急进派，又可想人心之趋向也。

（二）南美洲（如巴西）皆举 Wilson 而不举罗氏，则以罗氏尝夺巴拿马于哥伦比国，迫人太甚，南美之人畏之，故不喜之。

[1] 下表中的中文，在手稿本中皆为英文（除党派名称外）。

（三）菲岛之人争举 Wilson，以民主党政纲许菲岛八年之后为独立国，故举之。

（四）暹罗共有三人，皆举罗氏，则以此三人皆不关心美国政治，但震惊罗氏盛名而举之。（吾之为此言，非无所据也。此三人所书票写罗氏之名，皆有错误。其一人已下笔写 Roo 矣，而不能拼其全名，故涂去而写罗氏之浑名 Teddy，而又误为 Taddy。其一人拼 Roosevelt 为 Roovelt，其一人则作 Roosvelt，皆误。此可见此三人之不关心时事也。）

（五）吾国人所写票，有一人作 Roosvelt，犹可原也；其一人作 Roswell，则真不可恕矣。罗氏为世界一大怪杰，吾人留学是邦，乃不能举其名，此又可见吾国人不留心觇国之事，真可耻也。

十月卅一日（星四）

上课。

昨日大学《日报[1]》亦举行游戏选举，得票最多者为 Wilson，其次为 Roosevelt，二人相距百票耳。Taft 则瞠乎其后，仅三百票耳。原文附黏于后[2]。予亦往投票，所选者 Roosevelt 也。

此次所选纽约省长[3]为 Oscar Straus，乃一犹太人，然其人名重一时，人多归之。即如此间选 Straus 之票，多于他人几及一千，虽学生中亦多犹太人，然教员中亦多归之者。可见人心之趋向，

[1] 日报，手稿本为“学生日报”。

[2] “后”后，手稿本有“页”字。

[3] 省长，手稿本为“都督”。

初不拘种族界限矣。

夜读书。

Cornell Daily Sun

Founded, 1880. Incorporated, 1905.

Thursday, October 31, 1912.

The straw-vote results follow：

TOTAL VOTE.（总票数）[1] [2]

Name	Oct. 十月试选	Feb. 二月试选
Wilson	969	516
Roosevelt	850	766
Taft	351	526
Debs	37	10
Chafin	18	
Invalid votes	50	65
	2275	1883

UNDERGRADUATE VOTE.（学生票）

Name	Oct. 十月试选	Feb. 二月试选
Wilson	779	386
Roosevelt	741	687
Taft	325	461
	1845	1534

FACULTY VOTE.（教员票）

Name	Oct. 十月试选	Feb. 二月试选
Wilson	99	94
Roosevelt	81	34
Taft	13	27
	193	155

[1] 表中的中译，手稿本皆无。

[2] 手稿本尚有十月复选、二月复选数据（见本卷末附一）。

SAGE VOTE.（女生票）

Wilson	91	36
Roosevelt	48	45
Taft	13	38
	152	119

BALLOT FOR GOVERNOR（纽约省长选举）[1] [2]

First Choice

	Student 学生	Faculty 教员	Sage 女生	Totals 总票数
Straus	1080	138	87	1305
Sulzer	343	27	24	394
Hedges	340	20	21	381
Russell	17	3	4	24
MacNichols	8	4	4	16

Men Undergraduates over 21	717
Men Undergraduates under 21	709
Undergraduates going home to vote	179

十一月一日（星五）

上课。

听 Prof. N. Schmidt 演讲摩西及犹太诸先知，甚动人。此君似极诚恳 [3]，每讲至动人 [4] 处，泪莹莹然盈睫，可见其读书盖真能

[1] 表中的中译，手稿本皆无。

[2] 手稿本尚有第二次选举数据（见本卷末附二）。

[3] “诚恳”后，手稿本有“动人”两字。

[4] “动人”前，手稿本有“最”字。

为古人设身处境，[1] 故能言之真切如是也。

夜读美术史。

十一月二日（星六）

上午上课。看本校与哈佛大学长途赛跑[2]，第一人为 J. P. Jones，本校学生，然总计分数（52—55）[3] 本校乃不如哈佛。

下午读书。小睡。是日始雪。

夜往访 L. E. Patterson 之家，夜深始归。

是夜偶谈及 Free Mason（吾国译“规矩会”）[4] 之原委始末。

十一月三日（星期）

晨赴康福先生经课。

下午作读报报告。与法垒诸人同出散步，行至[5] 四英里之长始归。

夜续作报告，见有 Homer Lee 之死耗（十一月一日[6]）。此君为孙中山作军事参谋，闻为革命事效力不少，今民国告成而此君死矣！此君著有一书名 *The Valor of Ignorance*，甚风行一时。

---

[1] “可见其读书……设身处境”句，手稿本为“可见其读书盖真能尚友古人，为之设身处境”。

[2] “长途赛跑”前，手稿本有“赛”字。

[3] （52—55），手稿本在句末“哈佛”后。

[4] 括号内文字，手稿本无。

[5] 至，手稿本删去。

[6] 十一月一日，手稿本为英文“nov.1”。

十一月四日（星一）

上课。秋暮矣，感而有赋，填一词记之，未成。阅昨日之 *N. Y. Times* 报，论土耳其事。

十一月五日（星二）

上课。

今日为美国选举日期，夜入市观之。此间有报馆两家，俱用电光影灯射光粉墙上，以报告各邦各州选举之结果，惟所得殊不完备。市上观者甚众，每一报告出，辄欢呼如雷。以大势观之，似民主党[1]胜也。其附威尔逊[2]者，则结袂连裾成一队，挟乐器绕行市上，哗呼之声，与乐歌相答，其热心政事可念也。来者亦多妇人，倚墙而立，历数时不去，夜渐深始陆续归去。然留者仍不少。闻确实效果，须明晨或上午始可见之也。

是日重读 Plato's *Apology*, *Crito*, and *Phaedo* 三书，益喜之。

十一月六日（星三）

今日选举结果如下：[3]

威尔逊（Wilson）得三百八十七票

罗斯福（Roosevelt）得一百九十九票

塔夫脱（Taft）得二十五票[4]

---

[1] “党”后，手稿本有“（Dem.）”。

[2] 威尔逊，手稿本为英文“Wilson”。

[3] 此句前，手稿本有：“上课。”

[4] 手稿本中，三人都只有英文名和以阿拉伯数字标明所得的票数，无中译。

选人票数共得五百三十一，得二百六十六为过半，威[1]氏得三百八十七，则其被举决矣。

续成昨日之词；久不作此，生涩极矣，录之：

水龙吟　送秋

无边枫赭榆黄，更青青映松无数。平生每道，一年佳景，最怜秋暮。倾倒天工，染渲秋色，清新如许。使词人憨绝，殷殷私祝：秋无恙，秋常住。　凄怆都成虚愿，有西风任情相妬。萧飕木末，乱枫争坠，纷纷如雨。风卷平芜，嫩黄新紫[2]，一时飞舞。且徘徊，陌上溪头，黯黯看秋归去。

前日有 Mrs. F. E. Bates 者，演说女子选举权，亦引中国为口实。作一书登之报端，以辨其非。[3]

十一月七日（星四）

作书寄人。上课。

今日为康南耳大学前校长白博士（Dr. Andrew Dickson White）八十寿辰。是日午正，全校学生齐集文艺院门外，时天大雨，学生来者蜂拥而至，初不为雨小挫。已而钟塔上“钟乐”奏“母校”之歌，三千学生齐去冠和歌。歌已，白博士与校董自穆利尔院出，众争欢呼以欢迎之，欢呼之声（Yell）震天。时雨益大，众鹄立无散去者。院外廊下设小坛，学生四年班会长 J. P. Jones（即前日赛

[1] 威，手稿本为“卫”。

[2] 手稿本中，“嫩黄新紫”四字括有括号，旁有胡适所写“万千残叶”。

[3] 手稿本中，此段文字旁有空白处，应原粘附有胡适所作“一书”，现已不存。

跑第一者）代表学生全体致贺词。博士亦演说十五分钟，述此校发达之大略，兼述其今日快意之怀，结语云：愿天佑汝。博士精神犹矍铄，语时间作咳，然语声极清脆可听。

是日之会，三千男女鹄立雨中至廿五分钟之久，欢呼和歌祝此老康健，此景至可念也。余心为大动，欢呼时几欲下泪。至博士演说结语，则真泪下矣[1]。

此老为此邦之[2]一伟人，是日寿诞，美国总统及德国皇帝维廉俱有电庆贺。

此老实此校之创始人也。人但知康南耳倾家建此校，而不知无白博士决无康南耳。吾昔作康君传，记此甚详。[3]

夜中读书，忽思发起一“政治研究会”，使吾国学生得研究世界政治。

十一月八日（星五）

上课。下午作一书寄德争。作家书（母，第十二号）。夜读心理学，夜分始睡。

十一月九日（星六）

上课。下午入市。夜闻 Mr. Brown 夫妇来此，与金仲藩往访之，坐甚久。

---

[1] 泪下矣，手稿本为“泪下不可止矣”。

[2] 之，手稿本无。

[3] 此后，手稿本有“（康耐儿传）”。另，此篇日记中之“康南耳”，手稿本中皆为“康耐儿”。

十一月十日（星期）

赴[1]康福先生经课。

阅《时报》，知梁任公归国，京津人士都欢迎之，读之深叹公道之尚在人心也。梁任公为吾国革命第一大功臣，其功在革新吾国之思想界。十五年来，吾国人士所以稍知民族思想[2]主义及世界大势者，皆梁氏之赐，此百喙所不能诬也。去年武汉革命，所以能一举而全国响应者，民族思想政治思想入人已深，故势如破竹耳。使无梁氏之笔，虽有百十孙中山、黄克强，岂能成功如此之速耶！近人诗“文字收功日，全球革命时”，此二语惟梁氏可以当之无愧[3]。

下午往听 Prof. N. Schmidt 演说回教历史，甚有味。夜读美国政治。

十一月十一日（星一）

上课。

以前日所念及之“政治研究会”质之同人，多赞成者，已得十人。

下山办一事。

前予作一文论“中国女子参政权”寄登《外观报》，至是始登出，今日寄赠报二册，酬金五元。此稿初未全登，仅取其大要为社论，故不能作投稿论。此予以英文稿卖文之第一次。

---

[1] “赴”前，手稿本有“往”字。

[2] 思想，手稿本无。

[3] 无愧，手稿本为“无愧色云”。

夜读哲学史。

十一月十二日（星二）

上课。下午读柏拉图[1]《共和国》。

夜有人邀往看戏，戏名*Officer 666*，乃一谐剧，Austin McHugh所著，写一盗画巨猾，情节甚离奇。此剧实不出一室之间，故不须易景。予辈所坐乃在三层楼上，名Gallery，价最贱，如吾国戏园之起码座。座中多工人及大学生[2]。在此座者，都不顾礼节，有不去帽者，有买食物大嚼者，有大笑者，乐作则大声和之；楼下座中有少年男女入座，则鼓掌踏足以揶揄之；有时乐队奏俗乐如“Oh My Baby！”[3]之类，则合口呼啸以和之；出终幕下，则大哗呼，须剧中角色出谢，至数四次始已（尤注意女优出谢）。此生平第一次阅历，故记之。

十一月十三日（星三）

上课。至藏书楼读书。夜作一短文论建筑五式。

十一月十四日（星四）

上课。下午与仲藩闲谈。入市。读报。读英报纸[4]论吾国事，中心如捣。又至邹秉文处读上海报纸。

---

[1] 柏拉图，手稿本为“白拉图”。

[2] 大学生，手稿本为“大学学生”。

[3] 此后，手稿本还有“及‘Ragging the Baby to Sleep’”。

[4] 英报纸，手稿本为“英美报纸”。

十一月十五日（星五）

上课。稍作事。近来殊苦忙，故百事废弛，今日始一清理之。夜有世界会董事会。读心理学。

十一月十六日（星六）

上课。

午有政治研究会第一次组织会，会于予室。会员凡十人。议决每二星期会一次，每会讨论一题，每题须二会员轮次预备演说一篇，所余时间为讨论之用。每会轮会员一人为主席。会期为星期六日下午二时。第一次会题为“美国议会”，予与过君探先[1]分任之。

下午睡二小时。久不得睡足，每日仅得睡六七时耳。

夜有吾国学生会，会时，余起立建白二三事，颇有辩论，深喜之。会中久奄奄无生气，能有人辩论，是佳兆也。

归听 Prof. Orth 演说 Francis Grierson 事迹。此人为晚近一奇人，狂放无匹，所著书有 *The Valley of Shadows*（Constable, London）。

十一月十七日（星期）

今日为吾廿一岁生日（以阳历计之）。余生于辛卯十一月十七日，至今日[2]（壬子）足廿一岁矣。岁月之逝，良可惊叹！

赴康福先生经课。下午往听人演说佛教。

---

[1] 探先，手稿本为“宪先”。宪先，探先的别号。

[2] 日，手稿本为“年”。

十一月十八日（星一）

上课。下午读心理学。

十一月十九日（星二）

上课。

有 J. O. P. Bland 者来自伦敦，曾在吾国海关执事甚久，今来美到处游说，诋毁吾民国甚至，读之甚愤。下午作一书寄《纽约时报》(*N. Y. Times*) 登之。

十一月廿日（星三）

上课。读美术史。

十一月廿一日（星四）

上课。

有 J. O. P. Bland 者今夜来此演说，题为“The Unrest of China”，往听之。既终，予起立质问其人何故反对美人之承认吾民国。彼言列强不能承认吾民国，以吾民国未为吾民所承认也。(We cannot recognize a Republic which has not been recognized by the people concerned.) 吾又问其人何所见而云吾民未尝承认吾民国乎？其人忽改口曰，吾固未尝作此语也。予告以君适作此语，何忽忘之？彼言实未作此语，吾自误会其意耳。实则此言人人皆闻之，不惟吾国学生之在座者皆闻之，即美国人在座者事后告我亦谓皆闻之。其遁辞可笑也。

十一月廿二日（星五）

上课。

连日以Bland在各地演说，吾国学生都愤激不平，波市与纽约均有书来议进行之方，抵制之策。今日吾国学生会开特别会议事，余建议举一通信部，译英美各报反对吾国之言论，以告国中各报，以警吾国人士，冀可稍除党见之争，利禄之私，而为国家作救亡之计。

十一月廿三日（星六）

上课。读书。看东美十一大学野外赛跑。夜有世界会茶会。中国学生政治研究会会于余[1]室。

十一月廿四日（星期）

赴康福先生经课。下午读柏拉图《共和国》[2]。

十一月廿五日至三十日[3]

此一星期虽有假期两日，而忙极至无暇寝食，日记遂废，可叹也。

[1] 余，手稿本为“予”。

[2] 柏拉图《共和国》，手稿本为“白拉图 *Republic*”。

[3] 三十日，手稿本为“初一日”。

十二月一日（星期）

昨夜二时始就寝，今晨七时已起，作一文为今日[1]演说之用。

十二时下山，至车站迎任叔永（鸿隽），同来者杨宏甫（铨），皆中国公学同学也。二君皆为南京政府秘书。叔永尝主天津《民意报》。然二君志在求学，故乞政府资遣来此邦。多年旧雨，一旦相见于此，喜何可言。

下午四时在 Barnes Hall 演说“孔教”，一时毕，有质问者，复与谈半时。

是夜叔永、宏甫均宿余[2]所。二君为谈时下人物，有[3]晨星寥落之叹。所喜者，旧日故人如朱芾华、朱经农、王云五诸人，皆慷慨任事，可喜也。

十二月二日（星一）

为叔永觅屋。[4]

十二月三日（星二）

上课。

---

[1] “今日”后，手稿本有“下午”。

[2] 余，手稿本为“予”。

[3] “有”前，手稿本有“大”字。

[4] 此句前，手稿本有：“上课。”

理学会嘱予预备一短篇[1]演说，述吾国子女与父母之关系，诺焉。是夜予演说十五分钟，有 Prof. G. L. Burr and Prof. N. Schmidt 二君稍质问一二事。Prof. Burr 以予颇訾议美国子女不养父母，故辨其诬。亦有人谓吾言实不诬者。此种讨论甚有趣，又可增益见闻不少。

十二月四日（星三）

有一小考。得 Lochner 一长书。上星期得怡荪一长书，甚喜。余与怡荪一年余未通书矣。

十二月五日（星四）

上课。

在叔永处读朱芾煌日记，知南北之统一，清廷之退位，孙之逊位，袁之被选，数十万生灵之得免于涂炭，其最大之功臣，乃一无名之英雄朱芾煌也。朱君在东京闻革命军兴，乃东渡冒险北上，往来彰德京津之间[2]，三上书于项城，兼说其子克定，克定介绍之于唐少川、梁士诒诸人，许项城以总统之位。一面结客炸刺良弼、载泽。任刺良弼者彭君，功成而死。任刺载泽者三人，其一人为税绍圣，亦旧日同学也。时汪兆铭已在南京，函电往来，协商统一之策，卒成统一之功。朱君曾冒死至武昌报命，途中为

---

[1] 篇，手稿本无。

[2] 间，手稿本为“闻”。

北军所获，几死者数次。其所上袁项城书，皆痛切洞中利害，宜其动人也。此事可资他日史料，不可不记。

十二月六日（星五）

上课。

与叔永、宏甫同听 Schmidt 讲波斯古代之火袄教[1]，创于 Zoroaster（650—583 B. C. ?）者，甚有趣，当[2]参考书籍以考证之。

十二月七日（星六）

上课。

下午政治研究会第二会会于予所，所论为英、法、德国会制度。

夜有世界会万国大宴，甚欢。读《稼轩词》四卷。

十二月八日（星期）

听 Robert E. Speer 演经。译报一节。

十二月九日（星一）

上课。作书给[3]怡荪，未完。

---

[1] 火袄教，手稿本为“教宗”。

[2] 当，手稿本删去。

[3] 给，手稿本为“寄”。

十二月十日（星二）

连日亦无甚可记者，姑略之。

十二月十一日（星三）

有人来与余言宗教事，甚有趣。余告以吾不信耶教中洗礼及圣餐[1]之类，辩论久之，亦不得归宿。

十二月十二日（星四）

往访康福先生之家。

十二月十三日（星五）

昨日作文论阿里士多得“中庸”说。尝谓宋儒“不易之谓庸”之说非也。中者，无过无不及之谓。《中庸》[2]屡言贤者过之，愚不肖不及；又论勇有南北之别，皆过与不及之异也。又言舜执其两端，用其中于民，此则与阿氏中说吻合矣。庸者，寻常之谓，如庸言庸行之庸，书中屡及之。又言素隐行怪之非，以其非庸言庸行也。

是夜往 Patterson 家，坐甚久。

十二月十四日（星六）

下午与任、杨二君入市市衣。

---

[1] 圣餐，手稿本为英文“Communion”。

[2] 《中庸》，手稿本为“书中”。

夜有“不列颠之夜”，甚欢。

读纽约《独立报》有文论承认民国事，甚厚我。

十二月十五日（星期）

经课。下午读英文诗数篇。作书寄友人。

十二月十六日（星一）

夜与友人同往访 A. P. Evans 之家，小坐。归途同至戏园看影戏，所演为本仁（John Bunyan）小传及所著《天路历程》（*Pilgrim's Progress*）（如《西游记》，为寓言之书）。台下乐队为俄国乐人，高下抑扬，与台上情节相应，如吾国舞台然。此虽小节，然有耐人寻味者，暇当研究之。

自此以后，有事值得一记则记之，否则略之。自今日为始，凡日记中所载须具下列各种性质之一：

（一）凡关于吾一生行实者；

（二）论事之文；

（三）记事之有重要关系者；

（四）纪游历所见；

（五）论学之文。

十二月廿一日（星六）

中国学生政治研究会第二次会，论“租税”。胡明复、尤怀皋二君任讲演，甚有兴味。二君所预备演稿俱极精详，费时当不少，其热心可佩也。

自十二月廿一日至一月六日为年终假期。

十二月廿四日（星二）

本日[1]为耶稣诞节之夕，吾辈乃无家可归，因招请[2]无家之游子[3]为解愁之会，名之 Consolation Party，亦斫松树为“圣诞节之树”，插烛枝上燃之。树梢遍挂玩具，拈阄俵散之。来者围火炉团坐，各道一故事为乐，忽忆及前日夜行见月方圆，当为吾国旧历十一月中，检旧历，知明日为十七日，则亦吾诞辰也，念之弥增感慨。

会毕，有人告我今夜天主教堂有弥撒礼[4]（Mass），因往观之。入门，座已[5]满，幸得坐处。坐定审视，堂上有塑像甚多，中列十字架，上刻耶稣裸体钉死之像。像后有四像，似系四使徒也。两庑各有像，右为耶稣之母。其左侧之像有髭，不知为何人，疑是耶稣之父也。此等偶像，与吾国神像何异？虽有识之士，初不以偶像祷祀之，然蚩蚩之氓，则固有尊敬顶礼迷信为具体之神明[6]矣。教中男女来者，将入坐，先屈一膝（如吾国请安之礼）行礼，然后入坐。座前有木板，人皆长跽其上，良久然后起坐。

[1] 本日，手稿本无，在标题“廿四日”后有“为 Christmas Eve”。

[2] 请，手稿本为“诸”。

[3] 游子，手稿本为“游人”。

[4] 弥撒礼，手稿本为“祝礼”。

[5] “已”后，手稿本有“都”字。

[6] “神明”后，手稿本有“者”字。

有儿童数十人，结队高歌颂神之歌。坛上牧师合十行礼，俨如佛教僧徒，跪拜起立，沓沓可厌。其所用经文及颂祷之词，都不可解，久之，始辨为拉丁文也。吾敢言座中男女十人中无二三能解其词义者。此与佛教中之经呪何异乎？（佛经中梵文名词都直译其音，即如“南无阿弥陀佛”，今有几人能言其意耶?）始行礼时，已十一时[1]，礼毕，则已一点半矣。子夜风雪中坐此庄严之土，闻肃穆之乐歌，感人特深，宗教之魔力正在此耳，正在此耳。“宗庙之中，不使民以敬而民自敬”，古人知之熟矣。此为吾生第一次入天主教之礼拜堂也。

十二月廿五日（星三）

今日[2]为耶稣诞节，Patterson 夫妇招吾饭于其家，同饭者数人，皆其家戚属也。饭毕，围坐，集连日所收得节日赠礼一一启视之，其多盈一筐。西国节日赠品极多，往来投赠，不可胜数。其物或书，或画，或月份牌。其在至好，则择受者所爱读之书，爱用之物，或其家所无有而颇需之者，环钏刀尺布帛匙尊之类皆可，此亦风俗之一端也。赠礼流弊，习为奢靡，近日有矫其弊者，倡为不赠礼物之会，前日报载会中将以前总统罗斯福为之首领。

Patterson 夫妇都五十余矣，见待极厚，有如家人骨肉。羁人游子，得此真可销我乡思。前在都门，杨景苏夫妇亦复如是，尝

[1] 十一时，手稿本为“十二时”。
[2] 今日，手稿本无。

寄以诗，有“怜我无家能慰我，佳儿娇女倍情亲”之语。此君夫妇亦怜我无家能慰我者也。此是西方醇厚之俗。

斐城（Philadelphia）游记

先是此邦各大学皆有世界大同会（Cosmopolitan Club），后乃结合为大同总会（Association of Cosmopolitan Clubs），而各校之大同会皆为之支会焉。总会有总书记一人，会计一人，会长一人，以 Cosmopolitan Student 为之机关。总会每年有年会一次，今年之会地在斐城。此间支会举代表二人：J. C. Faure and M. A. Gonzalez。予亦拟往一游。盖以斐城为此邦历史上重要之地，古迹甚多，又此次赴会者多旧时相识，故决计偕往。已而代表之一 Faure 者忽病不能往，即以予代之，商之会中董事会诸君，皆表同意，遂决。十二月廿六夜与 Gonzalez 君同行，车上遇威斯康新支会代表 Lochner，Carus，Kliefoth 三君。

十二月廿七日（星五）

晨八时抵斐城，下车，总会会计 Sato（日人）来迎。又遇耶尔支会代表 Stevens 君。时天大雨，幸以电车行。抵彭省大学宿舍，遇会长 J. R. Hart jr.，遇康福先生。陆续来者，Worcester 之梅贻琦及 Schmidt 君，Clark 之张仲述及 Oxholm 君，Purdue 之裘昌运君，哈佛之郑莱[1] 及 Das 君，Iowa State College 之 Emerson 君，

[1] 郑莱，手稿本为“郑来”。

Michigan 之 Welsh 君，Illinois 之严家驺及 Monteiro 君，Syracuse 之 Barros 君。

下午会于大学博物院讲室，由各职员及干事员报告，中惟总书记及宪法股干事员之报告最有关系。

是夜有 Mrs. J. B. Lippincott，1712 Spruce Street 开欢迎会于其家。此妇为本城巨富之一。其夫业印刷发行。其住宅极华丽。夫妇皆极和蔼可亲。

十二月廿八日（星六）

昨夜会长 Hart 君分干事股（Committee），余 [1] 为宪法部，Gonzalez 为财政部，宪法部股长为严家驺君。先是去年年会时派有股长 Prof. T. E. Oliver 任修改宪法事，此君与总书记 Lochner 君意见歧异，深忌之，故欲废总书记一职。（旧章总书记为独立之职，任之者可连任，不以地迁，而会长会计则由执行支会〔Executive〕举之。执行支会者，岁由一支会轮值，为行政机关，期一年，故名。）吾力与争，卒得不废，股员中多右吾说者。（下阙）[2]

---

[1] 余，手稿本为“予”。

[2] （下阙），手稿本无。此后，手稿本尚有五页胡适所记杂事备忘、一张英文日历表（现补于后）和两条杂记。杂记一：“予前见一书名 ***The Evil That Men Do*** 而不知出处，后作论，论 ***Hamlet***，亦引此句，亦不知其出于何书也。今读 ***Julius Caesar***，始知为 Antony 演说中语。原文为：‘The evil that men do lives after them; The good is oft interred with their bones.’”；杂记二：“此黄克强家书真迹。世界家书之短无过于是者矣。黄元帅本湘中名士，书作苏体，甚娟秀。所用印乃‘灭此朝食’四字，气概可想。”校者按：手稿本已无黄克强“家书真迹”。参考本书卷十五第五则《黄克强将军哀辞》，此处所说黄克强家书的内容，大概就是“一欧吾儿，努力杀贼”八个字，所以说“世界家书之短无过于是者矣”。

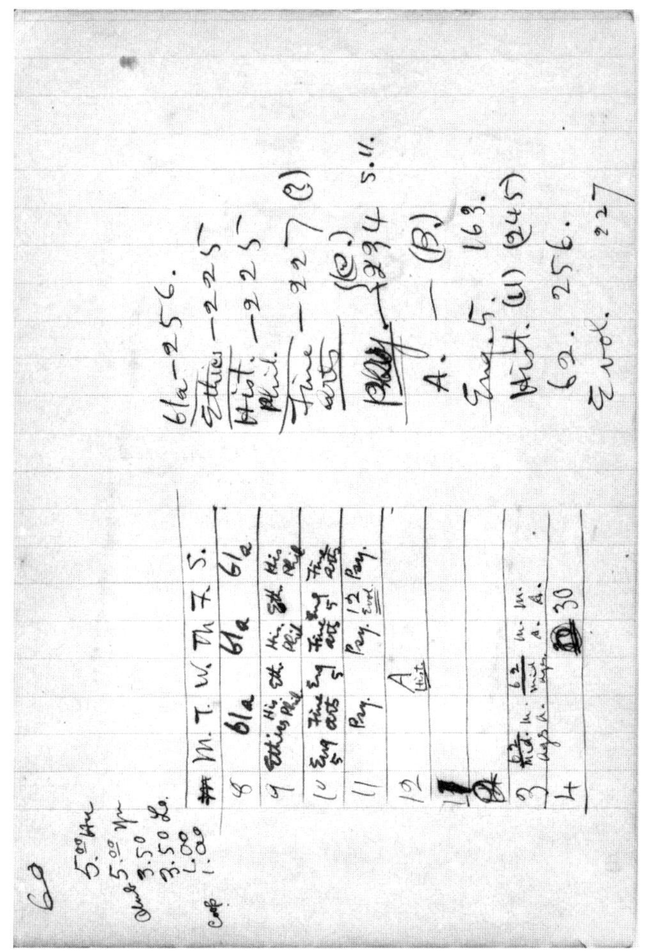

卷二杂事备忘一

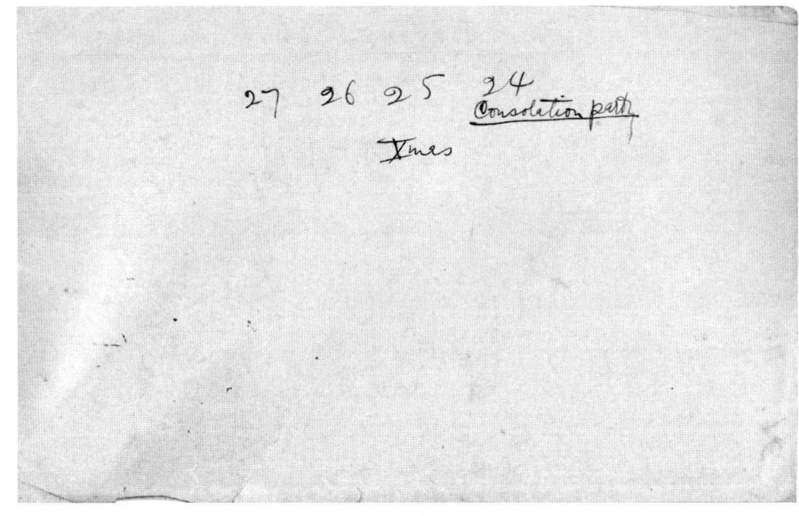

卷二杂事备忘二

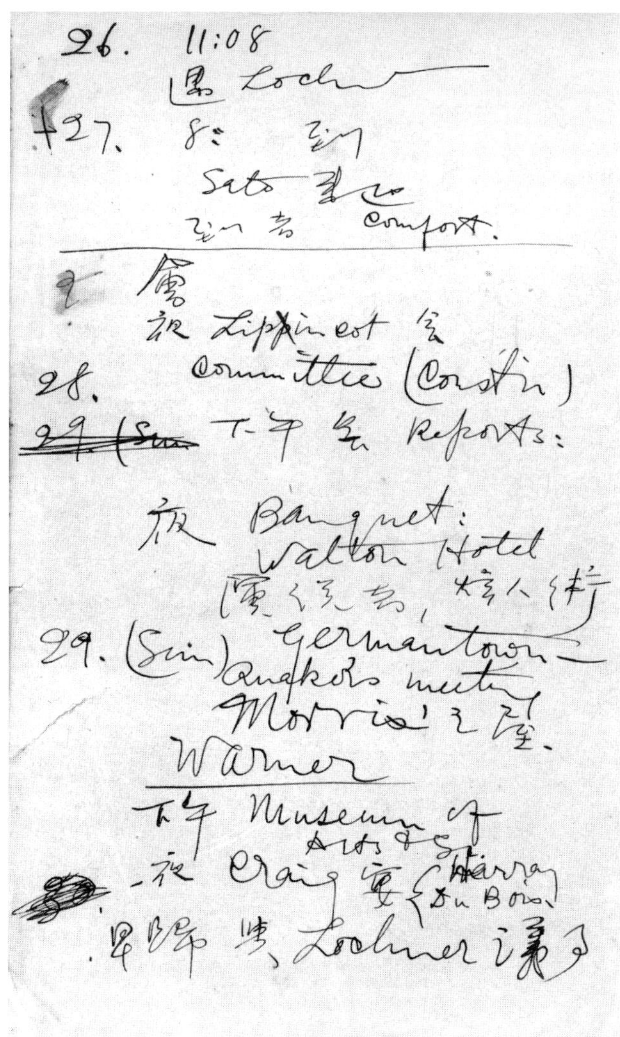
26. 11:08
遇 Lochner
27. 8：到
Sato
到 comfort.
会
夜 Lippincott 会
28. Committee (Constitution)
下午 会 Reports:
夜 Banquet:
Walton Hotel
29. (Sun) Germantown
Quakers meeting
Morris 之屋.
Warner
下午 Museum of Arts & Sc.
夜 Craig 宴 Harvey
DuBois
Lochner

卷二杂事备忘三

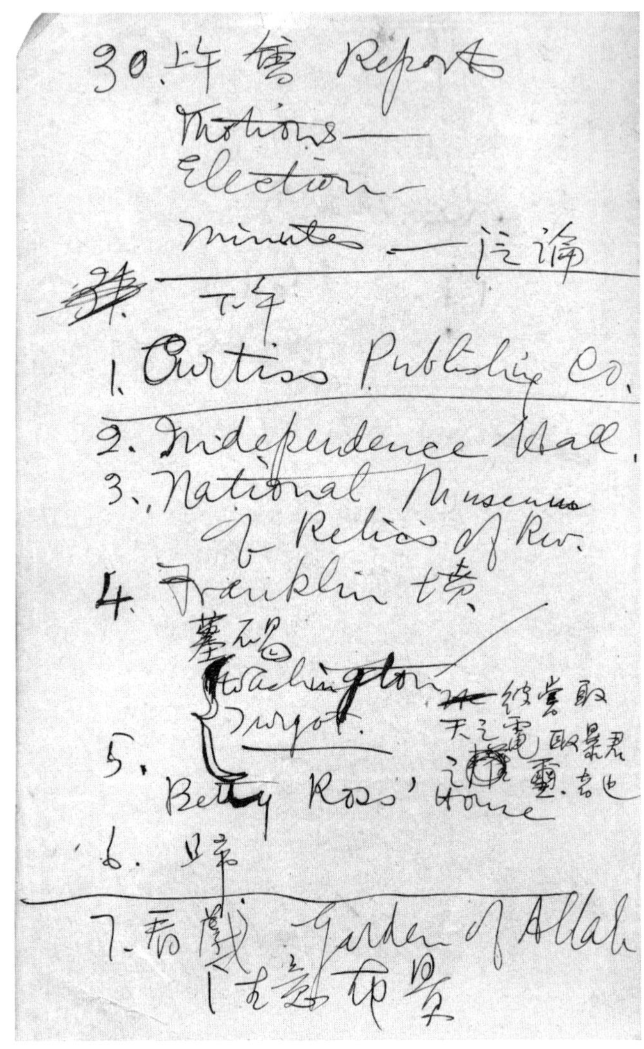

30. 上午 會 Report

~~Motions~~ —

Election —

~~Minutes~~ — 討論

下午

1. Curtiss Publishing Co.
2. Independence Hall.
3. National Museum of Relics of Rev.
4. Franklin 墳

墓碑

Washington

Turgot. 彼嘗取天之雷電，取暴君之[illegible]也

5. Betsy Ross' House
6. 歸
7. 看戲 Garden of Allah

[illegible]

卷二杂事备忘四

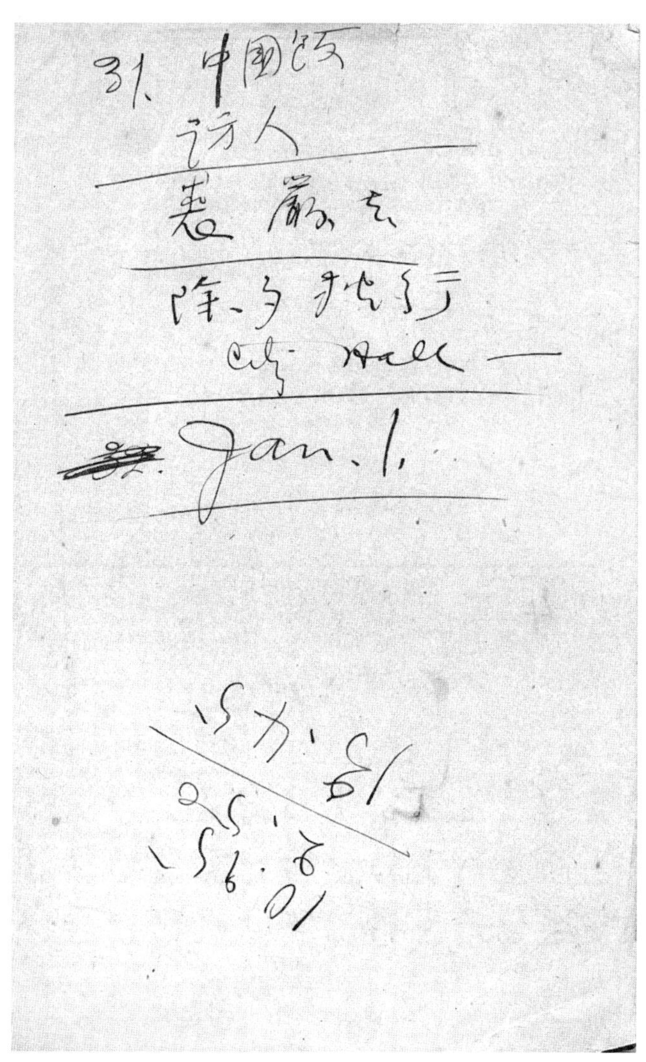

卷二杂事备忘五

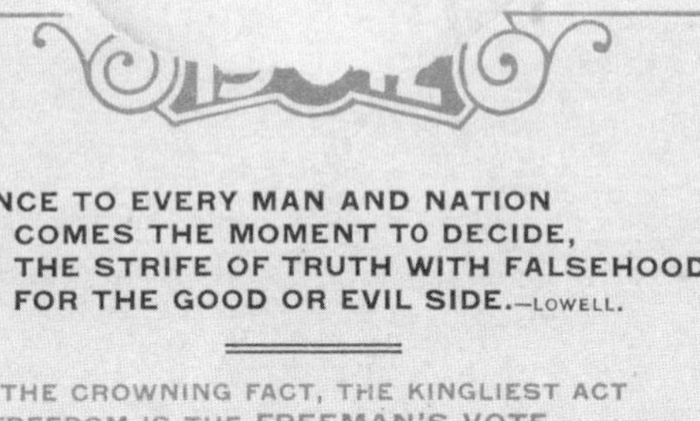

ONCE TO EVERY MAN AND NATION
COMES THE MOMENT TO DECIDE,
IN THE STRIFE OF TRUTH WITH FALSEHOOD,
FOR THE GOOD OR EVIL SIDE.—LOWELL.

THE CROWNING FACT, THE KINGLIEST ACT
OF FREEDOM IS THE FREEMAN'S VOTE.—WHITTIER.

THEY ARE SLAVES WHO DARE NOT BE
IN THE RIGHT WITH TWO OR THREE.—LOWELL.

LITTLE THINGS ARE LITTLE THINGS;
BUT FAITHFULNESS IN LITTLE THINGS
IS SOMETHING GREAT.—ST. AUGUSTINE.

1912 NOVEMBER 11th Mo.

SUN	MON	TUE	WED	THU	FRI	SAT
ONLY GOOD IS OMNIPOTENT.					1	2
3	4	5	6	7	8	9
10	11	12	13	14	15	16
17	18	19	20	21	22	23
24	25	26	27	28	29	30

HELP YOURSELF, AND HEAVEN HELPS YOU.
FONTAINE.

英文日历表，本卷“十月廿四日”日记中的第二条英文摘录或出于此

卷二附录

附一：

Cornell Daily Sun

Founded, 1880. Incorporated, 1905.

THURSDAY, OCTOBER 31, 1912.

The straw-vote results follow:

TOTAL VOTE.

Name.	1st Choice. Oct.	1st Choice. Feb.	2d Choice. Oct.	2d Choice. Feb.
Wilson......	969	516	733	503
Roosevelt....	850	766	277	273
Taft.........	351	526	587	452
Debs........	37	10	13	4
Chafin.......	18		10	
In-valid votes	50	65	50	65
	2275	1883	1670	1297

UNDERGRADUATE VOTE.

Name.	1st Choice. Oct.	1st Choice. Feb.	2d Choice. Oct.	2d Choice. Feb.
Wilson.......	779	386	648	410
Roosevelt....	741	687	221	237
Taft.........	325	461	503	399
	1845	1534	1372	1046

FACULTY VOTE.

Name.	1st Choice. Oct.	1st Choice. Feb.	2d Choice. Oct.	2d Choice. Feb.
Wilson......	99	94	62	65
Roosevelt....	81	34	31	16
Taft.........	13	27	48	21
	193	155	141	102

SAGE VOTE.

Name.	1st Choice. Oct.	1st Choice. Feb.	2d Choice. Oct.	2d Choice. Feb.
Wilson......	91	36	23	28
Roosevelt....	48	45	25	20
Taft.........	13	38	36	32
	152	119	84	80

下划线为胡适所注

附二：

BALLOT FOR GOVERNOR.

First Choice.

	Student	Faculty	Sage	Totals
Straus.......	1080	138	87	1305
Sulzer.......	343	27	24	394
Hedges......	340	20	21	381
Russell......	17	3	4	24
MacNichols..	8	4	4	16
Second Choice.				
Straus.......	337	21	23	381
Sulzer.......	458	40	22	520
Hedges......	540	52	30	622
Russell......	5	0	0	5
MacNichol.	0	2	0	2

Men Undergraduates over 21... 717
Men Undergraduates under21... 709
Undergraduates going home to vote.. 179

下划线为胡适所注

卷三

一九一三年四月——一九一四年二月廿八日

在康南耳大学

此卷手稿本，封面题写“藏晖札记　民国二年”“札记一”“起民国二年十月八日，终三年二月廿八日”。

吾作日记数年，今不幸中辍，已无可复补；今以札记代之：有事则记，有所感则记，有所著述亦记之，读书有所得亦记之，有所游观亦略述之。自传则吾岂敢，亦以备他日昆弟友朋省览焉耳。

民国二年四月。[1]

[1] 此后，手稿本有“适之”两字。

一、国家与世界（四月）[1]

吾今年正月曾演说吾之世界观念，以为今日之世界主义，非复如古代 Cynics and Stoics 哲学家所持之说，彼等不特知有世界而不知有国家，甚至深恶国家之说，其所期望在于为世界之人（a citizen of the world），而不认为某国之人。今人所持之世界主义则大异于是。今日稍有知识之人，莫不知爱其国。故吾之世界观念之界说曰："世界主义者，爱国主义而柔之以人道主义者也。"顷读邓耐生（Tennyson）诗至"Hands All Round"篇有句云：

That man's the best cosmopolite

Who loves his native country best.

（彼爱其祖国最挚者，乃真世界公民也。）

深喜其言与吾暗合。故识之。

二、道德观念之变迁（十月八日）[2]

道德[3]学课论道德观念之变迁：古代所谓是者，今有为吾人所不屑道者矣。古人所谓卫道而攻异端，诛杀异己，如欧洲中古教宗（Church）焚戮邪说，以为卫道所应为也，今人决不为此矣。耶教经典以为上帝为男子而造女子，非为女子而造男子，故女子宜屈服于男子，此说今人争嗤笑之矣。不特时代变迁，道德亦异也。即同一时代，欧人所谓是者，亚人或以为非；欧亚人所谓非

[1] 此分条题目及序号除特别注明外，均为章希吕所拟，手稿本无。后同，不再注。

[2] 日期后，手稿本还注有"三"，即星期三。后对星期的注释时有时无，不再注。

[3] 德，手稿本无。

者，斐、澳之土人或以为是。又不特此也，即同种同国之人，甲以为是者，乙或以为非；耶教徒以多妻为非，而满门之徒乃以为是；民主党以令斐律宾独立为是，而共和党人争以为非。又不特此也，即同一宗教之人，亦有支派之异：天主旧教多繁文缛礼，后人苦之而创新教。然新旧教都以耶稣为帝子，神也，死而复生，没而永存，于是有三尊之说（Trinity）。三尊者，天帝为父，耶稣为子，又有“灵”焉（Holy Spirit）。近人疑之，于是有创为一尊之教（Unitarianism），以为上帝一尊，耶稣则人也。凡此之类，都以示道德是非之变迁。是故道德者，亦循天演公理而演进者也。然则道德是非将何所取法乎？善恶果无定乎？抑有定乎？其无定者是非乎？抑人心乎？人心是非观念之进退，其有所损益于真是非乎？抑天下固无所谓真是非真善恶者耶？则将应之曰：天下固有真是非真善恶，万代而不易，百劫而长存，其时代之变迁，人心之趋向，初无所损益于真是非也。事之真是者，虽举世非之，初不碍其为真是也。譬之杀人，则人争非之，然复仇而杀人，则有嘉之者矣。复仇者以复仇为是，许复仇者以[1]许复仇之故而遂嘉杀人，然在被杀者则必不以复仇者之杀之为是也，其被杀者之妻子友朋亦必不以复仇者为是也。若以“犯而不校”之说往[2]，则复仇者又见非于孔子之门矣。若以“以德报怨”之说往，则复仇者又将见斥于老氏、耶氏之门矣。若以“果报”之说往，则复仇为多事矣。然终不能谓天下无真非真是也，其所见者异也。复

[1] 以，手稿本为“亦”。
[2] 往，手稿本无。

仇者所见为真是非之一面，孔、佛、耶、老所见亦真是非之一面也。梭格拉底曰：“知识者，道德也。”（Knowledge is Virtue）道德不易者也。而人之知识不齐，吾人但求知识之进，而道德观念亦与之俱进，是故教育为重也。

（此说亦有可取之处。然吾今日所持，已与此稍异矣。民国六年一月记。）

三、第一次主议事席（十月八日）[1]

是夜世界会有议事会，余主席，此为生平第一次主议事席，始觉议院法之不易。余虽尝研究此道，然终不如实地练习之有效，此一夜之阅历，胜读议院法三月矣。

四、“博学铁匠”巴立特（十月八日）

是日读巴立特[2]（Elihu Burrit，1811—1879）事迹及所著书，此人亦怪才也。幼贫为锻工，仅入学六月，而苦读不辍，年三十能读五十国文字，遂惊一世，称博学铁匠焉（The Learned Blacksmith）。三十以后，演说著书，持世界和平[3]主义甚力，南北美黑奴问题之起，君主放奴赎奴之说，传檄遍国中。其人慷慨好义，行善若渴，固不特以语学名也。

---

[1] 手稿本中，胡适常在同一天的日记中记叙或论述多事，章希吕将其分别拟题并单列出。后同，不再注。

[2] 巴立特，手稿本无。

[3] 和平，手稿本为“平和”。

五、杂志之有益（十月九日）

读《外观报》论爱耳兰 Ulster 省反抗与英分离事，读竟，于此问题之始末十得八九。因念此邦杂志太多，不能尽读，如每日能读一篇，得其大概，胜于翻阅全册随手置之多矣，胜读小说多矣。前此每得杂志，乱翻一过，辄复置之，真是失计。

六、中国似中古欧洲？（十月九日）

读 Ashley's *Introduction to English History and Economic Theory* 之第末篇论“The Canonist Doctrine”甚有所得。昔 E. A. Ross 著 *The Changing Chinese*，其开篇第一语曰，“中国[1]者，欧洲中古之复见于今也”。（China is the Middle Ages made visible）初颇疑之，年来稍知中古文化风尚，近读此书，始知洛史氏初非无所见也。

七、“希望所在，生命存焉”（十月九日）

任叔永以其友人某君书见示。书末云：

> 哲弟自戕，殊堪痛惜！然以弟今日心绪，则觉人必有一死，先死后死，时日之异耳。武松有言：“还是死得干净。”吾辈生此可怜之时，处此可怜之国，安知死之不乐于生耶！

此亡国之哀音也，希望绝矣，遂作“知我如此不如无生”之叹。昔年杨笃生闻广州之败，作绝命书寄君武，有云：“哀哀祖国，殉以不吊之魂，莽莽横流，葬此无名之骨”，遂投海死。任叔永之弟居杭州，蒿目时艰，亦投井死。此二君者，皆有志之士，足以有

[1] 中国，手稿本为“支那”。

为者也，以悲愤不能自释，遂以一死自解，其志可哀，其愚可悯也。余年来以为今日急务为一种乐观之哲学，以希望为主脑，以为但有一息之尚存，则终有一毫希望在，若一瞑不视，则真无望矣。使杨任二君不死，则终有可为之时，可为之事。乃效自经于沟壑者所为，徒令国家社会失两个有用之才耳，于实事曾有何裨补耶？此邦有一谐报，自名为“生命”，其宣言曰：“生命所在，希望存焉。”（Where is Life, there is Hope）此言是也。然诸自杀者决不作此想也。故吾为下一转语曰，“希望所在，生命存焉”。盖人惟未绝望，乃知生之可贵；若作绝望想，则虽生亦复何乐？夫人至于不乐生，则天下事真不可为矣。

八、读 Synge 短剧（十月十一日）

昨今两日，读爱耳兰近代戏曲巨子 J. M. Synge（1871—1909）短剧二本：

1. *Riders to the Sea*
2. *In the Shadow of the Glen*

写爱耳兰贫民状况极动人。其第一剧尤佳，写海滨一贫家，六子皆相继死于水，其母老病哀恸，絮语呜咽，令人不忍卒读，真绝作也。

九、读《嘉富尔传》（十月十一日）

今日读 Andrew D. White 之嘉富尔[1]（Cavour）传，甚喜之。

[1] 嘉富尔，手稿本无。

意大利建国三杰玛里尼、加里波的与嘉富尔，各有所长，各行其是。玛主共和，以笔舌开其先；嘉主统一宪政国，以外交内政实行之；加亦主民主，以一剑一帜实行之。三子者不同道，其为人杰则一也。一者何也？新意大利也。

一〇、胡彬夏女士（十月十二日）

往访胡彬夏女士，小坐，与偕访 Prof. C. S. Northup。[1] 归途女士语余，以为生平奢望唯在得良友。余亦以为吾国男女界限之破除，其最良之果，在于一种高洁之友谊。女士聪慧和蔼，读书多所涉猎，议论甚有见地，为新女界不可多得之人物。余前与郑莱[2]、胡宣明诸君谈，恒以吾国学子太无思想为病，相对叹咨，以为今日大患，在于国人之无思想能力也。今日与女士言亦及此。女士谓此亦有故，盖晚近之留学生年齿较稚，思力未成熟，其肤浅鄙隘本无足责。此论殊忠厚，可补吾失。不观乎美国之大学生乎？其真能思想者能有几人耶？念此又足起我乐观之望矣。

一一、苦学生（十月十二日）

夜有俄国学生 Gahnkin 造访，与谈甚久。此人抵美时，贫无可[3]学，自纽约步行至此，力作自给。所治为[4]工程学。余谓其向学之殷可敬也。君答曰："此亦不足异，在我则求学之念正与饿

[1] 此句前，手稿本有一句："第一次经课（Bible-Study），Prof. Mason 为主讲。"
[2] 郑莱，手稿本为"郑来"。
[3] "可"后，手稿本有"为"字。
[4] 为，手稿本无。

之求食，渴之觅饮，初无小异也。”君语我，谓俄国学制非曾读其国诸大文豪之诗文者，不得入大学或专门学校。君又言，凡人能爱其国之文学，未有不爱其国者也。此言甚可念。[1]

一二、读 *The Inside of the Cup* 说部（十月十六日）

连日读 Winston Churchill's *The Inside of the Cup* 说部，以今日宗教问题为主脑，写耶教最近之趋向，畅快淋漓，读之不忍释手，盖晚近说部中之最有力者也。书名出《路加》十一篇三十九节：

> Now do ye Pharisees make clean the outside of the cup and the platter; but your inward part is full of ravening and wickedness.

耶稣痛恨伪君子之词也。

一三、西文诗歌甚少全篇一韵（十月十六日）

西文诗歌多换韵，甚少全篇一韵者。顷读 Robert Browning，见两诗都用一韵：一为 Avalier [2] Tunes 之第三章，一为 Through The Metidja to Abd-el-Kadr。以其不数见，故记之。

一四、论纽约省长色尔叟被劾去位（十月廿日）

纽约省长 [3] 色尔叟 [4]（William Sulzer）被弹劾去位，其罪案

[1] 此后，手稿本还有一行文字：“吾近所作日记似太长，恐不能持久。”

[2] Avalier，手稿本为“Cavalier”。

[3] 省长，手稿本为“总督”。

[4] 色尔叟，手稿本无。

为[1]报告选举用款不实。盖此邦年来因[2]政党运动选举用款无节，弊窦百出，故立法以防之：凡候选人或办理政党选举之干事，须于选举完结后二十日内，将所收受之选举捐款实数，及本期选举所费实数，报告于选举监督，列名[3]某人捐金若干，某项用金[4]若干存案。此法之用意有二：一，欲使各党不敢收受不义之财（此邦之大公司大政客每出巨资助其私人，冀被选后可得其庇荫）；二，使各项用费一一公布，庶不敢有以金钱卖买投票及以金钱运动选举等事。色氏所报收支各项，乃漏报巨款若干项（如某大银行家之款[5]），又私用所收选举捐款以为他项用途，为其反对党所举发，遂被弹劾，由省议会上院及本省高等法庭会审，延至二月之久，今始决耳。[6]

先是纽约省有所谓Tammany Hall，乃一般政蠹小人所组织，势力之大，莫与抗衡，纽约省之行政官都其傀儡耳。晚年以来，清议切齿，然莫可如何也。色氏初亦属此党，受任后，欲博民心（为候选总统之计也），遂一变故态，力攻此党，倡直接推举之法（Direct Primary），令公民得直接推举，不由政党把持。此党中人（其魁首Charles Murphy）恨色氏切骨，百计中伤之，而色氏又不慎，遂为弹劾去。此事是非殊不易断。色氏之攻小人是也，然论

[1]“为”后，手稿本有“色尔叟氏”。
[2]因，手稿本为“防”。
[3]名，手稿本为“明”。
[4]金，手稿本为“银”。
[5]款，手稿本为“类”。
[6]此后，手稿本附英文剪报一则（见本卷末附一）。

者不当以此之故，遂恕其作伪之罪。色氏罪固有应得，而劾之者非可劾之之人，所谓盗固不义，而跖非诛盗之人也。吾于此案得一说焉，曰：凡服官行政之人，必先求内行无丝毫苟且，然后可以服人，可以锄奸去暴，否则一举动皆为人所牵掣，终其身不能有为矣，可不戒哉！吾国古训："政者，正也。子率以正，孰敢不正？"又曰："以身先之。"此等金玉之言，今都成迂腐之谈。呜呼！吾安敢窃议异国政治之得失耶！吾方自哀吾政偷官邪之不暇耳！[1]

一五、五十年来黑人之进步（十一月十七日）

《外观报》记五十年来黑种人之进步，其言有可记者，摘录如下：

人数	一七一〇年		七九〇，〇〇〇
	一八六三		四，四三五，八三〇
	一九一〇		九，八二七，七六三
农业	一八六三	黑人有	三〇〇，〇〇〇亩田， 值[2]一，〇〇〇，〇〇〇元[3]

[1] 此后，手稿本有"（下录为色氏受劾后之宣言）"。所谓"下录"，原是一则粘附的英文剪报（见本卷末附二）。剪报之后还有十月二十四日、十一月十一日两天日记："廿四日（五） 方士之方，作艺术解，如方士、方技是也。"；"十一月十一日 有 G. J. Mager 者居 26 Lincoln Ave, Cortland. n. y. 新游中国归，于北京喇嘛庙中得一铜器，似彝而仅有一耳，上有六字，其人以为必汉文也，寄令余译之。余审其书，非篆非隶，亦不类满文，不能识也。抄其字如下，以待博雅之君子。[illegible]。"

[2] "值"后，手稿本有"$"。

[3] 元，手稿本无。

	一九一三	黑人有	二〇,〇〇〇,〇〇〇亩, 值[1]四九三,〇〇〇,〇〇〇元[2]
家产	一八六三	仅	九,〇〇〇人有家
	一九一三		五五〇,〇〇〇人有家
	一八六三		二,〇〇〇人有职业
			四,〇〇〇人有田
	一九一三		四〇,〇〇〇黑人为商
			二二五,〇〇〇黑人为农夫
	一八六三		黑人全数财产不及二千万金
	一九一三		黑人全数财产[3]七〇,〇〇〇,〇〇〇元[4]
智识	一八六三		不识字者居百分之九十五
	一九一三		不识字者居百分之三十[5]

一六、《论语》译本（十一月十七日）

E. P. Duton 书局有新译《论语》一部（1910），译者 Lionel Giles，为《东方智慧丛书[6]》（*The Wisdom of the East*）之一。

一七、假期中之消遣（十二月廿三日）

在假期中，寂寞无可聊赖，任叔永、杨杏佛二君在余室，因

[1]“值”后，手稿本有“$”。

[2][4] 元，手稿本无。

[3]“财产”后，手稿本有“$”。

[5] 以上数据中的年份、数量及金额，手稿本中皆为阿拉伯数字。

[6] 东方智慧丛书，手稿本为“东方智识丛书”。

共煮茶夜话，戏联句，成七古一首，亦殊有趣，极欢始散。明日余开一茶会，邀叔永、杏佛、仲藩、钟英、元任、宪先、扆生、周仁、荷生诸君同叙，烹龙井茶，备糕饼数事和之；复为射覆，谜语，猜物诸戏。余拟数谜，颇自喜，录之如下：

（一）花解语（汉魏人诗一句）（对偶格）　对酒当歌

（二）可以　（东坡词一句）　何似在人间

（三）如　　（四书二句，不连）　其恕乎　心不在焉

（四）u　　（新出英文小说一）　*The Inside of the Cup*

（五）胡适　（欧洲名小说一）　*Quo Vadis?*（译言何往）

此等游戏，虽本无可记之价值，惟吾辈去国日久，国学疏废都尽，值兹佳节，偶一搜索枯肠，为销忧之计，未尝不稍胜于博弈无所用心者之为也。

一八、耶稣诞日诗（十二月廿六日）

昨日为耶稣诞日，今日戏作一诗记之：

耶稣诞日

冬青树上明纤炬，[1] 冬青树下讙儿女，
高歌颂神歌且舞。朝来阿母含笑语：
"儿辈驯好神佑汝，灶前悬袜青丝缕。
神自突 [2] 下今夜午，朱衣高冠须眉古。

[1] 胡适原注："廿四日为圣诞夕，家家庭中供柏一巨枝，饰以彩线，枝上遍燃小烛无数，名圣诞节树。"

[2] 胡适原注："烟囱。"

神之格思不可睹，早睡慎毋干神怒。”
明朝袜中实饧粄，有蜡作鼠纸作虎，
夜来一一神所予。[1] 明日举家作大酺，
杀鸡大于一岁羖。堆盘肴果难悉数，
食终腹鼓不可俯。欢乐勿忘神之祜，
上帝之子天下主。[2]

此种诗但写风俗，不著一字之褒贬，当亦觇国者所许也。

一九、托尔斯泰临终时事（十二月廿七日）

有俄国人名 Gahnkin 者见访，为余言托尔斯泰[3]（Tolstoi）临终时事，甚有趣，记之。

托氏于千九百十年间，一日忽遁去不见，报纸争载其事，国家警察随地访查，乃不可得。盖托衣敝衣，与工人等，杂稠人中，不易辨也。然其影片则举国人都识之。故火车到一站，则居民争集车下默察下车者，疑中有此大怪杰也。托氏实往南方视其姊。其姊居尼寺中，老矣。教中长老闻托来，以为托将复归旧教[4]（希腊教，耶教之一宗），争迎之。托至，视其姊即去。归途乘工

[1] 胡适原注：“俗悬小儿女袜于灶前，谓有神名圣大克罗者，将自灶突下，以食物玩具置袜中，盖父母为之也。”手稿本中，此注为“俗悬小儿女袜于灶前，谓有神名圣大克娜者，将自突下，以食物玩具置袜中，盖父母为之也”。

[2] 胡适原注：“耶教徒称耶稣为上帝之子。”

[3] 托尔斯泰，手稿本为“陶尔斯泰”。此后手稿本中有“托尔斯太”“陶斯太”“陶斯泰”“陶氏”等多种译名，不再注。

[4] “教”后，手稿本有“也”字。

人所坐之火车，车无盖，不避风雨，托受寒止于中途一站，卧病数日，即死。

死后，其尸归葬于“Easnaiya Polnyana”(?)，距莫斯科不远。莫斯科有十九大学[1]，一律辍讲三日。有学生五六千人往赴其丧，Gahnkin 亦与焉。自四方来会葬者无数。其尸由学生数十人移至墓所，墓地在数株槐树间，盖托氏生前[2]所择也。将葬，送葬者成列，一一行过托氏尸前为礼，逾数时始行尽。

既葬，此君往游其书室。室小而陋，一桌一椅，皆托氏所手制，室中但有书无数耳。托氏平日但着犊鼻裈，与农夫、工人同操作，好施不倦，其所居无贤不肖皆爱之如家人焉。

二〇、吾国女子所处地位高于西方女子（三年一月四日）

忽念吾国女子所处地位，实高于西方女子。吾国顾全女子之廉耻名节，不令以婚姻之事自累，皆由父母主之。男子生而为之室，女子生而为之家。女子无须以婚姻之故，自献其身于社会交际之中，仆仆焉自求其耦，所以重女子之人格也。西方则不然，女子长成即以求耦为事，父母乃令习音乐，娴蹈舞，然后令出而与男子周旋。其能取悦于男子，或能以术驱男子入其彀中者乃先得耦。其木强朴讷，或不甘自辱以媚人者，乃终其身不字为老女。是故，堕女子之人格，驱之使自献其身以钓取男子之欢心者，西

[1] 学，手稿本为“校”。
[2] 前，手稿本为“时”。

方婚姻自由之罪也。

此论或过激，然自信不为无据，觇国于其精微者，当不斥为顽固守旧也。[1]

二一、灯谜三则（一月五日）

前记灯谜数条，后复与任叔永作数则。叔永所作甚佳。如：

竺　（唐人诗一句）　外人不见见应笑

这不是一十一，除非你认白字　（一字）　亚

吾作一条：

恕　（四书二句，不连）[2]　有心哉　如在其上

则牵强矣。

二二、叔永岁莫杂感诗（一月廿三日）

任叔永作岁莫杂感诗数章见示，第一首总叙，第二首《雪》，第[3]三首《滑冰》，第[4]四首《度岁》。其《雪》诗起云，"昨夜天忽雪，侵晓势益盛"；中有"轻盈尚扑面，深厚已没胫。远山淡微林，近潭黝深凝。疏枝压可折，高檐滑欲迸"。其《滑冰》诗有"毡裘带双鞲，铁屐挺孤棱；蹑足一纵送，飘忽逐飞甑"。其《度岁》诗"冬青罗窗前，稚子戏阶砌。有时笑语声，款款出深第。感此异井物，坐怀故乡例。夙驾信未遑，幽居聊小憩"。皆佳。

[1]　此后，手稿本有"适之"两字。

[2]　括号内文字，手稿本无。

[3][4]　第，手稿本无。

二三、大雪放歌和叔永（一月廿三日）

余谓叔永君每成四诗，当以一诗奉和。后叔永果以四诗来，余遂不容食言，因追写岁莫大雪景物，成七古一章，不能佳，远不逮叔永作多矣。[1]

大雪放歌[2]

往岁初冬雪载涂，今年耶诞始大雪。
天工有意弄奇诡，积久迸发势益烈。
夜深飞屑始叩窗，侵晨积絮可及膝。
出门四顾喜欲舞，琼瑶十里供大阅。
小市疏林迷远近，山与天接不可别。
眼前诸松耐寒岁，虬枝雪压垂欲折。
窥人鼫鼠寒可怜，觅食冻雀迹亦绝。
毳衣老农朝入市，令令瘦马驾长橇。[3]
道逢相识遥告语，"明年麦子未应劣"。
路旁欢呼小儿女，冰桨[4]铁屐[5]手提挈。
昨夜零下二十度，湖面冻合坚可滑。
客子踏雪来复去，朔风啮肤手皴裂。
归来烹茶还赋诗，短歌大笑忘日昳。

---

[1] 此后，手稿本有"（诗见后，可提前）"。

[2] 这首补写在手稿本本卷末的诗前有两行字："余前和任叔永岁莫杂感作七古一章，未写入此册，今补入之如下。"诗后有两字："移前。"

[3] 胡适原注："冰雪中所用车，以马驾之，行时缨铃令令然。"

[4] 胡适原注："Hockey stick。"

[5] 胡适原注："踏冰所用。"

开窗相看两不厌，清寒已足消内热。

百忧一时且弃置，吾辈不可负此日。

二四、孔教问题（一月廿三日）

今人多言宗教问题，有倡以孔教为国教者，近来余颇以此事萦心。昨复许怡荪书，设问题若干，亦不能自行解决也，录之[1]供后日研思：

一、立国究须宗教否？

二、中国究须宗教否？

三、如须有宗教，则以何教为宜？

（一）孔教耶？

（二）佛教耶？

（三）耶教耶？

四、如复兴孔教，究竟何者是孔教？

（一）孔教之经典是何书？

（1）《诗》

（2）《书》

（3）《易》

（4）《春秋》

（5）《礼记》

（6）《论语》

（7）《孟子》

---

[1]“之”后，手稿本有“以”字。

(8)《大学》

(9)《中庸》

(10)《周礼》

(11)《仪礼》

(12)《孝经》[1]

(二) 孔教二字所包何物?

(1) 专指五经、四书之精义耶?

(2)《三礼》耶?

(3) 古代之宗教耶?(祭祀)

(4) 并及宋明理学耶?

(5) 并及二千五百年来之历史习惯耶?

五、今日所谓复兴孔教者，将为二千五百年来之孔教欤? 抑为革新之孔教欤?

六、苟欲革新孔教，其道何由?

(一) 学说之革新耶?

(二) 礼制之革新耶?

(三) 并二者为一耶?

(四) 何以改之? 从何入手? 以何者为根据?

七、吾国古代之学说，如管子、墨子、荀子，独不可与孔孟并尊耶?

---

[1] 此处排序与手稿本不同。手稿本将《诗》《书》都归入(1),(2)为《易》,(3)为《春秋》,余顺延，直至(11)《孝经》。另，手稿本中,(1)至(4)胡适用括号括住，旁注“经五”;(5)至(8)用括号括住，旁注“书”。

八、如不当有宗教，则将何以易之？

甲、伦理学说耶？

东方之学说耶[1]？

西方之学说耶[2]？

乙、法律政治耶？

二五、康南耳大学费用（一月廿三日）

本校收支表（一九一二——一九一三）[3]

（一）全校

支出	
全年总数	$2,544,137.05
每日	6,967.49
每学生	403.12

学生缴费	
全年总数	$513,841.67
每日	1,407.78
每学生	81.43

（二）六个非省立的学院

支出	
全年总数	$1,406,599.70

[1][2] 耶，手稿本为“乎”。

[3] 此表在手稿本中为一则粘附的英文剪报，无中译。

每学生 362.43

学生缴费

全年总数 ＄469,808.27

每学生 121.05

（三）省立两学院（农学院与兽医学院）

支出

全年总数 ＄1,137,537.35

每学生 468.12

学生缴费

全年总数 ＄44,033.40

每学生 18.07

此一则见一九一三年一月八日之本校日刊。[1]

二六、非驴非马之大总统命令（一月廿三日）

大总统命令（十一月廿六日）[2]

孔子之道，如日月经天，江河行地，树万世之师表，亘百代而常新，凡有血气，咸蒙覆帱，圣学精美，莫与比伦。溯二千余年历史相沿，率循孔道，奉为至圣。现值新邦肇造，允宜益致尊崇。衍圣公孔令贻以本大总统就任礼成，来京致祝，并亲赍孔氏世谱，阙里圣庙碑碣拓文，前代冠服各物。

[1] 此句在手稿本中为“此一则见 *Cornell Daily Sun*, Jan. 8. 1913.”。

[2] 此《大总统命令》，在手稿本中为一则粘附的中文剪报。

瞻览之余，益深钦仰。本大总统受任以来，夙夜兢兢，以守道饬俗为念。孔学撷道德之精，立人伦之极，渊泉溥博，沾被无垠，高山景行，向往弥笃。所有衍圣公暨配祀贤哲后裔膺受前代荣典[1]，均仍其旧。惟尊圣典祀綦重，应由主管部详稽故事，博考成书，广征意见，分别厘定，呈候布行。此令。

衍圣公孔令贻给予一等嘉禾章。此令。

此种命令真可笑，所谓非驴非马也。

二七、伦敦一块地三百六十年中增价四千倍（一月廿三日）[2]

提倡“单一税”（Single Tax）的杂志 *The Public*（《公众》）最近（十八卷，八二四期）记一事，甚可寻味。伦敦市中心有十九英亩之地，最近出卖，卖价最初发表为美金五千万元，其后又谓止有一千三百七十五万元。即此第二次所称卖价已大可令人注意了。此地乃一五五二年英王爱德华六世赐给贝德福子爵（Earl of Bedford）的，其时其中最值钱的一块地每年收租钱合美金三十元八角四分。至今日其中一块地作菜市，每年收租金合美金十二万一千七百五十元。此地为贝德福子爵一家所有，凡经三百六十一年，不但无丝毫损坏，反增价近四千倍！[3]

---

[1]　“荣典”后，剪报中有“祀典”两字。

[2]　此一则在手稿本中为一则粘附的英文剪报（见本卷末附三），无以下中译。胡适旁注：“From *The Public*, Vol.XVIII, no.824”。

[3]　此后，手稿本中还有一条短记：“私，古作厶，奸邪也，盖取邪曲自为之义。公字，公，八，别也，《说文》：‘背私为公。’ 廿三。”

二八、湘省一年之留学费（一月廿四日）

查复留学生经费 [1]

汤民政长准教育部来电，饬查湘省外国留学生名数费额，迅即电复等因。当即饬司查明，复电该部。文曰："漾电悉。查湘省陆续选送留日学生四百九十六名，已到东者四百七十名。原定每名每月三十元，嗣遵部电每月各加六元，年共需日币二十一万四千二百七十二元。选送西洋留学生：美六十五名，英二十九名，德十名，法四名，比三名，[2] 每名每年需洋一千四百四十元，共需洋十五万九千八百四十元。二共需洋三十七万四千一百一十二元。[3] 现已截止续送。此复。芗铭印。"

此一省所送已达此数，真骇人闻听！吾《非留学篇》之作，岂得已哉！又按此数计算未确，上为日币，下为墨金，而总数乃混合计之，何也？

二九、友人劝戒吸纸烟（一月廿四日）

I am very much worried about you, for the boys told me at Iowa city that your health was in bad shape. I wonder, old man, whether you have still kept up your furious smoking? I was dead in earnest when I told you last summer that I thought it was a

[1] 此《查复留学生经费》，在手稿本中为一则粘附的中文剪报。

[2] 此句后，剪报还有一句："到欧美者，美六十一名、英二十二名、德五名、法四名、比三名。"

[3] 手稿本中，有胡适所注以上下划线。

mistake for you to smoke as incessantly as you did. In fact, as a non-smoker myself, I am of the opinion that you would be better off without the use of tobacco. Please don't think that I want to preach to you or try to boss you. The fact is that I have seldom taken as intimately to a foreign friend as I have to you, and I honestly and without flattery believe you are a rare genius. I think it is your duty to society to preserve your intellectual powers to their fullest extent, and for that reason I think you ought to take every precaution to keep in good health. If the cause was something else than smoking, then remove that cause. [1]

此友人 Louis P. Lochner 所寄书。记此以自警焉。

三〇、但怒刚死事情形（一月廿五日）

怒刚之死，言之惨然！而其死事情形尤有可恸者：盖渝中举事后，怒刚即督师外出，西上取成都，连战皆捷，已逼至资阳，距成都仅二百余里。更分兵南上围泸州，进攻富顺，亦均获胜利，旦夕即下。不意以种种原因，渝中执事者先遁，根本遂失。是时怒刚方驻永川，前锋闻渝中消息，不战而退。后方根本已失，无所归依，怒刚乃有自戕之举。闻其死时，其麾下尚千余人。[2]

[1] 以上内容，在手稿本中为一则粘附的英文信件。

[2] 以上内容，在手稿本中为一则粘附的中文信件。

此杨伯谦君寄书叙但怒刚死事之状，读之令我数日不乐。

三一、鲍希参夭折（一月廿四日）

偶见邮来之圣约翰所出报名《约翰声》者，随手翻阅，见有哀鲍希参文，疑是澄衷同学荣点，读之果然。君为蒙古族，兄弟二人，都尝居澄衷。其兄荣辉，大不及君。君沉默好学，今遽夭折，可哀也！

三二、今日吾国急需之三术（一月廿五日）

今日吾国之急需，不在新奇之学说，高深之哲理，而在所以求学论事观物经国之术。以吾所见言之，有三术焉，皆起死之神丹也：

一曰归纳的理论[1]，

二曰历史的眼光，

三曰进化的观念。

三三、我之自省（一月廿五日）

余近来读书多所涉猎而不专精，泛滥无方而无所专注，所得皆皮毛也，可以入世而不足以用世，可以欺人而无以益人，可以自欺而非所以自修也。后此宜痛改之。

---

[1] 理论，手稿本为“论理”。

三四、我所关心之问题（一月廿五日）

近来所关心之问题，如下所列：

一、泰西之考据学。

二、致用哲学。

三、天赋人权说之沿革。

皆得其皮毛而止，真可谓肤浅矣。

三五、演说吾国婚制（一月廿七日）

数日前余演说吾国婚制之得失，余为吾国旧俗辨护，略云：[1] 吾国旧婚制实能尊重女子之人格。女子不必自己向择耦市场求炫卖，亦不必求工媚人悦人之术。其有天然缺陷不能取悦于人，或不甘媚人者，皆可有相当配耦。人或疑此种婚姻必无爱情可言，此殊不然。西方婚姻之爱情是自造的（Self-made），中国婚姻之爱情是名分所造的（Duty-made）。订婚之后，女子对未婚夫自有特殊柔情。故偶闻人提及其人姓名，伊必面赤害羞；闻人道其行事，伊必倾耳窃听；闻其有不幸事，则伊必为之悲伤；闻其得意，则必为之称喜。男子对其未婚妻，亦然。及结婚时，夫妻皆知其有相爱之义务，故往往能互相体恤，互相体贴，以求相爱。向之基于想像，根于名分者，今为实际之需要，亦往往能长成为真实之爱情。（参看本卷第二〇则）

---

[1] “数日前……略云”句，手稿本为“数日前余演说吾国婚制之得失，余为吾国旧俗辨护甚至，上所录乃报端撷录予之演稿也”。“上所录”为一则粘附的英文剪报（见本卷末附四），无以下中译。

三六、美国各大学之体育运动费（一月廿七日）[1]

报载倭亥倭省大学（Ohio State University）体育主任温格（M. Shindle Wingert）近作调查报告，谓全国各大学之体育运动费，每年超过十万万金元！而其中大部分之经费皆费于竞赛之运动，其真为多数学生体育之经费仅占小部分。[2]

三七、"宗教之比较研究"讲演（一月廿八日追记）

1. 宗教史
2. 原始宗教
3. 古代宗教
4. 中国古代之国教
5. 孔教
6. 道教
7. 日本之神道教
8. 印度《吠陀》时代之宗教
9. 婆罗门教
10. 原始佛教
11. 后期佛教
12. 先知时代之犹太教
13. 教典时代之犹太教
14. 近代犹太教
15. 摩诃末之宗教
16. 回教的演变
17. 回教中之密教
18. 耶稣之教旨
19. 希腊化之基督教
20. 中古基督教
21. 近世基督教
22. 亚洲西部之基督教

---

[1] 此则在手稿本中为一则粘附的英文剪报（见本卷末附五），无以下中译。胡适在剪报旁写有"此一则亦可资研究"。

[2] 此后，手稿本附有三则英文剪报（见本卷末附六），内容为评论法国白里而的名著《梅毒》。胡适在三则剪报旁分别写了三则评论，并标注"二十七日记"。第一则评论见本卷第四三则末两段。另两则评论分别为："右为英国大剧家 G. Bernard Shaw 夏氏之序文，夏氏亦近日社会新剧之巨子，所著极富。"；"左为一名牧师之书，附此以示此剧之影响也。"（"夏氏之文"见附六②，"牧师之书"见附六③）

23. 亚洲东部之基督教[1]

上为本校基督教青年会[2]讲科，论世界诸大宗教之源流得失，主讲者多校中大师，或他校名宿。余亦受招主讲三题：

一、中国[3]古代之国教。

二、孔教。

三、道教。

余之滥竽其间，殊为荣幸，故颇兢兢自惕，以不称事为惧。此三题至需四星期之预备始敢发言。第一题尤难，以材料寥落，无从摭拾也。然预备此诸题时，得益殊不少；于第一题尤有心得。盖吾人向所谓知者，约略领会而已。即如孔教究竟何谓耶？今欲演说，则非将从前所约略知识者一一条析论列之，一一以明白易解之言疏说之不可[4]。向之所模糊领会者，经[5]此一番炉冶，都成有统系的学识矣。余之得益正坐此耳。此演说之大益，所谓教学相长者是也。故记之。

三八、壁上格言（一月廿八日[6]）

余壁[7]有格言云：

---

[1] 以上，在手稿本中是一张“宗教比较研究”讲演的时间、题目和人名的英文表（见本卷末附七），无中译。

[2] 本校基督教青年会，手稿本为“校中 C.U.C.A”。

[3] 中国，手稿本无。

[4] 不可，手稿本无。

[5] “经”前，手稿本有“今”字。

[6] 此后，手稿本有“追记”两字。

[7] “壁”后，手稿本有“上”字。

If you can't say it out loud, keep your mouth shut.（汝果不敢高声言之，则不如闭口勿言也）。

此不知何人之言，予于[1]书肆中见此帖，有所感触，携归，[2]悬壁上，二年余矣。此与孔子"知之为知之，不知为不知，是知也"同意。不敢高声言之者，以其无真知灼见也。[3]余年来演说论学，都奉此言为圭臬，虽有时或不能做到，然终未敢妄言无当，尤不敢大言不惭，则此一语之效也。

三九、借一千，还十万（一月廿八日补记）

本校日刊记近日新落成之休尔可夫纪念堂之历史，特著社论一篇，译其大意如下：[4]

一九〇二班之休尔可夫（Schoellkopf），在校时，绰号"Heinie"，在运动场上最露头角，为全校崇仰之一人。当其在四年级时，校中有一毕业生，方计划一种事业，需要一千金元之费用。此君甚贫，乃向朋友及银行告贷，均无所成，已拟抛弃此计划矣。休尔可夫闻其事，往访此君，愿借与一千元。此君得此千金，所计划之事得以进行，不久即有大成功，遂成富人。彼深感激休尔可夫之厚谊，二人遂成至友。

---

[1] "于"后，手稿本有"一"字。

[2] "有所感触，携归"，手稿本为"有所触，携以归"。

[3] "不敢高声……真知灼见也"句，手稿本中胡适以红笔批注于日记上方，并标注"（适）"。

[4] 此前文字，手稿本无。此后所引文字，在手稿本中为一则英文剪报（见本卷末附八），无中译。

已而休尔可夫忽病死。此向日受恩之某君乃邀休君之朋友，凡与休君相交或受其恩惠者，集会于一地，某君建议捐款为休尔可夫建一纪念堂，赠与母校，作为运动员训练之馆（Training House）。某君请诸友自由捐款，而自己愿认十万金元。诸友各有捐款，其总数仅总额之小小分数而已；余款皆由某君一人独任之。

今日新成之休尔可夫纪念训练馆，乃一个康南耳毕业生所为一个特别可爱的人建立之庄严纪念物也。

此一事写西人之友谊，忠厚可风，故记之。建此堂之毕业生某君捐此巨款，而不愿发表其姓名，学校当局尊重其意，故亦隐其名。然人皆知其为曾任驻中国奉天总领事施特来特君（Willard Straight），即六国借款时之美国银行团代表，曾为塔虎脱总统建东三省铁道中立之议者也。[1] [2]

---

[1] 以上这段文字，手稿本为："此一则见 *Cornell Daily Sun*，写西人之友谊，忠厚可风，故记之。所记之人，疑即是 Willard Straight，即六国借款时之美国代表也。（此说但据余之揣测，未以告人也。）廿八日补记。"

[2] 此后，手稿本还有一则日记。其中前面是一则中文剪报（见本卷末附九），后面是日记本文："此四诗与下列一词，怒刚之手迹之在吾所者，尽于是矣。狱中四诗为金山《少年中国报》所载，不知果为怒刚之作否？诗殊泛泛无警策语，乃有颓唐之气，何也？词为《水调歌头》一阕。庚戌之春，林君墨将归蜀，以一扇属题一调，余作此词以送之，今一字都不复记忆矣。怒刚和词，适置皮夹中，六月北上，七月南归，此词都在身旁，故得存，亦天幸耳。尔时适汪精卫、黄复生两君以谋刺载沣案发被捕，怒刚本与两君同居，后独来沪有所谋，故独不及祸。然其心未尝一日释然，故其辞甚哀也。又君有祖母老矣，有妇独处，君八九年未归矣，故有'多少负心事，慷慨且歔欷'云云。怒刚后遂南之粤有所图，故有'自兹收拾佳地，不与世人知'云云，'若有个人偷嫁，我定携来伴汝'者。余时有游蜀之念而未决也。　廿八日记此，掷笔永叹。"本文开头说"下列一词"，手稿本中也有空白处，惜无原件。

四〇、久雪后大风寒甚作歌（一月廿九日）

十余日前，此间忽大风，寒不可当。风卷积雪，扑面如割，寒暑表降至零下十度（华氏表）。是日以耳鼻冻伤就校医诊治者，盖数十起。前所记之俄人 Gahnkin 未着手套，两手[1]受冻，几成残废。居人云：“是日之寒，为十余年来所仅见。”因作诗记之。追录如下：

梦中石屋壁欲摇，梦回窗外风怒号，澎湃若拥万顷涛。

侵晨出门冻欲僵，冰风挟雪卷地狂，啮肌削面不可当。

与风寸步相撑支，呼吸梗绝气力微，漫漫雪雾行径迷。

玄冰遮道厚寸许，每虞失足伤折股，旋看落帽凌空舞。[2]

落帽狼狈祸犹可，未能捷足何嫌跛，抱头勿令两耳堕。

入门得暖百体苏，隔窗看雪如画图，背炉安坐还读书。

明朝日出寒云开，风雪于我何有哉！待看冬尽春归来！

此诗用三句转韵体，乃西文诗中常见之格，在吾国诗中，自谓此为创见矣。（十二月廿三夜与叔永、杏佛联句，亦用此体。余起句云：“入冬无雪但苦雨，客子相对语凄楚，故园此际夜何许？……”杏佛有句云：“黄河走地禹王死”，余接云：“横流滔滔何时已？会须同作鱼鳖耳。……”结句云：“况兹佳节欢儿女，冬青照座喧笑语，伤哉信美非吾土。何时拂衣归去来？（适）团圞围

[1] 手，手稿本无。

[2] 此三句，手稿本原为“玄冰遮道可才许，每虞失足伤折股，旋看帽落作蝶舞”，后胡适用红笔做了修改，并旁注“五年三月改”。

坐杂叟孩，共迎新年入酒杯。(永)”此实第一次用此体也，亦余创之。)以诗示许少南（先甲），少南昨寄柬云：“三句转韵体，古诗中亦有之”，因引岑参《走马川行》为证：“轮台九月风怒吼，一川碎石大如斗，随风满地石乱走。匈奴草黄马正肥，军山西见烟尘飞，汉家大将西出师。”此诗后五韵皆每韵三句一转，惟起数句不然，则亦未为全用此体也。

四一、乐观主义（一月廿九日）

前诗[1]以乐观主义作结，盖近来之心理如是。吾与友朋书，每以“乐观”相勉，自信去国数年所得，惟此一大观念足齿数耳。在上海时，悲观之念正盛，偶见日出，霜犹未消，有句云：“日淡霜浓可奈何！”后改为“霜浓欺日薄”，足成一律，今决不能复作此念矣。前作《雪诗》亦复如是，盖自然如此，初非有意作吉祥语也。一日偶吟云：

三年之前尝悲歌：“日淡霜浓可奈何！”
年来渐知此念非，“海枯石烂终有时！”
一哀一乐非偶尔，三年进德只此耳。[2]

盖纪实也。觐庄有句云：“要使枯树生花，死灰生火，始为豪耳。况未必为枯树死灰乎！”余极喜之。

英国十九世纪大诗人卜郎吟（Robert Browning）终身持乐观

[1] 前诗，手稿本为“此诗”，因是紧接前则说的。
[2] 此后，手稿本有“(未完)”。

主义，有诗句云[1]：

One who never turned his back but marched breast forward,
Never doubted clouds would break,
Never dreamed, though right were worsted, wrong would triumph,
Held we fall to rise, are baffled to fight better,
Sleep to wake.

余最爱之，因信笔译之曰：

吾生惟知猛进兮，未尝却顾而狐疑。
见沉霾之蔽日兮，信云开终有时。
知行善或不见报兮，未闻恶而可为。
虽三北其何伤兮，待一战之雪耻。
吾寐以复醒兮，亦再蹶以再起。

此诗以骚体译说理之诗，殊不费气力而辞旨都畅达，他日当再试为之。今日之译稿，可谓为我辟一译界新殖民地也。

四二、裴伦《哀希腊歌》（二月三日）

裴伦（Byron）之《哀希腊歌》，吾国译者，吾所知已有数人：最初为梁任公，所译见《新中国未来记》；马君武次之，见《新文学》；去年吾友张奚若[2]来美，携有苏曼殊之译本，故得尽读之。

[1] 有诗句云，手稿本为“临终时有诗自称为”。
[2] 张奚若，手稿本为“张君”。

兹三本者，梁译仅全诗十六章之二；君武所译多讹误[1]，有全章尽失原意者；曼殊所译，似大谬之处尚少。而两家于诗中故实似皆不甚晓[2]，故词旨幽晦，读者不能了然。吾尝许张君为重译此歌。昨夜自他处归，已夜深矣，执笔译之，不忍释手，至漏四下始竣事。门外风方怒号，窗棂兀兀动摇，尔时群动都寂，独吾歌诗之声与风声相对答耳。全诗如下：

裴伦《哀希腊歌》(附注)

一

惟希腊之群岛兮，实文教武术之所肇始。
诗媛沙浮尝咏歌于斯兮，亦羲和素娥之故里。
今惟长夏之骄阳兮，纷灿烂其如初。
我徘徊以忧伤兮，哀旧烈之无余！

沙浮[3]，古代女诗人，生纪元前六百年，为当日诗界之领袖，所作多绮丽之词，未尝作爱国之诗。马译爱国之诗云云，岂误读Where为Which耶？

原文第四句“Where Delos rose, and Phoebus Sprung！”马译“德娄飞布两英雄，溯源皆是希腊族”，以二神为两英雄，是大误也。苏译“情文何斐亹，荼辐思灵保”，上句杂凑成文，下句微得之而晦甚，又无注释，不易明也。Delos即Artemis，月之神；

[1] 多讹误，手稿本为“讹误无算”。
[2] 皆不甚晓，手稿本为“一无所知”。
[3] “沙浮”前，手稿本有“(注)”。

Phoebus 即 Apollo，日神也；吾以羲和、素娥译之，借用[1]吾所固有之神话也。

二

悠悠兮，我何所思？荷马兮阿难。
慷慨兮歌英雄，缠绵兮叙幽欢。
享盛名于万代兮，独岑寂于斯土；
歌声起乎仙岛之西兮，何此邦之无语？

此章追思荷马与阿难（即阿难克利安）(Homer and Anacreon) 两大诗人。第一句“The Scian and Teian muse”即指二人。荷马生于 Scios，故曰 Scian。阿难生于 Teos，故云 Teian。马译为“莫说侁佃二族事”云云，故全章尽误。苏译“窣诃与谛诃，词人之所生”，稍得之矣。惟原文不指所生之地，乃指其地之诗人也，吾故直以荷马、阿难译之。

荷马之诗，多叙古英雄遗事。阿难之诗，专言爱情。后世凡言情之小诗作七字句而悱恻可诵者，谓之阿难体（Anacreontics）。原文 Lover's lute，初不专指女子，马苏二家都失之。

仙岛（The Islands of the Blest），古代神话言西海之尽头有仙人之岛，神仙居之。此盖以指西欧诸自由国，或专指英伦耳。

三

马拉顿后兮山高，
马拉顿前兮海号。

[1] 借用，手稿本无。

哀时词客独来游兮，
犹梦希腊终自主也；
指波斯京观以为正兮，
吾安能奴僇以终古也！

西历前四百九十年，波斯人大举西侵，雅典人米尔低率师大败波人于马拉顿（Marathon）。梁译此章最佳，几令我搁笔。其辞曰：

马拉顿后兮山容缥渺，
马拉顿前兮海波环绕。
如此好山河也应有自由回照，
我向那波斯军墓门凭吊。
不信我为奴为隶今生便了，
难道我为奴为隶今生便了。

原文“I dreamed that Greece might still be free”乃愿望之词，马译“犹梦希腊是自由”，殊失之；苏译“希腊如可兴，我从梦中睹”，尤弱矣。

四

彼高崖何巉岩兮，俯视沙拉米之城；
有名王尝踞坐其巅兮，临大海而点兵。
千樯兮照海，
列舰兮百里。
朝点兵兮，何纷纷兮！
日之入兮，无复存兮！

马拉顿之战，波斯人耻之。后十年（前[1]四八〇年），新王 Xerxes 大举征希腊，大舰千二百艘，小舟三千艘，军威之盛，为古史所未见。希人御之，战于沙拉米（Salamis）（前[2]四八〇）。波师大败，失二百艘，余舰皆遁。明年，复为斯巴达之援师所大败，波斯自此不复西窥矣。

马译："吁嗟乎，白日已没夜已深，希腊之民无处寻"，全失原意矣。苏译"晨朝大点兵，至暮无复存"，是也；下二句则杂凑无理矣。

五

往烈兮难追；
故国兮，汝魂何之？
侠子之歌，久销歇兮，
英雄之血，难再热兮，
古诗人兮，高且洁兮；
琴荒瑟老，臣精竭兮。

此章译者颇自憙，以为有变徵之声也。末二句苏译"琴兮国所宝，仍世以为珍，今我胡疲苶，拱手与他人"，全失原意。第二句原文："And where art thou, my Country?"，非用骚体不能达其呼故国而问之之神情也。

六

虽举族今奴虏兮，

[1] [2] 前，手稿本无。

岂无遗风之犹在？
吾慨慷以悲歌兮，
耿忧国之魂磊。
吾惟余赧颜为希人羞兮，
吾有泪为希腊洒。

七

徒愧汗曾何益兮，嗟雪涕之计拙；
独不念吾先人兮，为自由而流血？
吾欲诉天阍兮，
还我斯巴达之三百英魂兮！
但令百一存兮，
以再造吾瘦马披离之关兮！

瘦马披离（Thermopylae），关名。纪元前[1]四百八十年之战，勇士三百人守此，关破，尽死之。

八

沉沉希腊，犹无声兮；
惟闻鬼语，作潮鸣兮。
鬼曰："但令生者一人起兮，
吾曹虽死，终阴相尔兮！"
呜咽兮鬼歌，
生者之喑兮，奈鬼何！

[1] 纪元前，手稿本无。

此章全取马译，略易数字而已。

九

吾哓哓兮终徒然！已矣兮何言！
且为君兮歌别曲，注美酒兮盈尊！
姑坐视突厥之跋扈兮，
听其宰割吾胞与兮，
君不闻门外之箫鼓兮，
且赴此贝凯之舞兮！

原文第三、四句指一八二二年突厥人屠杀 Scios 城事。此城即荷马所生地也。贝凯者（Bacchanal），赛神之会，男女聚合巫觋舞祷以娱神。

十

汝犹能霹雳之舞兮，
霹雳之阵今何许兮？
舞之靡靡犹不可忘兮，
奈何独忘阵之堂堂兮？
独不念先人佉摩之书兮，
宁以遗汝庸奴兮？

霹雳（Pyrrhic）源出 Pyrrhus，希腊 Epirus 之王，尝屡胜罗马人。

霹雳之舞为战阵之舞，如吾国之"武功舞""破阵乐"耳，盖效战阵之声容而作也。

原文"Of two such lessons, why forget the nobler and the manlier one ?"，极不易译，吾以"舞之靡靡"对"阵之堂堂"，以曲传其

“The nobler and the manlier”之意，盖煞费苦心矣。

佉摩（Cadmus）相传为腓尼西之王，游希腊之梯伯部，与龙斗，屠龙而拔其齿，种之皆成勇士，是为梯伯之始祖。相传[1]佉摩自腓尼西输入字母，遂造希腊文（神话）。

十一

怀古兮徒烦冤，
注美酒兮盈尊！
一醉兮百忧泯！
阿难醉兮歌有神。
阿难盖代诗人兮，
信尝事暴君兮；
虽暴君兮，
犹吾同种之人兮。

阿难见宠于希王 Polycrates，史称其为暴主。

十二

吾所思兮，米尔低兮，
武且休兮，保我自由兮。
吾抚昔而涕淋浪兮，
遗风谁其嗣昌？
诚能再造我家邦兮，
虽暴主其何伤？

[1] 相传，手稿本为“又言”。

米尔低，英主也，尝败波斯之军于马拉顿之战，遂霸希腊。

按此二章盖愤极之词。其意以为屈服[1]于同种之英主，犹可忍也；若异族之主，则万不可忍受耳。盖当时民族主义方炽，故诗人于种族观念尤再三言之。民权之说，几为所掩。君武译此二章，似有意更易其辞，故有“本族暴君罪当诛，异族暴君今何如”云云，其用心盖可谅也。

十三

注美酒兮盈杯，
悠悠兮吾怀！
汤汤兮白阶之岸，崔巍兮修里之崖，
吾陀离民族兮，实肇生于其间；
或犹有自由之种兮，历百劫而未残。

希腊两大民族：一为伊俄宁族（Ionians），一即陀离族也（Dorians）。陀离稍后起，起于北方，故有白阶修里云云。修里山在西北部，独立之役，修里人（Suliolites）最有功。

十四

法兰之人，何可托兮，
其王贪狡，不可度兮。
所可托兮，希腊之刀；
所可信兮，希腊之豪。
突厥慓兮，拉丁狡兮，
虽吾盾之坚兮，吾何以自全兮？

[1] 服，手稿本为“伏”。

希腊独立之役之起也（一八二一），“神圣同盟”之墨犹未干，欧洲君主相顾色变，以为民权之焰复张矣，故深忌之，或且阴沮尼之，法尤甚焉。

此章屡易稿始成。

十五

注美酒兮盈杯！

美人舞兮低徊！

眼波兮盈盈，

一顾兮倾城；

对彼美兮，泪下不能已兮；

子兮子兮，

胡为生儿为奴婢兮！

此章译者以为全篇最得意之作。

十六

置我乎须宁之岩兮，

狎波涛而为伍；

且行吟以悲啸兮，

惟潮声与对语；

如黄鹄之逍遥兮，

将于是焉老死：

奴隶之国非吾土兮，——

碎此杯以自矢！

此诗全篇吾以四时之力译之，自视较胜马苏两家译本。一以吾所用体较[1]恣肆自如，一以吾于原文神情不敢稍失，每委曲以达之。至于原意，更不待言矣。能读原文者，自能知吾言非自矜妄为大言也。

所注各节，皆根据群籍，不敢以己意揣测也[2]。

四三、记白里而之社会名剧《梅毒》(二月三日)

二月三日，此间戏园演法国名剧家白里而的《梅毒》(*Damaged Goods*)，今载其戏单如下：[3]

LYCEUM THEATRE

ITHACA, NEW YORK DAILY NEWS PRESS

Bell Phone 991-W Program-Season 1913—14 Ithaca Phone 263

VOL.XXI Tuesday Afternoon and Evening, February 3, 1914 No.54—55

Richard Bennett's Co-Workers Present

DAMAGED GOODS

By Brieux (Academy of France).

Adapted from the French by Benjamin Blanchard.

The object of this play is study [4] of the disease of syphilis in its bearing on marriage. It contains no scene to provoke scandal or arouse disgust, nor

[1] 较，手稿本为“最”。

[2] 揣测也，手稿本为“揣测欺读者也”。

[3] 此戏单，手稿本中为一则贴件。此段文字，手稿本为：“二月三日，此间戏园演此剧（见上）。余与叔永、仲藩往观之。演者都佳，串医生者尤为特色，第二幕最佳矣。”这段文字，原是写在此戏单下端的。

[4] study，手稿本为“a study”。

is there in it any obscene word; and it may be witnessed by everyone, unless we must believe that folly and ignorance are necessary conditions of female virtue. [1]

CHARACTERS

(In the order of their first appearance).

George DuPont... Mr. Raymond Bond

Doctor...Mr. Howard Hall

Henriette .... Miss Arleen Hackett

Mme. DuPont..Miss Isabelle Winlocke

Nurse.. Miss Maude Dickerson

Student .... Mr. George Hanson

Loches..Mr. Thomas Irwin

Woman...Miss Anna Ashley

Man ....Mr. J. D. Walsh

Girl .... Miss Desiree Stempel

SCENIC SYNOPSIS

ACT Ⅰ.—The Doctor's Consulting Room. Early Afternoon.

ACT Ⅱ.—A Room in M. DuPont's House. Eighteen months later. Afternoon.

ACT Ⅲ.—Same as Act Ⅰ. Following day.

Staged under the personal direction of Richard Bennett and Guy F. Bragdon.

---

[1] 此后，贴件还有“PROGRAM CONTINUED”。

余与叔永、仲藩同往观之。[1] 此为近日社会名剧之一，以花柳病为题，写此病之遗毒及于社会家庭之影响，为一最不易措手之题。而著者以极委婉之笔，曲折达之。全剧无一淫亵语 [2]，而于此病之大害一一写出，令人观之，惊 [3] 心动魄，真佳作也。演者都佳。串医生者尤为特色。第二幕最佳矣。[4]

伊卜生 [5]（Ibsen）之《鬼》剧（*Ghosts*）亦论此事，惟不如此剧之明白。伊氏作《鬼》剧时（一八八一），花柳病学尚未大明，其攻之者，犹以为花柳之病，流毒仅及其身及其子孙而已。三十年来，医学大进，始知花柳之毒传染之烈而易，不独为一家绝嗣灭宗之源，乃足为灭国弱种之毒。白里而氏（Brieux）此剧，盖得法国花柳病学巨子之助力，其言不独根据学理，又切中时势，宜其更动人也。

四四、绮色佳城公民议会旁听记（二月四日）

今夜 Professor Barnes 来邀往旁听绮色佳城之“公民议会”（Common Council）。会员到者八人，与市长（Mayor）、市律师（City Attorney）及市 [6] 秘书（City Clerk）共十一人。市长为 Mr.

[1] 此句见本则日记第一条注释。
[2] “语”前，手稿本有“之”字。
[3] 惊，手稿本为“警”。
[4] “演者都佳。……第二幕最佳矣”，见本则日记第一条注释。
[5] 伊卜生，手稿本为“伊白生”。此后手稿本中有“伊伯生”“伊白生”等多种译名，不再注。
[6] “市”后，手稿本有“厅”字。

Thomas Tree，旧相识也。

第一事为推广市界一案。此城日益发达，非扩张不可。惟市界以外之田产，向之不纳市税者，今皆在可税之列，故有界外之田产者尽力反对，扩界之举，久延未决。今夜为最后之决议，唱名表决，卒得通过。闻此案将咨呈省议会议决，如得通过，仍须市民投票表决，盖此为本市宪章（Charter）之修改案，[1] 故慎重如此也。此案未决时，有旁听者数人，盖皆界外蓄产者。会员有所疑问，旁观者如咨询及之，亦可对答。其人于界线所在，距湖若干丈尺，距公园若干丈尺，皆一一能举之若指诸掌，其精明可畏也。案既通过，其人皆散去，独余与二报馆访员在耳。此后所决诸事，皆不甚紧要。

有二事甚有趣，记之：一为市民某，道行仆冰上受伤，因具状控市政府，谓其不应令坚冰久积道上以害行人，索偿金一万元为医药费。一为大学中有所谓 Telluride Association 者，为学生兄弟会（Fraternity）之一，会所颇 [2] 壮丽，市政府征其房税，会中抗不缴纳，自谓为教育的及慈善的事业（此邦凡教育慈善之事业，可免税），宜在免税之列。市政府以为此会与他种兄弟会无异，不得故为区别。坚持数年不决，会中控于高等法庭。前日法庭判语，谓此会实为教育的及慈善的事业，可援免税之例。今夜市政府律师报告此会之秘密内容：盖此会设于一富人（其人尝为 Telluride

[1] “盖此为本市宪章（Charter）之修改案”，手稿本为“盖此为市约（Charter）（即本市之宪法）修改案”。

[2] 颇，手稿本为“极”。

Co. 之主者故名)，有总会在 Utah 省。其法择青年之有志向学，又能刻苦自食其力至一年以上者，为资送至一种预备学校，令预备入大学之课程。其入大学者，每人岁得千金，由总会在各名大学筑屋为会所，供具都备。会员须成绩优美；其无所表见者，停止其费。卒业之后，各就所业觅事，总会不索其一文之酬报（会员大抵都习工科，亦间有习他科者)。此种慈善事业，真可嘉叹，免其征税，不亦宜乎！

是夜最可玩味之辩论，乃在最后一案，为救火会事。本市有救火会九所，会员皆市民为之，无俸给。每会自成一党，各奋勇为本会争荣誉，其视他会俨若敌国，各谋得公款为本会购救火机器及他种器械，其运动奔走之烈，殊非局外人所可梦见。此次亦以第一会与第七会争款事为议案。议员中有救火会中人，为救火会辩护甚力。其财政部股员则以财绌不支为言。警政部股员则调停其间。市长则以会多靡费巨，而散漫无能统一为诟病，谓宜从根本上着力，重行组织，使诸会统于一司，既不致靡费，又可收指臂互应之效。议论甚有趣，余增长见闻不少。吾于此事有所感焉：一，市民之踊跃从公，可敬也。二，此间市政府去年费万九千六百金为火政之费，其重火政，可法也。三，事权不统一之害，朋党私见之蔽[1]，几令极好之事业为社会诟病，可畏也。

此等议会真可增长知识，觇国者万不可交臂失之。吾去年在

[1] 蔽，手稿本为“毒”。

美京，每得暇辄至国会旁听，尤数至众议院，然所见闻，不如此间之切实有味也。

会员一为大学教习，余皆本市商人也。吾友告余：一为雪茄烟商，一为牛乳肆主，一为杂货店书记生，一为煤商，一为建筑工师。今市长为大学女子宿舍执事人。前市长余亦识之，尝为洗衣工，今为洗衣作主人。其共和平权之精神可风也。[1]

四五、郊天祀孔（二月四日）

报载"政治会议"通过大总统郊天祀孔法案。[2] 此种政策，可谓舍本逐末，天下本无事，庸人自扰之耳。

四六、一种实地试验之国文教授法（二月九日）

有友人 Wm. F. Edgerton 思习汉文，余因授之读。其法先以今文示之，下注古篆，如日（☉）、月（☽）之类。先授以单简之干字。干字者（root），语之根也。先从象形入手，次及会意、指事，以至于谐声。此是一种实地试验之国文教授法。若吾能以施诸此君而有效，则他日归国，亦可以施诸吾国初学也。一举而可收识义及寻源之效，不愈于绘图插画乎？

---

[1] 此段文字后，手稿本有"又记"两字。

[2] 此句，手稿本无。手稿本中，此则是一则英文剪报（见本卷末附十），内容是一九一四年一月二十九日，北京"政治会议"通过袁世凯提出的祭天祀孔法案。胡适在剪报上端左角写"Jan. 29"，又在左边批注"此种政策……庸人自扰之耳"。

四七、《说文》有许多字不满人意（二月九日）

《说文》有许多字不满人意：

大 分明是人形手足满引。以示大之义。如《说文》“天大地大”云云，乃后人傅会之词，初民不能作此种哲学语也。

天 象人上之物，尊之也。

王 象土上有物，示土地之主之意。《说文》引董仲舒之说，亦书生之谈，初民不能有此种思想也。

玉 当从古文“**𤣩**”，王者所佩，贵之也。许氏注玉字作十数语，多而无当，是汉人说经大病。

四八、英国布商之言（二月十四日）

有英国布商二人（Laurie and Mackenzie, Edinburgh）往来英美各城，专售羊毛绒货，适来此间兜售货物，余遇之，因与谈。其人所操英语，字字句句都温文儒雅，虽在此邦大学教师中，亦不可多闻此种英语。余因告以此意。其人初颇谦逊，继见余意诚，因语余曰：“此邦人士之知识初不让他国，惟于言语则终不肯修饰，其有能作上流言语者，则人争腹诽之，以为高傲自异于凡俗也，岂不可慨！”此言是也。

四九、宋教仁被刺案中之秘密证据（二月十九日）

偶检故纸，得宋教仁被刺案内应夔丞家中所搜得之证据若干件。念此案今已以不了了之，他日青史终有公论，吾故以此诸件黏于左方。

昨见日本报纸，知应夔丞在京津汽车中为人枪毙，此虽快心之事，然吾恐杀之者即指使应杀宋遁初之人，今兹杀应以灭口耳。[1]

应夔丞秘密证据之一部分

（见民国二年四月廿七日《大共和日报》）

▲第一件　赵秉钧致应函　密码送请检收。以后有电，请直寄国务院赵可也。桂馨兄鉴。钧手启。

▲第二件　应致赵电　北京国务院赵鉴：应密。洪正有事宁苏，卅一号回。淮运司翌日来京。程督被迫将辞职，庄蕴宽誓勿自代，乞预慰程。国会盲争，真象已得，洪回面详。夔印。

明九字，密四十六字，共五十八字。二年正月廿六日上午七时发。应夔丞印。

北京椿树胡同洪。三十一号快车回，告赵。荫。

▲第三件　赵致应电　夔：电悉。已代陈。调徐张不能中央命令，出自公个人感情，于各方面不落着痕迹，至佩服。庵。十一日。

▲第四件　洪致应电　文元坊应夔丞：确有委任，即自行来领。何日到京，先覆电。荫。

▲第五件　上海寄应电　金台旅馆应夔丞：款急，陈未

[1]　以下四十三件，手稿本中为《大共和日报》剪报，对该报所载的这些“秘密证据”的有些错漏，亚东图书馆的编校者曾按照章希吕建议，参考当时《申报》所载，做了改正。

到，迅复。瑞。真。（下应亲笔注云：长江各党领允许在前，鄂部应照漾电及发急令照致。两广湘川未便指照，且非余势力所能骤及，着严词以拒。如欲栏入江境，无怪予之无情，否则将林先毙之。末盖应夔丞图章。）

▲第六件　上海应家致应电　金台旅馆应夔丞：赵款人已北上，请赵电家照付。瑞。（下应亲笔注云：各党请款，无以应之，准来电先拨三万两，分别照付，已同赵致电照拨矣。）

赵嘱速回。（应亲笔批云：二年正月念五夜十二时北京来电，当已照复国务院赵总理转呈总统，并用明电饬知椿树胡同内务部秘书洪查照转告赵智庵，以资接协。前事已于当日用飞函致赵，稿与电略同。加以朱介人出尔反尔，忽保朱经田以民政长，今因中央信任经田，忽又反对。省会巨绅力保，乞维持，即发任令为盼。正月廿五日二时申发。下盖"应印"二字图章。）

▲第七件　洪致应函　夔弟又鉴：顷文泰快车已开，又记起一事：吴兰英处有洋帽锁钥一把，又白皮箱锁匙一个，请向伊索回，由邮局寄来为盼。大题目总以做一篇激烈文章，方有价值也。阅后付丙。手颂台安。名心印。二月一号。

（信封）上海西门文元坊江苏驻沪巡查长应夔丞先生手启。快信。津洪缄。

▲第八件　洪致应函　要紧文章已略露一句，说必有激烈举动。吾弟须于题前迳密电老赵，索一数目，似亦不宜太

迟也。吴兰英已有办法否？手此，即请台安。小兄名心照。三月二日。

（信面）上海西门文元坊江苏驻沪巡查长应夔丞先生台启。京东椿树胡同洪缄。

▲第九件 洪致应函 夔弟足下：冬电到赵处即交兄手，面呈总统后，色颇喜，说弟颇有本事，既有把握，即照进行云云。又略提款事，渠说，将宋骗案情节及照出之提票式寄来以征信，用此飞函驰布。望弟以后用“川”密与兄，再用“应”密，缘程君下手即多一人也。且智老手续不甚机密。此信到后，望即来简电（“函到”二字足矣），或加“件照寄”三字以杜邮局漏误之弊（连邮局亦须防）。手此，即颂台安。名心印。二月四日。

▲第十件 应致赵电（即冬电） 国务院程经世君转赵鉴：应密。孙黄黎宋运动极烈。黎外均获华侨资助。民党均主举宋任总理。东电所陈两纲，其一已有把握，虚被利用，已向日本购孙黄宋劣史，黄与下女合像，警厅供抄，宋犯骗案刑事提票，用照片辑印十万册，拟从横滨发行。孙得信后，要黄遣马信赴日重资买毁，索三十万，阳许阴尼，已得三万。一面又电他方要挟，使其顾此失彼，群壑难填，一伏一起，虽百倍其价，事终无效。此事发生，间接又间接，变象万千，使其无计设法，无从捉摸，决可奏功，实裨大局。因夔于南京政府与孙共事甚切，知之最深，除空言邀誉外，直是无政策，然尚可以空名动人。黄、宋则无论矣。内外多事，倘选

举扰攘，国随以亡，补救已迟，及今千钧一发，急宜图维。黎使田姓来沪筹款，迄未成。夔。冬。

▲第十一件　应致赵密电　北京国务院赵鉴：应密。宪法起草创议于江浙川鄂国民党议员，现以文字鼓吹，金钱联合，已招得两省过半数。主张两纲：一系总理外不投票，似已操有把握；一系解散国会手续繁重，取效已难，已力图此外何海鸣、戴天仇等已另筹对待。夔。东。

▲第十二件　洪致应函　夔弟足下：前由马裕处转交一信，谅收入矣。兹特将各事分列于后：

（一）来函已面呈总理总统阅过。

（一）以后勿通电国务院（除巡缉长之公事不计外），因智老已将“应”密电交来，恐程君不机密，纯令归兄一手经理。

（一）近日国民党有人投诚到中央，说自愿取消欢迎国会团云云，大约亦是谋利（不由我辈，另是一路），于所图略加松紧，然亦无妨。

（一）请款总要在物件到后，国会成立之时，不宜太早太迟，为数不可过三十万，因不怕紧只怕穷也。

（一）所须水泥，已取桂听第一函，可持往公平交易。渠公司甚窘，要求现款云云。函附上。

（一）观察使一节，庄思缄已两次与雪老言之，即有阻力，请探其内容，急过之。

（一）吴兰英迁后，即望代觅替人，为盼。

（一）沈佩贞自称代表章佩乙，故略与言筹款一事。此刻请《民强报》迳函王河屏，说借款不成，允协一节已无效云云可也（我去说较有痕迹）。知名不具。二月念二日。

▲第十三件　洪致应电　应夔丞：应密。苏省各观使，雪老能保否？蘁。

▲第十四件　洪致应电　文元坊应夔丞：川密。寒电应即照办，倘空言益为忌者笑。荫。

▲第十五件　洪致应电　文元坊应夔丞：应密。事速行。川效。

▲第十六件　应致洪电　北京洪荫芝："川"真电悉。要买中央八厘息债票三百五十万，每百净缴六十六万二，沪交款，先电复。

▲第十七件　洪致应电　蒸电已交财政部长核办。债票只六厘，恐折扣大通不过。灭宋酬勋位，相度机宜，妥筹办理。荫。

▲第十八件　应致洪两电　梁山匪魁，顷又四处扰乱，危险实甚，已发紧急命令设法剿捕，乞转呈候示。夔。二十四分钟所发急令已达到，请先呈报。夔。

▲第十九件　应致洪电　号电谅悉。匪魁已灭，我军一无伤亡，堪慰。望转呈报。

▲第廿件　洪致应电　上海文元坊应夔丞：应密。寒电到。债票特别准。何日缴现领票？另电润我若干，今日复。铣。

▲第廿一件　应致洪函　三月初九来函及十三号电，均

悉。兹别详陈于后：

（一）前电述将中央第一次上年九月间所出之八厘公债票，外间展转出卖，每百万只卖六十五万，至以过付之日起利。夔处亲戚到胡、薛三家承买，愿出六六二，即每百万出实洋六十六万二千元，在上海中央所指定之银行，克日过付所要公债三百五十万元。盖该三家合以各家戚友将外国银行存款一例提出。因思临时期内，见政局财政之窘，借此补助，夔处并不扣用，乞转呈财政长从速电复。夜长梦多，日久又恐变计，夔费半月之功夫，得此一案，专为补助中央财政之计，乞转言。

（一）裁呈时报三月十一日、十三日嘱令查登轮之记载，并《民立》实记遁初在宁之说词，读之即知其近来之势力及趋向所在矣。近彼在同孚路黄克强家，又为克强介绍将私存公债六十万由夔为之转抵义丰银行（外有各种股票能值四十余万），计五十万元，为遁初之运动费，并不问其出入。夔处摊到十万，昨被拨去二万五为苏浙两部暨运动徐皖军队之需。夔因势利用，阴操故纵，不得不勉为阳许可，直陈于内，以免受谗。

（一）功赏一节，夔向不希望但事关大计，无如釜底抽薪法。若不去宋，非特生出无穷是非，恐大局为扰乱。惟中间手续，无米为炊，固无易易，幸信用尚存，余产摒挡，足可挪拨廿余万，以之全力从此急急进行，复命有日，请俟之。三月十二。（下盖应夔丞图章）

（信封）北京投交椿树胡同洪荫之先生启。三月十三日自上海文元坊应上。特派巡查长应印。快信。

▲第廿二件　洪致应信　苏省各路观察使尚未定人，兄思于常镇或淮扬分得一席，然须雪老同意电保，弟晤时能一提否？倘前途不以为然，则亦密示为要。宋件到手，即来索款。夔弟。心印，名不具。二月十一日。

（信面）南京下关第一标马裕春先生收下，速交应夔丞先生台启。京洪函。快。

▲第廿三件　洪致应函　夔丞老弟足下：廿三到京，于二十四发电，用“川”密本，不知足下能查得明白否？连日为足下之事，请大总统特下教令，又请黎副总统取消通缉之案，幸目的均已达到。兹将程督转来黎电，录请查阅，即此可见鄙人之苦心矣。至大总统听见鄙人陈述各节，甚为许可，日昨传谕，嘱鄙人函知足下将各项成绩可以办至若何，具一条陈前来。譬如共进会成之处决无扰乱治安为一项，如裁兵可以省饷为一项，种种权限手段效验，由足下自具说帖，寄至兄处转陈大总统，可以据以任命或委任。因说歹话人多，有此则大总统易于措辞也。连前之表叙革命时之一书，封作一淘寄来更好。手颂勋安。愚兄述祖手启。十月廿九日。

再前信系公事信，此再加私函：

（一）蟹到，谢谢。惜已死过半，不便送总统，仅检二大篓与总理而已。

（一）程都督相待甚好，相期甚殷，吾弟必须格外做脸。

（一）张绍曾早已出京，足下之信，加封邮寄。

▲第廿四件　洪寄应信。附抄程督电。　前信发时，所有电文一纸，匆匆未曾封入，兹再补寄，望查阅。日来情形若何？能北来一行否？至盼覆示。手致夔臣仁弟。名心顿首。三十日。

南京程督来电。元年十一月初四日到。　北京内务部洪述祖君鉴："华"密。前得敬电，当即达知黎公。兹接复电，文曰：有电悉。应夔丞既愿效力自赎，亦能担保共进会无违背法律扰害治安之事，且赶速设法解散武汉党徒，是其悔过自新，实为难得。尊处办法极是。敝处以前通缉之案，自应取消。除通电外，特此奉复。元洪宥等语。特闻。程德全。沁。印。

▲第廿五件　洪致应信　夔臣仁弟足下：刘松回，得手书，并金银纪念币等件，谢谢。续又接到金陵所发来函，并报告文件，当即先后亲呈总统。连日俄藏事忙，今日国务院会议，始决定三万之款准发。至宝山一节，陆军参谋两部尚须研究，缘颇有人为宝山运动，不独朱瑞与吾弟反对也。总统极盼吾弟速来。近日庄都督（鄙人之表弟也）到，兄属其为吾弟揄扬，日象较胜。惟接此信后，望由津浦路克日前来，一谒总统，并领取款项，即行回宁，亦无不可。务祈注意为盼。（附上总理亲笔信一纸，阅后仍带还鄙人为要。）兄亦待款孔亟，欲设法加一浙江巡查长，以便与朱瑞合而为一，吾弟以为然否？手此密布，即颂时绥。小兄述祖手启。十一月廿九夕。互李事须本人认可，切不可勉强。

▲第廿六件　洪致应快信，附电稿　此函信封书云：上海西门文元坊江苏驻沪巡查长应夔丞先生台启，北京椿树胡同洪缄。

夔丞老弟足下：别后廿日到津，廿二入都。张绍曾早已出京，吾弟手书，只好交邮局挂号寄去矣。中央加委一层，总理甚赞成，明后弟见大总统后再定。京中报馆，前说四家，请开示名目。吾弟可告前途来通机关，究竟京中设共进会与否，希明白告我。吾弟手函望补寄，因要叙勋，非如此不可也。嘉兴李女士事若何？（事成另往汉口结婚。）手颂大安。小兄述祖手启。廿日。

致前中央特派员内务部洪述祖电：北京椿树胡同洪荫之君鉴：顷自浙回，函电均悉。详情另复。夔叩。

文元坊应夔丞：川密敬悉。两方有人说谤，现在张徐交斗，弟如劝（导），（惩）宝山只许解散，正可趁此机会立功，能否兄电复。总统（盼）（真心）弟北上，允准三万。兄到沪同来，于事有济。初四。

▲第廿七件　洪寄应信　夔臣老弟足下：前在南京发一快信，谅已先到。吾弟来信，如系公言，可由书记缮楷（以便上呈），除你我私信，方亲笔也。（余外须预备送大总统阅。）兹专弁刘松送上此函，望再发纪念币数枚，交伊带回为要。足下何日北上，乞示。手颂侍安。小兄述祖再拜。十一月初一日。

（信面）专送上海西门文元坊江苏驻沪巡查长应夔臣先生台启。守取回信。北京洪缄。

▲第廿八件　洪寄应信　尚未接伊回信。

（一）最好吾弟来京一行，轻车减从，一见大总统总理，必能赏识。如必需款成行，可用电来说其所以然（此电止说此事，不夹别事及私事），由我转呈，或者能稍发亦未可知。大总统前说允发，而日来大借款不成，京中穷极，应须原谅。

（一）如夫人同来尤妥，免到京浪费也。

（一）李女士处说过否？倘不成，或别寻一相宜者亦可。

以上请先复为盼。两知。廿九午刻期。（下注元年十一月初三到。）

（信面）上海西门文元坊应夔臣先生台启。北京洪缄。

▲第廿九件　洪致应信及赵致洪信　顷归，得总理函，送阅，请即速行照办可也。兄今夜不出城矣。夔丞仁弟。兄名心照。三十。

应君之款，请属具呈说明办法，以便筹拨。钧启。念九。

（信面）内缄即送洪先生荫之台启。国务院缄。

▲第卅件　洪致应信　连日未晤，当念。总理处手摺已否面递？行期约在何日？鄙人明早须赴津，一二日耽搁耳。如何情形，示我为荷。夔丞老弟足下。名心印。九号。

顷闻总理谕属吾弟开一南边办法手摺，明日面交。又言次长处明早十钟往辞为要，此次渠甚力也。大总统处或星期二早往辞为妥。夔丞棣台。小兄名心启。二年一月五日。

▲第卅一件　洪致应信三纸　昨晚总理原件发回，内中三样问题：

（一）领款不接头，欲兄代办，兄亦未见明文，须吾弟将雪老电请此数及中央允准覆电原稿抄附领状之上，方为合格。兹先将原领纸送回，乞察收。

（一）总统属开办法，已说明礼拜二送去，切勿误。

（一）征蒙一件，请自送至参谋处可也。

以上三节，俟三钟时面谈一切。第一见大总统时可谢其发款，略将以后办法陈说。夔丞老弟。小兄名心照。十二半夜。

▲第卅二件　洪致应信　夔丞弟足下：陈文泰回，寄一函，又一专函，谅已达到。手摺递后，□□欣悦云：足见（云款已付，勿念）老弟办事甚力。对于民强，允月协五百，先发四个月，顷已电博谦来取矣，免汇兑张扬也。

▲第卅三件　钱锡霖致应信　仁兄先生鉴：畅谈快甚。英杰相逢，惜冗俗不得常聚。去年岳南尤蒙庇爱，心心相印，两有同情也。附上南京军警联合徽章一具，以证联合，以表慕敬。台旆有行期，乞早示知，抽闲谋一聚之乐何如？即颂旅祺。弟钱锡霖免冠。

敬再启者，姚君振新为弟世好，与我兄亦有旧，其才德固不必弟言也，务乞雅爱，携同南下，位置一席，姚君可报知己，而我公亦惠及故人也。载叩勋安。锡霖又及。（送来徽章号码一千九十二号又及。）

▲第卅四件　张绍曾致应函　夔丞仁兄大鉴：敬启者，前上函电，计登签阁。每忆道范时切神驰。京师自孙黄二公惠然而来，与大总统握手言欢，社会之欢迎，日有数起，足为南北感情融洽之证，不胜为民国前途庆。兹有内务部秘书

长洪述祖先生南下公干，因不知台端住址特函介绍。洪君于民国之建设，多所规画，当道咸依赖之，倘来造访，或有就商事件，务请照拂一切，裨益大局，不胜感企之至。弟如恒粟碌，乏善足陈。台从何日北上？至盼驾临，畅叙别情也。敬请台安。愚弟张绍曾鞠躬。九月十七日。

▲第卅五件　应夔丞信　洪来电，奉总统府特委，为与夔因改为秘密结约，以便进行，定礼拜三即正月廿二日由京直南，廿三号晚抵宁转申。妾事与栈房，速办定。妾即交蔡良去办；栈定新洋栈，即桂仙底子翻造之处；统照前信一一办妥，约计千元之谱。夔约礼拜三下午一点快车来沪。或今日晚车来，均不定。此间诸事都大顺大吉，百凡如意。另获款五千，已汇赵菊椒由宁交其带申，俟夔莅再收。夔手泐。正月廿一日。应夔丞印。

雪老来吴未晤。一切事与宁军务司接洽矣。李妾侍从大好，请放心。二大人是否回宁？隔哥病阿曾好？桂妹身体好否？为念。夔又及。正月廿一日。

▲第卅六件　印刷品　监督议院政府神圣裁判机关简明宣告文　呜呼，今日之民国，固千钧一发，极危极险，存亡呼吸之秋也。譬若婴孩，正维护哺养之不暇，岂容稍触外邪！本机关为神圣不可侵犯之监督议院政府之特别法庭，凡不正当之议员政党，必据四万万同胞授与之公意，为求共和之幸福，以光明公道之裁判，执行严厉正当之刑法，行使我天赋之神权，奠定我庄严之民国。今查有宋教仁莠言乱政，

图窃权位；梁启超利禄薰心，罔知廉耻；孙中山纯盗虚声，欺世误国；袁世凯独揽大权，有危约法；黎元洪群小用事，擅作威福；张季直破坏盐纲，植党营私；赵秉钧不知政本，放弃责任；黄克强大言惑世，屡误大局；其余汪荣宝、李烈钧、朱介人辈，均为民国之神奸巨蠹：内则动摇邦本，贼害同胞，外则激起外交，几肇瓜分，若不加惩创，恐祸乱立至。兹特于三月廿日下午十时四十分钟，将宋教仁一名，按照特别法庭三月初九日第九次公开审判，由陪审员薛圣渡君等九员一致赞同，请求代理主席副法官叶义衡君判决死刑，先行即时执行。所有罪状，当另行罗列宣布，分登各报，俾中外咸知，以为同一之宋教仁儆。以上开列各人，倘各自悛悔，化除私见，共谋国是，而奠民主，则法庭必赦其已往，不事株求。其各猛省凛遵，切切此布。

▲第卅七件　寄朱姓信稿一纸并附寄赵信稿一纸。

致北京亮果巷朱函　经田先生足下：还上假款，除现拨外，并向长江总稽查黄汉湘君处划交千元，曾否收到，为念。洪荫芝老伯今日莅此，询以所事，浙未回电；侦之社会，又有小部受人嗾使，肆意反对，皆由此公患得患失，出尔反尔所致也。于此事并无丝毫芥蒂于其间，不过远望桑梓，令人心悸。公为人望，必仗舍己救时，以应浙人求治之殷，解此倒悬之民耳。盖浙之正绅大半寓申，现当事者率新进之徒，而实有功绩者又被谪山林，甚有罪以大辟者。试问功罪倒置，人心平否？恃功怨大，乱机从生矣。况防营只知仰邀上意以结合，岂能再顾及民情之向背耶！除已会同正绅驰电中央外，并将致中央密函秘呈，乞查明回寄至上海文元坊为盼。□□立正上书。正月廿五晚。

致赵总理函　应□□上言：所事已于宁申查有实在。顷得湘鄂回电，其中尚别有举动，奇离怪诞十色五光，妙在运用未能一气，措置当易为力耳。详情另密陈。中山先生同马君武先游东瀛，足见高人深致。顷读《民立》所载，适洪老伯来沪，询以究竟，彼亦茫然。幸事实相离，但既有是因，不得不始终慎之。因忆府中每有人员泄露机要，可否要求极峰于见客时如有机事商量，总宜屏却左右为妥，则捕风捉影，尽可消弭矣。浙事介人嗾其机关《民权》乱吠，并令国民党之小部分张扬反对，未免患得患失，出尔反尔。然祸机已伏，发动不远。南方为天下人注目者，不得不未雨绸缪。除已会同正绅驰电中央欢迎经田先生外，以此事应响于中央，请迅速赐酌裁，大局实幸。此上正月二十五日晚。

▲第卅八件　洪致应电　文元坊应夔丞：川密。蒸电来意不明，请详再转。荫。真。

▲第卅九件　洪致应函　号个两电均悉，不再另复。鄙人于四月七号到沪，因挈内子到常扫墓，并至徐汇启明女学挈小女入京，出下关，所有一切，均俟面谈。王博谦处之款，拟携票面交。手颂夔弟足下。观川居士启。三月二十三日。

再请弟夫人薛君代觅女仆一人，要肯赴京者，工资能廉最好。此信到后，即求预为物色，能于七号送到栈内更好，临时兄再用电通知。此系至托之事，弟夫人必能为我出力也。

▲第四十件　洪致应函　夔弟足下：今日叠接下关所发二月廿五号各信（计五件，并《民强》领纸），又接上海德顺里信，又驻署巡署信件二件。此刻内中财政万窘，而取之之法手续不甚完好。如除邓一案，须将其反对各报先期邮寄，并如何决议办法，并可在《民强》登其死耗（此刻近于无征不信），方是正办。至印件言之在先，此刻既原件无有，连抄本亦无有，殊难启齿。足下明眼人，必须设一妥法（总以取印件为要），或有激烈之举，方可乘机下手也（譬如邓系激烈，似较好办）。《民强》款必肯竭力领取，惟望足下专一妥来取，不便交（三等车所费无几）。随后属《民强》逐日寄我一份（今年阴历正月起）为盼。三月六日观川启。

再锁匙并印章同寄，甚感，此刻还未到也。观察使一节，想程应两人不赞成，请将实情告我。

▲第四十一件　洪致应信　夔弟足下：函电谅入览。日内宋辈有无觅处，中央对此似颇注意也。承拟金印式，甚佳，请即照铸。原单附效云君二百，早已收去，知念附闻。吴兰英已去否？手颂台安。小兄观川手启。二月八日。

▲第四十二件　洪寄应信　顷间民强报馆王博谦来，云弟允协一千五百元为该馆本岁之资，属为一言吹嘘，兄允为

加函，又屡向中央说项，亦允相继办理。特函夔弟。观川启。廿八夕。

▲第四十三件《民强报》信　手谕敬悉，感极。今明晚间再当趋教。敬颂夔公大安。制弟佩顿首。（应亲笔注：二年二月一日为国会宪法案，令其鼓吹两大纲，先贴洋千元，予先送七百元，余再补。夔沕。下盖应夔丞印图章。收到七百元正。）

夔公伟鉴：昨日承赐款，感感。惟区区七百元，撒手即空。今日已廿七矣，而百孔千疮万难过去者，尚须七八百元之多。岁暮途穷，如老哥之热心慷慨者，能有几人！迫不得已，叩求援手。前晚所商之二百元，先乞惠下，以济弟急，想老哥既维持于前，必能成全于后也。书到后，即希宠锡三百元。将来《民强》之存在，皆为老哥所赐。弟等以全力办《民强》，即当以全力报答老哥也。如一时不便，弟当于晚间走领，藉聆大教。何时有暇，乞示知为幸。书不尽言，企盼而已。敬颂大安。制弟佩顿首。（应亲笔注：上海《民报》已照拨百元，二年二月三日饬员照送。夔沕。下盖应夔丞印。）[1]

夔公大鉴：前晚畅聆大教，快何如之？所谓宪法上之政

[1] 此信后，手稿本中的剪报还附有一封来函："《民报》更正函：按宋案证据，由《民权报》分送各报，中有'上海《民报》已照拨百元'一语。由本报记者往询《民权报》记者戴君天仇，据戴君云，稿由抄来，未知有无错落，故原稿按语中亦有'抄写时间既迫，无校对之余地，恐字句间小有错误，以后查出，随时更正'等语。惟此事与本报名誉大有关系，合先将以上情形通登各报。《民报》启。"

策条件，晤洪君商定已遵命属笔，于今日本报已登出大半篇矣。岁暮途穷，馆事危急，一路福星，专赖我公。无论如何，总须惠假我一千五百元，俾得维持下去。公我党伟人，既有志于建设事业，区区言论机关，想无不鼎力扶持也。彼此维系，伏乞援手，并希从速赐下，以济眉急。明日报已停刊债户环伺，弟筑台无术，望勿坐视以索我于枯鱼之肆。异日《民强》之存在，皆出我公之赐矣。此颂大安弟博谦佩乙再拜。

五〇、应桂馨死矣（二月十九日）

顷见日文报载一月十九日应桂馨出京，在京津火车中被人用六寸长短刀刺死。[1]

五一、死矣赵秉钧（二月二十七日）

英文报载直督赵秉钧二月廿七日暴死，人皆疑为被人用毒药暗杀。[2]

此案之诡谲可谓极矣！凶手武士英死于上海狱中，应氏死于火车[3]中，今赵氏复以毒死。继赵氏而死者谁耶？

[1] 此段文字，手稿本无。但手稿本中有一则报道应桂馨死讯的日文剪报（见本卷末附十一），旁有胡适注：“应桂馨死晚矣。十九日。”

[2] 此段文字，手稿本无。但手稿本中有一则报道赵秉钧死讯的英文剪报（见本卷末附十二），旁有胡适注：“死矣赵秉钧。廿七日。”

[3] 火车，手稿本为“汽车”。

五二、杂组三则 [1]（二月）

（1）音乐神童

报载一个音乐神童，意大利人，名 Willy Ferrero，才八岁，曾在俄皇面前指挥俄京之“帝国乐队”（The Imperial Orchestra）。当日所奏乐有 Wagner，Grieg，Bizet 诸大名家之作。

音乐大家 Mozart 亦是神童，四岁已能弹琴，六岁已作乐曲。

（2）卖酒者与禁酒者的广告

奴瓦克（Newark）日报上登有卖酒业的广告一则，其文云：

> 亚历山大爱喝啤酒，他征服世界时，还不满三十二岁。他若不喝啤酒，也许成功更早一点。可是谁知道呢？您还是别错过机会罢。

隔了一两天，本地戒酒会把那条广告重印出来，旁边加上了一条广告：

> 亚历山大醉后胡闹而死，死时只有三十三岁。您还是别冒险罢。

（3）离婚案

> 从一九一二年四月三日，到一九一三年四月三日，芝加哥的家庭关系法庭（Court of Domestic Relations）判决之因遗弃妻子或不能赡养而离婚之案，凡二千四百三十二件，其中百分之四十六是由于丈夫饮酒过度。

此一条是本地日报上所登戒酒运动的广告。

[1] 手稿本中，以下三则杂组为三则英文剪报（见本卷末附十三），无中译，胡适旁注：“杂组三则。”另，此处还粘附有两则英文剪报（见本卷末附十四），并有删除标志。

五三、美国有色人种之大官（二月）

星期报纸图画栏中有一黑人贝克纳（G. E. Buckner），今为美国驻 Liberia 公使；又有美洲土人派克（Parker），今为财政部收发主任：皆为此二种人中之居高位者。[1] [2] [3]

GEORGE E. BUCKNER, THE NEW AMERICAN MINISTER AND CONSUL-GENERAL TO LIBERIA

GABE E. PARKER, THE REGISTER OF THE UNITED STATES TREASURY

A NEGRO AND AN INDIAN WHO HAVE BEEN HONORED BY THE NATIONAL ADMINISTRATION

---

[1] 此段文字，手稿本无。手稿本中，此处为粘附的贝克纳和派克的照片各一张，胡适在其中写着："此二人，一为美洲土人，一为黑人，今皆至高位，美之共和精神于此可窥一斑。"现将照片补于此。

[2] 此后，手稿本附有一则中文剪报（见本卷末附十五）和一则英文剪报（见本卷末附十六），英文剪报上有红笔删除标志。在中英文剪报之间，手稿本夹有一首《大雪放歌》。胡适在此前一月二十三日日记中记了他写此诗的情况，并说："诗见后，可提前。"亚东本即据此意，将此诗移至一月二十三日的日记中（见本卷第二三则）。在英文剪报后，手稿本还粘附有一张"承诺"卡片（见本卷末附十七），并有胡适注："此为'Somerset y'会之戒约。"卡片上有红笔删除标志。

[3] 此后，手稿本尚有一页胡适所记杂事备忘，现补于此。

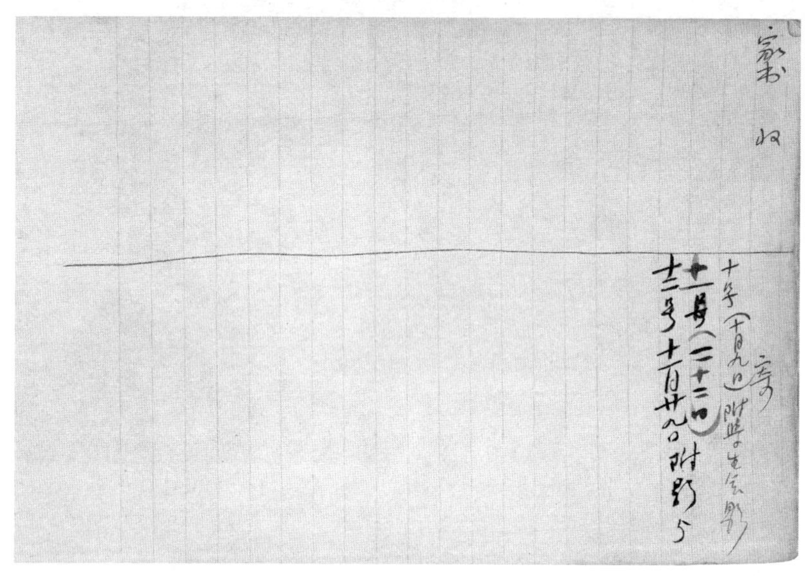

卷三杂事备忘

卷三附录

附一：

SULZER CASE IN A NUTSHELL

Guilty on Article 1 ....39 to 18
Guilty on Article 2 ....39 to 18
Not guilty on Article 3.....................Unanimous
Guilty on Article 4 ....43 to 14
Not guilty on Article 5.....................Unanimous
Not guilty on Article 6.....................Unanimous
Not guilty on Article 7.....................Unanimous
Not guilty on Article 8.....................Unanimous

Vote to remove Governor, Unanimous, Justices Cullen and Wende not voting.

ARTICLES OF IMPEACHMENT

Article 1. That Governor Sulzer filed with the Secretary of State a false statement of his receipts and other monetary transactions involved in his Gubernatorial campaign.

Article 2. That he committed perjury in his statement to the Secretary of State relative to receipts and expenditures.

Article 3. That he bribed witnesses to withhold testimony from the legislative committee which investigated his campaign expenditures and receipts.

Article 4. That he suppressed evidence by means of threats to keep witnesses from testifying before the legislative committee.

Article 5. That he prevented and dissuaded a particular witness, Frederick L. Colwell, from attending under subpoena the sessions of the investigating committee.

Article 6. That he committed larceny in speculating in stocks with money and checks contributed for his campaign.

Article 7. That he threatened to use his office and influence to affect the vote or political action of certain public officers.

Article 8. That while Governor he corruptly used his authority or influence to affect the current prices of securities on the New York Stock Exchange, in some of which securities he was at the time interested.

附二：

In conclusion, Mr. Sulzer says, 'I have fought a good fight against tremendous odds for honest government. I have kept the faith, I have been true to my official oath, I have stood by the people. I have dared to defy boss Murphy, and I did it in the face of threats of exposure and personal destruction.

"Had I but served the boss with half the zeal I did the State, William Sulzer would never have been impeached.

Should Have Been Careful.

"Looking back over it all, I am frank to say that I now realize I should have been more careful in some matters last fall, but I was so busy in the campaign that I gave no heed to details and trusted others, some of whom have proved treacherous. But so far as my administration of the governorship is concerned, I have no regrets, as my conscience is clear and tells me truely that I have done no wrong, but my whole duty—fearlessly and honestly—day in and day—to all the people of the State as God gave me the light to see the right.

"At some future and more opportune time, I promise to make a further public statement. I am inclined to the conclusion that I would rather express my views from the platform where I can look into the eyes of the people and they can look into mine and judge for themselves whether I am telling the truth."

附三:

Unearned Increment.

That the land question lies close to the heart of British politics is evident from the continued comment of the English press on the recent sale of nineteen acres of land in the heart of London. It was the magnitude of the transaction that first attracted attention; but later the enormous increase in the value of the land while in the possession of the Bedfords has called for comment, and it is this phase that is likely to make the more lasting impression. The price announced at the time of the deal was $50,000,000; but subsequently it was given as $13,750,000. Even the amended sum is sufficient, when taken in connection with the sentimental interest attaching to the historic buildings, to serve as an object lesson.

The land in question was given to the first Earl of Bedford by Edward VI in 1552, when Covent Garden, one of its valuable features, brought in a yearly rental of $30.84; now the Market brings in $121,750. That this piece of land, nineteen acres in extent, presented by a king to a courtier who had ingratiated himself, should have supported that courtier's descendents for 361 years, not only without wearing out—as a tool, building, or other labor product would have done—but instead, should have increased in value nearly four thousand fold, makes the reader pause.

附四：

Here is the way one Chinese student looks at the matter. It gives an idea of his feelings regarding the courting customs of this country.

Preserves Integrity.

"Our custom prreserves the integrity of womanhood in a way that the American does not. The young girl does not have to be exposed to the marriage market. She does not have to please the men with whom she is to be thrown in contact and from whom she is to choose her husband. This same custom also insures the marriage of those who by nature may not like to do the pleasing and cajoling and hunting, or may not be able to do it.

"At the same time, the terrible ordeal of proposing, which, I imagine, must be awfully embarrassing, is avoided.

"You Americans often say to yourselves, 'Can there be any love in such a marriage?' We reply, 'Most certainly there can.'

"The love in the western marriage is 'self-made,' but our love is 'duty-made.' After the engagement, the girl knows who will be her husband, and, as husband and wife are bound to love each other, she naturally entertains a tender feeling for him. This tender feeling, imaginary at first, soon grows to be a real sympathy and love. She blushes and becomes attentive when someone mentions her future husband or his deeds. She feels sorrowful to hear any misfortune that has befallen him. And so with the boy.

"Lovemaking, however, begins with marriage. Before, they were making love in the higher realm of imagination and duty. When married, they realize that they ought to love each other, and for this reason, 'each,' to use the language of a Chinese lady, 'is willing to go half way to meet the wishes of the other.' Gradually, a true love, which is not at all unhealthy, grows."

附五：

Athletic expenses of colleges in the United States amount to more than one billion dollars a year, but the major portion of the money does not go to pay for physical exercises of the students. This information was contained in the report of Dr. M. Shindle Wingert, director of physical education at Ohio State University, which he recently sent to the athletic authorities of Indiana University.

"The majority of students attending American colleges do not take the physical exercises necessary to keep their bodies in healthful condition," the report says. Dr. Wingert shows that of 111,600 students in 150 institutions, only 18,359 participate in the athletic games, while in non-varsity games 45,378 men take part. In the sports not played under the direction of colleges, only $71,000 is spent annually.

Out of 143 colleges taking part in intercollegiate sports, 37 per cent take no interest in fostering any type of physical exercise, the report says. Fifty-nine per cent try to create love for sports by promoting football, baseball, basketball and other games. Twenty-one per cent give corrective exercises; fourteen per cent hygienic lectures; five per cent require swimming and two per cent teach dancing.

Dr. Wingert's investigation is part of the program being carried on by colleges to have all students participate in some form of athletic exercise.

附六（三则）：

A Letter from Brieux to Richard Bennett

Paris, June 19, 1913.

Mr. Richard Bennett,
Fulton Theater,
New York City, U. S. A.

Sir: On my return from my long journey in Asia, my eyes fell by accident on the New York Times, where I found an account of your tribulations and struggles before the public in America accepted the presentation of my play, "Damaged Goods."

I was touched more than I can say to have inspired such faith and ardor, and I consider myself greatly honored.

I should like to say and to repeat, that the idea expressed in "Damaged Goods" was suggested to me by the works of our great scholars, the great French physicians, Diday, Fournier and Jullien. I was but their interpreter, and I did nothing but bring to a larger surface, in dramatic form, the knowledge which was expressed in these special works where not every one would see it.

It seemed to me as it did to you, that nothing was more simple or more honorable than to teach to the masses those truths which would result in making the men whose faith is most pitiable, respect their own health and the health of others.

But the social hypocrisy in France was long opposed to it; in Paris, where in certain cafe concerts, inept scandalous jokes would make one blush, in Paris where the liberty in this respect reaches the extreme limit sometimes, it was impossible to get permission for a presentation of "Damaged Goods." It was not until after a great number of presentations in Belgium, after a lecture in a Protestant Church in Switzerland and in a Catholic Seminary in France, and after many years of effort, that presentations were authorized in Paris and all over France.

They were given without scandal to the applause of those very people, who, less well informed had already approved of the prohibiting of this piece that they did not know. I see that the same thing happened in New York, but, thanks to you, the piece is now played without protest.

I am as happy over your success in the United States as I am with my success here. If there is a people who should understand me, it is those in the United States, for they are surely citizens of a country which abounds in energy, dignity and progress.

We are learning here and over there that health is a form of virtue, that it is the mother of virtue, that each one of us should be in good health, and that we have another duty even more imperious, that of not passing poor health to others. No more than we have the right to commit suicide have we the right to contract illness, and no more than we have the right to wound or kill have we the right to expose another to contagion.

This is what I wished to say to you, after the scholars and philosophers. This is what you wished to say with me and I thank you.

And we can, we two, and those who like Mayor Gaynor, Senator Flynn and William Harris and your ardent supporters of the theater and all those who have helped you, all of us can mock at those who have attacked us.

If, thanks to our common efforts, we have rendered to the sick the hope of recovery, if we have taught them their duty to themselves and to others, if we have prevented sickness to a single woman or saved a single child, if we have the happiness of having done that, we can pass haughtily by those who complained of what they knew not.

I thank you, monsieur, and I shake you affectionately by the hand.

BRIEUX,
Academy of France.

DAMAGED GOODS
BY BRIEUX

AS PRESENTED BY

RICHARD BENNETT
and Co-Workers

Lyceum Theatre Feb. 3.

THE object of this play is a study of the disease of syphilis in its bearing on marriage. It contains no scene to provoke scandal or arouse disgust, nor is there in it any obscene word; and it may be witnessed by everyone, unless we must believe that folly and ignorance are necessary conditions of female virtue.

①

Excerpts from a Preface by G. Bernard Shaw of the Play "Damaged Goods," Printed by Permission of Brentano, Fifth Avenue.

"In this play Brieux took for his theme the diseases that are supposed to be the punishment of profligate men and women. It was a difficult and even dangerous enterprise, because it brought him up against that curious tribal survival, the Taboo. Taboo is not morality, not decency, not reason, justice, or anything agreeable; it is a traditionally inculcated convention that certain things must not be mentioned, with the inevitable result that under this strange protection of silence, they fall into hideous corruption and abuse, and go from bad to worse whilst those who know what is happening must look on, tonguetied, at the innocents playing unwarned on the edge of a hidden precipice, and being sacrificed to the Taboo in appalling numbers every day. Now the diseases dealt with in "Damaged Goods" are doubly taboo, because the sacrifices are ignorantly supposed to be the salutary penalties of misconduct. Not only must not the improper thing be mentioned, but the evil must not be remedied, because it is a just retribution and a wholesome deterrent. The last point may be dismissed by simply inquiring how a disease can possibly act as a deterrent when people are kept in ignorance of its existence. But the punishment theory is a hideous mistake." "Most of the victims of these diseases are entirely innocent persons: children who do not know what vice means, and women to whom it is impossible to explain what is the matter with them. Nor are their fathers and husbands necessarily to blame. Even if they were, it would be wicked to leave them unwarned when the consequences can spread so widely beyond themselves; for there are dozens of indirect ways in which this contagion can take place exactly as any other contagion can. The presence of one infected person in a house may lead to the infection of everybody else in it even if they have never seen one another." "The innocent expose themselves recklessly in complete ignorance, handling possibly contaminated articles and entering possibly infected places without the least suspicion that any such danger exists. In Brieux's play the husband alone is culpable; but his misconduct presently involves his wife, his child, and his child's nurse."

"Stupid people who are enforced by these facts to admit that the simple taboo which forbids the subject to be mentioned at all is ruinous, still fall back on the plea that though the public ought to be warned, the theatre is not the proper place for the warning. When asked "What, then, *is* the proper place?" they plead that the proper place is out of hearing of the general public: that is, not in a school, not in a church, not in a newspaper, not in a public meeting, but in medical text-books which are read only by medical students." "The commonsense of the matter is that a public danger needs a public warning; and the more public the place the more effective the warning."

"Still, it is none the less beyond all question by any reasonable and thoughtful person that if we tolerate any subject on the stage we must not tolerate it by halves." "We may, and do, parade prostitution to the point of intoxicating every young person in the theater; yet no young person may hear a word as to the diseases that follow prostitution and avenge the prostitute to the third and fourth generation of them that buy her. Our shops and business offices are full of young men living in lonely lodgings, whose only artistic recreation is the theater. In the theater we practise upon them every art that can make their loneliness intolerable and heighten the charm of the bait in the snares of the street as they go home. But when a dramatist is enlightened enough to understand the danger, and sympathetic enough to come to the rescue with a play to expose the snare and warn the victim, we forbid the manager to perform it on pain of ruin, and denounce the author as a corrupter of morals. One hardly knows whether to laugh or cry at such perverse stupidity."

②

A letter from Dr. Hillis, Pastor of Plymouth Church, Brooklyn

23 Monroe Place,
Bklyn. Aug. 1, 1913

Mr. Richard Bennett,

New York City, N. Y.

My dear Mr. Bennett:-

During the past twenty-one years, since I entered public life, I have experienced many exciting hours under the influence of reformer, orator, and actor, but, in this mood of retrospection, I do not know that I have ever passed through a more thrilling, terrible, and yet hopeful experience than last evening, while I listened to your interpretation of Eugene Brieux's "Damaged Goods."

I have been following your work with ever deepening interest. It is not too much to say that you have changed the thinking of the people of our country as to the social evil. At last, thank God, this conspiracy of silence is ended. No young man who sees "Damaged Goods" will ever be the same again. If I wanted to build around an innocent boy buttresses of fire and granite, and lend him triple armour against temptation and the assaults of evil, I would put him for one evening under your influence. That which the teacher, the preacher and the parent have failed to accomplish it has been given to you to achieve. You have done a work for which your generation owes you an immeasurable debt of gratitude.

I shall be delighted to have you use my study of Social Diseases and Heredity in connection with your great reform.

With all good wishes, I am, my dear Mr. Bennett,

Faithfully yours,

Newell Dwight Hillis

③

附七:

Comparative Study of Religions

A course of public lectures covering the subject of the religions of the world with especial reference to Christianity.

—GIVEN IN—

GOLDWIN SMITH A **THURSDAYS AT 5**

1. Oct. 16. History of Religion—Prof Schmidt.
2. Oct. 23. Primitive Religions—Dr. Wright.
3. Oct. 30. Religions in the Ancient World—Prof. Sill.
4. Nov. 6. State Religion of China—Mr. S. Hu.
5. Nov. 13. Confucianism—Mr. S. Hu.
6. Nov. 20. Taoism—Mr. S. Hu.
7. Dec. 4. Shintoism—Mr. Shiro Segawa.
8. Dec. 11. Vedic Religions—Prof. Schmidt.
9. Dec. 18. Brahmanism—~~H. H. Pandya.~~ Dr. Wright
10. Jan. 8. Original Buddhism—Dr. Wright.
11. Jan. 15. Later Buddishm—~~Dr. Wright.~~
12. Jan. 22. Prophetic Judaism—Rev. W. J. Hinke, Ph.D., D.D.
13. Feb. 12. Legal Judaism—Rev. J. S. Riggs, D. D.
14. Feb. 19. Modern Judaism—Rabbi Guttman.
15. Feb. 26. Religion of Mohammed.
16. Mar. 5. Later Development of Islam— Rev. C. R. Watson.
17. Mar. 12. Mysticism in Islam—~~(Prof. MacDonald.)~~
18. Mar. 19. Teachings of Jesus—Rev. Riggs.
19. Mar. 26. Hellenistic Christianity—Rev. H. L. Reed.
20. Apr. 9. Mediaeval Christianity—Prof. Burr.
21. Apr. 16. Modern Christianity—
22. Apr. 23. Christianity of West. Asia—S.V.M. Rev. Barton.
23. Apr. 30. Christianity of Eastern Asia—~~(R. E. Speer)~~

COMMITTEE

R. W. Powell, '14, *Chairman*

S. Hu, '14 C. S. Burlingham, '14 W. H. Lewthwaite, '14

G. W. Musgrave, '15 McRae Parker, *ex-officio*

Prof. Schmidt and Dr. Jordon, *Advisory*

附八：

THE SCHOELLKOPF MEMORIAL.

"Heinie" Schoellkopf, '02, popular athletic hero and the idol of the University, was a senior. At that time there was a graduate student in the University who had his ambitions set on a certain line of work. He needed a thousand dollars to undertake it. He tried to borrow it at the banks and from friends. Unsuccessful, he had about given up hope when "Heinie" heard of the case. He went to him and asked to be allowed to lend him the amount.

With the acceptance of the offer came immediate success for the graduate student. He soon grew wealthy. He became intimate with Schoellkopf and gratitude ripened into friendship and friendship into love.

Then came the sudden news of "Heinie's" death. There were other men near at hand upon whom the impress of "Heinie's" personality and generosity had been great, and these, the former graduate student called together. He proposed a memorial building to which they could contribute as much as they desired and which he would underwrite to the amount of $100,000. Many contributed in varying amounts, but the total of their gifts was only a fraction of the sum named. The remainder came from the former graduate student.

The Schoellkopf Memorial Training House is a magnificent tribute to the memory of a wonderfully fine man by a Cornell alumnus of the highest type.

下划线为胡适所注

附九：

革黨但懋辛。自首下獄。經將其詞錄登前報。茲查得但
懋辛乃四川學使趙熙之門弟子。自此次入獄後。曾致書
其同鄉。請代購歸方史一部。康熙字典一部。錢注杜詩
一部。詩韻一部。手風琴一具。琴譜一部。以供獄中消
遣。并欲求介紹一有舊學根柢。隨時入獄。爲之講授經
史。又欲在獄中延人教授英文。書末并媵詩四章。其詩云。
久在樊籠返自然。怨尤原不付人天。愁多夜永知難寐。
輪轉鐘聲豈易眠。蓋代雄風隨逝水。到頭青骨委荒烟。
相知年少誰忠厚。意氣傾人命倒懸。
最難消遣奈何天。絕欲難情亦夢仙。世上浮名如石火。
人間何處不桑田。茫茫蒼海塡精衛。寂寂香山哭杜鵑。
九十春光歸去也。悠悠卿度日如年。
萬感茫茫不自持。夕陽西下角聲悲。那堪九死一生地。
又値花殘月缺時。蜃市樓臺烟隱隱。海天風雨草離離。
思鄉有夢憑誰寄。夜半挑燈讀古詩。
不到無聊亦自覺。甚處淹沒我何安。生慙故舊皆新鬼。
死怨人文太野蠻。志道還須齊聖域。沒才深媿竊儒餐。
甚心萬國成爭鹿。回顧蒼茫一浩歎。

附十：

PEKING, Thursday.—A bill prescribing the worship of heaven and of Confucius by the President of the Chinese Republic was passed to-day by the Administrative Council, which took the place of the Chinese Parliament, recently dissolved by President Yuan Shih-kai. The measure was submitted to the Council by Yuan Shih-kai himself.

It is understood that the President's idea is to set an example to the Chinese nation which he thinks needs the moral building influence of religion. The President will worship at the Temple of Confucius and at the Temple of Heaven annually in the same way as the Manchu Emperors did but without wearing the diadem. The diadem was proposed but was not adopted owing to criticism that it was another indication of Yuan Shih-kai's monarchical designs.

The question of the introduction of a State religion has created considerable controversy in China, the Christian missionaries of all sects opposing such a step.

The constitution adopted by the Chinese Parliament made no provision for a State religion, but for some months a Confucian revival movement has been in evidence and a league was formed by representatives in China, not only of Christiantiy but of Mohammedanism, Taoism and Buddhism to oppose the adoption of a State religion.

As was contemplated when Yuan Shih-kai dissolved Parliament, the Administrative Council formed in its place and consisting of two representatives from each province, four Cabinet Ministers, a representative from each Ministry and eight members of the Presidential Secretariat adopts all the measures proposed by President Yuan Shih-kai, who exercises practically entire control.

附十一：

應桂馨刺殺さる（同上）

▽北京護送の汽車中

宋敎仁暗殺事件の首謀者と目さるゝ應桂馨は十九日午後北京より護衛刑事五名と共に來津の途中新停車場を去る凡そ一時間の所に來りし時護衛刑事が不在中同人は右脇腹を刺され殺害され居る旨の警報傳はりたる爲め車中大混亂を極め二名の刑事は着津後天津警察に拘引されたり兇器は六寸許りの短刀にて其現場には粉碎されたる土瓶散亂し革製の鞄には短刀にて斬り付けたる夥多の痕跡ありて激しく抵抗せし容子明かなるが兇行當時他室の乘客は少しも其物音を聽かざりしと云ふ、兇行の原因に就ては或は宋敎仁事件の復讎とも云ひ或は尙込入りたる事情伏在すべしとも云ふ

附十二：

Poison Chinese Leader

Tien-Tsin, China, Feb. 27.—Assassination by poison is believed to have brought about the death here today of General Chao Ping-Chun, military governor of the province of Li-Chi.

附十三（三则）：

A musical prodigy, an Italian child only eight years old, Willy Ferrero by name, recently conducted the Russian Imperial Orchestra of St. Petersburg in the presence of the Czar, according to newspaper despatches. The programme consisted of selections from Wagner, Grieg, and Bizet. Mozart, it will be remembered, played on the harpsichord at four years of age, and composed several musical pieces when six years old.

Three hundred and two persons were killed by motor cars in New York City in 1913, as against 221 in 1912. In the entire State of New York the loss of life during 1913 by vehicular traffic was: by automobiles, 451; by trolleys, 187; and by wagons, 164; making a total of 802.

①

The amenities of a temperance campaign in Newark, New Jersey, are exhibited in two advertisements in the Newark "News." The first was in the interest of the breweries:

> Alexander the Great drank beer and conquered the world before he was 32. Perhaps he could have done it sooner if he had not drunk beer, but you'd better take no chances.

A day or two later the temperance party reprinted the above advertisement with this effective adjunct underneath:

> Alexander the Great died in a drunken debauch at the age of 33. You'd better take no chances.
>
> Anti-Saloon League of New Jersey.

②

DIVORCE

From April 3, 1912, to April 3, 1913, the Chicago Court of Domestic Relations dealt with 2,432 cases due to wife or child abandonment or failure to support. Among the causes, the excessive use of intoxicating liquors held first place as causing 46 per cent. The next greatest cause was for only 12 per cent.

—Abst. from "Case and Comment," Dec., 1913.

③

附十四（两则）：

A DISCLAIMER.

Editor Cornell Daily Sun:

I should be devoid of all humor if I could grudge your readers anything so exquisitely absurd as what in this morning's Sun purports to be a summary of my yesterday's lecture in the public course on the history of civilization. But isn't it a little too much to put into quotation marks such astounding nonsense, in which I can recognize not a single idea as my own?

You will surely do me the courtesy to publish this disclaimer — if only because, at the request of one of your reporters, I made ready for you an abstract of what I myself thought I had said. It was, I admit, much less startling than the rival effort you printed.

Let me hasten to add that I cannot blame your reporter; for, ever since a student reporter last fall listened to me a half-hour and then recorded me as an opponent of the cause I tried to plead, I am convinced that I am the obscurest of speakers. Let me report my own utterances.

GEORGE L. BURR.

①

A book has recently appeared from the press of the F. H. Revell Company, by Mr. Ernest Gordon, which presents a distinctly interesting account of the way this same educational process has been applied to the vaster canvas of modern Europe. The average American generally has the comfortable feeling that the drink question is not a pressing problem in the older countries. He has a vague belief that under the olive trees of Italy, in the gardens of Germany, and at the tables of French cafés sit a host of contented folk sipping light wines that never intoxicate or beers that never befuddle. Mr. Gordon marshals many facts to show how far from the truth is this notion. Even Germany, he says, is waking up to the fact that there is something wrong in the sentences taught in the older primer, which ran:

Das Bier ist ein gutes Getränk.

Das Bier und der Wein sind gute Getränke.

From Mr. Gordon's volume the obvious conclusion can be drawn that the most powerful weapons that can be forged against alcohol are education, education, education. The popular feeling is gradually turning against the use of liquor because it has been proved an economic detriment to society. The man who drinks might take a certain sentimental satisfaction in being called a knave. He generally is very loth to be proved a fool.

②

附十五：

正月初五日（五）

△嚴緝亂湘暴徒　湘潭南北警察廳同接省長令開內務司案呈奉內務部令開二年十二月二十九日奉大總統令據署湖南都督湯薌銘電稱湘省連歲紛亂暴徒林立亟宜嚴拏兩月迭獲要犯處以極刑民間冤氣乍伸歡聲雷動唯重犯雖漸殲除而首惡仍多漏網查有主張叛立之周震鱗勒索捐款威逼人命前商會總理龍璋主借外債供給亂黨前警察廳長林支宇叛立時擅出悖逆文告奉亂黨命令抄沒民財搗燬各黨會報館前營長林修梅黃岱於叛立時自請身當前敵並擬慘殺黎副總統及伍鎮守使特派員陳猶龍當叛立時充西路安撫使統兵進窺川黔賀寅午以私藏槍械助叛自請宣慰黔備劉文錦於叛立時任稽查長濫刑虐民劉重充炸彈隊長十月間尚在該犯宅內搜出炸彈多枚余道南身任隊長主張叛立周果一黃培燮身任軍職附和亂謀王樸林德軒郭慶藩皆以現役軍人任為招撫使蔣翊武參謀長副官長諸職前宜章縣知事劉運鴻醴陵知事羅彥芳附逆文告語多狂悖前臨湘縣知事劉煌然新化縣知事李振藩袒護亂黨甘心從逆柳聘農周人龍陳家鼐傅君劍田鳳丹劉欽寶荊嗣祐周懋伯葛龐黃慶瀾周鰲山李龍劍陸詠儀王春初文電鼓吹主張獨立前教育司長劉承烈眾議院議員鄭人康密與逆謀袁澤民馮燭寰成亞能劉承峨眾議院議員李執中陳宏齋鼓吹迎蔣翊武時演說狂悖省議員羅良幹時於叛立承買軍械見事敗捲款逃逸陸軍少將張孝準主張叛立捲逃巨款以上四十三犯均先期畏罪遠颺祇其情節罪在不赦應請通飭各省一體協拏務獲究辦再湘省亂首如譚人鳳文斐程潛程子楷周嶸陳强黃鉞等前經迭奉明令通緝應請併案通飭查拏以免漏網等語查湘省迭次糜爛生靈塗炭皆由該逆黨等蓄謀倡亂以致地方糜爛實屬罪不容誅除亂首譚人鳳業令緝拏外所有周震鱗等四十三犯應通令各省都督民政長暨各地方長官轉飭所屬一體嚴拏務獲究辦毋任漏網以肅法紀此令等因奉此令即令行轉飭遵照辦理等因奉此合行訓令該廳長仰即遵照辦理此令

附十六：

By The Associated Press.

NEW YORK, March 10.—In a monograph called "Plunder and Destruction of Antiquities in China," the Asiatic Institute of New York calls attention to the vandalism that has appeared in China by which she is being ruthlessly plundered of her antiquities.

The statement places the responsibility for this situation on the development of the present European museum and collecting system. It constitutes an appeal to nations and organizations to call a halt in this widespread plunder, often involving bloodshed, in the interest of science and of fair play for China and her coming generations.

The monograph contains private official and public papers. It voices China's protests thus:

"The Asiatic Institute has received Chinese protests dating back six years emphasizing Chinese abhorrence of the European system, whose practices have now invaded China. These practices are widespread pillaging of of temples and sacred places of the dead and other ancient works in Africa and throughout Asia, in the name of superior civilization, punitive warfare, science or other subterfuge. They protest against the introduction into China of a foreign conception of time, of science and of history by newer nations whose sense of antiquity as peculiarly exemplified in their museum system enables them to participate in and foster the destruction and robbery of holy things."

Havoc and Destruction.

The havoc and destruction referred to is specified as follows:

"In the revolutionary interregnum between the winter of 1911-12 and the summer of 1913, sculptures and other antiquities native to China underwent destruction on a large scale by foreign and native vandals in the interest of foreign dealers and museums.

"In 1913 there was a general division among museums of the world including at least two American museums, of several hundred cases of sculptural fragments broken from their settings by one and the same body of vandals. This evil has grown up so suddenly—it has come about since 1908—that foreign peoples and foreign governments have not apprehended it. No one is aware of it except the museums involved, their agents and intermediaries and the alarmed Chinese."

Depredations On Wealth.

In a statement made to the Associated Press, the secretary of the Asiatic Institute says:

"All signs seem to indicate that depredations have commenced upon the archeological and art wealth of China to an extent even greater than the vandalism with which Europe visited the art and beauty of the shores of the Mediterranean. The market for Chinese antiquities, particularly sculptures, came with the close of the Russo-Japanese war, but no nation bears the stigma of being chief vandal in China. The market is an international one, and has been developed under Japanese and European direction with Paris as headquarters. So well has the market been worked by the dealers that the increase in prices of Chinese sculpture in the past five or six years has been 40 or 50 times. For example, one piece of sculpture of North Wei times—ninth century A.D.—estimated to have cost $400 in China, after passing through only two or three hands, is held by a dealer at $15,000. One American museum has ten stone beads broken from statues in the interior of China. All large museums of the world have, or are acquiring, similar fragments. Collectors and museums in America are sending special representatives to China with large sums of money to buy. Similar expeditions are setting forth from Europe.

"Realizing the menace to the sculptures of China the Asiatic Institute is co-operating with the China Monuments Society of Pekin, whose committee is composed of the foreign ministers at Pekin of Great Britain, Russia, America, France and Japan—men who see the situation close at hand and are aroused by it.

Asked to Return Antiques.

One remedy which the Institute proposes in its appeal is the return to China by all responsible governments and institutions, of stolen Chinese antiquites in accordance with a precedent of the French government and of the Smithsonian Institution, which in past years set an example by returning to China archeological and historical objects of which she had been robbed, and which had come into its possession.

The Institute proposes also, the stopping of further indiscriminate purchasing, especially of broken sculptures. In its appeal for the co-operation of libraries, museums, scientific societies and collectors, it says that the vandalism has reached the magnitude of a great crime, and should arouse international opposition.

"To plunder and destroy China's antiquities," says the appeal, "tends to break down Chinese society. It cripples research and education, and retards progress. American influences have shaped the Chinese revolution and are working for the conservation of life in China. To American institutions of civilization is given the chief opportunity of combating in China destructive activities of Western origin. Upon these rests the chief responsibility of using those means available to friendly peoples for promoting the welfare of Chinese society.

The Asiatic Institute further emphasizes the fact that "this plundering of China is a peculiar crime since it will complete European civilization's spoilation of the whole chain of ancient civilizations and will destroy hope of a consciousness in Western civilization of such evil."

附十七：

. . PLEDGE . .

I hereby solemnly promise, God helping me, to abstain from all alcoholic liquors as a beverage, including wine, beer, and cider, and to employ all proper means to discourage the use of and traffic in the same.

此为"Somerset Y"会之戒约

卷四

一九一四年三月十二日——一九一四年七月七日

在康南耳大学

此卷手稿本，封面题写“藏晖札记二”“札记二”“民国三年，起三月十二日，终七月七日”。

一、养家（三月十二日）

余前为《大共和日报[1]》作文，以为养家之计，今久不作矣。此亦有二故：一则太忙，二则吾与《大共和日报[2]》宗旨大相背驰，不乐为作文也。惟吾久不得钱寄家，每得家书，未尝不焦灼万状，然实无可为计。今图二策，一面借一款寄家而按月分还此款，一面向大学[3]请一毕业生助学金[4](Scholarship)。二者皆非所乐为也，而以吾家之故不能不为之。

二、母之爱（三月十二日）

得家书，叙贫状，老母至以首饰抵借过年。不独此也，守焕兄家有《图书集成》一部，今以家贫，愿减价出售，至减至八十元；吾母知余欲得此书，遂借贷为儿子购之。吾母遭此窘状，犹处处为儿子设想如此。

三、言字（三月十三日）

言字䇂，从二舌。二者，上也。舌上之谓言（西方 Language〔英〕，Langue〔法〕，舌也，又言也。源出拉丁 Lingua，舌也），不当从䇂（辠也）𠙵，初民不能作道学先生语，以言为口孽也。

---

[1][2]　日报，手稿本无。

[3]　“大学”后，手稿本有“中”字。

[4]　助学金，手稿本为“津贴”。

四、Fred Robinson 君之慷慨（三月十四日）

此间商人 Fred Robinson 君慷慨以二百金相借，今日急入市以百金寄家，以九十金还债。

五、雪消记所见并杨任二君和诗（三月廿五日）

雪消记所见　久不作近体诗矣

春暖雪消水作渠，万山积素一时无。
欲檄东风讨春罪，夺我寒林粉本图。[1]

杨杏佛见此诗而和之曰：

潺潺流水满沟渠，漠漠林烟淡欲无。
归思欲随芳草发，江南三月断魂图。

任叔永亦和二首，兼简曾槭子：

料峭冬寒一日除，毡裘新卸觉轻舒。
惠连死去情怀减，春草池塘梦更无。[2]
故人书共东风至，驱寒添暖未嫌迟。
斜日小窗摊卷坐，最忆泉声作雨诗。[3]

六、学生会之哲学教育群学委员会（四月一日）

学生会会长郑莱君[4]委余为哲学教育群学部委员长，本部委

[1] 此诗后，手稿本有“三月廿五日”。

[2] 胡适原注：“叔永有弟丧故云。”

[3] 胡适原注：“槭子自日本西京来书，附《东福寺闲居诗》四首，最爱其‘炉烟消尽空堂寂，夜半飞泉作雨声’二句。　廿六日。”

[4] 郑莱君，手稿本为“郑君来”。

员六人，今日作书予之，尚未知能尽得此诸人否？

哲学	吴康（K. Wu [1]）	（允）
	唐悦良（Y. L. Tong）	（否）
教育	倪兆春（Z. T. Nyi）	（允）
	黄启明（K. M. Wong）	（否）
	钱槲亭（H. T. Chien）	
群学	朱进（C. Chu）	（否）

七、西人研究中国学问之心得（四月十日）

哲学杂志 *The Monist* Jan. 1914 有论“王阳明中国之唯心学者”一篇，著者 Frederick G. Henke（Willamette University, Salem, Oregon.）殊有心得，志之于此，他日当与通问讯也。

八、入春又雪因和前诗（四月十一日）

入春忽又大寒，亦雪，遥林粉本，复珊珊如故，因和前诗：

无复污流涨小渠，但看飞雪压新芜。
东风不负诗人约，还我遥林粉本图。

诗成，一日而雪消图散，不可复睹。春雪之易销如此，其积不厚也。

[1] K. Wu, 手稿本为“S. K. Wu”。

九、请得毕业助学金

所请毕业助学金[1]（Graduate Scholarship）已得之。[2]

一〇、美国禁酒

美国禁酒政策，主张者甚众，现有人在议会提议，立法由中央政府禁止酒业。盖今日之禁律由各省或各市政府自定之，故不能画一也。

全省[3]禁绝者	九省
大半禁绝者	十七省
有禁酒之城市者	十三省

一一、得卜朗吟征文奖金（五月九日）

余[4]前作一文，《论英诗人卜朗吟之乐观主义》（A Defense of Browning's Optimism），前月偶以此文为大学中“卜朗吟奖赏征文”（此赏为此校已故教师 Hiram Corson 所捐设，故名“Corson Browning Prize”），前日揭晓，余[5]竟得此赏，值美金五十元。余久处贫乡，得此五十金，诚不无小补。惟余[6]以异国人得此，校中人诧为创见，报章至著为评论，报馆访事至电传各大城报章，吾于 *New York Herald* 见之。昨日至 Syracuse，则其地报纸

[1] 毕业助学金，手稿本为“毕业生津贴”。

[2] 手稿本中，隔一页后粘附有一张奖学金获得者名单（见本卷末附一）。

[3] 省，手稿本为“行”。

[4] [5] [6] 余，手稿本为“予”。

亦载此事。其知我者，争来申贺，此则非吾意料所及矣（去年余与胡达、赵元任三人同被举为 Phi Beta Kappa 会员时，此邦报章亦传载之，以为异举）。此区区五十金，固不足齿数，然此等荣誉，果足为吾国学生界争一毫面子，则亦“执笔报国”之一端也。[1]

一二、初次作临时演说（五月十日）

七日，余往 Syracuse，赴其地 Cosmopolitan Club 年筵。余去年曾赴此筵，演说“The Philosophy of Cosmopolitanism”(〔大同主义〕。此稿[2]后经余删改为“The Development of the Concept of Cosmopolitanism”〔大同主义之沿革〕，曾演说一次，本校校长 President J. G. Schurman 亦在座，颇得其嘉许)。此次赴筵，乃未知又须余演说，故毫未预备。及至，会长 de Barros 以所延演说者二人都以病不能来，故坚令演说，不得已诺之，即于电车中[3]略思片刻，以铅笔书一题与之。题为“What Cosmopolitanism Means to Me”。席终，余演说二十五分钟，颇受欢迎。主席为 Syracuse University 史学总教 Flick 君，许为彼生平所闻最佳演说之一。此为余生平作临时演说之第一次，故记之。

---

[1] 手稿本中，这则日记附有五则英文剪报（见本卷末附二）。此后手稿本还有一则杂记：“下一则，亦见 *New York Herald*，乃附余影片，亦不知何从得之也。此则与前所记 *Ithaca Daily News* 大致相似，盖转录也。　五月十日。”“下一则”为一则英文剪报（见本卷末附三）。另，此处还有一则报道美国大学中外国留学生人数增多的英文剪报（见本卷末附四）。

[2] 此稿，手稿本中在本则日记第二行“〔大同主义〕”前。

[3] 中，手稿本无。

一三、赵元任、胡达同时得两种学会荣誉（五月十二日）

Sigma Xi 名誉学会，[1] 乃大学中之科学荣誉学会。此次选举六十七人[2]，吾国学生四人得与焉。此四人者：

黄伯芹　（地学）

赵元任　（物理）

胡　达　（数学）

金邦正　（农科）[3]

此四人中之胡、赵二君，均曾得 Phi Beta Kappa 会之荣誉。此二种荣誉，虽在美国学生亦不易同时得之，二君成绩之优，诚足为吾国学生界光宠也。

一四、欧美有一种"剪报"营业（五月十二日）

欧美有一种营业，名曰"剪报"，专为人撷择各国报上有关系之消息，汇送其人。如吾欲得各报所记关于中国之新闻或评论，则彼等可将国内外各大报之消息汇送余处。又如我[4] 欲知各报对于巴拿马运河免税一事之意见，则彼等亦可将各报之社论汇送余所。其为用至大至便，各杂志及外交人员都利用之。余之得 Browning Prize，曾记各报；前日纽约 *Herald* 再载其事，附以影片，今日即有二大剪报公司剪送此条寄与余，以为招徕之计也。

---

[1] 此句前，手稿本附有一则英文剪报（见本卷末附五），因此手稿本中此句开头还有"上所载"三字。

[2] 六十七人，手稿本无。

[3] 手稿本中，只有"黄伯芹"后注有学科，其余三人皆无。

[4] 我，手稿本为"吾"。

记之[1]以示西人营业手段之一端。

一五、"但论国界，不论是非"（五月十五日）

自美墨交衅以来，本城之 *Ithaca Journal* 揭一名言："吾国乎，吾愿其永永正直而是也，然曲耶，直耶，是耶，非耶，终为吾国耳。"（My country—may it ever be right，but right or wrong，my country）意言但论国界，不论是非也。[2]此言揭诸报端已逾旬日，亦无人置辩。一日，同居世界学生会之各国学生谈论偶及之，有表同情者，亦有反对者，莫衷一是。余适过之，聆其言论，有所感触，故以所见作一书寄此报主笔。其人不敢登载，社中访事某女士坚请登之，乃载入新闻栏（其书见下）。昨日余往见前校长白博士之夫人，夫人盛称余书，以为正彼所欲言而未能言者。白博士（Andrew Dickson White）曾两任使德大使，戊戌年海牙平和会，博士为美国代表团长，其功最多。夫妇都主张和平，故深恶此等极端之国家主义也。[3]

"MY COUNTRY–RIGHT OR WRONG，–MY COUNTRY"

Students Representing Many Nationalities Debate as to the Absurdity or Sense of the Slogan—Suh Hu's Impression.

---

[1] 记之，手稿本为"附粘其招牌二纸"。所谓"招牌二纸"即文内所说的两大剪报公司的广告单（见本卷末附六）。

[2] 此后，手稿本还有如下文字："此言在十九世纪国家主义大张之时，尚值一听，今当此二十世纪大同主义盛行之时，则此语但可以耸动愚蠢之民耳，有识者嗤之以鼻矣。"后被删去。

[3] 以下英文，在手稿本中为一则英文剪报。

An interesting debate took place at the Cosmopolitan Clubhouse on the Hill. The subject was the motto which has been printed at the top of the editorial page of *The Ithaca Journal* since the Mexican question began to become critical— "My country, may it ever be right, but right or wrong, my country." The last phrase, "right or wrong, my country," started the discussion.

An American student averred that it was an absolute absurdity, to stand by one's country whether it was right or wrong. All the other students present—including the representatives of all the different countries in the Club defended the saying vigorously. This number included students from all the different countries represented in the Cosmopolitan Club. "Some called it an absolute absurdity, while others defended it vigorously." [1] No conclusion was reached.

Suh Hu's idea

Suh Hu, the president of the Club, was struck by one thought that seemed to him to come nearest to the heart of the problem and presents it as follows:

"It appears to me that the fallacy of the saying 'Right or

[1] 此双引号内英文，为胡适在剪报旁所加并注明："此一段原文。"

wrong, my country' lies in the fact that there is a double standard of morality. No one will deny that there is a standard of justice and righteousness—among the civilized people at least. Suppose 'my country' should tax me unconstitutionally, confiscate my property unjustly, or have me imprisoned without a trial, I would undoubtedly protest, even if it were done in the name of the law of 'my country.'

"But when we come to international affairs, we immediately discard that standard of justice and righteousness, and we declare with no little pride, 'Right or wrong, my country'. Am I not right in saying that we are applying a double standard of morality—one to our fellow countrymen and another to foreign or 'outlandish' people? It seems to me that unless we adopt one standard of righteousness both within and without our country, we have no common ground on which we can argue."

一六、赴白博士夫妇家宴（五月十五日）

十四日，白博士夫妇延校中得奖之学生九人赴宴其家，英文科及演说科诸教师皆在座。此九人者：一为中国人，三为犹太人，一女子，其余为美国男学生。席终，博士演说致贺意，中言六十余年前，博士初入耶尔，与容纯甫同学，容异服异俗，颇受人笑。其年容两得班中英文第一奖品，其后无敢揶揄之者矣。博士又言在第一次平和会时，有中国少年为中国代表，致辞以法文演说，精辟警切，为全会第一演说，惜不记[1]其名矣。此少年何人耶？博士著作等身，名及海外，前年八十寿辰，德皇威廉，美总统塔虎脱皆飞电致贺，今精神犹健[2]，望之令人兴起也。

〔附记〕：白博士自传中记此中国少年，姓 Lu，疑是陆征祥。[3]

一七、卸去世界学生会会长职务（五月廿日）

余自去年五月举为世界学生会会长，至今年五月卸职，方自庆幸[4]。不图此间新立国际政治学会[5]（International Polity Club），今夜开成立会，举余为会长。余适有事不及莅会，及余至始知之，急辞之再四，始得辞却；否则复为冯妇矣。

一八、在世界会演说“世界和平与种族界限”（五月廿日）

余于昨夜世界会年终别宴[6]作卸职之演说，题为“世界和平[7]及种族界限”二大问题，听者颇为动容。有人谓此为余演说之最动人者。有本城晚报主笔 Funnell 者亦在座，今日此报记余演说甚详。[8]

---

[1] 记，手稿本为“知”。

[2] “健”后，手稿本有“在”字。

[3] 此条附记，手稿本无。

[4] 庆幸，手稿本为“幸庆”。

[5] 国际政治学会，手稿本无。

[6] 宴，手稿本为“筵”。

[7] 和平，手稿本为“平和”。

[8] 此后，手稿本有“附载于下”，后附英文剪报一则（见本卷末附七）。

一九、赵元任作曲（五月廿二日）

赵君元任谱笛调一曲，以西乐谐声和之，大学琴师亟称之，为奏于大[1]风琴之上，余往听之，犹清越似笛声也。[2]

二〇、叔永作即事一律索和（五月廿五日）

叔永作即事一律索和。其诗云：

何人为作春日戏[3]，山城五月尽飞仙。
软玉微侵衫胜雪，绛云曲护帽如船。
晚风垂柳宜轻步，华烛高楼试袒肩。
看罢击球还竞艇，平湖归去草芊芊。

余和以“山城”一律：

漫说山城小，春来不羡仙。壑深争作瀑，湖静好摇船。
归梦难回首，劳人此息肩。绿阴容偃卧，平野草芊芊。

明日（二十六日）复成一律，盖“游仙”之词也：

无端奇思侵春梦，梦未醒时我亦仙。
明月深[4]山来采药，天风银汉好乘船。
何必麻姑为搔背，应有洪厓笑拍肩。
洞里胡麻炊未熟，人间东海草芊芊。

---

[1] 大，手稿本无。
[2] 此处，手稿本附有一则贴件（见本卷末附八）。
[3] 胡适原注：“Spring Day Show.”。
[4] 深，手稿本为“神”。

明日（二十七日）复成一律，纪“春日”：

学子五千皆少年，豪情逸兴骄神仙。
旗翻大幕纷陈戏，镜静平湖看赛船。
壁上万人齐拍手，水滨归客可摩肩[1]。
凯唱声随残日远，晚霞红映草芊芊。

久不作律诗，以为从此可绝笔不作近体诗矣，今为叔永故，遂复为冯妇，叔永之罪不小也，一笑。

二一、山谷诗名句（五月）

偶翻山谷诗，见“心犹未死醉中物，春不能朱镜里颜”颇喜之[2]。

二二、论律诗（五月廿七日）

律诗其托始于排偶之赋乎？对偶之入诗也，初仅偶一用之，如“头上倭堕髻，耳中明月珠。盈盈公府步，冉冉府中趋”（《陌上桑》），“东西植松柏，左右种梧桐；枝枝相覆盖，叶叶相交通”（《孔雀东南飞》），“胡马依北风，越鸟巢南枝”（《十九首》），皆以排比舒畅词气，有益而无害。晋人以还，专向[3]排比。陆机、陆云之诗，已几无篇不排矣。（佳句如“悲风鼓行轨，倾云结流霭”；“飞锋无绝影，鸣镝自相和”；“朝餐不免胄，夕息常荷[4]

[1] 胡适原注：“《国策》‘肩摩毂击’，人众也。”

[2] 颇喜之，手稿本为“真可谓名句”。

[3] 向，手稿本为“尚”。

[4] 荷，手稿本为“负”。

戈”。劣句如“日归功未建，时往岁载阴”。——机）潘岳、左思亦多骈句。贤如渊明，亦未能免俗。然陶诗佳处都不在排（如“凄凄岁暮风，翳翳经日雪”；“倾耳无希声，在目皓已洁”；“露凄暄风息，气彻天象明”；“往燕无遗影，来雁有余声”；“酒能祛百虑，菊为制颓龄”之类）。

康乐以还，此风日盛。降及梁陈，五言律诗，已成风尚，不待唐代也。六朝人律诗如：

佳期竟不归，春日坐芳菲。拂匣看离镜，开箱见别衣。
井梧生未合，宫槐卷复稀。不及衔泥燕，从来相逐飞。
——庾肩吾《有所思》(梁)

槛外莺啼罢，园里日光斜。游鱼乱水叶，轻燕逐风花。
长墟上寒霭，晓树没归霞。九华暮[1]已隐，抱郁徒交加。
——何逊《赠王僧孺》(梁)[2]

客心愁日暮，徙倚空望归。山烟涵[3]树色，江水映霞晖。
独鹤凌空逝，双凫出浪飞。故乡千余里，兹夕寒无衣。
——何逊《日夕出富阳》

闺中日已暮，楼上月初华。树阴缘砌上，窗影向床斜。
开屏写密树，卷帐照垂花。谁能当此夕，独处类倡家。
——阴[4]铿《月夜闺中》(陈)[5]

[1] 暮，手稿本为“墓”。
[2] (梁)，手稿本无。
[3] 涵，手稿本为“含”。
[4] 阴，手稿本为“邓”。
[5] (陈)，手稿本无。

皆不让唐以后之律诗也。

唐以前律诗之第一大家，莫如阴铿（陈代人）。其名句如：

藤长还依格，荷生不避桥。

鼓声随听绝，帆势与云邻。

莺随入户树，花逐下山风。

寒田获里静，野日烧中昏。

潮落犹如盖，云昏不作峰。

戍楼因碪险，村路入江穷。

水随云度黑，山带日归红。

右数联虽置之盛唐人集中，可乱楮叶也。

按杜工部赠李白诗，“李侯有佳句，往往似阴铿”。又有绝句云：“陶冶性情存底物，新诗改罢自长吟。孰知二谢能将事，颇学阴何苦用心。”阴，即铿；何，何逊也。此可见六朝人诗之影响唐人矣。有心人以历史眼光求律诗之源流沿革，于吾国文学史上当裨益不少。

二三、杏佛和前韵（五月廿七日）

杏佛和前韵成“游湖”一律：

高引冥鸿福，桃源乱世仙。秋娘螺子黛，春水鸭头船。

玉藕惊摇腕，红莲羡比肩。王孙归兴渺，南陌草芊芊。

二四、吾国人无论理观念（五月廿八日）

吾尝谓吾国人无论理观念。顷见留美学生某君作一文，其起

句云:

> 西哲有言：学识者，权力也。一国之人有学识，即一国之人有权力；一国之人有权力，即其全国有权力。有权力者必强，无权力者必弱，天演之公例也。

此何等论理乎！

二五、张希古亡故（五月廿八日）

得锦城一书，惊悉张美品兄（希古，台州人）亡故。嗟夫！“吾生二十年，哭友已无算。”惨已惨已！吾十四岁入澄衷学堂识希古。希古沉默寡合，独爱余，坚约为昆弟。别后数年，音问屡绝，方拟嘱锦城访之，乃骤得此耗，肺肝为摧！希古沉重，为友辈中罕见之人物，天独不寿之，伤哉！希古已婚，不知有子女否？其父琴舟先生，工算学，家台州。[1]

二六、《春朝》一律并任杨二君和诗（五月卅一日）

春色撩人，何可伏案不窥园也！迩来颇悟天地之间，何一非学，何必读书然后为学耶？古人乐天任天之旨，尽可玩味。吾向不知春之可爱，吾爱秋甚于春也。今年忽爱春日甚笃，觉春亦甚厚我，一景一物，无不怡悦神性，岂吾前此枯寂冷淡之心肠，遂为吾乐观主义所热耶？今晨作一诗，书此为之序。

---

[1] 此后，手稿本附有一封英文来信（见本卷末附九），内容为康奈尔大学文理学院通知胡适获卜朗吟奖。

叶香清不厌，[1] 鸟语韵无嚣。柳絮随风舞，榆钱作雨飘。[2]

何须乞糟粕，即此是醇醪。天地有真趣，会心殊未遥。

试以此诗译为英文。余作英文诗甚少，记诵亦寡，故不能佳，然亦一时雅事，故记之。其词云：

Amidst the fragrance of the leaves comes Spring,
When tunefully the sweet birds sing,
And on the winds oft fly the willow-flowers,
And fast the elm-seeds fall in showers.
Oh! Leave the "ancients' dregs" however fine,
And learn that here is Nature's wine!
Drink deeply, and her beauty contemplate,
Now that Spring's here and will not wait.

叔永和《春朝》一律：

侵晨入古校，静境绝尘嚣。隔树疏钟出，当楼一帜飘。

鸟歌答圣唱，花气误村醪。欲问山中客，芳菲望转遥。

杏佛亦和一律：

山路蔽苍翠，春深百鸟嚣。泉鸣尘意寂，日暖草香飘。

欲笑陶彭泽，忘忧藉浊醪。栖心若流水，世累自相遥。

二七、山谷之三句转韵体诗（五月卅一日）

偶读山谷诗，见有《观伯时画马》诗云：

---

[1] 胡适原注："人但知花香，而不知新叶之香尤可爱也。"

[2] 胡适原注："校地遍栽榆树，风来榆实纷纷下，日中望之，真如雨也。"

仪鸾供帐饕虱行，翰林湿薪爆竹声，风帘官烛泪纵横。

木穿石槃未渠[1]透，坐窗不遨令人瘦，贫马百藖逢一豆。

眼明见此五花骢，径思着鞭随诗翁，城西野桃寻小红。

此诗三句一转韵也。友人张子高（准）见吾《久雪后大风寒甚作歌[2]》，因移书辩三句一转韵之体非吾国所无，因引元稹《大唐中兴颂》为据。此诗吾未之见，然吾久自悔吾前此之失言（见《年报》第三年），读书不多而欲妄为论议，宜其见讥于博雅君子也。（参观卷三第四〇则）[3]

二八、叔永赠傅有周归国，余亦和一章赠行（六月一日）

晨起，叔永以一诗见示，盖赠傅有周（骕）归国之作也。

昔君西去日，是我东游时。今日君归去，怅望天一涯。

扬帆沧海静，入里老亲嬉。若见当年友，道隽问候之。

叔永近所作诗，当以此诗为最佳矣。

余亦和一章送有周。有周为第二次赔款学生，与余同来美，颇相得，今别四年矣。有周以母老多病，急欲归去。余素主张吾国学子不宜速归，宜多求高等学问。盖吾辈去国万里，所志不在温饱，而在淑世。淑世之学，不厌深也。矧今兹沧海横流，即归亦何补？不如暂留修业继学之为愈也。故余诚羡有周之归，未尝不惜其去，故诗意及之。诗云：

---

[1] 渠，手稿本为“凿”。

[2] 久雪后大风寒甚作歌，手稿本为“大风雪甚作歌”。

[3] 参观卷三第四〇则，手稿本为“参观三年正月廿九日记”。

与君同去国，归去尚无时。故国频侵梦，新知未有涯。

豺狼能肉食，燕雀自酣嬉。河梁倍惆怅，日暮子何之？

二九、记历（六月一日）

罗马初分年为十月，[1] 共得三百〇四日。至 Numa 时乃增二月，共十二月。月如吾国阴历，大月三十日，小月二十九日，大小相递，年共三百五十四日，后增一日，共三百五十五日（奇数吉也）。然日周天之数为三百六十五日有零（零五时四十八分四十六秒），故须增闰月（Intercalary），间年行之。月或二十二日，或二十三日相递焉，于是四年共得一四六五日。平均每年得三百六十六日零四分之一，则较周天之数多一日也。于是定每十六年后之八年原定有四闰月者改为三闰，以补其差[2]。

其后日久弊生，谬误百出，至西柴始大定历，从阳历而废月历，年有三百六十五日，四年一闰，闰年增一日。时罗马七百〇八年，即耶稣[3] 前四十六年也（改历之年增至四百四十五日）。

西柴（Julius Caesar）[4] 分月之法，奇数之月（一, 三, 五, 七, 九, 十一），月得三十一日，偶月皆[5] 三十日。惟二月廿九日，闰

[1] 此句前另起一行，手稿本有标题“记历”两字，章希吕将其作为本则日记标题。后凡遇此情况，均加注“胡适原题”。

[2] 差，手稿本为“谬”。

[3] 稣，手稿本为“历”。

[4] （Julius Caesar），手稿本无。

[5] 皆，手稿本无。

年三十日。罗马人颂西柴之功，以其名 Julius 名第七月，今英名 July 者是也。

后至 Augustus 时，罗马人[1]媚之，以其名名第八月。惟八月仅三十日，较 July 少一日，小人谄谀[2]，遂移二月之第二十九日增于八月，于是七，八，九三月皆有三十一日。又以为不便，遂改九月、十一月为三十日，而十月、十二月改为三十一日。西柴之法至易记算，遭此窜改，遂成今日难记之法，小人可恨也。

西柴历（Julian）虽便，然亦有一弊，盖周天之数为三六五日五时零（见上），实未足四分一之数，故每百二十八年必有一日之误。故西柴历初定时，春分节（Equinox）在三月二十五日，至纪元一五八二年乃在三月十一日。教皇 Gregory XIII 欲正此失，乃于其年减去十日。又以太阳年（Solar Year）与阳历之年之差约为每四百年与三日之比，故葛雷郭令百数之年（纪元千年，千九百年之类）皆不得闰；惟百数之年，其百数以上之位可以四除尽者，乃有闰日。此法凡年数可以四除尽者[3]皆为闰年。其百数之年如一六〇〇，二〇〇〇，其百数以上诸位（年数除去两〇）可以四除之者有闰；又如一七〇〇，一八〇〇，一九〇〇，皆无闰也。盖四百年而九十七闰。依此法每年平均得三百六十五日五时四十九分十二秒，与[4]太阳年差仅二十六秒，盖须

[1] 人，手稿本无。

[2] 谄谀，手稿本为“阿君”。

[3] “者”后，手稿本有“$\left(\text{如}\frac{1080}{4}=270,\ \frac{1912}{4}=478\text{是也}\right)$”。

[4] “与”后，手稿本有“真”字。

三千三百二十三年始有一日之差。(摘译《大英百科全书》)[1]

三〇、《春秋》为全世界纪年最古之书(六月二日)

全世界纪年之书之最古而又最可信者,宜莫如《春秋》(七二二——四八一 B. C. [2]),《竹书纪年》次之。《史记》之《本纪》是纪年体,后世仍之,至司马温公始以纪年体作《通鉴》。《通鉴》与《春秋》及《竹书纪年》,其体例同也。

三一、《大英百科全书》误解吾国纪元(六月二日)

顷见《大英百科全书》,云吾国以帝王即位之年纪元,始自耶纪元前一六三年,此误也。前一六三年为汉文帝后元元年[3],盖为帝王改元之始,而非纪元之始也。《春秋》《竹书》皆以君主纪年。《尚书·虞书》屡纪在位之年,惟不知其时系以帝王纪元否?《商书·伊训》"惟元祀",《太甲中》"惟三祀",皆以帝王纪年之证。《周书·泰誓上》"惟十有三年",传序皆以为周以文王受命纪元也(参观《武成》"惟九年大统未集"句下注)。余以为此乃武王即位之年耳。《洪范》"惟十有三祀",疑同此例。此后纪年之体忽不复见,惟《毕命》"惟十有二年"再一见耳。

---

[1] 括号内文字,手稿本无。

[2] 四八一 B. C.,手稿本为"四八四 B. C."。

[3] 后元元年,手稿本为"后元年"。

三二、题室中读书图分寄禹臣、近仁、冬秀（六月六日）

叔永为吾摄一室中读书图。图成，极惬余意，已以一帧寄吾母矣。今复印得六纸，为友人攫去三纸，余三纸以寄冬秀、近仁、禹臣各一，图背各附一绝：

故里一为别，垂杨七度青。异乡书满架，中有旧传经。[1]

（寄禹臣师）

廿载忘年友，犹应念阿咸。奈何归雁返，不见故人缄？

（寄近仁叔）

万里远行役，轩车屡后期。传神入图画，凭汝寄相思。

（寄冬秀）

图上[2]架上书，历历可数，有经籍十余册，以放大镜观之，书名犹隐约可辨，故有“犹有旧传经”之句。

近仁为余叔辈，为少时老友，里中文学尝首推近仁，亦能诗。余在上海时，近仁集山谷句，成数诗见怀。

冬秀长于余[3]数月，与余订婚九年矣，人事卒卒，轩车之期，终未能践。冬秀时往来吾家，为吾母分任家事，吾母倚闾之思，因以少慰。《古诗十九首》云，“千里远结婚，悠悠隔山陂；思君令人老，轩车来何迟？伤彼兰蕙花，含英扬光辉；过时而不

---

[1] 此诗中，手稿本夹有小注：“五年正月改二字。”改动的地方为：“七度青”，原为“已七青”；“中有”，原为“犹有”。

[2] 图上，手稿本为“图中”。

[3] 余，手稿本为“予”。

室中读书图 [1]

[1] 手稿本中，胡适在图边题写：“此即前所记之室中读书图，叔永所摄。”

采，将随秋草萎”。吾每诵此诗，未尝不自责也。

三三、得家中照片题诗（六月六日）

去年得家中照片[1]，吾母与冬秀皆在焉。有诗云：

出门何所望，缓缓来邮车；马驯解人意，逡巡息路隅。
邮人逐户走，歌啸心自如。客子久凝伫，迎问“书有无”？
邮人授我书，厚与寻常殊。开函[2]喜欲舞，全家在画图。
中图坐吾母，貌戚意不舒；悠悠六年别，未老已微癯。
梦寐所系思，何以慰倚侣[3]？对兹一长叹，悔绝温郎裾。
图左立冬秀，朴素真吾妇。轩车来何迟，劳君相待久。
十载远行役，遂令此意负。归来会有期，与君老畦亩。
筑室杨林桥，背山开户牖。辟园可十丈，种菜亦种韭。
我当授君读，君为我具酒。何须赵女瑟，勿用秦人缶。
此中有真趣，可以寿吾母。

三四、图画周报中余之照片（六月六日）

本周一图画周报（*Leslie's Illustrated Weekly Newspaper*, June 4, 1914）载余照片。[4] 此报销行至百万以上，各地旧相识读此，争

[1] 照片，手稿本为“照相”。
[2] 函，手稿本为“缄”。
[3] 侣，手稿本为“闾”。
[4] 此句，手稿本为“此一图为一图画周报 *Leslie's Illustrated Weekly Newspaper* 所载”。

驰书相问。[1]

CORNELL HONORS A CHINESE STUDENT

The strange anomaly of a Chinese student excelling all English speaking students in English is attracting wide attention to Mr. Suh Hu, the only Chinese student who has ever won first prize in English at Cornell University. In addition to this literary honor Mr. Hu has also been awarded a scholarship in philosophy.

Leslie's Illustrated Weekly Newspaper 所载胡适照片

[1] 此处，手稿本附有胡适照片一幅，现补于此。胡适在照片旁注："此照盖此间照相店所与者。"

三五、我国之“家族的个人主义”（六月七日）

吾常语美洲人士，以为吾国家族制度，子妇有养亲之责，父母衰老，有所倚依，此法远胜此邦个人主义之但以养成自助之能力，而对于家庭不负养赡之责也；至今思之，吾国[1]之家族制，实亦有大害，以其养成一种依赖性也。吾国家庭，父母视子妇如一种养老存款（Old age pension），以为子妇必须养亲，此一种依赖[2]性也。子妇视父母遗产为固有，此又一依赖[3]性也。甚至兄弟相倚依，以为兄弟有相助之责。再甚至一族一党，三亲六戚，无不相倚依。一人成佛，一族飞升，一子成名，六亲聚瞰之，如蚁之附骨，不以为耻而以为当然，此何等奴性！真亡国之根也！夫子妇之养亲，孝也，父母责子妇以必养，则依赖[4]之习成矣；西方人之稍有独立思想者，不屑为也。吾见有此邦人，年五六十岁，犹自食其力，虽有子妇能赡养[5]之，亦不欲受也，耻受养于人也。父母尚尔，而况亲族乎？杂志记教皇 Pius 第十世（今之教皇）之二妹居于教皇宫之侧，居屋甚卑隘，出门皆不戴帽，与贫女无别，皆不识字。[6]夫身为教皇之尊，而其妹[7]犹食贫如此。今教皇有老姊，尝病，教皇躬侍其病[8]。报记其姊弟恩爱，殊令

[1] 国，手稿本无。

[2] [3] [4] 依赖，手稿本为“倚赖”。

[5] 赡养，手稿本为“养赡”。

[6] “杂志记教皇……皆不识字”句，手稿本为“此所黏一则，记教皇 Pius 第十世（今之教皇）之姊妹事”。所附英文剪报见本卷末附十。

[7] 妹，手稿本为“姊妹”。

[8] 病，手稿本为“疾”。

人兴起，则其人非寡恩者也。盖西方人自立之心[1]，故[2]不欲因人热耳。读之有感，记之。

吾国陋俗，一子得官，追封数世，此与世袭爵位同一无理也。吾顷与许怡荪书，亦申此意。又言吾国之家族制，实亦一种个人主义。西人之个人主义以个人为单位，吾国之个人主义则以家族为单位，其实一也。吾国之家庭对于社会，俨若一敌国然，曰扬名也，曰显亲也，曰光前裕后也，皆自私自利之说也；顾其所私利者，为一家而非一己耳。西方之个人主义，犹养成一种独立之人格，自助之能力，若吾国"家族的个人主义"，则私利于外，依赖于内，吾未见其[3]善于彼也。

顷见辜汤生所作《中国民族之精神》一论，引梁敦彦事，谓梁之欲做官戴红顶子者，欲以悦其老母之心耳（*The Chinese Rev* Vol.I，No.1，p.28）。此即毛义捧檄而喜之意。毛义不惜自下其人格以博其母之一欢，是也；然悬显亲为鹄，则非也，则私利也。[4]

三六、第一次访女生宿舍（六月八日）

吾之去妇人之社会也，为日久矣。吾母为妇人中之豪杰，

[1]"心"后，手稿本有"迫之"两字。
[2]故，手稿本无。
[3]"其"后，手稿本有"此"字。
[4]此后，手稿本有"六月廿一日又记"。

二十二岁而寡，为后母。吾三兄皆长矣，吾母以一人撑拒艰难，其困苦有非笔墨所能尽者。而吾母治家有法，内外交称为贤母。吾母虽爱余，而督责綦严，有过失未尝宽假。每日黎明[1]，吾母即令起坐，每为余道吾父行实，勉以毋忝所生。吾少时稍有所异于群儿，未尝非吾母所赐也。吾诸姊中惟大姊最贤而多才，吾母时咨询以家事。大姊亦爱余。丁未，余归省，往见大姊，每谈辄至夜分。吾外祖母亦极爱余。吾母两妹皆敏而能，视余如子。余少时不与诸儿伍，师友中惟四叔介如公，禹臣兄，近仁叔切磋指导之功为最，此外则惟上所述诸妇人（吾母，吾外祖母，诸姨，大姊）陶冶之功耳。吾久处妇人社会，故十三岁出门乃怯恇如妇人女子，见人辄面红耳赤，一揖而外不敢出一言，有问则答一二言而已。吾入澄衷学堂以后，始稍稍得朋友之乐。居澄衷之第二年，已敢结会演说，是为投身社会之始。及入中国公学，同学多老成人，来自川、陕、粤、桂诸省，其经历思想都已成熟，余于世故人情所有经验皆得于是，前此少时所受妇人之影响，至是脱除几尽。盖余甲辰去家，至今年甲寅，十年之中，未尝与贤妇人交际。即在此邦，所识亦多中年以上之妇人，吾但以长者目之耳，于青年女子之社会，乃几裹足不敢入焉。其结果遂令余成一社会中人，深于世故，思想颇锐，而未尝不用权术，天真未全漓，而无高尚纯洁之思想，亦无灵敏之感情。吾十年之进境，盖全偏于智识（Intellect）一方面，而于感情（Emotions）一方面几全行忘

[1]“黎明”后，手稿本有“余觉”两字。

却，清夜自思，几成一冷血之世故中人，其不为全用权数之奸雄者，幸也，然而危矣！念悬崖勒马，犹未为晚，拟今后当[1]注重吾感情一方面之发达。吾在此邦，处男女共同教育之校，宜利用此时机，与有教育之女子交际，得其陶冶之益，减吾孤冷之性，庶吾未全漓之天真，犹有古井作波之一日。吾自顾但有机警之才，而无温和之气，更无论温柔儿女之情矣。此实一大病，不可不药。吾其求和缓于此邦之青年有教育之女子乎！

吾在此四年，所识大学女生无算，而终不往[2]访之。吾四年未尝入 Sage College（女子宿舍[3]）访女友，时以自夸，至今思之，但足以[4]自悔耳。今夜始往访一女子，拟来年常为之。记此以叙所怀，初非以自文饰也。[5]

吾前和叔永诗云："何必[6]麻姑为搔背，应有洪厓笑拍肩"，犹是自夸之意。盖吾虽不深交女子，而同学中交游极广，故颇沾沾自喜也。附志于此，亦以自嘲也。

朋友[7]中如南非 J. C. Faure，如郑莱君[8]，皆曾以此相劝。梅觐庄月前致书，亦言女子陶冶之势力。余答觐庄书，尚戏之，规

[1] 当，手稿本为"尝"。
[2] "往"后，手稿本有"过"字。
[3] 舍，手稿本为"院"。
[4] 以，手稿本无。
[5] 此后，手稿本有"八日"两字。
[6] 必，手稿本为"须"。
[7] 朋友，手稿本为"友朋"。
[8] 郑莱君，手稿本为"郑君来"。

以莫堕情障。觐庄以为庄语，颇以为忤。今觐庄将东来，当以此记示之，不知觐庄其谓之何？[1]

三七、思家（六月九日）

吾日来归思时萦怀绪，以日日看人归去，遂惹吾思家之怀耳。吾去家十年余矣。丁未一归，亦仅作三月之留。庚戌去国，亦未能归别吾母，耿耿至今。辛亥以来，家中百事不如意，大哥汉店被北兵所毁，只身脱去。二哥亦百不得志，奔走四方。两兄皆有家累甚重，而皆苦贫。吾诸侄皆颖悟可造，以贫故，不能得完全之教育，可惜也。余偶一念之，辄自恨吾何苦远去宗国？吾对于诸兄即不能相助，此诸儿皆他日人才[2]，吾有教育之之责，何可旁贷也！且吾母所生仅余一人（吾诸兄诸姊皆前母所出），十年倚闾之怀，何忍恝然置之？吾母虽屡书嘱安心向学，勿以家事分心，然此是吾母爱子之心，为人子者何可遂忍心害理，久留国外，置慈母于不顾耶？以上诸念，日来[3]往来胸中。春深矣，故园桃李，一一入梦。王仲宣曰："虽信美而非吾土兮，曾何足以少留？情眷眷而怀归兮，孰忧思之可任？"吾忧何可任耶？[4]

---

[1] 此后，手稿本有"九日"两字。

[2] 人才，手稿本为"人物"。

[3] 来，手稿本无。

[4] 此后，手稿本附有一封向胡适求取照片的来信（见本卷末附十一）。

三八、游英菲儿瀑泉山三十八韵（六月十二日）

十一日与 Frans E. Geldenhüys，Fred Millen，Gertrude Mosier，A. Frances Jansen 同游 Enfield Falls，极乐，往返共十五英里有余，盖合吾国里五十左右。同行者嬲余作诗，未能应之。既归之明日，乃追写胜游，成三十八韵[1]，纪实而已，不能佳也。

游英菲儿瀑泉山[2]　三十八韵[3]

春深百卉发，羁人思故园。良友知我怀，约我游名山。
清晨集伴侣，朝曦在林端。并步出郊坰，炊烟上小村。
遥山凝新绿，眼底真无垠。官道一时尽，觅径穷[4]辛艰。
缘溪入深壑，岩竦不可扪。道狭草木长，新叶吐奇芬。
鸟歌破深寂，鼯鼠下窥人。转石堆作梁，将扶度潺湲。
危岩不容趾，藤根巨可攀。径险境愈幽，仿佛非人间。
探奇及日午，惊涛震耳喧。寻声下前涧，飞瀑当我前。
举头帽欲堕，了不见其颠。奔流十数折，折折成珠帘。
澎湃激崖石，飞沫作雾翻。两旁峰入云，逶迤相回环。
譬之绝代姿，左右围群鬟。又如叶护花，掩映成奇观。
对此不能去，且复傍水餐。渴来接流饮，冰[5]冽清肺肝。
坐久忘积暑，更上穷水源。山石巉可削，履穿欲到跟。

[1][3]　三十八韵，手稿本为“四十韵”。从手稿本看，当是诗成后又删除两韵，而未作相应改正之误。

[2]　“山”后，手稿本有“作”字。

[4]　穷，手稿本为“寻”。

[5]　冰，手稿本为“冷”。

落松覆径滑，蹴步不敢奔。上有壁立崖，下有急流湍。
“一坠那得取”，杜陵无戏言。攀援幸及顶，俯视卑群峦。
天风吹我襟，长啸百忧宽。归途向山脊，稍稍近人烟。
板桥通急涧，石磴凿山根。从容出林麓，归来日未曛。
兹游不可忘，中有至理存。佳境每深藏，不与浅人看。
勿惜几两屐，何畏山神悭？要知寻山乐，不在花鸟妍。
冠盖看山者，皮相何足论？作诗叙胜游，持此谢婵娟。

叔永谓末段命意颇似王介甫《游褒禅山记》。检读之，果然。介甫记：

入之愈深，其进愈难，而其见愈奇。有怠而欲出者，曰：“不出，火且尽”，遂与之俱出。盖予所至，比好游者尚不能十一，然视其左右来而记之者已少，盖其又深，则其至又加少矣。方是时，余之力尚足以入，火尚足以明也。既出，则或咎其欲出者，而余亦悔其随之而不得极夫游之乐也。

久不作如许长诗矣。此诗虽不佳，然尚不失真。尝谓写景诗最忌失真。老杜《石龛诗》“罴熊[1]咆我东，虎豹号我西，我后鬼长啸，我前狨又啼”正犯此病。又忌做作。退之《南山诗》非无名句，其病在于欲用尽险韵，读者但觉退之意在用韵，不在写景也。[2]

[1] 罴熊，手稿本为“熊罴”。

[2] 此后，手稿本附有一则英文信件（见本卷末附十二），上有删除标志。

英菲儿瀑泉 [1]

[1] 左幅胡适旁记:“此英菲儿瀑也。余所自摄。Enfield Falls, n.y. (photo by Suh Hu)。”右幅胡适旁记:“此为瀑上流一处。宓能君所摄。above the Falls. (photo by F. H. Millen)。”手稿本缺此幅。

三九、记本校毕业式（六月十七日）

余虽于去年夏季作完所需之功[1]课，惟以大学定例，须八学期之居留，故至今年二月始得学位，今年夏季始与六月卒业者同行毕业式。毕业式甚繁，约略记之。

六月十四日，星期，礼拜堂有“毕业讲演”（Baccalaureate Sermon）。讲演之牧师为纽约 The Rev. William Pierson Merrill, D. D.，题为“So speak ye, and so do, as men that are to be judged by a law of liberty”（James II：12），略言今人推翻一切权势，无复有所宗仰，惟凡人处权力之下易也，而处自由之下实难，前此种种之束缚，政治法律宗教各有其用，今一一扫地以尽，吾人将何以易之乎？其言甚痛切。

十五日往观大学象戏会（Cornell Masque）演英大剧家 Bernard Shaw 之讽世剧 *You Never Can Tell*。

十六日谓之“毕业班之日”，毕业生及其戚友会于山坡草地上，行毕业日演艺。是夜白特生夫人延余[2]餐于其家。以予客处，无家人在此观予毕业，故夫人相招以慰吾寂寥，其厚意可感也。

十七日为毕业日，英名 Commencement，译言肇始也，夫毕业也而名之曰肇始者，意以为学业之终而入世建业之始，其义可

[1] 功，手稿本为“工”。
[2] 余，手稿本为“予”。

思也。是日毕业[1]可九百人，皆礼服，各以学科分列成双行。礼服玄色，方冠。冠有旒，旒色以学科而异，如文艺院生白旒，农院黄旒，律院紫旒是也。钟十一下，整队行，校董前行，校长、院长次之，教长、教员又次之，学生则文艺院生居先列，而工科生为最后。毕业场在山坡草地上，设帐为坛。坛上坐校董以次至教员。坛前设座数千，中为毕业生，外为观者，盖到者不下三千人。坐定，乐队奏乐。有牧师率众祈祷。校长颁给学位，毕业生起立，旒垂左额；既得学位，则以手移旒于右额。复坐，又奏乐。乐终，校长致毕业训词。校长休曼先生（Jacob Gould Schurman）本演说大家，此日所演尤动人，略言诸生学成用世，有数事不可少：

一、健全之身体；二、专一之精神；三、科学之智识；四、实地之经验。

其结语尤精警动人。语时诸生皆起立。其言如下：[2]

> Ladies and gentlemen of the graduating classes: If what I have been saying is correct—and I think it is—I may draw a conclusion of great encouragement for every one of you. The life you are about to enter is indeed a race; but it is a race in which not merely one, but every one, may win the prize. For each of you is called on to serve the community; and if, like the members of the crew or team, you each play your part well, you will have

[1] 毕业，手稿本为“毕业生”。

[2] 以下英文，手稿本中为一则英文贴件。

毕业日摄影[1]

[1] 手稿本中，胡适在图边题写：“毕业日图一　中坐为校长休曼先生。”

唱"母校"之歌时摄影[1]

[1] 手稿本中，胡适在图边题写："二、唱'母校'之歌时摄影。"

著者衣毕业礼服摄影[1]

[1] 手稿本中，胡适在图边题写：“此为余衣毕业礼服时摄影，叔永所摄。”

won the only prize that is open to you. If the life of men were a mere struggle for each one to get his head above everbody else, then of course the only victor would be the financial magnate, the political potentate, or the gourmond or insatiate sensualist. But if life really means faithful service in and for the community—as religion and reflection agree in declaring—then all honest work, all loyal effort, brings its own reward.

"Act well your part,

There all the honor lies."

If life is a game, it is a rivalry in generous service to the community of which we are all members. College graduates because of their superior education should be able to render better service than others. The public has a right to expect it of us. My dearest hope, my most earnest prayer, for each and all of you is that you may rise to the height of your opportunities and win the noblest prize open to human beings—the crown of high character, of intellectual attainment, and of loyal service to your day and generation.

演说既毕，全体合唱“母校”之歌。有哽咽不成声者。盖诸生居此四年，一旦休业，临此庄肃之会，闻赠别之辞，唱“母校”之歌，正自有难堪者在，盖人情也。

四〇、观西方婚礼（六月廿日）

十八夜有 Miss Pauline Howe 与 Herbert N. Putnam 在本城一教

堂中行婚礼。此邦婚礼，或于男女父母家中行之，或于牧师家中行之，或于里正（Justice of the Peace）家中行之。其在教堂中行之者，大率皆富家，仪式最繁丽。吾友维廉斯女士知余未尝见西方婚礼，女士为新妇之友，故得请于新妇之父，许余[1]与观盛礼，归而记之于[2]下：

礼成于教堂之中，来宾先入（后时为失仪）。婚嫁之家之近亲骨肉坐近礼坛，其疏远之宾友杂坐后列之座。堂中电灯辉煌，礼坛之上，供蕉叶无数，杂花丽焉。傧者四人，皆新夫妇之戚友。宾入门，傧者以臂授女宾，女宾把其臂就座，男宾随之。

钟八下，乐队奏新婚之乐。礼堂之侧门大辟。傧者四人（男子）按节徐步而入。次女傧四人（Bridesmaids）衣轻蓝罗衣，各执红蔷薇花，细步按节前导。又次为荣誉女傧（Maid of honor），亦衣轻蓝露背之衣，捧红蔷薇一束。又次为执环童子（Ring bearer），约四五岁，白衣金发，持大珈拉[3]花（Calla Lily），中藏婚约之指环焉。又次为新妇，衣白罗之衣，长裾拂地，可丈余，上罩轻丝之网。新妇手持百合之花球，倚其父臂上。父衣大礼服，扶新妇缓步而入。

其时，礼坛上之小门亦辟，牧师乔治君与新郎同出，立坛下。与偕者为“好人”（The best man）。好人者，新郎之相也。傧者与女嫔分立坛左右。新妇既至，牧师致祷词毕，问新郎曰：“汝某某愿娶此妇人某某为妻耶？”答曰：“诺。”又问新妇曰：“汝某

[1] 余，手稿本为“予”。

[2] 于，手稿本为“如”。

[3] 珈拉，手稿本为“珈娜”。

某愿嫁此男子某某为夫耶?”答曰:“诺。”又问:“授此妇人者谁耶?”新妇之父应曰:“余某某为女子某某之父,实授吾女。”即以女手授新郎。童子以约婚之指环进,牧师以环加女指。已,令新郎誓曰:“余某某今娶[1]此女为妻,誓爱之养之(to love and to cherish),吉凶不渝,贫富不易,之死靡他(for better and for worse, for richer and for poorer; till death doth us part)。”牧师诵其辞,新郎一一背诵之。又令新妇誓之,其辞略同上。白特生夫人告我,曩时“爱之养之”之下,在男则有“保护之”,在女则有“服从之”(“to protect”,“to obey”),今平权之风盛行,明达识时务之牧师皆删去此三字,不复用矣。誓毕,牧师祈天降福于新婚夫妇暨其家人。(凡祷,告事曰祷〔Prayer〕,求福曰祈〔Benediction〕。)乐队再奏乐。新郎以臂授妇。妇挽之而退,“好人”扶荣誉女嫔,傧者各扶女嫔同退。傧者及门而返,复扶新夫妇之近亲女宾一一退出,男宾随之。至亲尽出,来宾始群起出门各散。其近亲则随新夫妇归女家赴婚筵。筵毕,继以跳舞。跳舞未终,新夫妇兴辞,以汽车同载至湖上新居。[2]

四一、科学社之发起(六月廿九日)

此间同学赵元任、周仁、胡达、秉志、章元善、过探先、金邦正、杨铨、任鸿隽等,一日聚谈于一室,有倡议发刊一月报,名之曰《科学》,以“提倡科学,鼓吹实业,审定名词,传播知识

---

[1] 娶,手稿本为“取”。

[2] 此后,手稿本附有四幅照片,分别为第 242 页两幅,第 232、247 页各一幅。

为宗旨”，其用心至可嘉许。此发起诸君如赵君之数学、物理、心理，胡君之物理、数学，秉、金、过三君之农学，皆有所成就。美留学界之大病在于无有国文杂志，不能出所学以饷国人，得此[1]可救其失也，不可不记之。

科学社招股章程[2]

（一）定名　本社定名科学社（Science Society）。

（二）宗旨　本社发起《科学》(*Science*）月刊，以提倡科学，鼓吹实业，审定名词，传播知识为宗旨。

（三）资本　本社暂时以美金四百元为资本。

（四）股份　本社发行股份票四十份，每份美金十元；其二十份由发起人担任，余二十份发售。

（五）交股法　购一股者限三期交清，以一月为一期，第一期五元，第二期三元，第三期二元。购二股者限五期交清，第一期六元，第二、三期各四元，第四、五期各三元。每股东以三股为限。购三股者，其二股依上述二股例交付，余一股照单股法办理。凡股东入股转股，均须先经本社认可。

（六）权利　股东有享受赢余及选举被选举权。

（七）总事务所　本社总事务所暂设美国绮色佳城。

（八）期限　营业期限无定。

（九）通信处　美国过探先。

[1]　“此”后，手稿本有“或”字。

[2]　此章程在手稿本中为一则贴件。

四二、黄监督不准学生暑期上课（六月廿九日）

黄监督（鼎）忽发通告与各大学，言赔款学生，非绝对必要时，不得习夏课。[1] 昨本校注册司钞此通告 [2] 数份，令张挂世界学生会会所。下午，余偶入校，见注册司门上窗上皆黏此示。夜遇教长班斯先生，亦以此为问，以为闻所未闻。此真可笑之举动！夫学生之不乐荒嬉而欲以暇时习夏课，政府正宜奖励之，乃从而禁止之，不亦骇人听闻之甚者乎？

四三、奥太子飞的难死于暗杀（六月卅日）

廿八日奥太子飞的难与其妻行经巴士尼亚省（Bosnia）之都城，为一塞维亚学生所枪杀。巴省本属塞，奥人吞并为县，塞人衔之，今之暗杀，盖报复之一端也。怨毒之于人甚矣哉！[3]

相传 [4] 奥之县巴士尼亚也（一九〇八），由飞的难之建议，故其食报亦最烈。奥皇嘉色夫（Francis Joseph）在位六十余年，年八十四矣。其一生所受惨变，亦不知凡几。一八五三年一匈人刺之，未死。一八六七年 [5] 其兄麦克齐米伦（Maximillan，墨斯哥 [6] 皇帝）为革命军所杀。后数年，其后在瑞士为一意人所刺杀。十年前，其嫡子（皇仅有此子）与所欢同出猎，为人所刺，

---

[1] 此前文字，手稿本无，但粘附有黄监督所发通告一则（见本卷末附十三）。日记开始为“此黄监督（鼎）之告示也。昨本校注册司钞此示数份……”。

[2] 通告，手稿本为“示”。

[3] 此后，手稿本附有一则英文剪报（见本卷末附十四），胡适旁注：“上表乃二十四年中之大暗杀案。”

[4] 相传，手稿本在“由飞的难之建议”前。

[5] 一八六七年，手稿本为“六七年”。

[6] 墨斯哥，手稿本为“墨西哥”。

同死野外。今太子为皇之侄，又死于暗杀，可谓惨矣。

〔按〕上所云“巴省本属塞”者误也。参观卷五第三六则[1]。

四四、余之书癖（六月卅日）

偶过旧书肆，以金一角得 H. A. Taine's *History of English Literature*，又以九角八分得 Gibbon's *The Decline and Fall of the Roman Empire*，二书皆世界名著也。书上有旧主人题字“U. Lord Cornell, Reading, Penna”。其吉本《罗马史》上有“五月十六日一八八二年”字，三十余年矣。书乃以贱价入吾手，记之以志吾沧桑之慨。吾有书癖，每见佳书，辄徘徊不忍去，囊中虽无一文，亦必借贷以市之，记之以自嘲。

四五、积财不善用，如高卧积薪之上（六月卅日）

与某君言旧日官僚结怨已深，今日宜有以自赎，曩所积财，宜有以善用之以利民淑世。因举二事：一兴学校，一开报馆，皆是好事，有力者不可不为。若徒拥多金，譬之高卧积薪之上，旦夕可焚，不可久也[2]。

四六、提倡禁嫖（六月卅日）

又念及狎邪（嫖）一事，此邦上流人士视为大恶，方竞思善

[1] 参观卷五第三六则，手稿本为“参观八月五日记　适八月五日”。

[2] 不可久也，手稿本为“不可终日也”。

策禁遏之，虽不能绝，而中上社会皆知以此为大恶（Vice）。其犯此者，社会争不之齿，亦无敢公然为之者。余谓即此一端，此邦道德，高出吾国远矣。吾国人士从不知以狎邪为大恶。其上焉者，视之为风流雅事，著之诗歌小说，轻薄文士，至发行报章（小报），专为妓女[1]作记室登告白。其下焉者，视之为应酬不可免之事，以为逢场作戏，无伤道德。妓院女闾，遂成宴客之场，议政之所。夫知此为大恶，知犯此为大耻，则他日终有绝迹之一日也；若上下争为之，而毫不以为恶，不以为耻，则真不可为矣。何也？以此种道德之观念已斲丧净尽，羞恶之心无由发生故也。今日急务，在于一种新道德，须先造成一种新舆论，令人人皆知皮肉生涯为人类大耻，令人人皆知女子堕落为天下最可怜之事，令人人皆知卖良为娼为人道大罪，令人人皆知狎妓为人道大恶，为社会大罪，则吾数千年文教之国，犹有自赎之一日也。吾在上海时，亦尝叫局吃酒，彼时亦不知耻也。今誓不复为，并誓提倡禁嫖之论，以自忏悔，以自赎罪，记[2]此以记吾悔。

四七、绮色佳城公民会议第二次旁听记（七月二日）

七月一夜，与巴西苏柴君（A. C. P. Souza）至本市公民会议[3]（Common Council）旁听（参看卷三第四四则）[4]。是日所议为“特许电车公司及铁道公司于市内加筑路线”一案。事关全市

[1] 妓女，手稿本为“女闾”。

[2] 记，手稿本为“志”。

[3] 公民会议，手稿本为“公民议会”，此则中后同，不再注。

[4] 参看卷三第四四则，手稿本为“参观二月四日记”。

利害，议会亦不敢决，乃令市民各得以所见陈说于会议，名之曰“公听”(Public Hearing)。此为公听之第二次，以旁听人众，议厅不能容，乃移至本州法庭开会。

此案如下：本市电车公司请市政会[1]许其于旧有之路线一律改为双轨，向之由爱丹街入大学之线改经大学街。又 Central N.Y. Southern R.R. 铁道公司（此公司今将电车公司收买，故二家实一家也），请将由 Auburn 至 Ithaca 之路线接成一气，由麦多街入城，向例不许以货车过市，今请得用货车（Freight）过市，惟用电力不用汽力耳。又请得于本市立车站，与电车线路相接。

右为此案大略。本市议会以为此两公司当有以报偿[2]此特别权利[3]，乃令于每日七时以前，下午五时以后，发行贱价车票，以便工人。又要求种种条件，以利市人。公司亦允之。

市中人士大概皆赞成此举，以其便交通也。反对者为麦多街居民及附近置产之人。反对之说纷然，皆不足取。其最强者，以为市议会在法律上无权可将麦多街之筑路权送与此两公司，以麦多街本由居民所造也。有社会党首领二三人亦反对此举，以为市议会不当以利权让与资本家。其一人创议以[4]路成之后，每第三车之车值由市政府收之，众莫不大笑。反对党延律师代表。两公司则由电车公司经理维廉氏代表。氏逐一辩论，井然有条，律师不能难也。

吾友 Mr. E. A. George 亦起立演说，以为商业交易须二人皆得益，若仅一人得利，其业必不能久，今此两公司虽皆志在营利，

[1] 市政会，手稿本为“市议会”。

[2] 偿，手稿本无。

[3] 权利，手稿本为“权利者”。

[4] 以，手稿本为“以为”。

然本市宜利用之以兴商务，便交通，不当阻难之。公司有余利乃能改良车务。若公司不能自存，吾人又安能责以改良整顿也？

此次辩论极有趣，到者约百余人。此种会觇国者不可不到也。

四八、统一读音法（七月四日）

偶与陕西张亦农（耘）闲谈及读音之差别，亦农举“成”“陈”二字，余知其属二韵而不能别也，亦农以陕音读之，果有别。余因检字典，知“成”时征切，“陈”澄神切，“成”为邪纽，“陈”为澄纽，则陕音亦未为得也。沪音读“成”为时征切为得之，而读“陈”如“成”，亦误也。由是旁及他字如下：

因
音阴 } 无别而异韵 { 亲
侵

阑
蓝 }

男南
难 }

婴
鹰 }

萤荧
盈 }

清
青 }

音韵之不讲也久矣。吾辈少时各从乡土之音，及壮，读书但求通其意而已，音读遂不复注意，今虽知其弊，而先入为主，不易改变。甚矣，此事之为今日先务也。顷见教育部全国读音统一会报告，所采字母，与予前年往北田车中 [1] 所作大略相同（见《北田日记》）。此种字母之用，在于字典上用字母注明音读，如"歌"韵之字，其母音（Vowel）为"阿"（O），注反切时，可依下法：

歌　G　古阿切
珂　K　可阿切
莪　Ng　我阿切
多　D　都阿切
佗　T　它阿切
驼
那　N　奈阿切
波　B　巴阿切
颇　P　叵阿切
摩　M　毛阿切
侳　Dz　之阿切
蹉　Ts　此阿切
莎　S　史阿切
诃　G　（Dutch）Ch（G）乎阿切
何　H　胡阿切
阿　O　此为母音
罗　L　来阿切

张亦农言陕音读司如英文之 Th，则心纽之字是 Th 音也。来

[1] 中，手稿本无。

纽之字有二音：一为来，是 L 音；一为累，是 R 音。见纽之字亦有二音：刚为古，G 音，柔为基，是 J 音。日纽之字是任音，如法文之 J，读如 Zh。今以此法写音纽全图如下：

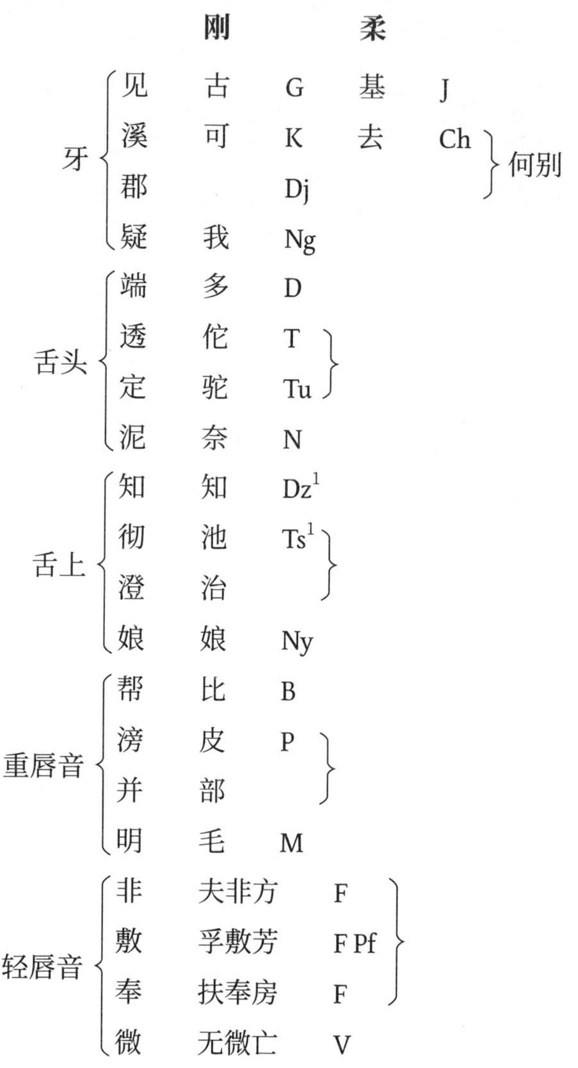

		刚		柔		
牙	见	古	G	基	J	
	溪	可	K	去	Ch	何别
	郡		Dj			
	疑	我	Ng			
舌头	端	多	D			
	透	佗	T			
	定	驼	Tu			
	泥	奈	N			
舌上	知	知	Dz[1]			
	彻	池	Ts[1]			
	澄	治				
	娘	娘	Ny			
重唇音	帮	比	B			
	滂	皮	P			
	并	部				
	明	毛	M			
轻唇音	非	夫非方	F			
	敷	孚敷芳	F Pf			
	奉	扶奉房	F			
	微	无微亡	V			

齿头	精	赀	Dz^2		
	清	慈	Ts^2		
	从	自			
	心	死思	Ss		
	邪	诗	Ss		
正齿	照	支	Dz^3		
	穿	鸱	Ts^3		
	状	鉏			
	审	尸	S		
	禅	时	S		
喉	晓	呼	H	喜虚	Sh
	匣	胡	Ch（G.）	奚	Ch（G.）
	影	此为母音			
	喻	此为母音而略异有矣（Y.）之音焉			
半舌	来	来	L	累	R
半齿	日	如	Z		

上表除“影”“喻”二字外，其他三十四字皆子音也。尚有数音，终不能知何以差别，当求深于此学者教之。

等韵切音表影纽之音皆为母音，以倚，阿，窊，霙，翁，哀，乌，于，剜，渊，音，恩，汪，讴，忧，奥，皆母音也。

吾所拟统一音读之法，要而言之，略如下文：

（一）定三十九字为子音（Consonants），如我[1]所拟古可我多之类。

（二）定若干字为母音（Vowels）。

凡切音表中之影纽之音皆为母音。母音在他国文字则有三种：一为简单母音，如 a. e. i. o. u。一为集合母音，如 ao. au. ou. ea. ai. oi. ow. 之类。一为鼻官母音，如法文 an. on. in. un. 之类。吾合此三类同谓之母音，故母音之数当在四五十左右。

倚，阿，乌，于，属第一类。

喻纽之母音属第二类。

恩，翁，渊，音，汪，属第三类。

（三）子音母音是为字母。

字母之音读，由教育部审定，全国遵行。

（四）字典所注音读，概用切音。切音概用字母。以母为标，以子为箭。以箭射标，即得字音。例如下：

	旧法	**新法**
冰	逼陵切	比（子）膺（母）切
烝	煮仍切	赀膺切
	诸仍切	
凝	鱼凝[2]切	我膺切
	疑陵切	

[1] 我，手稿本为“吾”。

[2] 凝，手稿本为“陵”。

公	古红切	古翁切
	沽红切	
空	苦功[1]切	可翁切
	苦红切	
濛	莫红切	毛翁切
	谟蓬切	
孤	古乎切	古乌切
	攻乎切	
枯	苦胡切	可乌切
	空胡切	
模	莫胡切	毛乌切
高	古劳切	古爊（ao）[2]切
	居劳切	
尻	丘刀切	可爊切

上举十一字，旧法用二十三字，吾法只用九字足矣。

（五）其与母音同音之字，概用母音注之，如“污”音“乌”之类。

四九、读《爱茂生札记》（七月五日）

前夜在 Rev. C. W. Heizer 处读美国思想家爱茂生（Emerson）札记（一八三六—三八年份）数十页。此公为此邦文学巨子，哲

[1] 功，手稿本为“公”。
[2] “（ao）”后，手稿本有“（母）”。

理泰斗，今其札记已出五册。其书甚繁。即如此册所记仅三年之事，而已有四五百页之多。其记或一日记数千言，或仅一语而已，有时数日不作一字。其所记，叙事极略而少，多说理名言，有时为读书随手所节钞。书中名言中有读《论语》手钞数则，盖Marshman 所译本也（吾在藏书楼见残本），所录为“毋友不如己者”，“人焉廋哉！人焉廋哉！”，“不患人之不己知，患不知人也”，“其为人也，发愤忘食，乐以忘忧，不知老之将至云尔”，“子在齐闻韶，三月不知肉味，子曰，不图为乐之至于斯也”五则，其四则皆有深意。“人焉廋哉”二句则非连上三句读不可，今独取二句，几于断章取义矣（译本“How can a man remain concealed?”）。爱氏所记多乐天之语，其毕生所持，以为天地之间，随在皆有真理，一邱一壑，一花一鸟，皆有天理存焉。[1]

五〇、《旧约·鹭斯传》与法国米耐名画（七月五日）

读《旧约·鹭斯传》(The Book of Ruth) 如读近世短篇小说。今人罕读《旧约》，坐令几许瑰宝埋没不显，真可惜也。

此传中记寡妇鹭斯随获者后，拾田中遗秉。主者卜氏慈，令获者故遗麦穗，俾鹭斯拾之。鹭斯夜归，打所拾穗，得麦一升。摩斯之法[2] 曰：“凡获，勿尽获尔田隅，毋尽收尔遗穗……遗之

[1] 此后，手稿本附英文剪报两则，一则为有关英国军费预算的报道（见本卷末附十五）；另一则为有关中国婚俗的报道（见本卷末附十六），胡适在其旁批：“n.y. American July 5, 1914. 此一则荒谬可笑。　五日。”

[2] 摩斯之法，手稿本为“摩西之法”。

以畀贫苦及异方远来之人。”（Leviticus, 19 [1]）又曰：“获时，有遗秉，勿拾也，以畀旅人孤寡，帝乃福汝所作。凡摘橄榄，勿再摘也，以畀羁旅孤寡。凡收葡萄，其有遗果，勿拾也，以畀羁旅孤寡。”（Deuteronomy, 24 [2]）此种风尚，蔼然仁慈，古代犹太人之文明，犹可想见。《大田》之诗曰：“彼有不获穉，此有不敛穧，彼有遗秉，此有滞穗，伊寡妇之利。”东西古风之相印证如是。（穉，稚禾也；穧，禾之铺而未束者；秉，刈禾之把也。）

记此则后，因忆法国画家米耐 [3]（Jean Francois Millet 1814—1875）有名画曰《拾穗图》（*The Gleaners*），写贫妇掇拾遗穗，图之上方隐约见获者车载所获归去也。适有此图印本，因附黏于此。米耐所画多贫民之生活，田舍之风景，自成一宗派，曰“穰尔派”（Genre）。米耐所作《拾穗图》之外，尚有《播种图》（*The Sower*），《闻钟野祷图》（*Angelus*），皆有声于世界。其《播种图》写农夫手撒谷种，奕奕有神。其《闻钟野祷图》（旧教之国教堂日祈祷三次，晨，午，薄暮 [4]。教堂鸣钟，闻钟声者皆祷，祷时默诵祷文，其首句云：“Angelus Domini nuntiavit Mariae…”故名“Angelus”）写 [5] 农家夫妇力作田间，忽闻远钟，皆辍作默祷。斜阳返照草上，暮色晻然，一片庄严虔诚之气，盎然纸上，令 [6] 观

[1] 19，手稿本为“XIX 9”。
[2] 24，手稿本为“24.19”。
[3] 米耐，手稿本无。
[4] 暮，手稿本为“莫”。
[5] “写”前，手稿本有“此图”两字。
[6] 令，手稿本无。

拾穗图[1]

[1] 此图，手稿本缺，仅有胡适旁注："Millet：*The Gleaners*。"

播种图 [1]

[1] 此图，手稿本缺，仅有胡适旁注：“*The Sower*。”

闻钟野祷图 [1]

[1] 此图，手稿本缺，仅有胡适旁注："*The Angelus*。"

者如闻钟声如听祷词也。连类记此则，遂娓娓不休，可笑。

吾近所作札记，颇多以图画衬写之，印证之，于吾国札记中盖此为创见云。

五一、札记（七月五日）

英文亦有日记、札记之别：逐日记[1] 曰 Diary，或曰 Journal。札记曰 Memoir。述往事[2] 曰 Reminiscences。自传曰 Autobiography。

五二、伊里沙白朝戏台上情形（七月五日）

But pardon, gentles all,
The flat unraised spirits that have dared
On this unworthy scaffold to bring forth
So great an object: can this cockpit hold
The vasty fields of France? or may we cram
Within this wooden O* the very casques
That did affright the air at Agincourt?
O, pardon! since a crooked figure may
Attest in little place a million;
And let us, ciphers to this great accompt,
On your imaginary forces work,

[1] “记”后，手稿本有“者”字。
[2] 述往事，手稿本为“叙旧”。

Suppose, within the girdle of these walls
Are now confined two mighty monarchies,
Whose high upreared and abutting fronts
The perilous narrow ocean parts asunder:
Piece out our imperfections with your thoughts;
Into a thousand parts divide one man,
And make imaginary puissance;
Think, when we talk of horses, that you see them
Printing their proud hoofs i' the receiving earth;
For'tis your thoughts that now must deck our kings,
Carry them here and there; jumping o'er times,
Turning the accomplishment of many years
Into an hour-glass.

—Shakespeare: Prologue to *Henry V.*

* Within this Wooden O　此剧初在 The Globe 园开演，园为圆形，故有“木圈”之语。

上录英国诗圣莎氏[1]《亨利第五世》剧本引子，读之可想见伊里莎伯[2]后朝之戏台上布景，盖与吾国旧日戏台相似耳。[3]

---

[1] 莎氏，手稿本为“萧氏”。

[2] 伊里莎伯，手稿本为“伊里沙伯”。

[3] 此后，手稿本还有一则札记：“叔永自美京华盛顿归，为余言新公使夏偕复君之俭啬，曰：‘公使无事日，挈其妻女至影戏馆看一角钱之影戏。月前，纽约人士公宴公使于纽约之 Delmonico 馆，席终至寄衣室取衣，所与仆役小账仅五分钱（最少须十分），其鄙陋可笑也。’此等处于国体亦微有关系，不可不慎。 六日。”

五三、读《老子》“三十辐共一毂”（七月七日）

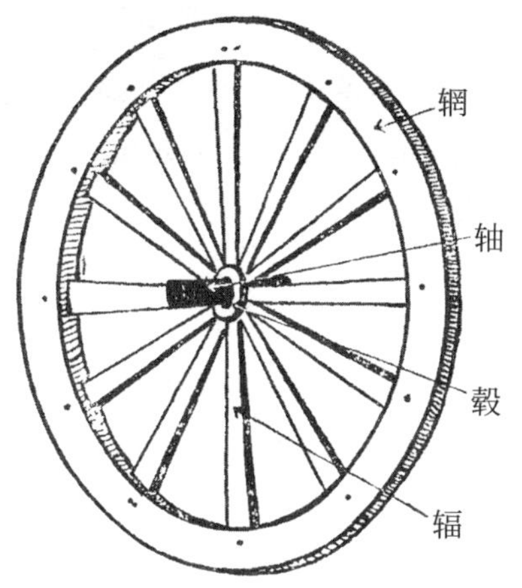

轴　贯车轮以持轮而旋转者。

辋　周轮之外者。

辐　轮中直木，上凑于毂，下入于辋。

毂　辐所凑也。[1]

“三十辐共一毂，当其无有车之用。埏埴以为器，当其无有器之用。凿户牖以为室，当其无有室之用。故有之以为利，无之以为用。”（《老子》十一章）此章王辅嗣注不甚明晓。陆德明《音义》“当（丁浪反）无有车（音居）”，则以当字作抵字解，而“当其无有车之用”作一气读，言抵其无车时之用也。此解亦不甚明晓。吾以为“当（平声）其无（一读），有车之用（句）”。谓辐凑于毂而成车，而用车之时，每一辐皆成毂之一部分，即皆成车之一部分，用车者但知是车，不复知有单独之辐矣，故当其无辐

[1] 手稿本中，此后另起一行有：“读《老子》‘三十辐共一毂’，记此。”

之时，乃有车之用。“埏埴以为器（句）。当其无（读），有器之用（句）。”* 成器之后，已无复有埴，埴即在器之中矣。室成之后，户牖但为室之一部分，不复成一一之户牖矣。譬之积民而成国，国立之日，其民都成某国之民，已非复前此自由独立无所统辖之个人矣。故国有外患，其民不惜捐生命财产以捍御之，知有国不复知有己身也。故多[1]民之无身，乃始有国（此为近世黑格尔〔Hegelian〕一派之社会说、国家说，所以救十八世纪之极端个人主义也）。此说似较明显，故记之。[2]

王荆公有《老子论》(《临川集》六十八卷)[3]，中解《老子》第十一章甚辩，可资参证。(四年七月廿三日记[4]。)

*此说穿凿可笑，此“无”即空处也。吾当时在校中受黑格尔派影响甚大，故有此谬说。——六年三月自记。[5][6]

---

[1] 多，手稿本为“当”。

[2] 此后，手稿本还有一则日记和一段文字，日记内容如下：“余之网球拍坏，持往修之。偶与店主‘Dick’Conch闲谈。其人告我曰：‘吾于去年中凡修治球拍四百余。’余曰：‘此可见君最得此间学生之欢心也。’其人曰：‘吾亦无他术，但能和气待人耳。吾之和气待人，不费我一文大钱，又何乐而不为哉。’(It doesn’t cost you a damn cent to be agreeable)，此言是也，以其为经商要诀，故记之。　七日。”此则日记后被删。空两行，还有一段文字：“此册起民国三年三月十二日，终七月七日。　适之。”

[3] (《临川集》六十八卷)，手稿本中在“可资参证”后。

[4] 记，手稿本为“适”。

[5] 此“自记”，在手稿本中为眉注。“吾当时……故有此谬说”句，手稿本无。

[6] 此后，手稿本尚有胡适所记四页杂事备忘，现补于后。

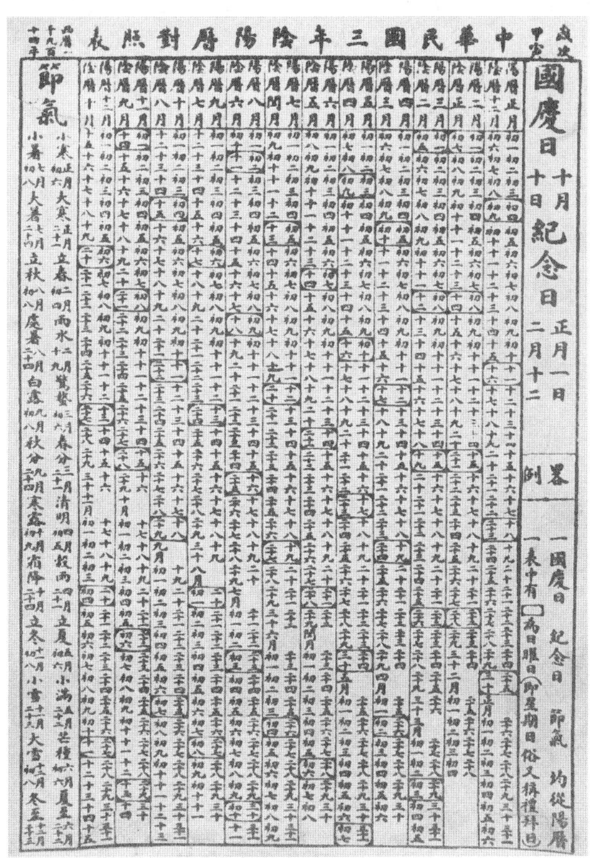

歲次甲寅　中華民國三年陰陽曆對照表　西曆一千九百十四年

國慶日　十月十日

紀念日　正月一日　二月十二

略例

一國慶日　紀念日　節氣　均從陽曆

一表中有□爲日曜日（即星期日俗又稱禮拜日）

節氣

小寒 正月初六　大寒 正月二十一　立春 二月初四　雨水 二月十九　驚蟄 三月初六　春分 三月二十一　清明 四月初五　穀雨 四月二十一　立夏 五月初六　小滿 五月二十二　芒種 六月初六　夏至 六月二十二

小暑 七月初八　大暑 七月二十四　立秋 八月初八　處暑 八月二十四　白露 九月初八　秋分 九月二十四　寒露 十月初九　霜降 十月二十四　立冬 十一月初八　小雪 十一月二十三　大雪 十二月初八　冬至 十二月二十三

卷四杂事备忘一（本表原粘附于本卷手稿第一页）

June

		60.00 50.00	64.22		
5.00	Button & Mitchell	4	23.80	Board (Club)	
3.47	Laundry	4	88.02		
1.75	Banquet	4	2.00	M.T. Hu	8
4.50	Photo	4	10.30	Haberdasher	8
3.25	Tennis	4	2.00	"	8
1.00	Barber &c.	2	1.00	Corner Book	8
1.00	Frame & Picture	2	103.30		
5.00	Souza	2	5.00	Daniell & cook	
2.00	Corner Book store	2	108.30		
26.97			1.00	Exchange	8
1.00	Cohen	2	109.30		
2.00	Bonds	2			
1.00	Robinson	3			
1.00	Blanco	3			
3.00	Corner	3			
1.25	Athletic Fund	3			
1.00	Paulsen	3			
55.22					
3.00	H.C. Zen				
1.00	Tennis				
5.00	Banquet tickets				
64.22					

卷四杂事备忘三

March $60.00　　　　$200.00

5	Univ. Haberdashery	10.00	14.	Home	$100.
"	Burton-Mitchel	5.85		Zen	3.00
"	Change	1.00		Ibsen's Play	2.70
"	Club Bond	1.00		Change	1.00
"	還 Sonza	10.00		Rent	90.00
"	還 Chen B.H.	5.00			196.70
		32.85		T.S. Kuo	1.00
6	Cos. Club. (Board)	20.00			197.70
7.	~~H. Zen (Z.)~~	~~1.00~~		University	1.00
"	手巾+領	1.00			
		54.85			
	Laundry	3.22			
	Shen, N.	2.00			
		60.07			
	Change	1.00			

卷四杂事备忘四

卷四附录

附一:

Graduate Scholar in Pyschology—Selin S. George, Nebraska, 1912, M. A. (same) 1914. Lincoln, Nebraska.

Graduate Scholar in Physics, vice G. R. Greenslade, resigned — Charles Moon, B. C. E., West Virginia, 1910, Ithaca, N. Y.

Graduate Scholars in Philosophy—Yuen R. Chao, A. B., Cornell, 1914, Ithaca; Allen Job Thomas, Ll. B., Cornell, 1907, A. B., (same), 1909; Clarence Cecil Church, B. S., St. Lawrence, 1914, Canton, N. Y.; Raymond Preston Hawes, A. B., Brown, 1913, A. M., (same), 1913, Ithaca; Suh Hu, A. B., Cornell, 1914, Ithaca.

Susan Lin Sage Fellowship in Philosophy—Marion Delia Crane, A. B., Bryn Mawr, 1911, A. M., (same), 1914; Delton Thomas Howard, A. M., Illinois, 1912.

Sibley Fellowship in Mechanical Engineering—Charles R. Reid, B. S., Oregon, 1906, E. E. (same), 1912.

University Fellowship in Mechanical Engineering—James Gilbert Miller, M. E., Cornell.

Edward J. Meyer Fellowship in Engineering Research—John Prince, Cornell, 1914.

下划线为胡适所注

附二（五则）：

"Cornell Daily Sun."
May 5. 7

SUH HU, '14, IS AWARDED CORSON BROWNING PRIZE

Suh Hu, '14, has been awarded the Cornson Browning prize for his essay on Browning. The prize is a gold medal, valued at $50, or that amount in money. The contest was open to all graduate students, seniors and juniors. The winning essay will be published by the University and placed in the University Library. The prize was founded by Professor Hiram Corson in memory of his wife, Caroline Rollin Corson, in 1902.

①

Editorial (Same)

To Suh Hu, '13, of Shanghai, China, has come the honor of surpassing his Anglo-Saxon competitors in an essay on one of the most peculiarly English of all English poets, Browning. The committee which awarded the Corson Browning Prize were unable to detect in Suh Hu's essay the slightest trace of alien composition. His interpretation of Browning and his use of English were alike perfect. One can hardly imagine the average American undergraduate (or even the exceptional American undergraduate) so thoroughly mastering a foreign language in four years that he is able to take a prize in literature from men who have been born in that land.

②

CHINESE WINS ENGLISH HONORS

Head of English Department Discusses Remarkable Achievement of Foreigner in Taking Award in Browning Essay Competition.

For a Chinese student to learn to speak the English language as well as the average American is an achievement, but to surpass him and win first place in an English essay competition in which American students, ranked about the average in knowledge of the language of our country, competed, is really wonderful. Yet this is what Suh Hu, a senior in the college of arts and sciences, coming from near Shanghai, China, has done at Cornell University.

Today the announcement was made that the Chinese near-graduate has been awarded first prize in the Corson Browning Essay contest in which graduates, seniors and juniors in the university were allowed to take part.

Praise for Suh Hu.

Professor Martin Sampson, head of the department of English, in speaking of the decision of the judges to give the prize medal, valued at $50, to Hu, said that the achievement of the foreigner was indeed wonderful. "Although I would not characterize the essay submitted by Hu as perfect as to his interpretation of Browning or his use of the English language," said the professor, "his work was as nearly so as could be found today. Good thought and expression featured his work throughout, and there was not the slightest trace of alien composition in the essay."

"But this work of Hu's follows the line along which he has been working all year. In the fall he entertained a gathering at the Cosmopolitan Club with an address on the growth of cosmopolitanism which was extraordinary. He did not use notes, but spoke on the subject as few could have done. He traced the growth of the idea of cosmopolitanism from the days of the early Greeks to the present time, and made a marked impression on his audience. President Schurman who spoke at the same meeting, remarked his appreciation of the speech to me and expressed his wonder that a Chinese student could have given it in such a manner.

Gets Graduate Scholarship.

"In Goldwin Smith Hall this winter Hu also spoke on 'Confucianism' and I can truthfully say that there are very few who could have given in our own tongue the cardinal features of Christianity as Hu did those of his native faith and religion in a strange tongue.

"It also is interesting to note that Hu has been awarded one of the graduate scholarships in philosophy by the faculty of the university. This will keep him at Cornell another year studying in the graduate school."

"Ithaca Daily News" May 5.

CHINESE WINS LITERARY PRIZE.

N. Y. Herald (May 5)

Suh Su, Senior at Cornell, Submits Best Essay on Robert Browning

[SPECIAL DESPATCH TO THE HERALD.]

ITHACA, N. Y., Tuesday.—For the first time in the history of Cornell University an important literary prize has been won by a Chinese student. It was announced to-day that Suh Su, a senior, from Shanghai, China, had won the Browning prize for the best original essay on the life and work of Robert Browning, the prize having been founded some years ago by the late Professor Hiram Corson.

The competition for the essay was open to juniors, seniors and graduate students and the Chinese winner had to face keen competition from American students. The judges announced that there was "absolutely no trace of alien composition in the essay."

④

The Corson Browning Prize. The Browning Prize, founded in 1902 by Professor Hiram Corson, consists of a gold medal of the value of fifty dollars, to be awarded annually for the best competitive essay on Robert Browning. If the winner so desires, he may receive the value of the prize in money. The prize may be competed for under the following conditions:

1. Competition shall be open to junior, senior, and graduate students.
2. The subjects shall be assigned by the head of the Department of English in accordance with the directions of the founder contained in his letter of donation.
3. A winner of the prize shall not be eligible for subsequent competition.
4. The essays must be typewritten, on one side of paper 8 x 10½ inches in size, and double-spaced. Only minor corrections may be made in writing; corrections involving five or more words must be typewritten. Each essay must be signed with an assumed name. The real name is to be enclosed in a sealed envelope superscribed with the assumed name.
5. The essays and envelopes are to be deposited with the Registrar at or before 12 o'clock noon of April 15th of each year.
6. The essays shall be read and the prize awarded by a committee of three professors appointed each year by the President from the Faculty of Arts and Sciences. In accordance with the wish of the founder of the prize, the head of the Department of English shall always be a member of this committee.
7. The successful essay shall be deposited by the Secretary of the Faculty of Arts and Sciences in the University Library and the library rules regarding the circulation of manuscripts shall apply thereto. The University reserves the right of publishing the essay.

⑤

附三：

Chinese Student Is Winner of Prize in English at Cornell

Mr. Suh Hu Excells American Classmates in Essay on Works of Browning.

ITHACA, N. Y., Saturday.—The first Chinese student to win a prize in English at Cornell University is Mr. Suh Hu, a senior in the College of Arts and Sciences and whose home is in Shanghai. Mr. Hu is one of the most brilliant students in his class and he is the first Oriental student in Cornell's annals who has excelled American students in the use of the English language.

Mr. Hu has been awarded by a unanimous vote of the judges the prize founded by the late Professor Hiram Corson in memory of his wife. This prize, which amounts to $50, is given for the best original essay on the works of Browning. In the words of Professor Martin M. Sampson, head of the department of English, "Good thought and expression featured Hu's essay throughout and there was not the slightest trace of alien composition in the essay. While I would not characterize this work of Hu as perfect as to its interpretation of Browning or perfect as to his use of the English language, his work was as nearly perfect as could be found to-day."

Mr. Hu has won commendation before by men high in the university faculty. A few months ago he entertained the members of the Cornell Cosmopolitan Club by an address on the growth of cosmopolitanism which was considered extraordinary. He used no notes, but spoke freely and fluently. President Schurman, of Cornell, was in the audience and expressed his appreciation and his wonder that a Chinese student could have given an address of that kind in such a manner.

SUH HU

Not long ago Mr. Hu spoke on Confucianism at a public meeting in one of the university buildings. Of this address Professor Sampson said:—"I can truthfully say that there are very few who could have given in our own tongue the cardinal features of Christianity as Hu did those of his native faith and religion in a strange tongue."

In addition to his literary honors Mr. Hu has just won a high scholastic honor. He has been awarded one of the graduate scholarships in philosophy by the faculty of the university, and will pass at least another year at Cornell before returning to China.

NEW YORK HERALD, SUNDAY, MAY 10, 1914.

附四：

MORE FOREIGN STUDENTS

Large Increase in the American Colleges.

There were 4,222 foreign students in attendance at colleges and universities in the United States in the year 1913, according to figures just compiled at the United States Bureau of Education. This is an increase of 577 in two years. These students are not concentrated at the larger and better-known institutions as might be expected, but are distributed over 275 different colleges, universities and schools of technology. Canada has the largest representation — 653 students are from the Dominion. China and Japan are not far behind—there were 594 Chinese students and 336 from Japan attending colleges in the United States in 1913.

Abundance of higher education opportunities in the British Isles and on the continent of Europe has not prevented 800 European students from coming to America to go to college. Great Britain and Ireland are represented by 212 students, and Germany herself, the Mecca of the studious, sends 122.

Other countries having over one hundred students in American universities are: Mexico, 223; Porto Rico, 215; Cuba, 209; India, 162; Turkey, 143; Russia, 124; Brazil, 113; Philippine Islands, 111, and Hawaii, 108.

附五：

SIGMA XI ELECTS SIXTY-SEVEN MEMBERS

Faculty.

William E. Muldoon, D.V.M.
Elmer Seth Savage, B.S. in Agr., M.S. in Agr., Ph.D.

Graduate Students.

Wilber A. Clemens, A.B., A.M.
Laura Gunn Davey, A.B.
Wheeler Pedlar Davey, A.B., M.S.
Jehial Davidson, B.S. in Agr.
Henry Kennedy Davis, A.B.
Norman Bruce Davis, B.S.
Roland Parker Davis, S.B., M.C.E.
Leonard Frederick Gieseker, B.S.
Harvey Nicholas Gilbert, B.S.
Mabel Ensworth Goudge, A.B., A.M.
John Benny Grumbein, B.S., M.E.
Connie Myers Guion, B.A., A.M.
Alfred Carl Hottes, B.S.
Horace Leonard Howes, B.S.
J. Shirley Jones, B.S.
Cornelia Ferris Kephart, B.S.A., M.S.A.
Abigail Margaret Kincaid, A.B.
Fred Edgar Klinck, M.E.
Alan Leighton, B.S.
Aldred Erwin Livingston, B.S., M.S.
Henry Rupert John Meyer, B.S., M.S., C.E.
Carleton Friend Miller, B.S.
William James O'Brien, B.Chem.
Carleton Elderkin Power, B.S.
William Jacob Robbins, A.B.
George Jackman Sargent, B.S. Ph.D.
Clarence McKinlay Sherwood.
William Southworth, B.S.A.
Frederick George Switzer, M.E.
Charles Edwin Thomas, M.E.
John Douglas Tothill, B.S.A.
James Kenneth Wilson, B.S.
Leroy Alonzo Wilson, M.E.
Parkin Wong, A.B.

Members of the Class of 1914.

Ethan Frank Ball.
Nai Kim Bee.
J. Allington Bridgman.
Yuen Ren Chao.
Merritt James Davis.
Clark Munroe Dennis.
Oscar Roelef Elting.
Archibald Mortimer Erskine.
Ralph Waldo Green.
Earle Winthrop Hall.
Charles Ernest Hayden, A.B.
Ralph Howe.
Minfu Tah Hu.
Milton Jaret.
Pan Cheng King.
Harry Hazelton Knight.
Simon Marcovitch.
Harold Morrison.
Herbert Bowman Pope.
Uldric Thompson, jr.
Victor Herman Werner, A.B.
Charles Smith Whitney.
Louis Isaac Zagoren.

Alumni.

Willis Haviland Carrier, M.E., '01.
Herbert Chase, M.E., '08.
Wilson Gardner Harger, C.E., '05.
William Glenn Hoyt, C.E., '09.
Charles Lathrop Parsons, B.S. in Chem., '88.
John Cutler Shedd, M.S., '92.
Jacob Traum, D.V.M., '05.
Ezra Bailey Whitman, C.E., '01.

下划线为胡适所注

附六（两则）：

TELEPHONE 929 CHELSEA

Intended for ______

"O wad some power the giftie gi'e us
To see oursel's as ithers see us."

HENRY ROMEIKE, Inc.

106-110 Seventh Ave., N. Y. City

CABLE ADDRESS:
"ROMEIKE" NEW YORK

NEW YORK

The First Established and Most Complete
Newspaper Cutting Bureau in the World

From HERALD

Address: New York City

Date MAY 10 1914

Established: London, 1881; New York, 1884

①

From: Telephone

Argus Pressclipping Bureau

Otto Spengler, Director

352 Third Ave., New York

TERMS:

$35.— for 1000 clippings $11.— for 250 clippings
$20.— for 500 clippings $ 5.— for 100 clippings
Special rates on yearly contracts.

PRESSCLIPPING BUREAU HISTORY.

A few words on the origin of this unique child of the sixth power of the world should not be amiss, many claim to be the inventor and originator of the first pressclipping bureau. As a matter of fact a Frenchman, Alfred Cherie, was the first to make press-clippings a special business. In 1879 he started in Paris the "Argus de la Presse" and opened later in Berlin the "Nachrichten Bureau Argus" and it was there the writer started his career in the press-clipping business in 1888 and in honor of the memory of the inventor and also on account of close business relations this Press-clipping Bureau is called "Argus." After carefully studying the pressclipping systems of Europe I came to America in 1892 to connect with the dear of the American press-clipping business, Henry Romeike, starting out in 1902 for myself under the synonym of searching careful—Argus—completing hereby the chain of Argus Pressclipping Bureaus thus girdling the world.

The key to success in Pressclipping work is the close personal attention of the proprietor to minute details of any particular client's wishes. It is this careful watching that made many a temporary subscriber stay for years.

②

附七：

PATRIOTIC TALKS AT SENIOR FEED OF COSMOPOLITANS

Stirring Speeches at Very Interesting Meeting of Organization Which Is Getting a Worldwide Reputation and Doing Great Work.

Men from many parts of the earth met together in the assembly hall of the Cosmopolitan Club last night and around the dining tables exchanged thoughts of peace and brotherhood. It was the annual dinner of the club to the seniors in the club membership. It was the formal parting with the old board of officers, the assumption of office on the part of those newly elected. It was more than that. It was an exchange of brotherly ideas, a renewal of friendship pledges, a cementing of relationships among the men of the many nations represented. Some speeches worthy of statesmen were made there. Suh Hu, the retiring president of the club, made an address which stirred every man present. The magic of his speech is something that is felt by all who hear him. In simple language and with wonderful argumentative force he gives expression to thoughts that could come only from a pholosopher. His sincerity, earnestness and delightful personality account for the fact that as a president of the club he has been an exceptional favor'te.. He relinquished the office last night with an address whose main thoughts will ever remain in the memories of those who heard him speak.

Others were more than usually happy in their expressions, but it is an interesting fact that each of the other speakers found occasion to quote from or to refer to the remarks of "Doc Hu."

Professor Tuck Toastmaster.

Professor Charles H. Tuck presided as toastmaster in his usual happy way. He differs from many others at the presiding seat in that he offers real food for thought with his merry jests. In the course of his introductions of speakers 'e gave expression to the thought that the American colony in the Cosmopolitan Club has failed to live up to all its opportunities in that it has not altogether appreciated the position of the foreign students and has failed to offer to them the full advantages of association in the University and in the social life of the community to which they might be considered entitled. In filling this vacancy, the toastmaster suggested, a great and mutual advantage would be obtained. He declared his belief that it is not prejudice but indifference that accounts for the failure in the past and at the present time of foreign-born students to get fully acquainted with the undergraduate body and to have opportunities to mingle in other activities of the University town than are called for by the several courses of study.

Professor Tuck introduced Suh Hu very happily with reference to the great Chinese wall and the lessons of patience and ability which it presents to the traveler. These qualities he found in marked degree in the popular retiring president of the club.

Suh Hu responded with a forceful and logical argument for peace and for the abolition of race prejudice. He said he had found some men antagonistic toward peace. He told of Cornellians who did not stop to inquire about the cause of a possible war, but rushed to sign their names to the roll to fight another people, saying:

"My country—right or wrong—**my** country."

Purpose of the Club.

He said that the Cosmopolitan Club is for a purpose greater than merely to give its members a good time. He quoted from the constitution which declares its purpose to aim at international peace and goodwill. He asked what the club had to do with peace, and answered the question with a strong argument for the club members and University students in general in America to take an active interest in jublic questions.

Baseball Above Politics.

The American students, he declared, take a greater interest in the baseball score than in the returns from a presidential election. Lack of interest in big public matters is one of the greatest defects of the undergraduate bodies in the universities, he stated. High ideals must be set up and followed.

Race Prejudice An Old Devil.

Race prejudice, he declared, is one of the old devils that has long beset humanity. It exists even in the Cosmopolitan Club he said. He urged respect for what a man is rather than what a man has. The sole object of the club, he declared, is to unite men of all nationalities. Be independents, he urged. It has been said that in the club are too many Jews or too many Negroes. If it be said that there are too many undersirable Jews, or undesirable Chinese, or undersirable Americans, then indeed it is time to take notice, but just because a man is a Jew or a Negro ought not to be a bar to his sharing on even terms the rights of the club. "A man's a man for a' that," he quoted and endorsed.

附八：

CORNELL UNIVERSITY

FOUR HUNDRED AND FORTY-SECOND

Organ Recital in Sage Chapel

Friday, May the Twenty-second

1914

SEEPAN AIR - - - - - - *Old Chinese*

This melody is over five hundred years old. It is played on the most common of all the native Chinese instruments, the Ti-Tzu. This is a bamboo flute, and is said to possess a pleasing tone. The word "Seepan" means western and probably refers to the section of China from which the air originally came. It was written in modern notation and harmonized by Mr. Yuen R. Chao, '14. It will be noted that it is built on the native pentatonic scale.

附九：

CORNELL UNIVERSITY
COLLEGE OF ARTS AND SCIENCES
ITHACA, NEW YORK

May 28, 1914

Mr. Suh Hu
Cosmopolitan Club
City

Dear Mr. Hu :

I find that it is my duty as Secretary of the Faculty of Arts and Sciences to give you official notification that the Corson Browning Prize has this year been awarded to you by the duly appointed committee of the faculty. I have therefore written in this official way, although of course I am aware that you have been informed from other sources of the success of your essay on Browning's Optimism.

Very truly yours

E. T. Paine

Secretary

附十：

An Italian newspaper correspondent says that two younger sisters of Pope Pius X are living in a humble apartment close to the Vatican. Despite the exalted position of their brother, they remain as simple and unpretending as in early days. Like most women of their class, they never wear hats. When going to church, they drape a piece of lace over their heads. Although unable to read or write, they are extremely shrewd and full of good common sense.

附十一：

RUGGLES STREET BAPTIST CHURCH
J. L. HARBOUR, Treas.
3 BOWDOIN AVE.
DORCHESTER, - MASS.

June 6, 1914

Dear Sir:

Would you be willing to let me have one of your photographs to use with a little article I would like to write about you winning the Cornell prize in English? My sketch would appear in a paper for boys whom I would like to tell about your success. I would be very glad of any information you could give me about yourself. If you have any printed matter you could loan me I would return it within forty-eight hours. Hoping for the favor of a reply I am

Sincerely yours,

J. L. Harbour

附十二：

I must express my deep obligation to you for your kindness in sending me "A Defense of Browning's Optimism" which I am returning under separate cover by this mail. It is the most scholarly and interesting production of its kind I ever read and if published would be one of the best advertisements that Cornell University could well desire. I am glad to know that its author is a Chinese because I have long felt a very warm andsympathetic interest in the people of that country and their history and traditions. A few more men like you and Wu Ting Fang would make Kipling revise his "East is East and West is West" nonsense in so far as questions affecting the welfare of the human race and the underlying principles of both nations are concerned.

Faithfully yours,

Joseph W Gavan

Editor.

附十三：

NO SUMMER WORK UNLESS IT'S NECESSARY

Registrar Hoy today received a dispatch from the Chinese Educational Mission at Washington, D. C., as follows:

"Educational Mission students are not expected to take Summer School work unless absolutely necessary. Namely, those conditioned against graduation next year and those taking engineering courses requiring summer camping, surveying, etc. You are requested not to register any student other than those mentioned above."

附十四：

* * *

The principal assassinations since 1880 of royal personages, of popular rulers and of ministers have been these:

1881—Alexander II., Czar of Russia.

1881—James A. Garfield, President of United States.

1894—Marie Francois Sadi-Carnot, President of France.

1895—Stanislaus Stambouloff, Premier of Bulgaria.

1896—Nasr-ed-Din, Shah of Persia.

1897—Canos del Castillo, Prime Minister of Spain.

1897—Juan Idarte Borda, President of Uruguay.

1898—Jose Barrios, President of Guatemala.

1898—Elizabeth, Empress of Austria.

1900—Humbert, King of Italy.

1901—William McKinley, President of the United States.

1903—Alexander, King, and Draga, Queen of Servia.

1904—Bobrikoff, Governor-General of Finland.

1904—Von Plehve, Russian Minister of the Interior.

1908—Carlos, King of Portugal, and Louis Philippe, Crown Prince.

1908—Sergius, Grand Duke of Russia.

1909—Marquis Ito of Japan.

1911—Peter Stolypin, Premier of Russia.

1912—Jose Canalejas, Prime Minister of Spain.

1913—Nazim Pasha, Turkish Minister of War.

1913—Francisco I. Madero, President of Mexico, and Jose Pino Suarez, Vice-President of Mexico.

1913—George, King of Greece.

1914—Archduke Francis Ferdinand, heir to Austro-Hungarian throne, and his wife, the Duchess of Hohenburg.

附十五：

March 9th.—The total of the Army Estimates for 1914-15 is announced as £28,845,000, an increase of £625,000 upon that of last year. This increase is chiefly due to the aviation service, which advances by £480,000, making the total to be spent upon aviation £1,000,000.

The Right Hon. Winston Churchill, M.P., First Lord of the Admiralty, introduces the Navy Estimates for 1914-15 in the House of Commons. They amount to £51,500,000, an increase of £2,740,700 over those of last year (including the Supplementary Estimates of last month). We have now reached the point of £1,000,000 a week for naval defence! There is, further, no ground for assurance that Supplementary Estimates will not be asked for before the year is out. The only hopeful item is in respect to the new programme, which is £14,817,000 instead of £18,824,700, the amount of last year.

A memorial, protesting against the burden of armaments, is forwarded by the Society of Friends in Great Britain to the Prime Minister.

附十六：

According to Chinese custom, if tho wife of a Chinaman speaks to another man he may take another wife, while his first wife is compelled to act as his slave.

胡适留学日记

汇校本

曹伯言　曹杨　汇校

上海书店出版社
SHANGHAI BOOKSTORE PUBLISHING HOUSE

卷五

一九一四年七月七日——一九一四年八月十日

在康南耳大学

此卷手稿本，封面题写“藏晖札记（三）”“民国三年七月”。内封又题“藏晖札记第三册”。

一、《自杀篇》（七月七日）

叔永有弟季彭居杭州。会宋遁初被刺，政府不能自解，则以兵力胁服南中诸省，季彭忧愤不已，遂发狂。一夜，潜出，投葛洪井死。叔永掇季彭生时所寄书，作《脊令风雨集》。既成，并系以诗，有“何堪更发旧书读，肠断脊令风雨声”（原注：因亡弟最后寄诸兄诗有“原上脊令风雨声”之句）之句，以示予，且索和诗以题其集，久未能应，今日偶有暇晷，成一篇，凡长短五章，录之：

叔永至性人，能作至性语。脊令风雨声，令我泪如雨。

我不识贤季，焉能和君诗？颇有伤心语，试为君陈之。

叔世多哀音，危国罕生望。此为恒人言，非吾辈所尚。
奈何贤哲人，平素志高抗，一朝少挫折，神气遽沮丧？
下士自放弃，朱楼醉春酿。上士羞独醒，一死谢诸妄。
三闾逮贤季，苦志都可谅。其愚亦莫及，感此意惨怆。

我闻古人言，“艰难惟一死”。我独不谓然，此欺人语耳。
义士有程婴，偷生存赵祀。夷吾忍囚槛，功业炳前史。
丈夫志奇伟，艰巨安足齿？盘根与错节，所以见奇士。
处世如临阵，无勇非孝子。虽三北何伤？一战待雪耻。
杀身岂不易？所志不止此。生材必有用，何忍付虫蚁？
枯杨会生稊，河清或可俟。但令一息存，此志未容已。

《春秋》诛贤者，吾以此作歌。茹鲠久欲吐，未敢避谴诃。[1]

---

[1] 此后，手稿本还有“死者长已矣，一瞑不复视。后死自有责，记此以自□。　此首可删”。后被删。

此诗全篇作极自然之语，自谓颇能达意。吾国诗每不重言外之意，故说理之作极少。求一朴蒲（Pope）已不可多得，何况华茨活（Wordsworth）与贵推（Goethe）、卜朗吟（Browning）矣。此篇以吾所持乐观主义入诗，以责自杀者。全篇为说理之作，虽不能佳，然涂径具在，他日多作之，或有进境耳。[1]

吾名此诗曰“自杀篇”。[2]

吾分此篇作五章：首二章章四句，三章十六句，四章廿四句，末章四句，似较作一气读，眉目较清，段落较明。首二章为楔子，三四为全篇命意所在，末章以自解作结也。

吾近来作诗，颇能不依人蹊径，亦不专学一家，命意固无从摹效，即字句形式亦不为古人成法所拘，盖胸襟魄力，较前阔大，颇能独立矣。

二、爱迪生拜蜜蜂做老师（七月八日）[3]

爱迪生（Thomas Edison）近来拜了一只蜜蜂作老师。他观察了那蜜蜂的活动，有这样的报告：

> 如果我们能有一件东西可以每秒钟扇动空气二百次，我们就能造出一只真正的飞机，能造出一只比空气重的大飞机。这蜂的身体比他的两翅重七千倍。只要能做到这一点，就行了，就行了！这蜂的两翅扇动空气每秒钟三百次。

上一则见 *Outlook* 杂志。

---

[1] [2] 此后，手稿本有“又记”两字。

[3] 此则，手稿本只有两则英文剪报（见本卷末附一），无中译，胡适旁注：“杂俎二则，见 *Outlook*。”

三、勉冬秀（七月八日）

作一书寄冬秀，勉以多读书识字。前吾母书来，言冬秀已不缠足，[1] 故此书劝以在家乡提倡放足，为一乡除此恶俗。

四、时事画四十五幅（七月十二日）

偶检旧箧，得年来所藏各报之“讽刺画”（讽刺之名殊不当，以其不专事讽刺也），即“时事画”（Cartoon），展玩数四，不忍弃去，择其佳者附载于是册，而弁以序曰：

西国报章多有“时事画”一栏，聘名手主之。其所画或讽刺时政，或褒贬人物，几于不着一字而利如锋霜，爽如哀梨，能令人喜，亦能令人叹息，其为画也，盖自成一种美术。欧美二洲以此艺著者无数，而其真能独树一帜自成宗派者，则亦复寥落无几。盖其为画也，亦犹为文然，贵以神胜，以意胜者次之；其但纪事实，炫技巧，供读者一笑而已者，不足尚也。欧陆诸国之名作吾所见殊少，[2] 不敢妄为月旦。今所选多英美两国之作，于美得骆宾生（Boardman Robinson）及漫诺 [3]（Minor）二家，于英得“彭箕”报 [4]（*Punch*）之作者，皆为此道上乘，故首列此三家。其稍逊者及大陆南美诸邦之作者，亦择尤附焉。抑吾之为此集，初不徒以自娱

[1] 此后文字，手稿本为“故此书勉以继续放足。略谓冬秀为胡适之之妇，不可不为一乡首倡，除此恶俗，望毅然行之，勿恤人言也”。

[2] 此句，手稿本为“吾所见欧陆诸国之名作殊少”。

[3] 漫诺，手稿本为“漫老”。

[4] 报，手稿本无。

也，诚以此艺之在吾国，乃未有作者，区区之怀，将以之绍介于国人，俾后之作者有所观感取法焉，亦采风问俗者所有责也。[1]

第一集 骆宾生氏

（1）前年 Titanic 舟与冰山相触，沉于大西洋，死者无数，骆氏作此图哀之。写乡间老父母翻看报纸，寻其儿女存亡消息，题为“单上无名”，用意最深刻动人。[2] 此 [3] 何啻一篇万言哀辞，真绝作也！

（2）劳动工人吁天图，为英国煤矿工人罢工者作。

（3）刺英国暴烈派之女权党 [4]，屡用暴烈方法，自毁其运动。[5]

（4）一九一二之大选举。白来恩问：“喂，省长先生，我们民主党总统不得连任的政纲怎么样了？”威尔逊说：“啊！你瞧，天气真清朗呀！”

（5）同上题。图左角日历为“十一月二日”，离大选举只有两天了。威尔逊还在踌躇说：“让我想想看。对于进口税的问题，什么态度最稳妥呢？”

骆氏为共和党机关报 *New York Tribune* 作画，故反对威尔逊，然其言何婉而雅也！[6]

---

[1] 此后，手稿本每页原上为粘附的图画（共 45 幅），下或边旁为胡适的文字。后图画皆失，惟存胡适的文字。

[2] “写乡间老父母翻看报纸……用意最深刻动人”句，手稿本无。

[3] “此”后，手稿本有“一种”两字。

[4] “党”后，手稿本有“也”字。

[5] “屡用暴烈方法，自毁其运动”句，手稿本无。

[6] 手稿本中，(4) (5) 两幅画旁的文字是合在一起写的，其文字只有这一小段：“1912 之选举，骆氏为共和党机关报 *New York Tribune* 作画，故讽刺威尔逊氏甚力，然其言何婉而雅也？”

（6）选举之结果，民主党全胜，共和党大败，骆氏于揭晓之晨作此画，写“申叔”(Uncle Sam，代表美国）早起看报，微笑道：“啊！也罢！我想，四个年头我还受得了。”此种风趣又可见西洋政争之态度非东方政客所能梦见。[1]

（7）英儒勃来思（著《民主政治》者）为英使美，美人敬爱之。氏以老辞职，将去美，骆氏为作此。

（8）巴尔干风云之结果。“快要开谈判了。”[2]

（9）纽约省长色尔叟在演说台上大声说：“我色尔叟不伏侍别的老板，只有色尔叟自己！”他的身背后站着纽约民主党的后台老板（Boss）茂肥用指头点他道：“你的独奏唱完了，就上楼来。”[3]此稍近于虐谑矣。然何其妙也！（参看卷三第一四则）[4]

（10）纽约工厂有童稚工人，晨四时即动工，夜深始出者。骆氏为作此。

上所载十图皆骆氏所作。

第二集　漫诺氏[5]

（11）为罢工之矿工作也。〔参观（2）图〕

（12）中国人之新神像：为中国革命作。图为一中国人手持自由之神，审视把玩。[6]此图出，各国争转载之，漫氏之名遂大著。

---

[1] 手稿本中，图（6）旁的文字只有：“选举之结果，民主党全胜，骆氏乃作此解嘲。”

[2] “快要开谈判了”，手稿本无。

[3] 此前文字，手稿本无。

[4] 参看卷三第一四则，手稿本为“参观札记二年十月廿日”。

[5] 漫诺氏，手稿本为“漫老氏”。

[6] 此后文字，手稿本为：“此图写吾国人之自由观念。图出，各国争转载之，漫氏之名遂大著云。”

(13)未有己不正而能正人者(参看卷三第一四则)[1]。虎视者为茂肥(Murphy),伏地者纽约省长 Sulzer 也。

(14)威尔逊宣言不用金圆外交政策[2]。

第三集 《彭箕报》之时事画(英伦)

(15)武装和平(一)

(16)巴尔干战后之风云再起矣。

(17)突厥人乘巴尔干诸国互斗,复得亚得里亚堡,列强虽恶之,而无如何也。

(18)"少年突厥党"之失败。突之武人党不能逞志于意大利,乃逞志于"少年党",故刺之。

(19)威尔逊之墨西哥政策。不羁之马,圉人苦矣。

(20)武装和平(二)

第四集 英伦他种报章之时事画

(21)死神[3]之大捷。(《泊马报》)

(22)纸上之和平。(《星报》)

(23)武装和平(三)

第五集 大陆诸国之时事画

(24)德国社会党之大捷。一九一二年,社会党员在下议院得大多数,其人大半多工人贫民也。[4]一人问:"你在卑田院里吗?"

---

[1] 参看卷三第一四则,手稿本为"参观二年十月廿日札记"。此后文字,手稿本为"虎视者为 Murphy,伏地者 Sulzer 也"。

[2] 金圆外交政策,手稿本为"金钱主义之外交政策"。

[3] 死神,手稿本为"鬼伯"。

[4] 此后文字,手稿本无。

一人答："不是的；我在国会里。"

（25）中国之自由神〔参观第（12）图〕。此图疑本于漫氏之作，何其相似也！

（26）德皇与罗斯福，两人皆持帝国主义者也。

（27）意突之战。《马太传》二章曰："耶稣生时，有东方高士远来造耶路撒冷，言曰：犹太人之王何在耶？吾曹在东方见其星矣，今远来瞻拜之。耶稣所生地名贝司伦（Bethlehem），诸高士循星所指，得其处。入门，见媚利抱耶稣，则皆伏地膜拜顶礼，解囊献黄金名香为礼，欢忭而去。"此图即用此事以讽耶教徒之不重人道而逞兵于回教之国也。图中写意人攻击特利波里正急，空中一弹飞起，其下回教徒见之，相谓曰，此岂贝司伦之星也[1]？

（28）德人眼中之罗斯福、塔虎选举决斗。

（29）小狗吠巨灵。德之社会党首领贝北尔新死，[2]世界争称颂其人，独守旧党之《邮报》诋之。

（30）罗斯福、塔虎之决斗。

（31）世界共和国欢迎新中国之图。此图亦极有名，世界争载之。

（32）突厥之运命。[3]问卜者曰："不久可以有和平了吗？"

[1] 也，手稿本为"耶"。

[2] "小狗吠……贝北尔新死"句，手稿本为"小巫诋大巫。大巫者，德之社会党首领贝北尔也。贝新死"。

[3] 此后文字，手稿本无。

卜者答："我只见一个'三'，但看不准是三天，三月，三年，或是三百年。"

(33) 俄人对突厥之同情。[1]

(34) 补月图。新月为突之国徽，[2]即金瓯之意。

(35) 一年外交之失败（一九一二）。

(36) 墨西哥人[3]之自负。

第六集　第二流之美国时事画

(37) 此亦吊"Titanic"舟之惨劫也。

(38) 同题，参观第一图。"Titanic"为海行第一大舟，[4]自负为不沉。

(39) 罗斯福之趋时[5]。此为一九一二年大选时期时事画之最佳者[6]。罗斯福组织进步党，党纲中包罗一切最时髦之主张。此图画一个冰淇淋店的柜台，后面是各种果汁瓶，写着"劳工权利""罢免法官""女子参政"（中间）；"统治托辣斯""创制权与复决权""社会主义""保护天然富源"（左）；"复议法庭判决""委员制之市政""人口问题"（右），真是"应有尽有"了，罗氏问柜台外的顾客道："您要什么？"

---

[1] 此句，手稿本为："俄人之援突。"

[2] 新月为突之国徽，手稿本为"月者，突之国徽也"。

[3] 墨西哥人，手稿本为"墨人"。

[4] 此后文字，手稿本为"自负为不沉之舟，故舟行时，舟人不以险恶介意，故有此劫"。

[5] 趋时，手稿本为"投时"。

[6] 大选时期时事画之最佳者，手稿本为"大选举画之最佳者"。另，此后文字，手稿本无。

时事画四十五幅

（1）

READING THE DEATH LIST OF THE TITANIC

A somber and haunting portrayal of the grief-stricken. Mr. Robinson calls this drawing "Not Mentioned."

（2）

THE MAN WITH THE PICK

A figure suggested to Boardman Robinson by the recent English coal-miners' strike

(3)

THE BACKHAND BLOW

(Militancy injuring woman suffrage more than the objects of its violence) From the *Tribune* (New York)

（4）

MR. BRYAN—Now，Governor，how about that single term？

GOVERNOR WILSON—Ah! Have you noticed what beautiful weather we're having？

（5）

"Let me see. What is the safest attitude on the tariff for my final speech?"

（6）

THE OPTIMIST

Ah，well! I guess I can stand it for four years.

（7）

Uncle Sam，to James Bryce—I shall be sorry to say goodby.

（8）

ABOUT TIME TO RESORT TO CONVERSATION.

（9）

SULZER—Sulzer will have no boss but Sulzer!
MURPHY—When you finish your solo，Bill, just step upstairs.

（10）

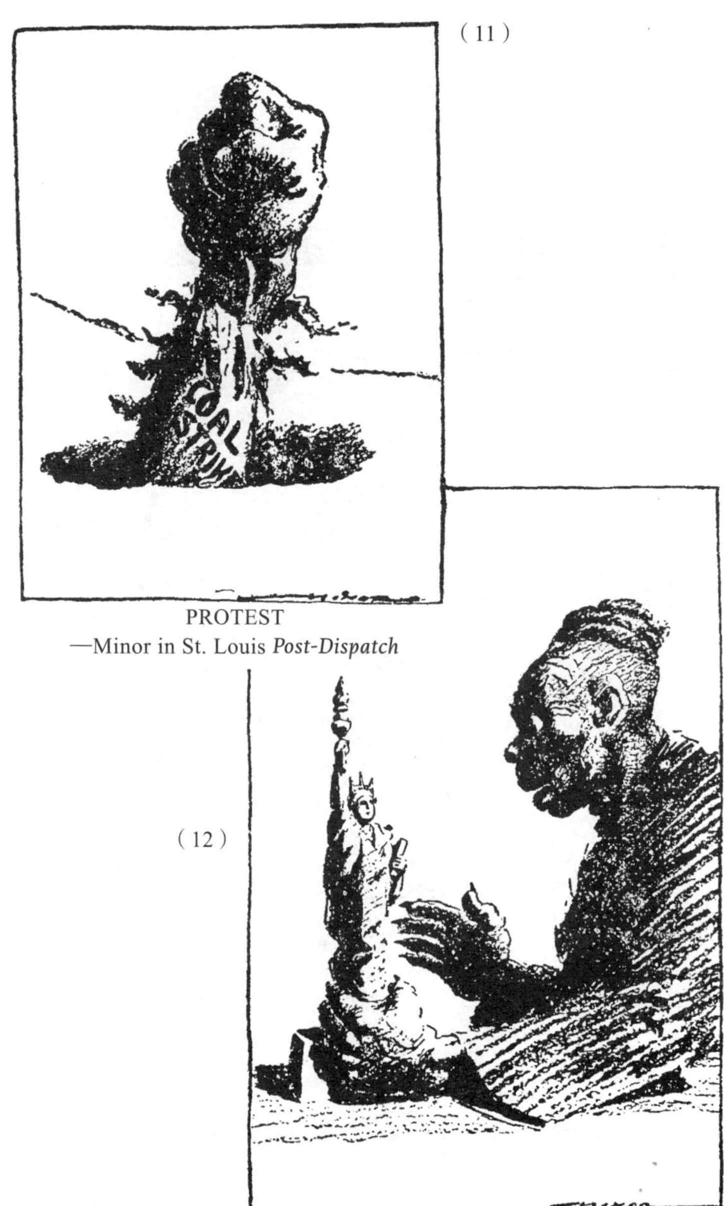

(11)

PROTEST
—Minor in St. Louis *Post-Dispatch*

(12)

CAN IT BE THAT THE STATUE OF LIBERTY HAS BECOME THE CHINAMAN'S NEW JOSS!
From the *Post-Dispatch* (St. Louis)

（13）

Copyrighted. 1913，by the Press Publishing Company

"TAMMANY'S ENEMIES HAVE TO BE HONEST!"
—Minor in the New York *Evening World*

(14)

"AIN'T I ALWAYS HAD THE USE OF THE ARMY AND NAVY ?"

—Minor in the St. Louis *Post-Dispatch*

（15）

PEACEFUL PROVOCATION

GERMANY（challenging）：“At all costs I shall defend this lady.”

BRITAIN（calmly）：“Same here—and a bit more.”

PEACE：“Well，let’s hope they won’t quarrel，or there’ll be an end of me.”

—London *Punch*

（16）

"FATHER TO THE THOUGHT."

EUROPA（complacently）— "Well, so the war is practically over?"
TURKEY（still more complacently, having read reports of dissensions among the Allies）— "My felicitations, madam. Everything seems to point to the outbreak of a sanguinary peace."

—*Punch*（London）

(17)

A QUESTION OF DETAIL.

SIR EDWARD GREY— "You'll have to go, you know The Concert feels very strongly about that."

TURKEY— "And who's going to turn me out?"

SIR EDWARD GREY— "Curious you should ask me that; it's the one point we haven't decided yet. Have you any preference in the matter?"

—*Punch* (London)

(18)

A DOMESTIC TRIUMPH.

MILITARY PARTY (celebrating victory over Young Turk party) — "Ah! If this were only Italy!"

—*Punch* (London)

(19)

THE BRONCHO-BUSTER
PRESIDENT WOODROW WILSON:
"I wonder what I do next."
From *Punch* (London)

(20)

THE BLESSINGS OF PEACE
HANS AND JACQUES (Germany and France): "And hear there's more to come!"
From *Punch* (London)

(21)

"STILL LEADING!"
—*Pall Mall Gazette* (London)

(22)

CAN'T YOU SEE WE'RE BUSY?

PEACE (to the Powers) — "Won't you come in and help me?"

THE POWERS— "Sorry, ma'am, but there's a dog-fight round the corner in Balkan Street." —*Star* (London)

(23)

A COMPETITION IN INFLATION.
Which will be the first to burst?
—*Westminster Gazette* (London)

(24)

"Are you in the poorhouse?"
"No; I'm in the Reichstag."
—*Kladderadatsch* (Berlin)

（25）

THE CHINESE GODDESS OF LIBERTY.

—*Kladderadatsch*（Berlin）

（26）

WOULD NEVER DO

KAISER— "No，Teddy，the imperial throne would not suit you. No talking allowed there，you know."

—*Simplicissimus*（Munich）

(27)

THE SHELL OVER TRIPOLI

Mohammedan (as the bombardment reaches its height): "Can that be the star of Bethlehem ? "

—Munich *Simplicissimus*

(28)

A "FOUR-ROUND" FIGHT

This four-paneled cartoon also views the primary contest for the Presidential nomination as a prizefight, showing the blows given back and forth, ending in a victory for Roosevelt

From *Der Wahre Jacob* (Stuttgart)

(29)

THE GREAT AND THE SMALL.

The Conservative Berlin *Post* is the only organ that has assailed the memory of Bebel. —*Wahre Jacob* (Stuttgart)

(30)

THEIR PRESTIGE IS BREAKING DOWN

—*Amsterdammer*

(31)

THE LATEST ARRIVAL.

"Welcome, welcome, little man!"

—*Amsterdammer*

（32）

THE TURK'S HOROSCOPE.

"And are we to have peace soon？"

"I see a 3 in the chart of destiny but whether it means，dear sir，three days，three weeks，three months，three years，or three centuries，I can not tell." —*Jeune Turc*（Constantinople）

（33）

RUSSIA'S TENDER SYMPATHY FOR THE TURK

A news item reports Russia's policy to be to put its strong arms under Turkey and support her. This is *Kikeriki's*（Vienna）notion of the "support".

(34)

PATCHING UP THE CRESCENT

(Sultan Mehmed V trying to repair the breaches in his polyglot empire)—From *Kikeriki* (Vienna)

(35)

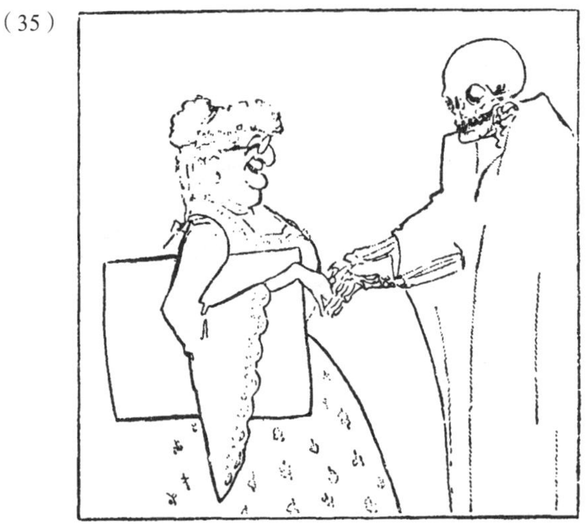

THE SUCCESS OF DIPLOMACY IN 1912.

DEATH— "Thank you. Madame Diplomacy, for your kind assistance. This year you have shown yourself my best ally."

—*Pasquino* (Turin)

（36）

"HUERTA, SERENE AND UNAFRAID, IN SPITE OF THE THREATENING ATTITUDE OF THE UNITED STATES" —A MEXICAN VIEW-POINT

From *El Hijo del Ahuizote* (Mexico City)

（37）

REACHING FOR HIS PREY

—Macauley in New York *World*

（38）

THE STEAMSHIP-OWNER GAMBLED WITH DEATH.
But Death held the cards.
—Barclay in the Baltimore *Sun*

(39)

WHAT'S YOURS ?

—Mayer in N. Y. *Times*

(40)

"TEL. AND TEL."

BOTH: Goodby, old pal. Have a copy of the Sherman Law?

From the *Tribune* (New York)

(41)

PAY-DAY.

—Minor in the St. Louis *Post-Dispatch*

（42）

TIME'S APPEAL TO THE GOD OF WAR

（Sir John Tenniel's last cartoon in *Punch*，January 2，1901）

(43)

VILLA AS A DEVOTEE OF "THE DOCTRINE"
From *Punch* (London)

(44)

GOOD NEWS.

ITALIAN GENERAL— "Congratulations, comrades! The newspapers of Rome tell me that you have won a great victory here in Tripoli."

—*Rire* (Paris)

(45)

THE OPTIMIST: "By Jove! the view certainly is glorious." —*Harper's*

上时事画卅九，皆生平所见之最佳者。七月十一日适之记。[1]

今日审视昨夜所弃之时事画，觉不无沧海遗珠之憾，遂增入若干，成续集。

（40）骆宾生氏作。美国近年颇主解散大托辣斯或严取缔之。有许多托辣斯已自行解散。此记贝尔及西盟两电业公司自行解散一案也。

（41）“臣门如市”。此邦大托辣斯往往以金钱收买官吏议员为之作走狗。此指美孚公司也。漫诺[2]氏作。

（42）英人Sir John Tenniel作。此君为《彭箕》作画凡五十年，去年始死，年九十四。此为此君最后之作。作于廿世纪开幕之第二日，祝新世纪（手中婴孩）之和平也。车上武士为战神，老人为时神（Time）手抱二十世纪，其旁立，和平之神也。

（43）“们罗主义”之受福者。墨之乱，美人不许欧人干涉，而美人私助微耶之党，输入[3]军械。此图写微耶献花们罗之墓，所以志谢也。

（44）意突之战，消息隔绝，两国报章各自言大捷，皆闭门造新闻者也。（法国《笑报》）

（45）“乐观者”。此图似嘲似誉，极有风致；不知何氏所作。

---

[1] 此后，手稿本还附有一条英文杂记：“‘Arise；for this matter belongeth unto thee：we also will be with thee：be of good courage, and do it.’ Ezra 10：4. 十二日。”亚东本将其移作本卷第七则日记，无中译。

[2] 漫诺，手稿本为“漫老”。

[3] 入，手稿本为“其”。

上所集时事画四十五幅，计美人所作者二十幅，英十一，德六，荷二，奥二，意、法、墨各一。十二日适之又记。

五、美国亦有求雨之举（七月十二日）

天地之大，何奇不有。欧美科学之发达，可谓登峰造极矣；科学知识之普及，可谓家喻户晓矣；而犹有求雨之举。吾去年闻西美某省长出令，令省中各教堂同日祈祷求雨，今又见之。甚矣，习俗之入人深而迷信之不易破除也！吾国政府乃至下令乞耶教徒为吾国祈福。祈福求雨，更有何别？然[1]祈祷为教宗重要仪节之一。耶回信徒日日祈祷，吾每礼拜日见此邦人士祈祷乃不以为异，而独异求雨，彼求雨者与彼礼拜堂中济济士女之低首祈福者，容有上下床之别乎？吾是以不禁自笑吾陋也。[2]

六、美国驻希腊公使义愤弃官（七月十二日）

巴尔干两次血战之后，欧洲列强出而干涉，割阿尔奔尼亚之地，立为独立国，令卫得王（Wild）王之。卫得庸暗，国人内乱。美国驻希腊公使 George Fred Williams 特至其国访查，见其政府之暗黑[3]，人民之受压制，教派之纷争，慨然大愤，即为文告天下，弃官去，誓将助阿之新党，推翻现有之政府。此种义愤之举，在今日殊不可多得，故记之。

---

[1] 然，手稿本为“抑”。

[2] 此处，手稿本附英文剪报一则（见本卷末附二）。

[3] 暗黑，手稿本为“黑暗”。

七、录《旧约·以斯拉》一节（七月十二日）

《旧约·以斯拉》(Ezra) 书第十章第四节：

Arise；for this matter belongeth unto thee：we also will be with thee：be of good courage，and do it.（起来！这是你自己应该办的事，我们也都赞助你。鼓起勇气去干！）

八、威尔逊与罗斯福演说之大旨（七月十二日）

下所记威尔逊与罗斯福二氏本月演说之大旨，寥寥二言，实今日言自由政治者之大枢纽，不可不察。威尔逊氏所持以为政府之职在于破除自由之阻力，令国民人人皆得自由生活，此威尔逊所谓“新自由”者是也。罗氏则欲以政府为国民之监督，维持左右之，如保赤子。二者之中，吾从威氏。

Which Shall It Be？

Mr. Roosevelt，at Pittsburgh：We must supervise and direct the affairs of the people.

Mr. Wilson，at Philadelphia：We must establish conditions under which the people will be free to manage their own affairs. [1]

July 1914

九、威尔逊（七月十二日）

威氏不独为政治家，实今日一大文豪，亦一大理想家也。其

[1] 此后，手稿本还有英文“S.C.”。以上英文在手稿本中是一则英文剪报，“July 1914”是胡适批注在剪报上的。

人能以哲学理想为政治之根本，虽身入政界，而事事持正，尊重人道，以为“理想”与“实行”初非二事，故人多以为迂。其实威氏之为伟人，正在此处，正在其能不随流俗为转移耳。威氏之外交政策，自表面观之，似着着失败；然以吾所见，则威氏之政策实于世界外交史上开一新纪元。即如其对华政策，巴拿马运河税则修正案，哥罗比亚新条约，皆是人道主义，他日史家当能证吾言耳。

七月四日（独立节）威氏在斐城演说，其言句句精警，语语肝胆照人，其论外交一段，尤痛快明爽。其得力所在，全在一“恕”字，在于“己所不欲勿施于人”八字。其言曰：“独立者，非为吾人私囊中物已也，将以与天下共之。”又曰：“若吾人以国中所不敢行之事施诸他国，则吾亦不屑对吾美之国旗矣。”（此与吾前寄此间报馆论“My Country right or wrong”之说同意，参观卷四第一五则[1]。）又曰：“天下之国，有宁吃亏而不欲失信者，乃天下最可尊崇之国也。”又曰：“爱国不在得众人之欢心，真爱国者认清是非，但向是的一面做去，不顾人言，虽牺牲一身而不悔。”又曰：“人能自省其尝效忠祖国而又未尝卖其良心者，死有余乐矣。”凡此皆可作格言读，故节录之。[2]

一〇、《哀希腊歌》译稿（七月十三日）

写所译裴伦《哀希腊歌》，不能作序，因作“译余剩墨”数则

[1] 参观卷四第一五则，手稿本为“参观三年五月十五日记”。

[2] 此处，手稿本附有威尔逊七月四日在斐城演说的英文剪报一则（见本卷末附三），胡适旁注：“Woodrow Wilson，at Philadelphia，July 4，1914.”。

弁之。其一则论译诗择体之难，略曰："译诗者，命意已为原文所限，若更限于体裁，则动辄掣肘，决不能得惬心之作也。"此意乃阅历所得，译诗者不可不理会。

写此本成，叔永为作序，复附君武、曼殊两家译本以寄怡荪，令印行之。怡荪方在筹款为学费，故即以此册赠之。售稿所得，虽未必能多，然故人力所能及仅有此耳。

一一、乘楯归来图（七月十四日）

后附时事画真神来之笔。吾前所选乃遗之，甚矣知人择贤之难也。

墨西哥久为世界患，美政府持不干涉主义，至辱及国徽，忍无可忍，始令水兵在 Vera Cruz 登岸，据其城，以绝卫尔泰（今总统）军械来路。是役美兵死者数人，其尸归葬国家军人墓地（在美京）。此图当名之曰"乘楯归来"图。海滨老人，美国也（报章所画老人名申叔者，皆指美国。申叔英文 Uncle Sam，隐 U.S. 二字也），手捧花圈，遥望海中载尸之归舟，老人垂首，哀戚之容，凄然动人。

〔注〕花圈飘[1]带上所书"Greater love hath no man"[2]见《新约·约翰福音》第十五篇十三节，全文为"Greater love hath no man than this，that a man lay down his life for his friends."[3]（旧译为"人为朋友舍命，人的爱心没有比这个大的"。）

---

[1] 飘，手稿本无。

[2] "Greater love hath no man"，手稿本无。

[3] 此后文字，手稿本无，但有"John.XV: 13"。

THE HOME COMING
From the *Sun*（New York）

乘桴归来图 [1]

[1] 此图，手稿本无。

一二、记兴趣（Interest）[1]（七月十六日）

今日读《外观报》，有 H. Addington Bruce 论"The Importance of Being Interested"（*The Outlook*，July 18，1914）一文，极喜之，节其大要如下：

> 人生能有所成就，其所建树，对于一己及社会皆有真价值者，果何以致此耶？无他，以其对于所择事业具深挚之兴趣，故专心肆力以为之耳。
>
> 弗兰克林幼时，父令习造烛，非所喜也；后令习印书，亦非所喜也；惟以印书之肆易得书，得书乃大喜，日夜窃读之。十六岁即不喜肉荤，欲节费买书也。复学作文，极勤苦，文乃大进，年未三十而名闻远近。及其死也，欧美两洲交称之，以为圣人。达尔文少时不乐读书，家人以为愚钝，日惟喜闲行田野中打枪，逐狗，杀鼠。父忧之，令入格拉[2]司科大学习医，数月即弃去。又令入康桥大学习经典，既至，适韩思洛（Henslow）主讲天然学，达尔文往听讲，韩令日入深林中采花草捉虫鸟为标本，达大喜过望，习动植物学极勤……他日遂发明"天演进化"之说，为世界开新纪元。穆剎（Mozart）父为宫中乐师，穆襁褓中习闻乐器，辄大喜，又时以细手按拍，父奇之，未三岁即教之乐器，所教辄能为之，四岁已能奏钢丝琴（Harpsichord），五岁已能自作曲，六岁

[1] 胡适原题。

[2] 拉，手稿本为"纳"。

习提琴[1]（Violin），惊倒国中名手……其后遂成世界音乐巨子。

此三子之能有所建树成不朽之业者，皆以其所择业为性所酷嗜，兴趣所在，故专一以赴之，其成功宜也。成功之要道无他，浓挚之兴趣，辅之以坚忍之工夫而已耳。然坚忍之工夫，施之于性之所近，生平所酷嗜，则既不勉强，收效尤易而大。

拿破仑喜战阵，虽在剧场乐部，其心中所筹画皆调兵之布置也。穆剎自三岁即习音乐，于世界巨子之作[2]无所不读，一日，与友人为桌球戏（Billiard），口中咿哑不绝，戏终，自言已成一谱，即其最著名之“Zauberflote”之第一节也。

是故为父母者，宜视其子女兴趣所在以为择业之指南，又宜于子女幼时，随其趋向所在，培植其兴趣，否则削足适履，不惟无成，且为世界社会失一有用之才，滋可惜也。

一三、利用光阴（七月十七日）

有人赠我[3]莎士比[4]名剧《亨利第五》，全书三百八十余页，用薄纸印之，故全书仅广寸有半，长二寸，厚不及半寸（英度），取携最便，因以置衣囊中，平日不读之，惟于厕上及电车中读之，约一月而读毕，此亦利用废弃光阴之一法也。

[1] 提琴，手稿本为“肩琴”。

[2] 之作，手稿本无。

[3] 我，手稿本无。

[4] 莎士比，手稿本为“萧思璧”。此后手稿本中有“萧思璧”“萧士璧”“萧士比”“萧氏”等多种译名，不再注。

一四、读书会（七月十八日）

发起一会曰读书会，会员每周最少须读英文文学书一部，每周之末日相聚讨论一次。会员不多，其名如下：

任鸿隽　　梅光迪　　张　耘　　郭荫棠　　胡　适

余第一周所读二书：

Hawthorne：*The House of Seven Gables*

Hauptmann：*Before Dawn*

一五、读《东方未明》（七月十八日）

上所举第二书乃现世德国文学泰斗赫仆特满（Gerhart Hauptmann）最初所著社会剧。赫氏前年得诺贝尔奖金[1]，推为世界文学巨子（诺贝尔奖金[2]详见下记）。此剧《东方未明》，意在戒饮酒也。德国人嗜饮，流毒极烈，赫氏故诤之。全书极动人，写田野富人家庭之龌龊，栩栩欲活，剧中主人 Loth and Helen 尤有生气。此书可与伊卜生社会剧相伯仲，较白里而（Brieux）所作殆胜之。

一六、欧洲几个“问题剧”巨子（七月十八日）

自伊卜生（Ibsen）以来，欧洲戏剧巨子多重社会剧，又名“问题剧”（Problem Play），以其每剧意在讨论今日社会重要之问题也。业此最著者，在昔有伊卜生（挪威人），今死矣，今日名手在

---

[1]　诺贝尔奖金，手稿本为“禄百尔奖赏”。

[2]　诺贝尔奖金，手稿本为“禄百尔赏 nobel prize”。

德为赫氏，在英为萧伯纳氏[1]（Bernard Shaw），在法为白里而氏。

一七、诺贝尔奖金（七月十八日）

上所记“诺贝尔奖金[2]”（The Nobel Prizes），瑞典发明家诺贝尔[3]（A.B. Nobel 1833—1896 发明炸药[4]者）所创，以鼓励世界男女之为人类造幸福者也。诺贝尔[5]死于一八九六年，遗嘱将遗产九百万金（美金）存贮生息，岁所得息，分为五份，立为五种奖金[6]：

（一）世界最重要之物理新发明；

（二）世界最重要之化学新发明；

（三）世界最重要之医学或生理学新发明；

（四）世界所公认之文学著作，足以表示理想主义[7]的趋向者（Idealistic tendency）；

（五）最有功于世界平和者。

第一次给奖在一九〇一年。每奖[8]约值金四万，媵以金牌，于每年十二月十日给之（此为诺氏[9]殁日）。其物理、化学

[1] 萧伯纳氏，手稿本为“夏氏”。
[2] 诺贝尔奖金，手稿本为“‘禄百尔赏品’者”。
[3] [5] 诺贝尔，手稿本为“禄贝尔”。
[4] 炸药，手稿本为“炸弹”。
[6] 五种奖金，手稿本为“五赏”。
[7] 主义，手稿本无。
[8] 奖，手稿本为“赏”。
[9] 诺氏，手稿本为“禄氏”。

二奖[1]，由瑞典国家科学院判定发给。其医学奖由司托和（瑞都）医学会审定。其文学奖[2]由瑞典通儒院裁决。其和平奖则由挪威议会定之也。

美前总统罗斯福得一九〇六年份和平奖。文学奖则：

一九〇三　Björnsterne Björnson（挪威戏剧家，伊卜生之友）[3]

一九〇七　Rudyard Kipling（英诗人）

一九〇八　Rudolph Eucken（德国哲学家）

一九一一　Maurice Maeterlinck（比利时诗人及戏[4]剧家）

一九一二　Gerhart Hauptmann

一九一三　Rabindranath Tagore（印度诗人）

去年印度诗人泰戈尔[5]（Tagore）得此奖金[6]，世界震骇。

一八、读《织工》（七月十八日）[7]

今日又读一剧，亦赫氏著，曰《织工》（*The Weavers*），为赫氏最著之作，写贫富之不均，中写织工之贫况，真足令人泪下。书凡五出：第一出，织工缴所织布时受主者种种苛刻虐待，令人发指。第二出写一织工家中妻女穷饿之状。妻女日夜织而所得不足供衣食，至不能得芋（芋最贱也）。儿啼索食，母织无烛，有犬

---

[1][2]　奖，手稿本为“赏”。

[3]　括号内文字，手稿本为“（挪）（伊伯生之友）（戏剧家）”。

[4]　戏，手稿本无。

[5]　泰戈尔，手稿本为“泰郭累”。

[6]　奖金，手稿本为“赏”。

[7]　此处，手稿本附有赫仆特满照片一幅及英文注释，现补于此。

GERHART HAUPTMANN

Author of "Atlantis," "The Fool in Christ," "The Weavers," etc. See other side for announcement of his works.

来投不去，遂杀以为食。种种惨状令人泪下。第三出写反动之动机。兽穷则反噬，固也。第四出织工叛矣。叛之原因，以主者减工值，工人哀恳之。主者曰："不能得芋，何不食草？"（此有"何不食肉糜"风味。）工人遂叛，围主者之家，主者狼狈脱去，遂毁其宅。读之令人大快。第五出写一老织工信天安命，虽穷饿犹日夕祈祷，以为今生苦，死后有极乐国，人但安命可矣。此为过去时代之工人[1]代表，今之工党决不作如此想也。此老之子妇独不甘束手忍受，及工人叛，妇持杵从之。其子犹豫未去，闻门外兵士放枪击工人之声，始大怒，持刃奔出从之。老工人犹喃喃坐织门外，枪弹穿户入，中此老，仆机上死。俄顷，其幼孙奔入，欢呼工党大捷矣。幕遂下。此一幕写新旧二时代之工人心理，两两对映，耐人寻味，令人有今昔之感。"天实为之，谓之何哉！"此旧时代之心理也。"人实为之，天何与焉？""但问人事，安问天意？""贫富之不均，人实为之，人亦可除之。"此新时代之心理也。今工人知集群力之可以制资本家死命也，故有同盟罢工之举，[2]岂得已哉！谁实迫之而使至于此耶！

此剧大类 Mrs. Gaskell's *Mary Barton*，布局命意，大抵相类，二书皆不朽之作也。

一九、戒纸烟（七月十八日）

吾年来志力之薄弱极矣，即戒纸烟一事，屡戒屡复为之，真

[1] "工人"后，手稿本有"之"字。

[2] 此后，手稿本有"铤而走险，为救亡计"。

是懦夫无志之为！吾去国以来，虽滴酒不入口，然纸烟之恶影响仍不少[1]。赫氏之书曰：

I am absolutely determined to transmit undiminished to my posterity this heritage which is mine.（*Before Dawn*，Act I. P. 52）

记此为座右之铭。自今日始，决不再吸纸烟或菸斗之类。今日之言，墨在纸上，不可漫灭，吾不得自欺。

二〇、“遗传”说（七月十八日）

上所引赫氏之言，可译为：“吾今誓欲将吾所受于先人者，丝毫无亏损，留与吾之子孙。”此说今人谓之“种性遗传”（Heredity），其实即中国古哲人“全受全归”之说加之以科学的根据而已耳。[2]

二一、读《獭裘》（七月二十日）

读赫氏一剧，名《獭裘》，为谐剧，写一极狡狯之贼婆及一极糊涂之巡检，穷形尽致，大似《水浒传》。

二二、印度无族姓之制（七月二十日）

与印度人某君谈，其人告我，印度无有族姓之制，其人但有

---

[1] 然纸烟之恶影响仍不少，手稿本为“而纸烟之影响亦不少”。

[2] 此则文字，手稿本为：“今人所持‘种性遗传’之说（Heredity），其实即‘身体发肤，受之父母，不敢毁伤’一语加之以科学的根据而已耳。”此后，手稿本还有一段文字：“今日未吸烟。十九　廿日　廿一日　廿二日（吸一支）　廿三日　廿四日　廿五日。”

胡适与 E.J.Anderson

名无姓氏也。其继承之次，如父名约翰·约瑟·马太，则其子名约瑟·马太·李却，李却为新名，其前二名则父名也；其孙则名李却·腓力·查尔斯；其曾孙则名腓力·查尔斯·维廉，以此类推云。[1]

二三、玛志尼语（七月）

National life and International life should be two manifestations of the same principle，the love of good. —Mazzini.（国家的生活与国际的生活，应为同一原理之两个表现：其原理为何？好善是已。）

Bolton King《玛志尼传》页三〇二引。[2]

二四、两处演说（七月廿三日）

廿二夜世界学生会开夏季欢迎会，到者约四百人。余为是夜主要演说者，演[3]题为“大同主义”，今日本市晚报称许甚至。[4]

余不幸于此二十四时之内，乃须作二篇演说。昨夜九时说“大同”，十一时客散尽，始读参考书至夜半一时始睡。今日

[1] 此后，手稿本还有胡适的一张合影及七月二十一日一条杂记：“此图乃友人 Elizabeth Genung 女士所摄，同立者为 E. J. Anderson 君，演说科教习也。　廿一日。”合影现补于此。

[2] 此条杂记，手稿本只有英文，无中译。

[3] “演”前，手稿本有“所”字。

[4] 今日本市晚报称许甚至，手稿本为“颇不劣，今日本市晚报称许甚至，节录其言如上”。所谓“如上”，原是一则报道胡适演说“大同主义”的英文剪报（见本卷末附四），胡适旁注：“*The Ithaca Journal*. July 23, 1914.”。

八时起，读书至两时，始将演说题“The Immigrant in American Life”写成大纲，不及逐节写出。三时至妇人节制会[1]（Women's Christian Temperance Union）会所演说。妇人节制会[2]者，此邦妇人本不饮酒，此会以提倡禁绝沽酒酿酒之业为宗旨，各城皆有分会。此间分会会员有八百人之多，然大半皆附名而已。今日以大雨故，到者尤寥寥。

二五、录怡荪来书（七月廿四日）

“足下去岁来书，谓一身常羁数事，奔走外务，不识近来已能读书否？想足下在留亦不过两年，宜多读书，且于学位亦宜留意图之。盖发心造因，期挽末劫，不得不于足下望之也。”怡荪，七月一日书。

二六、拨特劳“吾邻”之界说（七月廿四日）

英国国教大师拨特劳主教（Bishop Joseph Bulter，1692—1752[3]）尝下“吾邻”之界说曰：

> Our neighbor is “that part of the universe，that part of mankind，that part of our country，which comes under our immediate notice，acquaintance and influence，and with which we have to do”.

在当日视之，此界说似甚狭。盖十八世纪之初叶，吾人直接视听

[1][2] 妇人节制会，手稿本为“妇人禁酒会”。

[3] 1692—1752，手稿本为“十八世纪初叶人”。

之下，交游所及，势力所被，能有几人？若在今日，则世界人类何莫非在吾人直接视听之下乎？一弹轰于奥之一城，全世界皆闻之。一言发于英之议会，全世界亦皆闻之。即如今日巴黎之谋杀案大审判，其法庭上一言一动，天下人皆得读之，如身在其地也（指巴黎 Madame Caillaux 一案）。若以拨氏“吾邻”之界说施诸今日，则全世界皆吾邻耳，世界大同之日不远矣。[1]

二七、师友匡正（七月廿六日）

吾前记“My Country, right or wrong, my Country!”一语（参看卷四第一五则，卷五第九则）[2]，以为其意谓“但论国界，不辩是非”也。二十二夜演说“大同”，引此言以为狭义爱国心之代表。演说后，有某夫人[3]语余，谓彼读此语，但以为“无论吾国为是耶非耶，吾终不忍不爱之耳”，初非谓“吾国所行即有非理，吾亦以为是”也。此意已足匡余之不逮。今日遇 Prof. M. W. Sampson，亦前夜在座者，偶语及此，先生亦谓此言可左右其义，不易折衷，然其本意谓“父母之邦，虽有不义，不忍终弃”。先生举一例为证：“譬之兄弟同出，弟醉辱人于道，受辱者拔剑报之，其兄当卫醉弟耶？抑置之于不顾耶？抑助受辱者殴其弟耶？其人诚知其弟之非，而骨肉之义不得不护之，宁俟其酒醒乃责其罪耳。当前世纪之中叶，欧人相率弃国来美，入籍为美国人，其去国之

[1] 此后，手稿本有胡适所注“（拨氏生一六九二，死一七五二）”。

[2] 括号内文字，手稿本为“参观三年五月十五日及七月十二日记”。

[3] 某夫人，手稿本为“Mrs.　”。

原因，大率以专制政府压制为多，然其悻悻然去之者，未必皆是也。”此言是也。吾但攻其狭义而没其广义。幸师友匡正之耳。

二八、“是”与“非”（七月廿六日）

孔子曰：“父为子隐，子为父隐，直在其中矣。”仁人之言也。故孔子去鲁，迟迟其行，曰：“去父母之国之道也。”其作《春秋》，多为鲁讳，则失之私矣。然其心可谅也。吾亦未尝无私，吾所谓“执笔报国”之说，何尝不时时为宗国讳也。是非之心，人皆有之，然是非之心能胜爱国之心否，则另是一问题。吾国与外国开衅以来，大小若干战矣，吾每读史至鸦片之役，英法之役之类，恒谓中国直也；至庚子之役，则吾终不谓拳匪直也。

二九、游活铿谷记（七月廿八日）

廿五日往游活铿谷（Watkins Glen N.Y.），此地真天地之奇境也。吾笔劣，不足以形容之，因附图数幅以见一斑而已。此地今由纽约省收为公园，依山开径，跨壑通梁，其险处皆护以铁栏，故自山脚至颠，毫无攀援之艰，亦无颠踬之虞，视前游英[1]菲儿山探险之奇之乐，迥乎不侔矣。然“佳境每深藏，不与浅人看。勿惜几两屐，何畏山神悭？要知寻山乐，不在花鸟妍”。其缺憾所在，在于不均。天下能有几许人不惜寻山之屐，不畏攀援之艰耶？今国家为凿径筑桥，坐令天险化为坦途，妇孺叟孩皆可

[1] 英，手稿本为“影”。

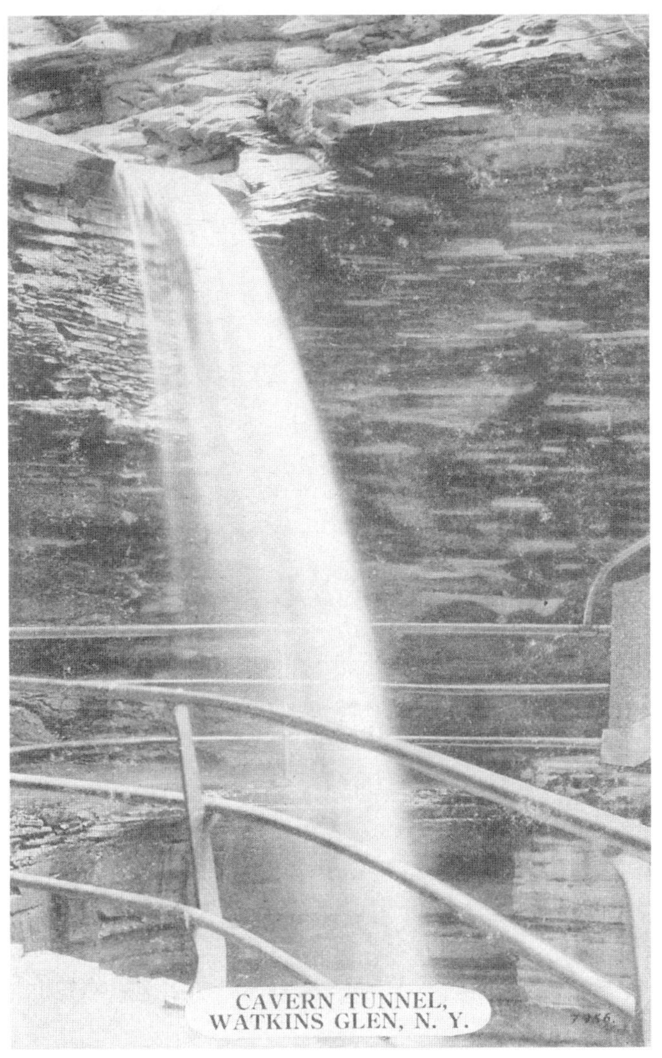
CAVERN TUNNEL,
WATKINS GLEN, N. Y.

11—Rainbow Falls, Watkins Glen, N. Y. [1]

[1] 此图，手稿本缺。

16—Sylvan Gorge and Rapids, Watkins Glen, N. Y.

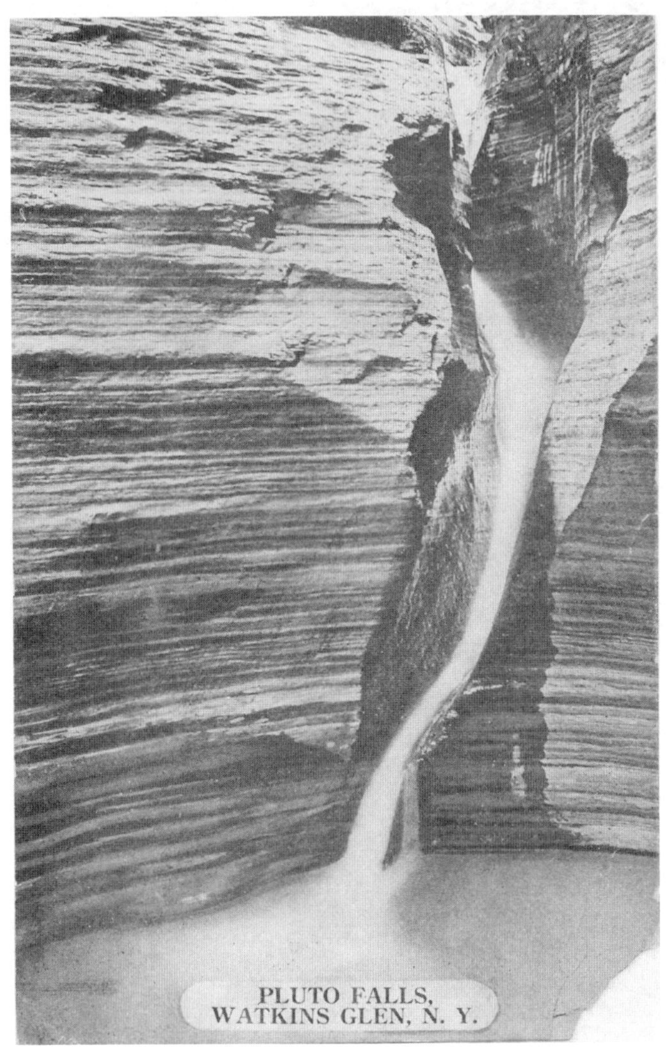
PLUTO FALLS,
WATKINS GLEN, N. Y.

Cavern Cascade
Watkins Glen, N.Y.
By K.C. Tsang, July, 1914

50—Cavern Cascade and Gorge, Watkins Glen, N. Y.

（甲）

活镗谷之游，同行者二百二十二人，吾与梅息君[1]偕行，叔永为摄影于谷口（甲）。又在一瀑泉侧摄一影，吾与梅息君坐泉下（乙）。末一图则余与叔永合影也（丙）。[2]

---

[1] 梅息君，手稿本为“C.L.Macy”。

[2] 此后，手稿本有“卅日”。另，本段文字，手稿本中在本卷第三一则日记后。

（乙）

（丙）

享登临之乐，游观之美，不亦均乎！此中亦有至理存焉。英[1]菲儿山任天而治者也，探险者各以其才力之强弱，定所入之浅深及所见之多寡；惟其杰出能坚忍不拔者，乃能登峰造极，尽收其地之奇胜；而其弱不能深入或半途而止者，均王介甫所谓“不得极夫游之乐”者也。其登峰造极者，所谓英雄伟人也：敌国之富人，百胜之名将，功名盖世之豪杰，立德立言之圣贤，均此类也。其畏而不敢入者，凡民也。入而不能深者，失败之英雄也。所谓优胜劣败，天行之治是也。活铿之山则不然，盖人治也，人择也(Rational Selection)。以人事夺天行之酷（天地不仁，以万物为刍狗，此吾所谓天行之酷也)。人之智慧材力不能均也，天也，而人力可以均之。均之者何也？除其艰险，减其障碍，俾曩之惟圣且智乃可至者，今则匹夫匹妇皆可至焉；曩之所谓殊勋上赏以待不世出之英杰者，今则人人皆可跻及焉。以人事之仁，补天行之不仁，不亦休乎！不亦仁乎！

三〇、赫仆特满所著剧之长处（七月廿九日）

闻英文教长散蒲生（M. W. Sampson）讲赫仆特满所著剧之长处。其论《獭裘》与《放火记》(*The Conflagration*）也，曰：“此二剧相为始末。前剧之主人 Mrs. Wolff 今再嫁为 Mrs. Tietitz，老矣，虽贼智犹存，而坚忍不逮，奸雄末路，令人叹息。赫氏长处在于无有一定之结构经营，无有坚强之布局，读者但觉一片模糊

[1] 英，手稿本为“影”。

世界，一片糊涂社会，一一逼真，无一毫文人矫揉造作之痕也。”此种剧不以布局胜。剧之不以布局胜，自赫氏始也。

其论《织工》也，曰：“此剧有二大异点：（一）全剧不特无有主人乃无一特异之脚色。读《獭裘》及《放火记》者，虽十年之后，必不能忘剧中之贼婆伍媪及巡检卫而汗（Wehrhahn），犹读《汉姆勒特》（*Hamlet* 萧士璧名剧）者之不忘剧中之王子也。此剧《织工》则不然，读者心目中但有织工之受虐，资本家之不仁，劳动家之贫饿，怨毒入人之深，独不见一特异动人之人物（此言确也。吾读此才数日耳，而已不能举书中之人物，但未忘书中之事实耳），盖此书所志不在状人，而在状一种困苦无告之人群，其中本无有出类拔萃之人物也。（二）剧中主人即是一群无告之织工，其人皆如无头之蛇，丧家之犬，东冲西突，莫知所届。读者但觉其可怜可哀，独不知其人所欲究属何物，此其与他剧大异之处也。读《西柴》者，知卜鲁佗所欲何事，亦知高西厄司所欲何事。读《割肉记》（*Merchant of Venice*）者，知休洛克所欲何事。读《汉姆勒特》者，知丹王子所欲何事。独读此剧者但见一片模糊血泪，但闻几许怨声，但见饿乡，但见众斗，但见抢劫，但见格斗，但见一股怨毒之气随地爆发，不可遏抑。然试问彼聚众之工人所要求者何事，所志在何事，则读者瞠不能答也。盖此剧所写为一般愚贫之工人，其识不足以知其所欲何事，其言尤不足以自白其所志何在也。”此种体近人颇用之，俄国大剧家契可夫（Tchekoff）尤工此。

三一、标点符号释例（七月廿九日）[1]

我所作日记札记，向无体例，拟自今以后，凡吾作文所用句读符号，须有一定体例。因作释例曰：

（一）凡人名旁加单直（——），如契可夫、萧士璧之类。

（二）凡地名国名旁加双直（＝＝），如伦敦、瑞典之类。

（三）凡书名报名上下加矩（矩者，「　」也），如「放火记」「杀狗记」。

（四）凡引用他人言语，或书中语句，于所引语之前后加矩，如「老子」曰，「绝圣弃智，民利百倍」。

（五）如所引语中又有引语焉，则于引语中之引语前后加双矩（『　』）以别之，如子闻之曰，「汝奚不曰『其为人也，发愤忘食，乐以忘忧，不知老之将至云尔。』」又「庄子」曰，「『齐谐』者，志怪者也。『谐』之言曰，『鹏之徙于南冥也……』」

如引语之引语中又有引语焉，则加三矩（『　』）以别之，如曰，「臣闻之胡龁曰，『王坐于堂上……王问曰，『牛何之？』对曰，『将以衅钟。』』」（四年二月，张子高以书问引语符号，似不敷用，因改正此则。）[2]

（六）句读符号。

甲　句用〇　「马氏文通」曰，「凡有起词语词，而辞意已全

[1]　此则日记与手稿本多有不同，现将手稿影印，详见本卷末附五。

[2]　此段文字，在手稿本中为眉注。

者曰句，未全者曰读。」

乙　读用△

丙　顿用、「凡句读中字面少长，而辞意应少住者曰顿。」

（例）「封禅书」云「臣尝游海上△见安期生。安期生食臣枣、大如瓜。安期生、仙者△通蓬莱中。合△则见人。不合△则隐。」

丁　加圈点之文，句用◎，读、顿同上。

（例）「韩非子」云「鲁人从君战◎三战△三北◎仲尼问其故◎对曰『吾有老父◎身死△莫之养也◎』……以是观之△夫父之孝子、君之背臣也◎」

（七）译外国音例　有音之字正写，无音而有声之字偏写。

（例）Hamlet　汉姆勒特　汉，勒有音，而姆，特无音也。

Plato　柏拉图

Socrates　梭格累底司

Hauptmann　赫仆特满

（八）注用双括弧（（　）），或偏半格写。

三二、法律之弊（七月卅日）

读瑞典戏剧巨子施吞堡（Strindberg）短剧名《线索》者（*The Link*），论法律之弊，发人深省。伊卜生亦切齿法律之弊，以为不近人情，其所著《玩物》（*A Doll's House* 或译《娜拉》[1]）中，

[1]　或译《娜拉》，手稿本为“或《傀儡之台》”。

娜拉与奸人克洛司达一席话，皆论此题也。[1]

三三、读《梦剧》（七月卅一日）

又读一剧名《梦剧》（*The Dream Play*），全无结构，但以无数梦景连缀成文，极恣肆诙奇之妙。

三四、往听维廉斯歌曲（七月卅一日）

卅一夜往听此邦有名歌者 Evan Williams 歌曲于裴立院，听者二千数百人。余生平未闻大家歌喉，此为第一次，叹赏不已。维廉斯君凡歌十二曲，听者鼓舞不已；又歌六曲，歌喉始终不衰。其所歌，余以“The Sorrows of Death”及“If with All Your Hearts”（*Elijah*）为最动人，皆 Mendelssohn 所谱曲也。余不解音乐，但喜听之耳。此君佳处，在能体会词意，喜怒哀乐，皆能一一传出。盖惟歌者自具情感，始能感人，若徒能作中耳之音，如留声机器，何足贵也。同行者梁女士，梁士诒[2]之女公子。[3]

三五、解儿司误读汉文（八月二日）

偶读《英国皇家[4]亚洲学会报》（*The Journal of the Royal Asiatic Society*，1914，Part III，pp.703—729），见彼邦所谓汉

[1] 此后，手稿本有“（一幕）”。

[2] 梁士诒，手稿本为“梁士诒君”。

[3] 此处，手稿本附有英文剪报一则（见本卷末附六）。

[4] 皇家，手稿本无。

学名宿 Lionel Giles 者，所作《敦煌录译释》一文，附原稿影本十四页。《敦煌录》者，数年前敦煌石室发见古物之一也，所记敦煌地理古迹，颇多附会妄诞之言，钞笔尤俗陋，然字迹固极易辨认也。不意此君（解儿司）所释译，乃讹谬无数。其最可笑者，如：

古号鸣沙神沙。而祠焉近。南有甘泉。

又如：

父母虽苦生离儿女。为神所录。欢然携手。而没神龙中。刺史张孝嵩下车。

盖以“神龙”为神龙之渊，而不知其为中宗年号也。以上句绝皆照[1]解氏本[2]。又如：

郡城西北一里有寺古木。阴森中有小堡。

译“有寺古木”曰，“there is a monastery and a clump of old trees”，岂非大可笑乎？其尤荒谬者，原稿有“纯”字，屯旁作“乇”，解氏注曰：“纯字似有阙笔，盖为宪宗讳故也；又有‘祝’字，为昭宣帝讳，而无阙笔；故知此稿成于宪宗昭宣之间也。”其实纯字并无阙笔。且稿中阙笔之字甚多，如“昌”作“昌”，“害”作“宔”，“乌”作“乌”，盖录手不学不识字之过耳。类此之谬处尚多。彼邦号称汉学名宿者尚尔尔，真可浩叹！余摭拾诸误，为作文正之，以寄此报。

[1] 照，手稿本无。

[2] “解氏本”后，手稿本有“（用红色）”，即手稿本中所引《敦煌录译释》文字中的句号为胡适以红笔所注。

三六、记欧洲大战祸[1]（八月五日）

（一）空前之大战

自有生民以来所未有之大战祸，今忽突起于欧陆！（拿破仑之战虽波及全欧，然其时在百年以前，战具无今日之备也。）七月廿六日，奥国与塞维亚宣战，塞都 Belgrade 在奥境上，遂弃之而走。明日，奥兵攻之，战事遂开。俄为塞同种之国，出而调停，无效，遂动员[2]（Mobilization）。德为奥与国，严词诘问俄动员[3]之原因，责令解严，俄人不听，俄德战端遂起。俄为法联邦，法又德之世仇也，德人度法人必助俄，遂先侵法。法人不得已，遂于前日宣战。德法接壤，比国居其间，德人强欲假道于比以侵法，比人拒焉。德人胁以兵力，比乃告急于英。英久仇视德，而又为法俄比之友邦，故为比责德。德人不服，遂于昨日宣战。英人亦于昨夜宣战。于是欧洲之大战起矣。奥德为一组，英俄法塞为一组。塞之联邦门的尼革罗及希腊当继起助塞，而德奥之同盟国意大利乃首先宣告中立，不与闻战役。

（二）塞奥交恶之始末

当拿破仑全盛之时，欧之东南角仅有奥帝国及突厥帝国而已。今之所谓巴尔干半岛全属突厥。（突厥人 Othman 于一三五三年侵欧，渐占巴尔干半岛。）而其时突厥之焰已衰，境内之基督教徒[4]不甘屈服于回教势力之下，于是各部有倡独立之师者。塞人

---

[1] 胡适原题。

[2][3] 动员，手稿本为“戒严”。

[4] 基督教徒，手稿本为“耶稣教徒”。

独立于一八一七。希人继之（一八二一——一八二九），得俄英法之助亦独立。克里米之战（The Crimean War，1853—1856）既息，鲁马尼亚（Roumania）乘机独立，即今之鲁国也（一八五九）。

一八七五年，塞国西境上之突属两省曰巴士尼亚及黑此哥维纳（Bosnia and Herzegovina）亦叛突，意在归并于塞也；褒而加里亚人（Bulgaria）继叛，皆乞援于俄。时突人大杀叛者，惨无人道，俄人借词伐突，大败之。而西欧诸国忌俄人之得势于东欧，于是俾士麦召诸国会于柏林，是为“柏林会议”[1]，德法奥俄英意突[2]等国皆与焉，俾氏主坛坫。此会之结果：（一）塞、门、鲁皆为独立国。（二）巴士尼亚及黑此哥维纳二省向之本愿为塞属者，今乃由此会决令由奥代治，而遥认突之“苏丹”为上国。（三）褒而加里亚得一基督教政府[3]，惟仍认突为主国。

巴、黑两省之归奥代治也，塞人大耻之。俄人为塞褒侵突，而不得相当之酬报，故衔奥德亦甚。奥人代治巴、黑两省，理其财政，兴其实业，凡二十年。至一九〇八年，Von Aehrenthal 为奥外相，遂并巴、黑为奥县。此举也，全欧震动，突人欲战。塞人以奥人绝其并二省之望也，亦索赔偿。英、俄、法助之，责奥之背柏林之约也。奥以贿和突，而拒塞之要求。全欧战云几开矣。明年三月，德皇告俄柴，谓“塞奥之事果肇战端，则德必以全力助奥”。时俄人新败于日。英法亦不欲战，事遂寝。奥人安享二省

[1] “‘柏林会议’”后，手稿本有“（一八七八）”。

[2] 突，手稿本为“土”。

[3] 基督教政府，手稿本为“耶教政府”。

之利矣。然六年后之战祸实基于此。

（三）飞的难之暗杀案（参看卷四第四三则）[1]

六月廿八日（一九一四），奥皇嗣飞的难（Archduke Francis Ferdinand）与其妻行经巴省都城沙拉也勿（Sarayevo），为一塞国学生所枪杀。奥政府疑此举由塞政府主使。且近来塞人排奥之风极盛，国中有所谓“排奥会”及“全塞维亚会”（Pan-Servian）者，塞政府中人亦有赞助之者，奥人大恨之。且巴尔干战后，塞人骤为强国，尤为奥所忌。七月廿三日，奥政府下“哀的米敦书”于塞政府，要求五事：

（甲）塞政府须在政府公报上承认国中排奥之举之非，并须道歉于奥国。

（乙）塞政府须以此意宣告陆军兵士[2]。

（丙）解散排奥之结会。

（丁）禁止国中报纸提倡排奥之议。

（戊）奥政府可遣一般官吏入塞境内自由调查沙拉也勿之暗杀案，塞政府不得干预。

此书限廿四时内答复。塞政府答书允前四事，惟（戊）款有伤国体，不能允许，拟以陈于海牙平和会，俟其平判。奥政府以为塞人所答不能满意，遂宣战。

（四）三国同盟（Triple Alliance）

“三国同盟”者，德奥意也。欧洲均势之局，此三国为一组；

---

[1] 参看卷四第四三则，手稿本为“参观六月卅日记”。

[2] 兵士，手稿本为“兵人”。

而英法俄所谓“三国协约”（Triple Entente）者为一组。两组互相猜忌，互相牵掣，均势之局始成。

普法之战后（一八七〇），俾士麦志在孤法，不令与他国联结。俾氏初志欲联俄奥；一八七二，三国皇帝会于柏林，未缔约，但约有事协商耳。一八七五，法人增兵备，毛奇议攻法。法人乞助于俄，俄柴、英后皆以书致德皇，遂不果战。俾氏恨俄人之干涉也，其后柏林会议，俾氏主坛，袒奥而疏俄（见上）。俄人耻之，遂调兵集境上示威。俾氏亲至奥京，与奥订约而归（一八七九），是为“双同盟”，约同拒俄。

意奥世仇也。而意法以非问题适有隙，几开战，德奥许以外援，意遂加入三国同盟（一八八二）。意加入同盟后，不得不增地中海上之海军军备[1]，故数十年来，意之海军负担骤增。然前年意之攻特里波利（Tripoli）也，奥德皆坐视，令意得自由进取，意所得益，惟有此耳。

三国同盟之约，大旨谓如一国为俄国所攻，则余二国同助之；如一国为他国（俄国之外）所攻，则余二国守中立。

（五）三国协约（Triple Entente）

俾士麦能使法国孤立二十年，及俾氏倒[2]（一八九〇），而欧洲政局大变矣。

俄德本姻亲（亚历山大二世为维廉之侄），而德人之霸于欧洲，俄实忌之，一八七五年，俄柴之阻德之伐法也，以此故也。

[1] 海军军备，手稿本为“海军备”。

[2] 倒，手稿本为“之倒”。

此后俄法交日密。法富，时以赀助俄。俄畏虚无党，法政府承其意旨，为捕之于巴黎，以交欢俄。两国海军相过从，国人欢迎之若狂（托尔斯泰曾记之）。一八九一年，盟约成。一八九六，俄新柴如法。明年，法总统 Faure 如俄报聘，席上始宣告两国之同盟焉。

一九〇三年，英前王如法，法总统 Loubet 如英报聘。明年，英法协约成，法以埃及让英，英亦以摩洛哥让法。英本与德睦，及南非之战，德人始疾视英。迩来德人刻意经营海军，尤为英人所忌，故英德疏而英转亲法矣。

英俄既皆为法之友邦，故一九〇六年法德以摩洛哥事会议于 Algeciras，英俄皆阴助[1]法：意虽联德，近亦与法睦，故亦助法：法在摩遂占胜利。而英俄交谊亦益亲；一九〇七年，英俄协约成，（一）划分两国在波斯之势力圈。（二）英人得握阿富汗之外交权。（三）两国在西藏各不相犯。

于是英法俄三国之间各以协约相结，而“三国[2]协约”之势成。其后英俄法复与日睦，而协约之三国势尤强矣。意自一八九六年以后与法渐睦。一九〇一年，法宣言法不侵犯意之经营特里波利，意亦不干涉法之经营摩洛哥。一九〇三年，意王如法。明年，法总统报聘。意法[3]交益亲，德奥之势益孤矣。

---

[1] 助，手稿本为“相”。
[2] 国，手稿本无。
[3] 意法，手稿本无。

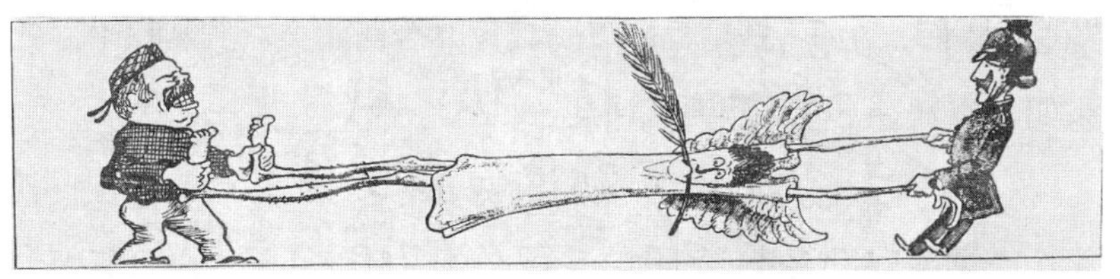

THE ANGLO-GERMAN AGREEMENT.
It may result in the elongation or prolongation of peace.
—*Kikeriki*(Vienna)

（六）结论

战事之结果，孰胜孰负，虽不可逆料，然就大局论之，有数事可预言也。

（一）欧洲均势之局必大变。奥国国内人种至杂，战后或有分裂之虞。德孤立无助，今特铤而走险，即胜，亦未必能持久；若败，则均势之局全翻，意将为英法之党。而他日俄得志东欧，必复招西欧列强之忌。异日均势新局，其在东西欧之对峙乎?

（二）战后，欧人将憬然于攻守同盟之害。即如今之“三协约”“三同盟”，皆相疾视甚深，名为要约以保和平，实则暗酿今日之战祸耳。[1] 他日之盟约必趋向二途：（一）相约以重大交涉付之公裁（Arbitration 或曰仲裁）。（二）相约同减兵费。

（三）战后，和平之说必占优胜。今之主和平者，如社会党，如弭兵派（Pacifists），皆居少数，不能有为。主增兵备者，皆以

[1] 此后，手稿本有胡适注“（上图大可玩味）”。“上图”即所附时事漫画及英文注释，现据手稿本补于此。

“武装和平”为词，谓增兵所以弭兵也。今何如矣？武装和平之效果如是如是，主减兵费者有词矣。

（四）战后，欧陆民党必占优胜。德奥之社会党工党必将勃起，或竟能取贵族政体而代之。俄之革命党或亦将勃兴。拿破仑大败之后，见诸国争恢复专制政体，力压民权，叹曰：“百年之后，欧洲或全为哥萨克，或全为共和民主耳。”今百年之运将届，高雪加怪杰之言或将验乎？今欧之民气受摧残甚至，以一二私人之外交政策，以条约中一二言之关系，遂累及全欧数百万之生灵，驱而纳诸死地，可叹也！

（五）此役或竟波及亚洲，当其冲者，波斯与吾中国耳。吾国即宣告中立，而无兵力，何足以守之！不观乎比国乎？

三七、客来尔之爱国说（八月九日）

顷见客来尔（Carlyle）之爱国说，乃与吾平日所持相契合，录之：

> We hope there is a patriotism founded on something better than prejudice; that our country may be dear to us, without injury to our philosophy; that in loving and justly prizing all other lands, we may prize justly, and yet love before all others, our own stern Mother-land, and the venerable structure of social and moral life, which Mind has through long ages been building up for us there.
>
> Carlyle—*Essay on Burns*

三八、读《海妲传》（八月九日）

昨日读伊卜生名剧《海妲传》（*Hedda Gabler*），极喜之。此书非问题剧也，但写生耳。海妲为世界文学中第一女蜮，其可畏之手段，较之萧氏之麦克伯妃（Lady Macbeth）但有过之无不及也。[1]

三九、叔永《活铿谷游记》（八月十日）

叔永作《活铿谷游记》（叔永译为《洼特陉谷》）甚佳，可补吾所记之不足（七月廿五日记），急录之以实吾札记。[2]

洼特陉谷游记

任叔永 [3]

去绮色佳城六十里许，有洼特陉谷者，东美山水之最奇者也。每岁之夏，康乃耳大学地质学教者辄率其夏课学生往游，为探讨地质之行，而揽胜者亦与焉。余夏休无事，得随诸学者后，为选胜游。七月廿五日晨，以火车往，行三时许，始达。至则倚树食裹粮，若为午餐。餐既，入谷。

谷口有山当之，凿石为门，穿洞得桥。桥跨两山间，长

---

[1] 此后，手稿本还有如下一条杂记："今日见纽约《太阳报》所记十九世纪大儒托尔斯泰四年前预言今日之战祸，其文奇恣，不循寻常蹊径，录之于下。　九日。"下即附该报所载托尔斯泰生前预言第一次世界大战的英文剪报（见本卷末附七），胡适旁注："*The New York Sun*, Aug.9. 1914."。

[2] 这条题记，原见上海亚东图书馆 1939 年 4 月初版《藏晖室札记》，但误置于卷五末页。2001 年 10 月安徽教育出版社出版的《胡适日记全编》，改移至此。此次与手稿本校，所改不误。又，本题记中所写"七月廿五日"，实为游览日期，写游记，则是在"七月廿八日"（参见本卷第二九则）。

[3] 任叔永，手稿本为"任鸿隽叔永"。

才及丈。山溪深狭，蜿蜒若虬蛇，而高下起伏无寻尺平，水行其中，往往急落为瀑。瀑下穿石为潭，深黝不可测。两旁石交错，层纹齿齿然，若大贝出水而曝其甲。瀑甚多，而状殊不一，短者若断练，错杂置石罅，长者若悬巨帛于岩畔。时或巨石突斜，泉水平泻而下，续续如贯珠玑。蹊径出其中，远望行人，又若美人往来危楼复道中，珠帘半垂而未卷也。沿山腰为径，铁柱阑之。石绝，则继以木梯；梯不可及[1]，则支石为桥，度他山为径。径愈险，改道愈频，则为桥愈多。故有时一目而见两桥，横跨峰巅，仰望前游，飘飘然若飞仙临于太虚。谷之深约共五里，而数武外辄不测前方所有。有洞三，桥十许，梯数百步。

余等往返乃费三小时。同来者分四队，各有教者率之，余皆不随，顾谓同行，吾欲观天然美耳，安问所谓地质与时代哉！既返，欲记其胜，又恍惚不可得，唯出游时所摄影，陈而观之，尚往往若有遇也。

四〇、谁氏之书（八月十日）

今日有人投书本市日报，论爱国与是非，其人不署名，[2]乃引孔子之言以申吾说（参看卷四第一五则，卷五第九则，第二八则）[3]，所引乃“所谓大臣者，以道事君，不可则止”（《先进篇》）

[1] 梯不可及，手稿本为“梯不可继（拟易为及字）”。

[2] 此前文字，手稿本为“此不知谁氏之投书”。

[3] 括号内文字，手稿本为“参考五月十五、七月十二、七月二十六日记”。

一语也。[1]

四一、答某夫人问传道（八月十日）

有某夫人问余对于耶教徒在中国传道一举，意见何若。答曰："吾前此颇反对此举，以为'人之患在好为人师'，英文所谓Proselyting者是也。年来颇觉传道之士，正亦未可厚非。彼等自信其所信，又以为其所信足以济人淑世也，故必欲与世人共之，欲令人人皆信其所信，其用心良可敬也。《新约》之《马太书[2]》有云：'未有燃烛而以斛覆之者也，皆欲插之檠上，令室中之人毕受其光耳。且令汝之光照耀人前，俾人人皆知汝之事业而尊荣汝在天之父（上帝也）。'（《马太》五篇十五、十六节）此传道之旨也。顾传道之士，未必人人皆知此义耳。"某夫人极以为然。[3]

[1] 此处手稿本附有该投书一则（见本卷末附八）。

[2] 书，手稿本为"传"。

[3] 此后，手稿本尚有胡适所记杂事备忘一页，现补于后。

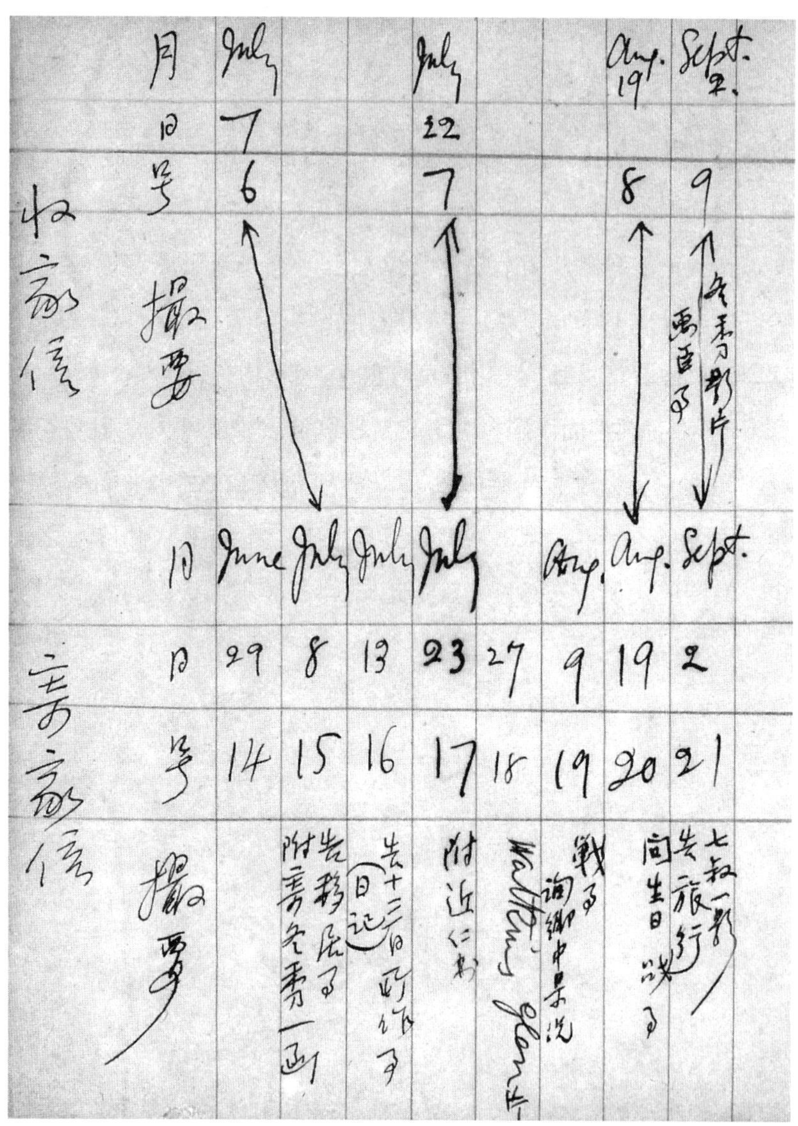

收家信	月	July			July			Aug.	Sept.
	日	7			22			19	2
	号	6			7			8	9
	撮要								冬秀影片 要否了
寄家信	月	June	July	July	July		Aug.	Aug.	Sept.
	日	29	8	13	23	27	9	19	2
	号	14	15	16	17	18	19	20	21
	撮要		告移居了 附寄冬秀一函	告十三日所作了（日记）	附近作	[illegible]	战了 询乡中景况	问生日说了	告旅行 七叔一影

卷五杂事备忘

卷五附录

附一（两则）：

Thomas A. Edison has been taking lessons from a bumblebee. Mr. Edison, after watching the tremendous energy of the busy and noisy little creature, remarked: "A real plane, a heavier-than-air machine of great weight, can be built as soon as we obtain something that beats the air at the rate of 200 times a second. That bee weighed 7,000 times more than his wings. If we can only get to that, get to that—the greatest thing for the smallest wing—that is the thing. The bee's wings beat the air 300 times a second."

①

Some Chinamen succeed in mastering English so perfectly that they can make puns in the foreign tongue; one wonders whether Bishop Roots, who tells the following story, could have shown himself equally clever in speaking Chinese: Bishop Roots said that when he first went to China he had a good deal of difficulty in remembering faces. "I'm getting over my difficulty now," he said one day to a mandarin, "but in the beginning here in Hankow you all looked as like as two peas." "Two peas?" said the English-speaking mandarin, smiling. "Why not say two queues?"

②

附二：

Prayer and the Laws of Nature.

In Hopkinsville, Ky., the other day a union service of all the Christian churches was held to pray for rain, which was badly needed in that part of the state. Such petitions are wholly in accord with the traditional belief of the churches, and until recently no good Christian would have thought of questioning their efficacy.

As to the specific case of rain, it is, indeed, the teaching of the Episcopal Church that God sends too much rain or withholds it altogether in order to punish the people for their sins. In the prayer for fair weather the Deity is asked to "restrain those immoderate rains wherewith for our sins Thou has afflicted us." And in another prayer, dearth and famine, caused by a lack of rain, are declared to be due to the sins of the people.

附三：

I am willing to get anything for an American that money can buy, except the rights of other men. I will not help any man buy a power he should not exercise over his fellow being. . . . You hear a great deal stated about the property loss in Mexico and I deplore it with all my heart. Upon the conclusion of the present disturbed condition in Mexico, undoubtedly those who have lost properties ought to be compensated. Man's individual rights have met with many deplorable circumstances, but back of it all is the struggle of the people, and while we think of the one in the foreground, let us not forget the other in the background.

Every patriotic American is a man who is not niggardly and selfish in the things he needs that make for human liberty and the rights of man, but wants to share it with the whole world. And he is never so proud of the great flag as when it means for other people as well as for himself the symbol of liberty and freedom.

I would be ashamed of this flag if it ever did anything outside of America that we would not permit it to do inside of America. We stand for the mass of the men, women, and children who make up the vitality of every nation. . . .

It is patriotic sometimes to regard the honor of this country in preference to its material interests. Would you rather be despised by all nations of the world as incapable of keeping your treaty obligations, or would you rather have free tolls for American ships? The treaty may have been a mistake, but its meaning was unmistakable.

One of the most serious questions for sober-minded men to address themselves to in these United States is what are we going to do with the influence and power of this great nation? Are we going to play the old role of using that power for our own aggrandizement and material benefit? You know what that means. That means we shall use it to make the people of other nations suffer in the way in which we said it was intolerable to suffer when we uttered the Declaration of Independence.

The department of state of the United States is constantly called upon to back up commercial enenterprises and the industrial enterprises of the United States in foreign countries; and it at one time went so far in that direction that all its diplomacy was designated as "dollar diplomacy." It was for supporting every man who wanted to earn anything anywhere if he was an American.

But there is a limit to that which has been laid upon us more than any other nation in the world. We set up this nation and we propose to set it up on the rights of man. We did not name any differences between one race and another; we did not set up any barriers against any particular race or people, but opened our gates to the world and said all men who wish to be free come to us and they will be welcome.

We said this independence is not merely for us—a selfish thing for our own private use—but for everybody to whom we can find the means of extending it. . . . .

When I have made a promise to a man I try to keep it. The most honorable and distinguished nation in the world is the nation that can keep its promises to its own hurt. I want to say, parenthetically, that I don't think anybody was hurt. I am not enthusiastic for subsidies to a monopoly and nobody can get me enthusiastic on that subject. But assuming that was a matter of enthusiasm, I am much more enthusiastic for keeping the integrity of the United States absolutely unquestioned and unsullied.

Popularity is not always successful patriotism. The most patriotic man is sometimes the man who goes in the direction in which he thinks he is right, whether or not he thinks anybody agrees with him, because it is patriotic to sacrifice yourself if you think you are right. Do not blame anybody else if they do not agree with you. That is not the point. Do not die with bitterness in your heart because you do not convince anybody. But die happy because you believe you tried to serve your country without selling your soul. . . . And my dream is this, that, as the years go on and the world knows more and more of America it will turn to America for those moral inspirations that lie at the base of human freedom, that it will never fear America unless it finds itself engaged in some enterprise inconsistent with the rights of humanity; that America will come to that day when all shall know she puts human rights above all other rights and that her flag is the flag not only of America but the flag of humanity.

下划线为胡适所注

附四：

SUH HU TO SPEAK AT W.C.T.U. MEETING

The regular weekly meeting of the W. C. T. U. will be held tomorow afternoon in Odd Fellows Temple at 3 o'clock. Suh Hu, president of the Cornell Cosmopolitan Club, will deliver an address on "The Immigrant in American Life."

To have heard Suh Hu's thoughtful and forceful address on the real meaning of Cosmopolitanism is one of the important things of the Summer Session, as any who heard his speech will agree.

"Doc" Hu Inspirational

Suh Hu captivated his audience when introduced as the speaker of the evening and held their close attention as he outlined the forces which tend to bring peoples of the earth together or to keep them apart. In earnest and convincing way he pointed out those things which he believes to be departures from the right and true course and of the ways in which real brotherhood of man can be brought about.

附五：

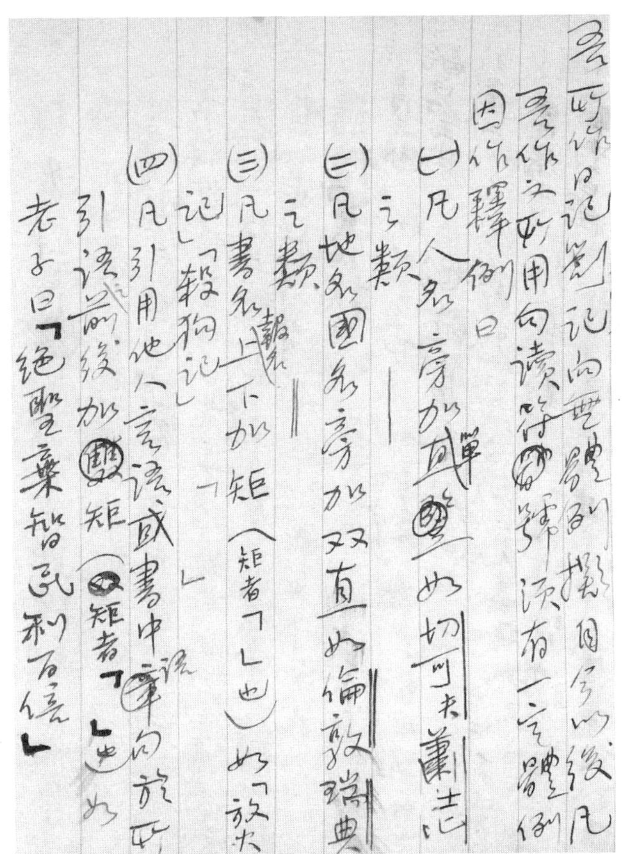

今所作日記，記向無體例，擬自今以後凡所作之所用句讀符號，須有一定體例，因作釋例曰：

（一）凡人名旁加單直線，如切可夫、蕭志之類｜

（二）凡地名國名旁加双直線，如倫敦、瑞典之類‖

（三）凡書名上下加矩（矩者「」也），如「狂犬記」「殺狗記」

（四）凡引用他人言語或書中語句，於所引語前後加雙矩（雙矩者『』也），如老子曰『絕聖棄智民利百倍』

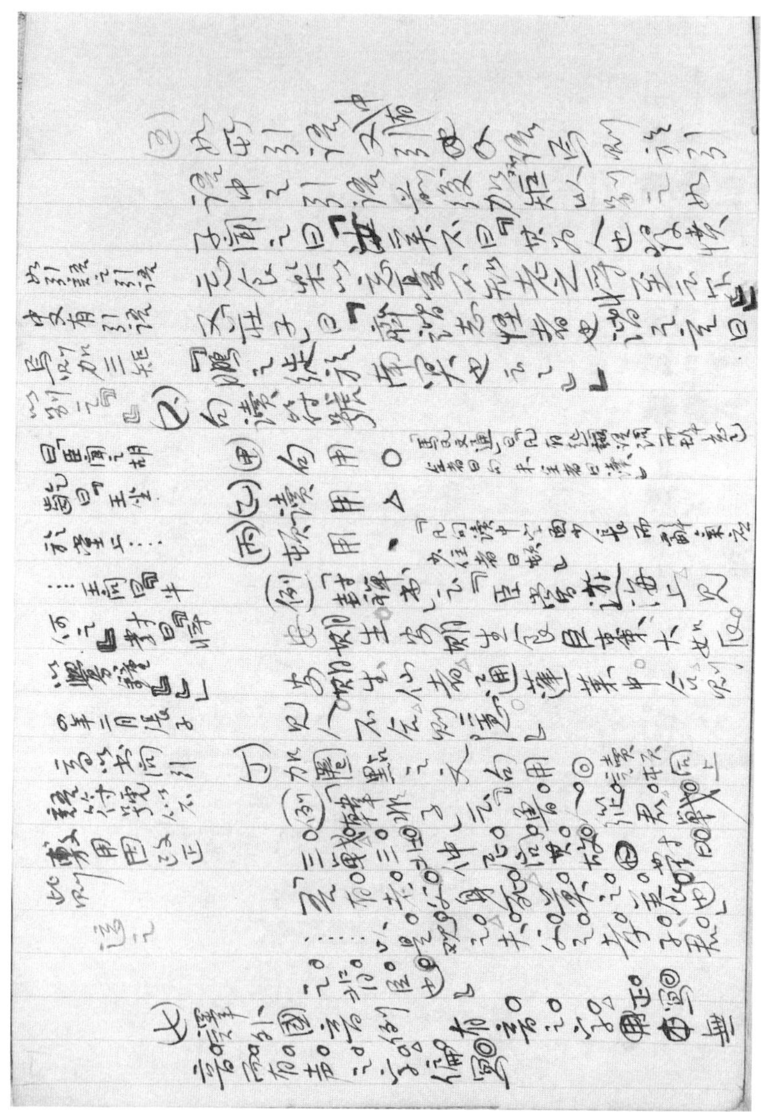

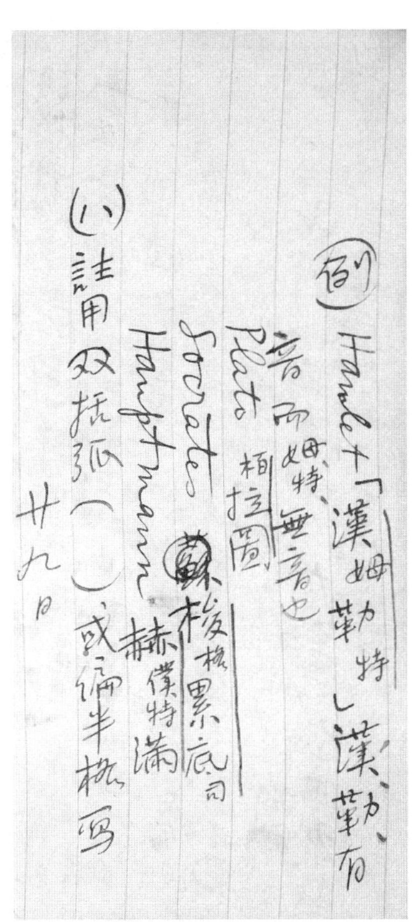

例 Hamlet 十「漢姆勒特」漢、勒、有音而姆、特、無音也

Plato 栢拉圖

Socrates 蘇梭格累底司

Hauptmann 赫僕特滿

（八）註用双括弧（ ），或偏半括弧

廿九日

附六：

Mr. Williams was in a very happy mood, and it is difficult to say, judging from comments heard on all sides, just what particular number pleased the most. He was free from any trace of physical limitation and sang with a brilliancy that carried the audience through the entire program with the feeling that there was nothing more to be desired.

In 'The Sorrows of Death," from the "Hymn of Praise," by Mendelssohn, great damatic ability was shown, and the style in singing "Oh! Lovely Night," by Ronald, and "Ishtar," by Spross, seemed almost perfect. To many it seemed that the singing of the excerpts from the oratorios, and particularly "If With All Your Hearts," from Elijah, by Mendelssohn, was the best of all, and the audience seemed unable to sufficiently show its appreciation.

Mr. Williams was forced to respond with double encores after some of the numbers.

,The first encore was "Four Leaf Clover," by Brownell. The second a double encore being, "The Spirit Flowers" by Campbell-Tipton, and by request, "Spirit of Light," from "La Favorita," by Donizetti, in which Mr. Williams' dignified and sympathetic singing thoroughly captivated the house.

The next encore, "A Perfect Day," by Bond, was well received, and the last, which was also a double encore, was first the beautiful "Schubert Serenade," and then "Lullaby" and "Good Night," by Brahms, in which Mr. Williams seemed to surpass himself. This proved a most fitting selection with which to close the superb program.

附七：

IN January, 1913, the Countess Nastasia Tolstoy sent to the American press the following letter:

"I have the honor to hand you my interview with the late Count Leo Tolstoy, had with him some months before his death. I authorize you to make use of it for the first time, the original copy having been presented to his Majesty the Czar. Hoping that the American reading public will be interested to learn about the prophecies of the greatest genius of our age, I am respectfully yours, N. TOLSTOY."

She then describes the manner in which she obtained the interview. In the autumn of 1910 the Czarina had invited the Countess to visit her at her summer palace at Peterhof. She was summoned into the presence of the Czar, who explained that he had a confidential mission he wished her to undertake for him. He said that the German Kaiser and the King of England had expressed a wish for a direct message from the old Count Leo Nicolaievich Tolstoy. Being on unfriendly terms with the Count and knowing that the Countess was a relative (a grandniece), he asked her to assist him.

"Tell him," he said, "that if he will in a friendly way send a message through you to me I will send it on to the King of England and the Kaiser of Germany. It must be something that he has not published before and that he will never publish himself."

A week later, being a guest at her uncle's, she delivered the Czar's message, and the following is the conversation given in her own words as it took place between them.

"Very strange," said Tolstoy. "I would be glad to send a message to royalty, but the trouble with me is that I have written all my life messages for the mob. I am not accustomed to the conventions of court diction. However, I will think the matter over."

"Leo Nicolaievich, don't you have any visions of a political nature, or any prophecies on a large international scale?" I asked.

"A good idea!" he exclaimed. I have had some really strange experiences which I could not publish as fiction. There is something that has haunted me for the past two years. I don't know how to explain the nature of it to you.

"I cannot call it a dream, because I have seen it often while I have been sitting at my writing table. On other occasions it has appeared to me at twilight, before my dinner hour. I am not a believer in ghosts, nor in the spiritualistic explanations of phenomena; but I admit that I cannot account for this mysterious affair."

"Is it a vision?" I interrupted.

"Something of that order, but very clear. So clear that I could draw a distinct picture of all that transpires. Furthermore, I can call up the vision at will. I am almost sure I could do it while you are here. The only difficulty is that I am not able to write anything during the time of the manifestation. My hands are absolutely paralyzed."

"I shall be happy to write down what you dictate," I urged.

"Very good! That settles the matter," he replied. "I shall try for something immediately. Here on the table are paper and pencil. Or use a pen—whatever you want."

In a few minutes I was waiting for

the great moment, pencil and paper in hand. My aged host leaned back in his chair, covered his eyes with his hand and relapsed into an apparently comatose condition. For ten minutes he remained absolutely motionless. Then, straightening up like one in a trance, he began in a low and hollow voice:

"This is a revelation of events of a universal character which must shortly come to pass. Their spiritual outlines are now before my eyes. I see floating upon the surface of the sea of human fate the huge silhouette of a nude woman. She is—with her beauty, her poise, her smile, her jewels—a super-Venus.

"Nations rush madly after her, each of them eager to attract her especially. But she, like an eternal courtesan, flirts with all. In her hair ornaments of diamonds and rubies is engraved her name: 'Commercialism.' As alluring and bewitching as she seems, much destruction and agony follows in her wake. Her breath, reeking of sordid transactions, her voice of metallic character like gold, and her look of greed are so much poison to the nations who fall victims to her charms.

"And behold, she has three gigantic arms with three torches of universal corruption in her hand. The first torch represents the flame of war, that the beautiful courtesan carries from city to city and country to country. Patriotism answers with flashes of honest flame, but the end is the roar of guns and musketry.

"The second torch bears the flame of bigotry and hypocrisy. It carries the lamps only in temples and on the altars of sacred institutions. It carries the seed of falsity and fanaticism. It kindles the minds that are still in cradles and follows them to their graves.

"The third torch is that of the law, that dangerous foundation of all unauthentic traditions, which first does its fatal work in the family, then sweeps through the larger worlds of literature, art and statesmanship.

"The great conflagration will start about 1912, set by the torch of the first arm in the countries of southeastern Europe. It will result in a destructive calamity in 1913.

"In that year I see all Europe in flames and bleeding. I hear the lamentations of huge battlefields. But about the year 1915 a strange figure from the north—a new Napoleon—enters the stage of the bloody drama.

"He is a man of little militaristic training, a writer or a journalist, but in his grip most of Europe will remain till 1925. The end of the great calamity will mark a new political era for the Old World.

"There will be left no empires and kingdoms, but the world will form a federation of the United States of Nations. There will remain only four great giants—the Anglo-Saxons, the Latins, the Slavs and the Mongolians."

The Countess closes her communication by saying:

"The late author reformer finished, opened his eyes and looked at me slightly confused.

"'Had I gone to sleep?' he asked me. 'I beg your pardon.'

"When I read this vision talk to him he listened gravely and nodded, saying that it was correct. Upon my request he signed the document and handed it to me with a blessing. I left him the same day, and immediately upon my arrival informed the Czar of my readiness to see him.

"I was received at the court in an informal way and led into the Czar's private study. I handed him the paper. He opened it nervously and read with pronounced agitation.

"'Well, it's very interesting. I will make a copy for myself and then forward other copies with a translation to the Kaiser of Germany and through him to the King of England. The original shall be kept in my private archives. I shall ask the Kaiser and the King not to make any comments on the matter, as I do not like to figure as an intermediary between them and the old man whose seditious writings I do not like, generally.'

"It is because I have heard that one of the royal principals is going to include the secret message in his private memoirs that I take this opportunity of publishing the whole truth about it and how I received the unusual document. The Czar has told me repeatedly that the Kaiser of Germany thinks it is one of the most impressive literary prophecies of this age."

附八：

RIGHT OR WRONG?

Editor of The Journal: I read at the head of the editorial column of the paper for several months:

"My country! May it ever be right! But right or wrong, my country!"

I also read reference to it in an editorial in The Journal a few days ago in connection with the returning to Europe of men in the United States who thought they should answer the call to military duty. Difference of opinion as to the morality of thė sentiment is expressed.

It may be interesting to note that in a little book of quotations from Confucius paragraph No. 133 says:

"A truly patriotic man will serve his country according to what is right; when he can no longer do so, he will retire."

STEWART AVENUE.

Ithaca, August 10.

卷六

一九一四年八月十一日——一九一四年九月十五日

在康南耳大学

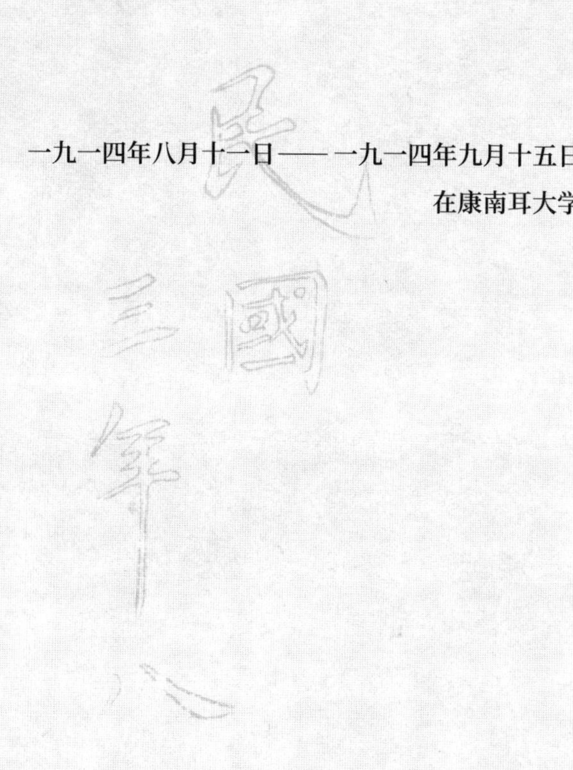
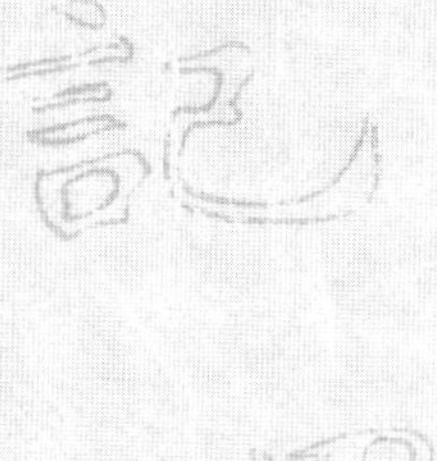

此卷手稿本，封面题写“藏晖札记四”“民国三年八月”。

一、悉尔演说欧战原因（八月十一日）

昨夜听本校古代史学教长悉尔先生讲演欧洲战祸之原因。[1]悉尔先生颇为德皇开脱戎首之罪。以奥之政策初不受柏林政府指使，但恣其所欲为。及祸端既开，德人骑虎难下，不得不为奥后援，德人所可恃之与国仅有奥耳，若弃奥，则真孤立矣。

二、蒋生论欧战影响（八月十一日）

本校经济学[2]教长蒋生先生（A. S. Johnson）前日在《纽约时报》作论，言欧洲战祸之影响，以为美国航海商业必将大受其利。惟无论如何，全世界所受损失甚大，不易补救。美人虽暂得渔人之利，所得不偿全世界之失也。[3]

三、读君武先生诗稿（八月十一日）

在杏佛处得见君武先生所刊诗稿，读之如见故人。最爱其《偕谢无量游扬州》一诗云：

风云欲卷人才尽，时势不许江山闲。
涛声寂寞明月没，我自扬州吊古还。

其七古以《惜离别》及《贺高剑公新婚》为最。七律断句如“只须拜热为先祖，直到成冰是善终”（《寄生虫》）；“欲以一身撼天

---

[1] 此后，手稿本有“其大旨如下”，下即所附英文剪报一则（见本卷末附一）。
[2] 经济学，手稿本为“计学”。
[3] 此后，手稿本有“其言如下”，下即所附英文剪报一则（见本卷末附二）。

下，须于平地起波澜”（《京都》），稍可诵。七绝颇多佳者。五古以《慈母》《马浮》为最。五律以《自上海至玛赛途中得诗十首》及《别桂林四首》为最。最爱其《澎湖》：

群山现天际，人说是澎湖。感怆乘桴意，模糊属国图。

绿波迎去舰，红日照前途。数点渔舟影，微茫忽有无。

又《西贡》：

十里河边路，亭亭凤尾蕉。绿阴覆城郭，红日熟田苗。

王气消南越，人心去阮朝。楼船相接处，三色大旗飘。

其《新嘉坡》诗有“侧身频北望，转舵便西游”，一“频”字，一“便”字，皆予所最爱。其《别中国公学学生》云，“群贤各自勉，容易水成冰。合力救亡国，发心造远因”二十字，得中国公学之精神。其译诗三十八首，乃殊少佳作，惟贵推之《米丽容歌》可诵耳。

四、刺杀奥皇嗣之刺客（八月十一日）

巴士尼亚与黑此哥维纳两省约有居民[1]百八十万。中惟七十五万为塞维亚人，奉希腊正教。余四十五万为克洛爱兴人（Croatians），奉罗马旧教。余六十万奉回教。刺杀奥皇嗣之刺客名Gabre Princip，为巴省之塞族。年仅十八岁。（据Stephen Brozovic，on“More Clouds in the Balkans”，*Everybody's Magazine*，August，1914）

[1] 民，手稿本为“人”。

五、记奥匈人种[1]（八月十二日）

奥	Germans —	9,171,614	35%	
	Slavs —	15,690,000	60%	
	Latins —	958,000	4%	
	Total	26,107,304	（1900）	
匈	Germans —	2,135,000		
	Magyears —	8,742,000		
	Slavs —	8,030,000		
	Total	19,254,559	（1900）	

六、本校夏课学生人数（八月十三日）

总　数		一，四三六
其中有	本校学生	五一一
	大学毕业生	二六三
	作教员者	六〇二[2]

此邦大学之夏课，真是一种最有益之事业。此表示此间夏课学生人数，其学校教员来学者之多，可思也。

七、送许肇南归国（八月十四日）

许肇南（先甲）远道来访，连日倾谈极欢。肇南将归国，作诗送之：

---

[1] 胡适原题。

[2] 本则中以上文字及数据，在手稿本中是一则英文剪报（见本卷末附三），无中译。

秋风八月送残暑，天末忽逢故人许。
烹茶斗室集吾侣，高谈奕奕忘夜午。
评论人物屈指数，爽利似听蕉上雨，
明辨如闻老吏语：君家汝南今再睹。
慷慨为我道出处，“不为良相为良贾。
愿得黄金堆作坞，遍交天下之才谞。”[1]
自言“国危在贫窭，衣食不足士气沮。
室惟四壁尘生釜，饿莩未可任艰巨。
能令通国无空庾，自有深夜不闭户。
诸公肉食等狐鼠，吾曹少年国之主。[2]
责人无已亦无取，宜崇令德慎所树。[3]
愿集志力相夹辅，誓为宗国去陈腐。[4]
譬如筑室先下础，纲领既具百目举。”
我闻君言如饮醑，投袂欲起为君舞。
君归且先建旗鼓，他日归来隶君部。

[1] 胡适原注：“肇南昨书黄伯芹册子上云，‘愿得黄金三百万，交尽天下美人名士’。”其中“天下”两字，手稿本无。

[2] 胡适原注：“君每言一国命脉在中等社会。”

[3] “诸公肉食等狐鼠……宜崇令德慎所树”句，手稿本原为：“又言吾曹国之主（君每言一国命脉在中等社会），宜崇令德慎所树。诸公肉食等狐鼠，责人无已何足取。”后改为：“诸公肉食等狐鼠，吾曹吾曹国之主（君每言一国命脉在中等社会）。责人无已亦无取，宜崇令德慎所树。”并旁注：“五年三月改。”

[4] 胡适原注：“今夜同人有‘社会改良会’之议，君倡之，和之者任叔永、梅觐庄、陈晋侯、杨杏佛、胡明复、胡适之也。”

八、祖先节（八月十五日）

罗马人有“祖先节”(Parentalia，二月十三日至廿一日)，与吾国之清明节相似。

九、青岛归谁（八月十六日）

日本似欲战。昨日相大隈有宣言矣[1]。日如合英攻德，德人必失青岛。青岛又归谁氏耶？以吾所料，日人或以归中国而索偿金焉。此说人皆以为梦想。

一〇、赴苛勿演说（八月十六日）

去此十五英里有村曰苛勿（Covert）。村中教堂牧师吉不生君（Gibson）延余往彼教堂中演说，所演为“中国之妇人”。吉君又延余为彼经课班演说。余令班中人质问所欲知而一一答之。吉君以汽车迎余，早行湖上，湖面风静，水光如镜，朝日在天，空气清洁无伦，风景极佳。

一一、一个模范家庭（八月十六日）

友人罗宾生（Fred Robinson）之妻兄金君（F. King）邀余餐其家。金君有子女各三人，两女老而不字，其已婚之子女皆居附近村中，时时归省父母。今日星期，两老女皆在，其一子率其妻及两孙女归省，罗君及其妻亦在，天伦之乐盎然，令人生妒。余

---

[1] 有宣言矣，手稿本为“宣言如下”，下即所附英文剪报一则（见本卷末附四）。

谓吾国子妇与父母同居以养父母，与西方子妇婚后远出另起家庭，不复问父母，两者皆极端也，过犹不及也。吾国之弊，在于姑妇妯娌之不能相安，又在于养成倚赖性（参看卷四第三五则）[1]；西方之弊（美国尤甚），在于疏弃父母。皆非也。执中之法，在于子妇婚后，即与父母析居而不远去，时相往来，如金君之家，是其例也。如是则家庭之龃龉不易生，而子妇与父母皆保存其自立之性，且亲子之间亦不致疏弃矣。

古人夫妇相敬如宾，传为美谈。夫妇之间，尚以相敬为难为美；一家之中，父母之于子，舅姑之于妇，及姑嫂妯娌之间，皆宜以“相敬如宾”为尚，明矣。家人妇子同居一家，“敬”字最难；不敬，则口角是非生焉矣。析居析产，所以重个人之人格也，俾不得以太亲近而生狎慢之心焉。而不远去，又不欲其过疏也，俾时得定省父母，以慰其迟暮之怀，有疾病死亡，又可相助也。

一二、还我青岛，日非无利（八月十七日）

昨记吾所料日人将以青岛归中国。今晨读报，知日政府昨夜以“哀的米敦书”致德政府，要求二事，其第二事即令德政府以胶州租借地全境交与日政府，以为他日交还中国之计。[2] 吾所料中矣。但不知日政府之能践言否，又不知其所欲交换[3]之条件如何耳。

吾之为“日本还我青岛”之想也，初非无据而言。他日世界

[1] 参看卷四第三五则，手稿本为“参观六月七日记”。

[2] 此处，手稿本附有英文剪报一则（见本卷末附五）。

[3] 交换，手稿本为“交还”。

之竞争，当在黄白两种。黄种今惟日本能自立耳。然日人孤立，安能持久？中国者，日之屏蔽也。藩篱之撤，日之所患，今日之政治家如大隈已有亲华之趋向（参看[1]大隈《第三次东方平和论》，见《东方杂志》）。然日人侵略之野心，早为世界所侧视，中美之人尤疑之。日人果欲消除中国疑忌之心及世界嫉妒之心，决非空言所能为力。何则？历史之往事（如中日之役）早深入人心矣。青岛之地，本非日有，日人得之，适足以招英人之忌。而又不甘以之让英法。何则？英法之厚，日之薄也。若为吾华取还青岛，则有数利焉：（一）可以交欢中国；（二）可以自告于世界，示其无略地之野心；（三）可以释英人之忌。吾所见如此，此吾政治上之乐观也，吾何恤人之笑吾痴妄也？

一三、日英盟约（八月十七日）

下载为日英盟约（一九一一年修正）之全稿。其第二条即所谓攻守同盟之约也。其第四条甚可玩味，所谓“仲裁”之约之功用，即此可见一斑。[2]

Agreement of alliance between the United Kingdom and Japan.

Signed at London，July 13，1911.

Preamble：

The government of Great Britain and the government of Japan，having in view the important changes which have taken

[1] 看，手稿本为“观”。

[2] 以下英文，手稿本中为一则英文剪报，并有胡适所注下划线。

place in the situation since the conclusion of the Anglo-Japanese agreement of the 12th of August, 1905, and believing that a revision of that agreement responding to such changes would contribute to general stability and repose, have agreed upon the following stipulations to replace the agreement above mentioned, such stipulations having the same object as the said agreement, namely:

(a) The consolidation and maintenance of the general peace in the regions of Eastern Asia and India.

(b) The preservation of the common interests of all powers in China by insuring the independence and integrity of the Chinese empire and the principle of equal opportunities for the commerce and industry of all nations in China.

(c) The maintenance of the territorial rights of the high contracting parties in the regions of Eastern Asia and India, and the defense of their special interests in the said regions.

Article I.

It is agreed that whenever, in the opinion of either Great Britain or Japan, any of the rights and interests referred to in the preamble of this agreement are in jeopardy, the two governments will communicate with one another fully and frankly and will consider in common, the measures which should be taken to safeguard those menaced rights or interests.

Article Ⅱ.

If by reason of unprovoked attack or aggressive action, whenever arising, on the part of any Power or Powers, either high contracting party should be involved in war in defense of its territorial rights or special interests mentioned in the preamble of this agreement, the other high contracting party will at once come to assistance of its ally and will conduct the war in common and make peace in mutual agreement with it.

Article Ⅲ.

The high contracting parties agree that neither of them will, without consulting the other, enter into separate arrangements with another Power to the prejudice of the objects described in the preamble of this agreement.

Article Ⅳ.

Should either high contracting party conclude a treaty of general arbitration with a third power, it is agreed that nothing in this agreement shall entail upon such contracting party an obligation to go to war with the power with whom such treaty of arbitration is in force.

Article Ⅴ.

The condition under which armed assistance shall be afforded by either power to the other in the circumstances mentioned in the present agreement and the means by which such assistance is to be made available will be arranged by the naval and military authorities of the high contracting parties, who will from time to time consult one another fully and freely upon all questions of mutual interest.

Article Ⅵ.

The present agreement shall come into effect immediately after the date of its signature, and remain in force for ten years from that date.

In case neither of the high contracting parties should have notified twelve months before the expiration of the said ten years the intention of terminating it, it shall remain binding until the expiration of one year from the day on which either of the high contracting parties shall have denounced it. But, if when the date fixed for its expiration arrives, either ally is actually engaged in war, the alliance shall ipso facto continue until peace is concluded.

Signed,

E. GREY,

Secretary of State for Foreign Affairs.

TAKAAKI KATO,

Ambassador Extraordinary.

The foregoing is the latest, revised text and the one at present in operation.

一四、圣安庙记（八月二十日）

白特生夫人为余道旅行所见，其所述圣安庙尤有趣，故记之。[1]

圣安（St. Anne）者，传说为[2]约瑟之妻母，媚利之母，而耶稣之外大母也。庙在加拿大，去匮北（Quebec）约七海里。相传有法国不列田省舟子航海入圣洛伦司河，遭大风，——不列田人为罗马旧教。父老相传，以为圣安遗骸实葬其地，故崇事圣安甚虔。——舟人在患难中则相率祷圣安，许风静即于舟登陆处为立庙。已而风果静，遂伐木祠焉。是为庙之始。

相传十七世纪有田夫某患病，时圣安新庙方在建造，某扶病往运石，病霍然愈。自是以后，庙之神效大著。四方之人争知圣安能愈疾也，乃不远千万里而来，庙中香火之盛，为美洲第一。

圣安治病之神效昭然最著者，莫如庙中之"拐杖堆"。拐杖堆者，病人之残废者扶杖而来，一祷而愈，则舍杖而去，庙中积之盈万。白特生夫人示我以此堆之图，芒然如蝟背。又有巨簏一，藏各项目镜，则患目疾者所遗也。庙中有一室，壁中遍悬还愿之供献，金环，银镫，云石之像，珠翠之花，布壁上皆满。

庙中相传有圣安指骨一节，自法国赍来者，以宝匣贮之。信徒瞻仰膜拜，以口亲匣上玻璃不已。白特生夫人亲见之，言有役人立匣旁，每一人吻匣后，役人辄以巾拭之，然其秽污犹可想也。

---

[1] 此后另行起，手稿本有"圣安庙"三字，为标题。

[2] 传说为，手稿本无。

庙旁有泉水名圣安泉，二三十年前忽有人谓此水可已病，遂大著。今来庙中者，辄买泉水一瓶归，或以自疗，或以贻戚友之病。白特生夫人亦携一瓶归，以赠其庖人，庖人盖信罗马旧教者也。

自一九一二年十一月至一九一三年十月，一年之中，来游此地者，凡二十四万〇七百卅四人。其中专诚来祷者，凡十万〇三千七百余人。

一五、裴厄司十世死矣（八月二十日）

教皇裴厄司十世（Pius X）今晨死矣。

一六、读《老子》（二）[1]（八月廿一日）

——记韩非《解老》《喻老》之章次——

《老子》一书，注之最早者，莫如韩非矣。其所引《老子》原文之先后，颇不与今本《道德经》同。不知非著书时，初不循原书次第乎？抑其所据本果为古本，而吾人今日所见乃为[2]后人所颠倒更置者乎？盖未尝无探讨之价值也。故录非所引《老子》次第于是，[3]而以阿剌伯数字示今本章句之次第。其字句亦颇有与今传各本稍有异同，皆可供参考。

[1] 胡适原题。

[2] 为，手稿本为“已”。

[3] 此后文字，手稿本为“而朱书今本章句次第及字句异同以附焉”，因在手稿本中，下文的阿拉伯数字等序号是用红笔写的。

（甲）《解老篇》

（38）上德不德，是以有德。上德无为，而无不为。上仁为之，而无以为。上义为之，而有以为。上礼为之，而莫之应。攘臂而仍之。失道而后失德，失德而后失仁，失仁而后失义，失义而后失礼。礼，薄也。夫礼者，忠信之薄也，而乱之首乎？前识者，道之华也，而愚之首也。大丈夫。处其厚不处其薄。处其实不处其华。去彼取此。

（58）祸兮福之所倚，以成其功也。福兮祸[1]之所伏。孰[2]知其极。人之迷也，其日故以久矣。方而不割，廉而不秽，直而不肆，光而不耀。

（59）治人事天莫如啬。夫谓啬，是以蚤服。蚤服，是谓重积德。重积德，则无不克。无不克，则莫知其极。莫知其极，则可以有国。有国之母，可谓[3]长久深其根，固其柢，长生久视之道也。

（60）治大国者若烹小鲜。以道莅天下，其鬼不神。非其鬼不神也，其神不伤也。圣人亦不伤民。两不相伤。两不相伤，则德交归焉。

（46）天下有道，却走马以粪。天下无道，戎马生于郊。祸莫大于可欲。祸莫大于不知足。咎莫憯于欲利。

[1] 祸，手稿本为“福”。

[2] 孰，手稿本为“莫”。

[3] 谓，手稿本为“以”。

（?）道理之者也。 得之以死，得之以生，得之以败，得之以成。

（14）无状之状，无物之象。

（1）道之可道，非常道也。

（50）出生入死。 生之徒十有三，死之徒十有三。 民之生，生而动，动皆之死地之十有三。（傅弈校本，下“之”字作“亦”。）〔善摄生者〕陆行不遇兕虎，入军不备甲兵。 兕无所投其角，虎无所错其爪，兵无所害其刃。 无死地焉。

（67）慈故能勇。 俭故能广。 不敢为天下先，故能为成事长。 慈于战则胜，以守则固。 天生。 以慈卫之。 吾有三宝，持而宝之。

（53）大道。 貌施。 径大。 朝甚除。 服文采，带利剑，厌饮食，而货资有余者，是之谓盗竽矣。

（54）不拔。 不脱。 祭祀不绝。 修之身其德乃真。 修之家其德有余。 修之乡其德乃长。 修之邦其德乃丰。 修之天下其德乃普。 以身观身，以家观家，以邦观邦，以天下观天下，吾奚以知天下之然也以此。

（乙）《喻老篇》

喻老者，设譬以明之。上篇惟詹何一则为喻之体。

（46）天下有道，却走马以粪；天下无道，戎马生于郊。 罪莫大于可欲。 祸莫大于不知足。 咎莫憯于欲得。 知足之为足矣。

（54）善建不拔，善抱不脱，子孙以其祭祀世世不辍。

（26）重为轻根，静为躁君。君子终日行不离辎重。轻则失臣，躁则失君。

（36）鱼不可脱于深渊。邦之利器，不可以示人。将欲翕之，必固张之；将欲弱之，必固强之；将欲取之，必固与之。是谓微明。弱胜强。

（63）天下之难事必作于易，天下之大事必作于细。图难于其易，为大于其细。

（?）圣人蚤从事焉。

（64）其安易持也，其未兆易谋也。

（52）见小曰明。守柔曰强。

（71）圣人之不病也，以其不病，是以无病也。

（64）欲不欲不贵难得之货。学不学复归众人之所过。恃万物之自然而不敢为。

（47）不出于户，可以知天下；不阙于牖，可以知天道。其出弥远者，其智弥少。〔是以圣人〕不行而知。不见而明。不为而成。

（41）大器晚成，大音希声。

（33）自见之谓明。自胜之谓强。

（27）不贵其师，不爱其资，虽知大迷，是谓要妙。

一七、《神灭论》与《神不灭论》（八月廿四日）

范缜《神灭论》（缜，范云从兄，齐武帝时，为尚书殿中郎。竟陵王子良开西邸，二范皆预焉）：

> 形即是神，神即是形。
>
> 人体是一，故神不得二。(以上见沈约《难神灭论》)
>
> 形者，神之质；神者，形之用也。神之于形，犹利之于刀。未闻刀没而利存，岂容形亡而神在哉？(见《资治通鉴》第一百卅六卷)
>
> 总百体之质谓之形，总百体之用谓之神。
>
> 欻而生者，欻而灭者。渐而生者，渐而灭者。
>
> 生者之形骸，变而为死者之骨骼。(以上见沈论)

此论今存者仅如是耳。(不知《齐》《梁书》[1] 有本传载此论不?)《通鉴》曰：

> 此论出，朝野喧哗，难之终不能屈。太原王琰著论讥缜曰，“呜呼！范子曾不知其先祖神灵所在!”欲以杜缜后对。缜曰，“呜呼！王子知其先祖神灵所在，而不能杀身以从之!”子良使王融谓之曰，“以卿才美，何患不至中书郎，而故乖刺为此论，甚可惜也。宜急毁之”。缜大笑曰，“使缜卖论取官，已至令仆矣，何但中书郎耶!”

史言“此论出，朝野喧哗”，其辩之者当甚众，惜不能毕读之矣。《沈休文集》有《形神论》《神不灭论》《难范缜神灭论》；梁武帝至有《敕答臣下神灭论》一敕，则此文之耸动一时可想。今录此诸文如[2] 下：

[1] 《齐》《梁书》，手稿本为“《齐书》”。

[2] 如，手稿本为“于”。

梁武帝《敕答臣下神灭论》[1]：

……[2]观三圣设教，皆云不灭。其文浩博，难可具载。止举二事，试以为言。《祭义》云："惟孝子为能飨亲。"《礼运》云："三日齐必见所祭。"若谓飨非所飨，祭非所祭，违经背亲，言语可息。神灭之论，朕所未闻。

适按：今《礼运》无"三日齐"之文，惟《祭义》云，"齐三日，乃见其所为齐者"。

沈约《形神论》：

凡人一念之时，七尺不复关所念之地。凡人一念，圣人则无念不尽。圣人无己，七尺本自若空。以若空之七尺，总无不尽之万念，故能与凡夫异也。凡人一念忘彼七尺之时，则目废于视，足废于践。当其忘目忘足，与夫无目无足，亦何异哉？凡人之暂无本实有，无未转瞬，有已随之。……[3]但凡人之暂无其无，其无甚促。圣人之长无其无，其无甚远。凡之与圣，其路本同。一念而暂忘，则是凡品。万念而都忘，则是大圣。……[4]

适按：此论以思念与形体之别为主。凡起一念时，此念可超出形体之外，直可无此七尺之躯矣。此念即神也。

沈约《神不灭论》：

[1] 此后，手稿本有"（节）"。
[2] ……，手稿本为"（上略）"。
[3] ……，手稿本为"（中略）"。
[4] ……，手稿本为"（下略）"。

> 含生之类，识鉴相悬，等级参差，千累万沓。昆虫则不逮飞禽，飞禽则不逮犬马。……人品以上，贤愚殊性，不相窥涉，不相晓解，燕北越南，未足云匹。其愚者则不辨菽麦，悖者则不知爱敬。自斯已上，性识渐弘[1]，班固九品，曾未概其万一。何者？贤之与愚，盖由知与不知也。愚者所知则少，贤者所知则多。而万物交加，群方缅旷，情性晓昧，理趣深玄。由其涂，求其理，既有晓昧之异，遂成高下之差。自此相倾，品级弥峻。穷其本原，尽其宗极，互相推仰，应有所穷。其路既穷，无微不尽。……[2]又昆虫夭促，含灵靡二，或朝生夕殒，或不识春秋。自斯而进，修短不一。既有其短，岂得无长？虚用损年，善摄增寿。善而又善，焉得无之？……生既可夭，则寿可无夭。既无矣，则生不可极。神妙形粗，较然有辨，形神之别，斯既然矣。形既可养，神宁独异？养形至可不朽，养神安得有穷？养神不穷，不生不灭，始末相较，岂无其人？[3]

适按：此论盖用论理学家所谓“类推法”（Inference by Analogy）也。含生之类，等级千万，自昆虫至人，自蟪蛄至彭祖，自下愚至大圣，既有其短，岂得无长？既有其长，岂得无无极乎？此已为类推之法。盖以下推上，以短推长也。又以形推神：形既可养，神宁独异？形可不灭，神亦可不灭矣。此又一类推法也。类推之

[1] 弘，手稿本为“宏”。
[2] ……，手稿本为“（中略）”。
[3] 此后，手稿本有“（下略）”。

法甚不可恃。其所比较之二物，如形之与神，或不同性，易陷入谬误之境也。

沈约《难范缜神灭论》[1]：

……刀则唯刃独利，非刃则不名利。故刀是举体之称，利是一处之目。刀之与利，既不同矣，神之与形，岂可妄合耶？

又昔日之刀，今铸为剑，剑利即是刀利。而刀形非剑形，于利之用弗改，而质之形已移。与夫前生为甲，后生为丙，夫人之道或异，往识之神犹传。与夫剑之为刀，刀之为剑，又何异哉？

适按：此先假定轮回之说以为前提也。而轮回之说之确否，尚是疑问。

又一刀之质，分为二刀，形已分矣，而各有其利。今取一半之身，而剖之为两，则饮龁之生即谢，任重之为不分，又何可以刀之与利譬形之与神耶？

适按：此论是也。刀是无机之物，人身是有机之体，本不可并论，亦是“类推法”之谬。吾十一二岁时读《通鉴》，见范缜此譬，以为精辟无伦，遂持无鬼之论，以此为中坚。十七岁为《竞业旬报》作《无鬼语》，亦首揭此则。年来稍读书治科学，始知其论理亦有疵[2]，而不知沈氏在当时已见及此也。

……若谓刀背亦有利，刀边亦有利，但未锻而铦之耳。

[1] 此后，手稿本有“（节）”。
[2] 论理亦有疵，手稿本为“不当”。

利若遍施四方，则利体无处复立。形方形直，并不得施利，利之为用，正存一边毫毛处耳。神之与形，举体若合，又安得同乎？……若以此譬为尽耶，则不尽。若谓本不尽耶，则不可以为譬也。

适按：以上论刀利之譬。

若形即是神，神即是形，二者相资，理无偏谢，则神亡之日，形亦应消。而今有知之神亡，无知之形在，[1] 此则神本非形，形本非神，又不可得强令如一也。……

来论又云："生者之形骸，变为死者之骨骼。"生之形骸既化为骨骼矣，则生之神明，独不随形而化乎？若随形而化，则应与形同体。若形骸即是骨骼，则死之神明不得异生之神明矣。向所谓死，定自未死也。若形骸非骨骼，则生神化为死神。生神化为死神，即是三世，安谓其灭哉？[2]

〔附记〕范缜《神灭论》见《梁书》卷四十八范缜本传。——廿三年五月记。

一八、叔永送肇南断句（八月廿四日）

叔永、杏佛俱有送肇南诗。叔永有"乱世尊先觉，乘时有壮怀"之句。

---

[1] 无知之形在，手稿本为"而无知之形在"。

[2] 手稿本中，此段文字上端有一小注："范论不知止于何处，殊难定之，容检史书。"这个问题作者一直存在于心，直到二十年后整理出版这部日记时，作者在整理本条札记后写下此后"附记"，算是一个了结。

一九、日德宣战（八月廿四日）

昨日日本与德国宣战矣。

二〇、欧战之罪魁祸首（八月廿四日）

昨日《纽约时报》刊行英国外部关于欧洲大战之来往函电一百五十九件，读之一字不肯放过，其兴味之浓，远胜市上新小说也。此种文件，皆确实可靠。据吾所观，则奥为祸首，德阴助之以怒俄。奥无德援，决不敢侮俄也，则德罪尤大耳。英外相葛雷（Sir Edward Grey）始终坚持和平之议，而德袖手不为之援。及八月之初，奥已有俯就羁勒之意，而德人已与俄法宣战矣。

二一、征人临别图（八月廿五日）

英国水兵出征，自火车窗上与其女亲吻为别之图，见二十三日《纽约时报》。此图大可抵得一篇“征人别赋”。

二二、都德短篇小说（八月廿五日）

昨夜译法国都德（Daudet）著短篇小说《柏林之围》（Le Siège de Berlin）寄与《甲寅》。此君之《最后一课》（La Derniére Classe）余已译之；[1] 改名《割地》，载《大共和》。此两篇皆记普法战事（一八七〇——一八七一）。

[1] “此君之……余已译之”句，手稿本为“前年译此君之《最后一课》La Derniére Classe”。

征人临别图[1]

[1] 此图，手稿本缺。

二三、裴颁《崇有论》[1]（八月廿六日）

初何晏等祖述老庄立论，以为天地万物，皆以无为本。无也者，开物成务，无往而不存者也。阴阳恃以化生，贤者恃以成德，故无之为用，无爵而贵矣。王衍等皆爱重之。故士大夫皆以浮诞为美，废职弛业。颁作此论，以释其蔽。（《通鉴》八十三卷十六页）

夫利欲可损，而未可绝有也；事务可节，而未可全无也。盖有饰为高谈之具者，深列有形之累，盛陈空无之美。……[2] 一唱百和，往而不反，遂薄综世之务，贱功利之用，高浮游之业，卑经实之贤。……[3] 夫万物之有形者虽生于无，然生以有为已分，则无是有之所遗者也。故养既化之有，非无用之所能全也；治既有之众，非无为之所能修也。心非事也，而制事必由于心，然不可谓心为无也。匠非器也，而制器必须于匠，然不可谓匠非有也。是以欲收重渊之鳞，非偃息之所能获也；陨高墉之禽，非静拱之所能捷也。由是而观，济有者皆有也。虚无奚益于已有之群生哉？

二四、范缜《因果论》（八月廿六日）[4]

竟陵王谓缜曰："君不信因果，何得有富贵贫贱？"缜曰："人生如树花同发，随风而散，或拂帘幌，坠茵席之上；

[1] 胡适原题。
[2] [3] ……，手稿本为"（略）"。
[4] 本则日记前，手稿本有一句提示语："范缜又有《因果论》。"

或关篱墙，落粪溷之中。堕[1]茵席者，殿下是也，落粪溷者，下官是也。贵贱虽复殊途，因果竟在何处？”

人生如树花同发，大有平等之意。坠茵落粪，付之偶然，未尝无愤忿不平之心。左太冲诗曰：

郁郁涧底松，离离山上苗；以彼径寸茎，荫此百尺条。

世胄蹑高位，英俊沉下僚；地势使之然，由来非一朝。

金张藉旧业，七叶珥汉貂。冯公岂不伟？白首不见招。

不平之意更显著。惜持此说者太少，又无卢梭之健笔以传之，不尔者，法兰西之大革命早见于晋宋之间矣。

此亦是因果也。风即是因，拂帘即是坠茵之因，关篱即是落溷之因。“地势使之然，由来非一朝”，因果分明矣。[2]

二五、哲学系统[3]（八月廿六日）

（一）万有论（Metaphysics）。论万有之真际，凡天然界之现象，物境心境之关系，皆隶此门。[4]

（甲）万有真际论（Ontology）：

何者谓之物理之现象？

何者谓之心境之现象？

心境物境之关系为何？

[1] 堕，手稿本为“坠”。

[2] 此后，手稿本有“又识”两字。

[3] 胡适原题。

[4] 此段前另行起，手稿本有“哲学”两字。

（1）双方说（Dualism）

（2）主一说（Monism）

（子）唯物派（Materialism）

（丑）唯心派（Idealism or Spiritualism）

（乙）宇宙原始论（Cosmology and Theology）：

万物何从生耶？

开物成务，谁则主之？

（1）分子说（Atomism）

（2）神道说（Monism）

（子）神力主宰说（Theism）

（丑）神道周行说（Pantheism）

（二）知识论（Epistemology）。

（甲）何谓知识？

（子）物观（Realism）

（丑）心观（Idealism）

（乙）知识何由生耶？

（子）实验派（Empiricism）

（丑）理想派（Rationalism）

（三）行为论（伦理学）（Ethics）。

（甲）是非之别以何为据？

（子）效果说（功用说）[1]（Teleological）

---

[1] （功用说），手稿本为“（影响说）（功用）”。

(1) 乐利派(Hedonism or Utilitarianism)

(2) 全德派(Perfectionism or Energism)

(丑) 良知论(Intuitional)

译名之不易,匪言可喻。右所采名词,皆暂定耳,他日又不知须经几许更易也。

二六、近仁来诗(八月廿九日)

近仁有《苦热怀适之美国诗》:

幽居恒寡欢,俯仰生感慨。矧当暑气蒸,逼人多烦痗。
骄阳苦煎熬,斗室况湫隘。头脑冬烘讥,身世夏畦惫。
东来云似墨,蜿蜒天外挂。伫盼甘澍倾,庶变清凉界。
火龙俄吸去,逞虐方未快。烈焰势倍张,燎毛而炙背。
既无冰山倚,讵复洪炉耐?不知重洋外,故人作何态?
颇闻谈瀛者,炎凉正相背。入夏始萌甲,众峰同罨叆。
安得附飞艇,载我美洲内?把臂快良觌,披襟洒积块。
悦目更怡情,灵府一以溉。海陆既重深,寒暑亦更代。
兴来发奇想,兹事宁有届?挥汗起长谣,凉意生肝肺。

二七、《弃父行》(八月廿九日)

余幼时初学为诗,颇学香山。十六岁闻自里中来者,道族人某家事,深有所感,为作《弃父行》。弃置日久,[1] 不复记忆。

[1] 弃置日久,手稿本为"久弃置"。

昨得近仁书，言此人之父已死，因追忆旧作，勉强完成，录之于此：

《弃父行》（丁未作[1]）

“富易交，贵易妻”，不闻富贵父子离。
商人三十初生子，提携鞠养恩无比。
儿生七岁始受书，十载功成作秀士。
明年为儿娶佳妇，五年添孙不知数。
阿翁对此增烦忧，白头万里经商去。
秀才设帐还授徒，修脯不足赡妻孥。
秀才新妇出名门，阿母怜如掌上珍。
掌上珍，今失所，婿不自立母酸楚。
检点奁中五百金，珍重携将与息女。
夫婿得此愁颜开，睥睨亲属如尘埃。
持金重息贷邻里，三年子财如母财。
尔时阿翁时不利，经营惨淡终颠踬。
关河真令鬓毛摧，岁月频催齿牙坠。
穷愁潦倒重归来，归来子妇相嫌猜。
私谓“阿翁老不死，穷年坐食胡为哉！”
阿翁衰老思粱肉，买肉归来子妇哭：

[1] 作，手稿本无。

"自古男儿贵自立，阿翁恃子宁非辱？"
翁闻斯言勃然怒，毕世劬劳徒自误。
从今识得养儿乐，出门老死他乡去。[1][2]

二八、亚北特之自叙（八月卅一日）

偶读亚北特（Lyman Abbott,《外观报》之总主笔，为此邦有名讲道大师）之《自叙》(*Reminiscence*)，中有其父（父名雅各亚北特〔Jacob Abbott〕，亦文人，著书甚多）训子之名言数则，今记其二：

（一）父尝言，[3] 凡宗教门户之争，其什九皆字句之争耳。吾[4] 意以为其所余什一，亦字句之争也。

此言是也。孟子曰："墨子兼爱，是无父也。"兼爱与仁心仁政有何分别？"禹思天下有溺者，由己溺之也。稷思天下有饥者，由己饥之也。""伊尹思天下之民匹夫匹妇有不被尧舜之泽者，若己推而纳[5] 之沟中。"此皆兼爱之说也，孟子皆推崇之，而独攻墨子之兼爱，何也？

---

[1] 胡适原注："此下原有'吁嗟乎！慈乌尚有反哺恩，不如禽兽胡为人！'三句，今删。"

[2] 此后，手稿本附有一则英文剪报（见本卷末附六），胡适旁注："下一则见纽约《外观报》，深可玩味。　廿九日。"

[3] 父尝言，手稿本无。

[4] "吾"前，手稿本有"抑"字。

[5] 纳，手稿本为"内"。

（二）父曰："来曼（亚君名），吾意决矣，欲多财。"子曰："多财易言而难致也。"父曰："否，否，此大易事。"子曰："如之何则可？"父曰："常令出少于入而已矣。如我[1]归自欧洲，在伯脱里登岸时，囊中仅有十分钱，吾宁步行而归，不欲以六分钱雇汽车归也。"子曰："请以'俟得财之后乃可用之，毋用之于得之之先也'之一言以[2]益之何如？"

二九、俄之仁政（九月二日）

相识中有俄国人 T. Volkoff，暑假归国未返，今战事起，疑其已入伍执戈矣。昨见其母，询之，答云："只是不知消息。然吾决其必未投军也。"余问："何以知之？"答云："俄法，凡寡妇独子，可免军役。吾乃寡妇，仅有此一子，故知其不从军也。"不图此仁政乃见之俄国。

三〇、波士顿游记（九月十三日）

九月二日出游。余本拟不赴今年学生年会，惟曾与美人金君（Robert W. King）约偕游波士顿，若径[3]往波士顿而不赴年会，于理殊未当，故决留年会二日，会终始往波城。

下午五时三十分离绮色佳。时大雨新霁，车行湖之东岸，日

[1] 如我，手稿本为"若吾"。

[2] 之一言以，手稿本无。

[3] 径，手稿本为"余"。

落湖之西山，[1] 黑云蔽之，久之见日[2]。云受日光，皆作赤色[3]。日下而云益红，已而朱霞满天半，湖水返映之，亦皆成赤色。风景之佳，真令人叹绝。在瓦盆换车，至西雷寇换坐[4]夜车，至翌晨七时至春田，换[5]车至北汉登，又换车至安谋司，即年会所在地也。

三日为年会之第六日。赴议事会，余被选为明年《学生英文月报》主笔之一。先是余决计明年不再与外事，故同学欲余出为明年学生会东部会长，余坚拒之。此次不早赴会，其中一原因，即欲避此等外务耳。不意前日月报总主笔邝君忽以电询，欲余为主笔之一，任国内新闻事。余深思之，念月报关系重大，而余亦可借此[6]实习英文，故以电允之。再为冯妇，思之可笑。

到会者凡百十八人。而女子得二十四人，为历年所未有。旧相识中如郑莱、胡宣明、张彭春、魏文彬、宋子文皆在，余亦多旧交。[7]

康南耳诸同学此次赴会处处都出人头地，运动会则康校同人得百分之六十九分，他校皆瞠乎其后；中文演说则杏佛第一，题为《科学与中国》；游戏则康校同人所演谐剧《挂号信》(赵元

[1] 日落湖之西山，手稿本为“日落湖西山上”。
[2] “日”后，手稿本有“矣”字。
[3] 赤色，手稿本为“血色”。
[4] 坐，手稿本无。
[5] “换”前，手稿本有“又”字。
[6] “此”后，手稿本有“得”字。
[7] 此段文字，手稿本中位于下段文字之后。

任[1]编）得最上赏。

十年前有中国学生若干人会于安谋司城斐林先生（Henry D. Fearing）之家，始发起中国留美学生会。第一、二次年会皆在斐林先生之家。今年为十年纪念，故重至此地。先生老矣（八十三岁），而爱中国人之心尤盛。每年学生年会虽远，先生必往赴之，十年如一日。昨日为十年庆典，学生会以银杯一赠先生为纪念。

下午与胡宣明君闲步，谈极畅。与郑莱君[2]谈极畅。二君皆留美学界之杰也。吾常谓："凡人不通其祖国语言文字者，必不知爱其国，必不能免鄙俗之气。"此二种成见，自吾友二君以来，皆除消尽矣。二君皆不深通汉文，而英文皆极深。其人皆恂恂有儒者气象，又皆挚爱祖国。二君皆有远识，非如留学界浅人，但顾目前，不虑久远也。宣明习医，明年毕业，志在公共卫生行政。郑君习政治，已毕业哈佛大学，今专治财政。

广东前教育司钟君荣光亦在此。钟君自第二次革命后出亡，今留此邦，拟明年入哥仑比亚大学习教育。钟君志士也，与余谈，甚相得。其言曰："吾曹一辈人（指今日与君年事相若者）今力求破坏，岂得已哉？吾国今日之现象，譬之大厦将倾。今之政府，但知以彩纸补东补西，愈补而愈危，他日倾覆，全家都有压死之虞。吾辈欲乘此未覆之时，将此屋全行拆毁，以为重造新屋之计，岂得已哉？惟吾一辈人，但能拆毁此屋，而重造之责，则在君等

[1] 赵元任，手稿本为"赵君元任"。
[2] 郑莱君，手稿本为"郑君莱"。

一辈少年人。君等不宜以国事分心，且努力向学，为他日造新屋之计。若君等亦随吾一辈人之潮流而飘流，则再造之责，将谁赖哉?”其言甚挚切。钟君甚许我所著《非留学篇》，谓“教育不可无方针。君之方针，在造人格。吾之方针，在造文明。然吾所谓[1]文明，固非舍人格而别觅文明，文明即在人格之中，吾二人固无异点也”。

夜为年会年筵，极欢。

四日晨赴习文艺科学生同业会（Vocational Conference of the Arts and Sciences Students）。郑君莱主席。先议明年本部同业会办法。众推举余为明年东部总会长，力辞不获，[2]允之，又添一重担子矣。胡君[3]宣明读一文，论“国家卫生行政之必要及其办法之大概”，极动人。其办法尤井井有条。

麻省工业大学周厚坤君新发明一中文打字机，郑君请其来会讲演。[4]其法以最常用之字（约五千）铸于圆筒上[5]，依部首及画数排好。机上有铜版，可上下左右推行，觅得所需之字，则铜版可推至字上。版上安纸，纸上有墨带。另有小椎，一击则字印纸上矣。其法甚新，惟觅字颇费时。然西文字长短不一，长者须按

[1] 谓，手稿本无。

[2] 力辞不获，手稿本为“不获辞”。

[3] 胡君，手稿本无。

[4] 此后，手稿本有：“其机如上图（此图周君所赠）。”原附打字机图，惜已缺失。

[5] “上”后，手稿本有“(A)”。

十余次始得一字，今惟觅字费时，既得字，则一按已足矣。吾国学生有狂妄者，乃至倡废汉文而用英文，或用简字之议。其说曰，“汉文不适打字机，故不便也”。夫打字机为文字而造，非文字为打字机而造者也。以不能作打字机之故，而遂欲废文字，其愚真出凿趾适屦者之上千万倍矣，又况吾国文字未必不适于打字机乎？

宣明告我：有祁暄[1]者，居纽约，官费为政府所撤，贫困中苦思为汉文造一打字机。其用意在于分析汉字为不可更析之字母（如“一”“口”“子”之类）约百余字为字纽，仿西文打字机之法，以此种字纽铸模而拼合打印；“女”“子”为“好”，“糸”“糸”“言”“金”为“鑾”之类。此意固佳，惟大不易。其难处在于吾国之字形每字各占一方。“一”字所占地与“鑾”等。一字各分子又无定位，“鑾”字中之“言”字，与“信”“言”“讀”“誓”“獄”“嶽”之“言”字，所占地位，无一同者，则机上至少须有七种“言”字之模矣。不知祁君何以救此缺陷也？

夜在会之女子开一欢迎会，极欢。女子中有数人尤倜傥不凡，如廖，李（美步），江诸女士，皆其尤者也。

夜已卧矣，郑君来访，乃起坐与谈，至夜半一时许始别。所谈为家庭，婚姻，女子之位置，感情与智识，多妻诸事。郑君自述其逸事，甚动人。

五日，年会终矣。去安谋司赴波士顿。道中游唐山（Mt.

---

[1] 暄，手稿本无。

唐山楼

Tom）。登唐山之楼，可望见数十里外村市。楼上有大望远镜十余具，分设四围窗上，自镜中望之，可见诸村中屋舍人物，一一如在目前。此地去安谋司不下二十里，而镜中可见安谋司学校之体育院，及作年会会场之礼拜堂。又楼之东可望东汉登城中工厂上大钟，其长针正指十一点五十五分。楼上又有各种游戏之具，有凸凹镜无数，对凸镜则形短如侏儒，对凹镜则身长逾丈。楼上有题名册，姓氏籍贯之外，游人可随意题字。余因书其上曰：

危楼可望山远近，幻镜能令公短长。
我登斯楼欲叹绝，唐山唐山真无双。[1]

车中念昨日受二人过分褒许，一为郑君莱，称余为留美学界

[1] 此处，手稿本附有唐山楼图片一幅，现补于此。

中之最有学者气象者，一为邝君，称余为知国内情形最悉者。此二赞语皆非也。过当之誉，其害过于失实之毁，余宜自励以求能消受此誉也，否则真盗虚声矣。

至春田（Springfield），入一中国饭馆午餐，久不尝祖国风味矣。

至波士顿，天已晚。以车至康桥（Cambridge），赁屋已，回波士顿。至上海楼晚餐，遇中国学生无数。

六日，星期，晨至耶教医术派教堂（The First Church of Christ Scientist）瞻礼。耶教医术派者，晚近新兴教派之一，创之者为哀的夫人（Mrs. Mary Baker Eddy）。其术以为世界万境，都由心造，病痛苦孽，亦原于心，但能诚心信仰，百病自除，故病者不服药饵，但令洗心信仰。其术亦间有验者。信者颇众，今其徒遍国中。哀的夫人坐致巨赀，死后遗赀造此教堂，宏丽庄严，其大可容五千余人。是日来礼拜者不下四千五百人也。此教堂与众特异者有三[1]事焉：

（一）星期日礼拜无有讲演（Preaching）。其所有讲演，惟择《新约》或《旧约》数篇，与哀的夫人所著书《科学与健康》数节，参错宣读而已。其所宣读，每日皆有一定章节，由波士顿总会选定，刊布各地分会，故今日此间所读，与绮色佳“耶医”教堂所读，丝毫不异也。此种办法，以选读代讲演，有大病焉：曰，

[1] 三，手稿本为“数”。

CHRISTIAN SCIENCE CHURCH

耶教医术派教堂[1]

[1] 此图，手稿本缺。

不能感人，不能深入人心也。以留声机器为之，何以异是？奚必仆仆来教堂中听人宣读也？

（二）讲坛上有男女牧师各一人互相助，其男牧师读经文毕，则其女牧师接读哀的夫人书。男女平权之说，今乃见于教宗礼拜之堂，返观保罗所谓“女子不冠，不得入礼拜之堂”之说，而后知古今之相去远矣。此盖有二因：一以创此宗派者为一妇人；二则此派创于十九世纪之末叶，平权之说已深入人心矣。

（三）教堂中每礼拜日所讲题，大率多与他宗派异其题旨，既不论教宗信条（Doctrines），亦不注重人生伦理。即以七八九三月中十三次论题观之：

（1）God（上帝）　（2）Sacrament（圣餐）

（3）Life（生命）　（4）Truth（真理）

（5）Love（爱）　（6）Spirit（神）

（7）Soul（灵魂）　（8）Mind（心）

（9）Jesus（耶稣）　（10）Man（人）[1]

（11）Substance（物）　（12）Matter（质）

（13）Reality（真际）

其所论者大抵皆谈玄说理，乃哲学之范围，而非宗教之范围也。颇怪此宗派为耶氏各派中之最近迷信者。其以信仰治病，与道家之符箓治病何异？而此派之哲学，乃近极端之唯心派，其理玄妙，非凡愚所能洞晓。吾国道教亦最迷信，乃以老子为教祖，

[1] 第（2）（3）（5）（9）（10），手稿本中只有英文，无中译。

波士顿藏书馆

波士顿美术馆 [1]

[1] 此图，手稿本缺。

以《道德经》为教典，[1] 其理玄妙，尤非凡愚所能洞晓。余据此二事观之，疑迷信之教宗，与玄奥之哲理，二者之间，当有无形之关系。其关系为何？曰，反比例是也。宗教迷信愈深，则其所傅会之哲学愈玄妙。彼昌明之耶教、孔教，皆无有奥妙难解之哲理为之根据也。（此仅余一时臆说，不知当否？）

归途至波士顿公家藏书馆。馆成于一八九五年，建筑费二百三十六万金。馆长二百二十七尺，广二百二十五尺。建筑式为意大利“复兴”时代之式，质直而厚重。馆中藏书一百余万册，任人观览，不取资。馆中墙上图画皆出名手，其尤著者为萨经（John Sargent）、谢范赉（Puvis de Chavannes）之笔。[2]

出图书馆，至上海楼午餐。后至公园小憩。公园甚大，园中雀鸽盈千，驯顺不畏人。余与同行者市花生果去壳投之，雀鸽皆群集争食。鸽大而行缓，雀小而目利飞捷，往往群鸽纷争时，一雀伺隙飞下攫食去。同行张君智以果徐引之，群鸽皆随之行，至余等坐处，君坐而饲之，群鸽蹀躞其前，状若甚得。君置食掌上，群鸽亦就掌上取之，不畏也。已而君与之戏，以两指坚持花生，群鸽屡啄不能攫去，愤其受欺也，则一怒群飞去。余后以食投之则下，置掌中则终不下矣。余谓张君，鸽为子所欺，今不复下矣。张君不信，以为余不善诱致之，乃亲饲之，亦然。余为思《列子》“狎鸥”之章。

---

[1] “吾国道教亦最迷信……以《道德经》为教典”句，手稿本为“与道家之迷信，乃上攀老子为教祖，而以《道德经》为教典”。

[2] 此处，手稿本附有波士顿藏书馆图片一幅，现补于此。

游美术馆（Art Museum）。此馆全由私人募集而成。建筑之费，至二百九十万金。全馆分八部：曰埃及部，希腊罗马部，欧洲部，中国日本部，油画部，印本部（印本者〔Prints〕，原本不可得，但得其印本，亦有极精者），铸像部（铸像者〔Casts〕，不能得雕刻物之真迹，但铸模以土范之，与原物无异），藏书部。其油画部颇多真迹。其近代各画[1]尤多佳者。其中国部范宽一画，及宋徽宗《缫丝图》真迹（幅甚长），真不可易得之宝物。其日本部尤多佳作。东方钟鼎，甚多佳品。其古镜部尤多工致之品。

是夜晚餐后，复至藏书馆，欲观其所藏中国书籍。馆中人导余登楼，观其中国架上书，乃大失所望。所藏书既少，而尤鲜佳者，《三国演义》《今古奇观》《大红袍》等书皆在焉。[2]

七日以车游康可（Concord）。下车即见第一礼拜堂，爱麦生（Emerson）[3]讲道之所也。循大路行至爱麦生所居屋，门外长松无数，久无居人，守者远出，游人不能入观。闻内有爱氏书室，藏爱氏生平所读书，惜不能入观之。[4]

去此屋约半里许，为女文豪阿尔恪特夫人（Louisa May Alcott）之旧居。阿夫人著书甚富，其所著小说《小妇人》（*The Little Women*），尤风行一世。夫人家贫，自此书出，家顿丰。夫

---

[1] 各画，手稿本为“名画”。

[2] 此后，手稿本有“不知何伧，以此等书作赠品也”。

[3] （Emerson），手稿本无。

[4] 此处，手稿本附有爱麦生故居图一幅，现补于此。

爱麦生故居

爱麦生像[1]

[1] 此图，手稿本缺。

人之夫阿君（A. Bronson Alcott）亦学者。屋后数百步有板屋，为阿君所立"哲学校"，余亦往观之。夫人著书之屋，游人可入观览。[1] 余等周览屋中诸室，凡夫人生时之床几箱笼，一一保存。西人崇拜文人之笃，不减其崇拜英雄之心也（依卡莱儿〔Carlyle〕之说，文人亦英雄之一种）。孰谓西人不好古乎？

去阿氏屋不远为霍桑旧屋，名道旁庐（The Wayside），亦不能入观。[2] 霍桑（Nathaniel Hawthorne 1804—1864 [3]）者，亦此邦文人，著小说甚富。余前读其《七瓴之屋》（*The House of Seven Gables*，见卷五第一四则 [4]），其书大抵皆恢奇耸人。

自霍氏屋归，至康可市之来特店（Wright's Tavern）午餐。此店创于一七四七年，距今百六十年矣。美国独立军兴时，康可市长誓师于此，华盛顿亦尝驻此。

饭后至睡乡丛冢（The Sleepy Hollow，美文豪欧文〔Irving〕有《睡乡记》，此名本此 [5]），先觅得霍桑墓，铁阑高数尺围之，阑上青藤未朱，蔽此长卧之文人。去此不数武，即得阿尔恪特氏冢，短埸题名而已，不封不树，朴素如其生时之居。爱麦生坟去此稍远。坟上有怪石，高四尺许。石上有铜碑，刻生死年月（爱氏生于一八〇三年五月廿五日，卒于一八八二年四月廿七日）。石

[1] "夫人著书之屋，游人可入观览"句，手稿本为"上图即夫人著书之屋，纵人观览"。并有附图，现据手稿本补于此。

[2] 此处，手稿本附有霍桑旧屋图一幅，现补于此。

[3] 1804—1864，手稿本为"生一八〇四年，卒一八六四年"。

[4] 见卷五第一四则，手稿本为"见七月十八日记"。

[5] 此名本此，手稿本为"记此名本是"。

阿尔恪特夫人旧居

霍桑旧屋

后大树挺生，亭亭高入云际[1]。此树此石，大肖此老生平。墓侧为其妻之墓，亦[2]有石碑志之。[3]文人索虏（Thoreau）之墓亦在此，遍觅不可得。[4]

爱麦生为此邦最大思想家，其哲学大旨，以为天地万物，皆备于我，善恶皆由我起，苟自得于中，何求于外物？人但求自知足矣，天（上帝）即在人人心中，何待外求？爱氏最重卡莱儿，两人终生最[5]相敬爱，两人之思想魄力都有相似处。近人范戴克

爱麦生夫妇墓

[1] 高入云际，手稿本为“入云”。

[2] 亦，手稿本无。

[3] 此处，手稿本附有爱麦生夫妇墓图一幅，现补于此。

[4] “文人索虏……遍觅不可得”句，手稿本中在《大梵天》诗中译后。

[5] 最，手稿本无。

（Henry Van Dyke）曰："爱麦生是一慈祥之卡莱儿，终生居日光之中；卡莱儿是一肃杀之爱麦生，行疾雷骤雨之中。"是也。爱麦生思力大近东方（印度）哲学。犹忆其《大梵天[1]》一诗，铸辞命意，都不类欧美诗人。今录其一、三两章于此：

Brahma

（1）If the red slayer think he slays，
Or if the slain think he is slain，
They knew not well the subtle ways
I keep，and pass，and turn again.

（3）They reckon ill who leave me out；
When me they fly，I am the wings；
I am the doubter and the doubt，
And I the hymn the Brahmin sings.

以散文译之曰：

（1）杀人者自谓能死人，
见杀者自谓死于人，
两者皆未深知吾所运用周行之大道者也。（吾，天自谓也，下同。）

老子曰："常有司杀者杀。夫代司杀者杀，是谓代大匠斫。夫代大匠斫者，希有不伤其手者矣。"

（3）弃我者，其为计拙也。
背我而高飞者，不知我即其高飞之翼也。

[1] 大梵天，手稿本为"婆罗门"。

疑我者，不知疑亦我也，疑我者亦我也。

其歌颂我者，不知其歌亦我也。

去睡乡至康可村外之桥。此桥之两岸为独立时战场。康可于独立之役极有关系，不可不详记之。

自一七六三年以后，英国政府对于美洲各属地颇持帝国统制政策。驻防之兵既增，费用益大，帝国政府不能支，乃求之于各属地，于是有印花税之令（一七六五）。各属地[1]群起抵拒，政府无法征收，明年遂罢此税。

一七六七年又有“汤生税案”（Townsend Acts），各属地[2]抗之尤力，至相约不用英货，至有一七七三年十二月十六日波士顿港焚烧茶叶三百四十箱之举，民气之激昂甚矣！

一七七四年，英议院决议闭波士顿之港，废民选之议会，而以委任者代之。又令麻省（Massachusetts）官吏得递解政事犯出境受鞫。此令既[3]下，民气大愤，于是麻省有独立省议会之召。其召也，实始于康可，故议会会于是（一七七四年十月）。麻省议会[4]倡议召集各属地[5]大会议，是为第一大陆议会，后遂为独立联邦之中央政府。

麻省都督为盖箕大将，侦知民党军械火药多藏于康可，康可又为独立省议会所在，民党领袖多聚于是，遂于一七七五年四月十八日派兵往搜毁康可所藏军火，即于道上收捕民党人物亚丹

[1] [2] [5] 地，手稿本无。

[3] 既，手稿本无。

[4] 会，手稿本为“省”。

(Samuel Adams)、汉客（John Hancock)。二人时皆客立克信墩村牧师克拉克[1]（Jonas Clarke）之家。适波士顿城中有党人侦知官兵已出发，急令骑士累维尔（Paul Revere）飞驰告急（美国诗人郎菲罗有《累维尔夜驰歌》)[2]。累至立克信墩警告[3]居民，令急[4]为备，复令人分道趣康可告警。英兵至立克信墩，民党已集多人。英兵叱令解散，不听，遂战。是为立克信墩之战（四月十九日)，美[5]独立之役之第一战也。

英兵驱散民党后，进至康可，搜获所存军火。将退出，民军隔篱轰击之，遂复[6]战。时民党“片刻队”(Minute Men 者，其人相约有事则片刻之间可以应召，故名）已集五百人，官军大败，是为康可之战（同日)。战地今则[7]浅草如茵，长槐夹道，河水（康可河）迂回，有[8]小桥接两岸。桥东为表忠之碑[9]，桥西为“片刻队”铜像，上刻爱麦生《康可歌》四句曰：

小桥跨晚潮，春风翻新旆。群啬此倡义，一击惊世界。[10]

余与同行之三君金洛伯（Robert W. King)、张智、罗□□[11]

[1] 克拉克，手稿本为“克那克”。

[2] 括号内文字，手稿本中在累维尔照片旁。

[3] 告，手稿本无。

[4] 急，手稿本无。

[5] 美，手稿本为“盖”。

[6] 复，手稿本无。

[7] 则，手稿本无。

[8] 有，手稿本无。

[9] 此处，手稿本附有康可桥表忠碑图一幅，胡适旁注“康可桥表忠之碑”，现补于此。

[10] 此后，手稿本有“(译本）”。

[11] □□，手稿本中为空格。

康可桥表忠碑

片刻队铜像 [1]

[1] 此图，手稿本缺。

同坐草地上小憩，金君为美国人，对此尤多感喟，与余言，自其少时受书，读美国建国之史，即想像康可与立克信墩之役，数百人之义勇，遂致造成今日灿烂之美洲合众国，今日始得身游其地，相度当日英人入村之路，及村人拒敌之地，十余年之心愿偿矣。余以为尔时英国政府暗于美洲民气之盛，其达识之士如褒克（Edmund Burke），如皮特（Catham），欲力为挽救，而当局者乔治第三及那思[1]（North）皆不之听，其分裂之势已不可终日，虽无康可及立克信墩之哄，独立之师，终有起时。薪已具矣，油已添矣，待火而然。康可与立克信墩幸而为然薪之火，若谓独立之役遂起于是，不可也。正如吾国之大革命终有起日，武昌幸而为中国之立克信墩耳，而遂谓革命起于武昌，则非探本之论也。

斜日西坠，余等始以车归，道中经立克信墩，下车往游。首至克拉克[2]之故居，即民党领袖阿丹、汉客所居者。[3]室中悬诸领袖之像，继至立克信墩战场，今为公园。有战死者表忠之碑(建于一七七九年)。[4]碑上藤叶累累护之，极有风致。碑铭颇长。为克那克氏之笔，其辞激昂动人，大[5]可窥见其时人士之思想，

[1] 那思，手稿本为“娜思”。

[2] 克拉克，手稿本为“克那克”。

[3] 此后，手稿本有“（图见上页）”，图即克拉克故居图和告警骑士累维尔图各一幅，胡适分别旁注：“Hancock-Clarke House. 1775年四月十九日民党领袖 Adams & Hancock 居是，英兵来捕之。（见上记）”；“告警之累维尔。美国诗人朗菲罗有《累维尔夜驰歌》。”现将两图补于此。

[4] 此后，手稿本有“（见上）”，上即立克信墩公园表忠碑图一幅，现补于此。

[5] 大，手稿本为“又”。

克拉克故居图

告警骑士累维尔

立克信墩公园表忠碑

故录之如下：[1]

Sacred to Liberty and the Rights of Mankind ! ! !

To the Freedom and Independence of America

Sealed and Defended with the Blood of her Sons.

This Monument is erected

By the inhabitants of Lexington,

under the patronage and at the expense of

The Commonwealth of Massachusetts,

To the Memory of their Fellow Citizens,

Ensign Robert Munroe and Messrs. Jonas Parker,

---

[1] 以下英文，手稿本中为一则贴件，并有胡适所注下划线。

Samuel Hadley, Jonathan Harrington, Jr.,
Isaac Muzzy, Caleb Harrington and John Brown
of Lexington, and Asahel Porter of Woburn,
Who fell on this Field, the First Victims to the
Sword of British Tyranny and Oppression,
on the morning of the ever memorable
Nineteenth of April An. Dom. 1775,
The Die was Cast!!!
The Blood of these Martyrs
In the cause of God and their Country
was the Cement of the Union of these States, then
Colonies, and gave the spring to the Spirit, Firmness
and Resolution of their Fellow Citizens.
They rose as one Man to revenge their Brethren's
Blood, and at the Point of the Sword, to Assert and
Defend their native Rights.
They nobly dar'd to be free!!
The Contest was long, bloody and affecting.
Righteous Heaven approved the solemn appeal,
Victory crowned their arms; and
The Peace, Liberty and Independence of the United
States of America was their Glorious Reward.

巨石图

又有巨石[1]，相传为此间“片刻队”所立处，上刻队长泊克谕众之词曰：“立尔所。不见击，勿发枪。然彼等苟欲战者，则请自此始。”又有泊克队长之铜像。泊克于第一战受伤，数月后即死。是役死者仅九人而已[2]，然皆独立之战最先死之国殇也。

游归，复以车归康桥。是夜与金君闲谈甚久。余主张两事：一曰无后，一曰遗产不传子孙。孟子曰：“不孝有三，无后为大。”吾国家族制度以嗣续为中坚，其流弊之大者有六：

（一）望嗣续之心切，故不以多妻为非。男子四十无后可以娶妾，人不以为非，即其妻亦不以为忤。故嗣续为多妻之正当理由。其弊一。（其以多妻为纵欲之计者，其非人道尤不足论，士夫亦有

[1] 此处，手稿本附有巨石图一幅，现补于此。

[2] 死者仅九人而已，手稿本为“虽不多（九人而已）”。

知非之者矣。）

（二）父母欲早抱孙，故多早婚。其弊二。

（三）惟其以无后为忧也，故子孙以多为贵，故生产无节。其弊三。

（四）其所望者不欲得女而欲得男，故女子之地位益卑。其弊四。

（五）父母之望子也，以为养老计也，故谚曰，“生儿防老”。及其既得子矣，既成人矣，父母自视老矣，可以息肩矣，可以坐而待养矣。故吾国中人以上之家，人至五十岁，即无志世事，西方人勤劳之时代，平均至六十五岁始已。吾国人则五十岁已退休，其为社会之损失，何可胜算？其弊五。

（六）父母养子而待养于子，养成一种牢不可拔之倚赖性。其弊六。（参看卷四第三五则及本卷第一一则。）[1]

遗产之制何以宜去也：

（一）财产权起于劳力。甲以劳力而致富，甲之富其所自致也，其享受之宜也。甲之子孙未尝致此富也，不当享[2]受之也。

（二）富人之子孙无功而受巨产，非惟无益而又害之。疏广曰：“子孙[3]贤而多财，则损其志；愚而多财，则益其过。”一言尽之矣。有用之青年为多财所累，终身废弃者，吾见亦多矣。

吾所持“无后”之说，非欲人人不育子女也，如是则世界人

[1] 括号内文字，手稿本为“观六月七日及八月十六日记”。

[2] 享，手稿本无。

[3] 子孙，手稿本无。

类绝矣。吾欲人人知后之不足重，而无后之不足忧。倍根曰：

> 有妻子者，其命定矣（绝[1]无大成就矣）。盖妻子者，大事业之障碍也，不可以为大恶，亦不足以为大善矣。天下最大事功为公众而作者，必皆出于不婚或无子之人，其人虽不婚无后，然实已以社会为妻为子矣。（见《婚娶与独处论》）

又曰：

> 吾人行见最伟大之事功皆出于无子之人耳。其人虽不能以形体传后，然其心思精神则已传矣。故惟无后者，乃最能传后者也。（见《父子论》）

此是[2]何种魄力，何种见地！吾国今日正须此种思想为振聩发聋之计耳。吾尝疑吾国二千年来，无论文学，哲学，科学，政治，皆无有出类拔萃之人物，其中最大原因，得毋为“不孝有三，无后为大”一言欤？此不无研究之价值也。[3]

八日游哈佛大学，哈佛校舍六十所，较康南耳为完备矣，而天然山水之美，则远不及之。[4]

游博物院。院为博物学者厄格洗（Agassiz）父子所经营。其动植矿物，皆依其产生之地为分别陈列，搜罗至富。院中最著名者为玻璃所作花卉标本。其花卉之须瓣枝叶，色泽，大小，一一

[1] 绝，手稿本为“言”。

[2] 是，手稿本无。

[3] 此段文字上方，胡适注有：“q. Plato *Symposium* 209.”。

[4] 此处，手稿本附有哈佛大学校门和博物院图三幅，并有旁注“校门一”“校门二”“University Museum”，现补于此。

校门一

校门二

University Museum

如生。花小者全株，大者唯见一枝。其外又有放大之雄雌花蕊，有大至数百倍者，所以便学者观览也。此项标本凡数百种。其最佳者，为花与飞虫之关系一项。盖花有不能自接合孕育者，多赖蜂蝶之类沾染雄蕊之粉，播之雌蕊之子宫。花形有大小，状有凸凹单复，故其传播之道亦不一，院中皆一一制为标本。其蜂蝶之属，亦皆以玻璃为之。此项花卉为德国植物学者白讷须加（Rudolph Blaschka）所造。世界能知其制作之法者，惟白讷氏及其子二人而已。

出此后至福葛美术院（Fogg Art Museum，亦大学之一部），观其陈设造像及图画之层[1]，亦有中国、日本美术品。

次游西密谛民族博物院（Semetic Museum），藏巴比仑、阿西里亚、希伯来诸古代民族之金石古物甚富。

一大学而有三大博物院，可谓豪矣！其他校舍多不纳游人（以在暑假中也），故不得遍游。哈佛公共饭堂极大，可容千余人。宿舍甚多，此康南耳所无也。哈佛无女子，女子另入 Radcliffe 院。其所习科目与男子同，惟不同校耳。哈佛创于二百余年前（一六三六），规模初甚隘小，至伊丽鹗（Eliot）[2] 氏为校长，始极力推广，事事求精求全。哈佛今日之为世界最有名大学之一者，伊氏之赐也。

[1] 层，手稿本为“属”。

[2] （Eliot），手稿本无。

CHARLES WILLIAM ELIOT

伊丽鹗像 [1]

[1] 此图，手稿本缺。

华盛顿榆

康桥一街上有老榆树一株[1]，二百年物也。华盛顿在此树下受职为美洲陆军大元帅，今此树名“华盛顿榆”，以铁栏围之，此西方之召伯甘[2]棠也。[3]

下午出行，道逢金君一友，适与其友共驾汽车出游，因招余与金君共载，游行佛[4]兰克林公园，风景极佳。

[1] 一株，手稿本无。

[2] 甘，手稿本为“之”。

[3] 此处，手稿本附有华盛顿榆图一幅，现补于此。

[4] 佛，手稿本为“弗”。

夜往看戏。

九[1]日晨，孙恒君（哈佛学生）来访，与谈甚久。孙君言中国今日不知自由平等之益，此救国金丹也。余以为病不在于无自由平等之说，乃在不知此诸字之真谛。又为言今人所持平等自由之说，已非复十八世纪学者所持之平等自由。向谓“人生而自由”（L'homme est né libre—Rousseau），果尔，则初生之婴孩亦自由矣。又曰：“人生而平等”，此尤大谬，人生有贤愚能否，有生而颠狂者，神经钝废者，有生具慧资者，又安得谓为平等也？今之所谓自由者，一人之自由，以他人之自由为界；但不侵越此界，则个人得随所欲为。然有时并此项自由亦不可得。如饮酒，未为侵犯他人之自由也，而今人皆知饮酒足以戕身；戕贼之身，对社会为失才，对子孙为弱种，故有倡禁酒之说者，不得以自由为口实也。今所谓平等之说者，非人生而平等也。人虽有智愚能不能，而其为人则一也故处法律之下则平等。夫云法律之下，则人为而非天生明矣。天生群动，天生万民，等差万千，其强弱相倾相食，天道也。老子曰“天地不仁”，此之谓耳。[2]人治则不然。以平等为人类进化之鹄，而合群力以赴之。法律之下贫富无别，人治之力也。余又言今日西方政治学说之趋向，乃由放任主义（Laissez faire）而趋干涉主义，由个人主义而趋社会主义。不观乎取缔

[1]　九，手稿本为“初九”。
[2]　此之谓耳，手稿本无。

"托辣斯"之政策乎？不观乎取缔婚姻之律令乎？（今之所谓传种改良法〔Eugenic Laws〕，禁颠狂及有遗传病者相婚娶，又令婚嫁者须得医士证明[1]其无恶疾。）不观乎禁酒之令乎？（此邦行禁酒令之省甚多。）不观乎遗产税乎？盖西方今日已渐见十八世纪学者所持任天而治（放任主义[2]）之弊，今方力求补救，奈何吾人犹拾人唾余，而不深思明辨之也？

连日英法联军大胜，德军稍却，巴黎之围，或不[3]见诸实事矣。英国诗人如赫仾（Thomas Hardy）、那伊思（Alfred Noyes）、吉勃林（Rudyard Kipling）自战事之兴，皆有诗励其国人。顷见那伊思诗三章，甚工，录之如下：[4]

THE UNITED FRONT

By Alfred Noyes

[The Kaiser, in his reply to Belgium, has definitely placed it on record for all future ages that the destiny of Germany depends absolutely upon his right to violate guaranties, tear up treaties, and dishonor his own word. He himself has now definitely stated it in language which does not admit of any other interpretation; and the duty of nations that respect law, honor, and righteousness is now quite clear.]

[1] "证明"前，手稿本有"出"字。

[2] 主义，手稿本无。

[3] "不"后，手稿本有"至"字。

[4] 以下英文诗，手稿本中为一则贴件。

I

Thus only should it have come, if come it must;
Not with a riot of flags or a mob-born cry,
But with a noble faith, a conscience high
And pure and proud as heaven, wherein we trust,
We who have fought for peace, have dared the thrust
Of calumny for peace, and watched her die,
Her scutcheons rent from sky to outraged sky
By felon hands, and trampled into the dust.

We fought for peace, and we have seen the law
Canceled, not once, nor twice, by felon hands,
But shattered, again, again, and yet again
We fought for peace. Now, in God's name we draw
The sword, not with a riot of flags and bands;
But silence, and a mustering of men.

II

They challenge Truth. An Empire makes reply.
One faith, one flag, one honor, and one might.
From sea to sea, from height to war-worn height,
The old word rings out—to conquer, or to die.
And we shall conquer. Tho their eagles fly
Through heaven, around this ancient isle unite

Powers that were never vanquished in the fight,
The unconquerable Powers that can not lie.

But they who challenge Truth, Law, Justice, all
The bases on which God and man stand sure
Throughout all ages, fools! —they thought us torn
So far with discord that the blow might fall
Unanswered; and, while all those Powers endure
This is our answer: Unity and Scorn.

Ⅲ

We trust not in the multitude of a host.
Nations that greatly builded, greatly stand.
In those dark hours, the Splendor of a Hand
Has moved behind the darkness, till that coast
Where hate and faction seemed to triumph most
Reveals itself—a buckler and a brand,
Our rough-hewn work, shining o'er sea and land,
But shaped to nobler ends than man could boast.

It is God's answer. Tho, for many a year,
This land forgot the faith that made her great,
Now, as her fleets cast off the North Sea foam,
Casting aside all faction and all fear,

Thrice-armed in all the majesty of her fate,

Britain remembers, and her sword strikes home.

吉勃林之诗亦不劣，但不如那氏之诗矣。[1]

BY RUDYARD KIPLING

For all we have and are —
For all our children's fate,
Stand up and meet the war —
The Hun is at the gate.

Our world has passed away.
In wantonness o'erthrown;
There's nothing left to-day
But steel and fire and stone.

Though all we knew depart,
The old commandments stand;
In courage keep your heart,
In strength lift up your hand.

Once more we hear the word

[1] 以下英文诗，手稿本中为一则贴件。贴件上有一句“Copyrighted, 1914, by the author. All rights reserved”，被删去。

That sickened earth of old,
No law except the sword,
Unsheathed and uncontrolled.

Once more it knits mankind,
Once more the nations go
To meet and break and bind
A crazed and driven foe.

Comfort, content, delight,
The ages' slow-bought gain —
They shrivelled in a night,
Only ourselves remain.

To face the naked days
In silent fortitude
Through perils and dismays
Renewed and re-renewed.

Though all we made depart,
The old commandments stand:
In patience keep your heart,
In strength lift up your hand.

No easy hopes or lies
　　Shall bring us to our goal,
But iron sacrifice.
　　Of body，will and soul.

There's but one task for all —
　　For each one life or give.
Who stands if Freedom fall？
　　Who dies if England live？

下午游班克山（Bunker Hill），亦独立之役血战最剧之战场也。自康可之战后，义师响应，盖箕大将坐守波士顿，民军驻康桥，自康桥至班克山四里之间，皆有民军遥相接应。后英国援师大至，盖箕欲先夺附近诸山以临民军。民军侦知之，遂先发，于六月十六日夜据班克山。明日盖箕遣兵三千人来攻，枪炮皆精，又皆为久练之师。[1] 民军仅千余人，又以终夜奔走，皆疲惫不堪，然气不为屈，主将令曰："毋发枪，俟敌人行近，可见目中白珠时始发。"故发无不中者，英军[2] 再却再上，为第三次攻击。民军力竭弹尽，乃弃山走。是役也，英军死伤千〇五十四人，民军死伤者四百二十人耳，大将华伦（General Joseph Warren）死

[1] 又皆为久练之师，手稿本为"又皆为练军"。
[2] 英军，手稿本为"英人"。

之。是役民军虽终失败，然以半数临时召集之众[1]，当二倍久练之师，犹能再却敌师，其足以鼓舞人心，何待言矣！一八四三年美国规矩[2]会（Masons）之一部募款建纪念塔于山上，塔旁为华伦大将之铜像。塔高二百二十一英尺，全用花岗[3]为之，中有石梯，螺旋至颠凡二百九十四级始及塔颠。塔上可望见数十里外风景，甚壮观，南望则波士顿全市都在眼中，东望可见海港。

下塔往游海军造船坞，属海军部。坞长半里，有屋舍大小二百所，坞中可造兵舰商船。今坞口所泊大战舰，乃为阿根廷民主国所代造，为世界第一大战舰。余等登二舰游览。其一名老宪法，为旧式战舰，造于一百十七年前。船身甚大，木制，四周皆安巨炮。其时尚未用蒸汽，以帆行驶。此舰之历史甚有味，不可不记之。[4]此舰尝参[5]与英美之战，一八三〇年，有建议以此舰老朽不合时用，欲摧毁之，海军部已下令矣。时美国名士何模士（Oliver Wendell Holmes）才二十岁，居哈佛大学法律院，闻毁舰之令，大愤，投诗于报馆，痛论之。其诗出，全国转录之，人心皆愤愤不平，责政府之不当，海军部不得已收回前命。此船得不毁至于今日，皆出何氏一诗之赐也。诗人之功效乃至于此！其诗

---

[1] 众，手稿本为“兵”。

[2] 规矩，手稿本为“圬者”。

[3] 花岗，手稿本为“英石”。

[4] 此处，手稿本附有海军造船坞及“老宪法”舰图一幅，并有英文注释，现补于此。胡适旁注：“此图宜在上页，忘插入，故补于此。”

[5] 参，手稿本无。

纪念塔[1]

[1] 此图，手稿本缺。

NAVY YARD   Old Constitution

大旨，以为此舰尝为国立功，战死英雄之血斑斑船面，“固一世之雄也，而今安在哉?”不如沉之海底，钉其旆于樯上，以此舰赠之波涛之神，赠之雷电，赠之飓风，不较摧毁之之为愈乎，其诗名“Old Ironsides”，录其卒章曰：

Oh，better that her shattered bulk [1]
　Should sink beneath the wave;
Her thunders shook the mighty deep,
　And there should be her grave;
Nail to the mast her holy flag,
　Set every threadbare sail,
And give her to the Gods of storms,
　The lightning and the gale！

何模士亦此邦奇士，其人亦名医，亦发明家，亦教师，亦诗人，亦滑稽，著书甚富，生于一八〇九年，卒于一八九四年，今其子（与父同名）为美国大理院法官 [2]。其一舰为二等巡洋舰，船身之大，机械之多而精，架炮之新而利，较之一百十七年前之老宪法迥不侔矣。

是夜访皖人李锡之、殷源之二君，皆麻省工校学生，庚戌同去国者也，倾谈甚快。

[1] bulk，手稿本为“hulk”。
[2] 大理院法官，手稿本为“最高法院士师”。

十日，上午作书阅报，下午以汽船出波士顿港。四年未海行矣，今日见海水，如见故人。至巴斯（Bass Point），以车行。车道在土岬上，岬甚隘，车中左右望，皆海水也，大似自旧金山至褒克来（Berkeley，加省大学所在）电车中所见风景。至累维尔海滨，此地为夏日游人麇集之所，为不夜之城，游玩之地无数，然皆俗不可耐，盖与纽约之空来岛同等耳。海滨夏日多浴者，今日天大寒，仅见一男子自水中出；去岸稍远，有二女子游泳水中而已。岸上可望见巴斯，残日穿云隙下照，风景不弱。

十一日，金君往梅省（Maine）之朴兰（Portland），余欲早归，不能偕往，遂与为别。

余三至图书馆，得见法人 M. Bazin Ainé 所译元人杂剧四本：

（一）《㑳梅香》 郑德辉（光祖）著

（二）《合汗衫》 张国宾著

（三）《货郎旦》 无名氏著

（四）《窦娥冤》 关汉卿著

此诸剧皆据《元曲选》译。拔残（王国维译名）所译元曲凡十余种，惜不及尽见之。译元曲者，拔残之外，尚有 Du Halde 译《赵氏孤儿》（一七六三）；Stanislas Julien 译甚多；英人 Sir John Francis Davis 亦译《老生儿》《汉宫秋》二曲。元人著剧之多，真令人叹服。关汉卿著六十种，高文秀三十二种，何让西人乎？元曲之前无古人，有以哉！

是日，突厥政府宣言：凡自第十世纪以来至于今日，突厥与外国所订条约，让与列强在突厥境内得有领事裁判权（Extra-territorial Rights），自十月一日为始，皆作为无效。[1] 嗟夫！吾读之，吾不禁面红耳热，为吾国愧也！嗟乎[2]！孰谓突厥无人！少年突厥党得政后，即屡与列强商改条约，欲收回领事裁判权。列强不允，谓须俟新政府果能保持治安，维持法律，然后图此未晚也。今突厥乘欧洲之战祸，遽而[3]出此霹雳手段，不复与列强为无效之谈判矣。

麻省工校曾君昭权有《廿四史》一部。前闻其捐入波城公家图书馆，三次觅之不获，今始知其在工校藏书室。下午因往觅之，其书堆积室隅，无人顾问，捐入之后，余为第一人惠然来访[4]者也。审视其书，亦不完全。仅有十史，余所欲见之《南北史》乃不在此，怅怅而返。

在饭馆遇袁君，余告以觅书事。袁君言："此间有中华阅书室，乃友人张子高、朱起蛰诸人所设，颇有书籍，盍往观之？"遂同往。室设西医陈君之家，书殊寥寥，报亦仅数种耳。中殊无佳书，惟《日知录》版佳，偶一翻阅，便尽数卷。又有《章谭合钞》，取其《太炎文钞》读之，中有《诸子学略说》，多谬妄臆说，不似经师之语，何也？

---

[1] 此处，手稿本附有英文剪报一则（见本卷末附七）。

[2] 乎，手稿本为"夫"。

[3] 而，手稿本为"尔"。

[4] 来访，手稿本为"相访"。

下午访程明寿、徐书、徐佩璜、徐名材，遇周百朋，夜访朱起蛰，遇贺楙庆、周象贤、罗惠侨、胡博渊、周厚坤诸君。

夜以睡车归绮色佳。[1]

〔补记〕[2]

在赫定登街上有此邦有名宗教家白路克司（Phillips Brooks, 1835—1893[3]）铁像[4]。此君讲经最能动人，为名牧师。

波士顿与纽约皆有空中车道，街上车道，及地下车道三种，似波城之地下车道较纽约为佳也。[5]

白路克司像

[1] 此后，手稿本有“十三日记完”。

[2] 在以下两条补记前，手稿本各有“（补一）”“（补二）”。

[3] 1835—1893，手稿本无。

[4] 铁像，手稿本为“铸像”。

[5] 此处，手稿本附有白路克司像、空中车道、地下车道图片三幅，胡适在后两幅图旁分别注“Elevated”“Subway”，现补于此。

空中车道

地下车道

三一、再论无后（九月十四日）

前记倍根论“无后”语，因忆《左传》叔孙豹答范宣子语，记之：

（襄二十四年）穆叔如晋，范宣子逆之，问曰：“古人有言曰，‘死而不朽’，何谓也？”穆叔未对。宣子曰：“昔匄之祖，自虞以上为陶唐氏，在夏为御龙氏，在商为豕韦氏，在周为唐杜氏，晋主夏盟为范氏，其是之谓乎？”穆叔曰：“以豹所闻，此之谓世禄，非不朽也。鲁有先大夫曰臧文仲，既没，其言立，其是之谓乎？豹闻之，太上有立德，其次有立功，其次有立言，虽久不废，此之谓不朽。若夫保姓受命，以守宗祊，世不绝祀，无国无之，禄之大者，不可谓不朽。”

立德，立功，立言，皆所谓无后之后也。释迦、孔子、老子、耶稣皆不赖子孙传后。华盛顿无子，而美人尊为国父，则举国皆其子孙也。李白、杜甫、裴伦、邓耐生，其著作皆足传后。有后无后，何所损益乎？

三二、朝鲜文字母[1]（九月十五日）

声　母	韵　母	拼音例
ㄱ g	ㅏ a	가 ga
ㄴ n	ㅓ ɔ	갸 gia
ㄷ d	ㅗ o	거 gɔ

[1] 胡适原题。

（续表）

声　母	韵　母	拼音例
ㄹ　rh ㄹㄹ l	ㅜ　u	겨　giɔ
ㅁ　m	ㅡ　ə	고　go
ㅂ　b	ㅣ　i	교　gio
ㅅ　s	ㅑ　ia	구　gu
ㅇ位在 Vowel 之前而无音	ㅕ　iə	구　gū
ㅈ　j	ㅛ　io	그　gə
ㅊ　ch	ㅠ　iu 如英文之 u	기[2]　gi
ㅋ　k	ㆍ　a 今不用	궈　guɔ
ㅌ　t	ㅇ[1]　ng	구ㅕ　guiə
ㅍ　p		과　goa
ㅎ　h		고ㅑ　goia
		애　ai
		에　ɔ1　英文之 ā
		앙　ang

吾友韩人金铉九君言，“朝鲜本有此种文字，其原甚古，至汉文入，此语遂衰，至五百年前始有人恢复之，今普及全国，惟中上社会犹用汉文汉语耳”。[3] 此种字母源出何语耶？吾国古代未有象形文字之先曾有字母否？如有之，尚可考求否？如无之，则

[1] 此后，手稿本还有：v　z　jz　eh (er)　ih　tph　ng　nd　之

[2] “기”后，手稿本还有一“ᄀ (h)”例。

[3] 此后，手稿本有“（疑问）”。

仓颉以前，吾国用何种语言耶？天皇作“干支”，其名皆似一种拼音之字，彼所用是何语耶？

附干支之名：

阏逢（甲） 旃蒙（乙） 柔兆（丙） 疆圉（丁） 著雍（戊）
屠维（己） 上章（庚） 重光（辛） 玄默（壬） 昭阳（癸）

上十干

困敦（子） 赤旧若[1]（丑） 摄提格（寅） 单 阏（卯）
执徐（辰） 大荒落（巳） 敦 牂（午） 协 洽（未）
涒滩（申） 作 噩（酉） 阉 茂（戌） 大渊献（亥）

上十二支

此种名如何传至后世耶？记之者何所本耶？[2][3]

---

[1] 赤旧若，手稿本为“赤奋若”。校者按，经与《尔雅·释天》校，手稿本不误。

[2] 此后，手稿本有“廿二日”。此后还有如下一条杂记：“余游波士顿及康可摄影甚多，惟康可所摄为佳，余皆以天阴暗或他故，不可得印本。今附此六图于是。立坟侧者为刘季焯君。”此后，手稿本附有六幅照片（并胡适图注），现补于此。

[3] 此后，手稿本尚有两页胡适所记杂事备忘，现补于后。

Emerson's grave

Emerson's House

The minute man

The minute man

像前铭词见前（即本书第441页爱麦生《康可歌》四句。——校者注），像后铭曰“一七七五年四月十九日——一八七五年”，盖像建于百年后云

The First Church, Concord

“第一礼拜堂”麻省独立议会舍于是，爱氏讲道于是，门外阶上坐三人：刘季焯、张智、金洛伯也

The Sleepy Hollow Cemetery

卷六杂事备忘一

Frank W. Chalfant,
(Carnegie Inst. or
Smithsonian Inst.)

T.S.C.	200.00	F.R.	200.00
Date	Amt.	Date	Amt.
Oct. 21, '12	20.00	Apr. 4	10.00
Nov. 20, '12	20.00	May 4	10.00
Dec. 19. 12	20.00	June 3	10.00
Jan. 21, '13	10.00	July 15	15.00
Feb. 20 '13	20.00	Aug. 3	15.00
Mar. 21	10.00		60.00
April. 22	20.00	Sept.	10.00
May. 21	10.00	Oct.	10.00
June, 26	10.00		80.00
Ling.	14.00	Nov.	10.00
Dec. 3, 13	15.00	Dec.	10.00
	169.00	Jan.	10.00
		Feb.	10.00
			120.00
		March	10.00
		April	10.00
			140.00

卷六杂事备忘二

卷六附录

附一：

"Each nation feels it has vital interests at stake. Austria feels her territorial integrity threatened by the Pan-Serb propaganda of a greater Servian state formed of Bosnia, present Servia and surrounding territory; Austria and Italy feel the neutrality of Albania or their mutual control of that state of the same importance that the United States attaches to the control of the Panama Canal, as, in a like manner, Russia looks upon her control of the Dardanelles by the possession of Constantinople or even a fort or two on the inland waterway. France is animated by the desire to regain the lost province, Alsace Lorraine; England wishes to grasp the opportunity to cripple German competition which has pressed her closely in the world's markets; and Germany feels that her future as a great power is bound up in the preservation of Austria-Hungary as presently constituted."

"Germany was slightly embarrassed by the movements of the Austrian ministry and the lack of the details of the plans of her ally which were not disclosed in full, I fully believe," he continued. "Germany's only ally in her premliminary move with Russia and France was Time. If Germany allowed Russia to completely mobilize her immense army before she had time to likewise form her army corps completely, her situation was precarious to say the least. Her only move was to force the fighting against France and push her western neighbor to defeat before Russia commenced the concentrated action of her large body of troops on the east. And when the Kaiser saw that Russia had no hesitation as to the inevitability of the war he acted.

"I do not believe that Germany brought on the war without consideration. If the Kaiser had wanted war with Russia why hadn't he acted in previous crisis of the many former years when the Russian army had not completely revived from the effects of the Japanese war. It would not have been much resistance that Germany would have met had she fought Russia a few years or even a year ago.

附二：

"Taking the world as a whole it seems likely to me that the struggle between capital and labor will be bitterer, after the conflict is over, than it was before it began. And in a few years the radical labor movement will be claiming and will believe that this great war was but a scheme planned in the interests of the high chiefs of the existing order to add to the oppression of the working man.

"If this conflict proves to be as generally disastrous as seems likely to be the case, European thought will be occupied so tensely in the mere struggle for existence for some years after its cessation, that it will produce far less than it has in the way of new ideas. And new ideas from anywhere mean world prograss.

附三：

1914 SUMMER SESSION

Registration Statistics.

Following are the official figures:

Total number	1,436
In College of Agriculture	384
Cornell undergraduates in attendance during the last academic year	511
College graduates	263
Undergraduates from colleges other than Cornell	186
Students from New York State	721
Outside New York State	715
Total number of teachers	602
Teaching in colleges	38
Normal Schools	13
High Schools	166
Elementary Schools	255
Private Schools	11
Superintendence and supervision	97
Private teachers	22

下划线为胡适所注

附四：

A declaration of Japan's position in the war situation, as made by the Premier, Count Okuma, is contained in the following dispatch given out yesterday by Dr. Toyokichi Iyenaga, formerly professorial lecturer at the University of Chicago and now living in Brooklyn.

TOKIO, Aug. 15.—[Cable dispatch to the East and West News Bureau.] Count Okuma, Japan's Premier, declares that Japan, if forced to join the European conflict, will do so with the single purpose of fulfilling her treaty obligation to her ally, and of upholding the cause of justice. Her object is the maintenance of peace in the Orient.

"Japan's proximity to China breeds many absurd rumors, but I declare that Japan acts with a clear conscience, in conformity with justice, and in perfect accord with her ally. Japan has no territorial ambition, and hopes to stand as the protector of peace in the Orient."

附五：

TEXT OF JAPAN'S DEMANDS.

The ultimatum is as follows:

"We consider it highly important and necessary in the present situation to take measures to remove the causes of all disturbances of the peace in the Far East and to safeguard the general interests as contemplated by the agreement of alliance between Japan and Great Britain.

"In order to secure a firm and enduring peace in Eantern Asia, the establishment of which is the aim of the said agreement, the imperial Japanese government sincerely believes it to be its duty to give the advice to the imperial German government to carry out the followng two propositions:

'First—To withdraw immediately from Japanse and Chinese waters German men-of-war and armed vessels of all kinds and to disarm at once those which cannot be so withdrawn.

"Second—To deliver on a date not later than September 15 to the imperial Japanese authorities, without condition or compensation, the entire leased territory of Kiau-Chau with a view to the eventual restoration of the same to China

下划线为胡适所注

附六：

A CONTRAST

The Emperor William at Berlin, March 29, 1901:

"We will be everywhere victorious even if we are surrounded by enemies on all sides and even if we have to fight superior numbers, for our most powerful ally is God, who, since the time of the Great Elector and Great King, has always been on our side."

—Abraham Lincoln, during the darkest hours of the Civil War, in response to the question whether he was sure that God was on "our side:"

"I do not know; I have not thought about that. But I am very anxious to know whether we are on God's side."

附七：

"A cablegram to the Turkish ambassador from the Ottoman minister of foreign affairs states that by imperial irade the Ottoman government has abrogated as from the first of October next, the convention known as the Capitulations, restricting the sovereignty of Turkey in her relations with certain powers.

"All privileges and immunities accessory to these conventions or issuing therefrom are equally repealed. Having thus freed itself from what was an intolerable obstacle to all progress in the empire, the imperial government has adopted as the basis of its relations with the other powers the general principles of international law."

卷七

一九一四年九月二十三日—— 一九一四年十二月十一日

在康南耳大学

此卷手稿本，封面题写“藏晖札记（五）”“民国三年九月廿三日起，十二月十一日止”。

一、传记文学（九月廿三日）

昨与人谈东西文体之异。至传记一门，而其差异益不可掩。余以为吾国之传记，惟以传其人之人格（Character）。而西方之传记，则不独传此人格已也，又传此人格进化之历史（The development of a character）。东方传记之体例（大概）:

（一）其人生平事略。

（二）一二小节（Incidents），以写其人品。（如《项羽传》“垓下之围”项王悲歌起舞一节。）

西方传记之体例:

（一）家世。

（二）时势。

（三）教育（少时阅历）。

（四）朋友。

（五）一生之变迁。

（六）著述（文人），事业（政治家，大将……）。

（七）琐事（无数，以详为贵）。

（八）其人之影响。

布鲁达克（Plutarch）之《英雄传》，稍类东方传记。若近世如巴司威尔之《约翰生传》，洛楷之《司各得传》，穆勒之《自传》，斯宾塞之《自传》，皆东方所未有也。

东方无长篇自传。余所知之自传，惟司马迁之《自叙》，王充之《自纪篇》，江淹之《自叙》。中惟王充《自纪篇》最长，凡四千五百字，而议论居十之八，以视弗兰克林之《自传》尚不可得，无论三巨册之斯宾塞矣。东方短传之佳处：

（一）只此已足见其人人格之一斑[1]。

（二）节省读者日力。

西方长传之佳处：

（一）可见其人格进退之次第，及其进退之动力。

（二）琐事多而详，读之者如亲见其人，亲聆其谈论。

西方长传之短处：

（一）太繁；只[2]可供专家之研究，而不可为恒人之观览。人生能读得几部《约翰生传》耶？

（二）于生平琐事取裁无节，或失之滥。

东方短传之短处：

（一）太略。所择之小节数事或不足见其真。

（二）作传太易。作者大抵率尔操觚，不深知所传之人。史官一人须作传数百，安得有佳传？

（三）所据多本官书，不足征信。

（四）传记大抵静而不动。何谓静而不动？（静 Static，动 Dynamic。）但写其人为谁某，而不写其人之何以得成谁某是也。

吾国人自作年谱日记者颇多。年谱尤近西人之自传矣。

---

[1] 足见其人人格之一斑，手稿本为“其人之人格”。

[2] 只，手稿本无。

二、迁居（九月廿五日）

余居世界学生会三年余矣，今年九月十九日始迁居橡街百二十号。新居长十三尺，广九尺。室中一榻，二椅，一桌，一几，一镜台，二书架。二窗皆临高士客狄那溪，水声日夜不绝。前夜睡醒，闻之亦不知是溪声是雨声，口占云：

窗下山溪不住鸣，中宵到枕更分明。

梦回午夜频猜问，知是泉声是雨声？

溪两岸多大树，窗上所见：清臞之柏，温柔之柳，苍古之橡。林隙中可见清溪，清浅见底，而上下流皆为急湍，故水声奔腾，不似清浅之溪也。

自他所归，见案上叔永留字云，“适来不遇，读诗而去。‘知是泉声是雨声’较‘夜半飞泉作雨声’如何?”读之猛忆叔永所示曾槭子诗“炉烟消尽空堂寂，夜半飞泉作雨声”，前夜口占此诗时，初未尝念及槭子之诗。然槭子之诗远胜余诗，倘早念及之，决无此二十八字矣。[1]

三、海外送归人图（九月廿五日追记）

海外送归人图，[2] 曾广智君摄。归者为黄伯芹君。伯芹为此间同学之佼佼者。其人有热诚，肯任事，而明达事理。所[3]

[1] 手稿本中此段文字写在下则《海外送归人图》的后面，文末有“廿五夜”和“(参观三月廿六日记）”，即参见卷四第五则日记。

[2] 此句前，手稿本有“下图为”三字。

[3] “所”前，手稿本有“伯芹”两字。

海外送归人图 [1]

[1] 此图，手稿本缺。

习为地学，去年得为 Sigma Xi 会会员。留美之广东学生每每自成一党，不与他处人来往，最是恶习，伯芹独不尔尔，故人多归之。

四、木尔门教派（九月廿八日）

仲藩归国，道中寄一片曰："足下有暇，可研究耶教后圣派（Church of Jesus Christ of the Latter Saints），即俗所谓木尔门（Mormon）派，他日能告我以十九世纪之文明而此派乃能勃兴于是时者，何也？"此意甚有研究之价值，先记之。

五、耶稣之容忍精神（十月五日）

在大学礼拜堂听讲经，其人引《新约》一节，以示耶稣容忍异己之教之精神：

> 约翰曰："夫子，顷者弟子见有以夫子之名而驱除邪鬼者，弟子尝戒止之矣，以其不从弟子辈行也。"耶稣曰："勿禁止之；凡不逆汝者，皆为汝者也。"(《马可[1]》"为汝"作"为我"。)(《路加》第九章四十九至五十节)

余谓此章不如下所引也：

> 耶稣取一幼孩置之众中，持之臂上，而告众曰，"凡以吾名纳如此稚孩之一者，皆吾徒也"。(《马可[2]》第九章三十六至三十七节)

[1] [2] 马可，手稿本为"马加传"。

“人子”(耶稣也)既升遐，众仙吏与俱。“人子”乃陟显位，万国群集其前。“人子”乃辨判万众，若牧人之分其羊群然，驯羊居右，野羊居左，主[1](耶稣)乃告其在右者曰：“来，汝天所福，袭尔天国。我尝饥矣，汝则食我以肉。我尝渴矣，汝则饮我。我尝沦落矣，汝实庇我。我尝裸矣，汝则衣我。我尝病矣，汝实问遗我。我尝为囚系矣，汝实临唁我。”对曰：“我主，吾辈何时见主饥而食之，渴而饮之乎？何时见主沦落而庇之，无衣而衣之乎？何时见主病或在囚拘而问遗之乎？”主[2]曰：“我[3]明告汝，汝惟尝施之于吾民（孙子）之最无告者，汝实施之于吾身也。”(**下半章记罚恶，意旨都同，今略。**)(《马太》第二十五章三十一至四十六节)

此等处征引经文，随笔迻译之，但求达意，不论工拙也。

六、录《新约》文两节(十月五日)

读《新约》，有两节大佳，素所未留意，何也？[4]

(一)彼得就开口说：“我真看出上帝是不偏待人。原来各国中那敬畏主行义的人都为主所悦纳。”(《使徒行传》第十章三十四至三十五节)

(二)盐本是好的，若失了味，可用什么叫他再咸呢？你

[1] [2] 主，手稿本为“帝”。

[3] 我，手稿本为“朕”。

[4] 以下(一)(二)两条中文，手稿本中为英文。

们里头应当有盐，彼此和睦。(《马可》第九章五十[1]节)[2]

七、征人别妇图（十月七日）

此法国征人与其妇接吻为别之图，欲作一诗题之，而心苦不能成文。杜工部《兵车行》但写征人之苦，其时所谓战事，皆开边拓地，所谓“侵略政策”，诗人非之，是也。至于执戈以卫国，孔子犹亟许之；杜工部但写战之一面，而不及其可嘉许之一面，失之

FRENCH RESERVIST BIDDING HIS WIFE GOODBYE

征人别妇图[3]

---

[1] 五十，手稿本为“49”。

[2] 此后，手稿本还有一条十月六日杂记：“游波士顿时，同行之刘季焯君亦携有摄影器，其所摄亦多佳者，颇足补余所摄之不及。今承以若干张相赠，附缀于下页，尤爱其‘华盛顿榆’一图云。　六日记。”并附六图，现据手稿本将图与胡适英文图注补于此。

[3] 此图，手稿本缺。

Washington Elm. Cambridge

Court yard of Public Library Boston

Emerson's grave

Mrs. Alcott's Home

Hancock-Clarke House, Lexington

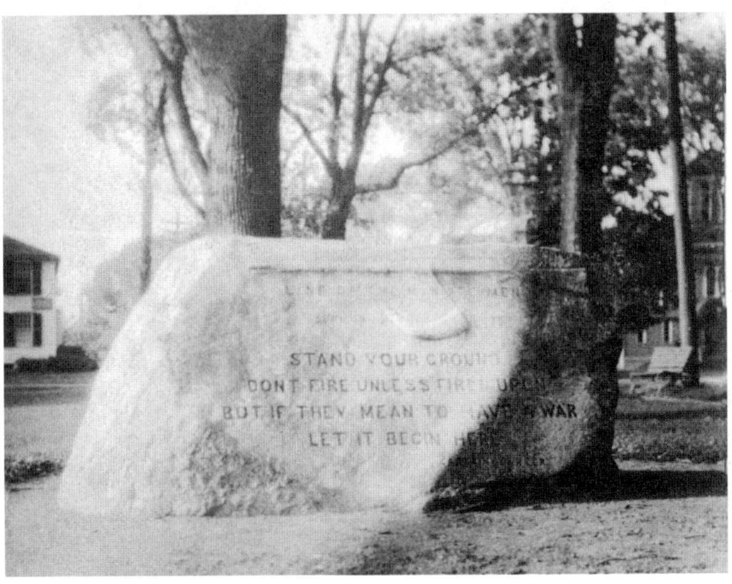

Captain Parker Boulder, Lexington

偏矣。杜诗《后出塞》之第一章写从军乐[1]，而其词曰，“男儿生世间，及壮当封侯”，其志鄙矣。要而言之，兵者，凶器，不得已而用之。用之而有名，用之而得其道，则当嘉许之。用之而不得其道，好战以逞，以陵弱欺寡，以攻城略地，则罪戾也。此图但写征人离别之惨，而其人自信以救国而战，虽死无憾，此意不可没也。

国家思想惟列国对峙时乃有之。孔子之国家思想，乃春秋时代之产儿；正如今人之国家思想，乃今日战国之产儿。老杜生盛唐之世，本无他国之可言，其无国家之观念，不足责也。记中有过词，志之以自忏。（十月二十日）

八、悼郑仲诚（十月八日）

得铁如书如下：

> 仲诚竟死矣！我虽不杀仲诚，仲诚竟由我而死！呜呼，痛矣！

仲诚病肺且一年，今竟死矣，惨已！

仲诚，郑璋也，潮阳人。吾甲辰入梅溪，与仲诚、铁如同室。吾去家以后，所得友以仲诚为最早，于今十年，遂成永诀！今年哭友，希古之外，又及仲诚，友生之谊，更何待言？尤可恸者，二君皆友生中不可多得之才，二十年树人，未为社会效力而骤死，惨已，惨已！

[1] “乐”后，手稿本有“矣”字。

图一：著者（右）与郑仲诚合影 [1]

图二：郑仲诚新婚合影

[1] 此图，手稿本缺。

吾安得不为社会哭乎？吾欲自问，又欲问国人曰：今之少年往往中道摧折，谁之罪欤？谁实致此欤？体干之不强耶？遗传种性之亏耶？个人健康之不修耶？市政卫生之不洁耶？个人之戕贼耶？社会之遗毒耶？政治外患之激刺耶？理想之不达，不能与恶俗战，不能与失败战耶？呜呼，谁之罪欤？此不无研究之价值也。[1]

仲诚前年娶王女士，伉俪至笃；及病，人或有归咎其早婚者，仲诚之婚实由铁如绍介之，故铁如书有“仲诚实由我而死”之语。

图一乃仲诚与余同摄影，时在庚戌七月未去国之前数日也。图二（删）为仲诚新婚后所寄合影，前年所摄也。[2]

九、赴亥叟先生之丧（十月十九日追记）

友朋中又死一个矣！死者亥叟（C.W. Heizer）先生（生于一八四九年，死于一九一四年十月十三日），寿六十五岁。[3]

亥叟为本市一尊派（Unitarian）教堂牧师。其人最开阔大度，急公好义，大学中最有名之教师皆倾向之，学生中尤多爱戴之者，市民更无论矣。亥叟妻早死，遗一女；后再娶妇，为富孀，不悦亥叟之慷慨豁达，遂离居。亥叟独处十余年矣，所得教堂俸给，辄以布施贫苦，有余则以买书，室中架上多一月内新出版之书，

[1] 此后的两段文字，手稿本为：“上页所附图乃仲诚与余同摄影，时在庚戌七月未去国之前数日也。　八日。”；“仲诚前年娶王女士，伉俪至笃；及病，人或有归咎其早婚者。仲诚之婚实由铁如绍介之，故铁如书有‘仲诚实由我而死’之语。　又记。”；“此为仲诚新婚后所寄合影，前年所摄也。　十二日又记。”

[2] 原删“图二”，现据手稿本还原于此。

[3] 此处，手稿本附有亥叟图片一幅及英文图注，现补于此。

REV. C. W. HEIZER.

藏书楼所未及有者也。

亥叟为世界会会员，故与余相识，颇蒙器重，遂为忘年之交。余今年五月卸世界会会长之职时，演说“世界和平”及“种族恶感”二问题，亥叟亦在座，席终，嘱余以稿本与之。明日，亥叟令人抄两份，自留一本，而以一本归余。

十余日前，有两黑种女子寄宿赛姬[1]院（女子宿舍），同院白种女子不屑与同居，联名上书大学校长，欲令此二黑女移出。校长为调停之计，欲令二女移居楼下，别为一室，不与白

[1] 赛姬，手稿本为“碎姬”。

女同浴室，又指一室为会客之所。此南方所谓“畛域政策”也（Segregation）。二女中一出贫家，力薄，以半工作供膳费，故无力与校中当道抗。其一出自富家（父亦此校毕业生，曾留学牛津及德国亥得堡〔Heidelberg〕两大学，归国后为哈佛大学教师者数年），今遭此不公之取缔，大愤，而莫知所为；有人告以亥叟之慷慨好义，遂偕其母造谒求助。时亥叟已卧病，闻之一愤几绝，适其友乔治（William R. George，乔治少年共和国之创始者——“Daddy” George）在侧，扶之归卧。亥叟乃乞乔治君邀余及金洛伯（Robert W. King）母子及大学有名教师须密先生同至其家。余等至时，二女皆在，因得悉兹事始末。余以亥叟知我最痛恶种族恶感，故招余与闻此事，遂自任为二女作不平之鸣，即作书与本校日报（*Cornell Daily Sun*），略云：

> 三年前，赛姬[1]院女学生二百六十九人联名上书校长，请拒绝黑色女子住院。校长休曼先生宣言曰：“康南耳大学之门不拒来者，无种色，宗教，国际，阶级，贫富之别也。”议遂定。今此言犹在耳，而此种恶感又起（以下叙事，略）。余为大同主义之信徒，以人道之名，为不平之鸣，乞垂听之。

余亲持书至报馆，主者不在，乃留书而归。是夜日报主笔客来鸥（William Kleitz）君以电话告余，谓此[2]事关系大学名誉，不敢遽揭载之，因招余明日晚餐其家，以便面谈。余次日往见之，谓

[1] 赛姬，手稿本为“碎姬”。
[2] 此，手稿本为“兹”。

之曰："吾志不在张大学之恶，乃欲得公道耳；倘不须登报，而可达吾目的，则吾书可毁也。"余因告客君，令往谒校长，告以有人投书言此事，若校长肯主持公道，则吾[1]愿收回吾所投书。客君以为然。明日以电话告余，谓校长已允主持公道，虽全院白色女子尽行移出，亦所不恤。余谓客君，此言大满吾意，吾书不登可也。此事遂定，黑女得不迁，其白色女子亦无移出者。吾本不欲记此事，今亥叟既死，余不得不记之，不独可见亥叟之重余，又可见亥叟好义任侠，为贫困无告者所依归也。（参看卷一四月十日记）[2]

亥叟以十六日殡于一尊会教堂，余往临之。赴丧者数百人，教堂座次皆满，立者无数。棺停讲坛之前，繁花覆之。棺盖作两截，自胸以下已阖，胸以上犹可见也。有牧师二人主丧，其一人致祷词已，略述死者生平。乐师奏琴，众合歌亥叟生平最爱诵之《颂歌》。歌歇，其一牧师读《诗篇》（*Psalms*）第九十一章。已而，大学前校长白博士（Andrew D. White）起立演说与亥叟十余年之交谊及博士器重之之深。博士为此邦伟人，年八十四矣。须密先生亦演说，述死者一生行谊。演说毕，众合祷，祝死者安息。祷已，牧师命众排列成行，自东侧绕至棺前一望死者颜色，然后自西侧出。其非亥叟至交近亲者，一诀[3]散去。留者尚无数。乐人奏至哀惨之乐。相者阖棺，扶棺徐徐出堂。众宾中多呜咽下泪，

---

[1] "吾"后，手稿本有"亦"字。

[2] 参看卷一四月十日记，手稿本为"参观吾一九一一年四月十日记（小册子）"。

[3] "诀"后，手稿本有"皆"字。

有哭不可仰者。庄生曰:“彼其所以会之，必有不蕲言而言，不蕲哭而哭者。”其是之谓欤？棺车先发。送葬者以天大雨，皆以车行。冢地临凯约嘉湖，气象极雄浑。圹已成，棺至，相者以机维系之，令棺悬穴上，与土平。牧师读葬词，率众祈祷。祷已，相者纵棺，令徐徐落穴中。众宾皆散去，余独与一友留墓上，视葬者钉包棺之椁（以木为之，较棺略大）已，乃步行而归。此余第一次赴西方葬礼也。

一〇、家书屡为人偷拆（十月二十日）

吾母第十二号家书言吾近所寄书屡为人拆视，四五次矣。此必不良政府畏民党，乃出此卑污之手段偷阅人家书，真可恶也。

一一、韦莲司女士之狂狷（十月二十日）

星期六日与韦莲司女士（Edith Clifford Williams）出游[1]，循湖滨行，风日绝佳。道尽，乃折而东，行数里至厄特娜村（Etna）始折回，经林家村（Forest Home）而归。天雨数日，今日始晴明，落叶遮径，落日在山，凉风拂人，秋意深矣。是日共行三小时之久，以且行且谈，故不觉日之晚也。

女士为大学地质学[2]教授韦莲司（H.S. Williams）之次女，在纽约习美术；其人极能思想，读书甚多，高洁几近狂狷，虽生

[1] 游，手稿本为“行”。

[2] 地质学，手稿本为“地文学”。

富家而不事服饰；一日自剪其发，仅留二三寸许，其母与姊腹非之而无如何也，其狂如此。余戏谓之曰："昔约翰弥尔（John Stuart Mill）有言，'今人鲜敢为狂狷之行者，此真今世之隐患也'（吾所谓狂狷乃英文之 Eccentricity），狂乃美德，非病也。"女士谓，"若有意为狂，其狂亦不足取"。余亦谓然。余等回至女士之家已六时，即在彼晚餐。晚餐后围炉坐谈，至九时始归。

一二、**惜别**（十月二十日）

巴西友人苏柴（Antonio C.P. Souza）君将归国，来告别，执手凄然不成声。昔南非法雷（J.C. Fanre）君归国，余真为下泪。友朋之谊，数年相爱之情深矣，一旦为别，别后天各一方，皆知后会无日，宜别之难也。

一三、**罗斯福演说**（十月廿二日）

今日得闻罗斯福（Theodore Roosevelt）演说，年来积愿，于[1]今始偿。罗氏为此邦一大怪杰，其人之[2]是非功过颇不易论定。其崇拜之者，尊之如神。其毁之者，乃致诋为伪君子（Hypocrite），谓为贪位喜功，前年有人至欲贼杀之。此邦党见甚深，虽盖棺或犹未有定论耳。罗氏演说声音殊不及白来恩[3]（Bryan），有时其声尖锐如女子叫声，然思力明爽，恳切动人，又

[1] 于，手稿本无。

[2] 之，手稿本无。

[3] 白来恩，手稿本为"白乃恩"。

能庄能谐，能令人喜，能令人怒也。今日所说本省（纽约）政事，不足记；惟其言多警语，如云，[1] 今人皆喜诵古人名言法语，而不肯以施诸日用社会政治之常行，但宝糟粕而遗精神，但能言之而不能行之，亦 [2] 何益矣！其言曰：

> 若我至波士顿为文学之演说，则波市人士倾室来听，以其波士顿之风流鼓舞我，而赞扬我。若我引爱麦生之言，谓国家精神所在，在于渔人，樵子，农夫，市贩，则波人必鼓掌欢呼。然我苟告之曰，爱麦生时之渔樵耕贩，即今日之矿工，路工，妇工，孺工，今日之国家宜顾恤此种工人 [3] 之人权，则波人士将冷笑曰："不图罗斯福亦为时俗所坏，非复吾辈中人矣。"是波人士但欲我高谈诗文，而不欲我以诗中真义译为人生日用之主义也。

罗氏又言：

> 政党若失其造党时之精神之主义，则毁之可也。今人之所以不肯去共和、民主二党者，以为此其祖若父之党，不宜背之。然吾亦有孙矣，若五六十年 [4] 后，进步党（**罗氏所创**）沦为败类政客之傀儡，而吾之孙子徒以此为其祖父手造之党，乃不忍毁坏而重兴之者，则吾墓中之骨真将转侧矣。

---

[1] "惟其言多警语，如云"句，手稿本为"惟所言"。

[2] 亦，手稿本为"抑"。

[3] 工人，手稿本为"工夫"。

[4] 年，手稿本无。

是日来听讲者约有千人。[1]

一四、纽约美术院中之中国名画（十月廿四日）

韦莲司女士归自纽约，以在纽约美术院所见中国名画相告，谓最喜马远“山水”一幅。此幅余所未见，他日当往访之。纽约美术院藏中国名画九十幅，中多唐宋名品。余在彼时，心所注者，在摩根所藏之泰西真迹二十九幅，故不及细观他室，亦不知此中乃有吾国瑰宝在[2]也。今承女士赠以[3]院中中国名画目录一册，内如[4]唐裴宽“秋郊散牧图”，宋夏珪“山水”（疑是仿本），元赵子昂“相马图”，及[5]“宋神宗赐范文正画像[6]”（上有熙宁元年勅，乃伪作也。[7]范仲淹死于仁宗皇祐四年〔一〇五二〕，熙宁元年〔一〇六八〕在十六年后了。疑此像亦是伪品。[8]十九年二月廿五日记[9]），皆甚佳。[10]又有东晋顾虎头（长康）“山水”一幅，当是伪作。[11]

---

[1] 此句，手稿本为“是日来者盖千人云”。

[2] 在，手稿本无。

[3] 以，手稿本无。

[4] 内如，手稿本为“记其佳者如下”。

[5] 及，手稿本为“五代顾洪忠（?）‘醉归图’”。

[6] 画像，手稿本为“写真”。另，此后手稿本尚有“此吾国写真画之佳品也”句，后被删。

[7] “上有熙宁元年勅，乃伪作也”句，手稿本为“此伪诏也”。

[8] 疑此像亦是伪品，手稿本无。

[9] 十九年二月廿五日记，手稿本为“Feb.25. 1930 适之记”。

[10] 皆甚佳，手稿本无。

[11] 当是伪作，手稿本为“不知是真是赝?”此处，手稿本附有唐五代宋元名画五幅，现据手稿本补入。

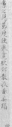

唐·裴宽“秋郊散牧图”（上）　宋·夏珪“山水”（下）

元·赵子昂“相马图”

五代顾洪忠（？）“醉归图”

宋神宗赐范文正写真

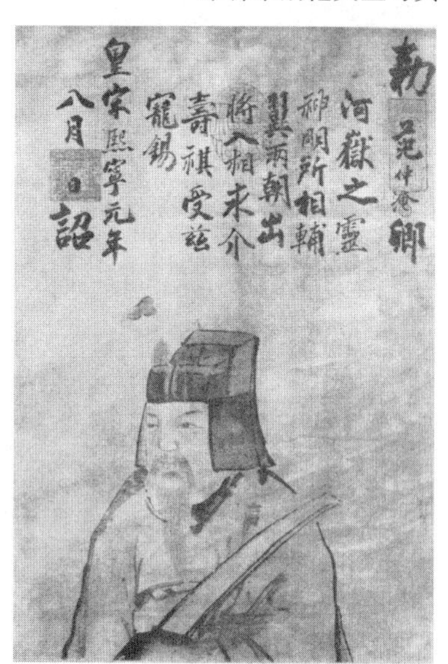

一五、国家主义与世界主义（十月廿六日）

吾友讷司密斯博士（George W. Nasmyth）自波士顿来。讷君为此邦持和平主义者之一巨子，尝周游欧洲诸国，随在演说，创设大同学生会，今为“世界和平基金”（World Peace Foundation）董事之一；今[1]以父病奔回绮城，今日下午枉顾余室[2]，谈国家主义及世界主义之沿革甚久。讷氏素推崇英人安吉尔（Norman Angell）。安氏之书《大幻觉[3]》（*The Great Illusion*），以为列强之侵略政策毫无实在利益，但有损害耳，不惟损人，实乃损己。盖今日之世界为航路电线所联络，譬之血脉，一管破而全身皆受其影响。英即败德，不能无损其本国财政也。德之败英、法亦然。能知斯[4]义，自无战祸矣。其书颇风行一世，谓之安吉尔主义（Angellism）。余以为此一面之辞耳。公等徒见其金钱生计之一方面，而不知此乃末事，而非根本之计也。今之英人，法人，德人岂为金钱而战耶？为“国家”而战耳。惟其为国家而战也，故男输生命，妇女输金钱衣饰以供军需。生命尚非所恤，何况金钱？故欲以生计之说弭兵者，愚也。

今之大患，在于一种狭义的国家主义，以为我之国须陵驾他人之国，我之种须陵驾他人之种（德意志国歌有曰：“德意志，德意志，临御万方〔über alles〕”），凡可以达此自私自利之目的者，

---

[1] 今，手稿本为“顷”。

[2] 枉顾余室，手稿本为“访余于吾室”。

[3] 大幻觉，手稿本为“大错”。

[4] 斯，手稿本为“此”。

虽灭人之国，歼人之种，非所恤也。凡国中人与人之间之所谓道德，法律，公理，是非，慈爱，和平者，至国与国交际，则一律置之脑后，以为国与国之间强权即公理耳，所谓“国际大法”四字，即弱肉强食是也。[1]（德大将卑恩赫低〔Bernhardi〕著书力主此说[2]，其言甚辩。）此真今日之[3]大患。吾辈醉心大同主义者不可不自根本着手。根本者何？一种世界的国家主义是也。爱国是大好事，惟当知[4]国家之上更有一大目的在，更有一更大之团体在，葛得宏斯密斯（Goldwin Smith）所谓“万国之上犹有人类在”（Above all Nations is Humanity）是也。

强权主义（The Philosophy of Force）主之最力者为德人尼采[5]（Nietzsche）。达尔文之天演学说，以“竞存”为进化公例，优胜劣败，适者生存，其说已含一最危险之分子。犹[6]幸英国伦理派素重乐利主义（Utilitarianism），以最大多数之最大幸福为道德之鹄，其学说入人甚深。故达尔文著《人类进化》（*The Descent of Man*），追溯人生道德观念之由来，以为起于慈悯之情。虽以斯宾塞之个人主义，本竞争生存优胜劣败之说，以为其伦理学说之中坚，终不敢倡为极端之强权主义。其说以“公道”（Justice）为

[1]　“所谓‘国际大法’四字，即弱肉强食是也”句，手稿本为“‘国际大法’，四字而已，‘弱肉强食’是也”。

[2]　力主此说，手稿本为“主此说甚力”。

[3]　之，手稿本无。

[4]　当知，手稿本无。

[5]　尼采，手稿本为“倪邱”。后同，不再注。

[6]　犹，手稿本无。

道德之公理。而其所谓公道之律曰：

> 人人皆得恣所欲为，惟[1]必不可侵犯他人同等之自由。

即"我之自由，以他人之自由为界"是也。则犹有所限制也。至于尼采则大异矣。其说亦以竞争生存为本，而其言曰：

> 人生之目的不独在于生存，而在于得权力（The Will to Power）而超人[2]。人类之目的在于造成一种超人[3]社会（Superman）[4]。超人[5]者，强人也。其弱者皆在淘汰之列，歼除之，摧夷之，毋使有噍类。世界者，强有力者之世界也。今之所谓道德，法律，慈悲，和平，皆所以扞卫弱者，不令为强者所摧夷，皆人道之大贼也。耶稣教以慈爱为本，力卫弱者，以与强者为敌，故耶教乃人类大患。耶教一日不去，此超人[6]社会一日不可得也。慈悲也，法律也，耶教也，道德也，皆弱无力者之护符也，皆奴隶之道德也，皆人道之蟊贼也，皆当斩除净尽者也。

自尼采之说出，而世界乃有无道德之伦理学说。尼氏为近代文豪，其笔力雄健无敌。以无敌之笔锋，发骇世之危言，宜其倾倒一世，[7]——然其遗毒乃不胜言矣。文人之笔可畏也！

讷博士新自欧洲归，当战祸之开，博士适居[8]英伦，与安吉尔之徒日夜谋所以沮英人之加入战事，皆无效。比利时既破，博

---

[1] 惟，手稿本为"唯"。

[2] [3] [5] [6] 超人，手稿本为"上人"。

[4] 此后，手稿本有"（Übermensch）"。

[7] 宜其倾倒一世，手稿本为"其倾倒一世也，宜哉"。

[8] 居，手稿本为"在"。

士冒险至欧陆访察战国实情，故博士知战事甚详。博士谓余曰：

> 吾此次在大陆所见，令我益叹武力之无用。吾向不信托尔斯泰及耶稣教匮克派（Quakers）所持不抵抗主义[1]（Nonresistance）（即老氏所谓“不争”是也），今始稍信其说之过人也。不观乎卢森堡以不抵抗而全，比利时以抗拒而残破乎？比利时之破也，鲁问（Louvain）之城以抗拒受屠，而卜路塞尔（Brussels）之城独全。卜城之美国公使属匮克派，力劝卜城市长马克斯[2]（M. Max）勿抗德师，市长从之，与德师约法而后降，今比之名城独卜路塞尔岿然独存耳。不争不抗之惠盖如此！

博士之言如此。老子闻之，必曰是也。耶稣、释迦闻之，亦必曰是也。老子之言曰：

> 夫惟不争，故天下莫能与之争。

又曰：

> 上善若水，水利万物而不争。……夫唯不争，故无尤。

又曰：

> 天下莫柔弱于水，而攻坚强者莫之能胜，以[3]其无以易之。弱之胜强，柔之胜刚，天下莫不知，莫能行。

耶稣之言曰：

> 人则告汝矣，曰，抉而目者而亦抉其目，拔汝齿者汝亦拔其齿。我则诏汝曰，毋报怨也。人有披而右颊者以左颊就

---

[1] 不抵抗主义，手稿本为“‘不争主义’‘不抗主义’”。

[2] 马克斯，手稿本无。

[3] 以，手稿本无。

之；人有讼汝而夺汝裳者，以汝衣并与之；人有强汝行一里者，且与行二里焉。

此二圣之言也。今之人则不然。其言曰弱肉强食，曰强权即公理，曰竞争者，天演之公理也，曰世界者，强有力者之世界也。此亦一是非也，彼亦一是非也，古今人之间果孰是而孰非耶？[1]

〔附记〕今夜遇休曼校长之子 Jacob G. Schurman, jr.，其人当比利时被侵时适在卜路塞尔，亲见鲁问之残破及卜路塞尔之获全，因询以讷博士告我之言是否确实。休曼君言卜城之获全，实出美公使 Brand Whitlock 之力。其时市长 M. Max 有本市民兵二万，枪二万支，已决以兵力拒数倍之德师。赖美使力劝以抗拒之无益，乃降。余询以美使是否属贋克派，休曼君答云，“此则非所知也”。（十一月十三日）[2]

一六、“一致”之义（十月廿六日）

前与韦莲司女士谈，女士问，“人生伦理繁复难尽，有一言以蔽之者乎？”余答曰：“此不易言。无已，其惟‘一致’乎(Consistency)？一致者，言与行一致（言顾行，行顾言），今与昔一致（今与昔一致者，非必以昔所是为是，昔所非为非也。昔所见为是，故是之；今吾识进矣，乃以昔所是为非，则非之。其所是非异也，而其以吾所认定为是非者而是非之则一也，则亦一致

[1] 此后，手稿本有“参观十一月十三日记”。

[2] 括号前，手稿本有“（参观廿六日记）”。另，手稿本中，此条“附记”在本卷第三五则（十一月十三日）后。

也），对人与对己一致是也。”女士以为然。今日与讷博士谈，博士问，“天然科学以归纳论理为术，今治伦理，小之至于个人，大之至于国际，亦有一以贯之之术乎？”余答[1]曰，“其唯一致乎？一致者，不独个人之言行一致也。己所不欲，勿施于人。所不欲施诸吾同国同种之人者，亦勿施诸异国异种之人也。此孔子所谓‘恕’也，耶氏所谓‘金律’也，康德（Kant）所谓‘无条件之命令’也（康德之言曰，“凡作一事，须令此事之理由，可成天下人之公法”。〔“Always act so that thou canst will the maxim of thy act to become a universal law of all rational beings.”——The Categorical Imperative〕此即《中庸》所谓“君子动而世为天下道，行而世为天下法，言而世为天下则”也。），斯宾塞所谓‘公道之律’也（见上则[2]），弥尔所谓‘自由以勿侵他人之自由为界’也：皆吾所谓一致也。一致之义大矣哉！”

一七、读葛令《伦理学发凡》与我之印证（十月廿七日）

顷读葛令（T.H. Green）《伦理学发凡》中之一篇论“公益范围之推广”（pp.237—253），其立论与我年来所持一一吻合，其文亦清畅可诵。吾月前在伦理学会演说“人群之推广”（The Extension of the Group），略言“自一家而至一族一乡，自一乡而至一邑一国，今人至于国而止，不知国之外更有人类，更有世界，稍进一步，即跻大同之域。至国界而止，是自画也”。今读

[1] “答”后，手稿本有“之”字。

[2] 则，手稿本无。

葛氏书，深喜古人先获我心，故志之。吾前年在西雷寇大学大同会演说“大同主义”之真谛，以康德“常把人看作一个目的，切勿看作一种用具”[1]（Always treat humanity as an end， never as a means. [2] 此语最不易译）之语作结，葛氏亦然。

一八、周诒春君过美之演说（十月三十日）

清华学堂校长周诒春君[3]过此，此间同学开会欢迎之。周君演说，略[4]曰：“诸君毕业，可归即亟归，勿久留此，须知中国需才急也。”此言乃与余平日所持“毋欲速”，宜久留习高等学问，学不厌深之意均反[5]。周君又言留美归国学生之大病：“一曰自高声价”，是也；“二曰不切实用”（Fall short of real practicality）。其所举不切实用之例，如“不知运动场规则，不知踢球场广袤，不知议事秩序”，[6]似近于细碎。

一九、《李鸿章自传》（十月三十日）

哲学教师汉蒙先生今夜应哲学会之请，来会谈话，摘读美国新出版之《李鸿章自传》（*Memoirs of Li Hung-Chang*）。[7]此书所

[1] 引号内文字，手稿本为“须常把人作人看待，勿把人作一种途径器具看待也”。

[2] 此后，手稿本有“西文之 End（鹄）means（术，途径）”。

[3] 周诒春君，手稿本为“周君诒春”。

[4] 略，手稿本为“之词乃大令我失望，其言”，后被删。

[5] 均反，手稿本为“相反”。

[6] 此后，手稿本原为“皆孩提之见解耳。周君为留美归国之佼佼者，其见解之鄙陋乃若此可叹也”，后被删，改为“似近于细碎”。

[7] “来会谈话，摘读美国新出版之李鸿章自传（*Memoirs of Li Hung-chang*）”句，手稿本为“来会演说‘李鸿章’，所用乃新出版之‘李鸿章日记选录’”。

记李氏日记，乃大不类中人口吻，疑出伪托也。他日当觅此书细研究之，如果出伪托，当揭其奸。[1]（数日后，余借得此书读之，果皆伪作也。因作书评呈汉蒙先生，请其寄与印行此书之书店。）

二〇、演说之道（十月三十日）

> 演说的规则：（一）先要知道“演说术”（Oratory）已不合时宜了；（二）先把你要说的话一一想好；（三）把事实陈述完了，就坐下来；（四）不要插入不相干的笑话；（五）不要管手势、声音等等；（六）个个字要清楚；（七）演说之前不要吃太饱，最好喝杯茶，或小睡；（八）小有成功，不可自满；当时时更求进步。[2]

此一则见杂志[3]，记演说之道，甚合吾平日所阅历，附记于此。

二一、近世不婚之伟人（十一月二日）

吾尝倡“无后”说，今录近世不婚之伟人如下：

哲学家　笛卡儿　（Descartes）

　　　　巴士卡尔　（Pascal）

　　　　斯平娜莎　（Spinoza）

　　　　康德　（Kant）

---

[1] 此后括号内文字，手稿本无。

[2] 这几条演说规则，在手稿本中是一则英文剪报（见本卷末附一），无中译。以下胡适的两句话即写在剪报的边上。

[3] 见杂志，手稿本无。

霍布士 （Hobbes）

陆克 （Locke）

斯宾塞 （H. Spencer）

科学家 奈端 （Newton）

计学家 亚丹斯密 （Adam Smith）

文学家 福尔特儿 （Voltaire）

政治家 别特 （Wm. Pitt）

加富尔 （Cavour）

史学家 吉朋 （Gibbon）

二二、“容忍迁就”与“各行其是”（十一月三日）

韦莲司女士语余曰：“若吾人所持见解与家人父母所持见解扞格不入，则吾人当容忍迁就以求相安乎？抑将各行其是，虽至于决裂破坏而弗恤乎？”此问题乃人生第一重要问题，非一言所能尽[1]，余细思之，可得二种解决：

余东方人也，则先言东方人之见解。昔毛义有母在，受征辟，捧檄而喜。其喜也，为母故也。母卒，即弃官去。义[2]本不欲仕，乃为母屈耳[3]。此东方人之见解也。吾名之曰“为人的容忍”(Altruistic Toleration)。推此意也，则父母所信仰（宗教之类），子女虽不以为然，而有时或不忍拂爱之者之意，则容忍迁就，甘

[1] “尽”后，手稿本有“也”字。

[2] 义，手稿本为“遂”。

[3] 耳，手稿本为“也”。

心为爱我者屈可也。父母老矣，一旦遽失其所信仰，如失其所依归，其痛苦何可胜算？人至暮年，不易改其见解，不如吾辈少年人之可以新信仰易旧信[1]仰也。其容忍也，出于体恤爱我者之心理，故曰“为人的容忍”。

次请言西方近世之说，其说[2]曰：“凡百责任，以对一己之责任为最先。对一己不可不诚。吾所谓是，则是之，则笃信而力行之，不可为人屈。真理一而已，不容调护迁就，何可为他人之故而强信所不信，强行所不欲行乎？”此“不容忍”之说也。其所根据，亦并非自私之心，实亦为人者也。盖人类进化，全赖个人之自荩。思想之进化，则有独立思想者之功也。政治之进化，则维新革命者之功也。若人人为他人之故而自遏其思想言行之独立自由，则人类万无进化之日矣。（弥尔之《群己权界论》倡此说最力，伊卜生之名剧《玩物之家》[3]亦写此意也。）

吾于家庭之事，则从东方人，于社会国家政治之见解，则从西方人。

二三、印度“月中兔影”之神话（十一月三日）

韦[4]女士与余行月光中，因告余以印度神话“月中兔影”。其言甚艳，记之：

---

[1] 信，手稿本为“新”。疑为笔误。

[2] 说，手稿本为“言”。

[3] “《玩物之家》”后，手稿本有“者”字。

[4] 韦，手稿本无。

当婆罗门打达王时，佛降生为兔，居林中，有三友：一猿，一獐，一獭，皆具智慧。兔屡教三兽布施守斋期。一日逢斋期，四兽各出觅食。猿得檬果，獐得肉，獭得鱼。兔自思："若有人问我乞食，吾所食惟草耳，何以应之?"转念："果有乞食者，当舍吾身与之。"

奇事将现于下界，则天上帝座骤暖。天帝（Sakra）下视见兔，思试其诚否，乃化为沙门，先乞食于三兽。三兽各施所得，沙门皆却之，乃乞食于兔。兔自喜舍身有缘，乃告之曰："沙门，吾今日所布施不同往日。汝且拾柴生火，然后告我。"沙门以生炭作火，火然乃告兔。兔大欢喜，欣然踊身入火中。

火乃不灼其身，兔骇问。沙门乃告之曰："我非沙门，乃天帝来试汝道行耳。今汝果诚心，汝之行，宜令天下人知之，永永无忘。"

帝乃拔一山，捏之，以其汁作墨，图兔形于月中。此月中兔影所由来也。

（注）Sakra 一名 Indra，印度最尊之神。

二四、理想贵有统系（十一月四日）

吾近来所以不惮烦而琐琐记吾所持见解者，盖有故焉。吾人平日读书虽多，思想虽杂，而不能有有统系的理想，不能有明白了当之理想。夫理想无统系，又不能透澈，则此理想未可谓为我所有也。有三道焉，可使一理想真成吾所自有：

一曰谈话　友朋问答辩论，可使吾向所模糊了解者，今皆成明澈之言论。盖谈话非明白透澈不为功也。

二曰演说　演说者，广义的谈话也。得一题，先集资料，次条理之，次融会贯通之，次以明白易晓之言抒达之：经此一番陶冶，此题真成吾所有矣。

三曰著作　作文与演说同功，但此更耐久耳。

即如吾所持“大同主义”(Cosmopolitanism or Internationalism)，皆经十余次演说而来，始成一有统系的主义。今演说之日渐少，故有所触，辄记之此册（上所记甚零星细碎，然胜不记远矣），不独可以示他日之我，又可助此诸见解令真成我所自有之理想也。

二五、吾国“月中玉兔”之神话（十一月五日）

吾国古代亦有“月中玉兔”之神话，今约略记之：

西王母授后羿（此羿乃帝尧之臣。“十日并出，尧命射之，应手而没。”）不死之药，羿妻姮娥窃之而逃，奔月中化而为蟾蜍。张平子（衡 78—139 A.D.）《灵宪》有此说。

《淮南子·精神训》亦曰：“日中有踆乌，月中有蟾蜍。”《尔雅》注：“蟾蜍[1]似虾蟆，居陆地。”

《抱朴子》曰：“蟾蜍寿三千岁者，头上有角，颔下有丹书八字。”

《后汉书·天文志》：“嫦娥窃羿不死药，奔月中，及之，化为蟾蜍。”

[1]　蟾蜍，手稿本无。

兔 陆佃云："明月之精，视月而生。"《曲礼》："兔曰明视。"

张华《博物志》："兔望月而孕。"

王充《论衡》："兔舐毫而孕，及其生子，从口而出。"（故曰兔吐也。）

道教神话，谓"玉兔居月中为月神捣药"。

适按：以兔易蟾蜍，疑由于印度神话之影响，观下记以娑罗树易桂树，印度思想之影响更显矣。

桂（Cassia tree，Cinnamon） 唐人已有谓桂生月中者。《七修类稿》以为内典之娑罗树（The sal tree，shorea robusta）即月中桂，玉兔居其下，为月神捣药。

《酉阳杂俎》："仙人吴刚受谪，居月中，令砍[1]桂树，斧下创即合。"

月老 唐韦固道经宋城，见老人坐月中检书，怪而问之。老人言："此书乃人间婚姻簿。"怀中出赤绳示固曰："吾以此绳系人间夫妇之足，虽生离睽隔，终当会合。"固因问己婚姻。老人曰："汝妇乃彼肆卖菜妪之女也。"固翌日往访之，见老妪抱二岁女孩，殊陋。固令人刺之，中其眉而逝。后十四年，固娶妇，好女子也。婚后察之，眉心有创痕，诘之，乃十四年前宋城卖菜妪女也。

连类记此以自遣。少时不喜神话，今以社会学之眼光观之，凡神话皆足以见当时社会心理风俗，不可忽也。

[1] 砍，手稿本为"斫"。

二六、法人刚多赛与英人毛莱之名言（十一月六日）

刚多赛说：[1]

It is not enough to do good，one must do it in a good way. No doubt we should destroy all errors，but as it is impossible to destroy them all in an instant，we should imitate a prudent architect who，when obliged to destroy a building，and knowing how its parts are united together，sets about its demolition in such a way as to prevent its fall from being dangerous.

—de Condorcet

毛莱说：[2]

Now however great the pain inflicted by the avowal of unbelief，it seems to the present writer that one relationship in life and one only justifies us in being silent where otherwise it would be right to speak. This relationship is that between child and parents. —John Morley：*On Compromise*，p.128.

韦莲司女士昨寄书引此二则印证吾言，其言甚透澈，故载于此。

读 Morley 书，见原文，续录一段：[3]

This，of course，only where the son or daughter feels a

---

[1] 刚多赛说，手稿本无。

[2] 毛莱说，手稿本无。

[3] 以下英文，手稿本中为一张手抄的贴件，胡适上注“十二月六日　适”。

tender and genuine attachment to the parent. Where the parent has not earned this attachment，has been selfish，indifferent，or cruel，the title to the special kind of forbearance can hardly exist. In an ordinary way，however，a parent has a claim on us which no other person in the world can have，and a man's self-respect ought scarcely to be injured if he finds himself shrinking from playing the apostle to his own father or mother.

—John Morley：*On Compromise* [1]

二七、西人所著之中国词典（十一月六日）

在藏书楼见 Wm. F. Mayers' *The Chinese Reader's Manual*（London：Trübner and Co；Shanghai：Presbyterian Mission Press.）一书，乃中国词典也。其书甚佳，考证详悉，非率尔操觚者之比也。此书出版于一八七四年，距今适四十年，而书之复叶未割，盖四十年无人问津，至余为第一人耳。作者有知，得无有知己不易得之叹乎？

二八、梵文《内典》名字（十一月六日）

此书所载《内典》名字，附以梵文，甚有用，附载一二：

三乘（Triyâna）：

声闻（Srâvaka） 听者

圆觉（Pratyeka Buddha） 有完全智慧者

[1] 此作者名与书名，手稿本无。

菩萨（Bôdhisattwa） 与智慧为一者

三界（Trâilôkya）：

欲界（Kâmadhâtu）

色界（Rûpadhâtu） 色即色相（Form）

无色界（Arûpadhâtu）

三归（Trîsharana）：即三宝（Triratna）

归依佛（Buddha）

归依法（Dharma）

归依僧（Sangha）

三藏（Tripitâka，译箧也）：

修多罗（The Sûtras）（经[1]）

毗尼（The Vinâya）（律[2]）

阿毗昙（The Abhidharma）（论[3]）

五戒（Pancha Vêramani）：

杀生　偷盗　淫　绮语　饮酒

五根（Pancha Indrya）

五蕴（Pancha Skandha）：蕴者，有之所以为有也。

色（Rûpa） 行（Karma） 受（Vêdarâ[4]）

识（Vidyñana） 想（Sandyña）

以受译 Vêdanâ（Perception）甚佳。色不如相（Form）也。

---

[1] 经，手稿本为“doctrinal records”。

[2] 律，手稿本为“discipline”。

[3] 论，手稿本为“metaphysics”。

[4] Vêdarâ，手稿本为“Vêdanâ”。

六尘（Bahya Ayatana）：

色　声　香　味　触　法

法（Dharma）者何？辨别是已。[1]

六入（六爱）(Chadâyatana)：

目　耳　鼻　舌　身　意

六识　（Vidyñana）：同上

六波罗蜜　（Paramitâs）波罗蜜者，达彼岸之道也，亦曰六度：

一、行善

二、修行（守戒）

三、忍耐

四、勇猛

五、静念

六、智慧（般若）(Pradjña)

六道（六趣）（Gâti）(Paths of existence)：

一、天（Dêva）

二、人（Manuchya）

三、修罗（Asura）(Titanic demons)

四、饿鬼（Prêta）

五、畜生（Tirisan）

六、地狱（Naraka）

六通（Abhidyña）：

[1]　"法（Dharma）者何？辨别是已"句，手稿本为"(法者何 Dharma 辨别是也）"。

一、天眼通（可见一切）

二、天耳通（可闻一切）

三、身如意通（游行无罣碍）

四、他心通（可知晓他人之思虑）

五、宿命通（能知往古）

六、漏尽通（能晓古今未来）[1]

二九、所谓爱国协约（十一月六日）

读《纽约时报》，见汪精卫、蔡孑民、章行严三君与孙中山约勿起三次革命，乃与袁政府为和平协商，名之曰“爱国协约”。袁克定助之。政府已解党禁，赦南中诸省之二次革命诸首领。果尔，则祖国政局可以和平了结，真莫大之福，吾翘企祝诸公之成功矣！

今日之事但有二途，政府不许爱共和之志士以和平手段改造国家，而夺其言论出版之自由，绝其生路，逐之国门之外，则舍激烈手段外别无他道。党禁一日不开，国民自由一日不复，政府手段一日不改，则革命终不能免。政府今日翻然而悟犹未为晚，否则政府自取败亡耳。

张亦农来书，谓闻之黄克强，云前所传汪、蔡诸人调停平和协商事，皆属子虚。政府实无意和平了解，民党亦无意含糊了事也。

---

[1] 此后，手稿本还有：“又六祖（附）始祖达摩（Bodhidharma）以西五二六年至中国。二、慧可　三、僧粲　四、道信　五、弘忍　六、慧能（俗姓卢〔六三八—七一三〕)。东祖至六祖而绝。　六日。”

果尔，则吾之乐观又成虚望矣。（十一月十一日记）[1]

三〇、读《十字架之真谛》后寄著者书（十一月七日）

吾在安谋司赴东美学生会时遇美国人[2]节克生君（Henry E. Jackson），与谈甚相得。其人著书甚多，顷承以所著《十字架之真谛》见寄，嘱余读后告以所见，因作此书寄之。余向不留函稿，此书以可以见余宗教思想之一斑，故节录之：[3]

> ... You have more than once referred to the death of Socrates in contrast to the death of Jesus. Frankly speaking, the death of Socrates as described by Plato often appeals to me more strongly than the death of Jesus which I find in the four Gospels. It seems to me that one must first have the *Christian point of view* in mind in order to be able to say that what Jesus did during the crucifixion was greater and nobler than what Socrates did at his death ... Shall I say that you have unjustly though unconsciously belittled the death of Socrates?
>
> Again, you say: "The way Jesus acted showed Him to be the Son of God, and because He was the Son of God, He acted as He did." It seems to me that here you are unconsciously reasoning in a circle. You assume the Christian assumption that Jesus *was* the Son

[1] 此段原是作者于本月十一日收到张亦农信后，写在当天日记中的，亚东图书馆整理出版时改移至此。

[2] 美国人，手稿本为“美人”。

[3] 此后，手稿本有如下文字：“Extracts from a letter to Rev. Mr. Henry E. Jackson who has asked my opinion on his book *The Meaning of the Cross*.”。

of God. For to me who have no such presupposition in mind, the behavior of Jesus during his crucifixion does *not* prove that He was God's Son, any more than the death of Socrates or the death of Stephen (Acts 6.) proves Socrates or Stephen to be the Son of God.

In a sense I am a Unitarian, although I have never labeled my religion. I have greater admiration and love for Jesus if he were a man, than if he were the Son of God. It would not be remarkable at all for the Son of God to act as Jesus did act. But it *was* and will always be remarkable that a *man* should have acted as Jesus did.

In short, you have "succeeded in freeing the truth in Jesus' death from provincial, theological theories" (to quote your own words) *all except one*, [1] namely, the theory that Jesus was the Son of God. And that theory needs proof too.

三一、备作宗教史参考之两篇呈文（十一月十日[2]）

下附"张勋请复张真人位号呈"及"内务部议复呈"，以其可备作宗教史者之参考也，故载之。张呈固无理，而内务部复呈曰："'天师''真人'诸名号[3]本为教中信徒特立之称。……信教自由，载在《约法》，人民愿沿旧称，在所不禁，断无由国家颁给封号[4]印信之理。"果尔，则尊孔典礼，"衍圣"封号，又何以自

[1] 手稿本中，有胡适所注以上下划线。

[2] 十日，手稿本为"八日"。

[3] 名号，手稿本为"位号"。

[4] 封号，手稿本无。

解？盖遁辞耳！[1]

（一）

长江巡阅使张勋，以信教自由，载在《约法》，爰呈请大总统，请复真人张元旭位号，以正道宗，略谓：

共和以后，信教自由，载诸《约法》，而民信益昭。惟孔子起自衰周，释氏来从西域，而道教则滥觞于崆峒，探源于黄老，实我国最古之教，所当特与保存者也。但其为教，派别甚繁，左道旁门，多违正轨，尤非严加崇黜，不足以葆其真而端民趣。

查今世之谈道教者，莫不以“正一”为正宗。而“正一”则始于汉张道陵。史称道陵生于建武十年，幼通《道德经》，地理，《河洛》，图纬之书，皆极其奥。旋得道于鹤鸣山，有神君授以《正一秘箓》《三清众经》及剑印衣冠诸法器。飞升之日，以其《秘箓》剑印授其长子衡，并诫之曰，“领此文驱邪诛妖，佐国安民，世世一子绍吾之位”。后其子孙世袭“真人”位号，居于江西贵溪县之龙虎山，阅二千年，至今真人张元旭盖已六十有二代矣。按其教旨，虽与涡水之言未能吻合无间，不足推为道教初祖，而与洙泗儒宗相提并论。然相沿已久，为一部分人民之所信仰，扞灾御患，未尝不稍著灵奇。阅世数十，尚无失德，堪以称为玄门正鹄，而非三茅别派所能同日而语者也。且其家法相承，世存道号，历朝递兴，

[1] 以下（一）（二）文字，在手稿本中为一则中文剪报。

莫不因而封之，如“法师”“天师”诸名位。清室则以列诸三品实官，与侪朝请，并颁给铜印一颗，以资信守，几与曲阜孔门同其隆重，而为海内阀阅世家之第二。

不谓民国肇兴未久，前江西都督李烈钧竟行呈请撤销，并其前清所赐香租岁额千余金一概停给。嗣者李逆叛迹已昭，经该属士绅屡请规复，均以格于前案，未以上闻。而人民信仰日坠，道教一流，几于并此而失其宗。伏思信教自由虽载诸《约法》，然未明定范围。近日异教庞兴，如黄天、白莲之类，时有所闻，莫不独标一帜，自附道流。使非明定标准，示以皈依，何以正人心而维古教？加以尊孔已奉明文，藏佛仍存旧制，姑无论三教夙号同源，道教未能偏废，即以山川古迹而言，亦应在保存之列。况“真人”本属法徽，非同爵秩，揆其性质，迨与私谥无殊，并不糜费国家俸给，似无妨仍准复其旧称。至香租既经归公，可否给还，则应下诸所司，另行核议。勋本赣人，居近道山，深知其蕴，悯道教之凌夷，惧世风之邪恣，用敢援据《约法》，代为之请。伏乞大总统钧鉴，训示施行。（奉批交内务部核议具覆。）

(二)

长江巡阅使张勋日前请复真人张元旭位号一案，兹由内务部遵令核议，分别呈请大总统，略谓：

核阅原呈，内称“信教自由，载诸《约法》。道教为吾国最古之教，所当特予保存。‘真人’本属法徽，非同爵秩，似无妨仍准复其旧称”。又称“前清所赐香租岁额千余金一概停给，可否给还，应下诸所司，另行核议”各等语。查自来道家托源黄老；窃维黄老之学，简约精纯，虽与儒家分途，而其要同归于致用。故汉承秦敝，颇以无为为治。司马迁叙六家要旨，则曰，“道家使人精神专一，动合无形，赡足万物”。又曰：“与时迁移，应物变化。立俗施事，无所不宜。旨约而易操，事少而功多。”其为当世所重有如此者。自后燕齐之士好谈神仙，一变而为服食炼养，再变而为符箓科教，习其术者古人以为方士。此道家之末流，殊[1]不可与黄老同科也。

“正一”之教始于张道陵，实符箓所自起，世世子孙，传其剑印。盖唯玄风不畅，而后教宗乃立，上溯崆峒，转违其本。至于“天师”“真人”诸名号，本为教中信徒特立之称，如元魏寇谦之，唐叶法善，宋林灵素，元邱处机、祁志诚等皆有此号。譬彼释氏，则云“尊者”“禅师”。律诸耶教，亦有“牧师”“神甫”。信教自由，载在《约法》，人民愿沿旧称，在所不禁，断无由国家颁给封号印信之理。即前国务院所取销者，专指前朝所颁印信品秩而言，并已据张元旭呈，自愿遵照命令取销废撤，可无庸议。

若张氏原有财产，自应按照法律保护，叠经本部一再咨行前江西都督饬属遵奉在案。香租一项，查前张元旭呈，称“雍[2]正间发帑修葺上清宫，复以修造余资置香租田于贵弋两

[1] 殊，剪报为“殆”。

[2] “雍”前，剪报有“清”字。

县。嗣虑亏欠国库，将香租田请县饬书收租易银。除纳丁漕外，余银三百六十两，按季发给。自咸同间兵燹，观院颓败，田亩遗失甚多，惟香租在官，仍由书经收抵纳丁漕”等语。此项租田所获，果于国赋无逋，余银自应作为张氏私产，循例发给。惟原呈内所称田亩遭兵遗失，是否统指此项香租田在内？又称每年余银三百六十两，与该巡阅使呈称岁额千余金亦属不符。拟由部咨行江西巡按使饬贵弋两县查明办理，庶于宗教信仰之自由，人民财产之保护，两无违背。伏乞大总统训示施行。

当奉批令：准如所拟办理。至张氏原有财产，自应依照法律一体保护。即由该部转行江西巡按使查明办理，并行知长江巡阅使查照。

三二、专精与博学（十一月十日）

与赵元任君同访哲学教师阿尔培（E. Albee）先生，谈至夜深始归。先生为言其生平所喜哲学之外，尚有写真摄影及显微镜之考察二事，因出其所摄海陆山谷风景若干册，又以其所宝显微镜见示。其夫人亦工写真，兼精琴乐。因叹西方学者兴趣之博，真吾人觇国者所不可不留意也。即如此校中教员，有电学工程教师高拉彼托夫（Karapetoff，V.）先生，为此邦有名电学技师，而其人最工音乐[1]，能弄诸乐器，为此间名手。又有工程教师脱内勿（Trevor）先生亦以音乐著。又如算学教师薛尔勿曼（L.L.

---

[1] 音乐，手稿本为“音律”。

Silverman），侯威次（Hurwitz），皆以音乐著名者也。又如计学教师约翰生（A.S. Johnson）乃工埃及、希伯来、希腊诸古文，又擅文学；去年以其计学教授之余暇著小说一部颇风行。又如哲学教师狄莱（Frank Thilly），吾去夏见之，审其手中所读书，乃意大利文之小说也。凡此诸人，略举即是。至如史学教员袁尔（G.L. Burr），古代语学教员须密（N. Schmidt）之博极诸学，尤不待言矣。近人洛威尔（Lowell，哈佛校长）之言曰："教育之目的，在于使人知一物之物物，与夫物物之一物也。"（Every thing of something，and something of every thing）一物之物物者，专门也，精也。物物之一物者，旁及也，博也。若终身守一物，虽有所成，譬之能行之书厨，无有生趣矣。今吾国学者多蹈此弊，其习工程者，机械之外，几于一物不知，此大害也。吾屡以为言，然一二人之言安能收效，是在有心人之同力为之，庶可挽救此偏枯之弊耳。

三三、**拒虎进狼**（十一月十一日）

青岛于四日前（七日）降日。青岛一破，东亚兵祸不日可息矣。惟日人已占胶济铁路全线，上日竟占济南。拒虎而进狼，山东问题殊不易解决也。

三四、西人骨肉之爱（十一月十三日）

孰谓西人家庭骨肉间[1]之相爱不如东方耶？吾一日之间而得

[1] 骨肉间，手稿本为"骨肉之间"。

可记者数事焉：

（一）有名氏子（Dietz）者，其妻为人所杀。氏子踪迹得杀者，手毙之，以故得监禁终身之罪。（美国西部之人多轻侠好武而犯禁，杀人报仇，常事也。）其子名纳司倪（名）氏子（姓）（Leslie Dietz），竭力营救，不获请，乃于前年起徒步周行全国，遍谒各省之官吏，议员，名人，报馆[1]记者，乞其联名为其父请总统恩赦（美国总统有赦罪之权）。昨日行至纽约城，其请赦书已得十万余人之签名，皆其二年来徒步请求而得者也。今闻其人将由纽约步行至华盛顿呈递此请赦之书。此人之孝行何让缇萦，何让《儒林外史》之郭孝子乎？

（二）昨夜有男女学生数人在此间比比湖南岸石崖上为“辟克匿克[2]”（Picnic）之会，有女学生失足堕崖下入湖，其弟 Paul L. Schwarzbach 急[3]踊入湖中救之，用力过猛，头触水底之崖石，遂沉死。其姊为同行者所救，得生。

（三）今晨电报局以电话递一电报致同居之傅内叟君，余为代收之。其电报云：“二星期不得汝信，母大焦急：汝无恙耶？速以电覆！”发信者，傅之弟也。余手录此电，心中乃思吾母不已。慈母爱子之心，东海西海，其揆一也。

上所记三则，皆一日间[4]之事：一为子之孝父，一则弟之爱

---

[1] 报馆，手稿本为“报纸”。

[2] 辟克匿克，手稿本为“别克尼克”。后同，不再注。

[3] 急，手稿本无。

[4] “间”前，手稿本有“之”字。

姊，一则母之爱儿。（第二则稍异，以救人乃人人之天责也。）孰谓西人家庭骨肉之相爱不如东人耶？

三五、秋柳（十一月十三日）

韦莲司女士以其纽约居室窗上所见，摄影数纸见赠。以其择景深得画意，不类凡手；又以其风景之幽胜，不类尘嚣蔽天之纽约也，故附于此。(选印二幅)[1]

补图一

补图二

[1]（选印二幅），手稿本无。此处，手稿本原附图四幅，初版时选印了两幅，另两幅现据手稿本补于此。

秋柳 [1]

[1] 此图，手稿本缺。

此间殊不多见垂柳，平日所见，大都粗枝肥叶，无飘洒摇曳之致。一日与女士过大学街，见垂柳一株，迎风而舞，为徘徊其下者久之。

此诸图皆垂柳也。余一日语女士吾国古代有“折柳赠别”之俗，故诗人咏柳恒有别意，女士今将去此适纽约，故以垂柳图为别云。

戊申在上海时，秋日适野，见万木皆有衰意，独垂柳迎风而舞，意态自如，念此岂老氏所谓能以弱存者乎？因赋二十八字云：

已见萧飕万木摧，尚余垂柳拂人来。

凭君漫说柔条弱，也向西风舞一回。

女士告我，此诸图皆秋日所摄，其一乃雪中之柳也（此幅今删）[1]。因念旧作，附记于此。（《说苑》记常枞〔一作商容〕将死，老子往问焉。常枞张其口而示老子曰：“吾舌存乎？”老子曰：“然。”“吾齿存乎？”曰：“亡。”常枞曰：“子知之乎？”老子曰：“夫舌之存也，岂非以其柔耶？齿之亡也，岂非以其刚耶？”常枞曰：“嘻，是已。”）（老子“不争”之说附见本卷第一五则[2]。）

女士谓余曰：“日本之犯中国之中立也，中国政府不之抗拒，自外人观之，似失国体。然果令中国政府以兵力拒之，如比利时所为，其得失损益虽不可逆料，然较之不抗拒之所损失，当更大

[1] （此幅今删），手稿本无。

[2] 见本卷第一五则，手稿本为“见十月廿六日记”。

千百倍，则可断言也。”余因以讷博士之语（见本卷第一五则）[1]告之，并告以吾《秋柳》之诗，女士亦以为此中大有真理。

三六、读英译本《汉宫秋》（十一月十四日）

读英人大卫氏（Sir John Francis Davis）所译元剧《汉宫秋》。此书原本余未之见，乃先读译本，真所谓隔靴搔痒者也。此剧是完全哀剧。即以译本论，其布局殊得剧家神意。

三七、记“辟克匿克”[2]（十一月十五日）

“辟克匿克”者，英文为[3]“Picnic”，源出法文“Pique nique”，初为一种宴会，赴会者各携食品以饷众宾，今此名已失原意。今此邦之“辟克匿克”，乃一种野外旅行，同行者各携饮食，择僻地炊爨，同享之；食已，积薪焚之，同行者拥火围坐，谈笑歌唱，至夜深始归。

余第一次赴此种会在二年前，吾友纪能女士（Elizabeth Genung）延余及男女友朋数人会于紫兰岛。

第二次为李德女士（M.C. Little）所招，会于比比湖畔。

第三次为哲学会常年“辟克匿克”，会于六里溪丛林中。时在九月，月明无纤云。食已，拥火为哲学会选举职员之会，书记就火光中读会中记事录，议事选举，皆以口传。

---

[1] 见本卷第一五则，手稿本为“见十月廿六日记”。

[2] 胡适原题。

[3] 为，手稿本无。

昨夜为第四次会，会于丛林中。同行男女各七人，皆犹太人，以余素无种族界限，故见招。同行者有建筑教师康恩先生及其夫人（夫人为吾友 Robert Plaut 之姊），吾友贝劳君（Beller）兄妹，布奇渥女士（Boochever）姊妹，爱鸠敦君（Edgerton W.F.）等。既至，则堆石作灶，拾枝为薪，烧水作咖啡，别积薪作火为炙肉之灶。余等削树枝为箸，夹生肉就火上炙之，既熟，乃以面包二片裹而食之。时水已沸，余助贝、爱二君作咖啡，传饮之，辅以饼敉苹果。食已，皆席地围火而坐。同行有能歌者放声而歌，余人曼声和之。余不能歌，为诵诗二章。康恩先生留巴黎习美术甚久，能为法国之歌。歌歇则谈话为乐，或相谑，或述故事，至夜八时霜露已重乃归。

“辟克匿克”为此邦通行之俗，不独学生乐为之，即市民居人亦时时为之。西方少年男女同出，如“辟克匿克”之类，每延一中年已婚嫁之妇人同行，以避嫌疑，谓之曰“挟保娘”（Chaperon），西俗之美者也。

三八、袁氏尊孔令（十一月十六日）

中国数千年来，立国根本，在于道德。凡国家政治，家庭伦纪，社会风俗，无一非先圣学说发皇流衍。是以国有治乱，运有隆替，惟此孔子之道，亘古常新，与天无极。经明于汉，祀定于唐，俎豆馨香，为万世师表，国纪民彝，赖以不坠。隋唐以后，科举取士，人习空言，不求实践，濡染酝酿，道德浸衰。近自国体变更，无识之徒误解平等自由，逾越范围，荡然无守，纲常沦斁，人欲横流，几成为土匪禽兽之国。幸天心厌乱，大难削平。而蕢舍鞠为荆榛，鼓钟委于草莽，使数千年崇拜孔子之心理缺而弗修，其何以固道德藩篱而维持不敝？本大总统躬行重任，早作夜思，以为政体虽取革新，而礼俗要当保守。环球各国，各有所以立国之精神，秉诸先民，蒸为特性。中国服循圣道，自齐家治国平天下，无不本于修身。语其小者，不过庸德之行，庸言之谨，皆日用伦常所莫能外，如布帛菽粟之不可离。语其大者，则可以位天地，育万物，为往圣继绝学，为万世开太平，苟有心知血气之伦，胥在范围曲成之内。故尊崇至圣，出于亿兆景仰之诚，绝非提倡宗教可比。前经政治会议议决祀孔典礼，业已公布施行。九月二十八日为旧历秋仲上丁，本大总统谨率百官举行祀孔典礼，各地方孔庙由各该长官主祀，用以表示人民，俾知国家以道德为重，群相兴感，潜移默化，治进大同，本大总统有厚望焉。此令。[1]

此袁氏尊孔之令也。此令有大误之处七[2]事，如言[3]吾国政俗“无一非先圣学说发皇流衍”，不知孔子之前之文教，孔子之后之学说（老、佛、杨、墨），皆有关于吾国政俗者也。其谬一。今日之“纲常沦斁，人欲横流”，非一朝一夕之故，岂可尽以归咎于国体变更以后二三年中自由平等之流祸乎？其谬[4]二。“政体虽取革新，礼俗要当保守。”礼俗独不当革新耶？（此言大足代表今日

[1] 以上文字，在手稿本中为一则中文剪报，剪报开头处还有“同日大总统告令”。

[2] 七，手稿本为空格。

[3] 如言，手稿本无。

[4] 谬，手稿本为“误”。

之守旧派）其谬[1]三。一面说立国精神，忽作结语曰“故尊崇至圣”云云，不合论理。其谬[2]四。明是提倡宗教，而必为之辞曰绝非提倡宗教。其谬五。“孔子之道，亘古常新，与天无极”，满口大言，毫无历史观念。“与天无极”尤不通。其谬六。“位天地，育万物，为往圣继绝学，为万世开太平，苟有生知血气之伦，皆在范围曲成之内”，一片空言，全无意义，口头谰言，可笑可叹。其谬七。嗟夫！此国家法令也，掷笔一叹！

三九、刘仲端病殁（十一月十六日）

得国中消息，知刘仲端（寿宜之从兄，葆良先生[3]之子，曾在此毕业）得热病死于上海，知交中又死一个，一叹！

四〇、读 *David Harum*（十一月十六日）

昨夜读一小说 *David Harum*，by Edward Noyes Westcott（1899，Appleton，N.Y.），写此邦风土人物甚生动，深喜之。久不读长篇小说矣，以其费时也。哲学教员客雷敦（J.E. Creighton）之夫人称此书于余，且以此册相假，故以暇时读之。

四一、世界大同之障碍（十一月十七日）

一日，与本市监理会派教堂牧师 John A. Macintosh 先生

[1] [2] 谬，手稿本为“误”。

[3] 先生，手稿本无。

谈，余为言今日世界物质上已成一家，航路，电线，铁道，无线电[1]，海底电，皆团结全世界之利器也，而终不能致“大同”之治者，徒以精神上未能统一耳，徒以狭义之国家主义及种族成见为之畛畦耳。先生亦以为然，因引保罗书中言相发明：[2]

> 但属灵的不在先，属血气的在先，以后才有属灵的。（《哥林多前书》第十五章四十六节）[3]

四二、读《墨子》（十一月廿二日[4]）

连日读《墨子》，颇有所得。昨日以一日夜之力作一文论墨子之哲学，分四章：

（一）墨子传及墨学小史　（二）实利主义

（三）兼爱说　　　　　　（四）非攻说

共写三十页，手不停书，铁笔为秃。今夜在哲学会读之，颇受欢迎。《墨子》之《经上》，《经下》，《经说》上、下，《大取》，《小取》六篇含有无数精义，尚未能细心研究，他日当继续为之。

四三、择耦之道（十一月廿二日）

夜过同居之法学助教卜葛特先生处小坐，谈及婚姻问题，先生曾听余演说中国婚姻制度而善之。先生亦以为西国婚制择耦殊

---

[1] 无线电，手稿本为“无底电”。

[2] 此后，手稿本有“记之”两字。

[3] 此条语录，手稿本为英文，无中译。

[4] 廿二日，手稿本为“二十一日”。

非易事，费时，费力，费财，而“意中人”（The ideal woman）终不可遽得，久之终不得不勉强迁就（Compromise）而求其次也。先生谓此邦女子智识程度殊不甚高，即以大学女生而论，其真能有高尚智识，谈辩时能启发心思者，真不可多得。若以“智识平等”为求耦之准则，则吾人终身鳏居无疑矣。实则择妇之道，除智识外，尚有多数问题，如身体之健康，容貌之不陋恶，性行之不乖戾，皆不可不注意，未可独重智识一方面也。智识上之伴侣，不可得之家庭，犹可得之于友朋。此吾所以不反对吾之婚事也。以吾所见此间人士家庭，其真能夫妇智识相匹者，虽大学名[1]教师中亦不可多得。友辈中择耦，恒不喜其所谓“博士派”（Ph. D. Type）之女子，以其学问太多也。此则未免矫枉过直。其“博士派”之女子，大抵年皆稍长，然亦未尝不可为良[2]妻贤母耳。

四四、大同主义之先哲名言（十一月廿五日）

Aristippus said that a wise man's country was the world.

—Diogenes Laertius，Aristippus，xiii

Diogenes，when asked from what country he came，replied，“I am a citizen of the world.” —同上

Socrates said he was not an Athenian or a Greek，but a citizen of the world. —Plutarch，On Banishment.

[1] 名，手稿本无。

[2] 良，手稿本为“令”。

My country is the world，and my religion is to do good.

—Thomas Paine，*Rights of Man*，chap. V.

My country is the world；my countrymen are mankind.

—Wm Lloyd Garrison（1805—1879），Prospectus of the Public Liberator.（1830）

四五、"My country，right or wrong"之出处（十一月廿五日）

吾前所记"My country，right or wrong！"一语盖 Stephen Decatur（一七七九—一八二〇）之言。其全文如下：

Our country！ In her intercourse with foreign nations may she always be in the right；but our country，right or wrong.

—Toast given at Norfolk，Apr. 1816.

此与下二则同意：

（1）Be England what she will，

With all her faults she is my country still.

—Charles Churchill（1731—1764）*The Farewell*.

（2）England，with all thy faults I love thee still，

My country！

—Wm. Cowper（1731—1800）*The Task* Ⅱ.

四六、犹太文豪 Asher Ginzberg（十一月廿五日）

吾友薛尔勿曼（L.L. Silverman）博士以犹太文豪 Asher Ginzberg

(“Ahad Ha-'Am”〔one of the people〕)所著文相假(*Selected Essays*: Philadelphia: The Jewish Publication Society of America, 1912)。此君博学能文，爱其种人最切，著书甚富。其人通英德法诸国文，而誓不以他种文字著作，其书皆希伯来文也。贫甚而不欲以卖文为活，居伦敦卖花生果为生，人不知其为名闻天下之名士也，盖有其先哲斯平娜莎(Spinoza，亦犹太人)之遗风，二十世纪奇士之一也。此集乃其种人由希伯来文译为英文者。其文都佳，尤爱其“Two Masters”一篇。

四七、译《诗经·木瓜》诗一章(十二月三日)

偶思及《木瓜》之诗，检英人 C. Francis Romilly Allen 所译观之，殊未惬心，因译之如下：

投我以木桃，
报之以琼瑶；
匪报也，
永以为好也。[1]
Peaches [2] were the gifts which to me you made,
　And I gave you back a piece of jade——
Not to compensate
　Your kindnesses, my friend,

[1] 以上中文诗句，手稿本无。
[2] “Peaches”前，手稿本有“Plums and”。

But to celebrate

Our friendship which shall never end.

四八、墨茨博士（十二月六日）

吾友德国墨茨[1]博士（John Mez），为德国学生界倡大同和平主义者之巨子。去年秋，世界学生同盟会（“Corda Fratres”，International Federation of Students。此会倡于意大利，始于戊戌，其势力所及至于欧美三洲。今此邦之世界学生会总会〔Association of Cosmopolitan Club〕乃此同盟会之一部，而各大学

墨茨与友人合影图

[1] 墨茨，手稿本为“墨此”，后同，不再注。此处，手稿本附有墨茨与友人合影图一幅，现据手稿本补于此。

之世界学生会〔Cosmopolitan Club〕又为此总会之一部）开第八次大会于绮色佳，墨茨被举为同盟会会长。欧洲战事之起，博士在比利时，不欲牺牲其主义而从军，遂间关走荷兰，由荷至美。今自纽约来游，相见甚欢。博士乃理想家（Idealist），能执其所谓为"是"者，不为流俗所移。今天下大患，在于理想家之寥寥，今见博士，如闻凤鸣，如闻空谷之足音，喜何可言！博士之不从军[1]，非不爱国也，其爱国之心不如其爱[2]主义之心之切也，其爱德国也，不如其爱人道之笃[3]也。此其所以为理想家欤[4]？

四九、毛莱子爵（十二月六日）

韦莲司女士以英人毛莱（John Morley）之《姑息论》（*On Compromise*，1874）相假，读之不忍释手，至晨二时半始毕。手抄数节（参看本卷第二六则）[5]：

> It is essential to the self-respect of every one with the least love of truth，that he should be free to express his opinions on every occasion where silence would be taken for an assent which he does not really give. Still more unquestionably，he should be free from any obligation to foreswear himself either directly，as by false professions，or by implication，as when he attends services，

[1] "军"后，手稿本有"也"字。
[2] "爱"后，手稿本有"其"字。
[3] 之笃，手稿本无。
[4] 欤，手稿本为"也"。
[5] 参观本卷第二六则，手稿本为"参观十一月六日"。

public or private, which are to him the symbol of superstition and were [1] spiritual phantasmagoria. The vindication of this simple right of living one's life honestly can hardly demand any heroic virtue. A little of the straightforwardness which men are accustomed to call manly is the only quality that is needed.

—Morley: *On Compromise*. p.141.

There is no advantage nor honest delight in influence if it is only to be exerted in the sphere of secondary objects, and at the cost of the objects which ought to be foremost in the eyes of serious people. In truth the men who have done most for the world have taken very little heed of influence. They have sought light, and left their influence to fare as it may list.

—ibid. pp.150—151.

And what is this smile of the world, to win which we are bidden to sacrifice our moral manhood; this frown of the world, whose terrors are more awful than the withering up of truth and the slow going out of light within the souls of us? Consider the triviality of life and conversation and purpose in the bulk of those whose approval is held out for our prize and

[1] were, 手稿本为"mere"。

the mark of our calling. Let us measure the empire over them of prejudice unadulterated by a single element of rationality, and let us weigh the huge burden of custom, unrelieved by a single leavening particle of fresh thought. Then how pitiful a thing seems the approval or disapproval of these creatures of the conventions of the hour, as one figures the merciless vastness of the universe of matter sweeping us headlong thru viewless space; as one hears the wail of misery that is for ever ascending to the deaf gods; as one counts the little tale of the years that separate us from eternal silence. In the light of these things a man should surely dare to live his life with little heed of the common speech upon him or his life, only caring that his days may be full of reality, and his conversation of truth-speaking and wholeness.

—ibid. pp.151—152.

"After us, the deluge", is not any worse than "After us, the millennium." Those who make no sacrifice to avert the deluge, and those who make none to hasten the millennium, are on the same moral level.

A principle, if it be sound, represents one of the larger expediencies. To abandon that for the sake of some seeming expediency of the hour, is to sacrifice the greater good for the less.

... Nothing is so sure to impoverish an epoch, to deprive conduct of nobleness, and character of elevation.

—ibid. p.203.

毛莱今为子爵，乃英国文章泰斗。其人亦理想家，生平持世界和平主义。此次战事之起，英政府主战，毛莱居内阁不能止之，遂与工党阁员 John Burn 同时引退，盖能不以禄位而牺牲其主义者也。

五〇、节录威尔逊训词（十二月九日）

美总统威尔逊氏昨莅国会行开会礼读训词，中有一节论国防，驳今日浮嚣之徒主张增军备之说，甚中肯要，录其一小节：[1]

We are at peace with all the world. No one who speaks counsel based on fact or drawn from a just and candid interpretation of realities can say that there is reason to fear that from any quarter our independence or the integrity of our territory is threatened. Dread of the power of any other nation we are incapable of. We are not jealous of rivalry in the fields of commerce or of any other peaceful achievement. We mean to live our lives as we will; but we mean also to let live. We are, indeed, a true friend to all the nations of the world, because we threaten none, covet the possessions of none, desire the overthrow of none. Our friendship can be accepted and is accepted without reservation,

[1] 以下英文，在手稿本中为一则英文剪报。

because it is offered in a spirit and for a purpose which no one need ever question or suspect. Therein lies our greatness. We are the champions of peace and of concord. And we should be very jealous of this distinction which we have sought to earn. Just now we should be particularly jealous of it, because it is our dearest present hope that this character and reputation may presently, in God's providence, bring us an opportunity such as has seldom been vouchsafed any nation, the opportunity to counsel and obtain peace in the world and reconciliation and a healing settlement of many a matter that has cooled and interrupted the friendship of nations. This is the time above all others when we should wish and resolve to keep our strength by self-possession, our influence by preserving our ancient principles of action.

威氏亦今日不可多得之理想家也。其所持政治思想，可谓为西方文明最高之产儿。其人欲以道德为内政，以道德为外交，吾所谓“一致”者是也。其训词之结语尤有精采，录之如下：[1]

I close, as I began, by reminding you of the great tasks and duties of peace which challenge our best powers and invite us to build what will last, the tasks to which we can address ourselves now and at all times with freehearted zest and with all the finest gifts of constructive wisdom we possess. To develop our life and our

[1] 以下英文，在手稿本中为一则英文剪报。

resources; to supply our own people, and the people of the world as their need arises, from the abundant plenty of our fields and our marts of trade; to enrich the commerce of our own States and of the world with the products of our mines, our farms, and our factories, with the creations of our thought and the fruits of our character,—this is what will hold our attention and our enthusiasm steadily, now and in the years to come, as we strive to show in our life as a nation what liberty and the inspirations of an emancipated spirit may do for man [1] and for societies, for individuals, for states, and for mankind.

使世界各国之为政者皆若威尔逊然，则此空前之恶战决不致出现于二十世纪之中也。

美国今得威氏为主，辅以白来恩 [2]（Wm. J. Bryan，亦今日之理想家），故得逍遥局外，不与闻战事。若罗斯福在白宫，则国事未可知矣。

五一、歌德之镇静工夫（十二月九日）

德国文豪歌德 [3]（Goethe，马君武译贵推）自言，“每遇政界有大事震动心目，则黾勉致力于一种绝不关系此事之学问以收吾心”。故当 [4] 拿破仑战氛最恶之时，歌德日从事于研究中国文物。

[1] man，剪报为“men”。

[2] 白来恩，手稿本为“白乃恩”。

[3] 歌德，手稿本为“葛脱”。后同，不再注。

[4] 当，手稿本无。

又其所著《厄塞》（*Essex*，剧名）之“尾声”（Epilogue）一出[1]，乃作于来勃西之战之日（见《年谱》一八九页）。

此意大可玩味。怡荪尝致书，谓“以鞠躬尽瘁之诸葛武侯乃独能于汉末大乱之时高卧南阳者，诚知爱莫能助，不如存养待时而动也”。亦即此意。[2]

吾友韦莲司女士素习画[3]，自欧洲战事之起，感愤不已，无意学画，贻书纽约红十字会，自效为军中看护妇，得报书，以女士非有经练之看护妇而却其请。女士益感慨愤懑。余以歌德之言告之，以为人生效力世界，宜分功易事，作一不朽之歌，不朽之画，何一非献世之事？岂必执戈沙场，报劳[4]病院，然后为贡献社会乎[5]？女士以为然，今复理旧业矣。

吾友匈加利人骆特（Hermann Roth），自战事之起，愤美洲舆论之偏袒“协约之国”（英法俄也），每斤斤与人争论，为德奥辩护，哓哓不休，心志既专，至不能用心学业，余感其爱国之诚，而怜其焦思之苦，至于憔悴其形神也。今日遇诸途，亦为言歌德之言。骆特君请尝试之，不知其有效否也？[6]

[1] 一出，手稿本无。
[2] 亦即此意，手稿本无。
[3] 素习画，手稿本无。
[4] 报劳，手稿本为“服劳”。
[5] 乎，手稿本为“也哉”。
[6] 此后，手稿本还有如下一条杂记：“一年前居世界学生会时，友人菲律宾人康拾香（M.S. Concepcion）为摄室中读书之图，今始印之，乃殊不恶，附载于此。　十一日。”此图现据手稿本补于此，图旁有胡适注：“1913. by Concepcion.”。

室中读书图

五二、再与节克生君书稿（十二月十一日）

You ask me，[1] "If there is not in the life of Jesus something more note worthy than in the death of Socrates，how are we to account for the fact that the death of Jesus occupies a place so much larger in the thought of the world than the death of Socrates？" "In the thought of the world?" It may be true that in the *religious* thought of the world，the death of Jesus may occupy an important place. But in the *philosophical* thought of the world，the death of Socrates surely occupies an equally important——perhaps more important——place as the death of Jesus. The death of Jesus founded a religion：the death of Socrates founded a philosophy. This philosophy has had a *tremendous influence* upon the Greek and Roman world，and in the modern time upon our own world. The ideal of the modern world is no longer the Christian ideal of self-abnegation，but the Greek ideal of self-development；no longer the Christian ideal of Faith，but the Socratic ideal of Truth——Truth for which Socrates died！…

I admit that *to the Christians* the death of Jesus does mean a great deal more than the death of Socrates. But why？ Because，it seems to me，centuries of powerful *tradition* have made it so … The difference is due to the traditional training of the believer. It is

[1] "You ask me"前，手稿本有如下英文："Extracts from a letter to the Rev. Mr. H. E. Jackson, Dec.11, 1914."。

something purely *subjective*, and has no *objective validity*. [1]

You say (in chap. on "The Heroism of Jesus" in *Great pictures as Moral Teachers*—by H.E. Jackson), "With Socrates it was merely the question of his own death. With Jesus it was the problem of sin and its forgiveness." That is not true. Socrates' Problem was not merely his own death.

Socrates died for Truth; he sought Truth and found Death. He offended the respectable people by calling their conduct and morality into question, by believing that "a life unexamined is not worth living." He was persecuted in the same manner and for the same offence as Jesus was persecuted. Before his death, his friends offered to help him to escape. This he refused. By his death he gave an example to his teaching that "not life, but a good life, is to be valued; " not death, but unrighteousness and lawlessness, is to be avoided. ...

Had the Greek people been as religious as the Jews, had Crito, Phaedo, and Plato been as simpleminded as the fishermen of Galilee, han [2] the Socratic teachings emphasized a little more on the supernatural than they did, ——Socraticism would have been a religion, and Socrates would have been a God. ...

I do not deny the heroism of Jesus, but I can not belittle the heroism of Socrates. [3] [4]

---

[1] 手稿本中，有胡适所注以上下划线。

[2] han，手稿本为"had"。

[3] 此后，手稿本有"（参观十一月七日）"，即参见本卷第三〇则。

[4] 此后，手稿本尚有一页胡适所记杂事备忘，现补于后。

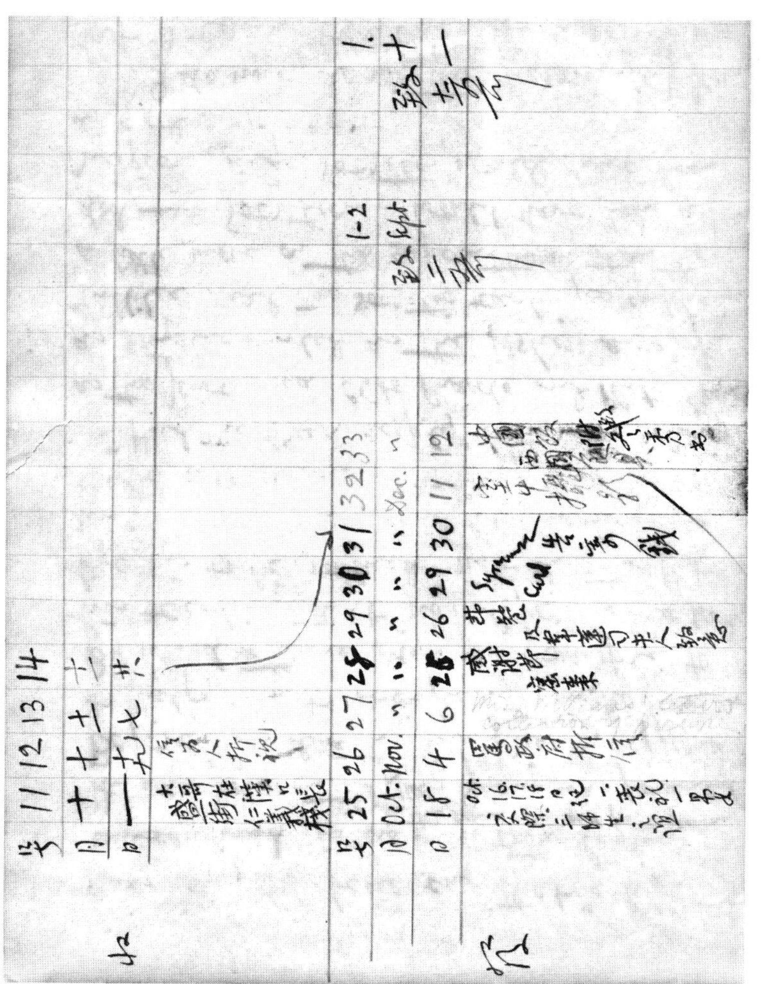

卷七杂事备忘

卷七附录

附一：

Here are some rules by which, according to a contemporary, any one can learn to speak in public: (1) Get it out of your head that oratory is to be desired; it is strictly out of fashion. (2) Think out what you want to say. (3) State your facts and then sit down. (4) Do not tell jokes or anecdotes unless they illustrate the point taken. (5) Don't bother about gestures or intonations. (6) Practice distinct enunciation. (7) Avoid a heavy meal before speaking; instead, take a cup of tea or a half-hour's nap. (8) Having once made a good speech, don't think you are a Demosthenes, but keep on trying to improve.

下划线为胡适所注

卷八

一九一四年十二月十二日——一九一五年二月十四日

在康南耳大学

此卷手稿本，封面题写“藏晖札记（六）”“民国三年十二月十二日起”。第一页第一行又写“藏晖札记第六册”。

一、论充足的国防（十二月十二日）

ADEQUATE DEFENSE.

Just as Congress assembles an apparently well organized and financed movement starts to create a scare about national defenses. Although there are presented no arguments not thoroughly refuted by the European war, the backers of this movement evidently hope to cause a panic and thus get the appropriations they desire. One may well question the sincerity and patriotism of those who resort to such methods. At present they deny wanting big armaments but only ask enough for "adequate defense". What is adequate defense? In case of war no defense is adequate that is not stronger than the opposing force, and inadequate defense, these panic creators tell us, is as good as none. So to have "adequate defense" we must create an armament more powerful than any possible combination of foes could bring against us. And that would only be a beginning, for our potential foes might suspect that we were planning to attack them, just as we suspect them of planning to attack us. They would attempt to outstrip us in building armaments. Our jingo alarmists would call attention to this, create another scare and urge further appropriations. Such a race would be ruinous. To stop it either one side would have to voluntarily retire, and thus make its peaceful intentions clear, or it would have to find some pretext to attack the other when conditions for victory would seem most favorable. Europe's experience shows that the latter alternative is the most likely to be selected. Preparations for war only lead to war. The only adequate defense does not consist in armaments, but in just dealings with the people of all nations. S.D. [1]

此一则见 *The Public* 十七卷八百七十一期 [2]，其言深可玩味。

即以吾国言之，今人皆知国防之不可缓。然何谓国防乎？海陆军与日本并驾，可以谓之国防乎？未可也。以日乃英之同盟国也。海陆军与日英合力之海陆军相等，足矣乎？未也。以日英又法俄之与国也。故今日而言国防，真非易事，惟浅人无识之徒始昌言增军备之为今日惟一之急务耳。

增军备，非根本之计也；根本之计，在于增进世界各国之人道主义。

今世界之大患为何？曰：非人道之主义是已，强权主义是已。弱肉强食，禽兽之道，非人道也。以禽兽之道为人道，故成今日之世界。“武装和平”者，所谓 [3]“以暴制暴”之法也。以火治火，火乃益然；以暴制暴，暴何能已？

救世之道无他，以人道易兽道而已矣，以公理易强权而已矣。

推强权之说，于是有以“强”为国之的者矣。德国国歌之词曰：

德意志兮，德意志兮，陵驾万邦。（Deutschland,

[1] 以上英文，在手稿本中为一则英文剪报，并有胡适所注以上下划线。

[2] 十七卷八百七十一期，手稿本为“（Vol.XVII, no. 871）”。

[3] 谓，手稿本为“以”。

Deutschland，über alles.）

今夫天下惟有一国可“陵驾万邦”耳，而各国皆欲之，则不至于争不止，此托尔斯泰所以谓为至愚也。

今之持强权之说者，以为此天演公理也。不知“天择”之上尚有“人择”。天地不仁，故弱为强食。而人择则不然。人也者，可以胜天者也。吾人养老而济弱，扶创而治疾，不以其为老弱残疾而淘汰之也，此人之仁也。或问墨子：“君子不斗，信乎？”曰：“然。”曰：“狗彘犹斗，而况于人乎？”墨子曰：“伤哉！言则称于汤文，行则同于狗彘！”今之以弱肉强食之道施诸人类社会国家者，皆墨子所谓“行则同于狗彘”者也。

今之欲以增兵备救中国之亡者，其心未尝不可嘉也，独其愚不可及耳。试问二十年内中国能有足以敌日、俄、英、法之海陆军否？必不能也。即令能矣，而日、俄、英、法之[1]必继长增高，无有已时，则吾国之步趋其后亦无有已时，而战祸终不可免也，世界之和平[2]终不可必也。

吾故曰此非根本之计也。

根本之计奈何？兴吾教育，开吾地藏，进吾文明，治吾内政：此对内之道也。对外则力持人道主义，以个人名义兼以国家名义力斥西方强权主义之非人道，非耶教之道，一面极力提倡和平之说，与美国合力鼓吹国际道德。国际道德进化，则世界始可谓真

[1] 之，手稿本为“又”。

[2] 和平，手稿本为“平和”。

进化，而吾国始真能享和平之福耳。

难者曰，此迂远之谈，不切实用也。则将应之曰：此[1]七年之病，求三年之艾也。若以三年之期为迂远，则惟有坐视其死耳。吾诚以三年之艾为独一无二之起死圣药也，则今日其求之之时矣，不可缓矣。

此吾所以提倡大同主义也，此吾所以自附于此邦之“和平派”也，此吾所以不惮烦而日夕为人道主义之研究也。吾岂好为迂远之谈哉？吾不得已也。

二、金仲藩来书（十二月十三日）

金仲藩有书来云：

> 国势危殆，民情浑沌，仍无异我五年前未去国之时。……我国情去共和资格远甚远甚，百人中不可得一人识书字，千人中不能得一人可与道常识，百万人中不必得一人可与言外情，达治理。众愚如此，吾诚不知与谁言共和也！即真得共和矣，亦数十人之共和，而非民国之共和也。……
>
> 中央政治，近以外势逼迫，稍有清明气象。内国公债十六兆元满额，亦为人民稍有信任政府之心之征。……

三、海外之家人骨肉（十二月十四日）

得白特生夫人电话，邀星期四夜晚餐其家，以有他会辞之，

[1] “此”后，手稿本有“以”字。

乃改星期五夜。既而思之，星期四夜乃十二月十七日，为余生日，白特生夫人作此筵为余作生日耳。远客海外，久忘岁月，乃蒙友朋眷念及此，解我客思，慰我寥寂，此谊何可忘也。思及此，几为感激泪下。白特生夫妇视我真如家人骨肉，我亦以骨肉视之。[1]

四、读戏剧七种（十二月二十日）

连日读赫仆特满（Hauptmann）两剧：

（一）《韩谢儿》（*Fuhrmann Henschel*）

（二）《彭玫瑰》（*Rose Bernd*）

又读[2]梅脱林克（Maurice Maeterlinck，——梅氏为比利时文学泰斗，为世界大文豪之一）四剧：

（一）*Alladine and Palomides*

（二）*The Intruder*

（三）*Interior*

（四）*Death of Tintagiles*

又读泰戈尔[3]（Tagore，印度诗人）一剧：

The Post Office

三人皆世界文学巨子也。

---

[1] “白特生夫妇视我真如家人骨肉，我亦以骨肉视之”句后，手稿本有“又记”两字。

[2] 又读，手稿本无。

[3] 又读，手稿本无。泰戈尔，手稿本为“泰郭累”。

五、世界会十周纪念，诗以祝之（十二月廿二日）

此间世界学生会（Cornell Cosmopolitan Club，余去年为其会长）成立十年矣（一九〇四——一九一五），今将于正月九，十，十一，三日行十周祝典。一夜不寐，作诗以祝之：

A SONNET

On the Tenth Anniversary of

the Cornell Cosmopolitan Club.

"Let here begin a Brotherhood of Man,
Wherein the West shall freely meet the East,
And man greet man as man—greatest as least.
To know and love each other is our plan."

So thought our Founders: so our work began.
This is no place to solely dance and feast!
No! It expects us all to be the yeast
To leaven this our world and lead the van!

"What have you done in these ten years?" you say.
Little: 'tis no single grain that salts the sea.
But we have faith that come it will—that day—

When what are dreams now dreams no more shall be,

And to this tune the Muses shall all play:

ABOVE ALL NATIONS IS HUMANITY! [1]

诗成以示相知数人及英文文学教员罗刹先生（C.S. Northup），乞其削改，皆无大去取。今晨以示文学教长散仆生先生（M.W. Sampson），先生为言第七句之“Yeast”与第八句之“Leaven”意既复沓，字亦雅俗悬殊，不宜并立。余极以为是。惟“—east”韵不易得，故归而易之以“—est”韵。末二节亦稍有变易，似较胜矣。

“Let here begin a Brotherhood of Man,
Wherein the East shall freely meet the West,
And man greet man as man—blest or opprest.
To know and love each other is our plan.”

So spoke our Founders: so our work began.
'Tis no mere place for us to feast and jest!
No! It prepares us for the knightly quest
To leaven this our world and lead the van!

Little we did, and ten years passed away:
No single grain it is that salts the sea.
But we have faith that come it will—that day—

When these our dreams no longer dreams shall be,
And ev'ry people on the earth shall say:

[1] 此诗，在手稿本中为一则贴件。

"ABOVE ALL NATIONS IS HUMANITY!"[1]

此体名"桑纳"体（Sonnet），英文之"律诗"也。"律"也者，为体裁所限制之谓也。

此体之限制有数端：

（一）共十四行；

（二）行十音五"尺"(尺者〔foot〕，诗中音节之单位。吾国之"平平仄仄平平仄"，平平为一尺，仄仄为一尺，此七音凡三尺有半，其第四尺不完也)；

（三）每"尺"为"平仄"调（Iambic），如：

◡⊥|◡⊥|◡⊥|◡⊥|◡⊥

（四）十四行分段法有两种：

（甲）[2]

——a
——b
——a
——b

——c
——d
——c
——d

——e
——f
——e
——f

——g
——g

（乙）[3]

——a
——b
——b
——a

——a
——b
——b
——a

——c-c
——d-d
——c-e

——d-c
——c-d
——d-e

[1] 此诗，在手稿本中为一则贴件。

[2] "(甲）"后，手稿本有"(英）"。

[3] "(乙）"后，手稿本有"(意）"。

乙式或不分段如：

————————
　————————
　————————
　————————
————————
　————————
　————————
　————————
————————
　————————
　————————
————————
　————————
　————————

（五）用韵法有数种：

（子）abab—cdcd—efef—gg—

（丑）abab—bcbc—cdcd—ee—

（寅）abba—abba—cdc—dcd—

（卯）abba—abba—cde—cde—

（辰）abba—abba—cdd—ccd—

（巳）abba—abba—cdc—dee—

（午）abba—abba—cdd—cee—

吾所用者为（乙）式（寅）调也。吾此诗为第三次用此体，前二次皆用（甲）式，以其用韵少稍易为也。[1]

廿四日去水牛城，车中念及前诗，复以书与散仆生先生商榷。先生来书以为第二稿所用 west 韵不如 east 韵之佳，第三句尤不如前稿，因言何不用 Priest 韵，遂成下稿。其第六七句乃先生所为也。

"Let here begin a Brotherhood of Man,
　Wherein the West shall freely meet the East,
　And man greet man as man—greatest as least.

[1] 此后，手稿本有"廿二日"。

To know and love each other is our plan."

So spoke our Founders; so our work began:
　　We made no place for pleasant dance and feast,
　　But each man of us vowed to serve as priest
In Mankind's holy war and lead the van.

What have we done in ten years passed away?
　　Little, perhaps; no <u>*one*</u> grain salts the sea.
But we have faith that come it will—that Day—

　　When these our dreams no longer dreams shall be,
And every nation on the earth shall say:
　　ABOVE ALL NATIONS IS HUMANITY! [1]

六、《告马斯》诗（民国四年一月一日）

车中无事，复作一诗，用前体，题为《告马斯》。马斯者(Mars)，古代神话所谓战斗之神也。此诗盖感欧洲战祸而作：

TO MARS

"Morituri te salutamus".

Supreme lord, we who are about to die

[1] 此诗，在手稿本中为一则贴件，并有胡适所注以上下划线。

Salute thee! Come have we all at thy call
To lay down strength and soul and all in all
Without a murmuring，nor knowing why!

And thou serenely watchest from on high
Man slaughter Man and Culture tott'ring fall!
And lo! the wounded—men all! —cry and crawl
And upward meet thy smiles with their last sigh!

O know thou what these dying eyes behold：
There have arisen two Giants new，more strong
Than they* that made thee captive once of old.

These，Love and Law，shall right all human wrong，
And reign o'er mankind as one common fold，
And thou，great god，shalt be dethroned ere long.

*The Aloadae（Otus and Ephialtes）[1]

诗前所引拉丁文，译言“垂死之臣敬礼陛下”。古代罗马帝无道，筑斗兽之场，令勇士与猛兽斗，纵观为乐。勇士入场，举戈遥礼皇帝，高呼“Morituri te salutamus”一语，至今千载之下读之，犹令人发指也。第十，十一句所指，亦用神话故实。相传马斯尝为二巨人 Otus and Ephialtes（又名 the Aloadae〔Alo'á-dē〕）所擒，囚之铜瓶之中十有三月始得脱去。

[1] 此诗，在手稿本中为一则贴件。

七、世界学生总会年会杂记（一月四日追记）

耶诞节有节假十三日，余被举为此间世界学生会代表赴第八次总会年会（The Eighth Convention of the Association of Cosmopolitan Clubs.）于哥仑布城（Columbus，Ohio）。道出水牛城，友人傅乃明（E. G. Fleming）来迎余于车站，因往午餐。餐后周游城市，返至一旅馆，坐谈此邦风俗，打桌球（Billiard）一盘始别。

余以车至尼格拉飞瀑城（Niagara Falls）访卜郎博士夫妇（Dr. Mortimer J. Brown）。博士夫妇曾至中国教授二年，与友人金仲藩、张彭春诸君相知甚深，今居飞瀑城，屡以书招余至其家小住，皆以故不能往，今以道出其地，故往访之，小住一日夜。

博士夫妇极相得，无有子女，夫妇共持家同艰苦，其相敬爱之深真非笔墨所能写，此真西方极乐之家庭也。夫人躬自浣洗，卜君怜之，竭其心思为构一浣洗机器以节其劳。夫人指谓余曰："此吾夫今年赠余之圣诞节礼也。"卜君问夫人，"何以赠我？"夫人笑指几上纸裹之包而不言。卜君启视，乃打字机上之转轮也。卜君公事室中之打字机轮用久，筒上平面为字粒所损，突兀不平，卜君一日偶言之；夫人默志之，一日窃入其室，钞其打字机之号数及[1]其转筒长短而去，乃购此筒以赠其夫。灶下所用桌颇低，而夫人颀长，卜君怜之，即亲操斧斤为桌足增长一尺。此种琐屑细故，皆足见其家庭怜爱同甘苦之情，所谓"相敬如宾""举案齐

[1] 及，手稿本无。

眉”“为妇画眉”者[1]，又何足道也？又何足道也？

卜君习化学，今为此间一工厂中司实验事。然其人思想颇隘，谈吐纯是一种实利主义[2]。吾昔闻人言实利主义[3]之弊[4]将趋于见小利而忘远虑，安目前而忘未来，能保守而不利进取，初[5]不信之，今闻卜君言其厂中主者某君之言曰：“更好的乃是好的之仇也”[6]（The better is an enemy of the good），乃不禁爽然自失。此真实利主义之极端矣。卜夫人较其夫稍高抗。然夫妇相敬爱，初不以意见之同异而差也。

吾所见美国家庭多矣，此君夫妇及白特生夫妇为一种夫妇独居无子女之家庭。在西雷寇（Syracuse）所见达克君（John B. Tuck）之家庭又是一种，与康福（Prof. W. W. Comfort）先生家相似，其家子女盈膝，皆聪颖可喜。韦莲司女士之家父母皆老，儿子皆长大抱孙矣，女亦成人，而子女皆东西远去，此又一种家庭也。至于亥斯先生（Prof. Alfred Hayes）（法律）、康斯道克先生（Prof. J. H. Comstock）（昆虫生物学）、克雷登先生（Prof. J. E. Creighton）（哲）、阿尔培先生（Prof. E. Albee）（哲），诸家夫妇皆博学相敬爱，子女有无，初不关心，则又一种家庭也。[7]

---

[1] 者，手稿本无。

[2] 实利主义，手稿本为“实用主义（Pragmatic）”。

[3] 实利主义，手稿本为“实用主义”。

[4] 此后，手稿本有“（Pragmatism）”。

[5] 初，手稿本为“颇”。

[6] “更好的乃是好的之仇也”，手稿本无。

[7] 此后，手稿本有“二日记”。

在卜君家过耶诞节，与卜君同游尼格拉飞瀑，过桥至加拿大境，回望亚美利加瀑，瀑飞成雾，漫天蔽日（此四字乃真境），气象奇绝，此余第一次过加拿大境，又在冬日，所见瀑景，迥异三年前夏日在桥南[1]所见矣。余携有摄影器，因摄六影，后皆不可印，以雾太深，日光太淡故也。

自哥仑布城归时，火车中遇一人名C.E.Butcher者，谈次偶及余摄影失败事，其人慨然出其所自摄之飞瀑影片相示，择其佳者相赠。其诸图虽非冬景，然聊胜于无，且其人之慷慨不可忘也。第一图为加拿大境，所见之屋为Cliffton Hotel，去年美墨交涉事起，南美ABC三国出而调和，三国代表会于此屋磋商和议条件。第二图为飞瀑正影。第三图为飞瀑上流之急湍。（图模糊不能制版，今删）[2]

廿五夜与卜郎夫妇别，以车往哥仑布赴会，廿六晨至哥城。

廿六夜赴欢迎会。倭省大学（Ohio State University）校长汤生博士（Dr. Wm. Oxley Thompson），哥仑布市长高卜（Mayor George J. Karb）及大学世界会会长福葛尔（R. R. Vogel）致欢迎词。赴会代表中意利诺大学教授俄利物（Prof. T. E. Oliver）及余致答词。余演说题为“At the Parting of the Way”，大旨言：

> 今日世界文明之基础所以不坚牢者，以其础石非人道也，乃兽道也。今日世界如道行之人至歧路之口，不知向左向右，而又不能不决择：将循旧径而行兽道乎？抑将改途易辙而行

[1] 在桥南，手稿本无。

[2] 括号内文字，手稿本无。此处，手稿本附图三幅，现补于此。

图一　Cliffon Hotel

图二　飞瀑正影

图三　飞瀑上流之急湍

人道也？世界如此，吾辈之世界会亦复如是，吾辈将前进耶？抑退缩耶？

吾此篇大旨在于挑战[1]。盖总会（Association of Cosmopolitan Clubs）中年来颇分两派：一派主张前进，以为凡和平之说及种种学生团体，皆宜属于世界学生同盟会（Fédération International des Etudiants），而总会亦宜协助主张世界和平之诸团体以辅其进行。其一派则主张狭义的政策，以为吾辈学生团体不宜干预政治问题。世界和平者，政治问题也。主张和平主义者如讷博士（George W. Nasmyth）及洛克纳（Louis P. Lochner）皆遭此派疑忌，以为此二君皆为和平团体所佣役，驱使吾辈以为之用，故当深绝之也。前派康南耳世界会主之，后派意利诺（Illinois）世界会主之。故吾针对俄利物教授下"哀的米敦书"也。余之演说在是夕五人中为最佳。次日汤生校长之夫人告余曰："昨夜君演说后，本校法律院长内特先生谓余曰，'With all due respects to your husband，Mr. Suh Hu made the best speech of the evening.'。"记之以自娱。

倭省大学世界会中有女会员甚众，其人皆姝丽大方，为会中效力甚勤。廿六夜诸女会员开欢迎会，以音乐歌舞娱宾；廿七夜又开音乐会（Concert）以娱宾；为年会增进兴趣不少。

此次年会所延外来演说家皆一时名彦，其言多足令人兴起，其尤著者：

（一）Dr. Washington Gladden（传道家，著作家）on "Planetary

[1] 挑战，手稿本为"宣战"。

Politics”中言今世国际交涉之无道德，以为对内对外乃有两种道德，两种标准。其所用名词“双料的标准”(Double Standard)，与余前所用恰同。余前用此名词以为独出心裁，不知他人亦有用之者，几欲自夸“智者所见略同”矣。

（二）Prof. Joseph A. Leighton on“Culture and Ethics”论国际道德多与余所持相合。此君为倭省大学哲学教长，其演说词极痛切明快。

（三）President Charles Wm. Dabney of the University of Cincinnati, on“True Patriotism”，其持论亦多与余所持相合。

此三人皆一时名宿，而其论国际道德及爱国主义，乃足与余晚近所持见解相发明，相印证，此大足鼓励末学如余者矣。

年会议事会始于廿八日，终于廿九日，二日而已。余为议案股员长（Committee on Resolutions)，为最重要之股员。二十八[1]夜手写议案至三时始就寝，七时即起，睡三小时余耳。明日召[2]本股股员会集，余竭力将所有议案一一通过。十时许议事会开会，余为第一人报告，所有议案二十条，除三四条志谢议案外，皆总会中年来最重要问题之久悬不决者也。余报告自十时许至下午五[3]时半始毕，盖除食时外凡六小时。每提一案，反对派辄起驳击。幸进行派居大多数，余所提议案皆一一通过。八年悬案，一朝豁然，俾全会皆知总会多数意向所在，不致为一二少数反对党

[1] 二十八，手稿本为“廿九”。
[2] 召，手稿本为“招”。
[3] 五，手稿本无。

所把持，此本届年会之大捷也。

廿九夜倭省大学设筵宴与会代表，余席后亦有演说，[1] 题为“Toast to the Ninth Convention”。

三十日哥仑布商会以汽车招诸代表周游全市，游览 Geofrey 工厂及第一银行。旁午商会设席 Virginia Hotel，本市商人到者甚众。席后演说，余亦与焉。题为“The Influence of the U. S. A. in China”。余至席上始知此题，略一构思，即以睡美人喻中国，中论中美关系，以邓耐生诗作结，首尾完具，俨然佳文，几欲自许为“席后演说之专门家”矣，一笑。

席后商会书记 H. S. Warwick 君以其车载余及讷博士、墨茨博士、俄物利博士周游城外风景。此城有居民二十五万，城市繁盛。城外多富人之居，华丽雅洁，虽在冬日冰雪之中亦饶风致，倘在春夏，其风景必大佳无疑也。

会事既终，三十夜以车归，三十一日抵绮色佳。余在哥仑布时，与总会会长 H. M. Udovitch 同榻五日，其人为俄罗斯犹太人，亦世界会佳话也。

八、善于施财之富翁（一月六日）

偶见报载此一则，以其甚有趣，故录之：

> 郁太省的一个富人能君（L. L. Nunn），有一天，在国会参议院旁听楼上旁听，看见一个童役（Page），引起了他的注

[1] 余席后亦有演说，手稿本为“余亦有席后演说”。

意。他留心访察，询知其人年十四，名 Clyde Barley，能君即资送他到康南耳大学，供他四年用费。据参议员某君说，能君资助在康南耳大学毕业者已近五十人，都是他旅行全国时随时留意所得。[1]

此人奇处不在好施财，乃在其随地留意人才而助之。

九、裴立先生对余前二诗之指正（一月七日追记）

夜往见前农院院长裴立先生（Liberty Hyde Bailey）。先生[2]为此邦农学泰斗，著书真足等身，有暇则为诗歌，亦极可诵。余以所作二诗乞正。先生以第一诗为佳作；第二诗末六句太弱，谓命意甚佳，可改作；用他体较易发挥，“桑纳”体太拘，不适用也。

一〇、记世界会十年祝典（一月十八日追记）

世界会十年祝典于正月九日，十日，十一日三日举行：

第一日[3]　夜开欢迎会，讷博士演说“世界大同国”（The World-state），余演说“世界会之目的”。

第二日[4]　午有“旧会员午餐”，夜有“围炉小集”（Fireside Party）。余为主席，旧会员多人演说，极欢。

---

[1]　上述报载文字在手稿本中是一则英文剪报（见本卷末附一），无中译。

[2]　“先生”前，手稿本有“裴立”两字。

[3]　此后，手稿本有“（九日）”。

[4]　此后，手稿本有“（十日）”。

"列国大宴"

第三日　夜有"列国大宴"(International Banquet)[1]，由各国会员自备餐肴。席后演说有休曼校长、麻省候选总督麦加君(Samuel W. McCall)、须密教长（Prof. Nathaniel Schmidt)、墨茨博士（Dr. John Mez）诸人，皆极佳。休曼校长尤佳。

此次祝典，余为干事长，故颇忙碌。

一一、再游波士顿记（一月廿七日追记）

波士顿有卜朗吟会（Boston Browning Society)，会中执行部书记施保定夫人（Mrs. Ada Spaulding）为哈佛大学吴康君之友。夫人邀吴康君至会中演说"Confucianism and the Philosophy of

[1]　此处，手稿本附有"列国大宴"图一幅，并有胡适旁记："此世界会之'列国大宴'，参观一月十八日追记。"现将图补于此。

Browning”，吴君谦辞之。已而思及余，因力荐余任此役。夫人以书致余，余初不敢遽诺，既思[1]此会代表波士顿文物之英，不可坐失此机会，遂诺之。以数日之力写演说稿成，正月十八夜以火车离绮色佳，十九晨至波城，此余第二次来此也。

往访讷博士夫妇于康桥。

午往访郑莱[2]君，遇孙学悟君；同出门，遇吴康君。余与吴康君初未相见，执手甚欢。同餐于哈佛饭厅，室极大，可容千人，此康南耳所无也。席上遇宋子文、张福运、竺可桢、孙恒、赵文锐、陈长蘅、贺楙庆诸君。

下午三时至 Hotel Vendome，为卜朗吟会会场。到者约百人，皆中年以上人，有甚老者。余演说约四十五分钟，颇受欢迎。继余演说者为一英国妇人，皈依印度梵丹教者（Vedanta），演说“Vedanta and Browning”。以余私见言之，余此次演稿，远胜余去年得卜朗吟奖赏之论文也。[3]

---

[1] 思，手稿本为“以”。

[2] 郑莱，手稿本为“郑来”。

[3] 此后，手稿本还有如下内容：“余演稿大略如下，
Confucianism & The Philosophy of Browning：
Ⅰ. Browning's philosophy of life：
1. His idea of the purposiveness of the universe and his conception of evil.
2. His idea of the worth and potentiality of man.
3. His conception of immortality.
4. His idea of life as a struggle，and of the ultimate success in ‘apparent failure’.
Ⅱ. Comparison with Confucianism：
1. Confucianism also a philosophy of hope and endeavor.
2. 天命说。
3. 性善说（平等主义）。
4. 不朽说（立德立功立言）。
5. ‘强为善而已矣，及其成功则天也’‘但论耕耘，不问收获’。”

吴康君宴余于红龙楼，同席者七人，极欢。

夜宿卜朗吟会执行部长陆次君（Rev. Mr. Harry Lutz）之家，陆君夫妇相待极殷，见其二子焉。

二十日晨至哈佛，重游大学美术馆（Fogg Art Museum）。

访米得先生（Edwin M. Mead）于世界和平会所（World Peace Foundation）。此君为此间名宿，著书甚富，为和平主义一健将。访张子高于青年会，不遇。

至康桥赴世界会（哈佛）午餐，纳[1]博士、墨茨博士及南非巴士曼君（Bosman）等皆在座。

下午与郑莱[2]君往游波城美术院（Boston Museum of Fine Arts），访其中国画部主者，承令一日本人指示余等。其人名富田幸次郎，极殷勤，指导甚周至。所见宋徽宗《捣练图》，马远三幅，夏圭二幅，其一大幅夏圭画尤佳。富田君语余，“以馆地太隘，故仅此数幅陈列于外。尚有多幅深藏内室，不轻示人，以时太晚，不能相示。如君等明日能来，当一一相示”。余本拟明晨[3]去纽约，以此机不可坐失，遂决意明日再来，与约后会而去。

是夜澄衷同学竺君可桢宴余于红龙楼，同席者七人，张子高后至，畅谈极欢。昨夜之集已为难继，今夜倾谈尤快，余与郑君

[1] 纳，手稿本为“讷”。

[2] 郑莱，手稿本为“郑来”。

[3] “晨”后，手稿本有“早”字。

莱[1]话最多，余人不如余二人之滔滔不休也。是夜所谈最重要之问题如下：

（一）设[2]国立大学以救今日国中[3]学者无求高等学问之地之失。此意余于所著《非留学篇》中论之极详（见《留美学生年报》第三年）。

（二）立[4]公共藏书楼博物院之类。

（三）设立学会。

（四）舆论家（"Journalist" or "Publicist"）之重要。吾与郑君各抒所谓"意中之舆论家"。吾二人意见相合之处甚多，大旨如下：

舆论家：

（1）须能文，须有能抒意又能动人之笔力。

（2）须深知吾国史事时势[5]。

（3）须深知世界史事时势。至少须知何处可以得此种知识，须能用参考书。[6]

（4）须具远识。

（5）须具公心，不以私见夺真理。

（6）须具决心毅力，不为利害所移。

---

[1] 莱，手稿本为"来"。

[2] 设，手稿本无。

[3] "中"后，手稿本有"无"字。

[4] 立，手稿本无。

[5] 时势，手稿本为"时事"。

[6] 须能用参考书，手稿本为"须能读'类书'之类"。

郑君谈及俄文豪屠格涅夫[1]（Turgenev）所著小说 *Virgin Soil* 之佳。其中主人乃一远识志士，不为意气所移，不为利害所夺，不以小利而忘远谋。滔滔者天下皆是也，此君独超然尘表，不欲以一石当狂澜，则择安流而游焉。非趋易而避难也，明知只手挽狂澜之无益也。志在淑世固是，而何以淑之之道亦不可不加之意。此君志在淑世，又能不尚奇好异，独经营于贫民工人之间，为他人所不能为，所不屑为，甘心作一无名之英雄，死而不悔，独行其是者也。此书吾所未读，当读之。

二十一日晨往美术院访富田幸次郎，与同至藏画之室。此院共有中日古画五千幅，诚哉其为世界最大“集”也（英文 Collection 余译之为“集”，初欲译为“藏”，以其不确，故改用“集”）。是日所观宋元明名画甚多，以日力有限，故仅择其“尤物”（Masterpieces）五六十幅观之。今记其尤佳者如下：

（一）董北苑“平林霁色图” 郑苏戡题字“北苑真笔”。董其昌跋。王烟客（时敏）跋。端陶斋（方）跋。此画为一满人所藏，字朴孙，号三虞堂主人，不知其姓名，以英文音译之，乃勤信也。此画饶有逸气，为南派神品。

（二）阮文达藏“宋元拾翠”册页 此集皆小品册页。其尤佳者：

[1] 屠格涅夫，手稿本为“杜根列”。此后手稿本中有“杜根匿夫”“杜根列夫”等多种译名，不再注。

（1）顾德谦“文姬归汉图”

（2）胡瑰画“番马”

（3）范宽一画

（4）夏圭“山水”

（5）班恕斋（惟志）一幅

（6）王振鹏“龙舟”

此集尚有宋绣花鸟一幅，其线色已剥落，然犹可供史家之研究也。

（三）宋陈所翁（容）画“瀑龙图”大幅　此画大奇，笔力健绝；惜[1]有损坏之处，为俗手所补，减色不少。

（四）赵子昂画“相马图”。

（五）管夫人“墨竹”　有夫人之姊姚管道果题跋。

（六）王振鹏（朋梅，永嘉人）“仿李龙眠白描”一幅　有钱大昕题字。另有他跋无数。此画大似龙眠，向定为龙眠之笔；钱大昕始见树干题“振鹏”二字，细如蝇头，乃定为王振鹏之笔。

（七）仇宝父（寅）“骑士图”。

（八）“犬图”（无名）　大佳。

（九）“蜻蜓图”（无名）　花卉虫物皆佳。

（十）“观瀑图”（无名）　疑明以后之物。

（十一）钱舜（元人）“花卉”。

（十二）马远（?）“观音”。

[1] 惜，手稿本为“此画”。

（十三）“释迦”（无名） 着色极深而新，元人物也。

（十四）学吴道子画三幅：

（1）天官紫微大帝

（2）地官清翠大帝

（3）水官洞阴大帝

皆工笔也，学画者可于此见古人作画之工。（此三幅初疑为道子真笔，院中赏鉴家以为宋人仿本耳。）

（十五）陆信中“十六罗汉图”十六幅 着色甚有趣，惜太板不生动耳。

（十六）“五百罗汉图”一百幅之十 此百幅为宋人赵其昌、林定国所作，在日本某寺，凡百幅，每幅五罗汉。此院得十幅，余仍在日本。着色极佳，画笔亦工致而饶生致，远胜上记之十六幅矣。此画[1]与上记之十六幅皆足代表所谓“佛氏美术”，[2]甚足供研究也。

此外不可复记矣。

既出藏室，复至昨日所过之室重观所已见之画。其宋徽宗一画，有题签为“摹张萱《捣练图》”，此幅真是人间奇物，不厌百回观也。

富田君知余不可久留，仅邀余观日本画一幅“《平治物语》绘卷”，写战斗之景，人物生动无匹。（为庆恩时代名笔，不著画家姓氏。）

---

[1] 画，手稿本无。

[2] “佛氏美术”后，手稿本有“（禅门画）”。

与富田君别，谢其相待之殷，并与约如今年夏间有暇，当重来作十日之留。

院中藏画，多出日人冈仓觉三购买收藏之力。此君乃东方美术赏鉴大家，二年前死矣。著书有 *The Ideals of the East*（Okakura Kakuzo；2nd ed. London，Murray）。

下午三时去波士顿，夜九时至纽约。以电话与韦莲司女士及其他友人约相见时。

二十二日至纽约美术院（The Metropolitan Museum of Art），韦莲司女士亦至，导余流览院中"尤物"。女士最喜一北魏造像之佛头，其慈祥之气，出尘之神，一一可见。女士言，"久对此像，能令人投地膜拜"。此像之侧，尚有一罗汉之头，笑容可掬，亦非凡品。院中有中国画一集，皆福开森氏所藏，[1] 今日乃不可见，以新得 Benjamin Altman Collection 方在陈列，占地甚多，不得隙地也。

午后一时至女士寓午餐，遇 John Ward Young 君夫妇，皆韦莲司家之友也。

下午四时许以火车至纽约附近一镇名 Upper Montclair，N. J. 访友人节克生君（Rev. Mr. Henry E. Jackson，为 the Christian Union Congregational Church of Upper Montclair 之牧师）于其家。此君即前与余论耶稣之死及苏格拉底[2] 之死之异同者也。此次

[1] "院中有中国画一集，皆福开森氏所藏"句，手稿本为"院中有中国画一集，名 Ferguson Collection"。

[2] 苏格拉底，手稿本为"苏格拉的"。

闻余来纽约，坚邀过其家为一宿之留，不得已，诺焉。既至，见其夫人及一子（Robert）一女（Ruth），蒙相待甚殷。夜与此君谈宗教问题甚久，此君亦不满意于此邦之宗教团体（Organized Christianity），以为专事虚文，不求真际。今之所谓宗教家，但知赴教堂作礼拜，而于耶稣所传真理则皆视为具文。[1] 此君之家庭极圆满安乐。节君告我曰："吾妇之于我，亦夫妇，亦朋友，亦伴侣。"此婚姻之上乘也。是夜宿其家。

二十三日晨以车归纽约，往访严敬斋（庄）及王君复（夏）于哥仑比亚大学。闻邓孟硕亦在此，访之于其室，相见甚欢。敬斋告我，此间有多人反对余之《非留学篇》，赖同志如王鉴、易鼎新诸君为余辩护甚力。余因谓 [2] 敬斋曰，"余作文字不畏人反对，惟畏作不关痛痒之文字，人阅之与未阅之前同一无影响，则真覆瓿之文字矣。今日作文字，须言之有物，至少亦须值得一驳，愈驳则真理愈出，吾惟恐人之不驳耳"。

与敬斋、君复同餐于中西楼。闻黄克强已去费城。不能一访之，甚怅。

下午访韦莲司女士于其寓，纵谈极欢。女士室临赫贞 [3] 河，是日大雾，对岸景物掩映雾中，风景极佳。以电话招张彭春君会于此间。五时许与女士同往餐于中西楼。余告女士以近来已决心

[1] 此后，手稿本还有"盖宋人所谓伪君子而新约所谓 Hypocrites 是也"。

[2] 因谓，手稿本为"告"。

[3] 赫贞，手稿本为"赫逞"。

主张不争主义（Non-resistance）（参观本卷第一则）[1]，决心投身世界和平诸团体，作求三年之艾之计。女士大悦，以为此余挽近第一大捷，且勉余力持此志勿懈。余去夏与女士谈及此问题时，余犹持两端，即十一月中在 Syracuse 演说“The Great War from the Point of View of an Oriental”时，犹以国防为不可缓，十二月十二日所记，乃最后之决心。女士知吾思想之变迁甚审，今闻余最后之决心，乃适如其所期望，故大悦也。女士见地之高，诚非寻常女子所可望其肩背。余所见女子多矣，其真能具思想，识力，魄力，热诚于一身者惟一人耳。（参观卷七第一六则及第三五则）[2]

是夜宿哥仑比亚大学宿舍，与王、严、邓三君夜话。邓君当第二次革命前为上海《中华民报》主任，忤政府，为政府所控受谳于上海租界法庭，罚禁西牢作苦工六月，另罚锾五百元。是夜邓君自述狱中生活甚动人。

友朋中尝受囹圄之苦者多矣，若[3]张亦农（耘）辛亥自西安南下，有所谋，途中为西川厅所拘，解至南阳道，居狱中月余，几罹死刑，幸民兵破南阳始得脱。去夏亦农为余道之，竟夕始已。

二十四日以车归。车中读《纽约时报》[4]，见有日本人 T. Iyenaga 博士所作文论“Japan’s Position in the World War”，道远东

---

[1] 参观本卷第一则，手稿本为“参观十二月十二日记”。

[2] 参观卷七第一六则及第三五则，手稿本为“参观十月廿六、十一月十三日记”。

[3] 若，手稿本无。

[4] 《纽约时报》，手稿本为“*New York Times*”。

外交史甚详。其论中国中立问题尤明目张胆，肆无忌惮。其言虽狂妄，然皆属实情。在今日强权世界，此等妄言，都成确论，世衰之为日久矣，我[1]所谓拔本探原之计，岂得已哉！岂得已哉！

AS TO CHINESE NEUTRALITY.[2]

In undertaking the military operations beyond the war zone prescribed by China， some charge Japan with the violation of China's neutrality. Yes， Japan did violate the neutrality of China in exactly the same sense as England and France would violate the neutrality of Belgium by making it the scene of military operations in their effort to drive out the Germans from that much-harassed country. Before Japan landed her troops at Lungkow the Germans in Kiao-Chau had been taking military measures in the Shantung Province far beyond the zone within which China asked Germany and Japan to limit their operations. It would， then， have been suicidal for Japan to confine her military action within the so-called war zone. Others again impute to Japan the violation of the principle of china's territorial integrity should she retain Kiao-Chau after the war. I cannot agree with such a construction. Of course， we cannot foretell what final agreement will be made between China and Japan about Kiao-Chau. This much，

[1] 我，手稿本为“吾”。

[2] 以下英文即上述《纽约时报》相关内容，在手稿本中为一则剪报，旁有胡适注：“*N. Y. Times*. Jan. 24. 1915 by Dr. T. Iyenaga。”

however, is certain: If the Allies finally win, Japan will have proper claims to make for the blood and treasure expended for the capture of Kiao-Chau and in running the great risk of having for her foe a power so formidable as Germany. Even should Japan decide to retain Kiao-Chau, it would not be a violation of China's integrity, for Kiao-Chau was not a part of China; its complete sovereignty, at least for ninety-nine years, rested in Germany.

〔附记〕归绮色佳后三日，君复寄示此论，欲余一一斥驳，余复书曰："此日人不打自招之供状，不须驳也。"

车中又读一文，论"不争主义之道德"，则如羯鼓解秽，令人起舞：[1]

ETHICS OF NON-RESISTANCE

SIR: In an editorial entitled "Security for Neutrals," in *The New Republic*, the argument was advanced that the violation of Belgium proves the necessity of armament in the United States if we would preserve our national interests. "A world in which a Belgium could be violated was a world in which national inoffensiveness offered no security against attack and in which a pacifist democratic ideal would have to fight for its life." If an ideal must fight for its life, may I suggest that a gun is an

[1] 以下英文，在手稿本中为一则英文剪报，并有胡适所注下划线。

ineffective weapon for it? If your gun kills your opponent, naturally he can't be a strong supporter of your ideal. If your gun wounds him, naturally he won't be a strong supporter of your ideal. If you get shot by his gun—by the rules of warfare he will shoot you only if you are trying to shoot him—your ideal loses the only supporter it has. If Belgium and England and France had determined to uphold an ideal, such as democratic antimilitarism, and to persuade Germans to accept their ideal, they were idiotic to go about killing some of the Germans they wished to convert, and getting thousands of their own men—supporters of their ideal—into slaughter-trenches. It is an acknowledgment of lack of faith in the efficacy of an ideal to urge that it must have guns in order to live. If an ideal is worth anything at all it will make its own persuasive appeal to the minds of men, and any gun-protected ideal is likely not to be an ideal at all, but only gun-protected selfishness.

It was criminal for Belgians to shoot German peasants. It was criminal for German peasants to shoot Belgian factory-hands. On one side it was criminal self-preservation, the Germans fighting for their homes with the fear that if they did not march through Belgium, the French would, and on the other side it was criminal self-preservation, the Belgians fighting for their homes. What more am I saying than that war is hideously wrong? I am saying that war for self-preservation is hideously wrong, that self-preservation at the cost of war is criminal.

Would I kill a stranger in order to prevent his killing a neighbor? If there were no other way to prevent him—yes—or else I would be guilty of permitting murder. France is the cultural neighbor of Belgium—Germany compared with France is the stranger. Was Belgium therefore justiflied in trying to prevent Germany from crushing France? By no means, because by resisting Germany, Belgium made it possible for England and France to crush Germany. If my neighbor was bent on murdering the stranger, should I kill the stranger? No, for then I should be abetting murder. Belgium was aiding her neighbor France to murder German soldiers. The only argument that can be offered for Belgium is that she acted in self-defense, but I maintain that the setting up of self-defense above all consideration of others is criminal, for it logically leads in the end to murder.

The editorial to which I have referred maintained that if Belgium had refused to fight she would have been cowardly. Does the Editor of *The New Republic* hold that the Socialists who vowed a year ago that they would refuse to fight, and who quickly joined the ranks when war was declared—does he hold that these men would have been more cowardly than they were if they had stood out against mobilization? Surely one cannot call the Socialists cowards because they did not refuse to fight, and with the same lips say that the Belgians would have been cowards if they had refused to fight. I believe that the man who kills another in self-preservation is a coward. He is a coward because he is so much afraid to lost his property or life that he is actually willing to commit murder. Am I a coward when I declare before God and my conscience that I would refuse to enlist even though there were conscription in the United States to create an army to resist foreign invasion? If I were a Quaker, there are precedents from Civil War times under which I could legally escape service at the front. But I am not a Quaker. I would probably have to suffer imprisonment or execution for treason. Some of my friends who will read this present statement may despise me. Other young men may sneer at me. Yet I say I would never willingly kill a man to save my own life. Now, do you think me a coward?

If the people of the United States continue to believe that self-preservation is their highest duty, let them put their trust in armament as the only "security for neutrals." If they ever come to believe what the Greatest Man taught—a doctrine his Church has been denying—they will see that war even in self-defense, like all war, is murder, is criminal and cowardly.

Frederick J. Pohl.

New York City.

此君真今日不可多得之人，当觅其住址与结交焉。

车中忽起一念如下：

中国之大患在于日本。

日本数胜而骄，又贪中国之土地利权。

日本知我内情最熟，知我无力与抗。

日本欲乘此欧洲大战之时收渔人之利。

日本欲行们罗主义于亚东。

总之，日本志在中国，中国存亡系于其手。日本者，完全欧化之国也，其信强权主义甚笃。何则？日本以强权建国，又以强权霸者也。

吾之所谓人道主义之说，进行之次宜以日本为起点，所谓擒贼先擒王者也。

且吾以舆论家自任者也，在今日为记者，不可不深知日本之文明风俗国力人心。

据上两理由，吾不可不知日本之文字语言，不可不至彼居留二三年，以能以日本文著书演说为期。吾国学子往往藐视日本，不屑深求其国之文明，尤不屑讲求沟通两国诚意之道，皆大误也。

吾其为东瀛三岛之“Missionary”乎？抑为其“Pilgrim”乎？抑合二者于一身欤？吾终往矣！

夜六时至绮色佳。此次旅行毕，凡六日。

一二、罗斯福昔日之言（一月廿八日记）

This nation’s foreign policy is based upon the theory that right must be done between nations precisely as between individuals. ... we have behaved, and are behaving, toward other nations as in private life an honorable man would behave toward his fellows.

—Theodore Roosevelt: Message to Congress,

Dec. 8, 1908.

Justice and fair dealing among nations rest on principles identical with those which control justice and fair dealing among the individuals of which nations are composed, with the vital exception that each nation must do its own part in international police work.

—T. Roosevelt: The Ossawatomie Address,

August, 1910.

不图罗斯福亦能作此言。

一三、英日在远东之地位（一月二十九日）

读 *Everybody* 杂志，有《伦敦每日电报》远东访员 Gardner L. Harding 论青岛一文。其论英国之地位，尤足发人深省。中引八月二十二日《公论西报》之言曰：

The position now is that Japan (in besieging Tsing Tao) has practically forced the hand of Great Britain. It is the beginning of the end of British, if not European, influence in the Far East.

又引《字林西报》：

It is not easy to believe that Japan acted in the final stage with the full consent of England. ... It seems impossible.

《公论西报》屡言日英协约之非计曰:

England has suffered a severer blow in this disgraceful episode than anywhere else in the Far East during the past 100 years.

一四、C.W. 论男女交际之礼(二月三日)

C.W. 来书,摘录其精华如下。此君思想不凡,[1] 真能超然尘表者也。

My habit, as you well know, is to consider what is right for the highest type of human being. ... The only "propriety" between those persons of the highest type—that is those who have had their eyes opened to the beauty of a still higher human development, and souls stimulated to the constant effort of realizing it—is propriety of thought. It is quite simple, isn't it? The things worthy of either of two people to be thought of at all, can worthily be thought of together. [2] ...

When one thinks alone there are many things which one faces squarely and then casts away as unfit, and if one does this

[1] 此君思想不凡,手稿本为"此君真不凡,真能思想"。

[2] 手稿本中,有胡适所注以上下划线。

> as promptly before speaking, surely there can be no impropreity. And in the association (or friendship) of man and woman, surely this all holds good, if the truth of sex attraction is clearly understood and valued for just so much as it is good for, and if, when it consciously appears not of use, it is consciously put away by wilful turning of the attention to the higher side of that friendship. And because of the possibility of this effort being called into action, should all the richness of communication between human beings whose real life after all is spiritual and not physical, be blocked by a "sense of propriety"? Surely some of the closest and most stimulating interaction of thought comes between two persons—no more. It is true between two women, and I feel sure it is so between two men, and it is true between a man and a woman. ....

上论男女交际之“礼”，可谓卓识。此论即在所谓最自由放任之美国亦足骇人听闻。盖此邦号称自由耳，其社会风尚宗教礼俗，则守旧之习极深，其故家大族尤甚。C. W.，女子中之有革命眼光者也。其家庭中之守旧空气，C. W. 对之如在囹圄，其远去纽约，终岁仅数归，未尝不为此故。此君盖[1]可谓为“divine discontent”者也。又曰：

> Education—Choice—then Vital Activity—is not this the way

[1]“盖”后，手稿本有“真”字。

a people should develope?

此见道之言也。

一五、为学要能广大又能高深（二月三日）

学问之道两面（面者，算学之 dimension）而已：一曰广大（博），一曰高深（精），两者须相辅而行。务精者每失之隘，务博者每失之浅，其失一也。余失之浅者也。不可不以高深矫正之。[1]

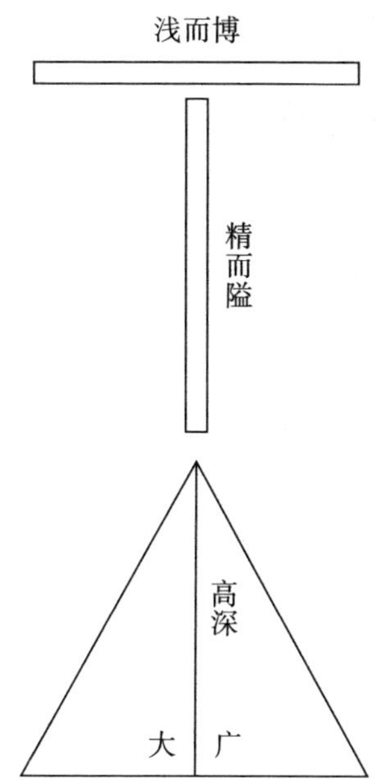

[1] 此后，手稿本附图一幅及英文注释，现补于此。胡适旁注："下图为此邦诗人范戴客，今为此邦使荷兰。"

Harris & Ewing, Washington, D.C.
DR. HENRY VAN DYKE, AMERICAN MINISTER TO HOLLAND
(As he appeared on his recent visit to Washington)

一六、加藤演说远东问题（二月四日）

前记英日在此次远东战祸之地位（本卷第一三则）[1]，顷读日本外相加藤在议院演说之词（九月五日），有大足与前所记相发明者，节录之：

Therefore in as much as she is asked by her Ally for assistance at the time when the commerece in Eastern Asia is subjected to

[1] 本卷第一三则，手稿本为"正月廿九日"。

constant menace, Japan, which regards that alliance as the guiding principle of her foreign policy, cannot but comply with such request and do her part. Besides, in the opinion of the government, the possession by Germany, whose interests are opposed to those of the Anglo-Japanese Alliance, of a base of her powerful activities in one corner of the Far East is not only a serious obstacle to the maintenance of permanent peace of Eastern Asia, but is also in conflict with the more immediate interests of our own Empire. The Government, therefore, resolved to comply with the British request and if necessary in doing so to open hostilities against Germany and after the Imperial sanction was obtained, they communicated this resolution to the British Government. Full and frank [1] exchange of views between the two governments followed and it was finally agreed between them to take such actions as may be necessary to protect the general interest contemplated by the Agreement of Alliance.

一七、本校学生的文学团体（二月四日）

本校有学生团体无数，有所谓文学会者（Literary Societies），则能文者雅集谈文之所，每周会时，或读会员所自著作，或读古今人名著，继以讨论，侑以饮食，盖远胜入市看影戏，至荷兰店

[1] 手稿本中，有胡适所注以上下划线与波浪线。

喝酒多矣。去年有巨帙小版会（Tome and Tablet），推余为会员，今有草稿会（The Manuscript Club），于上周举余为会员。连类记之，亦学生生活之一斑。

一八、《李鸿章自传》果出伪托（二月四日）

前记余疑此邦出版之《李鸿章自传[1]》（*Memoirs of Li Hung Chang*，Edited by Wm. Francis Mannix. Boston and New York, Houghton Mifflin，1913.）为出于伪托（参看卷七第一九则）[2]，后久不能得此书，遂亦置之。今得读此书，得铁证[3]无数，一一记之，为作一文揭其奸伪，送一杂志登之，自以为生平一大快事。

一九、矛盾（二月六日）

THE DIFFERENCE

For The Public

He won some twenty medals—he
Had killed some twenty score,
And just for this they knighted him,
And honored him some more.

And this man killed but one（a flash

[1] 李鸿章自传，手稿本为“李鸿章日记”。

[2] 参看卷七第一九则，手稿本为“参观三年十月卅日记”。

[3] 铁证，手稿本为“铁据”。

Of anger o'er a card),
And so at sunrise he was hanged
High in the prison yard.

And thus the wonder grows—why one
Should die at rise of Sun,
And why such difference should be
Twixt many killed，and one!

Joseph Dane Miller. [1]

此即墨子《非攻篇[2]》之大旨，此即吾所谓“不一致”。不一致者，自相矛盾之谓也。墨子曰：“此皆以明小物而不明大物也。”耶稣曰：“嗟汝妄人，汝捉杀蚊蚋而吞橐驼。”（Ye blind guides, which strain at a gnat, and swallow a camel. —Matt. 23:24.）即此意也。世人瞢瞢，吾其奈之何哉！

二〇、《战时新妇》（二月六日）

二月份《世纪杂志》（*The Century*）载有短剧一篇，名《战时新妇》（*War Brides* by Marion Craig Westworth [3]），甚足动人，战后文学界之佳作也。

---

[1] 以上英文在手稿本中为一则贴件，并有胡适所注以上下划线。
[2] 非攻篇，手稿本为“非攻说”。
[3] Westworth，手稿本为“Wentworth”。

室中摄影

二一、室中摄影两帧（二月六日）

吾喜摄影而不能工，以不能多费时日于此也。近得二影，皆室中所摄，颇不恶：

一为室中书架之图　架上“薛克莱曼”花（Cyclamen）一盆，乃元旦日某所赠物。今花将残萎，故及其未落，为作此图。架上小影，乃故人亥叟遗像也。

一为哈佛世界会午餐之图　余在康桥时，哈佛支会职员招余餐于哈佛大餐室之别室，席终，纳[1]博士以余所携摄影器为摄此影。此影光影得宜，大有画意，可谓佳作，不独为四海兄弟一时胜集之纪念已也。

哈佛世界会午餐图[2]

---

[1] 纳，手稿本为“讷”。

[2] 此图，手稿本缺。

二二、记新闻两则（二月六日）

今日（二月六日）报载两事，可记也：

一为美国海军费案之通过。全案共需美金一四一，一八九，七八六元。

一为卡匿奇（Andrew Carnegie）及洛克非老（Rockefeller, J. D. Sr.）二人同日受美政府所委实业界关系调查部（Commission on Industrial Relations）之质问。二人皆世界巨富，施财如土。积年以来，卡氏共散财三二四，六五七，三九九元，洛氏共散财二五〇，〇〇〇，〇〇〇元，可谓豪矣。受质问之时，卡氏意气自如，庄谐杂出，倾倒一堂。其论积财，有足观者，记其最精警一语如下：

> "The day is not far distant," said Mr. Carnegie, "when the man who dies leaving behind him millions of available wealth, which were free for him to administer during life, will pass away unwept, unhonored, and unsung, no matter to what use he leaves the dross which he cannot take with him. Of such as these the public verdict will then be: 'The man who dies thus rich dies disgraced.'"[1]

洛氏则奄奄无生气，体弱故也。洛氏吾未之见，卡氏去年在此演说吾尝见之，其人短小精灵，望之不似陶朱之流也。

---

[1] 以上英文，在手稿本中为一则剪报。

二三、裴伦论文字之力量（二月）

But words are things，and a small drop of ink，
Falling like dew upon a thought，produces
That which makes thousands，perhaps millions，think.

Byron—*Don Juan*，Canto Ⅲ，St. 88.

二四、与普耳君一段文字因缘（二月）

前记自纽约归，车中读一文论“不争之道德”（本卷第一一则）[1]，归后作长书[2]投之作者普耳君（Frederick J. Pohl），表吾之同意。其人得之，甚感吾意，今日答一长书，遂订交焉。

吾书之大旨如下（录原书一节）：

What the world needs to-day，it seems to me，is a complete dethronement of the undue supremacy of the Self. The morality of our age is too much self-centered. The idea of self-preservation has scarcely ever been challenged，and consequently many expediencies have been done in the name of self-preservation，nay，many crimes have been committed in its name! To remedy this inveterate evil，we must extend our present conception of <u>*meum*</u> to its widest horizon possible. We must overthrow the superstition that self-preservation is the

[1] 本卷第一一则，手稿本为“三十七页”。
[2] 长书，手稿本为“一书”。

highest duty. We must take the attitude of non-resistance, not as the expedient attitude, but as the *right* attitude, not out of necessity, but at our own volition. The salvation of the world, I believe, must be sought in some such long forgotten truths as this. ...（Feb. 2）

普君答书曰：

Your letter of appreciation of my communication to the *New Republic* gave me the greatest pleasure. More than that it gave me encouragement when I was sorely in need of it. The certainty that there was at least one reader with sufficient clarity of vision to see the truth made me believe that there were other also. I thank you most sincerely for writing what you did.

I found only two sympathizers before I sent the communication, and since it appeared, even members of my family have told me that they were sorry to have me put myself on record as believing such nonsense. I have an article of some length which I have been vainly trying to have published, and I had almost reached the conclusion that it was no longer worth while trying to place it when your letter came and gave me new enthusiasm.

The war fever sweeps men so easily! ...There is need for men to carry on a fight not for pro-German or anti-German sympathy but for anti-war sentiment. Deeper than that, it is anti-use-of-physical-force, that needs advocacy, or—what you pointed out as the heart of the whole matter—anti-self-presevation. The Belgian Poet Maeterlinck says that "self-preservation is the profoundest of all our instincts". Surely he thought very superficially.—Of course we may agree with him that self-preservation is the profoundest *instinct*, but many men have in all ages found many claims more insistent than that of self-preservation. Self-preservation is not the profoundest *motive* of human action. Men will die for duty, honor, love, etc, even for revenge. The individual must be willing to sacrifice life for duty and honor. Must not the state also? Do not claims of duty and honor and the ideal of the Brotherhood of States appeal to governments as well as to individuals? They do, but their appeal has either not been recognized or the way to answer their appeal has not been followed. The idea of self-preservation must be challenged!

In your letter you say "We must take the attitude of non-resistance, not as the expedient attitude, but as the *right* attitude". I have carried out this thought in my article which I have called "Effective Resistance to War". I do not believe in "non-resistance". At least I don't like the term. It's flabby and weak. I like better the term "Effective Resistance". Resistance by means of *physical* [1] force is the least effective means of resistance. Ordinarily the world thinks that a man who uses some form of force other than physical with which to resist，is merely a non-resister. Most of the world thinks only with material or physical conceptions. Spiritual resistance，the resistance of forgiving one's enemies，of "turning the other cheek"，etc，is the most positive and effective kind of resistance. …

二五、本赵耳寄赠飞瀑冬景影片（二月九日）

前所记自哥仑布归时，火车中遇一人，赠余以所摄尼格拉飞瀑影片。今日得一函，启视之，则飞瀑冬景也。其诸图皆佳。吾与此君真萍水之交，乃蒙相念如此，可感也。[2]

二六、西方学者勇于改过（二月十一日）

去年八月二日，余读英人 Leonel Giles 所译《敦煌录》，为摘其谬误，作一校勘记寄之，至今数月，未得一字之答覆。[3] 今日英国邮来，乃得英国国家亚洲学会（The Royal Asiatic Society）书记寄赠所刊余所作文单行本若干份。译者已自认其误，另译《敦

[1] 手稿本中，有胡适所注以上下划线。

[2] 此处，手稿本附图四幅。初版时选印了两幅，现将另两幅补入，见补图一、补图二。

[3] 此后，手稿本还有："以为此种自称'名宿'者，护短不服，故置不答耳。"

补图一

煌录》一本，亦刊于《亚洲学会杂志》内（*Journal*[1] *of the Royal Asiatic Society*, Jan. 1915），则西人勇于改过，不肯饰非，亦足取也。（参看卷五第三五则）[2]

[1] “Journal”前，手稿本有“The”。

[2] 参看卷五第三五则，手稿本为“参观三年八月二日记”。

补图二

尼格拉飞瀑冬景

尼格拉飞瀑冬景

二七、诗贵有真（二月十一日）

张子高（准）索观札记。阅后寄长书，颇多过誉之词；然亦有名语，如"足下'叶香清不厌'之句，非置身林壑，而又能体验物趣者，绝不能道出。诗贵有真，而真必由于体验。若埋首牖下，盗袭前人语句以为高，乌有当耶？坡公有句云：'长江绕廓知鱼美，修竹满园觉笋香'，浅人读之，必谓笋何必香，更何论乎足下所赏玩之叶香也耶？"秉农山（志）亦谓吾"叶香"一语甚真，浅人不觉耳。子高谓吾诗文足当"雅洁"二字，殊未必然。吾诗清顺达意而已，文则尤不能工。六七年不作着意文字矣，乌能求工？

二八、三句转韵体诗（二月十一日）

子高又抄寄元结《中兴颂》一篇，并东坡《次韵和山谷画马试院中作》一首，皆三句转韵体诗也。（参看卷三第四〇则及卷四第二七则）[1]

大唐中兴颂

元结

天宝十四载，安禄山陷洛阳，明年陷长安。天子幸蜀，太子即位于灵武。明年，皇帝移军凤翔。其年复两京，上皇还京师。於戏！前代帝王有盛德大业者，必见于歌颂。若今

[1] 这段文字，在手稿本中是分在元结《中兴颂》前后两处写的。前为："子高又寄所抄元结《中兴颂》，此诗亦三句转韵体。"后为："子高又抄东坡《次韵和山谷画马试院中作》一首。参观三年正月廿九日及五月卅一日记。"另，以下《大唐中兴颂》在手稿本中为一则贴件。

歌颂大业，刻之金石，非老于文学，其谁宜为？颂曰：

噫嘻前朝，孽臣奸骄，为昏为妖。边将骋兵，毒乱国经，群生失宁。大驾南巡，百寮窜身，奉贼称臣。天将昌唐，繄睨我皇，匹马北方。独立一呼，千麾万旟，我卒前驱。我师其东，储皇抚戎，荡攘群凶。复服指期，曾不逾时，有国无之。事有至难，宗庙再安，二圣重欢。地辟天开，蠲除妖灾，瑞庆大来。凶徒逆俦，涵濡天休，死生堪羞。功劳位尊，忠烈名存，泽流子孙。盛德之兴，山高日升，万福是膺。能令大君，声容沄沄，不在斯文。湘江东西，中直浯溪，石崖天齐。可磨可镌，刊此颂焉，何千万年！

二九、罗素论战争（二月十二日）

... In a word，it is the means of repelling hostile aggression which make hostile aggression disastrous and which generate the fear by which hostile nations come to think aggression justified. [1]

Between civilized nations，therefore，non-resistance would seem not only a distant religions ideal，but the course of practical wisdom. Only pride and fear stand in the way of its adoption. But the pride of military glory might be overcome by a nobler pride and the fear might be overcome by a clearer realization of the solidity

[1] 此段前，手稿本还有如下英文："Bertrand Russell on 'War for Self-defense'，in his article on 'The Ethics of War' in *Int. J. of Ethics*，Jan. 1915：—。"

and indestructibility of a modern civilized nation.

Bertrand Russell 乃当代哲学巨子，亦发此言，可见吾所持论初非梦想妄语也。

三〇、荒谬之论（二月十二日）

二月六日份之 *The New Republic* 有投函人自称“支那一友”，其书论远东时局，以为日本之在中国占优胜，未始非中国之福。又言，“中国共和已完全失败，中国人不适于自治，日本之干涉，可使中国有良政府，中国之福，列强之福。……”读之大不满意，作一书驳之。（参看卷九第九则）[1]

三一、纽约旅行记（二月十四日）

有持非兵主义（Anti-militarism）之美国限制兵备会（American League to Limit Armaments），欲得各大学学生之赞助，乃由《纽约晚邮报》（*The New York Evening Post*）记者 Oswald Garrison Villard 设筵招东美各校之持非兵主义者会于纽约之大学俱乐部（University Club），讨论设立学校联合抵制增兵问题。主者某君以书致本校巴恩斯先生（Prof. F. A. Barnes），属令推一人代表康南耳大学。先生坚欲余往，不获已，遂往。于是有第三次之纽约旅行[2]。

---

[1] 参看卷九第九则，手稿本为“稿见七卷八页”。

[2] 旅行，手稿本为“旅行记”。

十三晨至此，以电话告韦女士及普耳君约会时。

十一时普耳见访，相见甚欢。此君为哥仑比亚[1]大学毕业院生，专治英文学。

此君持“不争”之说，而以为“不争”二字殊未当，非不争也，但不以兵力强权争耳，欲名之曰“有效的抗争”[2]（Effective Resistance）。余亦以为“不争”（Non-resistance）二字固未当，惟普君之名亦不满余意。忆须密先生（Prof. N. Schmidt）名之曰“消极的抗争”[3]（Passive Resistance），亦不慊心，余欲名之曰道义的[4]抗拒（Ethical Resistance）似较佳耳。普君以为然。（后余以告韦女士，亦以为然。）吾与普君所谈，大旨在不可持首尾两端之说，如谓战为非义，则决不可谓战有时而义。欧洲社会党之失败，在于强析战祸为两种：侵略之战为不义，而自卫之战为义。及战事之起，德之人皆以为为自卫而战耳，法之人亦以为如此，俄之人亦以为如此，于是社会党非攻之帜倒矣。

一时往访韦女士于其居，女士为具馔同餐。谈二时许，与同出，循赫贞[5]河滨行。是日天气晴和，斜日未落，河滨一带，为纽约无上风景，行久之，几忘身在纽约尘嚣中矣。行一时许，复返至女士之居，坐谈至六时半始别。

---

[1] 哥仑比亚，手稿本为“Columbia”。

[2] “有效的抗争”，手稿本无。

[3] “消极的抗争”，手稿本无。

[4] 的，手稿本为“之”。

[5] 赫贞，手稿本为“赫逞”。

女士谓"普耳君投书中（余以普君原书示之）所论杀人以救人，其理颇未能惬人意。杀甲以救乙，是犹以甲之命为救乙之具也，与康德所谓无条件的命令大背"。此言是也。墨子曰："杀一人以利天下，非，杀己以存天下，是。"则进于是矣。

女士深信人类善根性之足以发为善心，形诸善行，因引嚣俄之《孤星泪》(*Les Miserables*)，证大度不疑之足以感人。吾恒谓今人大患，在终日居于疑惧忧恐之中。世安有愁城？愁城者吾人心中疑惧之产儿也。若人人疑他人为贼，为奸宄，则世界真荆天棘地矣，安能一日居乎？此邦人有时颇能脱去此种疑惧根性，村僻之城市真能夜不闭户（绮色佳是其一也）。其所以夜不闭户者，不疑也。吾居是邦五年，未尝一日钥吾室门，亦未尝失一物，不疑也。今日弭兵之说，人皆知其美而不敢行，知军备之为患而不敢废之。即如此邦人士，持和平之说者众矣，而惧德之来侵，惧日之宣战，于是日增兵备而不已；今岁之海军费凡一四一，〇〇〇，〇〇〇元，陆军费一〇三，〇〇〇，〇〇〇元，防御费五〇，〇〇〇，〇〇〇元，皆"有备无患"一语之结[1]果也。美之在今日，可以宣言减兵，自我作始，以为他日世界弭兵之第一着手处。所患在"恐"之一字。英诗人克劳夫（Clough）之言曰："孰谓希望为愚人乎？若恐惧则真妄人矣。"(If hopes are dupes, fears are liars.）此今日救世圣药，惜无人敢尝试之耳。女士盖真能实行此道者。其待人也，开诚相示，倾心相信，未尝疑人，人亦不敢疑

[1] 结，手稿本无。

也，未尝轻人，人亦不敢轻之。其所交多贫苦之画师，其母恒以为惧，女士坦然处之，独居纽约如故。与女士谈论最有益，以其能启发人之思想也。是日所谈甚繁，不可胜记。

是夜至大学俱乐部赴限制兵备会晚餐，尾赖君[1]（Mr. Villard）主席。会中书记吴得（Mr. L. Hollingsworth Wood）乃康福先生之友，与先生皆毕业于海勿浮大学（Haverford College）。此校乃耶教中之友朋会（Friends，又名匮克派——Quakere[2]）所创。匮克派之信徒，皆主张不争主义者也。主席尾赖君乃美国南北战争前主张放黑奴者盖利孙（William Lloyd Garrison）之外孙，盖利孙亦倡不争主义最力者也。二君之热心于限制兵备也宜哉。

是夜东美各大学与会者如下：

Cornell

Harvard

Yale

Columbia

Pennsylvania

Princeton

New York University

席终决议组织一会，名之曰“Collegiate League to Abolisn[3] Militarism”，会名余所拟也。举定之职员：

---

[1] 尾赖君，手稿本无。

[2] Quakere，手稿本为“Quakers”。

[3] Abolisn，手稿本为“Abolish”。

K. G. Karsten 为会长

John T. Graves，jr. 为书记

是夜议事至十二时许始散。

十四日，星期，至哥仑比亚大学访友，遇张亦农、严敬斋、王君复、邝煦堃、杨锡仁、张仲述诸君。

午访喀司登君（Karsten）于其室。此君曾得“罗茨津贴”（Rhodes Scholarship），资送至英国牛津大学肄业。其人读书甚富，室中架上皆当代名著也。此君谈论甚动人。美国大学学生之大多数皆不读书，不能文，谈吐鄙陋，而思想固隘，其真可与言者，殊寥寥不可多得。吾居康南耳可五年矣，大学中有贤豪，适未尝不知之（或直接或间接），然何其寥寥也？哈佛与哥仑比亚似较胜，惟吾不深知之，故不敢率尔评论之耳。

下午访张仲述。仲述喜剧曲文字，已著短剧数篇，近复著一剧，名曰《外侮》（*The Intruder*），影射时事而作也。结构甚精，而用心亦可取，不可谓非佳作。吾读剧甚多，而未尝敢操觚自为之，遂令祖生先我著鞭，一笑。

与仲述同访韦女士，谈一时许，女士之兄嫂（Mr. and Mrs. Roger [1] Williams）来访。余前过纽约，即拟往访 [2] 此君夫妇，以时日不给不果。昨夜女士以电话招其来会于此。此君甚精明，谈

[1] “Roger”后，手稿本有“A.”。

[2] 访，手稿本无。

论亦饶有丰采。其夫人，贤妇也。有子二人，皆活泼有神。

自女士所居与韦君同出，余往中西楼，赴亦农、敬斋晚餐之约也。

在中西楼餐时，亦农、敬斋忽起立招呼外来数客，其一人乃黄克强元帅也。亦农绍介余与相见。克强颇胖，微有髭，面色黧黑，语作湘音。余前次来此，颇思访之，闻其南游而止，今日不意之中遇之，不可谓非幸事。

餐后以车至车站。车停港外，须以渡船往。船甫离岸，风雨骤至，海上皆黑，微见高屋灯火点缀空际，余颇欲见"自由"之神像乃不可见。已而舟行将及车次，乃见众光之上有一光最明亦最高，同行者遥指谓余曰："此'自由'也！"

此次旅行毕。[1][2]

---

[1] 此后，手稿本有"三月追记"四字，并附世界学生会合影图一幅，现据手稿本补于此。

[2] 此后，手稿本尚有两页胡适所记杂事备忘，现补于此。

COSMOPOLITAN CLUB OF U. S. UNIVERSITIES IN CONVENTION AT O. S. U. INSPECT OUR PLANT
From the "Jeffrey Service," Feb. 1st, 1915.

世界学生会合影

Books to be read
as soon as possible

Turgenev: Virgin Soil –
Tagore: Sadhana –
" " The Great Analysis –

Books to be looked up
J. D. Rockefeller: Random Reminisc

To & From

Feb. 6.

卷八杂事备忘一

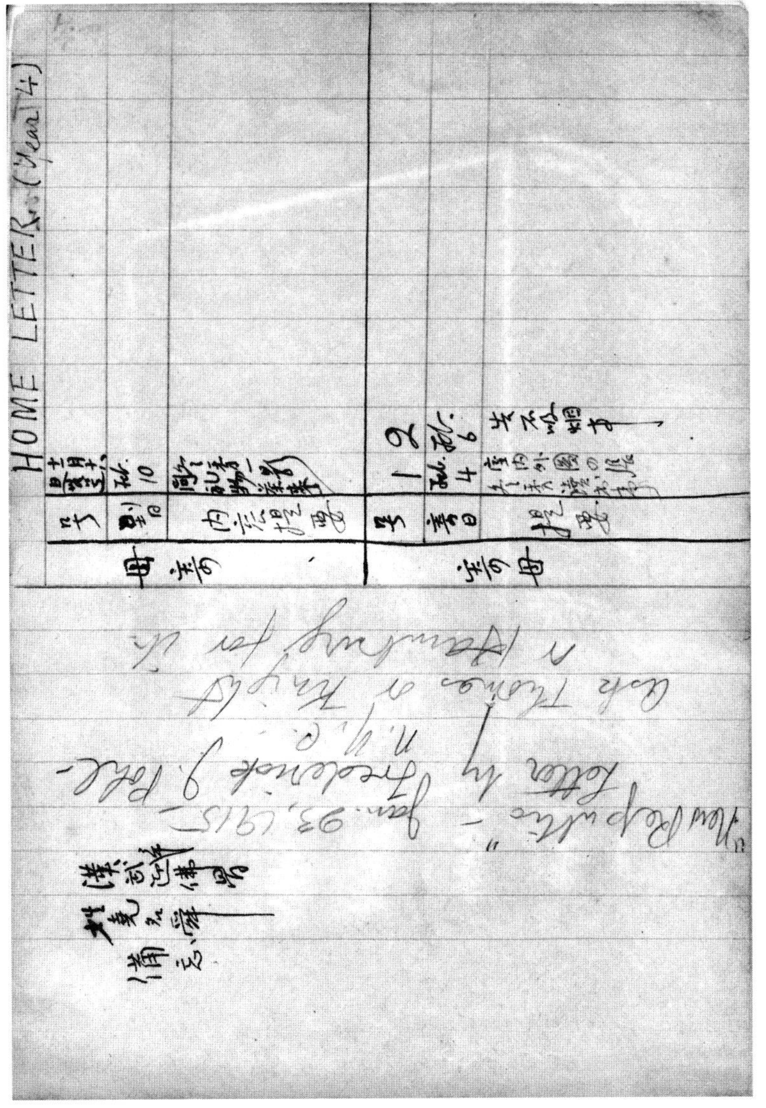

卷八杂事备忘二

卷八附录

附一：

"L. L. Nunn, a wealthy citizen of Utah, was watching the proceedings of the Senate from a gallery when his attention was attracted by the alertness of one of the pages of the Senate—Clyde S. Barley. For a page to attract attention from the galleries means more than one might think, as the dozen boys that run errands for Senators are all dressed alike, and are of about the same size—less than 14 years old. Mr. Nunn promptly made inquiries, found that Clyde's record was good, and decided to pay his expenses for a four-year course at Cornell University.

"From a Senator who has known Mr. Nunn for years it was learned that Mr. Nunn is now paying the way of nearly fifty boys through Cornell. According to the Senator, Mr. Nunn picked the boys up all over the country, taking those that impressed him as deserving."

胡适留学日记

汇校本

（三）

曹伯言　曹杨　汇校

上海書店出版社
SHANGHAI BOOKSTORE PUBLISHING HOUSE

Dost thou love life？Then do not squander time，for that is the stuff life is made of.

—Benjamin Franklin

你爱生命吗？你若爱生命，就莫要浪费时间，因为时间是生命所由积成的原料。

(弗兰克令)[1]

---

[1] 以上中译，手稿本无。

卷九

一九一五年二月十八日——一九一五年六月七日

在康南耳大学

此卷手稿本，封面题写“藏晖札记（七）”。正文首页第一行题“第七册”。

一、自课（二月十八日）

曾子曰:“士不可以不弘毅，任重而道远。仁以为己任，不亦重乎？死而后已，不亦远乎？”此何等气象，何等魄力！

任重道远，不可不早为之计：第一，须有健全之身体；第二，须有不挠不曲之精神；第三，须有博大高深之学问。日月逝矣，三者一无所成，何以对日月何以对吾身？

吾近来省察工夫全在消极一方面，未有积极工夫。今为积极之进行次序曰：

第一，卫生：

每日七时起。

每夜[1]十一时必就寝。

晨起作体操半时。

第二，进德：

表里一致——不自欺。

言行一致——不欺人。

对己与接物一致——恕。

今昔一致——恒[2]。

第三，勤学：

每日至少读六时之书。

读书以哲学为中坚，而以政治，宗教，文学，科学辅焉。

---

[1] 每夜，手稿本为“每日”。

[2] 恒，手稿本为“顺”。

主客既明，轻重自别。毋反客为主，须擒贼擒王。

读书随手作记。

二、国立大学之重要（二月二十日）

与英文教师亚丹先生（Prof. J. Q. Adams, Jr.）谈，先生问："中国有大学乎？"余无以对也。又问："京师大学何如？"余以所闻对。先生曰："如中国欲保全固有之文明而创造新文明，非有国家的大学不可。一国之大学，乃一国文学思想之中心，无之则所谓新文学新知识皆无所附丽。国之先务，莫大于是。……"余告以近来所主张[1]国立大学之方针（见《非留学篇》），先生亟许之，以为报国之义务莫急于此矣。先生又言，如中国真能有一完美之大学，则彼将以所藏英国古今剧本数千册相赠。先生以十五年之力收藏此集（集者，英文[2] Collection），每年所费不下五百金。余许以尽力提倡，并预为吾梦想中之大学谢其高谊。先生又言："办大学最先在筹款；得款后乃可择师。能罗致世界最大学者，则大学可以数年之间闻于国中，传诸海外矣。康南耳之兴也，白博士（Andrew Dickson White）亲至英伦聘 Goldwin Smith，当日第一史家也；又聘 James Lowell，当日文学泰斗也：得此数人，而学者来归矣。芝加哥大学之兴也，煤油大王洛氏捐巨金为助，于是增教师之修金，正教师岁得七千五百金。七千五百金在当日

[1] 主张，手稿本为"主持"。

[2] 英文，手稿本无。

为莫大修脯，故能得国内外专门学者为教师。芝加哥之兴勃焉，职是故也。”先生此言与郑莱君[1]所谈甚相合。

吾他日能生见中国有一国家的大学可比此邦之哈佛，英国之康桥牛津，德之柏林，法之巴黎，吾死瞑目矣。嗟夫！世安可容无大学之四百万方里四万万人口之大国乎！世安可容无大学之国乎！

国无海军，不足耻也；国无陆军，不足耻也！国无大学，无公共藏书楼，无博物院，无美术馆，乃可耻耳。我国人其洗此耻哉！（二月廿一日）

三、写生文字之进化（二月廿一日）

赴巨册大版会，会员某君于下列四书中选读若干则：

（一）Theophrastus（B. C.？—287？）：*Characters*.

（二）Sir Thomas Overbury（1581—1613）：*Characters*.

（三）John Earle（1601—1665）：*Microcosmography*.

（四）Samuel Butler（1612—1680）：*Characters*.

皆写生之作（写生者，英文Characterization）。此诸书皆相似，同属抽象派。抽象派者，举一恶德或一善行为题而描写之，如Theophrastus之《谄人》，其所写可施诸天下之谄人而皆合，以其题乃谄人之类，而非此类中之某某谄人也。后之写生者则不然，其所写者乃是个人，非复统类。如莎士比亚[2]之Hamlet，如易

[1] 郑莱君，手稿本为“郑来君”。

[2] 莎士比亚，手稿本为英文“Shakespeare”。

卜生之 Nora，如 Thackeray 之 Rebecca Sharp。天下古今仅有此一 Hamlet，一 Nora，一 Rebecca Sharp，其所状写，不可移易也。此古今写生文字之进化，不可不知。

四、救国在"执事者各司其事"（二月廿二日）

"今日祖国百事待举，须人人尽力始克有济。位不在卑，禄不在薄，须对得住良心，对得住祖国而已矣。幼时在里，观族人祭祀习闻赞礼者唱曰：'执事者各司其事'，此七字救国金丹也。"（二十一日答胡平书）

墨子曰："譬若筑墙然，能筑者筑，能实壤者实壤，能欣者欣（王引之曰："欣当读为晞，望也。"《吕氏春秋·不屈篇》曰："或操表掇以善晞望"是也。），然后墙成也。为义犹是也。能谈辩者谈辩，能说书者说书，能从事者从事，然后义事成也。"《耕柱篇》亦同此意。

五、婉而谑之乐观语（二月廿二日）

At the age of fifty we discover that not much is done in a lifetime, and yet that, notwithstanding all the immeasurable ignorance and stupidity of the majority of the race, there is a gradual and sensible victory being gained over barbarism and wrong of every kind. I think we may, in some sort, console ourselves. <u>If we cannot win as fast as we wish, we know that our opponents cannot in the long run win at all.</u>—Trevelyan's *Life of*

John Bright, page 279. [1]

上所录 [2] 亦是乐观之语，而其言何婉而谑也！

六、范鸿仙（二月廿二日）

《民国报》第六号来，中有近来政府所暗杀及捕杀之民党若干人之遗像，其一人乃吾友范鸿仙（光启）也。戊申余在上海时，

范鸿仙 [3]

[1] 以上英文，在手稿本中为一则贴件并有胡适所注下划线。

[2] 上所录，手稿本为“上所附数语”。

[3] 此图，手稿本缺。

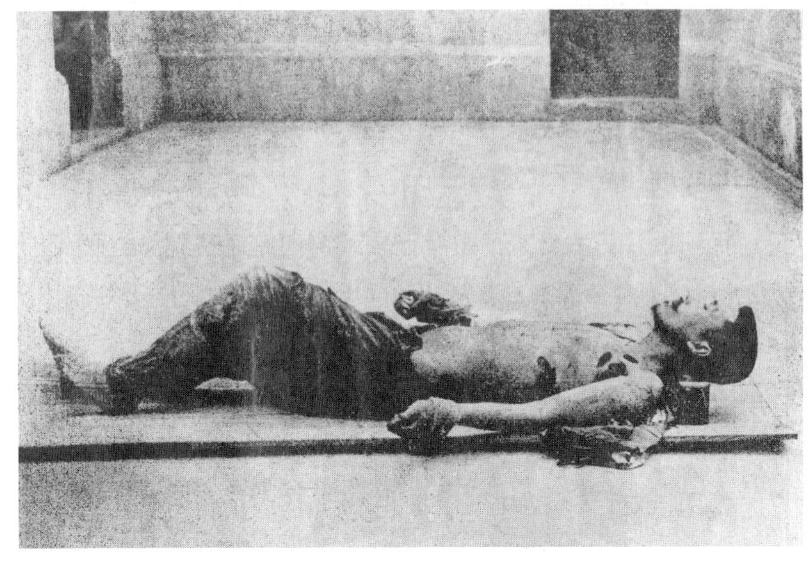

范鸿仙牺牲图

李辛伯、李警众及鸿仙创《安徽白话报》，余始识鸿仙。后鸿仙助于右任办《民呼》《民吁》《民立》各报。去年居上海，有贼数人夜攻其居，君身受四创而死。呜呼！惨矣！[1]

七、蒋翊武（二月廿二日）

又有蒋君翊武，曾肄业中国公学。革命军起，立功为军事顾问。及第二次革命失败，君[2]亡命广西，死焉。年二十九。《民国报》载其小传，谓“善杨卓林，与创《竞业旬报》，以通俗体鼓

[1] 此处，手稿本附有范鸿仙牺牲时图片一幅，现补于此。

[2] 君，手稿本无。

吹民族主义，为端方摧残。卓林遇害，蒋潜归澧……”，此则不甚确。蒋与杨皆竞业学会会员，而《旬报》则非其所创也。吾主《旬报》且一年，知之颇详，亦识卓林。卓林穷困，寄食旬报社中，吾时时见之，蒋则不常见也。

〔附记〕《旬报》主笔前后共三人：傅君剑（钝根），张无为（丹斧），及余也。

蒋翊武[1]

八、海外学子之救国运动（三月一日）

自中日最近交涉之起，吾国学子纷纷建议，余无能逐诸少年

[1] 此图，手稿本缺。

之后，作骇人之壮语，但能斥驳一二不堪入耳之舆论，为“执笔报国”之计，如斯而已矣。

此间学子开特别会，议进行方法，余以事不能莅会，乃留一柬云：

> 吾辈远去祖国，爱莫能助，纷扰无益于实际，徒乱求学之心。电函交驰，何裨国难？不如以镇静处之。……

交会长读之。读时，会中人皆争嗤之以鼻。即明达如叔永[1]，亦私语云：“胡适之的不争主义又来了！”及选举干事，秉农山起言：“今日须选举实行家，不可举哲学家。”盖为我而发也。司徒尧君告我如此。[2]

九、为祖国辩护之两封信

（一）致 *The New Republic* 书[3]

Sir: I read with great interest the letter from “A Friend of China,” published in your Journal for February sixth. I heartily share his optimism that “the situation now developing may be of decided advantage to all concerned,” but I entirely disagree with him in his notion of the ways in which his optimistic dreams are to be realized. He seems to hold that the solution of the Far

---

[1] 叔永，手稿本为“任叔永”。

[2] “如此”后，手稿本还有“一笑置之而已”。另，此后还有一则英文贴件（见本卷末附一）并附有一条杂记：“From Lyman Abbott's *Reminiscences*. 此一则余不尽信，然亦未尝无理，以其出乎有经历之记者之口也，故识之。　一日。”

[3] 此则，手稿本中为一则英文剪报，剪报标题为“From a Chinese Student”。胡适旁注：“*The New Republic* Feb. 27. 1915.”。

Eastern question lies in Japan's taking a "responsible and effective direction of China's affairs." That, in my humble judgment, can never be the real solution of the problem.

"A Friend of China" seems to have ignored the important fact that we are now living in an age of national consciousness. He forgets that even the Philippines cannot rest contented under the apparently "beneficial" rule of the United States. In this twentieth century no nation can ever hope peacefully to rule over or to interfere with the internal administrative affairs of another nation, however beneficial that rule or that interference may be. The Chinese national consciousness has exterminated the Manchu rule, and, I am sure, will always resent any foreign rule or "direction."

Moreover, your correspondent has been too drastic in his estimation of the capacity of the Chinese people for self-government and self-development. "The Republic," says he, "held up to the world as evidencing the regeneration of the East has proved, as was bound to be the case, a dismal failure. ...China as a progressive state has been tried and found wanting. She is incapable of developing herself." So runs his accusation. But let me remind him that the transformation of a vast nation like China cannot be accomplished in a day. Read such books as John Fiske's *The Critical Period of American History*, and it will be clear that even the establishment of the American republic was not achieved by a sudden and miraculous fiat. The Chinese republic has been no more a failure than the American republic was a failure in those dismal days under the Articles of Confederation. The Chinese Revolution occurred in October, 1911. Three years have hardly passed since the formation of the republic. Can we yet say, O ye of little faith! that "China as a progressive state has been tried and found wanting," and that "she is incapable of developing herself"?

I sincerely believe with President Wilson that every people has the right to determine its own form of government. Every nation has the right to be left alone to work out its own salvation. Mexico has the right to revolution. China has her right to her own development.

Ithaca, N. Y., Feb. 27. Suh Hu.

（二）致 *The Outlook* 书 [1]

Dear Sir:

Permit me to say a few words concerning your editorial on "Japan and China" which appeared on Feb. 24, 1915. As your editorial was largely based upon a letter to *the New Republic* from a man who signs himself "A Friend of China", I beg to enclose a letter in which I have endeavored to show the fallacies

[1] 此则，手稿本中为粘附的一封英文信件。信件右上角有"120 Oak Ave. Ithaca, N. Y. March. 1. 1915"，左上角有"Editor, *The Outlook*, New York City."。

in his arguments. In my humble judgment, *the New Republic* correspondent cannot be a true "friend of China", nor can he be "an expert in Eastern affairs", as *The Outlook* seems to think.

As one who comes from among the Chinese people and who knows their inspirations [1] and aspirations, I declare most emphatically that any attempt to bring about a Japanese domination or "direction" in China is no more and no less than sowing the seeds of future disturbance and bloodshed in China for the countless years to come. It is true that at the present moment China is not capable of resisting any "armed" demands, however unreasonable they may be. But whosoever seeks to secure "the maintenance of stable conditions in the East" by advocating Japanese assumption of the directorship or protectorship of China, shall live to see youthful and heroic, though not immediately useful, blood flow all over the Celestial Republic! Have we not seen anti-Japanese sentiments already prevailing in many parts of China?

I sincerely believe that the ultimate solution of the Far Eastern question must be sought in a mutual understanding and co-operation between China and Japan. But that mutual understanding and co-operation cannot possibly be brought forth by any armed conquest of the one by the other.

---

[1] inspirations，手稿本为"inspirationa"。

As to China's capacity for self-development, I refer you to the enclosed letter to *the New Republic*, which you may reproduce, if you so desire.

Very sincerely yours,

Suh Hu

一〇、投书的影响（三月一日）

SUH HU SPEAKS UP. [1]

Perhaps on Thomas Carlyle's good old theory that every man needs a master, some Western theorists are arguing that the solution of the Far Eastern question lies in placing upon Japan the responsible and effective direction of Chinese affairs. Japan herself takes this view, it seems, but it is not enthusiastically indorsed by the government at Washington and it will not harden into reality without serious remonstrance.

Suh Hu, writing from Ithaca, where we imagine him to be an active member of the Cornell Cosmopolitan Club, does not agree, either. He declares that in this twentieth century "no nation can ever hope peacefully to rule over or to interfere with the internal administrative affairs of another nation, however beneficial that rule or that interference may be." That is a sweeping assertion,

[1] 此则英文投书，手稿本缺。只余胡适旁注"The Syracuse *Post-Standard*. March 1."。

demanding present modification in several cases. But China has developed an active and progressive consciousness. Suh Hu is right when he says that the establishment of the American republic was not accomplished by an instantaneous fiat; and as a matter of fact he believes that the Chinese republic is getting along as well as the American republic was doing at the Critical Period, described by the late John Fiske.

"Mexico" concludes Suh Hu, "has the right to revolution. China has the right to her own development." There is some room for argument as regards the first part of that declaration; none whatever with regard to the second. A Japanese attempt to assume charge of China will result in a sea of trouble; and we hope Japan has statesmen who can see it.

吾所投 *The New Republic* 之书，乃为 Syracuse *Post-Standard* 引作社论，则吾书未尝无影响也。

一一、致张亦农书[1]（三月三日）

足下以无用责政府，不知若令足下作外交长官又何以处之？战耶？国家之事，病根深矣，非一朝一夕之故，亦非一言两语所能尽。今日大患，在于学子不肯深思远虑，平日一无所预备。及外患之来，始惊扰无措，或发急电，或作长函，

[1] 胡适原题。

或痛哭而陈词，或慷慨而自杀，徒乱心绪，何补实际？至于责人无已，尤非忠恕之道。吾辈远去祖国，爱莫能助，当以镇静处之，庶不失大国国民风度耳。

一二、塔虎脱演说（三月三日）

美国前总统塔虎脱氏受大学之召来此演说，余往听之，到者三千人，后至者不得隙地，怏怏而去，可谓盛矣。

塔氏极[1]肥硕，[2]演说声音洪而沉重，不似罗斯福之叫嚣也。塔时时失声而笑，听者和之，每致哄堂。塔氏笑时，腮肉颤动，人谓之“塔虎脱之笑”。所说题为“Signs of the Times”，有警策处。惟其“守旧主义”扑人而来，不可掩也；言：“尝见丛冢中一碣，有铭曰：‘吾本不病，而欲更健，故服药石，遂至于此。’”讥今之急进派维新党也。余忆一九一二年大选举时各政党多于电车上登选举广告，余一一读之，各党皆自张其所揭橥，独共和党（Republican，——即塔氏之党）之告白曰：

Prosperity——	繁荣——
We Have it Now:	我们现在已有了：
Why Change?	为什么要更动呢？[3]

与此碑铭如出一口。偶念及此，不禁失笑。

---

[1] 极，手稿本无。

[2] 此后，手稿本有“体重四百余磅”。

[3] 此中译，手稿本无。

一三、吾国各省之岁出（三月四日）

昨日报记哥仑比亚大学今年岁出预算为三,八九七,三五〇元,盖合吾国银元约八百万元。据晚近报告，吾国各省岁出如下表：[1]

省别	银元数
直隶	26, 503, 270
山东	8, 340, 985
山西	6, 012, 539
陕西	5, 280, 033
甘肃	5, 870, 538
河南	6, 891, 100
新疆	7, 030, 910
湖南	6, 930, 800
湖北	12, 517, 400
安徽	4, 181, 800
江西	4, 959, 515
江苏	10, 309, 400
浙江	7, 040, 590
福建	5, 833, 239
广东	10, 655, 923
云南	8, 648, 600
广西	6, 932, 587
贵州	3, 830, 760
四川	10, 986, 500
东三省	26, 458, 170

[1] 此表，手稿本中为一则英文剪报，无中译。表中各省名，皆为旧式拼音。表中有胡适所注下划线。

此大学一年之岁出，超出晋陕甘豫新湘皖赣浙闽桂贵诸省之上。

二十二省岁出合计约一八五,〇〇〇,〇〇〇银元，合美金盖九千二百余万元。此邦去年海军费约一三三,三〇〇,〇〇〇元,陆军费约一六〇,四〇〇,〇〇〇元。盖吾二十二省之岁出总数犹不足供此邦常年海军费。

一四、致 *The Post-Standard*（Syracuse）书（三月四日）[1]

To the Editor of *The Post-Standard*:

I feel myself highly honored to read the favorable comments you have given to my letter to *The New Republic*. I agree with your remark that "a Japanese attempt to assume charge of China will result in a sea of trouble, and we hope Japan has statesmen who can see it." I strongly believe that any attempt to establish a Japanese directorship in China is no more and no less than sowing the seeds of disturbance and bloodshed in China for the countless years to come. Whosoever advocates that policy shall live to see that great catastrophe befall China and mankind. Have we not seen anti-Japanese sentiments already prevailing in China?

I thank you for your sympathetic attitude toward my country.

Ithaca, March 3. SUH HU.

此余致 *The Post-Standard* 书，即致 *The Outlook* 书之大意也。本城

[1] 以下英文信，手稿本缺。

晚报 *The Ithaca Journal* 亦转载吾书。吾甚欲人之载之，非以沽名，欲人之知吾所持主义也。[1]

一五、往见塔虎脱（三月五日）

往见塔虎脱氏于休曼校长之家，询以对于中日交涉持何见解。塔氏言近来颇未注意远东外交，故不能有所评论。此孔氏所谓“知之为知之，不知为不知”，未可非也。

塔氏与休氏皆属共和党，故不满意于威尔逊政府之外交政策。塔氏言此邦外交政策之失败，无过于美政府之令美国银行团退出六国借款，自言：“余与诺克司（国务卿）费几许经营，始得令美国团之加入；（塔氏自言曾亲致书与前清摄政王，告以美国团加入之利益，摄政王善之，始有加入之举。）而威尔逊一旦破坏之，坐令美国在中国之势力着着失败，今但能坐视中国之为人摧残耳！”此事是非，一时未可遽定。我则袒威尔逊者也，因为之辩护曰：“现政府（威尔逊）之意盖在省事。”塔氏大笑曰：“欲省事而事益多；自有国以来，未有今日之多事者也。”余戏曰：“此所谓‘The irony of fate’者非欤？”塔氏又笑曰：“我则谓为误事之结果耳。”

塔氏自述其东游事甚有味，以其无关宏旨，故不记。

塔氏是一个好人，惟不足任一国之重耳。

[1] 此后，手稿本附有“本城晚报”1915 年 3 月 4 日的英文剪报一则（见本卷末附二），胡适旁注：“*The Ithaca Journal*, March 4, 1915.”。

一六、韩人金铉九之苦学（三月七日）

吾友韩人金铉九君自西美来此，力作自给，卒不能撑持，遂决计暂时辍学，他往工作，俟有所积蓄，然后重理学业，今夜来告别，执手黯然。

韩人对于吾国期望甚切，今我自顾且不暇，负韩人矣。

一七、可敬爱之工读学生（三月七日）

眼中最可敬爱之人，乃此邦之半工半读之学生。其人皆好学不厌之士，乃一校之砥柱，一国之命脉。吾辈对之焉敢不生敬爱之心而益自激励乎？

一八、纽约公共藏书楼（三月八日）

纽约公共藏书楼于今年正月一月之中，凡假出书籍一百万册有奇，可谓盛矣。此邦之藏书楼无地无之。纽约之藏书楼共有支部四十三所。计去年一年中：

在楼中阅书者	凡六十二万余人
假出之书	凡八百八十三万册
在楼中翻阅之书	凡一百九十五万册

藏书凡分二种：

（一）参考部（备读者在楼中参考之用，不能取出） 凡一，二五一，二〇八册

（二）流通部（可以假出） 凡一，〇一九，一六五册

一九〇一年，卡匿奇氏捐金五百二十万为纽约城造流通藏书室支部

之用，而纽约市政府助其买建筑地之费，今之支部林立，费皆出于此。

一九、理想中之藏书楼（三月八日）

吾归国后，每至一地，必提倡一公共藏书楼。在里则将建绩溪阅书社，在外则将建皖南藏书楼、安徽藏书楼。然后推而广之，乃提倡一中华民国国立藏书楼，以比英之 British Museum，法[1]之 Bibliotheque National，美之 Library of Congress，亦报国之一端也。

二〇、梦想与理想（三月八日）

梦想作大事业，人或笑之，以为无益。其实不然。天下多少事业，皆起于一二人之梦想。今日大患，在于无梦想之人耳。

尝谓欧人长处在敢于理想。其理想所凝集，往往托诸“乌托邦”(Utopia)。柏拉图之 Republic，倍根之 New Atlantis，穆尔（Thomas More）之 Utopia，圣阿格司丁（St. Augustine）之 City of God，康德之 Kingdom of Ends 及其 Eternal Peace，皆乌托邦也。乌托邦者，理想中之至治之国，虽不能至，心向往焉。今日科学之昌明，有远过倍根梦想中之《郅治国》者，三百年间事耳。今日之民主政体虽不能如康德所期，然有非柏拉图二千四百年前所能梦及者矣。七十年前（一八四二），诗人邓耐生有诗云：[2]

Far I dipt into the future, far as human eye could see,

---

[1] 法，手稿本为“德”。

[2] 以下所记邓耐生诗，手稿本缺。

Saw the vision of the world, and all the wonder that would be;

Saw the heavens with commerce, argosies of magic sails,
Pilot of the purple twilight, dropping down with costly bales;

Heard the heavens fill with shouting, and there rain'd a ghastly dew
From the nations' airy navies grappling in the central blue;

Far along the world-wide whisper of the south wind rushing warm,
With the standards of the peoples plunging through the thunderstorm;

Till the war-drum throbb'd no longer, and the battle-flags were furl'd
In the Parliament of man, the Federation of the world.

—Locksley Hall.

在当时句句皆梦想也。而七十年来，前数句皆成真境，独末二语未验耳。然吾人又安知其果不能见诸实际乎?

天下无不可为之事，无不可见诸实际之理想。电信也，电车也，汽机也，无线电也，空中飞行也，海底战斗也，皆数十年前梦想所不及者也，今都成实事矣。理想家念此可以兴矣。

吾国先秦诸子皆有乌托邦：老子、庄子、列子皆悬想一郅治之国；孔子之小康大同，尤为卓绝古今。汉儒以还，思想滞塞，无敢作乌托邦之想者，而一国之思想遂以不进。吾之以乌托邦之多寡，卜思想之盛衰，有以也夫！

二一、贝尔博士逸事（三月八日）

下所记电话发明家贝尔博士逸事一则，亦天下无不可为之事之一证也。[1]

It is seldom that an inventor sees so fully the complete fruition of his labors as in the case of Dr. Alexander Graham Bell. In 1875 he first talked a short distance of a few feet over his epoch-making invention, the telephone. Last week he spoke to his assistant in his first experiments, Mr. Thomas W. Watson, clear across the American continent. Mr. Bell spoke in New York; his voice was clearly audible to his hearer in San Francisco, a distance of 3, 400 miles. This development of the telephone in longdistance use brings it again before the public as one of the greatest wonders of a marvelous era of invention. [2]

---

[1] 以下英文，手稿本缺。

[2] 此后，手稿本还有胡适手抄的三条英文语录，语录一："'The end-all and be-all of the State is power, and he who is not man enough to look this truth in the face should not meddle in politics.' —Treitschke—*Politik* i, §3, ii, §28."；语录二："'The highest moral duty of the State is to increase its power. The individual must sacrifice himself for the higher community of which he is a member; but the State is itself the highest conception in the wider community of man, and therefore the duty of self-annihilation dose not enter into the case. The Christian duty of sacrifice for something higher does not exist for the State, for there is nothing higher than it in the world's history; consequently it cannot sacrifice itself to something higher.' Ibid., i, §3."；语录三："'The State is not physical power as an end in itself, it is power to protect and promote the higher interests'; 'power must justify itself by being applied for the greatest good of mankind.' —Treitchke—1 *Politik*, i. §3."。

二二、《睡美人歌》（三年十二月作，四年三月十五日追记）

拿破仑大帝尝以睡狮譬中国，谓睡狮醒时，世界应为震悚。百年以来，世人争道斯语，至今未衰。余以为以睡狮喻吾国，不如以睡美人比之之切也。欧洲古代神话[1]相传：有国君女，具绝代姿，一日触神巫之怒，巫以术幽之塔上，令长睡百年，以刺蔷薇锁塔，人无敢入者。[2]有武士犯刺蔷薇而入，得睡美人，一吻而醒，遂为夫妇。英诗人邓耐生咏其事，有句云：

Well, —were it not a pleasant thing
　To fall asleep with all one's friends;
To pass with all our social ties
　To silence from the paths of men,
And every hundred years to rise
　And learn the world, and sleep again;
To sleep thro' terms of mighty wars,
　And wake on science grown to more,
On secrets of the brain, the stars,
　As wild as aught of fairy lore;
And all that else the years will show,
　The poet-forms of stronger hours,
The vast Republics that may grow,

[1]　“神话”后，手稿本有“（The Sleeping Beauty）”。
[2]　此后，手稿本有“百年期满”。

The Federations and the powers;
Titanic forces taking birth
In divers seasons, divers climes?
For we are Ancients of the earth,
And in the morning of the times.

So sleeping, so aroused from sleep
Thro' sunny decads new and strange,
Or gay quinquenniads would we reap
The flower and quintessence of change.

此诗句句切中吾国史事。矧东方文明古国，他日有所贡献于世界，当在文物风教，而不在武力，吾故曰睡狮之喻不如睡美人之切也。作《睡美人歌》以祝吾祖国之前途。

东方绝代姿，百年久浓睡。一朝西风起，穿帏侵玉臂。
碧海扬洪波，红楼醒佳丽。昔年时世装，长袖高螺髻。
可怜梦回日，一一与世戾。画眉异深浅，出门受讪刺。
殷勤遣群侍，买珠入城市；东市易宫衣，西市问新制。
归来奉佳人，百倍旧姝媚。装成齐起舞，“主君寿百岁”！[1]

此诗吾以所拟句读法句读之，此吾以新法句读韵文之第一次

[1] 此后，手稿本有“三月十五日追记”。

也。[1]（句读今改用通行标点。廿三年三月）

二三、《告马斯诗》重改稿（三月十九夜）

世界战云正急，而东方消息又复大恶，余则坚持镇静主义。上星期读康德[2]之《太平论》(*Zum Ewigen Frieden*)，为作《康德之国际道德学说》一文。连日百忙中又偷闲改作数月前所作《告马斯》一诗（见卷八第六则）[3]。前作用二巨人故实，颇限于体制，不能畅达，故改作之，亦无聊中之韵事也。[4]

TO MARS

Morituri te salutamus.

Supreme lord! we who are about to die
Salute thee! We have come all at thy call
To lay down strength and soul and all in all,
without a murmuring, nor knowing why!

But ah! how wild roam these last thoughts of ours!
How vivid we recall the thrilling lore
Of those Alæan Giants, who of yore
Dared mete their strength against thy wrathful powers;

[1] 此后，手稿本有“又记”两字。另，后面括号内文字，手稿本无。
[2] “康德”后，手稿本有“Kant”。
[3] 见卷八第六则，手稿本为“见六卷第十页”。
[4] 以下英文《告马斯诗》，手稿本缺。

And brought thee from the heavens and captived thee,
Till all four Seasons passed by and the Earth
With mirth bade welcome to the thirteenth birth
Of the new moon since thy captivity!

And know'st thou what these dying eyes behold?
'Midst human anguish and war's thund' ring storms,
There have arisen two new gigantic forms
Of ceaseless growth and potency untold.

And in their advent we hear toll'd thy knell!
They—Love and Law—shall right all human wrong,
And Peace and Justice be mankind's new song.
So be our idle wish: now fare thee well!

二四、致留学界公函（三月十九夜）

AN OPEN LETTER TO ALL CHINESE STUDENTS.

My dear Brethren:

If I may judge from the sentiments expressed in the last issue of the Monthly, I am afraid we have completely lost our heads, and have gone mad. "Fight and be vanquished, if we must", says one Club. Even Mr. W. K. Chung, a Christian of mature thought, declares in fiery eloquence: "Even if we fight and be defeated and consequently suffer the disgrace of losing our country, —even this course should be inevitable and preordained, I still say, we could not but choose to fight. ...Let us fight and be conquered like Belgium". Even our Editor-in-chief who in his editorials advised us that hotheads have no place in the deliberation of such great national danger and that we should consult our heads as well as our hearts, —even he writes on another page: "The Chinese will have no choice (which they will not hesitate to make) but to fight!"

Now, let me say that all this is pure insanity. We have lost our heads. We are excited, nervous, nay, "patriotically insane." My Brethren, it is absolutely useless to get excited at such a critical moment. No excitement, nor high-sounding sentiments, nor sensational suggestions, have ever helped any nation. Talking of fighting "on paper" is the most shallow course for us to take, who call ourselves "students" and "capable men".

It seems to me that the right course for us students to take at this moment and at this distance from China, is this. Let us be calm. Let us DO OUR DUTY which is TO STUDY. Let us not be carried away by the turmoil of the newspaper from our serious mission. Let us apply ourselves seriously, calmly, undisturbedly and unshakenly to our studies, and PREPARE OURSELVES to uplift our fatherland, if she survives this crisis—as I am sure she will, —or to resurrect her from the dead, if it needs be!

My brethren, THAT is our duty and our right course!

I say, talking of fighting Japan at this present moment is insanity. For how can we fight? Our Editor-in-chief says that we have the fighting strength of one million determined soldiers. Let us look at the facts, we have at most 120000 soldiers that can be called "trained", but poorly equipped. And we have absolutely no navy: the largest vessel in our navy is a third-class cruiser with a displacement of 4300 tons. And how about munitions? What shall we fight with?

So I say with all sincerity and with all devotion to China, that it is pure nonsense and foolishness to talk of fighting when there is not the slightest chance of gaining anything but devastation, and devastation, and devastation!

And you talk of Belgium, —of heroic Belgium! My dear Brethren, let me tell you with all my heart and soul that to resist the tide of an ocean with a single hand is no heroism, and that to strike an egg against a rock is no heroism! Moreover, Belgium did not contemplate such an utter defeat. Read such books as *How Belgium Saved Europe* by Dr. Charles Sarolea of Belgium, and you will see that she was sure of French assistance and of British support. And she was confident of her Liege and her Antwerp which had the reputation of being the strongest fortifications in the world. So Belgium staked all her fortune for the "glory" of being a heroic nation! Was that true courage? Was that true heroism?

And my Brethren, think of Belgium and of the Belgians of to-day! Is the "glory" of heroism worth all the sacrifice?

I am not blaming the Belgians. What I want to point out here is that Belgium is not worth China's imitating, and that whosoever wishes China to follow Belgium's path and fate is sinning against China.

In conclusion, let me repeat: DO NOT GET EXCITED: LET US DO OUR DUTY which is to Study.

The final solution of the Far Eastern Question is not to be sought in fighting Japan at present; nor in any external interference by any other Power or Powers; nor in any temporary relief such as the equilibrium of powers or that of the Open Door; nor in any such proposal as the Japanese Monroe Doctrine. The real and final solution must be sought somewhere else—far, far deeper than most of us now suspect. I do not know wherein it lies: I only know wherein it does not lie. Let us study it out calmly and dispassionately.

Read this letter carefully before you condemn me.

Very earnestly,

Your Brother,

SUH HU.

Ithaca, N. Y. [1]

读三月份《学生月报》已，已就寝矣，辗转不能成寐，披衣起坐，作此书至夜分二时半始睡。

---

[1] 以上英文《致留学界公函》，手稿本缺。

二五、吾国之岁出岁入（三月）

据美国上海领事 General Thomas Sammons 之报告，吾国关税收入，一九一三年为三二，六〇三，六四六元，一九一四年减至二六，六一二，三八八元。下乃吾国财政部编制之本年岁入估计：[1]

岁　入	1915（估计）
钱　粮	33, 696, 000
盐　税	32, 832, 000
入口税	26, 784, 000
契　税	5, 616, 000
屋　税	2, 592, 000
消费税	6, 480, 000
烟酒税	6, 480, 000
矿　税	864, 000
营业税	4, 320, 000
所得税	2, 160, 000
遗产税	864, 000
结婚证税	1, 296, 000
权度专卖	8, 640, 000
造币盈余	4, 320, 000
国家营业	8, 640, 000
总　计	$145, 584, 000

据[2][3] *Whitaker* 所载，吾国一九一二年份之岁出岁入如下

[1] 此前文字，在手稿本中为一则英文剪报（见本卷末附三），无中译。以下表格即为作者根据此英文剪报所制。

[2] “据”前，手稿本有“此吾国今年预算也（参观四日所记）”。

[3] “据”后，手稿本有“今年份之”四字。

（参看本卷第一三则）[1]：

岁　出	1912（约数）
陆　军	48, 500, 000
海　军	8, 500, 000
外债（本利）	71, 000, 000
铁　道	30, 000, 000
各省及藩属	10, 000, 000
司　法	5, 000, 000
教　育	3, 500, 000
杂　项	14, 000, 000
总　计	$190, 500, 000 [2]

岁　入	1912
钱　粮	37, 500, 000
盐　税	34, 000, 000
入口税	32, 000, 000
厘　金	17, 500, 000
国家营业 [3]	10, 000, 000
杂　税	15, 000, 000
邮传部	25, 000, 000
杂　项	15, 000, 000
总　计	$186, 000, 000 [4]

[1] 参看本卷第一三则，手稿本无。

[2] “190, 500, 000”，手稿本为“191, 000, 000”。

[3] 营业，手稿本为“产业”。

[4] “186, 000, 000”，手稿为“191, 000, 000”。

二六、星期日之演说词（三月廿二日）

"The Christians are Christians in giving charities and in their private and civil dealings. But they are not Christians when they come to international relations. They 'strain at a gnat, and swallow a camel!' So long as the professedly Christian nations recognize no authority but that of the 'mailed fist'; so long as they have no regard for the right and claims of the weaker nations; so long as they place national and commercial gain and territorial aggression over and above the dictates of justice and righteousness, —so long Christianity can never become a world power, so long all your missionary work can never long endure and will all be swept away at a signal of Mars!"

This was the statement of Suh Hu, a well known Chinese, in his lecture last night at the Presbyterian Church on "The Christian Opportunity in China," the fifth in a series of talks on "The Spiritual Significance of Secular Callings." Such was his opinion, he said, after considering the German seizure of Kiao-chau of 1897 and the French seizure of Kwangchow Bay of 1898, under the pretext that two German missionaries and one French missionary had been killed by the mob, both acts being responsible for the Boxer uprising in 1900. Suh Hu continued:

"If Christianity is to become a world religion, it is the duty of every individual Christian and every Christian Church to pledge himself, herself, or itself to raise the present standard of international morality. Most of you take it for granted that what you are fond of calling 'civilization' is based upon the solid rock of Christianity. But let me tell you with all sincerity that the present civilization is founded, not upon the Christian ideals of love and righteousness, but upon the law of the jungle—the law that might makes right! Think of the many Christian nations now praying in the churches and to the Christian God for victory and success in their efforts to destroy their fellow Christians! And then think of the Christian commandment: 'Love ye one another; Love thy enemy; Resist not evil'."

After showing the growing popularity of Christianity in China and the gradual removal of such difficulties as those which the pioneer missionary had to encounter, the speaker devoted much time to discussing what the missionaries have done and can do in that vast country. There are three lines of work which the Christian may accomplish: First, making converts; second, spreading the Christian ideas and ideals; and third, rendering practical service.

"There was a time when the missionaries were paid according to the number or converts they had made. But that is not what China wants, nor is it what the churches should emphasize in sending their missionaries.

"More important is the spreading of the essentials of

Christianity, by which are meant, not the theological dogmas such as the doctrines of virgin birth, of original sin, of atonement, etc., but the truly Christian doctrine of love, of loving one's neighbor, of even loving one's enemy, of nonresistance, of forgiveness, of self-sacrifice and of service. The missionary should spread broadcast these Christian ideals, and present them to the native minds in whatever way be sees fit. He should not stress the increase of the roll of his church members, but rather leave these ideals to take root and bear fruit in the minds of the people.

"A third and still more important object of the missionary is to render practical service, under which we may enumerate education, social reform, and medical and surgical missions. Along these lines the Christian missionaries have accomplished a great deal, especially the medical missions which, to my mind, are the crowning glory and success of the missionary propaganda.

"The real value of the missionary lies in the fact that the foreign missionary, like a returned student from abroad, always carries with him a new point of view, a critical spirit, which is often lacking when a people have grown accustomed and indifferent to the existing order of things, and which is absolutely necessary for any reform movement." [1]

---

[1] 以上英文报道，手稿本缺，只有胡适所注来源"*Ithaca Journal*, March 22, 1915"。

昨日星期，此间十六七所教堂之讲演无一见诸报章者，独我[1]之演说词几占全栏[2]，不可谓非“阔”也，一笑。首末两段自谓大有真理存焉。

二七、误删了几个“？”（三月廿八日）

英国下议院有人质问政府，对于日本向中国要求各事持何态度，国务次官（Under Secretary of State）Neil Primrose答曰：“日本在中国扩大其利益，苟无害于英国之利益，英政府不持任何异议。”[3]

有署名“深信英国非图私利者”致《晚邮报》一函：[4]

> 主笔先生：日本无故以武力威胁中国，放弃其主权，照最近历史所昭示，中国欲求安全，只有诉诸素以保护弱国爱自由爱正义之英国。英国曾为比利时对德作战，今日亦必能以武力扶持此无告之中国也。[5]

以此君之书与上文所记英政府之宣言并观之，甚耐人寻味也。

上记之[6]自署“深信英国非图私利者”[7]之投书，余作一书答之。彼见吾书，亦以书见寄。其真姓名为Claude H. Valentine,

---

[1] 我，手稿本为“吾”。

[2] 栏，手稿本为“行”。

[3] “日本在中国……不持任何异议”句，手稿本为英文“His Majesty’s Government has no objection to the expansion of Japanese interests in China provided the expansion in no way inflicts injury on British interests”，无中译。

[4] 此句，手稿本无。

[5] 手稿本中，此函为一则英文剪报（见本卷末附四），无中译。

[6] 上记之，手稿本为“廿八日所记之”。另，此后两段文字，手稿本中在本卷第二八则日记后。

[7] 深信英国非图私利者，手稿本为英文“A Sincere Believer in British Unselfishness”，无中译。

自言“为德国人，生长柏林。此书本意冷嘲英人之假仁假义，每语后皆系以疑问符号（?），记者不察，载其书而删其疑问号[1]，故其语意，不类冷讽”。

此人自言热心于此战事之德奥突华一方面，欲与余交换意见。不知余虽不信英人之伪善，亦非联德派之流也。（四月一日）

二八、一九一四年纽约一省之选举用费（三月廿九日）

《纽约时报》调查纽约一省去秋全省选举所费金钱，列表记之，其数乃达四百万以上，可谓骇人听闻矣！

纽约省法：凡选举候选人，无论当选与否，皆须于选举完毕以后，以本届选举所费用，列表呈报所属选举官吏，故能有此表也：[2]

纽约省选举费用支出摘要（一九一四年）	
候选人所费	
本省官吏	$56, 448.50
省宪表决	73, 327.80
国会参议院	31, 404.15
国会众议院	138, 566.88
本省上议院	52, 172.82
本省下议院	62, 868.10
各县官吏	70, 468.83
最高法院	12, 716.18
纽约市法管	5, 059.20

[1] 号，手稿本为“符号”。

[2] 故能有此表也，手稿本为“故此表可成也”。又，手稿本中此表为一则英文剪报，无中译，剪报上有胡适所注：“(n. y) (Fall, 1914)。”

（续表）

纽约省选举费用支出摘要（一九一四年）	
委员会所费	
各县委员会	590, 915.29
省委员会	276, 132.42
特别委员会	135, 964.95
公家所费	
本省支出（美国政党注册）	50, 000.00
本省支出（监督选举官吏）	2, 774, 492.53
总　数	$4, 330, 537.65
除去重复	251, 366.23
净总数	$4, 079, 171.42

共和政治，乃最縻费之政体，用财无节，又无良善之监督机关，则其祸尤烈。

纽约省政治之腐败，全国所共晓，今之士夫力求改革，已为今善于昔矣。今日急务为一“短票”（Short Ballot）。短票者，仅择全省最重要之官职，如总督之类，令省民选举之，余职则归之委任。

二九、日本要求二十一条全文（四月一日）[1]

日本第一次提出之条款

第一号

日本国政府及中国政府互愿维持东亚全局之平和，并期

[1] 此则日记，手稿本中为《纽约时报》四月一日所载日本要求二十一条全文的英文剪报，无中译。

将现在两国会友好善邻之关系益加巩固，兹议定条款如左：

第一款　中国政府允诺，日后日本国政府拟向德国政府协定之所有德国关于山东省依据各约或其他关系，对中国政府享有一切权利利益让与等项处分，概行承认。

第二款　中国政府允诺，凡山东省内并其沿海一带土地及各岛屿，无论何项名目，概不让与或租与他国。

第三款　中国政府允准日本国建造由烟台或龙口接连胶济路线之铁路。

第四款　中国政府允诺，为外国人居住贸易起见，从速自开山东省内各主要城市，作为商埠。其应开地方，另行协定。

第二号

日本国政府及中国政府，因中国向认日本国在南满洲及东部内蒙古享有优越地位，兹议定条款如左：

第一款　两订约国互相约定，将旅顺、大连租借期限，并南满洲及安奉两铁路期限，均展至九十九年为期。

第二款　日本国臣民在南满洲及东部内蒙古，为盖造商工业应用之房厂，或为耕作，可得其须要土地之租借权或所有权。

第三款　日本国臣民得在南满洲及东部内蒙古任便居住权，并经营商工业等各项生意。

第四款　中国政府允将在南满洲及东部内蒙古各矿开采权许与日本国臣民。至于拟开各矿，另行商订。

第五款　中国政府应允，关于左开各项，先经日本国政府同意而后办理：（一）在南满洲及东部内蒙古允准他国人建造铁路或为造铁路向他国借用款项之时。（二）将南满洲及东部内蒙古各项税课作抵由他国借款之时。

第六款　中国政府允诺，如中国政府在南满洲及东部内蒙古聘用政治财政军事各顾问教习，必须先向日本政府商议。

第七款　中国政府允将吉长铁路管理经营事宜委任日本国政府，其年限自本约画押之日起，以九十九年为期。

第三号

日本国政府及中国政府愿于日本国资本家与汉冶萍公司现有密接关系，且愿增进两国共通利益，兹议定条款如左：

第一款　两缔约国互相约定，俟将来相当机会，汉冶萍公司作为两国合办事业。并允如未经日本国政府同意，所有属于该公司一切权利产业，中国政府不得自行处分，亦不得使该公司任意处分。

第二款　中国政府允准，所有属于汉冶萍公司各矿之附近矿山，如未经该公司同意，一概不准该公司以外之人开采。并允此外凡欲措办，无论直接间接，对该公司恐有影响之举，必须先经该公司同意。

第四号

日本国政府及中国政府，为确实保全中国领土之目的，同订立专条如左：

中国政府允准，所有中国沿岸港湾及岛屿，概不让与或租与他国。

第五号

（一）在中国中央政府须聘用有力之日本人充为政治财政

军事等项顾问。

（二）所有在中国内地所设日本医院寺院学校等，概允其土地所有权。

（三）向来日中两国屡起警察案件，以致酿成轇轕之事不少，因此须将必要地方之警察作为日中合办，或在此等地方之警察官署须聘用多数日本人，以资一面筹划改良中国警察机关。

（四）由日本采办一定数量之军械（譬如在中国政府所需军械之半数以上），或在中国设立中日合办之军械厂，聘用日本技师，并采买日本材料。

（五）允将接连武昌与九江、南昌路线之铁路，及南昌、杭州，南昌、潮州各路线铁路之建造权许与日本国。

（六）在福建省内筹办铁路矿山及整顿海口（船厂在内），如需外国资本之时，先向日本国协议。

（七）允认日本国人在中国有布教之权。[1]

三〇、墓门行（四月十二日）[2]

ROADSIDE REST

（Anonymous inscription at the entrance to a little wayside burial

[1] 此后，手稿本有“要求案之全文也，录四月一日《纽约时报》”。

[2] 此则前，手稿本有一段作者英文手书：“‘An actual Christian is one who in individual concerns sincerely tries to practice the Christian ideal, and in common affairs sincerely tries to convert to the Christian ideal the social organism of which he is a part.’ Louis F. Post in *Everybody*.”。

ground at North Woodstock, N. H.)

Such quiet sleep has come to them,
　　The Springs and Autumns pass,
Nor do they know if it be snow
　　Or daisies in the grass.

All day the birches bend to hear
　　The river's undertone;
Across the hush a fluting thrush
　　Sings evensong alone.

But down their dream there drifts no sound:
　　The winds may sob and stir;
On the still breast of peace they rest—
　　And they are glad of her. [1]

纽汉薛尔省北武司托村道旁有丛葬冢地，一日有无名氏题诗冢门。其诗昨见《晚邮报》，为信笔译之。又记此为序。[2]

伊人寂寂而长眠兮，
　任春与秋之代谢。

[1] 以上英文，在手稿中为一则英文剪报，胡适旁注："*N. Y. Evening Post*, April 10, 1915."。

[2] 此后，手稿本有"适"及"读此诗信笔译之"。

野花繁其弗赏兮，

亦何知冰深而雪下？

水潺湲兮，

长槐垂首而听之。

鸟声喧兮，

好音谁其应之？

风呜咽兮而怒飞兮，

陈死人兮安所知兮？

和平之神穆以慈兮，

长眠之人于斯永依兮。

三一、莎士比亚剧本中妇女之地位（四月十二日）

Shakespeare on Woman's position:

I will be master of what is mine own. She is my goods, my chattels; she is my house, my household stuff, my field, my barn, my horse, my ox, my ass, my anything. And here she stands: touch her whoever dares.

—Petruchio—in *Taming of the Shrew*.

三二、陆军用榻（四月十二日）

尼格拉飞瀑城卜郎博士见访，谈次偶及旅行，博士言："在中国内地旅行，蚊蚋蚤虱最所深畏；后得陆军用榻（Army cot），辅以自制蚊帐，始敢在内地投宿。"此榻价不出二金，卷之重不及十磅，不可不记之。

三三、《致留学界公函》发表后之反响（五月[1]廿五日）

吾所作《致留学界公函》（见本卷第二四则）[2]登出后，大受流辈攻击：邝煦堃君（《月报》主笔）诋为“木石心肠，不爱国”。谌湛溪（立，《战报》主笔）来书云：“大著结论，盘马弯弓故不发，将军之巧，不过中日合并耳。足下果敢倡此论乎？东亚大帝国之侯封可羡，目前爱国者之暴行又可畏，作个半推半就，毕竟也无甚大不妥。”又王君复亦致书相诋，其书由叔永转致，叔永至毁弃其书，不欲转致，其词意之难堪可想。叔永忠厚可感也。

三四、赴尼格拉县农会演说（四月廿五日）

春归矣，窗上柳枝，叶出至速。吾前日去水牛城，叶犹未可见，昨夜归来，今晨凭窗下视，则柳叶青青媚人矣。

吾此次往水牛城，乃为 Prof. C. H. Tuck 所邀至尼格拉县农会演说“中国内地生活状态”。廿四夜至飞瀑城，宿卜郎博士之家。廿五日至 Lockport，即会所在地。是夜七时半离水牛城，十一时抵绮色佳。

吾久决意不演说，此次不得已复为冯妇，今后决不再演说矣（此但指学生时代）。吾三年中演说何啻七十次，得益之多非言可

[1] 五月，手稿本为“四月”。

[2] 见本卷第二四则，手稿本为“三月十九夜记”。

罄，然荒废日力亦不少，故此后[1]决意不再受演说之招矣。

三五、雾中望落日（四月廿五日）

尼格拉飞瀑上流长河受诸大湖之冰，积水面，自岸上望之，气象佳绝。是日下午天大热，冰稍解，水气蒸为重雾。雾中望落日，其大无匹。吾生平见日未尝有如此次之大者也。

三六、火车中小儿（四月廿五日）

火车中余座前有妇人携儿可二三岁，睁睁望余，似甚亲余。余与之语，其母谓余曰：“儿仅能斯拉夫语，不能作英语也。”然儿与余戏若素相识，余行筐[2]中无食物可啖之，因剪纸为作飞鸟以贻之。

三七、黄兴等通电（四月）[3]

上海分送《时事新报》《神州日报》《时报》《申报》《新闻报》；北京分送《亚细亚报》《国民公报》；暨国内各报馆鉴：

兴等无状，与父老兄弟别亦既两年，前此粗疏缪戾，国人所以切责兴等者，皆一一深自引咎。惟是非未明，内外资为口实，戕我国脉，淆我舆情，此为国家存亡所关，非直流俗毁誉之细，敢复不辞觋缕，略有所陈：

[1] 此后，手稿本为“此次”。

[2] 行筐，手稿本为“行箧”。

[3] 此则，在手稿本中为一则中文剪报。

兴等去国以还，权威所存，僇辱已至。而游探盈国，好事者塞途，又复争相诋诃，务尽媒孽。萑苻有警，辄入兴名；炯、蔚、建、钧，均见钩致。迩者国交顿挫，举国惊迷，兴等乞援思逞之谣，又见腾播中外。夫本无其事，被谤议不能自明者，古来何止百数？兴等无似，亦诚愿安缄默，俟之百年。无如兴等见毁，乃由奸人假之，涂饰庸俗耳目以售其欺；甚或他人用之，恫喝软弱政府以收其利。纵国人不察，愿绝兴等，兴等果安忍自绝于国人，不一暴其素志，使知所自处哉？

在昔清政不纲，邦如累卵，国人奋起，因有辛亥之役。虽曰排满，实乃图存。政不加良，奚取改革？南北统一以后，政柄已集于一隅。吾党遵守宪政常规，诚有所抨弹牵掣。时则国人初习共和，吾党叫嚣凌厉之气，亦诚不免。国中贤达，每来诮让之声，兴等自维前失，敢不引罪？

癸丑七月之役，固自弃于国人。然苟有他途，国政于以修明，兴等虽被万戮，又何足悔？当举事时，成败利钝，已能前睹。一击不中，即复戢兵，诚不欲以骤难克敌之师，重生灵涂炭之祸。兴等虽以此受同志之责，居恇怯之名，质之天良，尚无所歉。斯时可战之卒，且复累万；可据之地，何止一省？犹且不肯负固以困民生。今无尺土一兵，安敢妄言激进？毁兴等者，即不计吾徒居心之仁暴，亦当论其设策之智愚。

至言假借外力，尤为荒诞。兴等固不肖，然亦安至国家大义蒙无所知？窃览世界诸邦，莫不以民族立国。一族以内之事，纵为万恶，亦惟族人自董理之。倚赖他族，国必不保，殷鉴未远，即在平南。凡此[1]所谈，五尺之童可以具知，乃烦兴等言说短长，实为遗憾！战败以来，兴等或居美洲，或留欧土，或散处南洋各地。即在日本，亦分居东西京、神户、长崎有差。外患之生，尚未匝月，东西万里，居各未移，商发本电，已极艰困，则聚且未能，谋将安出？乃闻国中谈士，戟指怒骂，昔年同志，贻书相讥；谤语转移，哓哓嗷嗷，恍若道路所传，已成事实。呜呼！兴等纵不足惜，顾于[2]利用者掀髯于旁，公等冥冥中偾其国事何哉！

须知革命者，全国心理之符，断非数十百人所能强致。辛亥已事，即为明征。国人既惩兴等癸丑之非，自后非有社会真切之要求，决不轻言国事。今虽不能妄以何种信誓宣言于人，而国政是否必由革命始获更新，亦愿追随国人瞻其效果。夫兵凶战危，古有明训，苟可以免，畴曰不宜？重以吾国元气凋伤，盗贼充斥，一发偶动，全局为危，故公等畏避革命之心，乃同人之所共谅。

惟革命之有无，非可求之革命自身，而当卜之政象良恶。故辛亥之役，乃满洲政府成之，非革命党所能自为力也。今者政治清浊，事业兴废，士气盛衰之度，较之满洲何如？此俱国人所闻见。当兴等随国人后与闻政事，当局者每藉口大权未一，强饰其非。此中是非，无取辩说。但今日之

[1] 此，剪报为“兹”。
[2] 于，剪报为“如”。

失政，何与于昨日之争权？兴等蔽罪以去，则新治宜呈矣，胡乃觝排异己，甲乙无择，生心害政，益益有加，至今空尸共和之名，有过专制之实？一语反诘，真相立明。年来内政荒芜，纲纪坠地，国情愈恶，民困愈滋：一言蔽之，只知有私，不知有国。权氛所至，自非易女为男，易男为女，此外盖无不能。又辄藉词内乱未已，政力不专，其为欺谩，尤不待问。

窃论外交受逼，虽有时势因缘，而政治组织不良，乃其最易取侮之道。盖一人政治，近世已经绝迹，非其不能，实乃未可。良以社会之质，善于一人；团体之力，厚于分子：此种政治通义，背之不祥。今吾国不见国家，不见国民，而惟见一人。宜乎他国以全国之力，仅为束缚驰骤一人之计，而若行所无事也。夫只知媚外，亦有穷时；专务欺民，何异自杀？吾国经此惩创，实乃迷梦猛醒发愤独立之秋，曰存曰亡，惟视民气。

兴等流离在外，无力回天，遇有大事，与吾徒有关者，亦惟谨守绳墨，使不危及邦家而已。虽怀子卿“不蒙明察”之冤，犹守亭林“匹夫有责”之志。引领东望，神魄俱驰。

黄兴 陈炯明 柏文蔚 钮永建 李烈钧等。有。

（四年[1]二月廿五日）

[1] “四年”前，剪报有“民国”两字。

三八、《老树行》[1]（四月廿六日）

道旁老树吾所思，
　躯干十抱龙髯枝，
　蔼然俛视长林卑！
冬风挟雪卷地起，
　撼树兀兀不可止，
　行人疾走敢仰视！
春回百禽还来归，
　枝头好音天籁奇，
　谓卿高唱我和之。
狂风好鸟年年事，
　既鸟语所不能媚，
　亦不为风易高致。

〔**自跋**〕　此诗用三句转韵体[2]，虽非佳构，然末二语决非今日诗人所敢道也。[3]

三九、立异（四月廿七日）

有人谓我大病，在于好立异以为高。其然？岂其然乎？

所谓立异者何欤？

不苟同于流俗，不随波逐流，不人云亦云。非吾心所谓是，

---

[1]　胡适原题。此后，手稿本还有“（再用三句转韵体）”。

[2]　用三句转韵体，手稿本无。

[3]　此后，手稿本有“廿七日”。

虽斧斤在颈，不谓之是。行吾心所安，虽举世非之而不顾。——此立异者也。吾窃有慕焉，而未能几及也。

下焉者自视不同流俗，或不屑同于流俗，而必强为高奇之行，骇俗之言，以自表异；及其临大节，当大事，则颓乎无以异于乡原也。——此吾友 C. W. 所谓“有意为狂”者也。

吾将何所择乎？吾所言行，果无愧于此人之言乎？

四〇、得冬秀书（四月廿八日）

得冬秀一书，辞旨通畅，不知系渠自作，抑系他人所拟稿？书中言放足事已行之数年，此大可喜也。

渠母病甚，读之恻然。岳氏吾于甲辰春见之。岳氏为择婿故，来吾外祖家会吾母及余，同居数日始别，今十余年矣。岳氏今年五十有八，老病且死，而“向平”之愿未了，则余亦不得辞其咎耳。

四一、书怀（五月一日）

叔永有《春日书怀》诗见示，索诗相和[1]，率成一律，用原韵：[2]

甫能非攻师墨翟，已令俗士称郭开。

高谈好辩吾何敢？回天填海心难灰。

---

[1] 和，手稿本为“示”。

[2] 此后另起一行，手稿本有“书怀”两字。

未可心醉凌烟阁，亦勿梦筑黄金台。

时危群贤各有责，且复努力不须哀。

余最恨律诗，此诗以古诗法入律，不为格律所限，故颇能以律诗说理耳。

四二、留日学界之日本观（五月二日）

吾前此曾发愿研究日本之文明，偶以此意告叔永，嘱叔永为购文法书应用。叔永转托邓胥功，告以余所以欲习日文之意。邓君寄书二册，而媵以书，略云："日本文化一无足道：以综而言，则天皇至尊；以分而言，则男盗女娼。"又注云："此二语自谓得日人真相，盖阅历之言。"嗟乎[1]！此言而果代表留日学界也，则中日之交恶，与夫吾国外交之昏暗也，不亦宜乎？

四三、抵制日货（五月三日）

东京及祖国书来，皆言抵制日货颇见实行，此亦可喜。抵制日货，乃最适宜之抗拒，吾所谓道义的抗拒之一种也。不得已而求其次，其在斯乎？

或问："何谓不得已而求其次？"答曰："上策为积极的进行，人人努力为将来计，为百世计，所谓求三年之艾者是也。必不得已而求目前抗拒之策，则抵制日货是已。若并此而不能行，犹侈言战日，可谓狂吠也已！"

---

[1] 乎，手稿本为"夫"。

四四、致 *Ithaca Daily News* 书（五月四日）

Editor *Ithaca Daily News*:

Sir—Dr. W. E. Griffis's statement concerning the Japanese demands on China, published in *the Post-Standard* yesterday morning and quoted in the evening papers here, calls for a word of comment.

"Let Japan direct the destinies of China," Doctor Griffis is reported to have said. "This is the wisest course to pursue in settling the troubles between the two nations." While we do not doubt the doctor's good will towards the Mikado's empire, nor his knowledge of that country, we cannot help feeling that he has ignored one important factor. He has failed to see that the Orient of today is no longer the same Orient as he saw it decades ago. In these days of national consciosness and racial solidarity no nation can ever hope to "direct the destinies" of another in order to settle the trouble between them. Has Doctor Griffis failed to learn from his Japanese source of information that there have already been very strong anti-Japanese sentiments, nay, anti-Japanese movements everywhere in China? Does he think that the Chinese will long acquiesce to Japan's direction of their destinies, even if she can temporarily succeed to do so?

There is, however, an element of truth in the statement that "it is for Japan's own advantage for China to remain united and strong and to develop her resources." China is the bulwark of Japan, and as the Chinese proverb goes, "the destruction of the lips chills the teeth." It is for that very reason that there should be a better understanding and relationship between China and Japan. But if Japan thinks she can acquire this "advantage" by dominating over China and directing her affairs by force, then she is gravely mistaken. What she has done and is now doing to China is nothing but sowing the seeds of hatred deep in the hearts of the Chinese and lowering her own esteem in the eyes of the more humanitarian nations.

Doctor Griffis also tells us that Count Okuma "intends to be perfectly just to China." Does the learned doctor deduce the notion of "perfect justice" from the Japanese demands? We wonder what his criterion of "perfect justice" could be.

Very sincerely yours, SUH HU. [1]

书中所驳之 W. E. Griffis [2] 为绮色佳人，曾居日本，著书甚多，甚负时名，[3] 其言不无影响，故不得不一辨之。[4]

后得 Dr. W. E. Griffis 来书，其略如下，似是遁辞：[5]

I gave the reporter in Syracuse the Japanese view of affairs, not mine, and the reports you justly object to are not accurate, nor my views...

---

[1] 此信，手稿本缺，只有胡适旁注："May 4. 1915。"

[2] 书中所驳之 W. E. Griffis，手稿本为"此君"。

[3] 甚负时名，手稿本无。

[4] 此后，手稿本有"适 四日"。

[5] 此句，手稿本为英文"Extract from Dr. W. E. Griffis' letter to me"，无中译。

四五、远东战云（五月五日）

东方消息极恶，报章皆谓恐有战祸。余虽不信之，然日京报章皆主战，其丧心病狂如此。远东问题之益棘手，有以也夫！

四六、五月六日晨之感想（五月六日）

昨夜竟夕不寐。夜半后一时许披衣起，以电话询“大学日报[1]”有无远东消息，答曰无有。乃复归卧，终不成睡。五时起，下山买西雷寇晨报读之。徐步上山，立铁桥上，下视桥下，瀑泉澎腾飞鸣，忽然有感，念老子以水喻不争，大有至理。（“上善莫若水。水利万物而不争。”又曰：“天下莫柔弱于水，而攻坚强者莫之能胜。”又曰：“天下之至柔，驰骋天下之至坚。”）不观乎桥下之水乎？今吾所见二百尺之深谷，数里之长湍，皆水之力也。以石与水抗，苟假以时日，水终胜石耳。

偶以此意语韦女士，女士曰：“老子亦是亦非：其知水之莫之能胜，是也；其谓水为至柔，则非也。水之能胜物，在其大力，不在其柔。”此言是也。

四七、东西人士迎拒新思想之不同（五月八日）

偶语韦[2]女士吾国士夫不拒新思想，因举《天演论》为证。达尔文《物种由来》之出世也，西方之守旧者争驳击之，历半世

[1] 大学日报，手稿本为“‘日’报”。
[2] 韦，手稿本无。

纪[1]而未衰。及其东来，乃风靡吾国，无有拒力。廿年来，“天择”“竞存”诸名词乃成口头常语。女士曰：“此亦未必为中国士夫之长处。西方人士不肯人云亦云，而必经几许试验证据辩难，而后成为定论。东方人士习于崇奉宗匠之言，苟其动听，便成圭臬。西方之不轻受新思想也，未必是其短处；东方之轻受之也，未必是其长处也。”此[2]甚中肯。今之昌言“物竞天择”者，有几人能真知进化论之科学的根据耶？

四八、韦女士（五月八日）

女士最洒落不羁，不屑事服饰之细。欧美妇女风尚（Fashion），日新而月异，争奇斗巧，莫知所届。女士所服，数年不易。其草冠敝损，戴之如故。又以发长，修饰不易，尽剪去之，蓬首一二年矣。行道中，每为行人指目，其母屡以为言。女士曰：“彼道上之妇女日易其冠服，穷极怪异，不[3]自以为怪异，人亦不之怪异，而独异我之不易，何哉？彼诚不自知其多变，而徒怪吾之不变耳。”女士胸襟于此可见。

四九、读 *Aucassin and Nicolete*（五月八日）

吾友卫女士（Wenona Williams——与韦女士同姓，故以“卫”别之）赠 *Aucassin and Nicolete* 一册。此书相传为中古（十二

[1] 世纪，手稿本为“世稘”。
[2] 此，手稿本为“此说”。
[3] 不，手稿本为“莫”。

世纪初叶）一法国老兵所作，写 A. 及 N. 恋爱之情，其文体颇似吾国之说书（平话）。散文之间，忽插入韵文，为西文所不多见。此书为 Andrew Lang 所译，极可诵。

五〇、读 *In the Shadow of the Glen*（五月八日）

日来读爱耳兰文人信篢 J. M. Synge 著剧一种，名 *In the Shadow of the Glen*，甚喜之。此君今已死，所著多可传，其 *Riders to the Sea*，尤有名[1]于世。

五一、观 Forbes-Robertson 演剧（五月八日追记）

当今英语国之名优（英美二国），无能出 J. Forbes-Robertson 之右者，登台四十年，声动天下；今老矣，为最后之出；现道出此间，于六七两日连演二剧，余均得往观之，不可谓非幸事。[2]

六日演 *The Light that Failed*，余与韦女士往观。此剧本于英人吉百龄（Rudyard Kipling）所著小说，虽非名剧，而得此名手演之，正如仙人指爪所着，瓦砾都化黄金。

七日演莎氏[3]名剧《汉姆勒特[4]》（*Hamlet*），吾友 Wm. F.

[1] 名，手稿本为“时”。

[2] 此处，手稿本附有 Forbes-Robertson 塑像图片一幅，现补于此。旁有胡适注：“此为 Forbes Robertson 造像，Emil Fuchs 所造。”

[3] 莎氏，手稿本为“萧氏”。

[4] 汉姆勒特，手稿本为“汉勒特”。

Forbes-Robertson

Edgerton 延余往观之。吾尝见 Southern and Marlowe 夫妇演此剧(参看卷二九月廿五日记)[1]，曾盛称之[2]，今见此君，始知名下果无虚士。

国家多难，而余乃娓娓作儿女语记梨园事如此，念之几欲愧汗。（九日记。）

---

[1] 参看卷二九月廿五日记，手稿本为“参观元年九月二十五日日记”。

[2] 之，手稿本无。

五二、又作冯妇（五月九日）

余既决意不受演说之招矣，昨得蔼尔梅腊城[1]（Elmira, N.Y.）青年会电邀十四日往彼演说“中日之交涉”，却之不可，乃诺之。以当此危急之秋，此邦士夫欲闻中日交涉之真相，余义不容辞也。

此事可证今世“实效主义”（Pragmatism）之持论未尝无可取者，其言曰：“天下无有通常之真理，但有特别之真理耳。凡思想无他，皆所以解决某某问题而已。人行遇溪水则思堆石作梁，横木作桥；遇火则思出险之法；失道则思问道：思想之道，不外于此。思想所以处境，随境地而易，不能预悬一通常泛论，而求在在适用也。”

吾之不再演说是一泛论。上月水牛城之招与此次蔼城之招，皆特别境地，不能一概而论也。

五三、日人果真悔悟乎（五月十日）

中日交涉得暂时了结，日人似稍憬然觉悟侵略政策之非计矣，故有最后之让步。今记其最后之结果如下：[2]

According to this statement Japan withdrew requests relating to the establishment of a joint Chino-Japanese police service in certain localities. It also withdrew the suggestion that the Japanese

[1] 蔼尔梅腊城，手稿本无。

[2] 以下英文剪报，手稿本缺。

be permitted to own land for the purpose of erecting churches. The proposal that China shall not cede any territory on the coast to any foreign Power will not be included in the treaty, but the same idea will be proclaimed to the world in a declaration to be made by the Chinese Government. Japan did not force the acceptance of the much-disputed group 5 contained in the original demand, but preferred to reserve the privilege to confer with China at some future time with a view to arriving at a satisfactory settlement of the matters included in that group. With regard to Eastern Inner Mongolia, Fukien Province and the Han-yeh-ping Company, Japan has greatly modified her proposal. In addition, Japan definitely proposed to return Kiao-chau to China, provided, of course, that the Powers at the end of the war accord Japan the right of free disposal of the territory.

STATUS OF SOUTH MANCHURIA.

The most important part of the agreement consists of terms relating to South Manchuria. These terms, as accepted by China, are in substance as follows: (1) Japanese subjects to be permitted to lease or buy land for erecting buildings for commercial and industrial purposes or for agricultural purposes; (2) Japanese subjects to have liberty to enter, travel, or reside in South Manchuria and to conduct business of all kinds; (3) to enjoy the above privileges the Japanese subjects shall present passports to the local Chinese authorities and shall be registered by the said Chinese authorities; (4) they shall be governed by the Chinese police laws and regulations approved by the Japanese consuls, and shall pay to the Chinese authorities taxes approved by the Japanese consuls.

When the laws and judicial system of South Manchuria shall have been reformed in accord with modern principles of jurisprudence, all civil and criminal suits involving Japanese subjects shall be tried and decided by Chinese courts. Pending such reformation, however, the Japanese consul, where a Japanese subject is a defendant, and the Chinese official, where a Chinese is the defendant, shall respectively try and decide civil and criminal cases, the Japanese consul and the Chinese official being permitted each to send his authorized agent to attend the trial of the other and watch the proceedings. Civil cases concerning land between Japanese and Chinese shall be examined and decided jointly by the Japanese consul and the Chinese official in accordance with the laws and local customs of China.

REGARDING EASTERN MONGOLIA.

With regard to eastern inner Mongolia, the agreement arrived at consists of the following terms: (1) China shall permit joint enterprises of the Japanese and Chinese in agriculture and allied industries; (2) in case China contemplates contracting either railway loans or any loans to be secured by taxes she shall first consult Japan; (3) China shall open a number of places to foreign trade.

As to the Han-yeh-ping Company, in which Japan has invested some $10, 000, 000, China agrees: (1) To approve the arrangement for joint management that may be made in the future between the company and the Japanese capitalists; (2) not to confiscate its property; (3) not to nationalize the undertaking without the consent of the interested Japanese capitalists; (4) not to permit it to contract any foreign loan other than Japanese.

Regarding Fukien Province, the Chinese territory nearest to the Japanese island of Formosa, the Chinese Government engages not to grant any foreign Power the right to build shipyard, coaling or naval station, or any other military establishment on or along its coast. Nor shall China permit any such establishment to be built with any foreign capital.

These are the sum and substance of the terms accepted by China.

PROVISIONS OF GROUP FIVE.

In addition to these, there is group five, which China refused to accept, and regarding which Japan reserves the privilege of future consideration. This group consists of these terms: (1) That the Chinese Government shall, in case it be deemed necessary in the future, employ Japanese advisers; (2) that the

Chinese Government shall permit Japanese subjects to lease or purchase land for the purpose of building schools and hospitals in the interior; (3) that the Chinese Government shall at some future time send military officers to Japan in order to make arrangements directly with the Japanese military authorities either for purchase of arms from Japan or for establishing an arsenal in China under a joint Japanese and Chinese management; (4) that the Chinese Government shall grant Japan the desired railway concession in South China in case it becomes clear that there is no objection in this respect on the part of any other Power, or that the Chinese Government shall refrain from entering into any agreement with any other party concerning the railway lines in question until Japan may, independently with the present negotiation with China, reach an agreement with the party whose interests are, in the opinion of the Chinese Government, opposed to the proposed lines; (5) that Japanese Buddhists be permitted to preach their doctrines in any part of China.

From the careful wording of the terms of group five it is obvious that Japan has no intention to encroach upon England's sphere of influence. The railway which Japan proposes to build, connecting Hankow, Kiu-kiang, and Hangchow, will never be built without England's previous consent.

此次交涉，余未尝不痛心切齿，然余之乐观主义终未尽销，盖有二故焉：

（一）吾国此次对日交涉，可谓知己知彼，既知持重，又能有所不挠，能柔亦能刚，此则历来外交史所未见。吾国外交，其将有开明之望乎？

（二）此次日人以青岛归我，又收回第五项[1]之要求，吾虽不知其骤变初心之原因果何在，然日人果欲以兵力得志于中国，中国今日必不能抵抗。日之不出于此也，岂亦有所悔悟乎？吾则以为此日人稍悟日暮途远倒行逆施之非远谋之征也。

五四、《月报》编辑选举（五月十一日）

《留美学生月报》编辑[2]选举，推余为明年总编辑员，思之再三，以书辞之，不获已，又终辞焉。

五五、威尔逊演说词（五月十二日）

TEXT OF PRESIDENT'S SPEECH.[3]

The text of President Wilson's speech follows:

"It warms my heart that you should give me such a reception, but it is not of myself that I wish to think to-night, but of those who have just become citizens of the United States. This is

[1] 项，手稿本为“号”。

[2] 编辑，手稿本为“编辑部”。

[3] 此前，手稿本有作者英文手书：“Woodrow Wilson's Philadelphia speech to 4000 naturalized Americans, May 10, 1915.”。

the only country in the world which experiences this constant and repeated re-birth. Other countries depend upon the multiplication of their own native people. This country is constantly drinking strength out of new sources by the voluntary association with it of great bodies of strong men and forward-looking women. And so, by the gift of the free will of independent people it is constantly being renewed from generation to generation by the same process by which it was originally created. It is as if humanity had determined to see to it that this great nation, founded for the benefit of humanity, should not lack for the allegiance of the people of the world.

"You have just taken an oath of allegiance to the United States. Of allegiance to whom? Of allegiance to no one, unless it be God. Certainly not of allegiance to those who temporarily represent this great Government. You have taken an oath of allegiance to a great ideal, to a great body of principles, to a great hope of the human race. You have said, 'We are going to America,' not only to earn a living, not only to seek the things which it was more difficult to obtain where you were born, but to help forward the great enterprises of the human spirit—to let men know that everywhere in the world there are men who will cross strange oceans and go where a speech is spoken which is alien to them, knowing that, whatever the speech, there is but one longing and utterance of the human heart, and that is for liberty and justice.

LOOKING ONLY FORWARD.

And while you bring all countries with you, you come with a purpose of leaving all other countries behind you—bringing what is best of their spirit, but not looking over your shoulders and seeking to perpetuate what you intended to leave in them. I certainly would not be one even to suggest that a man ceases to love the home of his birth and the nation of his origin—these things are very sacred and ought not to be put out of our hearts—but it is one thing to love the place where you were born and it is another thing to dedicate yourself to the place to which you go. You cannot dedicate yourself to America unless you become in every respect and with every purpose of your will thorough Americans. You cannot become thorough Americans if you think of yourselves in groups. America does not consist of groups. A man who thinks himself as belonging to a particular national group in America has not yet become an American, and the man who goes among you to trade upon your nationality is no worthy son to live under the Stars and Stripes.

"My urgent advice to you would be not only always to think first of America, but always, also, to think first of humanity. You do not love humanity if you seek to divide humanity into jealous camps. Humanity can be welded together only by love, by sympathy, by justice, not by jealousy and hatred. I am sorry for the man who seeks to make personal capital out of the passions of his fellowmen. He has lost the touch and ideal of America, for America was created to unite mankind by those passions which lift and not by the passions which separate and debase.

"We came to America, either ourselves or in persons of our ancestors, to better the ideals of men, to make them see finer things than they had seen before, to get rid of things that divide, and to make sure of the things that unite. It was but an historical accident no doubt that this great country was called the 'United States,' and yet I am very thankful that it has the word 'united' in its title; and the man who seeks to divide man from man, group from group, interest from interest, in the United States is striking at its very heart.

"It is a very interesting circumstance to me, in thinking of those of you who have just sworn allegiance to this great Government, that you were drawn across the ocean by some beckoning finger of hope, by some belief, by some vision of a new kind of justice, by some expectation of a better kind of life.

"No doubt you have been disapppointed in some of us: some of us are very disappointing. No doubt you have found that justice in the United States goes only with a pure heart and a right purpose, as it does everywhere else in the world. No doubt what you found here didn't seem touched for you, after all, with the complete beauty of the ideal which you had conceived beforehand.

"But remember this, if we had grown at all poor in the ideal, you brought some of it with you. A man does not go out to seek the thing that is not in him. A man does not hope for the thing that he does not believe in, and if some of us have forgotten what America believed in, you, at any rate, imported in your own hearts a renewal of the belief. That is the reason that I, for one, make you welcome.

REALIZING A DREAM.

"If I have in any degree forgotten what America was intended for, I will thank God if you will remind me.

"I was born in America. You dreamed dreams of what America was to be, and I hope you brought the dreams with you. No man that does not see visions will ever realize any high hope or undertake any high enterprise.

"Just because you brought dreams with you, America is more likely to realize the dreams such as you brought. You are enriching us if you came expecting us to be better than we are.

"See, my friends, what that means. It means that Americans must have a consciousness different from the consciousness of every other nation in the world. I am not saying this with even the slightest thought of criticism of other nations. You know how it is with a family. A family gets centred on itself if it is not careful, and is less interested in the neighbors than it is in its own members.

"So a nation that is not constantly renewed out of new sources is apt to have the narrowness and prejudice of a family. Whereas, America must have this consciousness, that on all sides it touches elbows and touches hearts with all the nations of mankind.

TOO PROUD TO FIGHT.

"The example of America must be a special example. The example of America must be the example not merely of peace because it will not fight, but of peace because peace is the healing and elevating influence of the world and strife is not.

"There is such a thing as a man being too proud to fight. There is such a thing as a nation being so right that it does not need to convince others by force that it is right.

"So, if you come into this great nation as you have come, voluntarily seeking something that we have to give, all that we have to give is this: We cannot exempt you from work. No man is exempt from work anywhere in the world. I sometimes think he is fortunate if he has to work only with his hands and not with his head. It is very easy to do what other people give you to do, but it is very difficult to give other people things to do. We cannot exempt you from work; we cannot exempt you from the strife and the heart-breaking burden of the struggle of the day—that is common to mankind everywhere. We cannot exempt you from the loads that you must carry; we can only make them light by the spirit in which they are carried. That is the spirit of hope, it is the spirit of liberty, it is the spirit of justice.

"When I was asked, therefore, by the Mayor and the committee that accompanied him to come up from Washington to meet this great company of newly admitted citizens I could not decline the invitation. I ought not to be away from Washington, and yet I feel that it has renewed my spirit as an American.

"In Washington men tell you so many things every day that are not so, and I like to come and stand in the presence of a great body of my fellow-citizens, whether they have been my fellow-citizens a long time or a short time, and drink, as it were, out of the common fountains with them, and go back feeling that you have so generously given me the sense of your support and of the living vitality in your hearts, of its great ideals which made America the hope of the world." [1]

此威尔逊氏最近演说词。先数日，英船 Lusitania 为德潜水艇所沉，死者千余人，中有美国国民百余人。一时国中舆论激昂不可

[1] 以上“威尔逊演说词”，手稿本缺。

遏抑，宣战之声，日有所闻。而威氏当此汹汹之际，独能为此极端的人道主义之宣言，其气象真不凡。其文亦晚近有数文字也。

五六、哀白特生夫人（五月十五日）

白特生夫人（Mrs. L. E. Patterson）[1] 昨夜得急病暴亡。今晨其所属教堂牧师乔治君以电话相告，闻之如受电击，中心终不肯信其果真。下山入市，犹希冀其为讹言。及行近其居，遥见门上丧旌（Crepe），始知其信然也。[2]

入门唁卫女士（夫人之侄女 [3]）及白特生君，执手泫然，不知所以慰藉之。

白君导余入死者之室，尸陈未殡，面容灰死，惟无痛苦惨状。夫人生平慈祥，其死也忽然，病一二时而逝，无缠绵床褥之苦，此可以稍慰爱夫人者之心也。

此为余在此邦第三次临死者之侧。第一次为所居主妇之丧（民国 [4] 纪元前一年）。第二次为亥叟先生之丧。

夫人待吾国学生极优渥，尤厚余，待余真如家人骨肉。余去年生日，夫人为作筵庆之，又亲作生日糕，插短炬糕上如吾岁数，天涯羁旅中得此等厚爱，感激之私，何可言喻？今夫人遽尔化去，报德之私，已成虚愿，凭尸一叹，哀从中来。

---

[1] （Mrs. L. E. Patterson），手稿本无。

[2] 此处，手稿本附有英文剪报一则（见本卷末附五）。

[3] 女，手稿本无。

[4] 民国，手稿本无。

五七、薖城演说（五月十九日）

昨至薖尔梅腊城[1]，至则旧同学法实君（Jacob Sloat Fassett, jr.）已以汽车相待，载余周游城内外风景，倾谈叙旧甚欢。此君多能多艺，在校时倾倒一校，今已娶妻生二子矣。是日见其父母女弟焉。

是夜赴青年会赞助员年宴，来者约百五六十人，多中年或中年以上人，皆本市士绅商人。余为席后演说，说“中日最近交涉”一时许，极受欢迎。

吾此次作演说，计费时两夜，共书五十二页，为晚近最长之演说。[2]

今晨七时以车归，九时抵绮城。

五八、第九号家书（五月十九日）

“第三号信内所言冬秀之教育各节，乃儿一时感触而发之言，并无责备冬秀之意，尤不敢归咎吾母。儿对于儿之婚事并无一毫怨望之意。盖儿深知吾母为儿婚姻一事，实已竭尽心力，为儿谋美满之家庭幸福；儿若犹存怨望之心，则真成不识事势，不明人情，不分好歹之妄人矣。……今日女子能读书识字，固是好事；即不能，亦未为[3]一大缺陷。盖书中之学问，纸上之学问，不过百行之一端。吾见能读书作文，而不能为良妻[4]贤母者多矣，吾

[1] 此后，手稿本有“Elmira”。

[2] 手稿本中，此句在下一句之后，且两句之后均有“十九日”。

[3] 未为，手稿本为“未必为”。

[4] 良妻，手稿本为“令妻”。

又何敢作责备求全之想乎？……伉俪而兼师友，固属人生一大幸事。然夫妇之间，真能学问平等者，即在此邦亦不多得，况在绝无女子教育之吾国乎？若儿悬智识平等四字以为求耦之准则，则儿终身鳏居无疑矣……以上各节，以母书中有‘时势使然，惟望尔曲谅此中苦心而已’，故书近年来阅历所得之言，以释吾母之疑虑焉。”[1]

五九、都德短篇小说（五月十九日）[2]

法文豪都德（Daudet）著书甚富，为近代文学巨子之一，其著短篇小说尤动人。余前年译其“La Dernière Classe”，易名《割地》，登上海《大共和日报》。去年八月，德军长驱入法境，巴黎有被围之虞，因译其“Le Siège de Berlin”(《柏林之围》)，登第四号《甲寅》。都德之出现于汉文，实余为之先容也。偶语此间法文教师 Guerlac 先生及此节，先生大喜，因索译稿一份，言将[3]寄与都德之孀 Madame Daudet。

六〇、读《日本开国五十年史》（五月廿日）

近读大隈重信所纂《日本开国五十年史》[4]（*Fifty years of new-Japan*—New York, Dutton 1909.），深有所感。吾国志士不可不读此书。

[1] 此后，手稿本有“第九号家书”五字。
[2] 手稿本中，此则在本卷第五六则之后。
[3] “将”后，手稿本有“以”字。
[4] 此后，手稿本有“英译本”三字。

六一、狄女士论俄、美大学生（五月廿一日）

吾友狄泊特女士（Barbara Vital De Porte），俄国人，尝肄业俄国女子高等学院，今随其兄（在此教算学）居此。一日，女士谓余曰："此邦之大学学生多浮浅，无高尚思想，不如俄国学生之具思想，富胆力，热心国事，奔走尽瘁之可敬也。"余极以为然，吾曩论此邦学生亦持此说（参看卷八第三一则）[1]。女士居此，日服劳五时以自给，而学课所需时力不与焉，可敬也已。

六二、美人不及俄人爱自由（五月廿一日）

人皆知美为自由之国，而俄为不自由之国，而不知美为最不爱自由之国，而俄为最爱自由之国也。美之人已得自由，故其人安之若素，不复知自由代价之贵矣。俄之人惟未得自由，而欲[2]求得之，不惜杀身流血，放斥囚拘以求之，其爱自由而宝贵之也，不亦宜乎？吾友舒母君（P. B. Schumm）告余曰："伊卜生[3]送其子之俄国受学，或谓之曰：'盍令往美乎？美，自由之国也。'伊卜生曰：'然；俄，爱自由之国也。'"狄泊特女士亦持此说。

美之家庭亦未必真能自由，其于男女之交际，尤多无谓之繁文。其号称大家者，尤拘拘于小节。推原其始，盖起于防弊，而在今日已失其效用。其男女之黠者，非防闲所能为力。而其具高

---

[1] 参看卷八第三一则，手稿本为"六卷六十九页"。

[2] 欲，手稿本无。

[3] 此后，手稿本有"（Ibsen）"。

尚思想魄力者，则无所用其防闲（参看卷八第一四则）[1]。防闲徒损其志气，挫其独立之精神耳。

吾读俄国小说，每叹其男女交际之自由，非美国所可及。其青年男女以道义志气相结，或同习一艺，或同谋一事，或以乐歌会集，或为国事奔走，其男女相视，皆如平等同列，无一毫歧视之意，尤无邪亵之思。此乃真平权，真自由，非此邦之守旧老媪所能了解也。

六三、报纸文字贵简要达意（五月廿二日）

今之报纸，较之半世纪以前，其篇幅之扩充，何可胜计？今日《纽约时报》言其[2]报每日全份之新闻栏约有十万字，可谓多矣。其实此亦无谓之繁冗，徒费读者目力心力耳。若此十万字之新闻，有人为之删繁芟复，则不须一万字已足达意而有余矣。

六四、读梁任公《政治之基础与言论家之指针》（五月廿三日）

梁任公近著《政治之基础与言论家之指针》一文，载《大中华》第二号，其言甚与吾意相合，录其最警策者如下：

> ……我国人试思之：彼帝制也，共和也，单一也，联邦也，独裁也，多决也，此各种政制中任举其一，皆尝有国焉行之而善其治者。我国则此数年之中，此各种政治已一一尝

[1] 参看卷八第一四则，手稿本为“参观六卷四十一至四十四页”。

[2] 其，手稿本为“本”。

试而无所遗，曷为善治终不可得睹？则治本必有存乎政制之外者从可推矣。……

大抵欲运用现代的政治，其必要之条件：

（一）有少数能任政务官或政党首领之人，其器量，学识，才能，誉望，皆优越而为国人所矜式。

（二）有次多数能任事务官之人，分门别类，各有专长，执行一政，决无陨越。

（三）有大多数能听受政谭之人，对于政策之适否，略能了解而亲切有味。

（四）凡为政治活动者皆有相当之恒产，不至借政治为衣食之资。

（五）凡为政治运动者，皆有水平线以上之道德，不至掷弃其良心之主张而无所惜。

（六）养成一种政治习惯，使卑污阘冗之人，不能自存于政治[1]社会。

（七）有特别势力行动轶出常轨外者，政治家之力能抗压矫正之。

（八）政治社会以外之人人，各有其相当之实力，既能为政治家之后援，亦能使之严惮。

具此诸条件，始可以语于政治之改良也已。吾中国今日

[1] 政治，手稿本无。

具耶？否耶？[1] 未具而欲期其渐具，则舍社会教育外，更有何涂可致者？此真孟子所谓“犹[2] 七年之病，求三年之艾，苟为不蓄，终身不得”，虽曰辽远，将安所避？而或者曰：“今之政象，岌岌不可终日，岂能待此十年树木百年树人之计？恐端绪未就，而国之乱且亡已见矣。[3]”虽然，尤当知苟不务此，而率国人日日为无意识无根蒂之政治活动，其能御乱而免于亡乎？吾敢断言曰：“虽国亡后，而社会教育犹不可以已。亡而存之，舍此无道也。”……

吾以为惟当乘今日政象小康之际（**适案：何谓小康？此则任公大错处。**），合全国聪智勇毅之士，共戮力于社会事业，或遂能树若干之基础，他日虽有意外之变乱，犹足以支。而非然者，缫演十年来失败之迹，而国家元气且屡斲而不可复矣！……

此文甚哀，宜有所收效。

任公又有一文论孔子教义，其言显刺康南海、陈炳章[4] 之流，任公见识进化矣。

六五、吾之择业（五月廿八日）

与 C. W. 约，此后各专心致志于吾二人所择之事业，以全力

[1] “具耶？否耶？”，手稿本为“具此否耶？”。

[2] 犹，手稿本无。

[3] “恐端绪未就，而国之乱且亡已见矣”句，手稿本无。

[4] 陈炳章，手稿本为“陈焕章”。

为之，期于有成。

吾骛外太甚，其失在于肤浅，今当以专一矫正之。

吾生平大过，在于求博而不务精。盖吾返观国势，每以为今日祖国事事需人，吾不可不周知博览，以为他日为国人导师之预备。不知此谬想也。吾读书十余年；乃犹不明分功易事之义乎？吾生精力有限，不能万知而万能。吾所贡献于社会者，惟在吾所择业耳。吾之天职，吾对于社会之责任，惟在竭吾所能，为吾所能为。吾所不能，人其舍诸？

自今以往，当屏绝万事，专治哲学，中西兼治，此吾所择业也。

六六、致 C. W. 书（五月廿九日）

Indeed I have been drifting—farther and farther away from my main purpose. Not without a plausible pretext perhaps, — that is the worst of it. I have long needed a steersman who can set me on the right course. Yet so far no one, except you, has been able to give me what I am sorely in need of. For a time I began to see dimly through mine own eyes this drifting, and was alarmed by it. And then this Sino-Japanese Crisis upset the whole thing and once more I found excuses for my irrelevant activities.

You have been very kind. You have done me a great deal of good. I have now determined to live up to what you said to me yesterday...

"So much for idle wishing—how

It steals the time! To business now!"

To business now! [1]

六七、《墓门行》之作者（五月廿九日）

前译《墓门行》（见本卷第三〇则）[2]，以为是无名氏作。后以原诗示同学客鸾女士（Marion D. Crane），女士亦深喜之，以为此诗或出其所知 Arthur Ketchum 君之手，以此君所居近题诗之地也。余因嘱女士为作书询之，匆匆未果。今日女士告我新得家书附有前记之诗，乃自 *Christian Register* 所剪下；附注云：此诗乃 Arthur Ketchum（Christ Church，Hyde Park，Mass.）所作。女士所揣度果不谬。余亦大喜，因作一书，附写译稿寄之以订交焉。此亦文学因缘之一种也，故记之。

六八、东方交易（五月三十日）

吾国商人贸易，每讲价让价，至再至三，西人笑之，以为不诚，名之曰："东方交易"，引为欺伪之证。

吾昨日过一肆，见一草帽，爱之，问其值，曰六元。余笑谓主者曰："若肯以五元售之，则当购。"主者去 [3] 不肯，余亦置之另购他物。及付值，主者曰："君为此肆老主顾，且以五元购此帽去。"余大笑曰："不图东方交易（Oriental Bargaining）见于此

[1] 此后，手稿本有："May 29, 1915, To C. W."。

[2] 见本卷第三〇则，手稿本为"见 31 页"。

[3] 手稿本中，"去"字在上句末"购"字后，即"则当购去"。

邦！”遂购以归。

夫讲价，非恶德也。卖物定价无不虚者。东方人知其虚也，而不甘过受其欺，故论价兴焉。卖者天良未泯，故让价兴焉。西方则不然。卖者忍心害理，不复有让价之礼。买者亦明知论价之无益也，遂亦不争焉。

吾昨购法文豪穆烈尔（Molière）集二巨册，原价五金，以书肆易地，吾以二金得之，此则不论价之让价也。即如此帽，彼减去原价六分之一，必犹有厚利可图也，吾何为坐听其剥削乎？

论价之大害在于废时，又养成一种不信他人之习惯，此则其弊也。

吾亦不欲为论价作辩护，不过欲明此风不独存于东方，又未必即为东人病也。

六九、两个最可敬的同学（六月三日）

校中有二人余所敬畏。其一人为吾友辜克勒（Albert Kuchler），双目皆盲，读书皆赖手摸棱起之盲人用书；其他种书籍无有棱起之版者，则雇人口授之。此君去年毕业，今年得第二学位（M. A.）。其人在侪辈中号称博学，读书甚富，作文亦可诵（作文以打字机为之）。此一人也。

其一人为威特夫人（Mrs. Joseph Waite），孀也。头发皆白。其年当在六十以上，而犹注册上课，与诸少年同听讲。每日蹒跚入学，左手挟伞，右手执书，其自视真不知老之已至也。夫人居此校已三年，明年可得第一学位（B. A.）。此又一人也。

此二人者，一残废，一老迈，而皆孜孜好学如此，可敬也。

七〇、英国哲学家鲍生葵之言（六月三日）

My present self was not born of my actual parents at such and such a date and place. It was born when I met such a friend or was taught by such a teacher, or was awakened by such an experience.

—B. Bosanquet: *Gifford Lectures*, Vol. Ⅱ, Ⅸ.

七一、日本议会中在野党攻击政府（六月三日）

报载昨日日本议会中在野党提出不信任政府之议案，谓政府之对华外交政策为完全失败，既损害对华友谊，又引起列强嫉视，实大损帝国之威信，且种下将来恶因。[1]

此为晚近新闻中之最足鼓舞吾之乐观者。勿谓秦无人也！勿谓秦无人也！

〔附记〕 此议案未能通过，赞成者百三十三人，反对者二百三十二人。余明知其未能通过也，然主此说者已过全议会三分之一，不为少矣。（三日下午又记）

七二、美国男女交际不自由（六月五日）

昨日韦女士邀客鸾女士同出郊行，余遇客鸾女士于餐室，女士告我以郊行之约。余戏谓之曰："君等散步归来，若能惠顾我

[1] 此段文字，手稿本中为一则英文剪报（见本卷末附六），无中译。

寓[1]，当烹茶相饷。”女士笑诺之。下午五时许果同至，余为烹龙井茶饷之，傍晚始去。二君皆洒脱不羁，非流俗女子，故不拘拘如此。今日同居之卜郎博士（法文教员）询昨日室中笑语女子为谁，予告之，卜郎君因为言旧事一则如下：

数月前，卜郎君与史学教师某君，法文教师某君，邀藏书楼职员甲女士及乙女士同至卜郎君之室为小集。约已成，甲女士偶语大学前校长客鸾博士之女公子（此又一客鸾）。女大骇怪，问：“谁为‘挟保娘’？”答曰：“无之。”则益大骇，以为越礼。其事渐传诸外，诽议腾沸。卜郎君不得已，至为废约，改集林家村茶室。及至，茶室竟无隙地，卜郎君曰：“何不回至吾室？吾辈何恤人言乎？”众诺之，遂复集于卜郎君之室，烹茶具馔焉。

此事虽细，可证吾前所记（卷八第一四则及本卷第六二则）[2]此邦男女交际之不自由也。

七三、秦少游词（六月六日）

秦少游词亦有佳语：

《满庭芳》高台芳榭[3]，飞燕蹴红英。舞困榆钱自落。秋千外，绿水桥平。

《好事近》（梦中作）飞云当面化龙蛇，夭矫转空碧。醉卧古藤阴下，了不知南北。

《金明池》更水绕人家，桥当门巷，燕燕莺莺飞舞。

[1] 我寓，手稿本为“吾寓”。

[2] 卷八第一四则及本卷第六二则，手稿本为“六卷41—44页及此卷53—54页”。

[3] 榭，手稿本为“树”，旁有红笔标注“榭”。

莺燕本双声字，叠用之音调甚佳。[1]

又《八六子》前半阕云：

倚危亭，恨如芳草，萋萋刬尽还生。念柳外青骢别后，水边红袂分时，怆然暗惊。

此神来之笔也！

七四、词乃诗之进化（六月六日）

词乃诗之进化。即如上所引《八六子》半阕，万非诗所能道。

吾国诗句之长短韵之变化不出数途，又每句必顿住，故甚不能达曲折之意，传宛转顿挫之神。至词则不然。如稼轩词：

落日楼头，断鸿声里，江南游子，把吴钩看了，阑干拍遍，无人会，登临意。

以文法言之，乃是一句，何等自由，何等顿挫抑扬！“江南游子”乃是韵句，而为下文之主格，读之毫不觉勉强之痕。可见吾国文本可运用自如。今之后生小子，动辄毁谤祖国文字，以为木强，不能指挥如意（Inflexible），徒见其不通文耳。

七五、陈同甫词（六月六日）

陈同甫，天下奇士，其文为有宋一代作手。吾读其《龙川集》，仅得数诗，无一佳者，其词则无一首不佳。此岂以诗之不自

[1] 叠用之音调甚佳，手稿本为“叠之音妙不可言喻，极似鸟语”。

由而词之自由欤？同甫词佳句如：

《水龙吟》恨芳菲世界，游人未赏，都付与莺和燕。

是何等气魄，又如：

《水调歌头》尧之都，舜之壤，禹之封，于中应有一个半个耻臣戎。

又如《念奴娇》（至金陵作）前半阕云：

江南春色，算来多少胜游清赏？妖冶廉纤，只做得飞鸟向人依傍。地辟天开，精神朗慧，到底还京样。人家小语，一声声近清唱。

又《三部乐》（寿王道甫）下半阕云：

从来别，真共假，任盘根错节，更饶仓卒。还他济时好手，封侯奇骨，满些儿[1]鏧姗勃窣，也不是峥嵘突兀。百二十岁，管做彻元分人物。（鏧姗，犹婆娑，行缓貌。勃窣，亦行迟貌。）[2]

皆奇劲无伦。其他如与辛稼轩唱和《贺新郎》词，及登多景楼《念奴娇》词，皆予所最爱者也。

星期日读词，偶记此数则。

七六、刘过词不拘音韵（六月六日）

又读刘过（改之）《龙洲词》，有《六州歌头》二阕，其词不

[1] 满些儿，手稿本为“没些儿”。

[2] 括号内文字，手稿本中在此则日记末。

佳，而用韵甚可玩味。所用韵为：

英 膺 生 庭 烹 民 倾 真 临 心 臣 明

恩 春 神

盖不独以庚、青、蒸通真、元、文，且收入侵韵。此可见音韵之变迁，宋时已然；又可见南渡诸词人之豪气横纵[1]，不拘拘于音韵之微也。

七七、山谷词带土音（六月七日）

山谷有《洞仙歌》一阕，所用韵为：

老 草 昼 守 棹 斗

此诸韵不相通也。山谷，江西人，疑是江西土音耳。吾绩溪土音读肴、豪韵如尤韵。而尤韵中字乃有二种绝不相同，如“尤”“由”[2]“游”“休”诸字为一类[3]（母音如法文之 ieu），而“侯”“留”“楼”“舟”“愁”仄声之“昼”“守”“手”“斗”“酒”诸字另为一类[4]（母音略[5]如英文之 ĕ[6]）歙县之音则全韵皆作尤韵，故与肴、豪通也。[7]

[1] 横纵，手稿本为“纵横”。

[2] “由”后，手稿本有“‘求’”。

[3] 为一类，手稿本为“读如尤字本韵”。

[4] 另为一类，手稿本为“则声近该韵”。

[5] 略，手稿本无。

[6] ĕ，手稿本为“au or ai”。

[7] 此后，手稿本尚有三页胡适所记杂事备忘，现补于后。

Books:
Wm. Jethro Brown: The Underlying Principles of Modern Legislation. London. John Murray, 1912
Lord Acton: History of Freedom and Other Essays.

J.B. Bury: History of Freedom of Thought.
Gooch: Political Thought in England: From Bacon to Halifax.

Superdreadnought $15,000,000 each
Sea going submarine 1,500,000 each
Coast-defense " 500,000 each
torpedo-boat destroyer 900,000, each
Fuel-ship 1,000,000
Cela existait du temps "qu'on se tutoyait et qu'on disait: citoyen."

卷九杂事备忘一

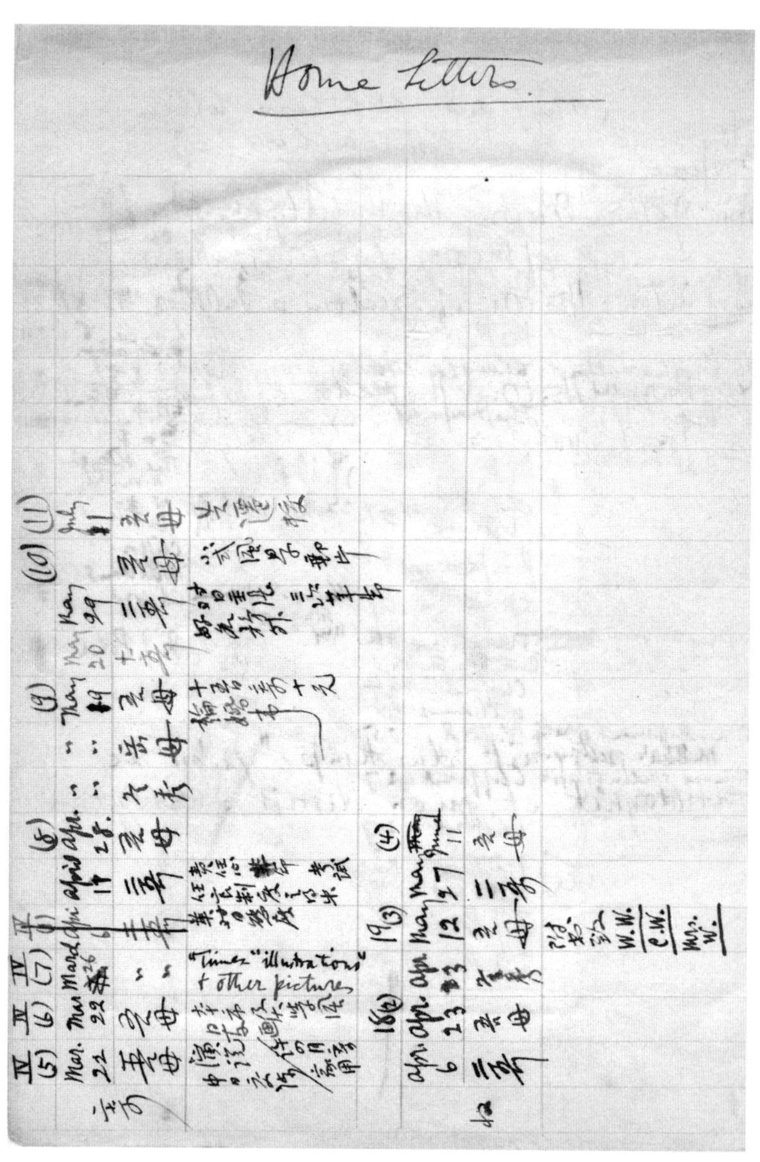

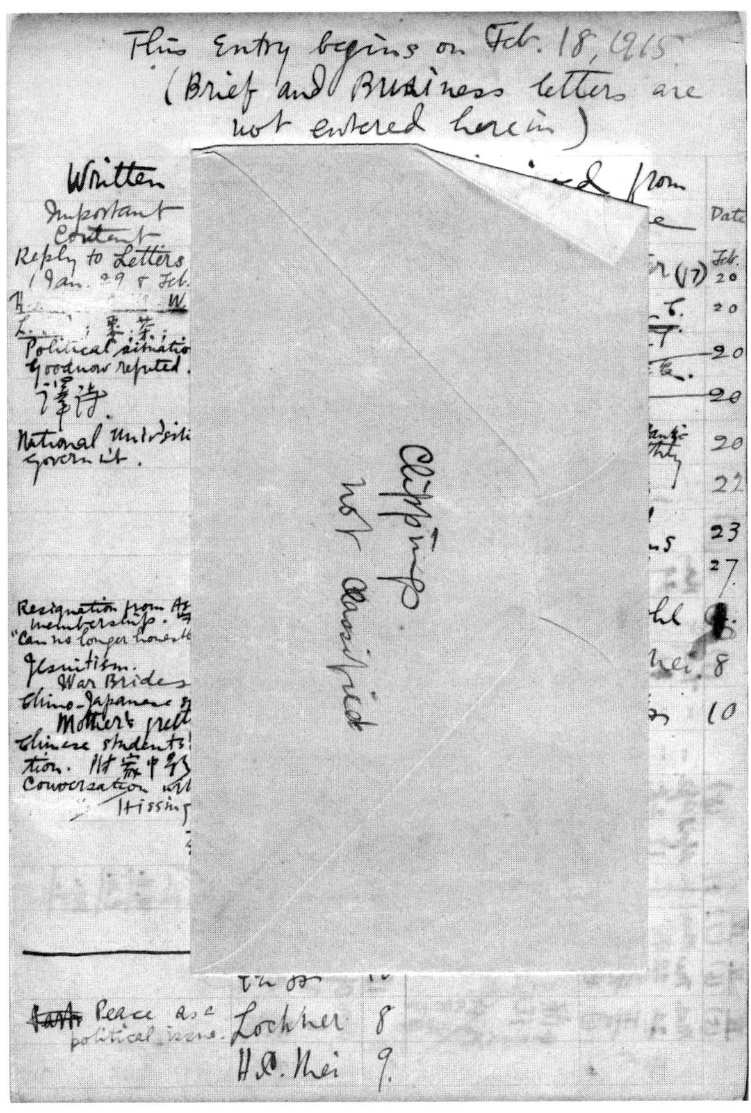
This Entry begins on Feb. 18, 1915
(Brief and Business letters are
not entered herein)

Written

Important
Content

Reply to Letters

Political situation

Goodnow refuted.

National Universities

Resignation from
membership.
"Can no longer honestly

Jesuitism.
War Brides
Sino-Japanese
Mother's
Chinese students'
tion.
Conversation
Hissing

Peace as a
political issue.

Lochner 8
H. S. Mei 9.

Date
Feb. 20
20
20
20
20
22
23
27.
8
10

Clippings
not classified

卷九杂事备忘三

卷九附录

附一：

In this work as a magazine writer I learned a lesson from my father which has exerted a controlling influence upon me in my editorial life. Mr. Fletcher Harper asked me to write an article for the "Magazine" on ocean steamship travel. I told him that I could not do so because I had no other knowledge of the subject than such as I had gained from my one voyage across the ocean. "Then ask your father to write it," said he. This I did.

"Why do you not write the article yourself?" asked my father.

"Because I know nothing of the subject," was my reply.

"Then," said he, "you are just the one to write it."

"How is that?" I asked.

"Because," said he, "the object of the author of a popular magazine article is to give knowledge of a subject to people who are wholly ignorant of it. To do that he must know both the subject, and the condition of ignorance. If he is familiar with the condition of ignorance, he can make himself acquainted with the subject; but if he is thoroughly familiar with the subject it is almost impossible for him to acquaint himself with the condition of ignorance."

Whether I wrote the article or not I forget, but this principle, laid down by my father, became my guide when later I took up editorial work. I have found it almost uniformly true that an expert cannot write on the subject with which he is familiar what readers who are not familiar with the subject can understand. The experienced but non-technical writer must provide the article, and it must then be submitted to the expert to make sure that he has fallen into no serious errors.

下划线为胡适所注

附二：

CHINA SHOULD BE ALLOWED TO WORK OUT HER DESTINY

Suh Hu, Well-Known Student, Says Interference by Japan Is Unjustifiable and Won't Solve Far Eastern Question.

Suh Hu, a well-known Chinese student at Cornell, has an interesting letter in the last issue of The New Republic, in which he declares that in his judgment Japan's taking direction of China's affairs can never be the real solution of the Far Eastern question.

He reminds the reader that we are now living in an age of national consciousness, that even the Philippines cannot rest contented under the apparently "beneficial" rule of the United States. "In this twentieth century no nation can ever hope peacefully to rule over or to interfere with the internal administrative affairs of another nation, however beneficial that rule or that interference may be," he states. "The Chinese national consciousness has exterminated the Manchu rule and I am sure will always resent any foreign rule or direction."

In regard to the criticism that the Chinese people are not capacitated for self-government and self-development, Suh Hu says, "The transformation of a vast nation like China cannot be accomplished in a day. The Chinese republic has been no more a failure than the American republic was a failure in those dismal days under the Articles of Confederation. The Chinese Revolution occurred in October, 1911. Three years have hardly passed since the formation of the republic. Can we yet say, O ye of little faith! that China as a progressive state has been tried and found wanting, and that she is incapable of developing herself?

"I sincerely believe with President Wilson that every people has the right to determine its own form of government. Every nation has the right to be left alone to work out its own salvation. Mexico has the right to revolution. China has her right to her own development."

附三：

China's customs revenue, according to United States Consul General Thomas Sammons, of Shanghai, decreased from $32,603,646 in 1913 to $26,612,388 in 1914. The following estimate of the revenue for 1915 is made by the Department of Finance:

Land tax, $33,696,000; salt tax, $32,832,000; customs tariffs, $26,784,000; title deeds, $5,616,000; house tax, $2,592,000; consumption tax, $6,480,000; tobacco and spirit tax, $6,480,000; mining tax, $864,000; business tax, $4,320,000; income tax, $2,160,000; inheritance tax, $864,000; license of sale of weights and measures, $8,640,000; marriage certificates tax, $1,296,000; coinage revenue, $4,320,000; Government business revenue, $8,640,000. Total (approximately), $145,584,000.

附四：

To the Editor of The Evening Post:

Sir: Without cause China is threatened by Japan through force of arms to give up her right as an independent nation. As recently has been shown by history, China has only one thing left to do for her safety: she must appeal to England, the protector of weak nations and the upholder of right and liberty.

As England has done in the case of Belgium against Germany, so without doubt she will take up arms on behalf of helpless China against Japan to uphold a treaty to which she is a party.

A Sincere Believer in English Unselfishness.

New York, March 20.

附五：

(From The Ithaca Journal, May 15, 1915)

Mrs. Lincoln E. Patterson died suddenly last night at her home, 317 South Geneva Street. She was taken ill in the night with acute indigestion and survived the attack only a short time. Mrs. Patterson was in good health yesterday and attended a meeting at the Congregational Church.

Mrs. Patterson was born in Ithaca on November 29, 1856, and lived here all her life. She was Clara Atwater, the youngest daughter of Benjamin Avery and Sarah Phillips Atwater. She was for sixteen years a teacher in the public schools. Her marriage took place on August 21, 1890. In early life she became a member of the First Congregational Church and was always a regular attendant and active helper in the work of that church. For a number of years she taught a class in the Sunday School.

Besides her husband she is survived by a sister, Miss Agnes Atwater, of Ithaca; two brothers, Joachim and Ledyard J. Atwater, of Washington, D. C.; and a niece, Miss Wenona Williams, of Ithaca.

附六：

JAPAN'S MINISTRY ASSAILED.

Opposition Resolution Criticising the Chinese Negotiations.

TOKIO, June 2, 7:30 P. M.—The opposition to-day introduced in the House of Representatives a resolution expressing lack of confidence in the present Cabinet. The resolution charged the Cabinet with having failed in the negotiations with China from the beginning to the end; with having interfered with the friendly relations with China; with having aroused the suspicions of foreign Powers, thereby harming the prestige of the empire instead of laying the foundations of peace in the Orient, and with having created a situation likely to be followed by further complications.

卷十

一九一五年六月十二日——一九一五年八月九日

在康南耳大学

此卷手稿本，封面题写“藏晖札记”“第八册”“民国四年六月”。

To be discontented with the divine discontent, and to be ashamed with the noble shame, is the very germ of the first upgrowth of all virture.

Charles Kingsley—*Health and Education*

吾所能贡献于社会者，惟在吾所择业耳。吾对于社会之责任，唯在竭吾所能，为我[1]所能为。吾所不能，人其舍诸？

录卷九第六五则[2]自记以自警。

六月十六日晨。[3][4]

---

[1] 我，手稿本为“吾”。

[2] 卷九第六五则，手稿本为“七册57页”。

[3] “晨”后另起一行，手稿本有“适”字。

[4] 此后，手稿本附有“巨帙小版会”成员合影一幅，现补于后。

"巨帙小版会"成员合影（前排右一为胡适）

一、《满庭芳》[1]（六月十二日）

枫翼[2]敲帘，榆钱入户，柳棉飞上春衣。落花时节，随地乱莺啼。枝上红襟软语，[3]商量定，掠地双飞。[4]何须待，销魂杜宇，劝我不如归？[5]

归期，今倦数。十年作客，已惯天涯。况壑深多瀑，湖丽如斯。多谢殷勤我友，能容我傲骨狂思。频相见微风晚日，指点过湖堤。

久未作词，偶成此阕，去国后倚声，此为第三次耳。疏涩之咎，未始不坐此。[6]

二、读《猎人》（六月十五日）

吾友W. F. Edgerton称Olive Schreiner之寓言小说《猎人》（The Hunter）之佳，因读之，殊不恶。其命意与邓耐生之“Ulysses”，及卜郎吟之“A Grammarian’s Funeral”同而不及二诗之佳也。

所述二诗，皆“发愤求学，不知老之将至”之意，皆足代表十九世纪探赜索隐百折不挠之精神，令人百读不厌。

---

[1] 胡适原题。

[2] 翼，手稿本为“翅”。

[3] 胡适原注：“红襟，鸟名——Redbreast。”

[4] 胡适原注：“史梅溪有‘又软语商量不定’句，甚喜之，今反其意而用之。”

[5] 胡适原注：“此邦无杜宇。”

[6] 此后，手稿本还有：“墨笔所书，乃几次改定稿。　廿二日。”

三、日与德开战之近因（六月十五日）

纽约《晚邮报》(六月十四日）载一东京访员来函，追述其去年八月二十八日通信（登九月十七日报）中所报日本与德国开战之近因，其言曰：

> Writing on Aug.28. ... I stated that suspense was more or less relieved when a note came from the British Government on Aug.4（?）asking what Japan could do in the way of safe-guarding British shipping in the Far East. An Imperial council was called, and the reply at once went back to London that Japan could not guarantee the safety of British shipping so long as the presence of Germany at Tsingtau existed to menace it. Japan would undertake the [1] responsibility on condition that she be allowed to remove the German occupation of that part of China. In this suggestion the British authorities acquiesced, on condition that the place be subsequently retured to China and the integrity of that republic be in no way threatened.

此人自言所记系得诸可靠之口。其中所记如“八月四日”之日期，及英人要求以青岛归我云云，或不尽确，然大致似可信也。

吾前读日外相加藤之宣言（九月五日），即知攻胶之举发自日本，其辞显然，不可掩也（参看卷八第一六则）[2]。

---

[1] the，手稿本为“to”。

[2] 参看卷八第一六则，手稿本为“六册 45—47 页”。

〔**附记**〕 英驻日大使谒日政府，乃在英宣战之前一日（八月三日）。是夜即有内阁会议；议决后（不知何等决案），加藤即往见英使，告以日政府决不辞协助之责。八月七日，英使复告日政府，谓“如允相助，不宜更缓”。是夜大隈召元老及内阁会于[1]其家。是会至晨二时始散，政策遂决（不知何等决议）。上据日人 K. K. Kawakami之言，[2]见一九一四年十一月《大西洋月刊》(*Atlantic Monthly*)。

四、杨任诗句（六月廿三日）

前作《老树行》，有“既鸟语所不能媚，亦不为风易高致”之语，侪辈争传，以为不当以入诗。杨杏佛（铨）一日戏和叔永《春日》诗“灰”韵一联云，“既柳眼所不能媚，岂大作能燃死灰?”余大笑曰:“果然青出于蓝而胜于蓝!”盖杏佛尝从余习英文也。今晨叔永言见芙蓉盛开而无人赏之，为口占曰[3]:“既非看花人能媚，亦不因无人不开”，亦效胡适之体也。余谓不如:

既非看花人所能媚兮，亦不因无人而不开。

此一“所”字一“而”字，文法上决不可少，以“兮”字顿挫之，便不觉其为硬语矣。

五、记国际政策讨论会（七月一日追记）

卡匿奇氏之世界和平基金（The Carnegie Endowment for

[1] 于，手稿本无。

[2] 此后文字，手稿本为“见 *Atlantic Monthly*, Nov. 1914.”。

[3] 曰，手稿本为“云”。

International Peace）今年与波士顿之世界和平基金（World Peace Foundation）协同召集一国际政策讨论会（A Conference on International Relations），以为各大学之国际政策会（International Polity Clubs）会员聚集讨论之所，亦以为锻炼将来世界和平风动之领袖之所也（风动者，译 movement 之义）。会中人物如安吉尔君（Norman Angell），讷博士（George W. Nasmyth），墨茨博士（John Mez），陆克纳[1]君（Louis P. Lochner），麦克东纳博士（Prof. James G. McDonald），皆今日此邦和平主义之巨子也。会地在绮色佳。于十五日开会，会期约有两星期之久。

十五夜世界会开欢迎会，欢迎赴会者，余为致欢迎词，安吉尔君演讲[2]。

十六日为会之第一日，麦君[3]讲演"国际法大纲"，凡分四日始毕：（一）国际法之成效（十六日），（二）国际法之执行（十七日），（三）海上战时公法（十八日），（四）国际法院（十九日）。其讨论甚有益。此外，所讨论如：

心理与战争——安吉尔主席

黄祸之真否——Sidney L. Gulick

强权之哲学

海牙平和会——白博士

民权与兵祸——Prof. S. P. Orth

[1] 陆克纳，手稿本为"陆克劳"，后同，不再注。

[2] 讲，手稿本为"说"。

[3] "麦君"后，手稿本有"（见上）"。

美国国防——Major George Haven Putnam

皆甚有趣味，发人深思。

吾每日延二三人至吾寓为茶会，叙谈极欢，得益尤多。所延者：

十六日，陆克纳君，乃老友也。

十七日，P. J. V. D. H. Schreuder 及 Alfred W. Kliefoth。

十八日，墨茨博士及麦克东纳博士。

二十日，F. B. Foulk，W. W. Welsh，D. M. M. Sarbaugh 及日人富山接三君。

吾与日人富山君谈竟日，论中日关系。此君为日本平和会书记，此会即以大隈为会长者也。此君与吾言颇质直。其论此次要求之原因如下：

（一）日本期望中国之强，

（二）日本期望中国之能协助之，

（三）中国数十年来久令日本失望，

（四）致令日本在远东成孤立之势，

（五）故有今日之要求，

（六）日本对支政策之目的在于自保。

其论中日将来之关系：

（一）中国须信任日本。

（二）日本须协助中国。

（三）中日间之恶感情宜渐次销除。

吾谓之曰："此次之交涉，适得与此三者绝对的反对之结果。"富山君曰："正以中国不信任日本，故有此次强项的要求；若中日交欢，则决无此事矣。”吾谓之曰：“此真所谓南辕北辙之政策，吾之责备日本正为此耳。”吾问富山君曰：“足下以为将来中日交欢致之之道何由？”君谓宜有四法：

（一）教育。中人宜研究日本文明政策之趋向。中人不可不知日本文字。

（二）交际。

（三）实业上之联合。

（四）开诚之讨论。

吾谓之曰：“四者之外，尚有第五法，尤不可不知。其道为何？曰：‘日本须改其侵略政策是已。’”

吾读前在蔼尔梅腊城演说词，令富山君评论之。君谓吾“远东永久平和非待中日同跻平等之地位决不可得”结语[1]为不当，谓日本不能坐待欧美之侵略也。吾谓此梦呓之言也。日人以国防阽危为词，不知今日日本决无受他国攻击之理。英为日同盟，美无西侵之志，德势已孤，独有俄耳。俄今日无东顾之余力。此次战争结后，俄力竭必矣，安敢东顾与十年前强敌争乎？故吾断言曰：“日人以自保为词，乃遁辞耳。”富士虽不默认，无以应也。适有客来，谈论遂中止。

此等讨论最有益处，惜不可多得耳。凡讨论无论为何事，第一须深知敌人之论题及其根据所在，否则妄言耳，空谈耳，如捕风捉影，一无实用。

---

[1] “结语”前，手稿本有“之”字。

十九夜闻宿舍内（会员所居）体育室有乐声，入观之，乃男女会员跳舞为乐也，因旁观之。有西雷寇大学女生赴会者葛雷（Winifred S. Gray）、盖贝儿（Leona C. Gabel）两女士强欲教余跳舞，戏从之。余生平未习跳舞，木强不能应节奏，两女士虽殷勤善诱，奈老夫不可教何？一笑。以此为第一次跳舞，故记之。[1]

国际政策讨论会中讨论题，前所记尚有未尽者：

二十日　耶稣教旨能否实行于国际政策——须密博士。

维持和平协会[2]。（此邦名士如前总统塔虎脱氏等召一讨论会于费城之独立厅，决议建一维持和平协会，其大旨以列国组织协会以维持世界之和平〔A League to Enforce Peace〕，悖盟者各国协力惩之。）

二十一日　战争与商务。　们罗主义。

二十二日　兵力与万国公法。

二十三日　国际绝交与万国公法。　殖民政策。

二十五日　国际债负。　海之中立。　美国国防。　赔款。

吾初以安吉尔为一种唯物的理想家（Materialist），今始知其不然。此君具大识力，读书甚富，经验极深，能思想，每遇人质问，随口应之，条理井然。其所主张，虽着意于经济一方面，然其所主以为思想乃制度之母，其根本主张与社会党大异。安吉尔

[1]　“故记之”后，手稿本有“廿日记”三字。此后是“廿三日”日记，即本卷第四则日记。

[2]　维持和平协会，手稿本为“平和协会”，后同，不再注。

志在改良今世关于国际伦理之种种谬说，其人盖今日第一流人物之一人。而平居谦谨，恂恂可爱，身又短小，见者非相识不知其为名闻世界之安吉尔也。其[1]所持学说大旨见下：

For one to impose his will upon the other by force implies resistance; thus two energies are cancelled and end in sterility or waste. For even when one triumphs, there are still two slaves: the vanquished slave to the victor, the victor to the need of maintaining supremacy and being ready to use force against the vanquished. This creates a form of relationship as wasteful in economics as it is disastrous in morals. It explains the failure of all those policies based on coercion or aggression—privilege and oppression within the State, conquest and the struggle for power between States. But if the two agree to combine forces in the common fight against Nature for life and sustenance, both are liberated and they have found in that parthership the true economy: still better, they have found in it the true basis of human society and its spiritual possibilities. For there can be no union without some measure of faith in the agreement on which it is based, some notion of right. It indicates the true policy whether national or international—agreement for united action against the common enemy, whether found in Nature or in the passions

[1] 其，手稿本为“安吉尔”。

and fallacies of men.—Norman Angell.[1]

吾以为此说乃为吾所谓“道义的抗拒主义”（Ethical Resistance）下一注脚。[2]

赴讨论会之会员，皆自此邦各大学之国际政策研究会（International Polity Clubs）选送而来，其人皆英年，留意时事。吾每谓此邦学子不晓事，其所经意，独竞球之胜负，运动会之输赢而已耳；此次赴会诸人，皆足代表各校之第一流学子，他日政治界之领袖也。此次会员七十人，其中为 Φ B. K. 会员者乃居半数，即此一端，可见其人皆经一番淘汰选择而来者也。

吾日日择二三人来吾寓为茶会；此种欢会，其所受益远胜严肃之讲坛演说也。赴吾茶会之约者，除前所记外，有：安吉尔，葛雷，盖贝尔，[3] Lewis S. Gannett，Caroline E. Dickson，Eleanor D. Wood，Mrs. Kliefoth，Wilfred H. Crook，James C. Bell jr.。

会员中乃有持“不争主义”者二十余人，如 Kliefoth，Wood，Nicholson，皆其最著者也。

会员中有女子八九人。吾以为欧美女子今渐真知人格之可贵，渐知真自由真独立之意义，渐能献身社会，为社会立功进德，不出半世纪，女子之势力，其大昌乎？此次赴会之女子虽碌碌不足道，然其远来赴会，不可谓非女子舍其歌舞酬应之生涯而改趋社

[1] 以上安吉尔“学说大旨”，手稿本缺。

[2] 此处，手稿本附有此次讨论会照片十幅及胡适原注，现补于此。

[3] 安吉尔，葛雷，盖贝尔，手稿本中为英文“Norman Angell，Winifred S. Gray，Leona C. Gabel”。

Norman Angell under arrest.

Norman Angell at the picnic.

Some of the women delegates.

George Nasmyth

John Mez

"Blanche."

“中日同盟”

Lindstrom.

The Conference on International Relations
June 15—30, 1915, Ithaca, n. y.（前排右七为胡适——校者注）

会事业之一征也。(此邦女子如亚丹坚女士〔Jane Addams〕，其所建树，为世界所共仰，其名誉在威尔逊白来恩之上。)

东方人赴会者惟吾与四川杨国屏及日本富山接三三人耳。同学陈钟英间亦赴会场。

一日与富山接三君论汉诗，问日本汉诗大家，君举森槐南，汤浅德，小野湖山，日柳燕石，富山凌云以对。富山凌云，乃君之祖也。他日有机会，当求此诸家诗集读之。

讨论会最后一夜，讷博士嘱余讲“伦理与国际政策之关系”。余略述所见，约十五分钟[1]而毕。安吉尔继余述去年之讨论会会于英伦时之轶事：是会未终，而欧战已起；会员竭力组织中立会，欲免英于战祸，而卒不可得。有会员名鲁贝生[2](Denis H. Robertson)者，为中立会书记，运动奔走尤力。及战祸已开，此君投身戎伍，隶吉青纳部下为兵官，今存亡不可知矣。数月前，君自战[3]壕(Trenches)中寄一诗书愤。其诗载《康桥大学杂记[4]》中。安吉尔读之，其词甚悲愤。

A WORD TO THE OLD MEN.

"England, O Emperor, was grown degenerate, but you have made her great again." J. M. Barrie (who ought to have known better) to the Kaiser.

[1] 分钟，手稿本为“分时”。

[2] 鲁贝生，手稿本无。

[3] 战，手稿本无。

[4] 杂记，手稿本为“杂志”。

"When will ye believe, oh ye of little faith?"

—The Gospels.

A certain fool, being persuaded against all advice that there was no blood in his veins, took a knife and slit them up. And as the blood rushed out, he cried gleefully: "See how much blood I have put in my veins with this knife!"

—Chinese Fable.

You did not trust them, you who sit
Obese and eloquent by the fire;
But since their tempers did not fit
With the stiff code of your desire
You cried "The fibres of the state
Are rotted and degenerate."

For some there were, whose ways were cast
Mid grinding strife and bitter need:
Too proud to cringe before the past
And ape your comfortable creed,
They strove with bursting hearts to find
Freedom and bread for all mankind.

And some, unhampered, took the gifts

That fortune offered. Free and whole,
They scorned the small ascetic shifts
Wherewith you bargain for your soul,
And finding youth and pleasure good,
They stood and quaffed it, as men should.

Their ways were diverse; but on all
There lit alike your unctuous ban: ——
"Ere in the dust our Empire fall,
Shall God not smite them back to man?
Corrupt, irreverent, sordid, vain,
Shall He not purge them with His pain?"

Your prayer was answered, and their bones
Lie mangled in the Flemish mud;
The air is clangorous with their groans,
The earth is rotten with their blood:
And rubbing hardly-opened eyes
You dare to praise and patronise.

Take back your sanctimonious tears!
Take back the insult of your praise!
And pray that if the healing years
Bring yet some vestige of old days,

Your humbled hearts may know the truth,

And learn at length to trust in youth.

Denis H. Robertson [1]

读已，安吉尔告会众曰："今日之事，责在少年。中年以上人，其气已暮，不可与谋大事，苟安而已。公等少年，不可不自勉。"此言诚是[2]。今之持和平之说者类多少年。一日余与克雷登先生谈，先生感叹世风之日下，以为古谚"老人谋国，少年主战"（Old men for counsel，young men for war），今乃反是，少年人乃争言和平非攻矣。余以为不然：今之少年人之主和平，初非以其恒怯畏死也；独其思想进步，知战争之不足恃，而和平之重要，故不屑为守旧派之主战说所指挥耳。即如此诗之作者，其力谋和平，非畏死也，为国为世界计久长耳。及其失败，即慷慨从军，以死自表，其非恇怯之流可知矣。[3]

孟子言勇至矣："抚剑疾视，曰：'彼恶敢当我哉！'"此匹夫之勇也。孔子困于匡，厄于陈蔡而不拒；耶稣钉死于十字架而不怨；老氏不报怨：此大勇也。其勇在骨，其勇在神。[4]

吾友墨茨博士亦在会，谈及吾友黑蠋（Edgar Herzog，亦吾党中人持大同主义者也）战败被囚，今在英伦为俘虏，闻之恻然。

[1] 此诗，手稿本缺。

[2] 此言诚是，手稿本为"此言是也"。

[3] "以死自表，其非恇怯之流可知矣"句，手稿本为"以死自表，其非恇怯之流。其结二章怨恨之词，令人不忍卒读"。

[4] 此处，手稿本附有三幅照片及胡适原注，现补于此，胡适旁记："此下三图乃盖贝尔女士（Miss Leona Gabel）所摄。昨日承女士寄赠，以其隽妙可喜，故以实吾札记云。　七月八日。"

Norman Angell

"The Anglo-German Duel"

Sachs, Nasmyth

夜作一书寄慰之。

此会告终矣。吾于此十五日中得益不少，结友无数，吾和平之望益坚。罗斯福曰："今之谈和平者，皆'Unlovely persons''the most undesirable citizens'也。"嗟夫！罗斯福耄矣，休矣！[1]

六、记农家夏季"辟克匿克"（七月一日追记）

一日附近之节克生村有一县农家夏季"辟克匿克"，农院教师脱克先生（Charles H. Tuck）招余同往观焉。至则老幼佥在，男妇杂坐。农院教师数人为诸农讲畜蛋法及养马法。日午而餐，则前农院院长裴立先生亦挈其女至。餐已少休。下午在草地上开会，[2] 裴立先生演说，余亦致短词为颂。此等会集，亦采风觇国者所不可不见也。

七、盛名非偶然可得（七月四日）

与讷博士夫妇，安吉尔君，狄鲁芬君（Trufant）驾帆船游凯约嘉湖，甚乐。夜复与安狄两君同往观伊卜生之《群鬼》（*Ghosts*）影戏。此剧本不适于影戏，改头换面，唐突西子矣。

安君自言一日晨九时起，作一文始终不惬意，及文成已夜半后二时矣。盖十七时未离座，亦未饮食，其专心致志如是，宜

[1] 此后，手稿本有"七月一日记"五字。

[2] 此后，手稿本有"（见下页之图）"，并有此次活动摄影图三幅及胡适原注，现补于此。

Liberty Hyde Bailey

Ellen Wing

The Ulysses Grange's Picnic.

其享大名于世也。美国大发明家爱迭生（Thomas Edison）尝言所谓奇才者，其中百分之一得诸神来，百分之九十九得诸汗下（Genius consists of one per cent inspiration and ninety nine per cent perspiration），信夫！

八、思迁居（七月五日）

此间不可以久居矣。即如今日下午，方思闭户读书，甫尽二十页，而吕君来访。吕君去而 Mr. Coughram 来访。未去而 Mr. Theodore 来访。而半日之光阴[1]去矣。吾居此五年，大有买药女子皆识韩康伯之概。酬应往来，费日力不少，颇思舍此他适，择一大城如纽约，如芝加哥，居民数百万，可以藏吾身矣。

九、再记木尔门教派（七月八日）

仲藩去年归国时，道经西太（Utah）省，乃木尔门教派（Mormonism）之中心根据地也；因寄一片曰："足下有暇，可研究木尔门[2]之教旨，他日乞告我以十九世纪之文明，而此派能勃兴于是时，何也？"（卷七第四则）[3]余以人事卒卒，终未能研究此派之历史。今日有友人（大版巨册会会友）陆里村君（J. I. Lauritzen）见访，谈及身世，此君自言其宗教思想之变迁，始知

[1] 光阴，手稿本为"光影"。

[2] 木尔门，手稿本为"木尔派"。

[3] 卷七第四则，手稿本为"札记五册五页"。

其为木尔门派教徒。陆君来自西太省，生长于此派信徒之中，少时信奉此教甚虔，及长，思想进化，渐觉其所奉教旨与近世学术思想多所扞格，稍稍怀疑；由疑而趋于极端的反对，复由反对渐归于执中；今此君虽未叛教，而能知其所短如知其所长，非复如曩者之盲从涂附矣。其论斯派得失，颇有足资参考者，因考他书并纪之。[1]

此派本名后圣派（The Church of Jesus Christ of Latter-day Saints），以其信奉《木尔门书》（*The Book of Mormon*），故亦名木尔门教。有斯密约瑟者（Joseph Smith 1805—1844）居距[2]此城（绮色佳）[3]不远之裴叶特市（Fayette，Seneca County，N. Y.），自言得神人默示，亲见金版圣书。书乃耶稣教旨，由东方展转传来此洲，为先知木罗尼[4]（Moroni）所藏于附近之苦木拉山（Cumorah Hill），至是始出现于世。书为古文，无人能读，独斯密氏以神佑得读而译之，是为《木尔门经典》。斯密氏本不学鄙夫，今忽成书数万言，远近奇异，信为神助。附从者渐众，遂于一八三〇年四月六日创后圣派。东美各省多攻击之，信徒展转流徙于[5]西太，遂繁殖其地。今信徒甚众，几及西太全省。而附近之哀答和（Idaho）、阿利索纳（Arizona）二省居民大半多属是教。

[1] “颇有足资参考者，因考他书并纪之”句，手稿本为“甚有益，故记之”。
[2] 距，手稿本为“去”。
[3] （绮色佳），手稿本无。
[4] 木罗尼，手稿本为“木那尼”。
[5] 于，手稿本为“至于”。

是派向许教中人娶多妻。斯密氏后起为教中领袖之杨氏(Brighan Young)，有妇数人。教中人新殖民西方，信是教者女多于男。多妻之制，为生计上权宜之道，后遂成风尚。然此制大背耶教一妻之风，遂为集矢之的。此邦之人，今犹疾视此教，实此制之遗诟。多妻之制闻今已革除，一八九〇年，教长宣言革除此制。陆君告我，此禁已实行，虽间有违禁者，然为数绝寡也。

此邦之人[1]，攻击此派最深，吠影吠声，变本加厉。恒人不察，但以为凡木尔门信徒皆多妻者，而木尔门教即多妻主义也。此与美之乡民，以为凡中国人皆洗衣工同一荒谬，病在愚昧耳。

有人赴金山博览会而归，谓陆君曰："吾道经酉太一城名Provo，遥见山上大书一'Y'字，又见一山上有一'U'字。山上各有石梯无数。车中人言，山上之字不止此二字，盖有Y, O, U, N, G五字母，乃往日教长杨氏之名也。其石梯下乃杨氏众妻葬地，每一梯下葬一妇。"陆君闻之，大笑不可仰，以为教外人昧于木尔门教旨历史者之诬枉[2]，无过于此矣。山上仅"Y""U"二字。山左为杨氏大学，校生登高揭此"Y"字，乃校名之第一字母也。每年有"Y"节日，登高扫除此字以为庆乐。山右为酉太大学(University of Utah)，校生亦揭校名之第一字母于山上，每年有"U"节日，庆乐扫除如杨氏大学。而外人乃必强加O, N, G三字

[1] 之人，手稿本为"人士"。

[2] 诬枉，手稿本为"穿凿诬枉"。

以傅会诬枉之，不亦可笑乎？

陆君言木尔门派虽多不经之迷信，如经典之神示，先知之预言之类，在今科学昌明之日，此种迷信，信可鄙笑。然是派在当日实为耶教各派之最先进者（advanced），其制度尤合近世趋势，其附从之众，兴起之勃焉，未尝无因也。其可称之制度如：

（一）平等观　人人皆有超拔之望。

（二）女权　教中不独信一天父，亦信一天母（Heavenly mother），遂为女权根据。[1] 酉太省在美国四十余省中独首与女子以选举权，为诸省倡。

（三）均产主义　教徒须纳所得什之一于教堂。曩日仅以供教堂费用，今则多以充教育及慈善事业。每年由执事者具出入报告，昭示大众。

（四）共和主义　每教会中，人人各有所事。其少年男女，亦各有团体，选举侪曹，轮为领袖。教中执事，各由推举，无有由中央派遣之长老牧师之类。

（五）大同主义　教中信奉"人类皆为天之子"之说，故人道胞与之风极盛；慈祥之俗，敦睦之风，甲于他派。

（六）教育　木尔门派极重教育。今酉太不独小学遍于全省，又能使中学[2]（High Schools）普及全省。其偏小之村市须合设中学[3]者，学生往来车费由公家颁给之。其有不愿往来奔走者，可

[1] 此后，手稿本有"（耶教之旧派尊耶稣之母为圣母，其尊女权亦本于此）"。

[2] [3] 中学，手稿本为"高等小学"。

请给此费以供食宿之用。

此外，其教中宏旨亦有可取者，如以上帝为人之至极，人为具体而未臻之上帝，其中有至理，不可没也。

此教兴时，此邦科学教育尚在幼稚时代（天演进化之论犹未兴）；及科学昌明，而是教已根深蒂固，不易摧破矣。其实是派所持诸迷信，与他派所持正复何异？亦[1]不过一[2]百步与五十步之别耳。独多妻之制遗诟甚深，恶感至今未去。今此风禁除已二十五年，而外人犹以多妻制与木尔门教混作一事。甚矣！先入之见之不易去也！

吾所识友朋中如 P. P. Ashworth，如陆君，皆属此派，其人皆正直不欺，慈祥可爱，是以益知此邦人士疾视此派信徒之无据也。

一〇、读托尔斯泰《安娜传》（七月十日）

连日读托尔斯泰（Lyof N. Tolstoi）所著小说《安娜[3]传》（*Anna Karenina*）。此书为托氏[4]名著。其书结构颇似《石头记》，布局命意都有相似处，惟[5]《石头记》稍不如此书之逼真耳[6]。《安娜传》甚不易读；其所写皆家庭及社会纤细琐事，至千二百页之多，非有耐心，不能终卷。此书写俄国贵族社会之淫奢无耻，可谓铸鼎照奸。书中主人李问（Levin），盖托氏自写生也。其人

[1] 亦，手稿本为“至甚”。
[2] 一，手稿本无。
[3] 安娜，手稿本为“婀娜”，后同，不再注。
[4] 托氏，手稿本为“陶氏”，后同，不再注。
[5] 惟，手稿本无。
[6] 耳，手稿本为“也”。

由疑而复归于信仰。一日闻一田夫之言，忽大解悟，知前此种种思虑疑问都归无用，天国不远，即在心中，何必外求？此托氏之宗教哲学也。其说亦有不完处，他日当详[1]论之。

托氏写人物之长处类似莎士比亚，其人物如安娜，如李问夫妇，如安娜之夫，皆亦善亦恶，可褒可贬。正如莎氏[2]之汉姆勒特王子，李耳王，倭色罗诸人物，皆非完人也。迭更司写生，褒之欲超之九天，贬之欲坠诸深渊：此一法也。萨克雷（Thackeray）写生则不然，其书中人物无一完全之好人，亦无一不可救药之恶人，如[3] *Vanity Fair* 中之 Rebecca Sharp 诸人：此又一法也。以经历实际证之，吾从其后者，托氏亦主张[4]此法者也。[5]

托氏主张绝对的不抗拒主义者也（道义的抗拒）。惟此书[6]主人李问之言曰：

> Well, my theory is this: war, on the one hand, is such a terrible, such an atrocious, thing that no man, at least no Christian man has the right to assume the responsibility of beginning it; but it belongs to government alone, when it

[1] 详，手稿本无。
[2] 莎氏，手稿本为“萧氏”。
[3] “如”后，手稿本有“《空墟记》”。
[4] 张，手稿本无。
[5] 此后，手稿本有“九日”两字。
[6] “此书”后，手稿本有“（《妸娜传》）”。

becomes inevitable. On the other hand, both in law and in common sense, where there are state questions, and above all in matters concerning war, private citizens have no right to use their own wills. (Vol. Ⅲ, P. 381)

则托氏著书时，犹未全臻不抗拒之境也，李问之兄问曰：

Suppose you were walking in the street, and saw a drunken man beating a woman or a child. I think you would not stop to ask whether war had been declared on such a man before you attacked him and protected the object of his fury.

李问答曰：

"No; but I should not kill him." "Yes, you might even kill." "I don't know. If I saw such a sight, I might yield to the immediate feeling. I cannot tell how it would be. But in oppression of the Slavs, there is not, and cannot be, such a powerful motive."

则托氏此时尚持两端也。[1]

一一、题欧战讽刺画（七月十一日）

自战祸之兴，各国报章之讽刺画多以此为题，其中殊多佳品，偶择其尤，附载于此：[2]

[1] 此后，手稿本有"十日又记"。

[2] 以下八幅图画，手稿本缺，只余图旁的题词。

GERMAN MICHAEL TAKES ANOTHER HITCH IN HIS BELT.—*De Amsterdammer.*

一

为计三年蓄，
朝朝减带围。
但听新报捷，
真可以忘饥。

Copyright by G. Hirth's Verlag

BY WAY OF COMMENT ON HAGENBECK'S GIFT OF AN ELEPHANT TO THE GERMAN ARMY TRANSPORT SERVICE, JOHN BULL IS IMAGINED BY "JUGEND" AS SAYING, "IT'S NOT FAIR, MY SUBJECTS MUST NOT FIGHT FOR GERMANY"

二

身毒大象，

帝国臣隶，

敬告吾仇，

防其反噬。

此一则反复不能成章，其他七则既成，余往就餐，食时得此。

A BERLIN (AS BERLIN SEES IT)

Grand Duke Nicholas of Russia and General Joffre, each mounted on a handy home exerciser—"We are going forward."—*Lustige Blätter*

三

十月同舟谊，

强仇患正深。

车轮生四角，

何时到柏林？

AN ILL WIND

German (as wind changes)—"Gott strafe England."—*Punch.*

四

狂风吹我，

我则唾汝！

丑尔英伦，

上帝祸汝！

五

教化及于禽兽兮，
豕人立而布辞。
惟英伦之跋扈兮，
祝上帝其殛之。[1]

[1] 此后，手稿本有“（注）陈字宜用本义，用布字亦可”，后被删。

FURTHER ADVENTURES OF THE CULTURED PIG

六

一字褒贬，

可以全躯。

《春秋》之笔欤？

淳于之徒欤？

THE SHORTAGE OF MEN

"Now then! What do you little boys want?"
"'E's ver baker, 'n' I'm ver butcher. An' we've come for orders." —*Punch*.

七

八岁卖肉，

七岁卖面，

父兄何在？

为国苦战。

RANGE FINDING

ONE OF A SERIES OF GREAT WAR GAMES FOR STAY-AT-HOMES AS VISUALIZED BY G. E. STUDDY IN "THE SKETCH" OF LONDON

八

跳舞筵前，

迷藏灯下，

念之念之，

何以对逝者！

既载此八画，戏为作题词，以三十分时成七则，亦殊有隽妙之语，颇自憙也。四七两章大有古乐府风味。

一二、游凯约嘉湖摄影（七月）

前日与安吉尔诸君驾帆船游湖，余携有摄影具，为撮此诸图，掌舵者安吉尔也。他日当作一诗题之。

一三、夜过纽约港（七月）

余于二月中自纽约归，夜渡赫贞[1]河，出纽约港，天雨昏黑，惟见高屋电灯隐现空际。余欲观自由神像于此黑暗之中作何状，遍觅乃不可见。已而舟转向车站，遥见水上众光围绕，其上一光独最高亦最明。同行者指谓余曰："此自由也。"余感叹此语，以为大有诗意，久拟为作一诗纪之，而卒不果。后举以告所知，亦皆谓可以入诗，遂作一章。屡经删改，乃得下稿，殊未能佳。

CROSSING THE HARBOR[2]

As on the deck half-sheltered from the rain
We listen to the wintry wind's wild roars,
And hear the slow waves beat
Against the metropolic shores;
And as we search the stars of Earth

[1] 赫贞，手稿本为"赫逞"。
[2] 此诗，手稿本缺。

游凯约嘉湖摄影

（一）

（二）

（三）

（四）

Which shine so staringly
Against the vast, dark firmament, —
There—
Pedestalled upon a sphere of radiancy,
One Light stands forth pre-eminent.
And my comrade whispers to me,
"There is 'Liberty'!"

一四、克鸾达儿轶事（七月廿日）

昨夜闻友人皮耳律师（Sherman Peer）之母皮耳夫人道及土木工程院铁道主任[1]克鸾达儿（Prof. C. L. Crandall）轶事一则，记之：

克之夫人，瞽者也，而以贤著于一乡。此间士女都尊爱之。余亦识之，而不知其少年行实，亦不知其盲始于何时也。盖夫人之失明在与克氏订婚约之后。婚约既成，未行礼而夫人病目，遂失明。夫人不欲以残废之身累其所爱，力促克氏退婚。克氏坚不许，遂终娶之，敬爱之，终身不倦。今夫妇皆老矣。乡里之知其事者，莫不称克氏之不负约，谓为难能而可贵。此西方之信义也，以其可风，故记之。

一五、欧美学生与中国学生（七月廿二日[2]）

吾友褒加利亚人（Bulgaria）盖贝夫（Angel Gabeff）与余谈褒

[1] 铁道主任，手稿本为“铁道教长”。
[2] “廿二日”后，手稿本有“偶记”两字。

国[1]民风国势，甚有益。我[2]所遇欧洲学生，无论其为德人，法人，俄人，巴尔干诸国人，皆深知其国之历史政治，通晓其国之文学。其为学生而懵然于其祖国之文明历史政治者，独有二国之学生耳，中国与美国是已。吾所遇之俄国学生，无不知托尔斯泰之全集，无不知屠格涅夫及杜思拖夫斯基[3]（Dostoieffsky）者。吾国之学子，有几人能道李杜之诗，左迁之史，韩柳欧苏之文乎？可耻也。

一六、节录《王临川集》三则（七月廿三日）

孔子没，道日以衰熄。[4]浸淫至于汉，而传注之家作。为师则有讲而无应，为弟子则有读而无问。非不欲问也，以经之意为尽于此矣，吾可无问而得也。岂特无问，又将无思。非不欲思也，以经之意为尽于此矣，吾可以无思而得也。夫如此，使其传注者皆已善矣，固足以善学者之口耳，不足善其心，况其有不善乎？（《书洪范传后》）

太古之人，不与禽兽朋也几何？圣人恶之也，制作焉以别之。下而戾于后世，侈裳衣，壮宫室，隆耳目之观，以嚣天下，君臣，父子，兄弟，夫妇，皆不得其所当然，仁义不足泽其性，礼乐不足锢其情，刑政不足网其恶，荡然复与禽

[1] 国，手稿本无。

[2] 我，手稿本为“吾”。

[3] 杜思拖夫斯基，手稿本为“多司陶叶武司寇”。

[4] 此句前另起一行，手稿本有“读王临川集节录一二则”。

兽朋矣。圣人不作，昧者不识所以化之之术，顾引而归之太古。太古之道果可行之万世，圣人恶用制作于其间？必制作于其间，为太古之不可行也。顾欲引而归之，是去禽兽而之禽兽，奚补于化哉？吾以为职治乱者，当言所以化之之术。曰归之太古，非愚则诬。（《太古》）

“三十辐，共一毂，当其无，有车之用。”夫毂辐之用，固在于车之无用（**疑当作用无**），然工之琢削未尝及于无者。盖无出于自然之力，可以无与也。今之治车者，知治其毂辐而未尝及于无也。然而车以成者，盖毂辐具，则无必为用矣。如其知无为用，而不治毂辐，则为车之术固已疏矣。今知无之为车用，无之为天下用，然不知所以为用也。故无之所以为车用者，以有毂辐也。无之所以为天下用者，以有礼乐刑政也。如其废毂辐于车，废礼乐刑政于天下，而坐求其无之为用也，则亦近于愚矣。（《老子》）

介甫志于制作，故此二文之论若此。其释《老子》第十一章甚辩，参观《札记》卷四第五三则[1]。

一七、读《墨子》及《公孙龙子》（七月廿三日）

连日读《墨子》《经上》《经说上》《小取》三篇，又读《公孙龙子》三篇，极艰苦，然有心得不少。

[1] 卷四第五三则，手稿本为“二卷末页”。

一八、“今别离”（七月廿六日）

昨夜月圆，疑是旧历七月十五夜也。步行月光中甚久，赏玩无厌。忽念黄公度《今别离》第四章“汝魂将何之”，其意甚新。惜其以梦为题，而独遗月。古人“今夜涪州月，闺中只独看”；“但愿人长久，千里共婵娟”，皆古别离之月也。千里远别，犹可共婵娟之月色，今之去国三万里者，其于国中父老骨肉，日月异明，昼夜异时，此夜绮色佳之月，须待一昼夜之后始可照吾故园桑梓，此“今别离”之月色也。感此因成英文小诗二章。他日当译为汉文，或别以汉文作一诗以续《今别离》之后。此诗成后，吾友 A. J. Thomas 为易数字。

ABSENCE. [1]

Those years of absence I recall,
　When mountains parted thee and me,
And rivers, too. But that was all.
　The same fair moon which shone on thee,
Shone, too, on me, tho' far apart;
　And when 'twas full, as it is now,
We read in it each other's heart,
　As only thou and I knew how.

And now the moon is full once more! —

[1] 此诗，手稿本缺。

But parting thee and me there lies
One half the earth; nor as before
Do these same stars adorn thy skies.
Nor can we now our thoughts impart
Each to the other through the moon,
For o'er the valley where thou art,
There reigns the summer sun at noon.

一九、妇女参政运动（七月廿七日）

昨日本校日刊作社论，评纽约拳术比赛场中有妇女侵入强作宣传妇女参政之演说，其论甚刻薄，吾作书驳之。[1] [2]

Editor, *CORNELL DALLY SUN*: —

Even the Summer Sun has its wintry aspect, and the conservative spirit which pervades the editorial, entitled "A Noble Spectacle," is certainly appalling.

I do not see why a party of women suffragists invading a boxing contest in order to secure a hearing for what you, Sir, have properly called "The Cause", should arouse in apparently intelligent souls such indignation and sarcasm as you have expressed in your editorial. Personally—if you will allow me to be

[1] 此段文字，手稿本无，只有一则该社论的英文剪报（见本卷末附一），后被删，旁有胡适所注日期"July 26, 1915"。

[2] 以下英文，手稿本缺，只有胡适所注日期"July 27, 1915"。

a little personal, —I have much greater admiration for those ladies whom you have so indignantly ridiculed, than for those who have no "causes" whatever, and who can be passively led or invited to enjoy a football game or a dancing party. I do not see why the arena for such a perfectly barbaric practice as prize fighting should not be more legitimately employed as the auditorium for a suffrage oration, than a great university daily of the 20th century should be used to propagate anti-suffrage or anti-woman ideas.

It is almost unnecessary for me to point out that the strong desire for publicity on the part of the suffragists is due partly to the indifference of the public, but partly to the unpardonable reactionary opposition of some of the "ought-to-know-better" newspapers, one of which you have elsewhere compared with the gods who "occasionally descend from Olympus to err with the rest of humanity."

"WHO."

吾与此报主者 Maurice W. Hows [1] 雅相友善，故投此书戏之耳。

二〇、读《小人》及《辟邪符》（七月廿七日）

读英人高尔华绥（John Galsworthy）之讽刺小说（Satires）二篇；一名《小人》(The Little man)，一名《辟邪符》(Abracadabra)。《辟邪符》盖刺耶教医术派（Christian Scientists）之教旨，读之忽

[1] Hows，手稿本为"Howe"。

思及老子《道德经》“吾所以有大患，为吾有身。及吾无身，吾有何患?”之语，念此岂主观的唯[1]心主义（Subjective Idealism）之先河，而耶教医术派之鼻祖乎？不禁掩卷大笑。（参看卷六第三〇则）[2]

二一、《论句读及文字符号》节目（八月二日）

为《科学》作一文《论句读及文字符号》，凡三昼夜始成，约一万字。其节目如下：

（一）文字符号概论。

无文字符号之害：

（1）意旨不能必达，多误会之虞。

（2）教育不能普及。

（3）无以表示文法上之关系。

（二）句读论。

（1）界说十四则。

（2）读之用。

（3）顿之用。

（三）文字之符号。其两式并列者，一以横行，一以直书也。

（1）住　。或．

（2）豆　，或、

（甲）每顿之末。

[1] 唯，手稿本为“惟”。

[2] 参看卷六第三〇则，手稿本为“参观四卷波士顿游记”。

（乙）复句诸读之间：

（子）伉读短者　尧舜让而帝，之哙让而绝。

（丑）倚读当顿者　（当顿者）所恶于上，毋以使下。（不当顿者）视其所以。

（3）分　；或◎　后用△

（甲）伉读长者　尧舜让而帝，之哙让而绝；汤武争而王，白公争而灭。

（乙）倚读过长者　所恶于上，毋以使下；所恶于下，毋以事上；所恶于前，毋以先后；所恶于后，毋以从前；……：此之谓絜矩之道。

（4）冒　：或、、

（甲）总起　君子有三畏：畏天命，畏大人，畏圣人之言。

（乙）总结　所恶于上，毋以使下；……：此之谓絜矩之道。

（丙）起引　告子曰："性无善无不善也。"

（5）问　？　可有可无。

（甲）发问　牛何之？

（乙）反问　吾岂若是小丈夫然哉？

（丙）示疑　其然，岂其然乎？

（6）诧　！

（甲）赞叹　使乎！使乎！

（乙）感叹　益曰"吁！戒哉！"

（丙）哀叹　噫！天丧予！天丧予！

（丁）惊异　吾以子为异之问，曾由与求之问！

（戊）愿望　王庶几改之！

（己）急遽　曾子闻之，瞿然曰："呼！"

（庚）怒骂　商！汝何无罪也！

（辛）厌恶　恶用是鶂鶂者为哉！

（壬）命令　居！吾语汝。

（癸）招呼　参乎！吾道一以贯之。

（7）括　（）

（8）引　『』「」“”‘’

（甲）引语。

（一）间接称述不用引号　孟子道性善，言必称尧舜。

（二）直接称述　王见之，曰："牛何之？"

（三）引中之引　王笑曰："诗云：'他人有心，予忖度之。'"

（乙）书名　杜之"北征"，韩之"南山"。

（丙）不经见之语句　此之谓"絜矩之道"。达尔文之"天择说"。

（附）无引号之害一论。

（9）不尽。　……⋮

（甲）示略。

（乙）不尽。

（10）线 ——｜ 本名之符号也。 秦。楚。拿破仑。

吾之有意于句读及符号之学也久矣，此文乃数年来关于此问题之思想结晶而成者，初非一时兴到之作也（参看卷五第三一则）[1]。后此文中当用此制。[2]

二二、驯鼠（八月三日）

所居窗下多树，有鼫鼠往来其间，不独不避人也，乃与窗中居人过从甚狎，同人日为设果饼窗上以饷之。居楼上之植物育种学[3]教师巴尔克（E. E. Barker）[4]居此屋最久，故与鼫鼠亦最亲，能置食掌上以饲之，他人未能也。一日巴君戏以摄影器伺鼠至，为撮数影以相赠，故附于此而记之，是亦吾邻之一也。[5]

巴君语我，此二图皆夜间用“霎光”（Flash Light）所摄。霎光极炫目，而鼠不为惊走，其驯可想。[6]吾与巴[7]君友善，四年于兹。君去年得博士位，今年即擢为教师。其人好学不倦，和蔼至可亲。（图删）[8]

---

[1] 参看卷五第三一则，手稿本为“参观第三卷 50、51 页及眉注”。

[2] 此后，手稿本有“又志 二日”。

[3] 育种学，手稿本为“接种学”。

[4] E. E. Barker，手稿本无。

[5] 此后，手稿本有“二日”两字。

[6] 此后，手稿本有“三日”两字，另行起还有一句：“下一图乃巴君小影。”

[7] 巴，手稿本无。

[8] （图删），手稿本无。此后，手稿本有“三日”两字并附有图片三幅，现补于此。

鼯鼠

E. Eugene Barker & "Peter"

二三、《水调歌头》 今别离（八月三日）

吾前以英文作《今别离》诗，今率意译之，得《水调歌头》一章：

> "但愿人长久，千里共婵娟！"（坡句）吾歌坡老佳句，回首几年前。照汝黄山深处，照我春申古渡，同此月团栾。皎色映征袖，轻露湿云鬟。 今已矣！空对此，月新圆！清辉脉脉如许，谁与我同看？料得今宵此际，伴汝鹧鸪声里，骄日欲中天。帘外繁花影，村上午炊烟。

此等诗词，作者之意趣乃在题，而不在题中之材料。即如此词中之"汝"，[1] 乃意象中悬设之"汝"，不必即实有所指，西文所谓 Impersonal 者是也。

二四、读词偶得（八月三日）

年来阅历所得，以为读词须用逐调分读之法。每调选读若干首，一调读毕，然后再读他调。每读一调，须以同调各首互校，玩其变化无穷仪态万方之旨，然后不至为调所拘，流入死板一路。即如《水调歌头》，稼轩一人曾作三十五阕，其变化之神奇，足开拓初学心胸不少。今试举数例以明之。

此调凡八韵。第一韵与第四韵第八韵，皆十字两截，或排或不排。

---

[1] 此后，手稿本有"乃不知谁某之'汝'"。

（一）排者：

文字起骚雅，刀剑化新蚕。
莫射南山虎，直觅富民侯。

（二）不排者：

落日塞尘起，胡马猎清秋。
季子正年少，匹马黑貂裘。
长恨复长恨，裁作短歌行。
四坐且勿语，听我醉中吟。

第二韵与第六韵十一字，或上六而下五，或上四而下七。

（一）上六下五：

何人为我楚舞，听我楚狂声？
"悠然"正须两字，长笑退之诗。
池塘春草未歇，高树变鸣禽。
而今已不如昔，后定不如今。

（二）上四[1]下七：

平生邱壑，岁晚也作稻粱[2]谋。
君如无我，问君怀抱向谁开？

第三韵与第七韵皆十七字，分三截：首六字，次六字，又次五字。

（一）三截一气不断者：

凡我同盟鸥鹭，今日既盟之后，来往莫相猜！

[1]"四"后，手稿本有"而"字。
[2]粱，手稿本为"梁"。

闻道清都帝所，要挽银河仙浪，西北洗湖[1]沙。

（二）一二两截[2]两读相排，而以下截收者：

襟以潇湘桂岭，带以洞庭青草：紫盖屹东南。

试问东山风月，更著中年丝竹：留得谢公不？

余既滋兰九畹，又树蕙之百亩：秋菊更餐英。

悲莫悲生离别，乐莫乐新相识：儿女古今情。

鸿雁初飞江上，蟋蟀还来床下：时序百年心。

闲处直须行乐，良夜更教秉烛：高会惜分阴。

百炼都成绕指，万事直须称好：人世几舆台！

（三）上两截为对峙语词，而下五字为之止词（Object）[3]：

都把轩窗写遍，更使儿童诵得，“归去来兮”辞。

（四）首截叙一事，而次两截合叙一事：

莫信君门万里。但使民歌“五袴”，归诏凤皇衔。

谁唱黄鸡白酒？犹记红旗清夜，千骑月临关。

须信功名儿辈。谁识年来心事，古井不生波？

（五）首截总起，而下两截分叙两事：

却怪青山能巧：政尔横看成岭，转面已成峰。

第五韵九字分三截。

（一）九字一气者：

为公饮须一日三百杯。

---

[1] 湖，手稿本为“胡”。

[2] 截，手稿本为“成”。

[3] （object），手稿本无。

孙刘辈能使我不为公。

功名事身未老几时休？

今老矣搔白首过扬州。

看使君于此事定不凡。

一杯酒问何似身后名？

我怜君痴绝似顾长康。

（二）九字分三侃读：

唤双成，歌弄玉，舞绿华。

醉淋浪，歌窈窕，舞温柔。

欢多少，歌长短，酒浅深。

水潺湲，云澒洞，石巃嵸。

（三）上三字起，下六字分两侃读：

断吾生，左持蟹，右持杯。

笑吾庐，门掩草，径封苔。

少歌曰："神甚放，形则眠。"

（四）上六字分两侃顿，而下三字收之：

短灯檠，长剑铗：欲生苔。

耕也馁，学也禄：孔之徒。

稼轩有《贺新郎》二十二首，《念奴娇》十九首，《沁园春》十三首，《满江红》三十三首，《水龙吟》十三首，《水调歌头》三十五首，最便初学。初学者，宜用吾上所记之法，比较同调诸词，细心领会其文法之变化，看其魄力之雄伟，词胆之大，词律之细，然后始可读他家词。他家词，如草窗、梦窗、清真、碧山，皆不可为初学入门之书，以其近于雕琢纤细也。[1]

二五、读白居易《与元九书》（八月三日）

白香山与元微之论文书节录：

……诗者，根情，苗言，华声，实义。上自圣贤，下至愚骙，微及豚鱼，幽及鬼神，群分而气同，形异而情一，未有声入而不应，情交而不感者。圣人知其然，因其言，经之以六义；缘其声，纬之以五音。音有韵，义有类。韵协则言顺，言顺则声易入。类举则情见，情见则感易交。……国风变为骚辞，五言始于苏李。苏李骚人皆不遇者，[2]各系其志，发而为文。故河梁之句止于伤别，泽畔之吟归于怨思，彷徨抑郁，不暇及他耳。然去诗未远。梗概尚存。……于时六义始缺矣。

晋宋以还，得者盖寡。……陵夷至于梁陈间，率不过嘲风雪，弄花草而已。噫！风雪花草之物，三百篇中岂舍之乎？顾所用何如耳。设如“北风其凉”，假风以刺威虐；“雨雪霏霏”，因雪以愍征役：……皆兴发于此，而义归于彼。反是者，可乎哉？然则“余霞散成绮”“澄江净如练”“离花[3]先委露，别叶乍辞风”之什，丽则丽矣，吾不知其所讽焉。

---

[1] 此后，手稿本还有如下两行文字：“作词须从长调入手，正如作诗须从古诗入手也。小令之词，如诗中之律绝，以附庸视之可矣。　同日记。”

[2] 苏李骚人皆不遇者，手稿本为“诗骚皆不遇者”。

[3] 离花，手稿本为“归花”。

故仆所谓嘲风雪，弄花草而已。于时六义尽去矣。

唐兴二百年，其间诗人不可胜数。……诗之豪者，世称李杜。李之作，才矣，奇矣，人不逮[1]矣，索其风雅比兴，十无一焉。杜诗最多，可传者千余首；至于贯穿今古，覙缕格律，尽工尽善，又过于李[2]。然撮其《新安》《石壕》《潼关吏》《芦子关》《花门》之章，“朱门酒肉臭，路有冻死骨”之句，亦不过十三四。杜尚如此，况不逮杜者乎?

仆尝痛诗道崩坏，忽忽愤发，或食辍哺，夜辍寝，[3]不量才力，欲扶起之。……仆五六岁，便学为诗。九岁，暗识声韵。……二十已来，昼课赋，夜课书，间又课诗，不遑寝息矣。以至于口舌成疮，手肘成胝，既壮而肤革不丰盈，未老而齿发早衰白。瞥瞥然[4]如飞蝇垂珠在眸子中者动以万数，盖以苦学力文所致。……既第之后，虽专于科试，亦不废诗。及授校书郎时，已盈三四百首。或出示交友如足下辈，见皆谓之工，其实未窥作者之域耳。

自登朝以来，年龄[5]渐长，阅事渐多，每与人言，多询时务；每读书史，多求治道[6]。始知文章合为时而著，歌诗合为事而作。是时皇帝初即位，宰府有正人，屡降玺书，访

[1] 不逮，手稿本为“不迨”。此篇中后同，不再注。

[2] “李”后，手稿本有“焉”字。

[3] “或食辍哺，夜辍寝”，手稿本为“或废食辍寝”。

[4] 瞥瞥然，手稿本为“瞀然”。

[5] 龄，手稿本为“齿”。

[6] 治道，手稿本原为“治道”，后将“治”改为“理”字。

人急病。仆当此日，擢在翰林，身是谏官，月请谏纸，启奏之外，[1] 有可以救济人病，裨补时阙，而难于指言者，辄咏歌之，欲稍稍递[2] 进闻于上。上以广宸听，副忧勤；次以酬恩奖，塞言责；下以复吾平生之志。岂图志未就而悔已生，言未闻而谤已成矣！又请为左右终言之：

凡闻仆《贺雨》诗，众口籍籍以为非宜矣。闻仆《哭孔戡》诗，众面脉脉尽不悦矣。闻《秦中吟》，则权豪贵近者[3] 相目而变色矣。闻《乐游园》寄足下诗，则执政柄者扼腕矣。闻《宿紫阁村》诗，则握军要者切齿矣：大率如此，不可遍举。不相与者，号为沽名[4]，号为诋讦，号为讪谤。苟相与者，则如牛僧孺之戒焉。乃至骨肉妻孥皆以我为非也。其不我非者，举世不过三两人。有邓鲂者，见仆诗而喜，无何而[5] 鲂死。有唐衢者，见仆诗而泣，未几而衢死。其余则[6] 足下。足下又十年来困踬若此。呜呼！岂六义四始之风，天将破坏不可支持耶？抑又不知天之[7] 意不欲使下人之[8] 病苦闻于上耶？不然，何有志于诗者不利若此之甚也！……

---

[1] 启奏之外，手稿本为“启奏之间”。

[2] 递，手稿本无。

[3] 者，手稿本为“皆（原刻作者）”。

[4] 沽名，手稿本为“沽誉”。

[5] 而，手稿本无。

[6] 则，手稿本为“即”。

[7] [8] 之，手稿本无。

仆数月来，检讨囊箧[1]中，得新旧诗，各以类分，分为卷目。自拾遗来，凡所遇所感，关于美刺兴比者；又自武德讫元和[2]，因事立题，题为《新乐府》者：共一百五十首，谓之“讽谕诗”。又或退公独处，或移病闲居，知足保和，吟玩情性[3]者一百首，谓之“闲适诗”。又有事物牵于外，情理动于内，随感遇而形于叹咏[4]者一百首，谓之“感伤诗”。又有五言七言，长句绝句，自一[5]百韵至两韵者四百余首，谓之“杂律诗”。凡为十五卷，约八百首。……

仆志在兼济，行在独善。奉而始终之，则为道；言而发明之，则为诗。谓之讽谕诗，兼济之志也。谓之闲适诗，独善之义[6]也。故览仆诗者，知仆之道焉。其余杂律诗，或诱于一时一物，发于一笑一吟，率然成章，非平生所尚者，但以亲朋合散之际，取其释恨佐欢，今铨次之间未能删去，他时有为我编集斯文者，略之可也。

微之，夫贵耳贱目，荣古陋今，人之大情也。……今仆之诗，人所爱者，悉不过杂律诗与《长恨歌》已下耳。时之所重，仆之所轻。至于讽谕者，意激而言质；闲适者，思澹

[1] 箧，手稿本无。

[2] 讫元和，手稿本为“至元和”。

[3] 情性，手稿本为“性情”。

[4] 叹咏，手稿本为“咏叹”。

[5] 一，手稿本无。

[6] 义，手稿本为“道”。

而词[1]迂：以质合迂，宜人之不爱也。今所爱者，并世而生，独足下耳。然百千年后，安知复无如足下者出而知爱我诗哉？……

此文学史上极有关系之文也。文学大率可分为二派：一为理想主义（Idealism），一为实际主义（Realism）。

理想主义者，以理想为主，不为事物之真境所拘域；但随意之所及，心之所感，或逍遥而放言，或感愤而咏叹；论人则托诸往昔人物，言事则设为乌托之邦，咏物则驱使故实，假借譬喻："楚宫倾国"，以喻蔷薇；"昭君环佩"，以状梅花。是理想派之文学也。

实际主义者，以事物之真实境状为主，以为文者，所以写真，纪实，昭信，状物，而不可苟者也。是故其为文也，即物而状之，即事而纪之；不隐恶而扬善，不取美而遗丑；是则是，非则非。举凡是非，美恶，疾苦，欢乐之境，一本乎事物之固然，而不以作者心境之去取，渲染影响之。是实际派之文学也。

更以例明之："感时花溅泪，恨别鸟惊心"，理想也。"芹泥随燕嘴，蕊粉上蜂须"，实际也。"熊[2]罴咆我东，虎豹号我西；我后鬼长啸，我前狨又啼"，理想也。"平生所娇儿，颜色白胜雪，见耶背面啼，垢腻脚不袜。床前两小女，补绽才过膝"，实际也。"老妻寄异县，十口隔风雪。谁能久不顾，庶往共饥渴。入

[1] 词，手稿本为"辞"。

[2] "熊"前，手稿本有"（杜）"。

门闻号咷，幼子饥已卒。吾宁舍一哀，里巷亦呜咽。所愧为人父，无食至夭折”，亦实际也。（以上所引皆杜诗）庄子、列子之文，大率皆理想派也。孔子、孟子之文，大率皆实际派也。陶渊明之《桃花源记》，理想也。其《归田园居》及《移居》诸诗，则实际也。《水浒传》，理想也。《儒林外史》，实际也。《西游记》《镜花缘》，理想也。《官场现形记》《二十年目睹之怪现状》，实际也。

香山之言曰：“自登朝以来，年齿渐长，阅事渐多。每与人言，多询时务；每读书史，多求治道。始知文章合为时而著，歌诗合为事而作。”此实际的文学家之言也。香山之讽谕诗《秦中吟》十首，《新乐府》五十首之外，尚有《采地黄者》《宿紫阁山北村》《观刈麦》诸诗，皆记事状物之真者，皆实际之文学也。此派直接老杜之《自京赴奉天咏怀五百字》《北征》《新安吏》《潼关吏》《石壕吏》《新昏别》《垂老别》《无家别》《羌村》《前后出塞》《示从孙济》诸诗。是为唐代之实际派。（李公垂有《乐府新题》二十首，元微之和之有十二首，盖皆在白诗之前，则其时必有一种实际派之风动〔Movement〕，香山特其领袖耳。）

唐代之实际的文学，当以老杜与香山为泰斗。惟老杜则随所感所遇而为之，不期然而自然。盖老杜天才，仪态万方，无所不能，未必有意为实际的文学。若香山则有意于“扶起”“诗道之崩坏”。其毕生精力所注，与其名世不朽之望，都在此种文字。“其余杂律诗，非平生所尚……略之可也”，则虽谓香山为纯粹的实际派之诗人可也。吾故曰：“上所录之文，乃文学史上极有关系之文字也”，可作[1]实际派文学家宣告主义之檄文读[2]也。[3]

梅觐庄携有上海石印之《白香山诗集》，乃仿歙县汪西亭康熙壬午年本，极精。共十二册，两函。有汪撰年谱，及宋陈直斋撰年谱。汪名立名，吾徽清初学者。

香山生代宗大历七年（壬子），卒于武宗会昌六年。年七十五。

二六、读香山诗琐记（八月四日）

上所举香山之实际的诗歌，皆纪事写生之诗也；至其写景之诗，亦无愧实际二字。实际的写景之诗有二特性焉：一曰真率，谓不事雕琢粉饰也，不假作者心境所想像[4]为之渲染也；二曰详尽，谓不遗细碎（Details）也。

（例一）长途发已久，前馆行未至。体倦目已昏，瞌然遂成睡。右袂尚垂鞭，左手暂委辔。忽觉问仆夫，才行百步地。……[5]

（例二）《游悟真寺诗》一百三十韵。[6]以此诗与退之《南山诗》相较看之。[7]

[1] 可作，手稿本为“虽以之作”。

[2] “读”后，手稿本有“可”字。

[3] 此后，手稿本有“八月三夜”。

[4] 想像，手稿本为“想象”。

[5] 此后，手稿本有“卷八二□页”。

[6] 此后，手稿本有“卷六　九、十、十一页”。

[7] 此后，手稿本有“同日”两字。因前已有“八月三夜”（见注［3］），故以上三段文字疑为八月三日所写。

香山《琵琶行》自序曰“凡六百一十二言”，各本皆然，乃至各选本亦因之不改，其实乃六百一十六言也，盖八十八句。

香山《道州民》一诗，佳构也。“……一自阳城来守郡，不进矮奴频诏问。城云‘臣按《六典》书，任土贡有不贡无。道州水土所生者，只有矮民无矮奴’。……”何其简而有神也。“……道州民，民到于今受其赐。欲说使君先下泪，仍恐儿孙忘使君，生男多以‘阳’为字。”此亦不用气力之佳句也。

东方人讳所爱敬，西方则以所爱敬名其子孙。此诗云“生男多以‘阳’为字”，则此风固不独西方人所专有也。

《新乐府》之佳者亦殊不多，《上阳人》《折臂翁》《道州民》《缚戎人》《西凉伎》《杜陵叟》《缭绫》《卖炭翁》《盐商妇》之外，皆等诸自郐以下可也。[1]

以《长恨歌》与《琵琶行》较，后者为胜也。《长恨歌》中劣句极多：“承欢侍宴无闲暇，春从春游夜专夜”，“金屋妆成娇侍夜，玉楼宴罢醉和春”，几不能卒读。《琵琶行》无是也。

香山少时有《望月有感寄诸兄及弟妹诗》中有“共看明月应垂泪，一夜乡心五处同”之句，亦[2]古别离之月也。[3]

二七、札记不记哲学之故（八月五日）

或问吾专治哲学，而札记中记哲学极少，何也？则答之曰。正以哲学为吾所专治，故不以入吾札记耳。吾日日读哲学书，若

[1][3] 此后，手稿本有“四日”两字。

[2] “亦”前，手稿本有“此”字。

一一以实吾札记，则篇幅时日皆有所不给。且吾之哲学工课，皆随时作记（Notes）；其有有统系的思想，则皆著为长篇论文，如前论墨子、康德（Kant）、胡母（Hume）诸文，皆不合于札记之体例也。且吾札记所记者，皆一般足以引起普通读者之兴味者也。哲学之不见录于此也，不亦宜乎?

二八、老子是否主权诈（八月九日）

今当记哲学矣。《大中华》第六号有谢无量著之《老子哲学》一文（第五号载其上篇，吾未之见。此篇名“本论”，岂上篇为老子传述及其行实耶?），分“宇宙论”（〔一〕本体论——Reality，〔二〕现象论——Appearance）、“修养论”、“实践道德论”、“人生观”、“政治论”、“战争论”、“老子非主权诈论”、“老子思想之传播与周秦诸子”诸篇。其“宇宙论”极含糊不明，所分两节，亦无理由。其下诸论，则老子之论理哲学[1]耳，所分细目，破碎不完。

其论“老子非主权诈”一章，颇有卓见，足资参考：

（甲）误解之源　老子曰：“将欲噏之，必固张之；将欲弱之，必固强之；将欲废之，必固兴之；将欲夺之，必固与之：是谓‘微明’。柔弱胜刚强。鱼不可脱于渊。国之利器，不可以示人。”（三十六章）又曰：“江海所以能为百谷王者，以其善下之，故能为百谷王。是以欲上民，必以言下之；欲先民，必以身后之。”（六十六章）

[1]　论理哲学，手稿本为“伦理哲学”。

（乙）攻击老子之言者　程子曰："与，夺，噏，张，理所有也；而老子之言非也。与之之意，乃在乎取之；张之之意，乃在乎噏之：权诈之术也。"（《性理大全》）又曰："老子语道德而杂权术，本末舛矣。申韩张苏，皆其流之弊也。"（《二程全书》四十一）朱子曰："程明道云：'老子之言窃弄阖辟也者，何也？'曰，'将欲取之，必固与之'之类，是他亦窥得些道理，将来窃弄，如所谓代大匠斫则伤手者，谓如人之恶者，不必自去治他，自有别人与他理会，只是占便宜，不肯自犯手做。"（林注《老子》引）

（丙）老子之语同见他书　管子《牧民篇》："知予之为取者，政之宝也。"韩非《说林》上引《周书》曰："将欲败之，必姑辅之；将欲取之，必姑与之。"

（丁）古来注《老》之说：

（1）韩非《喻老》以越之事吴喻"噏张""弱强"二语；以晋之赂虞，喻"取与"。

（2）王弼云："将以除强梁，去暴乱，盖因物之性，令自即于刑戮。"

（3）河上公章句云："先开张之者，欲极其奢淫也。先强大之者，欲使遇祸患也。先兴之者，欲使其骄危也。先与之者，欲极其贪心也。"

大抵天之于人[1]，将欲弱之，必固强之。得道之人，知

[1] 人，手稿本为"天人"。

其如此，则执其柔，退所以自固。列子《黄帝》篇引鬻子曰："欲刚必以柔守之，欲强必以弱保之。积于柔必刚，积于弱必强。"此之谓也。

老子曰："天之道其犹张弓欤？高者抑之，下者举之，有余者损之，不足者补之。天之道，损有余而补不足。"此亦言强者弱之，刚者柔之，乃天之道。……已上所谓张噏强弱云云，盖天之循其自然以除去其害之道耳，毫无功利之心于其间也。

易云："天道亏盈而益谦，地道变盈而流谦，鬼神害盈而福谦，人道恶盈而好谦。"

《中庸》云："天之生物，必因其材而笃焉，故栽者培之，倾者覆之。"皆同此理。

适按：上所论足备一说而已，亦不尽然。谓老子非主权诈是也，而其说则非也。王弼所谓"因物之性，令自即于刑戮"，亦是阴险权诈之说。

吾为之说曰："纵观天道人事，凡极盛之后，必有衰亡。反言之，则衰亡之前，必有极盛。此盈虚消长之理，随在可见。无张又何须噏？无强又何从弱？不兴又何所废？不有又何所夺？老子所谓'有无相生，难易相成，长短相较，高下相倾'（二章）者是也。盖所谓对待之字，如有无，强弱，高下之类，皆迭为盈虚消长，有其一，必有其二。若天下之人皆如埃田（Eden）[1] 囿中

[1]（Eden），手稿本无。

之夫妇，未识智慧之果，不知善恶之别，则天下更有何恶？恶者，不善之谓，对善而名者也。故曰，'天下皆知善之为善，斯不善已'。知道者明于此旨，故每见强则思弱，见张则思噏，见兴则思废。凡强也，张也，兴也，与也，皆弱也，噏也，废也，夺也之征也。几已兆矣，故曰'微明'。微明也者，隐而未全现之征兆，非凡人所能共见，惟知者能见之耳。"[1][2]

[1] 此后，手稿本附有英文剪报与夹页三则（见本卷末附二）。

[2] 此后，手稿本尚有两页胡适所记杂事备忘，现补于后。

Collections of Short Stories.

Little French Masterpieces 6 vols. G.P. Putnam
Little Masterpieces of Fiction 8 vols. Doubleday, Page
Little Classics. 18 vols. Houghton Mifflin
Stories by American Authors — 10 vols. C. Scribner
" " English Authors — 10 vols.
Stories " Foreign " 10 vols.
Great Short Stories 3 vols. Collier & Son
Short Story Classics (American) 5 vols.
" " " (Foreign) 5 vols. Collier & Son

On the Technique

Hamilton Mabie — Stories New & Old (Macm.)
H. S. Canby — A Study of the Short Story (Historical)
" The Book of the Short Story — H. Holt.

Articles —

Canby — The Short Story — Dial — Sept. 1, 1904.
Harper's Magazine — Jan. & Feb. 1909.
" Weekly — May 23, 1908
Smith, Hopkinson — "How to Write S. S."
Current Literature, June, 1896.

卷十杂事备忘一

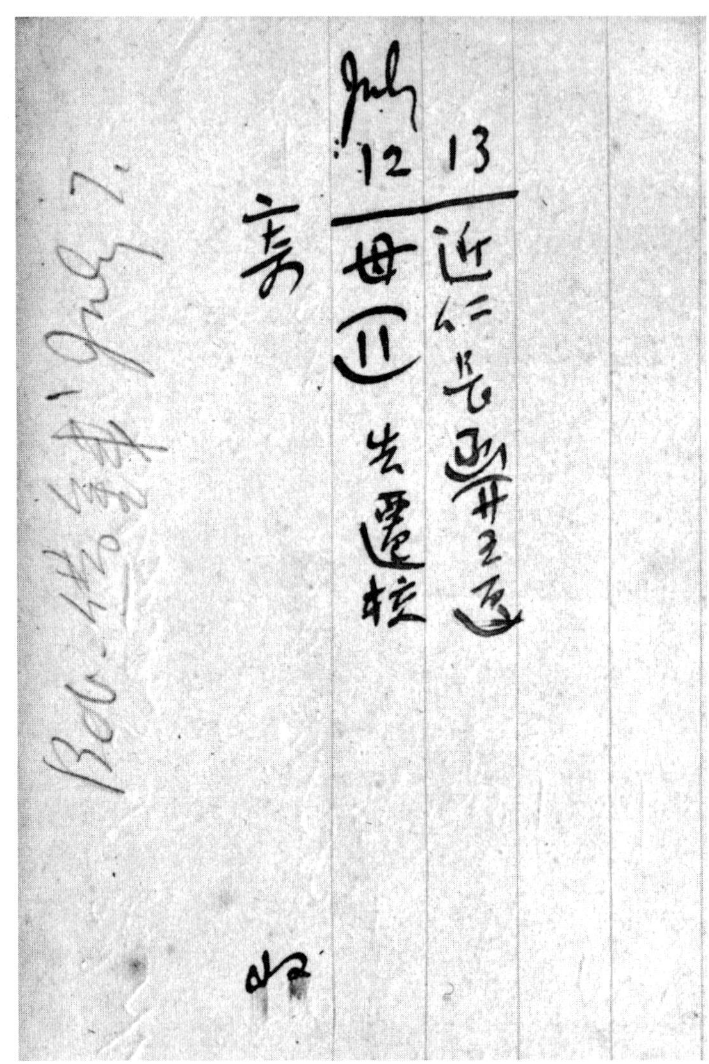

卷十杂事备忘二

卷十附录

附一：

Just to note in passing that even the gods occasionally descend from Olympus to err with the rest of humanity, it may be recorded that according to the Tribune "Before her marriage Mrs. Hapgood was Miss Emily Stevens," while the Times had it, "Mrs. Hapgood before her marriage was Miss Emily Bigelow."

A NOBLE SPECTACLE.

The spectacle which New York witnessed last week when a party of women suffragists invaded a boxing contest that one of their number might deliver an oration for The Cause between the scheduled bouts is one that should bring delight to the hearts of all true friends of equal suffrage. This incident may very well in the course of time be reckoned as woman's Declaration of Independence. From now on the argument that equality of suffrage would remove woman from her natural sphere, that it would make women unwomanly will have no status at all for what is woman's sphere if it is not what she chooses to make it in spite of science, tradition and history. This act is in itself a

Cornell Daily Sun

demonstration that equal suffrage is the panacea that the world has long been waiting for. All the world's multifarious activities through its benificient agency, even prize fighting, which has long been considered as rather an extraneous activity may become, through the recognition accorded it by the suffragists, one of our most genteel and fashionable sports. The sport in fact of late years has become rather tame and degenerate and sadly needs some of the virility with which the militants can very well imbue it.

附二（三则）：

21,770,000 MEN FIGHT; DAILY COST $42,250,000

Figures that show the stupendous scale on which the European war is waging have been compiled by William Michaelis of Berlin, famous as a statistician. He estimates that there are 21,770,000 men and 2,108 warships engaged at a total daily cost of $42,250,000, or $15,420,000,000 a year.

Among the totals arrived at by Dr. Michaelis are these:

MEN ENGAGED.

For Germany, Austria and Turkey, 8,950,000; for the allies, 12,820,000. Total, 21,770,000.

WARSHIPS ENGAGED.

For Germany et al.: Line ships, 56; cruisers, 73; torpedo boats, 358; submarines, 40; miscellaneous, 139. Total, 666.

For the allies: Line ships, 113; cruisers, 215; torpedo boats 704; submarines, 179; miscellaneous, 231. Total, 1,442. Grand total, 2,108.

DAILY COST.

To the German empire, $8,250,000; to Great Britain, exclusive of colonies (about), $8,250,000; to France (about), $8,500,000; to the ten nations at war, $42,250,000. Total cost of war up to April 1, $10,000,000,000.

①

T-STAND

Y., WEDNESDAY MORNING, JULY 14, 1915.

and New Blockade of Germany

②

③

卷十一

一九一五年八月九日——一九一五年十一月三日

九月二十日以后在哥仑比亚大学

此卷手稿本，封面题写“胡适札记”“第九册”“四年八月”。

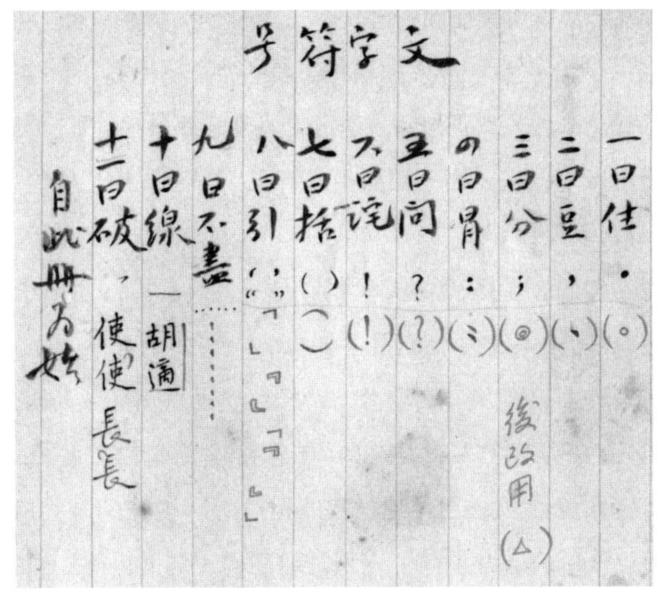
文字符號

一曰住 . (。)
二曰豆 , (、)
三曰分 ; (◎) 後改用(△)
四曰冒 : (∶)
五曰問 ? (?)
六曰詫 ! (!)
七曰括 ( ) ︵︶
八曰引 ‘ ’ “ ” 「 」 『 』
九曰不盡 ……
十曰線 — 胡適
十一曰破 、 使使 長長

自此冊為始

胡适创制的文字符号[1]

[1] 此卷手稿本扉页处，有用毛笔写的胡适创制的“文字符号”。结尾处写有“自此册为始”。

一、吾之别号（八月九日）

此册以后，吾札记皆名“胡适札记”，不复仍旧名矣。盖今日科学时代，万事贵精确画一。吾国文人喜用别号，其数至不可胜记，实为恶习；无裨实际，又无意义，今当革除之。凡作文著书，当用真姓名，以负责任而归画一。

“字”非不可废，然友朋相称，皆用字而不用名，一时殊不能骤易。吾又单名，不便称谓，他日或当废名而以字行耳。

吾自操笔以来，亦不知尝用几许名字，今以追忆所得，记之如下：

先人命名：嗣穈　洪骍（行名）

字：希彊（本老子“自胜者彊”）

别号：期自胜生　自胜生　铁儿（先人字铁花）　胡天（本《诗经》）　藏晖室主人（太白诗：“至人贵藏晖。”）　冬心　蝶儿（此二名仅用一二次而已，见《竞业旬报》。）　适之（二兄所赐字，本“物竞天择，适者生存”之说。）　适盦　适（以胡适为名始于北京留美之试。）

此外尚不知更有几许。犹忆童时自析吾名为“麻禾生”，则孩稚之行，不足记也。

二、王安石上邵学士书（八月九日）

……某尝患近世之文，辞弗顾于理，理弗顾于事。以襞积故实为有学，以雕绘语句为精新。譬之撷奇花之英，积而玩之，虽光华馨采，鲜缛可爱，求其根柢济用，则蔑如也。……

三、不是肺病（八月十三日）

月来得嗽病，疑是肺病，往乞吾友雷以特医士（Dr. F. R. Wright）诊之。君为我细细察视，以为非肺病，惟言余每日须睡九时，步行（疾行）一时。此大非易事，当勉强为之。

四、"时"与"间"有别（八月十五日）

余尝以为Time当译为"时"，Space当译为"间"。《墨子·经上》云："有间，中也。间，不及旁也。"今人以时间两字合用，非也。顷读蔡孑民先生[1]旧译《哲学要领》，以"宇"译Space，以"宙"译Time，又曰空间及时间。此亦有理。按《淮南子·齐俗训》云："往古来今谓之宙，四方上下谓之宇"，则宇宙古有"间"与"时"之别也。

五、论"文学"（八月十八日）

前所记香山论文书，谓诗须"兴发于此，而义归于彼。反是者，可乎哉？然则'余霞散成绮''澄江净如练'……之什，丽则丽矣，吾不知其所讽焉"。此实际家之言也。故其结论，以为"文章合为时而著，歌诗合为事而发"，王介甫所谓"根柢济用"者是也。

然文学之优劣，果在其能"济用"与否乎？作为文词者，果必有所讽乎？诗小序曰："诗者，志之所之也。在心为志，发言为

[1] 先生，手稿本无。

诗。情动于中，而形于言。言之不足，故嗟叹之。嗟叹之不足，故永歌之。永歌之不足，不知其手之舞之，足之蹈之也。”夫至于不知其手之舞之足之蹈之，更何暇论其根柢济用与否乎？

是故，文学大别有二：一，有所为而为之者；二，无所为而为之者。

有所为而为之者，或以讽谕，或以规谏，或以感事，或以淑世，如杜之《北征》《兵车行》《石壕吏》诸篇，白之《秦中吟》《新乐府》皆是也。

无所为而为之者，“情动于中，而形于言”。其为情也，或感于一花一草之美，或震于上下古今之大；或叙幽欢，或伤别绪；或言情，或写恨。其情之所动，不能自已，若茹鲠然，不吐不快。其志之所在，在吐之而已，在发为文章而已，他无所为也。《诗》三百篇中，此类最多，今略举一二：

舒而脱脱兮！毋感我帨兮！毋使尨也吠！

此何所为耶？

俟我于著乎而？充耳以素乎而？尚之以琼华乎而？

（适按，此艳歌也。即唐人“洞房昨夜凝红烛，待晓堂前拜舅姑。妆罢低声问夫婿：‘画眉深浅入时无？’”之意。注《诗》腐儒，不解此也。）

此又何为者耶？

子惠思我，褰裳涉溱。子不我思，岂无他人？狂童之狂也且！

此写恨耳。他何所为耶？

子之还兮，遭我乎猺之间兮。并驱从两肩兮，揖我谓我儇兮。

（适按，此女子之语气。子，谓所欢，盖猎者也。此写其初相见时，目挑心许之状，极旖旎之致。腐儒误以为男子相谓之词，而为之说曰："哀公好田猎。……国人化之，遂成风俗习于田猎谓之贤，闲于驰逐谓之好焉。"不亦可怜乎？）

此叙欢会也，他何所为乎？

绸缪束薪，三星在天。今夕何夕？见此良人？子兮！子兮！如此良人何！

此又何所为者耶？

更言之，则无所为而为之之文学，非真无所为也。其所为，文也，美感也。其有所为而为之者，美感之外，兼及济用。其专主济用而不足以兴起读者文美之感情者，如官样文章，律令契约之词，不足言文也。

老杜之《石壕》《羌村》诸作，美感具矣，而又能济用。其律诗如：

落日平台上，春风啜茗时，石阑斜点笔，桐叶坐题诗；
翡翠鸣衣桁，蜻蜓立钓丝。自今幽兴熟，来往亦无期。

则美感而已耳。

作诗文者，能兼两美，上也。其情之所动，发而为言，或一笔[1]一花之微，一吟一觞之细，苟不涉于粗鄙淫秽之道，皆不可谓非文学。孔子删《诗》，不削绮语，正以此故。其论文盖可谓有

[1] 笔，手稿为"草"。

识。后世一孔腐儒，不知天下固有无所为之文学，以为孔子大圣，其取郑卫之诗，必有深意，于是强为穿凿傅会，以《关雎》为后妃之词，以《狡童》为刺郑忽之作，以《著》为刺不亲迎之诗，以《将仲子》为刺郑庄之辞，而诗之佳处尽失矣，而诗道苦矣。

白香山抹倒一切无所讽谕之诗，殊失之隘。读其言有感，拉杂书此。

吾十六七岁时自言不作无关世道之文字（语见《竞业旬报》中所载余所作小说《真如岛》），此亦知其一不知其二之过也。

六、论袁世凯将称帝（八月十八日）

报载袁世凯将复帝制，美儒古德诺（Frank J. Goodnow）赞翊其说，不知确否？昨下午纽约《外观报》（*The Outlook*）以电相告，谓其社中记者将据报载消息立言，并询余意见。余为作短文论之。[1] [2]

CHINA AND DEMOCRACY

It is quite unnecessary either to affirm or to deny the truth of the news from Peking that the project of proclaiming himself Emperor is being deliberately considered by President Yuan Shikai, and that Professor Frank Johnson Goodnow, President of Johns Hopkins University and Constitutional adviser to the

[1] 此处，手稿本附有图片一幅，现补于此，胡适旁注："四年六月十三日罗英之撮影器所摄。"

[2] 以下英文，手稿本中为一则剪报。

胡适（后左）任鸿隽（后中）李垕身（后右）罗英（前）合影

Chinese Government, has approved the project. Unnecessary it is, because neither its truth nor its falsehood affects the real question—namely, the question of the present status and future prospect of democracy in China.

Let us first consider what the effects would be if the report were true. Will the assumption of an imperial title enhance Mr. Yuan's dictatorial powers, or will his refusal to call himself Emperor leave China more democratic? My answer is, No. For it is safe to say that under the present constitution the president of the Chinese Republic has more power that any other ruler in the world, not excluding the Kaiser or the Czar. I make this statement advisedly. For under the present constitution, in the making of which, we are told. Professor Goodnow has had no little influence, the president represents the nation, summons and dissolves the Li-fa-yuen, proposes legislation and presents budgets in the Li-fa-yuen, executes the law, issues ordinances equivalent to national laws, declares war, negotiates peace, appoints and dismisses civil and military officers, has power to pardon or commute penalties, is the Commander-in-Chief of the army and navy, receives Ambassadors and Ministers, and makes treaties with foreign nations. What more can a monarchical title add to this long list of governmental powers?

What is more important is the length of the Presidential term of office and mode of election. The "Procedure of presidential Election" passed by the Constitutional Convention last December contains these unique provisions:

1. The president shall hold office for a term of ten years, and is eligible for re-election.

2. Fifty members of the Council of state, and fifty members of the Li-fa-yuen, to be elected among themselves, shall constitute the Electoral College.

3. Preceding every presidental election, the present President, representing the will of the people, shall nominate three men to be candidates to succeed himself.

4. *On the day of election* the president shall announce to the Electoral College the names of the three nominees.

5. Besides these three Candidates *the Electoral College may also vote for the present President*.

6. If during the year of presidential election the members of the Council of state deem it a political necessity to have the present president remain in office, they may make proposals to that effect by a two-thirds vote of that body. The proposal thus made shall be proclaimed to the whole nation by the president.

Thus, under this unique law, the Chinese president may remain in office for life, he alone is entitled to nominate his own successors and that does not prevent the electors from re-electing him, nor is he legally preclued from nominating his own son or grandson. What more can the nominal change from "President" to "Emperor" bring to him?

Not only will this change bring no real increase of power or dignity to the occupant of the Presidential Chair, but any such more [1] will inevitably result in his ultimate ruin. Those of us who have had some experience with the working of the average mind realize that there is a great deal in a name. However dictatorial President Yuan has become, he has had common sense enough to avoid all "words" that may be objectionable to the vast younger generation who have long dreamed republican dreams without knowing exactly what republicanism means, he has even publicly declared his resolution never to aspire to the Imperial throne, and has banished several men who have attempted to advocate monarchism. If Mr. Yuan is really such a shrewd politician as his Western Critics portray him to be, he ought to be able to see that his assumption of the Imperial title will immediately expose him to the utter distrust of the whole world and even to the most probable danger of assassination.

The question of a titular change, however, is of very little importance in the minds of the true republicans of China. The

[1] more，手稿本为"move"。

Chinese democracy, they realize, now exists only in name, for almost two years the country has had no parliament, no provincial legislatures, no district councils. There are no political parties, no freedom of press, no freedom of speech. Many a youth has been exiled or executed or assassinated for no other crime than that of holding a radical political philosophy. To be sure, there is a constitution, but a constitution that exalts the chief executive beyond the reach of the law, the parliament, and the people; a constitution which makes the presidency indefinitely long, practically self-elective, and almost hereditary! * Under such circumstance, what difference will it make whether the "supreme" ruler be called "president" or "emperor"?

Whether or not Mr. Yuan will become Emperor does not affect the course of Young China (by which I do not mean any particular political faction), which is struggling hard for the establishment of a genuine democracy in China. Young China believes in democracy; it believes that *the only way to have democracy is to have democracy*. Government is an art, and as such it needs practice. I would never have been able to speak English had I never spoken it. The Anglo-Saxon people would never have had democracy had they never practiced democracy. This is a kind of political philosophy which is incomprehensible to men like Professor Goodnow. Professor Goodnow and many other well-meaning constitutional authorities think that the Oriental people are not fit for the democratic form of government *because they have newer had it before*. On the contrary, Young China believes that it is precisely because China has not had democracy that she must now have democracy. It believes that if the first Chinese Republic had had a longer life democracy would have by this time established a fairly strong hold in China, and the political experience of four years'democratic government, however imperfect that experience might have been, would have by this time enabled a vast number of the Chinese people to understand what republicanism really means.

But, alas! the conservatives and the reactionaries have found hearty supporters in our foreign critics who have neither faith nor patience. They have found their spokesmen in such great constitutional authorities as Professors Ariga, of Japan, and Goodnow, of the American Republic. It is conceivable that Professor Ariga should oppose Young China. But when a great scholar from the American Republic came out with the declaration that the Oriental people were by history and tradition disqualified to have representative form of government, the blow was decisive and fatal. These great scholars have wrought their "Authoritative" opinions into the new constitution of the Chinese Republic, and are now on the eve of being decorated by the Chinese Emperor whom they have helped to make.

* The procedure of presidential Election is a part of the constitution.

七、《临江仙》[1]（八月二十日）

序曰：诗中绮语，非病也。绮语之病，非亵则露，两者俱失之。吾国近世绮语之诗，皆色诗耳，皆淫词耳，情云乎哉？今之言诗界革命者，矫枉过正，强为壮语，虚而无当，则妄言而已矣。吾生平未尝作欺人之壮语，亦未尝有“闲情”之赋。今年重事填词，偶作绮语，游戏而已。一夜读英文歌诗，偶有所喜，遂成此词。词中语意一无所指，[2] 惧他日读者之妄相猜度也，故序之如此。

隔树溪声细碎，迎人鸟唱纷哗。共穿幽径趁溪斜。我和君拾葚，君替我簪花。[3] 更向水滨同坐，骄阳有树相遮。语深浑不管[4] 昏鸦。此时君与我，[5] 何处更容他？[6]

八、“破”号（八月廿日）

前记文字符号共得十种，今得第十一种，名之曰“破”，以示音声之变。

[1] 胡适原题。

[2] 此后，手稿本还有“但取其‘乐而不淫’而已”。

[3] “我和君拾葚，君替我簪花”，手稿本为“纡回同摘葚，交互替簪花”。

[4] 不管，手稿本为“不计”。

[5] 此时君与我，手稿本为“人间侬与汝”。

[6] “他”后，手稿本有“（他从今韵）”。

例

解衣衣[1]我，推食食我。

近者悦，远者来。敬鬼神而远之。

民可近，不可下。

破号之不可少，盖易见也。吾国之文，同一字也，或平读为名字，仄读则为动字，荷荷是也；或仄读为名字，而平读为动字，令令是也；或去入异义，帅帅，度度，食食，是也；或上去异义，近近，远远，使使，上上，饮饮，首首，是也。夫近之与近，使之与使，犹为易见。至于荷蕖之荷，与荷蒉之荷，"亲亲之杀"之杀，与"胜残去杀"之杀，其意义悬殊。毫厘之差，将有千里之错。是故，破号之不可少也明矣。

破号之不存，非独不学之夫，孩提之童，不能辨识意义之以音异而殊；即有积学之士，说经之家亦不能免狐疑舛错之虞。今举两例以明之：

《论语》云："子路曰愿车马衣轻裘与朋友共敝之而无憾。"邢昺疏："言愿以己之车马衣裘，与朋友共乘服而被敝之，而无恨也。"是衣读平声也。朱熹注云："衣，去声。衣，服之也。"依邢疏，则此句作一句读：

愿车，马，衣，轻裘，与朋友共敝之而无憾。

依朱注，则：

愿车马。衣轻裘。与朋友共。敝之而无憾。（朱子盖因

---

[1] ɔ，此即胡适所创文字符号第十一种——破号。本则日记中破号，为据手稿本所加。

“赤之适齐也，乘肥马，衣轻裘”而误。）

《镜花缘》曾论及此，其说盖本邢疏，而与之小异，邢作一句读，《镜花缘》盖作两句读：

愿车，马，衣，轻裘，与朋友共。敝之而无憾。

此句关键全在一衣字。傥作《论语》者知用破号以示衣字之为平或去，则何待吾辈之聚讼哉？

又《孟子》云：“曰独乐乐与人乐乐孰乐曰不若与人曰与少乐乐与众乐乐孰乐曰不若与众。”赵岐注，孙奭疏，朱熹集注，皆以乐乐之第二乐字读如洛。以符号明之，则如下式：

独乐乐。? 与人乐乐。? 孰乐。? 与少乐乐。? 与众乐乐。? 孰乐。?

昨与任鸿隽、杨铨、唐钺诸君共论此节，皆以为第一乐字当读如洛，而第二乐字如字。盖诸注家之言虽亦可通，而上二句已问：“独乐乐。乎？与人乐乐。乎？”何必又重此“孰乐？”[1] 一问乎？今以上乐字作“乐。天”“乐。善”“乐。此不疲”之乐。字解，以下乐字作音乐解，则无此重复之语病矣。亦以符号明之：

独乐。乐，与人乐。乐，孰乐。? 与少乐。乐，与众乐。乐，孰乐。?

此种纷纷聚讼，皆无破号之遗害也。吾辈读书十年，尚有如此疑难，破号之不可少也，更何待言耶？

---

[1]“孰乐”，似当为“孰乐。”，即当读如“洛”。

九、"证"与"据"之别（八月廿一日）

与人言证与据之别。"诗云：'普天之下，莫非王土；率土之滨，莫非王臣。'而舜既为天子矣，敢问瞽瞍之非臣，如何？"是据也，据经典之言以明其说也。"诗云：'娶妻如之何？必告父母。'信斯言也，宜莫如舜。舜之不告而娶，何也？"是亦据也。

证者根据事实，根据法理，或由前提而得结论（演绎），或由果溯因，由因推果（归纳）：是证也。

吾国旧论理，但有据而无证。证者，乃科学的方法，虽在欧美，亦为近代新产儿。当中古时代，宗教焰方张之时，凡《新旧约》之言，皆足为论理之前提。《创世纪》云，"上帝创世，六日而成"。故后之谈"天演进化"论者，皆妄谈也。此亦据也。其无根据，与吾国之以"诗云""子曰"作论理前提者正相伯仲耳。

今之言论家，动辄引亚丹斯密，卢骚，白芝浩，穆勒，以为论理根据者，苟不辅以实际的经验，目前之时势，其为荒谬不合论理，正同向之引"子曰""诗云"者耳。

欲得正确的理论，须去据而用证。

一〇、与佐治君夜谈（八月二十一日）

昨夜有佐治君[1]（Salem S. George）来访，谈至夜分始去。此君生于 Palestine，来此邦十五年矣。其人专治心理学，而所论美国政教社会风尚皆中肯窍。吾识此君一年，而不知其人之思想。

[1] 佐治君，手稿本无。

甚矣，知人之不易也。

一一、将往哥仑比亚大学，叔永以诗赠别（八月二十一日）

余已决计往哥仑比亚大学留学一年，昨夜任叔永作诗送余。故人赠言，期许至厚，录之于此，不独以志故人缠绵之意，亦以供日月省览，用自鞭策耳。

送胡适之往哥仑比亚大学

任鸿隽

我昔识适之，海上之公学。同班多英俊，君独露头角。
明年我东去，三山隔云雾，目击千顷波，苦忆黄叔度。
秋云丽高天，横滨海如田，扣舷一握手，[1] 君往美利坚。
我居神仙境，羡君登仙行。不谓复三年，见君绮佳城。
忆昔见君时，萧洒琼树姿。异俗夸少年，佻达安可期？
及我重见君，始知大不然。出辞见诗书，“博士”[2] 名久宣。
手中三寸纸，叠积成小册。问君复何为？“芭斯有演说。”[3]
自此二三年，同舍喜得师。谈诗或煮茗，论时每扬眦。
学问自君物，谁能测所之？临岩各自返，君乃绝尘驰。
我昔赠君言，“彫彤岂素志？”[4] 今日复赠君，我言将何似？
不期君以古，古人不足伍。不期君今人，今人何足伦？

[1] 胡适原注：“庚戌适之去国，道出日本，叔永登舟相见。”
[2] 胡适原注：“‘博士’非学位，乃适之‘浑名’也。”
[3] 胡适原注：“芭斯院（Barnes Hall），适之时受招演说孔教。”
[4] 胡适原注：“丁未，适之以‘赪’韵诗索同学相和，叔永赠诗有‘彫彤宁素志’句。”

丈夫志远大，岂屑眼前名？一读卢（骚）马（志尼）书，千载气峥嵘。

一二、美国公共藏书楼之费用（八月二十三日）

下所记此邦公共藏书楼之费用，足耐人寻味也。纽约一城之藏书楼，每年至须八十一万美金，而尤为全国最撙节之所。[1]

城　市	人口（约数）	阅书人数	每人费用（约数）
纽　约（New York）	5, 000, 000	10, 121, 854	.16
西来寇（Syracuse）	150, 000	400, 000	.30
他科玛（Tacoma）	103, 418	393, 506	33.9
斯泼林斐尔（Springfield Mass）	100, 375	655, 903	50.5
新斐德福（New Bedford）	111, 230	402, 455	25.5
斯波坎（Spokane）	135, 657	404, 923	29.4
大　濑（Grand Rapids）	123, 227	416, 314	36.9
乌司特（Worcester）	157, 732	417, 426	43.3
奥克兰（Oakland）	183, 002	530, 942	52.6
但维尔（Denver）	245, 523	647, 711	25.2
西雅图（Seattle）	313, 029	1, 223, 632	57.9
明尼亚波利斯（Minneapolis）	343, 466	1, 439, 633	50.6
洛桑矶（Los Angeles）	438, 914	1, 559, 359	36.4

[1] 此后，手稿本有一则英文剪报（见本卷末附一），以下表格，据该剪报制。

一三、凯约嘉湖上几个别墅（八月二十四日）

二十一日为星期六，承此间律师罗宾生君（James R. Robinson）招往其湖上夏季别墅为两日之留。别墅在 Sheldrake Point，为凯约嘉湖之最空阔处。有小半岛深入湖心。在其上，南望，依稀可见康南耳大学钟塔（天气清朗始可见之）；北望，则平湖浩荡。有时对岸烟雨昏濛，则觉湖益小，山益大[1]。而朝暮风送湖波，打岸作潮声，几疑身在海上也。

半岛上别墅五六家。图中所示共三家。其最显者，为罗宾生氏墅。其稍右，微见烟突者，为维廉夫人（Mrs. George R. Williams）之别墅。其最右之墅，乃斐卿氏（Frederick Fitschen）

凯约嘉湖上几个别墅

[1] “湖益小，山益大”，手稿本为“湖益大，山益远”。

之居也。维廉夫人为此间巨室，有三女：长适斐卿氏，生子女各三人；次适罗宾生氏，生子女各二人；次适李氏，今居英伦，生子二女一。维廉夫人每夏避暑于此，其两婿亦各挈其家来居，夫人日日外孙绕膝，致足乐也。

罗宾生氏为此间有名律师，热心公益，为本市议会长。今年本市选举将届，市人争欲耸恿君出为候选市长（Mayor）。君虽结婚多年，子女满膝前，而其夫妇之间，伉俪之笃，有甚于画眉者。

斐卿夫人善音乐。其子女六人，长者十五岁，最少者三岁，皆学乐[1]或习歌。昨日下午，余与维廉夫人往访之。斐卿夫人为开“家庭乐会”。长女爱琳弹筝（Harp），长子保罗按“披霞纳”，次子约翰弄“极乐”（Cello 即 Violoncello），少子乔治奏“偎婀琳”（Violin），而夫人躬自发纵指示之。一时众乐合作，俨然一具体之“乐部”（Orchestra）也。少女葩葩拉才三岁，能歌颂神之歌。其母为按琴，葩葩拉曼声而歌，亦能不失节奏，可嘉也。此种家庭，可称圆满，对之几令我暂忘吾之“无后”主义。

半岛上除上所述三墅之外，尚有二家。罗宾生氏之左，为芬区氏（Finch）别墅，亦绮色佳巨室之一。更左，为傅尔梯氏（Louis Agassiz Fuertes）之别墅。傅氏亦绮色佳人，为此邦禽类学（Ornithology）大家，工画。所作禽类写生，辨及雄雌，见称一世。吾尝与诗人麦开氏（Percy McKaye）同往访之于其作画之室。

---

[1] 学乐，手稿本为“治乐”。

THE CARDINAL, MALE (UPPER), AND FEMALE (LOWER)

今来此，复过之。其人发微脱，蔼然可亲。[1]

余居此两夜，极欢。廿三日归。

维廉夫人待吾国学子至优，尝开欢迎会于其家，以款吾曹。

一四、如何可使吾国文言易于教授（八月廿六夜）

作一文（英文）论“如何可使吾国文言易于教授”，将乞赵君元任于今年东美学生年会时读之。

先是有钟某等广刊传单，极力诋毁汉文，主张采用字母，

[1] 此处，手稿本附有傅尔梯所作双鸟图一幅及图注，现补于此。

以为欲求教育之普及，非有字母不可。……其词极激昂，志在动人也。余以为此问题至重大，不当以意气从事，当从容细心研究之，故建议以“国文”为今年年会讨论问题。而分此题为二分：先论国文，次论国语，吾与赵君分任之。赵君作论，论吾国语能否采用字母制及其进行方法。吾则择上所记题。

吾文大旨如下：

（一）无论吾国语能否变为字母之语，当此字母制未成之先，今之文言，终不可废置，以其为仅有之各省交通之媒介物也，以其为仅有之教育授受之具也。

（二）汉文问题之中心，在于“汉文究可为传授教育之利器否”一问题。

（三）汉文所以不易普及者，其故不在汉文，而在教之之术之不完。同一文字也，甲以讲书之故而通文，能读书作文；乙以徒事诵读，不求讲解之故，而终身不能读书作文。可知受病之源，在于教法。

（四）旧法之弊，盖有四端：

（1）汉文乃是半死之文字，不当以教活文字之法教之。（活文字者，日用话言之文字，如英、法文是也，如吾国之白话是也。死文字者，如希腊、拉丁，非日用之语言，已陈死矣。半死文字者，以其中尚有日用之分子在也。如犬字是已死之字，狗字是活字；乘马是死语，骑马是活语。故曰半死文字也。）

旧法不明此义，以为徒事朗诵，可得字义，此其受病之根原[1]也。教死文字之法，与教外国文字略相似，须用翻译之法，译死语为活语，所谓“讲书”者是也。

（2）汉文乃是视官的文字，非听官的文字。凡象形会意之文字，乃视官的文字；而字母谐声之文字，皆听官的文字也。

凡一字有二要：一为其声，一为其义。无论何种文字，不能同时并达此二者。字母的文字，但能传声，不能达意；象形会意之文字，但可达意，而不能传声。

例 英文Dog（狗），合三字母而成。能拼音者，皆知其音为“多葛”。然何以此DOG三字母合成则为狗？此则无从索解，但须强记而已。

至汉文之“犬”则不然。“犬”乃象形之字，义即在形中，无待远求。惟犬何以读如犬，则亦无从索解，但须强记而已。

更取稍繁复之字以明之：

英文Candidate（候选人），拉丁文为Candidatus（候选人），本义为“白衣人”，以罗马制，凡选人皆衣白，故也。源出Candidus（色白），更出动词Candēre（发白，作白色），与梵文Chand（照耀）盖有关系。自英文之字溯源至于梵文，可谓深矣。而终不能知何以Candēre为“作白色”，与夫何以Chand有“照耀”之义，终须强记耳。

至于汉文则不然。如“猫”字，析之得豸苗二字。豸以示此物属肉食兽类，苗以示此兽鸣声。合之为“作苗声之肉食兽”

[1] 原，手稿本为“源”。

也。“苗”字象田上所植草。更析之，则艸象形，田指事也。皆足达意而不能传声。学者须强记艸读为艸，田读为田，苗读为苗也。

是故，切韵之语与会意之语，各有所长，亦各有所短。

今之汉文，已失象形，会意，指事之特长，而教者又不复知说文学。六书之学，向之以授八岁之孩童者，今虽老生宿儒未必知之。其结果遂令吾国文字既不能传声，又不能达意。向之有一短者，今并失所长。学者不独须强记字音，又须强记字义，是事倍而功半也。

欲救此弊，须用何法乎？

① 将恢复篆书耶？此必不可得之事也。

② 当鼓励说文学（字源学）。

③ 当以古体与今体同列教科书中。

④ 小学教册中之新字须遵六书之法，先令童蒙习象形指事之字，徐及浅易之会意字，次及浅易之形声字。其字源不易明解者，宜俟之稍进之学级，不当以发蒙也。

商务印书馆之初级教科书第一页有“天地日月山川草木”八字。夫“草”字为艸之俗字，不当以之教人。其“天”“地”二字之字源极不易解，非童蒙所能晓也。（天源出一大，大象人形〔初民以肢体量物，手足所极，故为大也〕。人上之物，故曰天也。地从土也。也即也字，本义为女阴也。初民迷信，以地配天。地乃土上雌性之一物，所以配天者也。）

⑤ 中学以上，皆当习字源学。

凡此诸法，皆所以增益儿童识字之兴趣。令其由兴趣[1]记忆字义，则其记忆也，不劳而易能，庶几稍复吾国文字既失之一长云尔。

（3）吾国文本有文法，而古来从未以文法教授国文。今《马氏文通》出世已近廿载，而文法之学不治如故。夫文法乃教文字语言之捷径。今当提倡文法学，使普及国中；又当列“文法”为必须之学科，自小学至于大学，皆当治之。

（4）吾国向不用文字符号，致文字不易普及；而文法之不讲，亦未始不由于此。（说见所著《文字符号论》）今当力求采用一种规定之符号，以求文法之明显易解，及意义之确定不易。

此文盖三日夜始成。

一五、瘦琴女士（八月廿七日）

去年夏季，有瘦琴女士（Nellie B. Sergent）在此习夏课，与余相识。别后偶有所质询，遂通函简；积久渐多，几盈一寸。今年女士重来此习夏课，与余相见益频。女士业英文教授，故精英文。年事稍长，更事多，故谈论殊有趣味。吾去年一年中所与通书最频者为 C. W.，其次即此君耳。

此君无父母昆弟，仅有一姑母，每当假期，辄往依之，无家可言，亦可怜也。

女士在此时，一日与余谈英字之源流甚久。别后寄书，作英字渊源图相示，今录之于下。

[1]“兴趣”后，手稿本有“而”字。

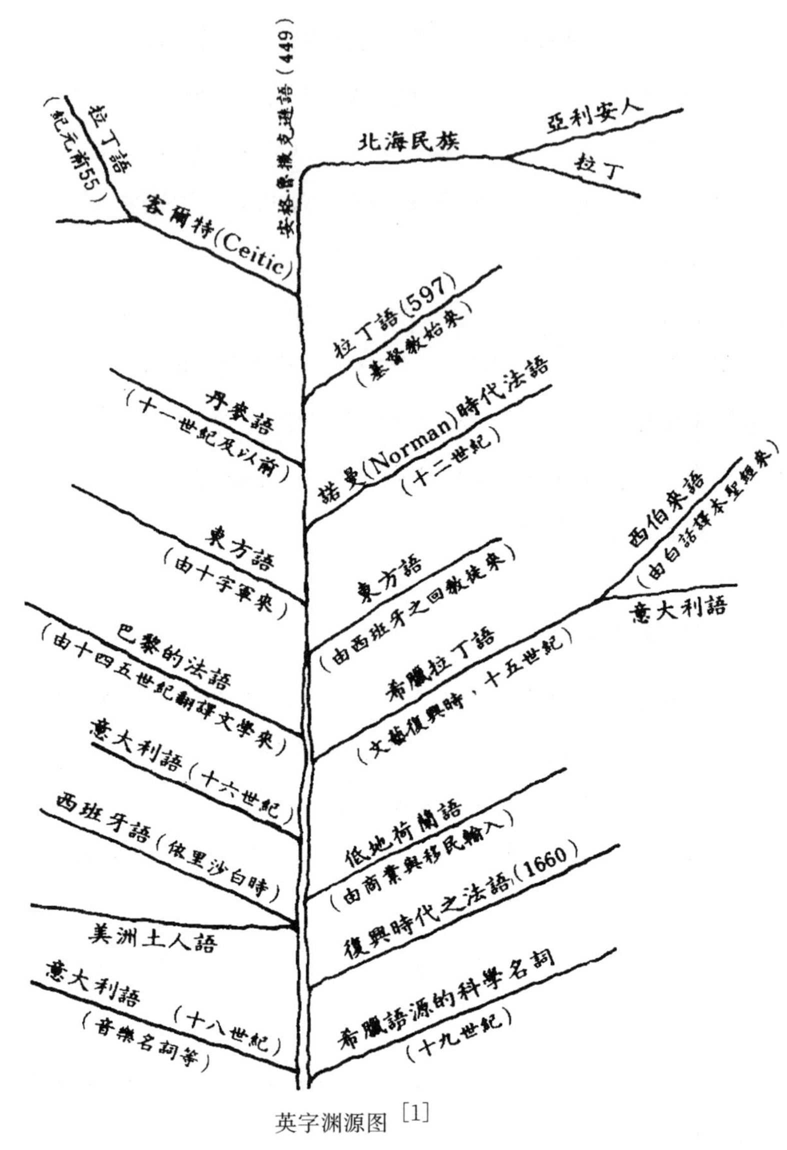

英字渊源图 [1]

[1] 图中文字，在手稿本中均为英文，无中译。图中少量文字，与手稿本略有差异，原图见本卷末附二。

一六、《百字令》吾母挽白特生夫人（八月廿七日）

近仁为吾母作白特生夫人挽词，今日寄到：

百字令

女宗垂爱，许天涯游子只身依庇。送暖嘘寒青眼在，雁帛频传高谊。玉照颁来，瑶笺飞下，更见殷勤意。瀛寰遥隔，几回思念难置？ 讵料甲篆将周，霎时病作，尘海匆匆逝？万里耗音邮递到，陡觉无端酸鼻。四壁吟蛩，一庭愁雨，漫写招魂字。予怀渺渺，临风洒尽双泪。

一七、成诗不易（八月廿七日）

吾应作诗追挽亡友张希古（美品）、郑仲诚（璋）及白特生夫人，而终不能成文。又思作诗留别绮色佳朋友山水，亦不能成文。他日终当为之耳。

一八、《水调歌头》杏佛赠别（八月廿八日）

杏佛赠一词为别：

水调歌头

杨杏佛[1]

三稔不相见，一笑遇他乡。暗惊狂奴非故，收束入名场。秋水当年神骨，古柏而今气概，华贵亦苍凉。海鹤入清冥，前路正无疆。 羡君健，嗟我拙，更颓唐。名山事业无分，

[1] 杨杏佛，手稿本为“杨铨 杏佛”。

吾志在工商。不羡大王（指托那司）声势，欲共斯民温饱，此愿几时偿？各有千秋业，分道共翱翔。

一九、将去绮色佳留别叔永（八月廿九夜）

作一诗和叔永，即以留别：

横滨港外舟待发，徜徉我方坐斗室，
柠檬杯空烟卷残，忽然人面过眼瞥。
疑是同学巴县任，细看果然慰饥渴。
扣舷短语难久留，惟有深情耿胸臆。
明年义师起中原，遂为神州扫胡羯。
遥闻同学诸少年，乘时建树皆宏达。
中有我友巴县任，翩翩书记大手笔。
策勋不乐作议员，亦不欲受嘉禾绂。
愿得东游美利坚，为祖国乞活国术。
远来就我欢可知，三年卒卒重当别！
几人八年再同学？[1] 况我与别过从密：[2]
往往论文忘晨昳，时复议政同哽咽。
相知益深别更难，赠我新诗语真切。
君期我作玛志尼（Mazzini）[3]，
我祝君为倭斯袜（Wilhelm Ostwald）。

---

[1] 此后，手稿本有“（此已匪易未容忽）”。

[2] 况我与别过从密，手稿本为“况我与君（臭味合三年客中）过从密”。

[3] （Mazzini），手稿本无。

国事真成遍体疮，治头治脚俱所急。

勉之勉之我友任，归来与君同僇力。

临别赠言止此耳，更有私意为君说：

寄此学者可千人，我诗君文两无敌。

颇似孟德语豫州，语虽似夸而纪实。

“秋云丽天海如田”，直欲与我争此席。[1]

我今避君一千里，收拾诗料非关怯。

此邦邮传疾无比，月月诗筒未应绝。

二〇、辟古德诺谬论（八月廿九夜）

前作文论袁世凯将称帝及古德诺赞成此议之风说，颜之曰“China and Democracy”。意有未尽，复作一文专论古德诺与中国之顽固反动（Goodnow and Chinese Reactionism）。[2] 古氏在此邦演说作文，均言中国人无共和之程度，其说甚辩[3]，足以欺世。又以其为一国名宿也（古氏新被选为约翰霍布金大学校长），故其言为人所深信，于我国共和前途殊有影响，不可不辨；故乘此时机作此文攻之，以投《新共和国周报》（*The New Republic*），不知能登出否？

---

[1] 胡适原注：“君赠别诗‘秋云丽高天，横滨海如田，扣舷一握手，君往美利坚’。余极喜之。”

[2] 专论古德诺与中国之顽固反动（Goodnow and Chinese Reactionism），手稿本为“专论古德诺对于吾国共和之意见，颜之曰‘古德诺与中国之顽固反动’”。

[3] 甚辩，手稿本为“甚僻”。

二一、读《丽沙传》（八月卅一日）

读俄人屠格涅夫（Turgeniev）名著小说《丽沙传》(*Lisa*)。生平所读小说，当以此为最哀艳矣。其结章尤使人不堪卒读。

二二、英人莫利逊论中国字（九月一日）

> As sight is quicker than hearing, so ideas reaching the mind by the eye are quicker, more stricking, and vivid, than those which reach the mind by the slower process of sound. The character forms a picture which really is, or, by early association is considered, beautiful and impressive. The Chinese fine writing darts upon the mind with a vivid flash; a force and a beauty, of which alphabetical language is incapable.
>
> —Morrison: Intro. to his *Dict*.
>
> （莫利逊《中国字典》序论）[1]

二三、《沁园春》别杏佛（九月二日）

杏佛[2]赠别词有“三稔不相见，一笑遇他乡，暗惊狂奴非故，收束入名场”之句，实则杏佛亦扬州梦醒之杜牧之耳。其词又有“欲共斯民温饱，此愿几时偿”之语。余既喜吾与杏佛今皆能放弃故我，重修学立身，又壮其志愿之宏，故造此词奉答，即以为别。

---

[1] 括号内文字，手稿本无。

[2] “杏佛”前另起一行，手稿本有“《沁园春》 有序”。

朔国秋风，汝远东来，过存老胡。正相看一笑，使君与我，春申江上，[1] 两个狂奴。万里相逢，殷勤问字，不似黄垆旧酒徒。还相问："岂当年块垒，今尽消乎？" 君言："是何言欤！只壮志新来与昔殊。愿乘风役电，戡天缩地，[2] 颇思瓦特（Jame Watt），不羡公输。户有余糈，人无菜色，此业何尝属腐儒？吾狂甚，欲斯民温饱，此意何如？"[3]

后半阕第三韵十七字，改之数四，始稍惬意。昨夜睡醒，忽念及此词，又改"师"为"思"，改"共"为"欲"。古人云："作诗容易改诗难。"信然。（五日又记[4]。）

二四、对语体诗词（九月四日）

适按：以对语体（Dialogue）入诗，三百篇中已有之："女曰，'鸡鸣'，士曰，'昧旦'"；"女曰'观乎？'士曰，'既且'"是也。汉魏诗多有之：如"道逢乡里人，'家中有阿谁？''兔从狗窦入，雉从梁上飞。'""长跪问故夫：'新人复何如？''新人虽云好，未若故人姝。'""使君谢罗敷：'宁可共载不？'罗敷前致辞：'使君一何愚？'"皆是也。近代诗如《琵琶行》（白），《八月十五夜赠张功曹》（韩）皆是也。

词中颇不多见，今采一二阕以示之：

---

[1] 春申江上，手稿本原为"扬州梦醒"，后用红笔改为此，并有红笔旁注："五年三月改。"

[2] 胡适原注："科学之目的在于征服天行以利人事。"

[3] 此后，手稿本有"九月二日"。

[4] 又记，手稿本无。

沁园春　将止酒戒酒杯使勿近

辛弃疾

"杯，汝前来！老子今朝，点检形骸：甚长年抱渴，咽如焦釜；于今喜眩[1]，气似奔雷？"汝说[2]："刘伶古今达者，醉后何妨死便埋？""浑如许，叹汝于知己，真少恩哉！　更凭歌舞为媒，算合作人间鸩毒猜。况怨[3]无小大，生于所爱；物无美恶，过则为灾。与汝成言：勿留！亟退！吾力犹能肆汝杯！"杯再拜，道："麾之即去，有召须来。"

沁园春　寄辛承旨，时承旨招不赴

刘过

斗酒彘肩，风雨渡江，岂不快哉？被香山居士，约林和靖，与坡仙老，驾勒吾回。坡谓："西湖正如西子，浓抹淡妆临照台。"二公者，皆掉头不顾，只管传杯。　白云："天竺去来。图画里，峥嵘楼阁开。爱纵横二涧，东西水绕；两峰南北，高下云堆。"逋曰："不然。暗香浮动，不若孤山先探梅。须晴去，访稼轩未晚，且此徘徊。"

其龙洲一词尤奇特。惜"二公者皆掉头不顾只管传杯"十一字太劣耳。

[1] 喜眩，手稿本为"喜溢"。
[2] 汝说，手稿本为"漫说"。
[3] 况怨，手稿本为"况疾"。

二五、两个佣工学生（九月四日）

吾友印度翟倭多尔（J. S. Theodore，此君合家皆为耶教徒[1]，故其名非印度名也），家贫，无以为学。有传教士白发君（Charles W. Whitehair）夫妇挈之来美，令居其家，佣力自给，助烹饪，洒扫，而得食住二者以为酬。又得友朋资助学费，故得肄业大学，专治物理。其人每日工作四五时，而学绩至优，可敬也。

今夏，白发君游欧，其夫人归宁母家，而留翟君居守其屋。君乃邀瑞士人马特李（Peter A. Mattli）同居，日为人薙草，傍晚复至一家为涤釜碗以自给。

翟君与余雅相善，知余将去，邀往其居留两夜，躬为余治餐食之。无事则高谈，达夜分始寝。

马君亦佣工自给。其人自瑞士来美，留纽约数年，毕业于高等小学，今来此入大学，已一年。力作勤苦，尤过于他人。幸身健力强，故不病耳。

马君自言，尝以余力治骨相术，能观人面目笑貌而知其性情嗜好德行趋向。其言娓娓动听。余未尝研究此学，不能赞一辞也。

骨相术，英名 Phrenology，与吾国相人之术异。吾国相术乃观容而道祸福之术。骨相术则不言祸福，而谈性行智慧。十八九世纪之间，有高儿（F. J. Gall 1758—1828）者创之，以为人之脑官（Brain）与脑骨相印，知其外骨，即足以知其内含。

[1] 耶教徒，手稿本为“耶氏徒”。

Samuel Joseph Theodore　　Suh Hu

两个佣工学生[1]

[1] 手稿本中，此图图注为“庄严可爱之佣工学生”。

补图一　佛国震旦复会于新洲
（右为胡适———校者注）

补图二　自白发之家望凯约嘉湖

此上所附四图，（留二图）[1] 皆吾与翟君同居时所摄。吾三人一来自中欧，一来自佛国，一来自震旦，而皆会于此灿烂之新大陆，真可谓难再之嘉会矣，不可不记之。

二六、韦儿斯行文有误

H. G. Wells seems to have the habit of omitting the nominative relative pronoun "that" or "which" after the impersonal "it". Examples: "It was her money equipped us."—in *The New Machiavelli.*

二七、《新英字典》(九月六日)

今日英文最大之字典为《新英字典》(*New English Dictionary*)。此书之经营始于一八八二年，迄今三十余年矣，仅出十余册，而主任者麦尔雷（Sir James A. H. Murray）已死。全书成时，约有二十二巨册。此下所记一则，可见其编纂之精而勤矣。

Something of the elaborate method and painstaking scholarship that have been employed in the compilation of the "New English Dictionary" is indicated in the prefatory note by the late Sir James A. H. Murray to the tenth volume of the great work. In this note we are told that the longest article is that on the word TURN, of which the simple verb has 47 main senses and 65 sub-senses. There are also 25 senses in

[1] （留二图），手稿本无。此处，手稿本原附图四幅及图注，初版时选印了两幅，另两幅及图注现据手稿本补入（见补图一、补图二）。

special phrases, e. g., *turn the scale*, *turn colour* * * * and 16 combinations with adverbs, e. g., *turn about*, *turn in* * * *many of which exceed the average length of main words (thus, *turn up* has itself no fewer than 27 senses), so that the total number of sense-division [1], explained and illustrated under this verb is 286. * * * no one will be surprised, therefore, that the analysis of the signification of this word, with the arrangement and illustration of its various meanings, has occupied nearly three months, and that the results, although compressed to a minimum, fill 36 columns. [2]

二八、拉丁文谚语（九月七日）

Similia similibus curantur.

Similis simili gaudent.

上拉丁文谚语两则。其第一则可译为“以毒攻毒”。其第二则可译为“好汉惜好汉，惺惺惜惺惺”。

二九、读《狱中七日记》（九月七日）

读奥斯本[3]（Thomas Mott Osborne）之《狱中七日记》（*Within Prison Walls*, New York, 1914）。此君前年（一九一三）

[1] sense-division，剪报为“sense-divisions”。

[2] 手稿本中，以上英文为一则英文剪报。

[3] 奥斯本，手稿本无。

为纽约省长擢为监狱改良委员会会长[1]，自投瓦盆省（Auburn）狱中，与罪囚同居处操作饮食者凡七日。此其狱中日记也。

此君乃感情之人，英语所谓 Sentimentalist 是也。其所记多无病而呻之语，读之令人生一种做作不自然之感。盖以无罪之上官，自投囹圄，明知人不敢苛待，又明知七日之后可以复出，其所身受，大似戏台上人之悲欢啼笑，宜其做作不自然也（其记黑狱一节尤可笑）。

然此君有一见解，为今日监狱改良风动之一大主义，不可忽也。其见解之大旨曰："推诚待囚，以养其自尊之心，而鼓励其自治之能力。"所谓 Honor System 是也。此君今为纽约省新新（Sing Sing）狱官，乃试行其平素所持见解，虽莅事未久，功效未著，而其说殊有一试之价值也。

此君所持主义之大旨，可于下所引语中微见之：

> And just as it was perfectly fair to judge of the right and wrong of slavery not by any question of the fair treatment of the majority of slaves, but by the hideous possibilities which frequently became no less hideous facts, so we must recognize, in dealing with our Prison System, that many really well-meaning men will operate a system in which the brutality of an officer goes unpunished, often in brutal manner.
>
> The reason of this is not far to seek—a reason which also

[1] 监狱改良委员会会长，手稿本为"监狱改良董事会长"。

obtained in the slave system. The most common and powerful impulse that drives an ordinary, well-meaning man to brutality is fear. Raise the cry of "Fire" in a crowded place, and many an excellent person will discard in the frantic moment every vestige of civilization.—p.135.

I know this place through and through. I know these men; I've studied 'em for years. And I tell you that the big majority of these fellows in here will be square with you if you give 'em a chance. The trouble is, that they don't treat us on the level.

(Jack)—p.155.

此书所记瓦盆狱中生活，有可资考证者，记其大略如下：

狱中凡千四百囚，为纽约省二大狱之一。

囚犯工作，日得工值一分半钱，月可得四角钱。

狱室广四尺，长七尺有半，高约七尺余。

囚有过，则罚居黑狱，自一日至数日不等。

日程：

六时半：起床。

七时：室门锁脱。囚各携便桶，列队至一所，去桶中秽物，洗净之。返室中，扫除己室。

八时：室门复启，列队入早餐。

八时半至十一时半：工作。工作毕，复返己室。

十二时：午餐。

一时：复工作。五时以后，返室。道中经面包库，各取面包一二块归室，以为晚餐。

夜：室中各有电灯。九时：灯熄。

三餐：

（一）早餐 雀麦粥一盆，牛乳一碗，面包二块，咖啡[1]一杯。

（二）午餐 咖啡一杯，汤一碗，面包二块，肉（或火腿或炖羊肉），芋。

（三）晚餐 各携面包二块，归室中食之。室门外架上置水一杯，或咖啡一杯，以为晚餐饮料。

上所记狱中生涯，较之吾国狱中苦况远胜百倍，而此邦人士犹不满意，汲汲谋所以改良之，[2]此可见此邦人士慈善观念之高也。

慈善观念与社会之乐利互为消长，此不可不知也。此邦人士有健全之政府，整肃之秩序，人民[3]皆得安居乐业，故慈祥之心得以发达。于是有请废死刑者矣，有谋监狱改良者矣，有投身 Settlement Work 以谋增进苦力下级社会[4]之乐利者矣。若在纷乱之国，法律无效力，政府不事事；人不安其生，工商不安其业；法令酷虐，盗贼丛生；则虽有慈善事业，亦必皆自私之图，以为市名之计，或为积福之谋[5]。行之者寡，而所行又鄙下不足道，

[1] 咖啡，手稿本为“加非”。后同，不再注。

[2] 汲汲谋所以改良之，手稿本为“而汲汲图改良之”。

[3] 人民，手稿本为“民”。

[4] 下级社会，手稿本为“下流社会”。

[5] 积福之谋，手稿本为“种福之谋”。

慈善观念云乎哉？此无他，享乐利者无多[1]，则为他人谋乐利者益寡。己之首领且不保朝夕，谁复作废死刑之想乎？无罪之良民尚忧饥寒，谁复兴念及有罪之囚犯乎？国中志士奔走流亡，国中生民什九贫乏，谁复顾无告之贫民乎？

三〇、读 *The New Machiavelli*（九月七日）

读韦儿斯（Herbert George Wells）名著 *The New Machiavelli*。

韦氏生一八六六年，今年四十九岁[2]，为当代文学巨子之一。著书甚富；所著皆富于理想，不独以文胜也。

The New Machiavelli 为政治小说，读之增益吾之英伦政界之知识不少。

书中颇多名言，撷其一二：

> In the development of intellectual modesty lies the growth of statesmanship. It has been chronic mistake of statecraft and all organizing spirits to attempt *immediately*[3] to scheme and arrange and achieve. Priests, schools of thought, political schemers, leaders of men have alway slipped into the error of assuming that they can think out the whole—or at any rate completely think out definite parts—of the purpose and future of men, clearly and finally; they have set themselves to legislate and

[1] 无多，手稿本为“益寡”。

[2] “岁”后，手稿本有“耳”字。

[3] 手稿本中，此处有胡适所注下划线。

construct on that assumption, and experiencing the perplexing obduracy and evasions of reality, they have taken to dogma, persecution, training, pruning, secretive education; and all the stupidities of self-sufficient energy. In the passion of their good intentions they have not hesitated to conceal fact, suppress thought, crush disturbing initiatives and apparently detrimental desires....

He (the statesman) wants no longer to "fix up", as people say, human affairs, but to devote his forces to the development of that needed intellectual life (the "mental hinterland" both in the individual and in the race) without which all his shallow attempts at fixing up are futile. He ceases to build on the sands, and sets himself to gather foundations.

You see, I began in my teens by wanting to plan and build cities and harbors for mankind; I ended in the middle thirties by desiring only to serve and increase a general process of thought, a process fearless, critical, real-spirited, that would in its own time give cities, harbors, air, happiness, everything at a scale and quality and in a light altogether beyond the match-striking imaginations of a contemporary mind. —pp.306—8.

Privilege and legal restrictions are not the only enemies of liberty. An uneducated, underbred, and underfed propertyless man is a man who has lost the possibility of liberty. There's no liberty worth a rap for him. A man who is swimming hopelessly for life wants nothing but the liberty to get out of the water; he'll give every other liberty for it—until he get out. —p.253.

On the basis of the accepted codes the jealous people are right, and the liberal-minded ones are playing with fire. If people are not to love, then they must be kept apart. If they are not to be kept apart, then we must prepare for an unprecedented toleration of lovers.

三一、"八角五分"桑福（九月八日）

下图为桑福君（Raymond P. Sanford），亦苦学生之一也。其人贫甚而多能，精食料之学（Dietetics），自配制食物饮料，期于养身而价贱，久之竟能以八角五分金支七日之食。好事者争传其事，遂遍国中，今相识尚称之为"八角五分桑福"。

君昨遇余于道上，欲摄余影。余笑拒之，以为衣服不整，不当入画，语未终而影已成，即下图也。（图删）[1]

三二、送梅觐庄往哈佛大学诗（九月十七夜）

吾闻[2]子墨子有言："为义譬若筑墙然。能实壤者且实壤，能筑者筑欣者欣。"（《耕柱篇》语。毕云："欣同掀，举

[1]（图删），手稿本无。此处，手稿本附有桑福和胡适的照片各一幅，现补入。胡适照片旁，有自注："Oh, no! I am not in a presentable form!"

[2]"吾闻"前另起一行，手稿本有"送梅觐庄往哈佛大学"。

桑福

胡适

出也。”王说与此异。见札记卷九第四则[1]）吾曹谋国亦复尔，待举之事何纷纷。所赖人各尽所职，未可责备于一人。同学少年识时务，争言“大患弱与贫。吾侪治疾须对症，学以致用为本根。但祝天生几牛敦（Newton），还求[2]千百客儿文（Kelvin），辅以无数爱迭孙（Edison），便教国库富且殷，更无谁某妇无裈（音昆，今之裤也）。乃练熊罴百万军，谁其帅之拿破仑。恢我土宇固我藩，百年奇辱一朝翻！”

凡此群策岂不伟？有人所志不在此。即如我友宣城梅，自言“但愿作文士。举世何妨学倍根（Bacon），我独远慕萧士比（Shakespeare）。岂敢与俗殊酸咸？人各有志勿相毁”。梅君[3]少年好文史，近更摭拾及欧美。新来为文颇谐诡，能令公怒令公喜。昨作檄讨夫己氏，倘令见之魄应褫。又能虚心不自是，一稿十易犹未已。梅生梅生毋自鄙。神州文学久枯馁，百年未有健者起。新潮之来不可止，文学革命其时矣。吾辈势不容坐视，且复号召二三子，革命军前杖马棰（之累反），鞭笞驱除一车鬼，再拜迎入新世纪。以此报国未云菲：缩地戡天差可儗。梅生梅生毋自鄙。

作歌今送梅生行，狂言人道臣当烹。我自不吐定不快，人言未足为重轻。居东何时游康可（Concord，地名，去哈

---

[1] 卷九第四则，手稿本为“七卷五页”。

[2] 求，手稿本为“乞”。

[3] 梅君，手稿本为“梅生”。

佛大学不远，参观札记卷六第三〇则[1]），为我一吊爱谋生（Emerson），更吊霍桑（Hawthorne）与索虏（Thoreau）：此三子者皆峥嵘。应有“烟士披里纯”（Inspiration，直译有“神来”之义。梁任公以音译之，又为文论之，见《饮冰室自由书》）[2]，为君奚囊增琼英。

自 跋

此诗凡三转韵，其实有五转。自首句至“学以致用为本根”，间句用韵。自“但祝天生几牛敦”至“百年奇辱一朝翻”，则句句用韵矣。自“凡此群策岂不伟”至“人各有志勿相毁”，间句用韵。自“梅生少年”以下，至第二“梅生梅生毋自鄙”，又每句用韵矣。末又转入庚青韵作结，是第五转也。

此诗凡用十一外国字：一为抽象名，十为本名。人或以为病。其实此种诗不过是文学史上一种实地试验，前不必有古人，后或可诏来者，知我罪我，当于试验之成败定之耳。

此诗凡六十句，盖四百二十字。生平作诗，此为最长矣。

《赠别叔永诗》三百二十二字。

《大雪放歌》二百十[3]字。

《自杀篇》二百六十字。

《送许肇南归国》二百十[4]字。

《弃父行》二百六十六字。

---

[1] 札记卷六第三〇则，手稿本为“吾游康可日记（四册）”。

[2] 括号内文字，手稿本为“梁任公译英字 inspiration，有‘神来’之义”。

[3] [4] 十，手稿本为“一十”。

《游影[1]菲儿瀑泉山》三百八十字。

三三、论文字符号杂记三则[2]（九月十八日）

（一）张子高来书言："足下于'空对此月新圆'之'此'字下加逗。又春间来书，引稼轩词，于'无人会登临意'之'会'字下亦加逗。准意以为此两逗似皆可不必有。……推足下之意，或以词调至'此''会'二字应有一顿。然准以为词调之顿与词文之顿，宜分为二事：词调者，音乐之事也；词文者，文字之事也。今所用之符号，文字之符号，非音乐之符号也。然耶？否耶？"

（二）胡明复言，西人姓名字面长者，姓名之间当有以别之。明复欲用下法：

洛乔、倍根（Roger Bacon）

弗兰西司、倍根（Francis Bacon）

约翰、（穆勒）密尔（John Stuart Mill）

詹姆斯、密尔（James Mill）

亨利、詹姆斯（Henry James）

维廉、詹姆斯（William James）

此法甚好，当从之。汉文中复姓，如浩生、不害，如慕容、垂，亦可用之。

（三）胡明复又以吾所用"分号"（◎）为太触目，较之"住

---

[1] 影，手稿本为"英"。

[2] 胡适原题。

号”（○）尤招人注意，似宜改用△。适本用△，后以作字时△易与○混，故改用◎。明复之言亦有理，后当从之。

三四、叔永戏赠诗（九月十九日）

任生用胡生送梅生往哈佛大学句送胡生往科仑比亚大学

牛敦，爱迭孙，培根，客尔文，索虏，与霍桑，“烟士披里纯”。鞭笞一车鬼，为君生琼英。文学今革命，作歌送胡生。

上叔永戏赠诗。知我乎？罪我乎？

叔永自言吾上文所用句读法乃失原意，当如下式：

牛敦，爱迭孙，培根，客尔文，索虏，与霍桑，“烟士披里纯”，鞭笞一车鬼，为君生琼英。文学今革命，作歌送胡生。

自牛敦至“烟士披里纯”，皆一车鬼也。“鬼”者，如“洋鬼子”之鬼。“鞭笞”，犹言锻炼也。其说亦通。惟“烟士披里纯”不当为鬼耳。

三五、别矣绮色佳（九月廿一日）

九月二十日，遂去绮色佳。吾尝谓绮色佳为“第二故乡”，今当别离，乃知绮之于我，虽第一故乡又何以过之？吾去家十一年余，今心中之故乡，但有模糊之溪山，依稀之人面而已。老母，诸姊，一师，一友，此外别无所恋。（诸兄居里时少，故不及之）而绮之溪壑师友，历历在心目中。此五年之岁月，在吾生为最有关系之时代。其间所交朋友，所受待遇，所结人士，所得感遇，所得阅历，所求学问，皆吾所自为，与自外来之梓桑观念不可同日而语。

其影响于将来之行实，亦当较儿时阅历更大。其尤可念者，则绮之人士初不以外人待余。余之于绮，虽无市民之关系，而得与闻其政事，俗尚，宗教，教育之得失，故余自视几如绮之一分子矣。今当去此，能无恋恋？昔人桑下三宿尚且有情，况五年之久乎？

廿一日晨抵纽约，居佛纳儿得馆（Furnald Hall）。此为科仑比亚大学三宿舍之一。所居室在五层楼上，下临“广衢”（Broadway），车声轰轰，昼夜不绝，视旧居之“夜半飞泉作雨声”，真如隔世矣。

三六、依韵和叔永戏赠诗（九月廿一日）

昨夜车中戏和叔永再赠诗，却寄绮城诸友：

诗国革命何自始？要须作诗如作文。
琢镂粉饰丧元气，貌似未必诗之纯。
小人行文颇大胆，诸公一一皆人英。
愿共僇力莫相笑，我辈不作腐儒生。

三七、有些汉字出于梵文（九月廿八日）

汉文中有几许今所谓汉字者，千余年前皆外国字[1]。其自梵文来者尤多，偶举一二如下：

佛（Buddha）旧译浮图，或佛陀。

僧（Saṁgha）旧译僧伽，又译桑渴耶。

[1]“字”后，手稿本有“耳”字。

禅（Dhyâna）旧译第耶那，或持诃那，或禅那。

劫（Kalpa）旧译劫波。

塔（Dâgoba，Stupa[1]，or thupa[2]）旧译窣堵婆，或苏输婆，或兜婆，或塔婆。

上五字今鲜有知为梵文者矣。又如：

袈裟（Kachâya）夜叉（Yackcha）刹那（Kchana）

亦已成汉字矣。

“钵”字亦疑出梵文 Pâtra。旧译波多罗，又译钵多罗，省曰钵也。

凡此诸字，今有以之入诗者，虽极守旧者亦莫以为异也，何独至于“烟士披里纯”而疑之？

“佛陀”今梵音成“布答”，岂“佛”古读为“不”，而“陀”古读为“多”？抑梵音已变而汉译存其原音耶？自“佛”（F.）变为“布”（B.），自“非”纽转至“帮”纽[3]，犹“饭”字闽人潮人读为“扮”也。自“陀”（T.）至“答”（D.），自“透”纽转“定”纽也，犹吾徽人读“但”为“探”也。

“禅”字疑初译时不读如“市连切”，当时盖读如“单”字耳。适犹忆儿时读小说，每读“禅杖”为“单杖”，岂儿时之我，读此字偶与古音合乎？[4]

---

[1] Stupa，手稿本为“Stûpa”。

[2] thupa，手稿本为“Thûpa”。

[3] “纽”后，手稿本有“也”字。

[4] “岂儿时之我，读此字偶与古音合乎？”，手稿本为“岂译者不学如儿时之我，读此字与时音异乎？”

三八、《古今图书集成》(十月一日)

科仑比亚大学有中国政府所赠之雍正三年刊竣之《古今图书集成》一部(有雍正四年九月廿七日上谕)。此世界一大书也。原订五千册,今合为巨册,成一千六百七十二册。共一万卷,合为六千一百零九部,总为三十二典,汇为六编。

	编		典	部数	卷数
一	历象汇编	1	乾象	二一	一〇〇
		2	岁功	四三	一一六
		3	历法	六	一四〇
		4	庶征	五〇	一八八
二	方舆	5	坤舆	二一	一四〇
		6	职方	二二三	一五四四
		7	山川	四〇一	三二〇
		8	边裔	五四二	一四〇
三	明伦	9	皇极	三一	三〇〇
		10	宫闱	一五	一四〇
		11	官常	六五	八〇〇
		12	家范	三一	一一六
		13	交谊	三七	一二〇
		14	氏族	二六九四	六四〇
		15	人事	九七	一一二
		16	闺媛	一七	三七六
四	博物	17	艺术	四三	八二四
		18	神异	七〇	三二〇
		19	禽虫	三一七	一九二
		20	草木	七〇〇	三〇〇

（续表）

	编		典	部数	卷数
五	理学	21	经籍	六六	五〇〇
		22	学行	九六	三〇〇
		23	文学	四九	二六〇
		24	字学	二四	一六〇
六	经济	25	选举	二九	一三六
		26	铨衡	一二	一二〇
		27	食货	八三	三六〇
		28	礼仪	七〇	三四八
		29	乐律	四六	一三六
		30	戎政	三〇	三〇〇
		31	祥刑	二六	一八〇
		32	考工	一五四	二五二
				六一〇九	一〇〇〇〇

据[1]此间汉文教授夏德先生[2]（Friederich Hirth）告我："此非雍正年原板，乃总理衙门所仿印也。据端午桥之言如此。"夏德先生又言：[3]"雍正初板并不如后日上海图书集成书局所出活板之精。以原板铜字不完，或有所阙，则假借他字以代之。而上海之板校对极精，故也。"

满清康熙、雍正、乾隆三帝，鼓励文学，搜集文献，刊刻类书巨制，其功在天地，不可泯没也。

[1] 据，手稿本无。

[2] 先生，手稿本无。

[3] 夏德先生又言，手稿本为"据夏德先生言"。

三九、调和之害（十月一日）

与人言调和之害。调和者，苟且迁就之谓也。张亦农言："凡人之情，自趋于迁就折衷一方面。有非常之人出，而后敢独立直行，无所低徊瞻顾。如此，犹恐不能胜人性迁就苟且之趋势。若吾辈自命狂狷者亦随波逐流，则天下事安可为耶？"此言甚痛，为吾所欲言而不能言，故追记之。

四〇、相思[1]（十月十三日）

自我与子别，于今十日耳。奈何十日间，两夜梦及子？

前夜梦书来，谓无再见时。老母日就衰，未可远别离。

昨梦君归来，欢喜便同坐。语我故乡事，故人颇思我。

吾乃澹荡人，未知"爱"何似。古人说"相思"，毋乃颇类此？

四一、文字符号杂记二则[2]（十月十五日）

（一）第十二种曰提要号（﹏﹏）以浪线加于字或句之旁，以示文中着意注重之处：

（例一）杀一人以存天下，非杀一人以利天下也。

此以示存天下与利天下之别也。

（例二）凡立言先正所用之名，以定命义之所在者，曰界说。

此乃界说之界说，应提出以清眉目。

---

[1] [2] 胡适原题。

（注）其在印刷，则凡提要之处可以二法表示之：

（1）用隶体之字（如“科学”所用）

（2）用较大一号之字（如“大中华”所用）

（二）第十三种曰赏鉴号（。。。）[1] 以连圈加于所赏识之句之旁以表示之：

（例）能几番游，看花又是明年！东风且伴蔷薇住，到蔷薇春已堪怜[2]！更凄然，万绿西泠，一抹荒[3]烟！（张叔夏词）

（注一[4]）赏鉴号惟吾国文字用之，他国所无也。今人多以之与提要号相混，故别之如此。

（注二）赏识之圈起于所赏识之句之第二字，如“国事今成遍体疮，治头治脚俱所急”[5] 其第一字不圈，以示一句之所由起也。

又按：用连圈不如用≈≈≈。（五年四月记）

四二、读《集说诠真》[6]

天主教司铎黄伯禄斐默氏辑

光绪己卯年上海慈母堂藏板

四册　又提要一册　续编一册（庚辰）

[1]（。。。），手稿本无。

[2] 手稿本中，“风”至“怜”旁，均有赏鉴号。

[3] 荒，手稿本为“寒”。

[4] 一，手稿本无。

[5] 手稿本中，“事”至“急”旁，均有赏鉴号。

[6] 胡适原题。

此书盖为辟多神迷信之俗而作。蒋序曰："黄君搜集群书，细加抉择，编年释地，将数百年流俗之讹，不经之说，分条摭引，抒己见以申辨之。"是也。所引书籍至二百余种之多，亦不可多得之作。今年余在科仑比亚大学藏书楼见之。其说处处为耶教说法，其偏执[1]处有可笑者。然搜讨甚勤，又以其出于外人[2]之手也，故记以褒之。

四三、《圣域述闻》中之《孟子年谱》

周烈王[3]四年（西历前三七二）[4]，四月二日，生于邹。

三岁，父激卒，母仉氏育之。稍长，受业子思之门人。

显王三十三年（西历前三三六）[5]，年三十七，应聘至梁，见惠王。

四十三年（西历前三二六）[6]，事齐宣王，为上卿。

慎靓王四年（西历前三一七）[7]年五十六，母卒。自齐反鲁。

六年，至齐，宣王以为客卿。

赧王元年（西历前三一四）[8]，致为臣而归。

二年，之宋，又之薛。

[1] 偏执，手稿本为"偏僻"。

[2] 此处，胡适误将黄伯禄认作外国人，后在本书1957年台北版自记中，他特地对此作了更正。详见台北版自记。

[3] "周烈王"前另起一行，手稿本有"《孟子年谱》，据《圣域述闻》"。

[4] 括号内文字，手稿本无。"周烈王"前，手稿本有"372"。

[5] 括号内文字，手稿本无。"显王"前，手稿本有"336"。

[6] 括号内文字，手稿本无。"四十三"前，手稿本有"326"。

[7] 括号内文字，手稿本无。"慎靓王"前，手稿本有"317"。

[8] 括号内文字，手稿本无。"赧王"前，手稿本有"314"。

六年，至滕，旋为许行等所挠而归。年六十余矣。

二十六年（西历前二八九）[1]，十一月十五日卒。年八十四。

上年谱据《圣域述闻》。[2] 适按，此年谱大不可信。古代史传均不言孟子生死年月，而《圣域述闻》言之确凿如此何也？

晁公武《读书志》曰："按韩愈谓[3]《孟子》为其弟子所会集，与岐之言不同（赵岐也）。今考其书，载孟子所见诸侯皆称谥。夫死然后有谥。孟子所见诸侯，不应皆前死。且惠王元年（烈王六年，西历前二七〇[4]），至平公之卒（周赧王十八年，西历前二九七[5]），凡七十三年。孟子始见，惠王目之曰'叟'，必已老矣，决不见平公之卒也。"

四四、印书原始[6][7]

（一）东汉灵帝时，蔡邕校书东观，奏定六经文字，而刻石于太学门外，是为"石经"。汉末，兵火无存。（《通志略》）

（二）隋文帝开皇十三年，敕："废像遗经，悉命雕板。"（《事物原会》）

（三）唐时书肆已有雕板字书小学印纸。（《文献通考》）

（四）周世宗显德中，始有经籍刻板，学者无笔札之劳。（《宋

---

[1] 括号内文字，手稿本无。"二十六"前，手稿本有"289"。

[2] 此句，手稿本无。

[3] 谓，手稿本无。

[4] 西历前二七〇，手稿本无。

[5] 西历前二九七，手稿本无，旁有"297"。

[6] 胡适原题。

[7] 在本书1957年台北版自记中，胡适对此则札记中的几处错误作了更正。详见台北版自记。

史·冯道传[1]》)

（五）宋仁宗庆历中，有布衣范昇者，为活字板。用泥刻字，火烧令坚。印时，以铁范置板上，面布字于其中。(《事物原会》)

（六）明时，有毗陵人用铜铅为活字。(《事物原会》)[2]

四五、叶书山论《中庸》

《两般秋雨盦随笔》[3] 云："叶书山庶子谓《中庸》非子思所作。其说云，伪托之书，罅隙有无心而发露者。孔孟皆山东人，论事俱就眼前指点。孔子曰：'曾谓泰山[4]！'又曰：'泰山其颓！'孟子曰：'挟泰山。'又曰：'登泰山。'……就所居之地指所有之山，人之情也。汉都长安，华山在焉。《中庸》引称华山，明明以长安之人指长安之山。"

四六、姚际恒论《孝经》

姚际恒《古今伪书考》论《孝经》："《汉志》曰：'《孝经》，张禹传之。'案是书来历出于汉儒，不惟非孔子作，并非周秦之言也。其《三才章》'夫孝，天之经'至'因地之义'，袭《左传》子太叔述子产之言，惟易'礼'字为'孝'字。《圣治章》'以顺则逆'至'凶德'，袭《左传》季文子对鲁宣公之言；'君子则不

[1] 传，手稿本无。

[2] 《事物原会》，手稿本为"仝"。

[3] "《两般秋雨盦随笔》"前另起一行，手稿本有"论中庸"。

[4] 泰山，手稿本为"太山"，此篇中后同，不再注。

然’以下，袭北宫文子论仪之言。《事君章》‘进思尽忠’二语，袭《左传》士贞子谏晋景公之言。《左传》自张禹所传后始渐行于世，则《孝经》者，盖其时人之所为也。勘其文义，绝类《戴记》中诸篇，如《曾子问》《哀公问》《仲尼燕居》《孔子闲居》之类，同为汉儒之作。后儒以其言孝，特为撮出，因名以《孝经》耳。……”

四七、读 *The Spirit of Japanese Poetry*

日人野口米次郎著 *The Spirit of Japanese Poetry* ——Yone Nogouchi，吾友韦女士读而喜之，以假余。此君工英文，其书文笔雅洁畅适，极可诵。然似太夸，读之令人不快。

四八、论宋儒注经

赵瓯北（翼）《陔余丛考》论宋儒注经之谬，有可取之处，记其一二：

（一）子罕言利，与命与仁。

史绳祖《学斋占毕》曰：“利固圣人所不言。至于命与仁，则《论语》中言仁者五十三条，言命者亦不一而足。此岂罕言者？盖‘与’当作‘吾与点也’之‘与’解。”

适按：此亦不必然。

（二）孟子去齐，宿于昼。

邢凯《坦斋通编》谓昼当作画。

（三）必有事焉，而勿正。心勿忘，勿助长也。

倪思谓“正心”二字乃“忘”字之误。谓“必有事焉而勿忘。勿忘，勿助长也”。

重一“勿忘”字，文更有致。

适按：此说极有理。原读“而勿正心勿忘”本不通，宋儒强为之说耳。惟适意，下“勿忘”二字，乃后人读原抄本者见“正心”二字之误，故为改正，另书“勿忘”二字于原稿本之上。（或为眉书，或为夹注。）后又有转抄者，不知“勿忘”即改“勿正心”三字，故于“勿正心”之下又并收“勿忘”二字耳。此项讹误，在西国考据学中名“旁收”（Incorporation of Marginalia），乃常见之误也。

（四）冯妇搏虎章：

原读“晋人有冯妇者，善搏虎，卒为善士。则之野，有众逐虎。……”周密《癸辛杂识》谓当如下读法：

卒为善。士则之。野有众逐虎。……

“士则之”以与下文“其为士者笑之”相对照也。

适按：原读非不可通，惟“则”字略不顺耳。周读法颇[1]可喜。

袁枚《随园诗话》亦载两则：

（一）苏州袁钺，号青溪，解《论语》“唯求则非邦也与”“唯赤则非邦也与”，以为皆夫子之言，非曾点问也。人以为怪，不知何晏古注原本作此解。

适按：何晏于此两语并无注，惟邢昺疏作如此解。

（二）宋王旦怒试者解“当仁不让于师”之师字作众字解，以为悖古，不知说本贾逵。

[1] 颇，手稿本为“殊”。

适按：孔安国、邢昺俱以师作师弟之师解，朱注盖本此耳。

总之，宋儒注经，其谬误之处固不少，然大率皆有所循。后人不知宋儒集注之功之大，徒知掇拾一二疵瑕以为宋儒诟病，非君子忠厚存心之道也。

宋儒注经之功，非以之与汉注唐疏两两相比，不能得其真相。汉儒失之迂而谬，唐儒失之繁而奴。宋儒之迂，较之汉儒已为远胜，其荒谬之处亦较少。至于唐人之繁而无当（邢昺以百八十四字注“学而第一”四字，孔颖达以千六百四十字注“俟我于著乎而”三语），及其不注经而注注之奴性，则宋儒所不为也。[1]

四九、为朱熹辨诬

顷见陈蜕盦遗诗，有《读十五国诗偶及集注》七绝句，录其三首：

（一）

取喻雎鸠因聚处，更无他义待推寻。

“挚而有别”原非误，负了鸳鸯鸿雁心。

（二）

“此亦淫奔”只四字，莫须有狱较虚心。

先生史续《春秋》后，一往闲情如许深！

（三）

“见鳏夫而欲嫁之”，无题竟被后人知。

《锦瑟》一篇空想像，何妨武断学经师？

[1] 邢昺实为宋太宗真宗时人。在本书1957年台北版自记中，胡适对此作了更正。详见台北版自记。

此亦冤枉朱元晦也。朱子注《诗》三百篇，较之[1]毛传郑笺已为远胜。近人不读书，拾人牙慧，便欲强入朱子以罪，真可笑也。“挚而有别”，本之毛传，郑笺因之，并非朱子之言。“见鳏夫而欲嫁之”，亦本诸郑笺。郑笺原文为“时妇人丧其妃耦，寡而忧是子无裳无为作裳者，欲与为室家”。朱子删其繁文，改为“有寡妇见鳏夫……”耳。毛传郑笺乃并“此亦淫奔”四字亦不敢道，其为奴性，甚于宋儒，何啻伯什倍乎？今戏举数例以实吾言：

（一）“遵大路兮，掺执子之袪兮，无我恶兮，不寁故也。”序谓：“思君子也。庄公失道，君子去之，国人思望焉。”传笺因之。

（二）“有女同车，颜如舜华，将翱将翔，佩玉琼琚。彼美孟姜，洵[2]美且都！”序谓：“刺忽也。郑人刺忽之不昏于齐。……齐女贤而不取。卒以无大国之助，至于见逐，故国人刺之。”传笺因之。

（三）“彼狡童兮，不与我言兮。维子之故，使我不能餐兮！”序曰：“刺忽也。不能与贤人图事，权臣擅命也。”传笺因之。

五〇、女子教育之最上目的（十月卅日）

吾自识吾友韦女士以来，生平对于女子之见解为之大变，对于男女交际之关系亦为之大变。女子教育，吾向所深信者也。惟昔所注意，乃在为国人造良妻[3]贤母以为家庭教育之预备，今始

[1] “较之”前，手稿本有“其武断处”。

[2] “洵”旁，手稿本有“信”字。

[3] 良妻，手稿本为“令妻”。

知女子教育之最上目的，乃在造成一种能自由能独立之女子。国有能自由独立之女子，然后可以增进其国人之道德，高尚其人格。盖女子有一种感化力，善用之可以振衰起懦，可以化民成俗，爱国者不可不知所以保存发扬之，不可不知所以因势利用之。[1]

五一、女子参政大游街（十月三十日）

十月二十三日，纽约城及附近各地之女子选举会，因纽约省选举期近（十一月二日），女子参政一问题将于是日由全省公民投票公决，故举行“女子参政大游街”。“游街”者，英文“Parade”，以其似吾国之游街也，故以是译之。[2]

游街之目的大率有二：一以宣示宗旨，一以鼓动观听。一言以蔽之，曰，示众而已，所谓登广告是也。

是日之“女子参政大游街”为千古未有之大盛举。与游者男妇四万余人。余与张奚若立第五街上观之，至三小时之久，犹未过尽。

是日游街之最足动人者盖有数事：

（一）秩序之整肃　数万人之大队非同小可，而乃能井然有条如此，勿谓此中无人也。

（二）心理之庄严　与游之人，固属少年男女居多（西人四十

[1] 此后，手稿本还有“删存八册五页所记”。

[2] 本则日记中，手稿本附有“女子参政大游街”照片七幅和图注及“公民投票公决表”，现补于此。另，手稿本还附有三则相关剪报（见本卷末附三），胡适在剪报旁注明了三则剪报的来源：“*The n.y. Evening post*, Nov.3, 1915”。

WOMAN SUFFRAGE PARADE

HEAD OF THE CAVALRY DIVISION.
The Riders Are: Miss Jane Powers, Miss Sarah Tompkins, Miss Eleanor Collins and Miss T.M. Kerrigan.

ANOTHER SECTION OF THE PARADE PASSING THE REVIEWING STAND

SOME CONFUSION IN THE RANKS OF ONE OF THE DELEGATIONS WAS CAUSED BY THE TURBULENT BEHAVIOR OF THE WIND

Miss Mildred Taylor, speaking for the cause of woman suffrage

President Wilson being complimented by the suffragists after he had voted "yes" at Princeton, n.y.

OFFICIAL BALLOT FOR
THIRTY-FOURTH
ELECTION DISTRICT,
NINETEENTH
ASSEMBLY DISTRICT,
COUNTY OF NEW YORK,
NOVEMBER 2, 1915.

E. J. Boyle
President Board of Elections.

QUESTIONS SUBMITTED
BALLOT.

AMENDMENT NO. 1

AMENDMENT NO. 2

PROPOSITION NO. 1

YES ☐
NO ☐

AMENDMENT NO. 1

Shall the proposed amendment to section one of article two of the Constitution, conferring equal suffrage upon women, be approved?

YES ☐
NO ☐

AMENDMENT NO. 2

Shall the proposed amendment to section four of article seven of the Constitution, permitting the Legislature to alter the rate of interest upon debts incurred for some specific work or object authorized by act of the legislature and ratified by the people be approved?

YES ☐
NO ☐

PROPOSITION NO. 1

Shall chapter five hundred and seventy of the laws of nineteen hundred and fifteen, entitled "An act making provision for issuing bonds to the amount of not to exceed twenty-seven million dollars in addition to bonds heretofore authorized by the provisions of chapter one hundred and forty-seven of the laws of nineteen hundred and three, for the improvement of the Erie canal, the Oswego canal and the Champlain canal, and providing for a submission of the same to the people to be voted upon at the general election to be held in the year nineteen hundred and fifteen," be approved?

以下皆为少年），而中年以上之妇女亦不少。头发全白者亦有之。望之真令人肃然起敬。

（三）女教习之多　中有一队全属纽约及附近之妇女教员，其数亦不知有几千（美国中学以下教员多由女子充之）。此等妇女对于国家社会负何等责任？服何等劳役？而犹忍剥夺其公民之权耶？

（四）游行者之坚忍耐苦　是日大风寒，其女子之持大帜者皆寸步与风相撑支，终无一人半途散去，[1] 其精神可敬也。

此次纽约女子选举胜负未可知。本月十九日，邻近之纽吉色省亦由公民投票定女子之当否参与政权，其结果则主张否定者多至五万一千余票，此省之女子选举遂失败，须再待二年始有第二次投票公决之机会。

纽吉色省乃美总统威尔逊氏之本省。威氏于前月宣言赞成本省妇女参政问题。选举期届，复亲回乡投票[2]。其内阁中人之属于此省者，亦皆宣言赞成此案。然此案卒未能通过。以一国元首之赞助，而不能使其乡人附从之，此亦可见西方人士独立思想之高，不轻易为位高爵尊者所耸动也。

一夜，余在室中读书，忽闻窗下笳声。临窗视之，乃一汽车，中有妇女多人，盖皆为女子参政之活动者也。中有一女子执笳吹之，其声悲壮动人。途人渐集车下。笳歇，中一女子宣言，大学

[1]　“终无一人半途散去”，手稿本为“终无半途散去者”。

[2]　此后，手稿本有“（第七图）”，即本书第 873 页图。

藏书楼前有街心演说会，招众人往赴之。余遂往观之。有男女数人相继演说，亦都不恶。余忽见人丛中有杜威先生（Professor John Dewey），为哥仑比亚大学哲学教长，而此邦哲学界第一人也。余初以为先生或偶经此间耳，及演说毕，车门辟，先生乃登车，与诸女子参政会中人并驾而去，然后乃知先生盖助之为进行活动（Campaigning）者也。嗟夫，二十世纪之学者不当如是耶！[1]

十一月二日，纽约省投票结果，反对女子参政者战胜矣。然赞成者乃至五十万人之多，则虽败犹足以豪也。（十一月三日）[2]

[1] 手稿本中，第五〇则日记写在此后。

[2] 此后，手稿本尚有三页胡适所记杂事备忘，现补于此。

Wenona Williams — Aug. 31.
Lincoln T. Patterson — Dec. 13.
Mrs. L. T. Patterson — Nov. 29.
Clifford Williams — April 17.
Theodore S. J. — April 23 (?)
Mrs. H. S. Williams — June 26 (?) or 27 (?)
Mrs. George R. Williams Sept. 5. (Autographs)
Raymond P. Hawes April 11.
Loy Chang Nov. 7. 1889.

T. R. 30.00
T. S. Chang — 16. —
Mac. 15.
Club 50 36.30
2 (Board) K. C. Lan — 40.00
Bal. — 100.
#1 & 5 — 5.00
282.30
#4 & 7 1.75
6.00
W. Tekon. 40.00
Corner 4.50
Wilson

卷十一杂事备忘一

"Give three reasons for saying the earth is round," confronted Sandy in an examination paper.
"My teacher says it's round, the book says it's round, and a man told me it was round."—Christian Register.

瑞生和
146-7 Honan Road

Rev. George T. Candlin: Chinese Fiction
Open Court Publishing Co.

Al. J. Contant (Medical College)
477 1st. Ave.
Call Valley Cottage, N.Y.
When arriving.

Marion D. Crane's
friend, Mrs. Holley
(with Mr. MacRae) artist)
Cos Cob, Conn.

为Artist所居

Barbara V. DePorte
1408 Franklin Ave.
New York City.
Host's name — Gershoy.
Ithaca Address
404 University Ave..

Mrs. H. W. Brown,
213 Cornell St.

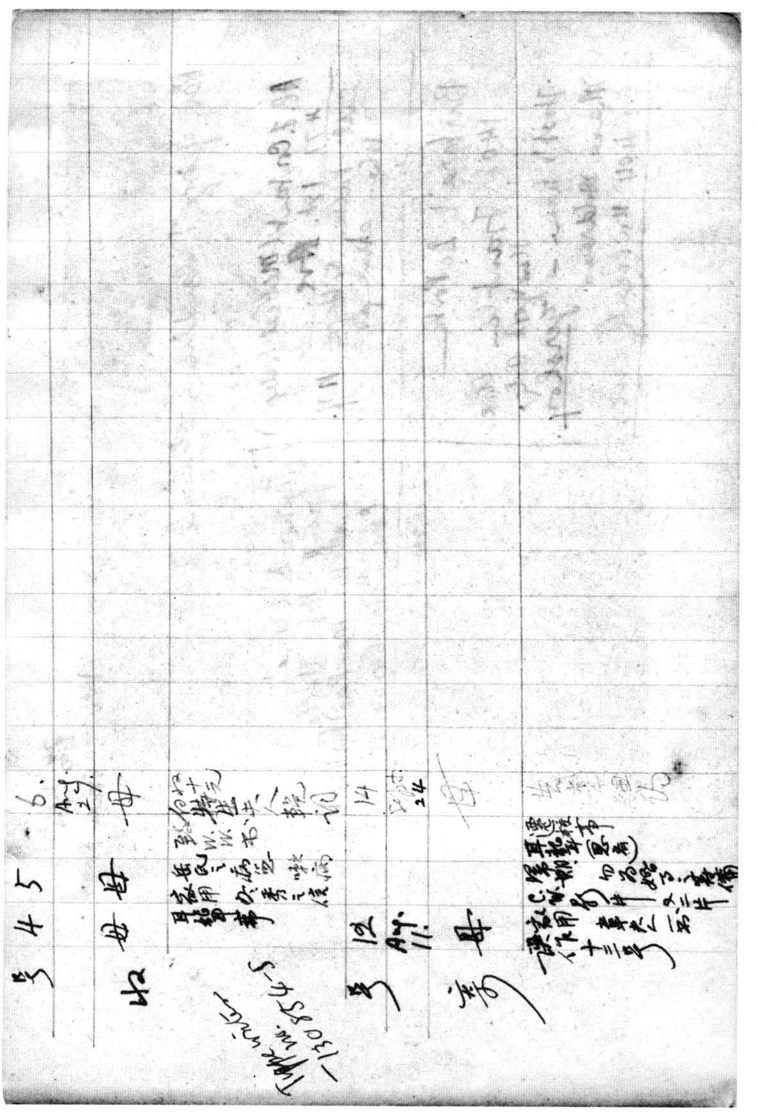

卷十一杂事备忘三

卷十一附录

附一：

An increase of $79,531 has been asked for 1916, which will bring the Public Library budget of New York city for next year up to $811,440. Salary increases are requested for 135 employes. An increase of $32,750 is required for books. The circulation for the year ending June 30, 1915, was 10,121,854, an increase of 1,300,000 over the preceding year. This supplies a population of about 5,000,000.

The Syracuse Public Library with a budget of $45,000 supplies a population of about 150,000 people, and last year reached a circulation of more than 400,000.

The per capita cost of public libraries affords interesting comparisons. In Syracuse it is about 30c; in New York, with the great economies that are possible in a big wholesale business, it is about 16c.

Figures for Other Cities.

The following table, compiled by the Spokane Public Library, gives the figures for a number of other cities of moderate size:

Cities.	Population. (Est.)	Circulation.	Per Capita Cost (Est.)
Tacoma	103,418	393,506	33.9
Springfield, Mass.	100,375	655,903	50.5
New Bedford	111,230	402,455	25.5
Spokane	135,657	404,923	29.4
Grand Rapids	123,227	416,314	36.9
Worcester	157,732	417,426	43.3
Oakland	183,002	530,942	52.6
Portland, Ore.	No Est.	1,284,502	No Est.
Denver	245,523	647,711	25.2
Seattle	313,029	1,223,632	57.9
Minneapolis	343,466	1,439,633	50.6
Los Angeles	438,914	1,559,359	36.4

附二：

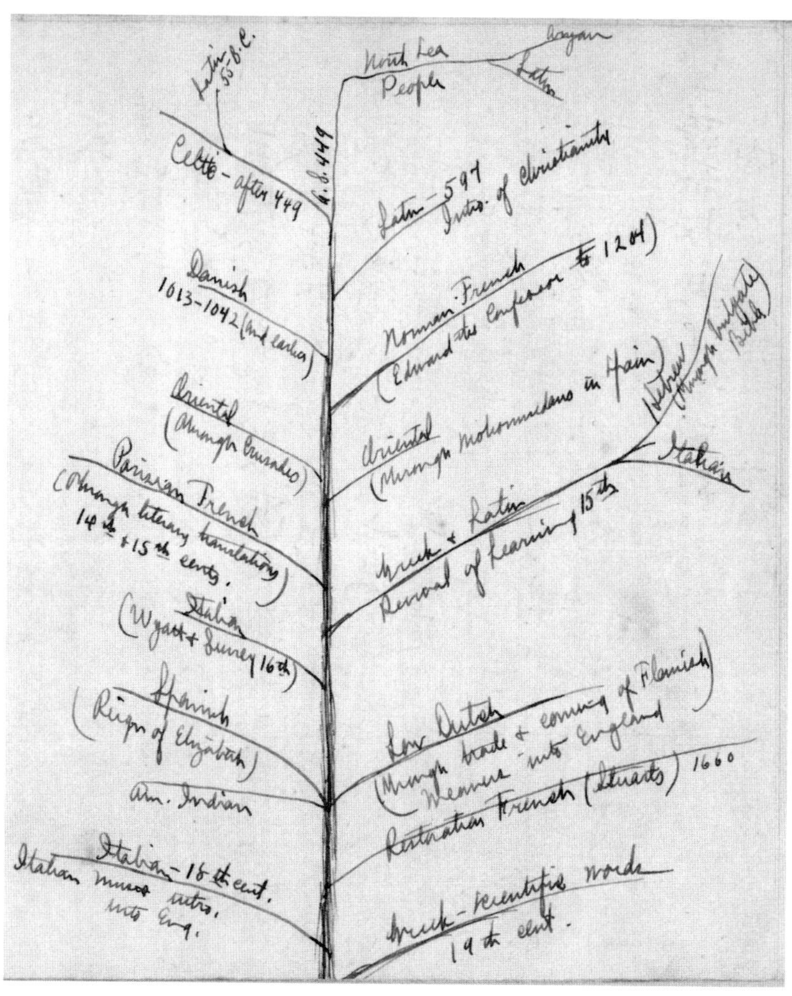
North Sea People
Aryan
Latin
Latin 55 B.C.
Celtic - after 449
A.D. 449
Latin - 597 Intro. of Christianity
Danish
1013-1042 (and earlier)
Norman French
(Edward the Confessor to 1204)
Oriental
(through Crusades)
Oriental
(through Mohammedans in Spain)
Hebrew
(through Vulgate Bible)
Italian
Parisian French
(through literary translations
14th + 15th cents.)
Greek + Latin
Revival of Learning 15th
Italian
(Wyatt + Surrey 16th)
Spanish
(Reign of Elizabeth)
Low Dutch
(through trade + coming of Flemish
Weavers into England)
Am. Indian
Restoration French (Stuarts) 1660
Italian - 18th cent.
Italian music intro.
into Eng.
Greek - scientific words
19th cent.

附三（三则）：

CITY VOTE ON SUFFRAGE.

The total vote in New York City on the woman's suffrage proposal shows a majority of 89,372 against granting the franchise. The vote by boroughs was:

Boroughs.	Yes.	No.
Manhattan	87,762	118,318
Bronx	34,394	41,007
Brooklyn	84,546	123,230
Queens	21,173	33,213
Richmond	5,968	7,447
Total	233,843	323,215

Following are the latest totals of the vote cast on the woman suffrage amendment ~esterday in the counties of this State:

Counties:	Yes.	No.	Dist. miss.
Albany	10,938	20,913	18
Allegany	2,239	3,292	20
Bronx	34,394	41,007	0
Broome	6,637	6,060	12
Cattaraugus	1,387	1,384	45
Cayuga	3,510	4,477	15
Chautauqua	9,423	6,778	0
Chemung	3,655	3,213	19
Chenango	2,936	3,273	7
Clinton	1,584	2,412	13
Columbia	1,572	4,569	0
Cortland	3,160	3,065	0
Delaware	3,093	2,957	0
Dutchess	2,433	4,021	49
Erie	23,115	32,262	17
Essex	1,738	1,973	14
Franklin	2,090	3,085	0
Fulton	1,954	1,957	24
Genesee	2,542	2,877	6
Greene	2,026	2,437	0
Hamilton	29	44	10
Herkimer	2,008	2,395	27
Jefferson	2,312	3,297	55
Kings	84,546	123,230	0
Lewis	310	685	28
Livingston	2,115	3,557	4
Madison	2,314	3,040	24
Monroe	15,413	22,496	0
Montgomery	1,261	1,226	30
Nassau	8,338	6,877	0
New York	87,762	118,318	0
Niagara	4,923	6,220	19
Oneida	5,916	10,372	50
Onondaga	15,233	17,052	37
Ontario	2,107	3,608	26
Orange	3,713	4,282	31
Orleans	2,140	2,840	0
Oswego	1,625	1,778	38
Otsego	1,177	1,800	39
Putnam	No returns.		
Queens	21,173	33,213	0
Rensselaer	6,367	16,924	0
Richmond	5,968	7,447	0
Rockland	3,500	4,000	0
St. Lawrence	4,704	5,990	19
Saratoga	4,258	6,386	0
Schenectady	7,320	5,523	8
Schoharie	No returns.		
Schuyler	27	51	17
Seneca	746	1,385	17
Steuben	5,627	6,591	30
Suffolk	5,845	4,679	12
Sullivan	2,248	2,356	18
Tioga	1,372	1,942	13
Tompkins	2,884	2,741	30
Ulster	1,296	2,342	65
Warren	1,006	1,917	18
Washington	1,095	1,369	37
Wayne	1,438	4,315	0
Westchester	19,503	23,844	7
Wyoming	1,147	1,719	18
Yates	1,100	2,200	0
Total	462,292	616,063	1,040

下划线为胡适所注

①

THE SUFFRAGE DENIAL.

A denial and a postponement, not a defeat—that is the result of the voting on woman suffrage yesterday. To expect conservative Eastern States to vote for the extension of the ballot the very first time the subject was presented to the electorate was to look for the impossible. But the result is none the less gratifying. Approximately one million men in three States yesterday recorded their belief that their women fellow-citizens should be taken out of the category of the idiot, the criminal, and the insane. Nothing like it has ever happened before either here or abroad. Never has so large a body of men on the same day voted in favor of the enfranchisement of a disadvantaged class. What could be more encouraging or stimulating? Who would have dared to prophesy even ten years ago that a change of only 30,000 votes would give women the suffrage in so hidebound a State as Pennsylvania? And when one considers how the advocates of suffrage were berated, or ridiculed, or ignored twenty years ago, there is no ground for discouragement, but every reason for satisfaction and hopefulness.

②

Open the gates of the franchise and you open them forever; a class once included stays in.—*The Times.*

A class with its foot and its shoulder inside the door is likely to get in ultimately.

③

卷十二

一九一五年十一月廿五日——一九一六年四月十七日

在哥仑比亚大学

此卷手稿本，封面题写："胡适札记""第十册""民国四年十一月到五年四月"。

一、许肇南来书（十一月廿五日）

许肇南自南京（十月廿三日）来书：

目下帝制运动极形活动。中华民国早变官国，其必有皇帝，宜也。时局危险，当局亦岂不知之？然爱国之心不敌其做皇帝与封侯拜相之瘾，故演成现时[1]怪状。自我观之，招牌换后，一二在朝贤者必皆退隐。剥极之时，内乱且生。然能复兴否，殊未可必，以有日本乘我之危也。又值均势打破之时，国命如何，正不忍言。在理，以吾国现在人心社会，若不亡国，亦非天理。吾人一息尚存，亦努力[2]造因而已。欲扬眉吐气，为强国之民，吾辈曾元庶得享此幸福。某为此言，非持悲观主义。某以为现在中国较前实有进步。特造孽太久，揆诸因果相寻之理，不易解脱耳。曾文正有言："不问收获，且问耕耘。"某[3]至今犹服膺此语。亦甚冀海外故人之"努力[4]崇明德，随时爱景光"也。

二、杨杏佛《遣兴》诗（十一月廿五日）

"季报"第二年一号有杏佛《遣兴》诗：

黄叶舞秋风，白云自西去。落叶归深涧，云倦之何处？

（适以为末二句如改"落叶[5]下深涧，云倦归何处？"当更佳。）

---

[1] 现时，手稿本为"现成"。

[2] [4] 努力，手稿本为"㔙力"。

[3] 某，手稿本无。

[5] 落叶，手稿本为"叶落"。

余极喜之，以为杏佛年来所作诗，当以此二十字为最佳。

三、《晚邮报》论“将来之世界”（十一月廿五日）

十一月十日，纽约《晚邮报》有社论一篇，题曰“将来之世界”。其大意以为世界者，乃世界人之世界，不当由欧美两洲人独私有之。亚洲诸国为世界一部分，不宜歧视之。其最要之语为下录两节：

The state of mind against which the new spirit among the peoples in Asia protests is the one which sees the world as made up of two continents only, and which regards a world-settlement as any settlement that regulates matters in these two continents, with a minimum of cutting and trimming here and there in Africa and Asia to make the Western adjustment as smooth as may be. "We shall not falter or pause", said Mr. Asquith yesterday, "until we have secured for the smaller states of Europe their charter of independence, and for Europe itself final emancipation from a reign of force." But radical opinion in India fails to understand why a war fought in Asia as well as in Europe, and one in which the people of India are taking part, should leave Asia out of account in the settlement. There are Indian aspirations as well as Serb and Polish aspirations. Asia is part of the world. Unquestionably, the war will bring about a wider recognition of the true area of the globe, if only through the fact that it has brought together on the battlefield a more extraordinary mingling of races than the Roman armies ever witnessed—from America, from Africa, from Australia, and from Asia, as well as from Europe.

It is still true that when we speak of the world-war and of the world as it will look after the war, we think almost exclusively of the nations of the West. What will happen to seven million Belgians, what will happen to less than five million Serbs, is a more entrancing question than what the war will do for more than three hundred million people in India or nearly three hundred and fifty million in China. Where India and China are taken into account, they still figure as mere appendages to Western interests. Will Teuton or Allied influence in China be paramount after the war? How seriously are the German threats against British rule in India to be taken; in other words, will India belong to Great Britain or will it pass under Germanic influences? We admit that Asiatic problems have been brought into closer touch with Western problems, but when we speak of the great settlement after the war, the settlement of Asia hardly enters into the reckoning except as it may enter as an incidental factor in the rearrangement of affairs in Europe. [1]

[1] 手稿本中，以上英文为一则剪报，并有胡适所注下划线及旁注“*The n.y. Evening Post*. Nov.10, 1915.”。

余与吾友郑莱[1]及韦女士皆久持此意。今见此邦一最有势之日报创为此论，吾辈之表同意可知也。余连日极忙，然不忍终默，乃于百忙中作一书寄《晚邮报》（书载十一月廿三日报），引申其意。此等孤掌之鸣，明知其无益，而不忍不为也。

四、西人对句读之重视（五年一月四日）

Punctilious Punctuation

Talking of the supreme importance of the comma, a correspondent states that Thomas Campbell once walked six miles to a printing office to have a comma in one of his poems changed into a semicolon. There is a remarkable resemblance between this and the story of Sir William Hamilton, Astronomer Royal of Ireland, making a lengthy expedition to Dublin to have a semicolon substituted for a colon.—[*London Evening Standard*].[2]

此二则甚有趣。人之视句读如是其重也！此[3]与“吟成一个字，捻断几根髭”，同一精神，同一作用。

五、郑莱论领袖（一月四日）

There are those who are destined to become leaders of men. They think hard and work hard: that is the secret of leadership.

—Loy Chang

[1] 郑莱，手稿本为“郑来”。

[2] 手稿本中，以上英文为一则剪报。

[3] 此，手稿本为“其”。

六、国事坏在姑息苟安（一月四日）

吾尝以为今日国事坏败，不可收拾，决非剜肉补疮所能收效。要须打定主意，从根本下手，努力造因，庶犹有死灰复然之一日。若事事为目前小节细故所牵制，事事但就目前设想，事事作敷衍了事得过且过之计，则大事终无一成耳。

吾国古谚曰，“死马作活马医”。言明知其无望，而不忍决绝之，故尽心力而为之是也。吾欲易之曰，“活马作死马医”。活马虽有一息之尚存，不如斩钉截铁，认作已死，然后敢拔本清源，然后忍斩草除根。若以其尚活也，而不忍痛治之，而不敢痛治之，则姑息苟安，终于必死而已矣。

七、录旧作诗两首（一月四日[1]）

偶检旧稿，得二诗，一未完，一已完，均录之。

生日（本拟作数诗，此为第一章）

寒流冻不断，积雪已及膝。
游子谢人事，闭户作生日。
我生廿三年，百年四去一。
去日不可追，后来未容逸。
颇慕蘧伯玉，内省知前失。
执笔论功过，不独以自述。

（此廿三岁生日诗）

[1] “四日”后，手稿本有“补记”两字。

秋

出门天地阔，悠然喜秋至。
疏林发清响，众叶作雨坠。
山蹊罕人迹，积叶不见地。
枫榆但余枝，槎枒具高致。
大橡百年老，败叶剩三四。
诸松傲秋霜，未始有衰意。
举世随风靡，独汝益苍翠。（未完）

八、梅任杨胡合影（一月五日）

将去绮色佳时，杏佛以其摄影器为造此图。昨承其以一份见寄，为附于此而记之。

九、《秋声》有序（一月九日）

上所录一诗未完，今续成之而为之序曰：

老子曰：“我有三宝，持而保之：一曰慈，二曰俭，三曰不敢为天下先。慈，故能勇；俭，故能广；不敢为天下先，故能成器长。”此三宝也，吾于秋日疏林中尽见之。落叶，慈也。天寒水枯，根之所供，不能足[1]万叶之所求，故落叶[2]。落叶所以存树本也，故曰慈也。俭之德，吾于松柏见之。松柏所需水供至微，

[1] 不能足，手稿本为“不给”。

[2] 落叶，手稿本为“叶落”。

梅任杨胡合影[1]
（由左至右分别为：任鸿隽、梅光迪、胡适、杨杏佛）

[1] 手稿本中，照片右侧有任叔永题诗，内容见本卷第一八则。

故能生山石间水土浇确之所，秋冬水绝，亦不虞匮乏，以其所取廉也。松柏不与群卉争妍，不与他木争水土肥壤，而其处天行亦最优最适，不独以[1]其俭，亦以其能不为天下先也。故曰，吾于秋林得老子三宝焉。乃咏歌之，不亦宜乎？

出门天地阔，悠然喜秋至。
疏林发清响，众叶作雨坠。
山蹊罕人迹，积叶不见地。
枫榆但余枝，槎枒具高致。
大橡百年老，败叶剩三四。
诸松傲秋霜，未始有衰态。
举世随风靡，何汝独苍翠？
虬枝若有语，请代陈其意：
"天寒地脉枯，万木绝饮饲。
布根及一亩，所得大微细。
本干保已难，枝叶在当弃。
脱叶以存本，休哉此高谊！
吾曹松与柏，颇以俭自励。
取诸天者廉，天亦不吾废。
故能老岩石，亦颇耐寒岁。
全躯复全叶，不为秋憔悴。"
拱手谢松籁，"与君勉斯志"。

[1] 以，手稿本无。

一〇、Adler 先生语录（一月十一日）

Spiritual relation is the criss-cross relation between persons. It is love. It is spending one's self on another and receiving in return the spiritualizing and uplifting effects of so-doing.（精神上的关系是人与人之间的参互交错的关系。就是爱。就是把自己消费在一个别人的身上，而在如此做时，自己也得着鼓舞向上的影响作酬报。）

Moral oblization [1] is not the externally imposed command; it is the necessity to act so as to bring out the best in the other person.（the beloved one, for example）(道德的责任并不是那外来的命令；只是必须要怎样做才可以引出别人——例如所爱之人——的最好部分。)

You can only keep yourself alive and uplight by taking an interest in some other or alter.（只有对于别人发生兴趣才可使自己常是活泼泼地，常是堂堂地。）

Live in vitally affecting others！（要生活在深刻地影响别人！）

So influence others as to make them cease to think cheaply of themselves. [2]（要这样影响别人：要使他们不再菲薄自己。）[3]

[1] oblization，手稿本为“obligation”。
[2] 此后，手稿本有“Felix Adler”。
[3] 此则日记，手稿本只有英文，无中译。

一一、论“造新因”（一月十一日）（看下文“再论造因”）

It is true that I have much sympathy with the rebels. But I do not favor a present revolution. I have come to hold that there is no short-cut to political decency and efficiency. Not that, as has been suggested, a monarchy is a necessary stage of development. But that good government cannot be secured without certain necessary prerequisites [1]. Those who hold that China needs a monarchy for internal consolidation and strength are just as foolish as those who hold that a republican form of government will work miracles. Neither a monarchy nor a republic will save China without what I call the "necessary prerequisities [2]." It is our business to provide for these necessary prerequisites [3], —to "create new causes"（造因）.

I am ready to go even farther than my monarchist friends. I would not even let a foreign conquest divert my determination to "create new causes." Not to say the petty changes of the present！

Where I condenm my Monarchist friends is when they identify the present reactionary government with the country they love and with the "honest and efficient government" which we all desire.

Jan. 11, to C.W. [4]

---

[1][2][3] prerequisites，手稿本为“requisites”。

[4] 此后，手稿本还有如下一条杂记：“去夏桑福君（Raymond P. Sanford）为瘦琴女士造此影。今夜桑福君自新英伦将返绮色佳，道出纽约，访余于宿舍，出此为赠。桑福君亦瘦琴女士之友也。　十九日。”杂记旁附有一张瘦琴女士照片，胡适旁注“Nellie B. Sergent”，现补于此。

瘦琴女士

一二、读章太炎《驳中国用万国新语说》后（一月廿四夜）

读此篇竟[1]，记其重要之处如下：

若夫象形合音之别，优劣所在，未可质言。今者南至马来，北抵蒙古，文字亦悉以合音成体，彼其文化岂有优于中国哉？合音之字视而可识者，徒识其音，固不能知其义，其去象形差不容以一黍。故俄人识字者，其比例犹视中国为少。日本既识“假名”，亦并粗知汉字。汉字象形，日本人识之，

[1]“读此篇竟”前另起一行，手稿本有“章太炎《驳中国用万国新语说》 一月廿四夜”。

不以为奇怪难了，是知国人能遍知文字与否，在强迫教育之有无，不在象形合音之别也。……

然言语文字者所以为别，声繁则易别而为优，声简则难别而为劣。……

纵分“音纽”，自梵土“悉昙”而外，纽之繁富未有过于汉土者也。横分“音韵”，梵韵复不若汉韵繁矣。……昔自汉末三国之间始有反语。隋之切韵，以纽定声。舍利、神珙诸子综合其音，参取梵文字母声势诸法分列八音。至今承用者，为字母三十六，而声势复在其外，以现有法言切韵也。今之韵部，著于唇音者，虑不能如旧韵之分明，然大较犹得二十。计纽及韵可得五十余字，其视万国新语之以二十八字母含孕诸声者，繁简相去，至悬远也。……字母三十六者，本由“华岩”四十二字增损而成。……以此三十六者按等区分，其音且逾数百。韵以四声为剂，亦有八十余音。二者并兼，则音母几将二百。然皆坚完独立，非如日本五十“假名”，删之不过二十音也。宁有二十八字之体文遂足以穷其变乎……

适按：太炎先生此论，可谓无的放矢矣。万国新语之长处，正在其声简易通。且其语不废尾纽（纽有首尾之别。如英语 Sat，S 为首纽，t 为尾纽，a 为韵也。汉字尾纽今皆亡矣，独鼻音 n、ng 二尾纽犹存耳。广东之入声尾纽犹多存者。其合口之鼻音 m，则平上去三声皆有之。故其辨“真”“侵”“覃”“寒”若辨黑白也），故虽二十八字而已足用。如“三”之与“山”，若尾纽全存时，则同一首纽而音犹可辨（如粤音之以三为 Sam，以山为 San 是也）。今尾纽既仅存一半开之鼻音，则二字非有异纽为首不能辨矣（京津人辨此二字惟在首纽）。汉语纽音之繁，未必即其长处，特不得不繁耳。

> 虽然，辅汉文之深密，使易能易知者则有术矣。
>
> （一）欲使速于疏写，则人人当兼知章草。……文字宜分三品：题署碑版，则用小篆；雕刻册籍，则用今隶；至于仓卒应急，取备事情，则直作草书可也。
>
> （二）若欲易于察识，则当略知小篆，稍见本原。初识字时，宜教以五百四十部首。……凡儿童初引笔为书，今隶方整，当体则难。小篆诎曲，成书反易。且“日”“月”“山”“水”诸文，宛转悉如其象，非若隶书之局就准绳，与形相失。当其知识初开，一见字形，乃如画成其物踊跃欢喜，等于熙游，其引导则易矣。

适按：此说与吾前作“文字教授法改良论”中所持说不期而合。

> 象形之与合音，前者易知其义，难知其音；后者易知其音，难知其义。……故象形与合音者，得失为相庚。特隶书省变之文，部首已多淆乱，故五百四十小篆为初教识字之门矣。

适按：[1] 此说尤与吾所持论若合符节。吾所为文（英文，在中城学生年会所读）原文曰：

> Every word, be it Chinese or European, has two elements: its sound and its meaning. An alphabetical language, like the English, gives you the sound or pronunciation of the word. But

[1] 适按，手稿本无。

you must get the meaning by sheer memory work. ... But when you look at the Chinese characters in their original forms, you immediately perceive their pictorial likenesses. But there is nothing in these pictures which suggests that they are pronounced as they are pronounced. ...

（三）若欲了解定音，反语既著，音自可知。然世人不能以反语得音者，以用为反语之字非有素定。尚不能知反语之定音，何由知反语所切者之定音哉？若专用“见”“溪”以下三十六字，“东”“钟”以下二百六字为反语，但得二百四十二字之音，则余音自可睹矣。然此可为成人长者言之，以教儿童，犹苦繁冗。……

尝定“纽文”为三十六，“韵文”为二十二，皆取古文篆籀径省之形以代旧谱。……

纽文三十六

音	纽文	今隶	唐韵	旧母
喉音（深喉音）	丨	丨	古本切	见
	凵	凵	口犯	溪
	乁	及	巨立	群
	乂	乂	鱼废	疑
牙音（浅喉音）	一	一	于悉	影
	厂	厂	呼旱	晓
	乙	乙	乌辖	喻
	㔾	㔾	乎感	匣

（续表）

音	纽文	今隶	唐韵	旧母
舌头音	刀	刀	都牢	端
	土	土	它鲁	透
	大	大	徒盖	定
	乃	乃	奴亥	泥
舌上音	乇	乇	陟格	知
	屮	屮	丑列	彻
	宁	宁	直吕	澄
	女	女	尼吕	娘
正齿音	勺	勺	之若	照
	川	川	昌缘	穿
	士	士	钼里	床
	尸	尸	式脂	审
	十	十	是执	禅
齿头音	卪	卩	子结	精
	七	七	亲吉	清
	亼	亼	秦入	从
	厶	厶	息夷	心 经典相承以私代之[1]
	夕	夕	祥易	邪
重唇音	八	八	博拔	帮
	朩	朩	匹刃	滂
	白	白	旁陌	并
	冂	冂	莫狄	明

[1] 经典相承以私代之，手稿本无此八字，仅有一“私”字。

（续表）

音	纽文	今隶	唐韵	旧母
轻唇音	匚	匸	府良	非 经典相承以方代之
	ㄣ	㇏	分勿	敷
	丿	丿	房密	奉
	朩	未	无沸	微
半舌音	?	了	庐乌	来
半齿音	人	入	人汁	日[1]

韵文二十二

韵文	今隶	唐韵	即旧韵	今韵
工	工	古红	东冬钟	
肯	肯	苦江	江	
ㄥ	ㄥ肱	古薨	蒸登	
今	今	居音	侵	
甘	甘	古三	覃谈凡　欲作盐添咸衔严韵者点其字下	
丌	丌	居之	之　欲作咍韵者点其字下	
牛	牛	语求	幽尤	侯
丂	丂	虎何	歌戈	
凵	厶	去鱼	鱼	虞
虍	虍	荒乌	模	
王	王	雨方	阳唐	
H	H	古荧	耕清青	庚
巾	巾	居银	真臻	
云	云	王分	谆文殷魂痕	

[1] 此表后，手稿本有“右纽文三十六字”。

（续表）

韵文	今隶	唐韵	即旧韵	今韵
回	回	户恢	灰微	
環	環	户关	元桓	
干	干	苦寒	寒删山	
辛	辛	去虔	先	仙
幺	幺	于尧	宵肴豪	萧
乁	乁	弋支	支　欲作佳皆韵者点其下	
禾	禾	古兮	脂齐	
牙	牙	五加	麻	

适按：太炎先生所拟字母，其笔画则较旧表为简矣，然而有大疵二，小疵二：

（一）韵文惟幺字是半无纽之韵，其余皆有首纽。有首纽，则反音之时作箭之纽（反切之上一字为箭，下为标。）与作标之韵之纽相复。此旧谱之病，而太炎先生因之。

（二）韵文二十二字不敷用也。例如甘字一母，而以反八韵之字，其必至纷乱可想。

此大疵二也。

（一）纽文中用有尾纽之字。有尾纽，则与作标之韵相混，而得音不易。旧谱之“穿”，今谱之“川”，皆其例也。

（二）谱中之篆文“乁”“乀”及今隶“厶”“厶”，形似相混。

此小疵二也。[1]

顷又见纽文之厂（乎旱切）与𢎘（乎感切），既同用“乎”字

[1] 此后，手稿本有“廿五晨”。

作箭，则其为同纽可知。今乃用为二纽，可谓粗心矣。

总之，此谱之韵文全不可用，纽文亦有疵瑕。太炎之长在于辨纽，其短在于辨音太疏也。[1]

一三、再论造因，寄许怡荪书（一月廿五夜）[2]

……适近来劝人，不但勿以帝制撄心，即外患亡国亦不足顾虑。倘祖国有不能亡之资，则祖国决不致亡。倘其无之，则吾辈今日之纷纷，亦不能阻其不亡。不如打定主意，从根本[3]下手，为祖国造不能亡之因，庶几犹有虽亡而终存之一日耳。

……适以为今日造因之道，首在树人；树人之道，端赖教育。故适近来别无奢望，但求归国后能以一张苦口，一支秃笔，从事于社会教育，以为百年树人之计：如是而已。

……明知树人乃最迂远之图。然近来洞见国事与天下事，均非捷径所能为功。七年之病，当求三年之艾。倘以三年之艾为迂远而不为，则终亦必亡而已矣。……（参看本卷第十一则）[4]

一四、七绝之平仄（一月廿六日）

凡七言绝句之仄◡◡平——◡◡仄之句，第三字皆当用平声。必

---

[1] 以上两段文字后，手稿本皆有“廿五日”。

[2] 手稿本中，本则文字前后均有引号，末有“寄许怡荪书”五字，应为作者抄录其致许书信中的文字。

[3] “根本”后，手稿本有“上”字。

[4] 参看本卷第十一则，手稿本为“参观第八、九页英文书”。

不得已而用仄，则第五字当用平。例如：

笑问客⃝从何⃝处来

忽见陌⃝头杨⃝柳色

日暮汉⃝宫传⃝蜡烛

又凡七言绝句，每句之第三字皆以平声为佳；无论其为◡◡——◡◡ᵾ或为——◡◡——ᵾ也。试检《唐诗三百首》中之七绝五十余首，共二百余句，其第三字用仄者不过二十余句。如：

梨花满⃝地不开门（第六字平，故第五字不妨仄也。）

葡萄美⃝酒夜光杯

此二十余句之中，十之八皆——◡◡——ᵾ之句也。

一五、赵元任（一月廿六日）

每与人平论留美人物，辄推常州赵君元任为第一。此君与余同为赔款学生之第二次遣送来美者，毕业于康南耳，今居哈佛，治哲学，物理，算数，皆精。以其余力旁及语学，音乐，皆有所成就。其人深思好学，心细密而行笃实，和蔼可亲以学以行，两无其俦，他日所成，未可限量也。余以去冬十二月廿七日至康桥（Cambridge），居于其室。卅一日，将别，与君深谈竟日。[1]居康桥数日，以此日为最乐矣。君现有志于中国语学。语学者(Philology)，研求语言之通则，群言之关系，及文言之历史之学

[1] 此后，手稿本原有“益倾倒”三字，后被删。

赵元任

也。君之所专治，尤在汉语音韵之学。其辨别字音细入微妙。以君具分析的心思，辅以科学的方术，宜其所得大异凡众也。别时承君以小影相赠，附黏于此而识之。

一六、论教女儿之道（一月廿七日）

You wondered "What an Oriental must really and honestly think in his innermost heart—of some American Young ladies" (with regard to their unconventionalities)? ...

It seems to me the whole matter is a question of consistency.

One must choose either absolutism or liberalism, either treating woman as a puppet or as a free human being. One must either lock her up in a beautiful chamber, or one must set her really free.

Now, the American treatment of woman as I understand it, is supposed to be based on the principle that woman is a free and rational being. Can you trust her? Have you confidence in her ability to act freely and rationally, though at times unconventionally, when she is left in freedom? If you have no such trust in her, then the logical and proper thing will be to lock her up in her own chamber and never to allow her to go out of your sight. That is consistency. But if you have such confidence in her, then let her be really free. [1] Let her do what she herself considers proper and reasonable to do. That's also consistency.

There is no middle ground between freedom and slavery....

And why should we care about what "the other people" think of us? Are we not just as good (if not better) judges of ourselves as they? And is not conventionality after all a man-made thing? Is not an intelligent man or woman greater than conventionality? The sabbath was made for man, and not man for the sabbath! How very true! ...

To Mrs. H. S. W. Jan. 27, 1916.

[1] 手稿本中，有胡适所注以上下划线。

一七、美国银币上之刻文（一月廿七日）（此段是前函中之一段）[1]

I remember the first time I saw the American dollar and was greatly touched by the simple inscription on it: "In God we trust". It recalled to my mind all the precautionary [2] methods of testing and guarding against counterfeit money in my own country, —and I was ashamed.

But after 6 years' time I have come to find fault with this inscription which then so greatly incited my admiration. A better inscription, I think, would be: "In Man we trust." [3]

Jan. 27, 1916.

一八、和叔永题梅任杨胡合影诗（一月廿九日）

叔永近寄诗题梅任杨胡合影（影见本卷第八一八页）[4]，其诗曰：

适之淹博杏佛逸，中有老梅挺奇姿。
我似长庚随日月，告人光曙欲来时。

余昨夜亦成一诗和之。

---

[1] （此段是前函中之一段），手稿本无。

[2] precautionary，手稿本为"precautions"。

[3] 手稿本中，有胡适所注以上下划线。

[4] 影见本卷第八一八页，手稿本为"影见本册第五页"，即本卷第八则日记。

一

种花喜种梅，初不以其傲。欲其蕴积久，晚发绝众妙。

二

种树喜长杨，[1] 非关瘦可怜。喜其奇劲枝，一一上指天。

三

亦爱吾友任！古道照颜色。书来善自拟，“长庚随日月”。

人或嫌其谦，我独谓其直。若曰“为晨鸡，一鸣天下白”。

四

我无三子长，亦未敢自菲。行文颇大胆，苦思欲到底。

十字以自嘲，倘可示知己。

近来作诗颇同说话，自谓为进境，而张先生甚不喜之，以为“不像诗”。适虽不谓然，而未能有以折服其心，奈何？（寄叔永）

一九、读音统一会公制字母 [2]（一月卅一日）

（原注）：作母用，取其双声。作韵用，取其叠韵。（用古双声叠韵）

母音二十四

ㄍ　古外切，今读若“格”，发声务短促，下同。

ㄫ　五忽切，今读若“我”。

[1] 胡适原注：“最喜挪威长杨（Norwegian Poplars），纽约尤多。”

[2] 胡适原题。

ㄑ　苦泫切，古“甽”字，今读若“欺”。

ㄉ　都劳切，今读若“德”。

ㄋ　奴亥切，古“乃”字，今读若“纳”。

ㄆ　普木切，小击也，今读若“泼”。

ㄈ　府良切，今读若“弗”。

ㄎ　苦诰切，今读若“克”。

ㄐ　居尤切，延蔓也，今读若“基”。

ㄬ　疑检切，读“腌”上声，今读若“腻”。

ㄊ　他骨切，同“突”，今读“脱”。

ㄅ　同“包”，今读若“拨”。

ㄇ　莫狄切，今读若“墨”。

ㄪ　同“万”，今读若“物”。

ㄗ　古“节”字，今读若“子”。

ㄙ　古“私”字，今读“私”。

ㄔ　丑亦切，今读若“痴”。

ㄏ　呼旰切，今读若“黑”。

ㄌ　同“力”，今读若“勒”。

ㄘ　亲吉切，今读若“此”。

ㄓ　真而切，今读若[1]“之”。

ㄕ　式之切，今读若[2]“尸”。

ㄒ　古“下”字，今读“希”。

---

[1] [2]　若，手稿本无。

日　今读若“入”。

介音三

一　于悉切，今读若“衣”。

ㄨ　疑古切，古“五”字，今读若“乌”。

ㄩ　丘鱼切，饭器也，今读若“迂”。

韵十二

ㄚ　于加切，今读若“阿”。

ㄟ　余支切，流也，今读若“危”。

ㄡ　于救切，今读若“呕”。

ㄣ　古文“隐”字，今读若“恩”。

ㄛ　“阿”本字，今读若“痾”。

ㄞ　古“亥”字，今读若“爱”。

ㄝ　羊者切，语已辞，今读“也”。

ㄠ　于尧切，小也，今读若“豪”。

ㄢ　乎感切，嘾也，今读若“安”。

ㄥ　古“肱”字，今读若“哼”。

ㄤ　乌光切，跛曲径也，今读若“昂”。

ㄦ　而邻切，今读若“儿”。[1]

---

[1] 此后，手稿本还有两个“中国速记法所用字母”谱。前为“二十一声”字母。结束处有“适按：此谱似抄录有误，以硃识之，而不敢强定也”。后为“三十六韵”字母，结束处有“此谱最有味者，乃‘二’以上七字，其法甚可推行”。继写“上两谱，皆太原祁君暄所借抄。卅一日”。这两个谱在日记中占了两页，但被作者用两条长弧墨线括住，似有废弃之意。亚东本所以未收，大概即由于此，现影印补于此。其中“二十一声”字母表中的括号及括号内文字系胡适以红色标注。

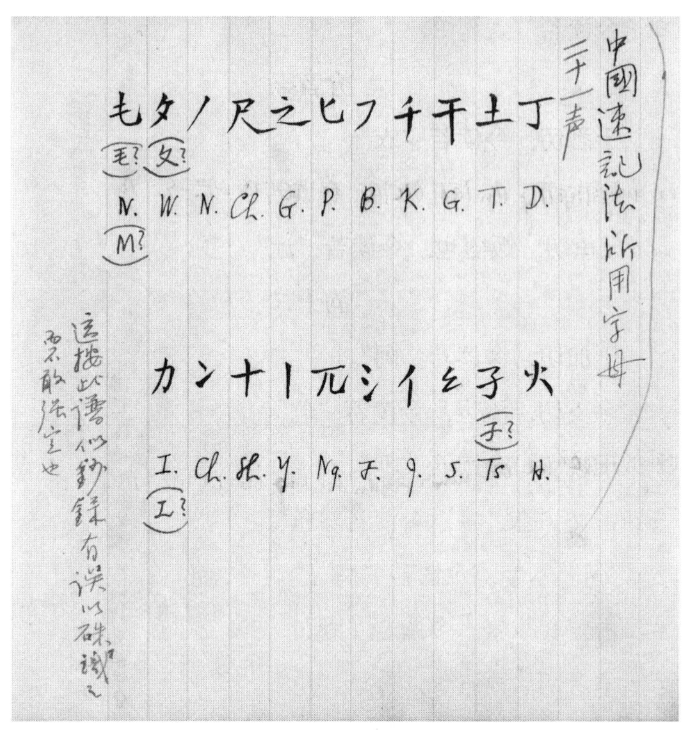

中國速記法所用字母

二十一声

N. W. N. Ch. G. P. B. K. G. T. D.

M?

I. Ch. Sh. Y. Ng. F. J. S. Ts H.

適據此譜所鈔錄有誤以硃識之而不敢強定也

「二十一声」字母表

「三十六韵」字母表

二〇、论革命（一月卅一日）

I do not condemn revolutions, because I believe that they are necessary stages in the process of evolution. But I do not favor premature revolutions, because they are usually wasteful and therefore unfruitful. "When the fruit is ripe, it will fall", says a Chinese proverb. Premature plucking only injures the fruit. It is for this reason that I do not entertain much hope for the revolutions now going on in China, although I have deep sympathy for the Revolutionists.

Personally I prefer to build from the bottom up. I have come to believe that there is no short-cut to political decency and efficiency. The monarchists have no desire for political decency and efficiency. The Revolutionists desire them, but they want to attain them by a short-cut—by a revolution. My personal attitude is [1]: "Come what may, let us educate the people. Let us lay a foundation for our future generations to build upon."

This is necessarily a very slow process, and mankind is impatient! But, so far as I can see, this slow process is the [2] only process: it is requisite to revolutions as well as to evolutions."

To Professor H. S. Williams Jan., 31.

---

[1] 此后，手稿本有"something like this"。

[2] 手稿本中有胡适所注以上下划线。

二一、《水调歌头》 寿曹怀之母（二月二日）

二哥书来为曹怀之母七十寿辰征诗，不得已，为作一词如下：

水调歌头

颇忆昔人语，“七十古来稀”。古今中寿何限？此语是而非。七十年来辛苦，今日盈庭兰玉，此福世真希。乡国称闺范，万里挹芳徽。 春气暖，桃花艳，鳜鱼肥，壶觞儿女称寿，箫鼓舞莱衣。遥祝期颐寿者，忽念小人有母，归计十年违。绕屋百回走，游子未忘归。

二二、与梅觐庄论文学改良（二月三日）

与觐庄书，论前所论“诗界革命何自始，要须作诗如作文”之意。略谓今日文学大病，在于徒有形式而无精神，徒有文而无质，徒有铿锵之韵[1]貌似之辞而已。今欲救此文胜之弊，宜从三事入手：第一，须言之有物；第二，须讲文法；第三，当用“文之文字”（觐庄书来用此语，谓 Prose diction 也）时不可避之。三者皆以质救文胜之敝也。

二三、“文之文字”与“诗之文字”（二月三日）

觐庄尝以书来，论“文之文字”与“诗之文字”截然为两途。“若仅移‘文之文字’于诗即谓之革命，则不可，以其太易也。”此未达吾诗界革命之意也。吾所持论固不徒以“文之文字”入诗

[1] 韵，手稿本为“均”。

而已。然不避文之文字，自是吾论诗之一法。即如吾赠叔永诗："国事今成遍体疮，治头治脚俱所急"，此中字字皆觐庄所谓"文之文字"也，然岂可谓非好诗耶？古诗如白香山之《道州民》，李义山之《韩碑》，杜少陵之《自京赴奉先咏怀》《北征》，及《新安吏》诸诗，黄山谷之《题莲华寺》，何一非用"文之文字"？又何一非用"诗之文字"耶？

二四、论译书寄陈独秀（二月三日）

……今日欲为祖国造新文学，宜从输入欧西名著入手，使国中人士有所取法，有所观摩，然后乃有自己创造之新文学可言也。……

译事正未易言。倘不经意为之，将令奇文瑰宝化为粪壤，岂徒唐突西施而已乎？与其译而失真，不如不译。此适所以自律，而亦颇欲以律人者也。……

译书须择其与国人心理接近者先译之，未容躐等也。贵报（《青年杂志》）所载王尔德之《意中人》（Oscar Wilde's *The Ideal Husband*）虽佳，然似非吾国今日士夫所能领会也。以适观之，即译此书者尚未能领会是书佳处，况其他乎？而遽译之，岂非冤枉王尔德耶？……[1]

二五、叔永答余论改良文学书（二月十日）

……要之，无论诗文，皆当有质。有文无质，则成吾国

[1] 此后，手稿本有"寄陈独秀君"。

近世委靡腐朽之文学，吾人正当廓而清之。然使以文学革命自命者，乃言之无文，欲其行远，得乎？近来颇思吾国文学不振，其最大原因乃在文人无学。救之之法，当从绩学入手，徒于文字形式上讨论，无当也。……[1]

二六、杏佛题胡梅任杨合影（二月十四日）[2]

良会难再得，光画永其迹。科学役化工，神韵传黑白。
适之开口笑，春风吹万碧，似曰九洲宽，会当舒六翮。
觐庄学庄重，莞尔神自奕，糠秕视名流，颇富匡时策。
其旁鲁灵光，亦古亦蕴藉，欲笑故掩齿，老气压松柏。
诸君皆时彦，终为苍生益。小子质鲁钝，于道一无获。
作诗但言志，为文聊塞责。必欲道所似，愿得此顽石。
既为生公友，岁久当莹泽。[3]

杏佛此诗大可压倒叔永及适两作。

二七、《诗经》言字解（二月廿四日）

尝谓余自去国以来，韵文颇有进境，而散文则有退无进。偶检旧稿，得辛亥所作《诗经言字解》读之，自视决非今日所能为也。去国以后之文，独此篇可存，故以附于此而记之，以识吾衰

[1] 此后，手稿本有“任叔永答余论改良文学书”。
[2] 此诗在手稿本中为杨杏佛题诗的手稿。原诗标题为“题胡梅任杨合影”。
[3] 此后，手稿本还有“即乞适之兄斧正　铨”。

退，用自警焉。[1]

《诗》中言字凡百余见。其作本义者，如“载笑载言”，“人之多言”，“无信人之言”之类，固可不论。此外如“言告师氏，言告言归”，“薄言采之”，“陟彼南山，言采其蕨”[2]之类，毛传郑笺皆云“言，我也”。宋儒集传则皆略而不言。今按以言作我，他无所闻，惟《尔雅》《释诂》文“卬，吾，台，予，朕，身，甫，余，言，我也”。唐人疏《诗》，惟云“言我《释诂》文”。而郭景纯注《尔雅》，亦只称“言我见诗”。以传笺证《尔雅》，以《尔雅》证传笺，其间是非得失，殊未易言。然《尔雅》非可据之书也。其书殆出于汉儒之手，如《方言》《急就》之流。盖说经之家，纂集博士解诂，取便检点，后人缀辑旧文，递相增益，遂傅会古《尔雅》，谓出于周孔，成于子夏耳。今观《尔雅》一书，其释经者，居其泰半，其说或合于毛，或合于郑，或合于何休、孔安国，似《尔雅》实成于说经之家，而非说经之家引据《尔雅》也。鄙意以为《尔雅》既不足据，则研经者宜从经入手，以经解经，参考互证，可得其大旨。此西儒归纳论理之法也。今寻绎《诗》三百篇中言字，可得三说，如左：

（一）言字是一种挈合词（严译），又名连字（马建忠所

[1] 以下文字，在手稿本中为一则胡适发表在《留美学生年报》上的《诗经言字解》的中文剪报。

[2] “陟彼南山，言采其蕨”，剪报为“涉彼南山，言采其薇”。

定名），其用与“而”字相似。按《诗》中言字，大抵皆位于二动词之间，如“受言藏之”，受与藏皆动词也。“陟[1]彼南山，言采其蕨”，陟[2]与采皆动词[3]也。“还车言迈”，还与迈皆动词[4]也。“焉得谖草言树之背”，得与树皆动词[5]也。“驱马悠悠言至于漕”，驱至皆动词[6]也。“静言思之”，静，安也，与思皆动词[7]也。“愿言思伯”，愿，邓[8]笺，念也，则亦动词[9]也。据以上诸例，则言字是一种挈合之词，其用与而字相同，盖皆用以过递先后两动词[10]者也。例如《论语》“咏而归”，《庄子》“怒而飞”，皆位二动词之间，与上引诸言字无异。今试[11]以而字代言字，则“受而藏之”，“驾而出游”，“陟[12]彼南山而采其蕨”，“焉得谖草而树之背”，皆文从字顺，易如破竹矣。

若以言作我解，则何不云“言受藏之”，而必云“受言藏之”乎？何不云“言陟[13]南山”，“言驾出游”，而必以言字倒置于动词之[14]下乎？汉文通例，凡动词皆位于主名之后，如“王命南仲”，“胡然我念之”，王与我皆主名，皆位于动词之前，是也。若以我字位于动词[15]之下，则是受事之名，而非主名矣。如“父兮生我，母兮鞠我，拊我畜我，长我育我，

[1] [2] [12] [13] 陟，剪报为“涉”。
[3] [4] [5] [6] [7] [9] [10] [15] 词，剪报为“字”。
[8] 邓，剪报为“郑”。
[11] 试，剪报为“诚”。
[14] 之，剪报为“以”。

顾我复我”，此诸我字，皆位于动词[1]之后者也。若移而置之于动词之前，则其意大异，失其本义矣。今试再举《彤弓》证之。“彤弓弨[2]兮，受言藏之。我有嘉宾，中心贶之。”我有嘉宾之我，是主名，故在有字之前。若言字亦作我解，则亦当位于受字之前矣。且此二我字，同是主名，作诗者又何必用一言一我，故为区别哉？据此可知言与我，一为代名词，一为挈合词，本截然二物，不能强同也。

（二）言字又作乃字解。乃字与而字，似同而实异。乃字是一种状字（《马氏文通》），用以状动作之时。如“乃寝乃兴，乃占我梦”，又如“乃生男子”，此等乃字，其用与然后二字同意。《诗》中如“言告师氏，言告言归”，皆[3]乃字也。犹言乃告师氏，乃告而归耳。又如“昏姻之故，言就尔居”，“言旋言归，复我邦族”，言字皆作乃字解。又如“薄言采之”，“薄言往愬”，“薄言还归”，“薄言追之”等句，尤为明显。凡薄言之薄，皆作甫字解。郑笺，甫也，始也，是矣。今以乃代言字，则乃始采之，乃甫往愬，乃甫还归，乃始追之，岂不甚明乎？又如《秦风》“言念君子”，谓诗人见兵车之盛，乃思念君子。若作我解，则下文又有“胡然我念之”，又作我矣。可见二字本不同义也。且以言作乃，层次井然。如作我，则兴味索然矣。又如《氓》之诗，“言既遂矣”，谓

[1] 词，剪报为“字”。

[2] 弨，剪报为“绍”。

[3] “皆”前，剪报有“其第一、第三两言字”。

乃既遂意矣，意本甚明。郑氏强以言作我，乃以遂作久，强为牵合，殊可笑也。

（三）言字有时亦作代名之“之”字。凡之字作代名时，皆为受事（《马氏文通》）。如“经之营之，庶民攻之”是也。言字作之解，如《易》之《师卦》云，“田有禽，利执言，无咎”。利执言，利执之也。诗中殊不多见。如《终风篇》，“寤言不寐，愿言则嚏”。郑笺皆作我解，非也。上言字宜作而字解，下言字则作之字解，犹言寤而不寐，思之则嚏也。又如《巷伯篇》，“捷捷幡幡，谋欲谮言”。上文有“谋欲谮人”之句，以是推之，则此言字亦作之字解，用以代人字也。

以上三说，除第三说尚未能自信，其他二说，则自信为不易之论也。[1] 抑吾又不能已于言者，三百篇中，如式字，孔字，斯字，载字，其用法皆与寻常迥异。暇日当一探讨，为作新笺今诂。此为以新文法读吾国旧籍之起点。区区之私，以为吾国文典之不讲久矣，然吾国佳文，实无不循守一种无形之文法者。马眉叔以毕生精力著《文通》，引据经史，极博而精，以证中国未尝无文法。而马氏早世，其书虽行世，而读之者绝鲜。此千古绝作，遂无嗣音。其事滋可哀叹。然今日现存之语言，独吾国人不讲文典耳。以近日趋势言之，似吾国文法之学，决不能免。他日欲求教育之普及，非有有统系之文法，则事倍功半，自可断言。然此学非一人之力所能

[1] “也”后，剪报还有一句“世有匡鼎，当不河汉斯言耳”。

提倡，亦非一朝一夕之功所能收效。是在今日吾国青年之通晓欧西文法者，能以西方文法施诸吾国古籍，审思明辨，以成一成文之法，俾后之学子能以文法读书，以文法作文，则神州之古学庶有昌大之一日。若不此之图，而犹墨守旧法，斤斤于汉宋之异同，师说之真伪，则吾生有涯，臣精且竭，但成破碎支离之腐儒，而上下四千年之文明将沉沦以尽矣。

二八、美国初期的政府的基础（二月廿九日）

Alexander Hamilton knew "The government could not stand if its sole basis was the platonic support of genial well-wishers. He knew that it had been created in response to interested demands and not out of any fine-spun theories of political science."

—Charles Beard.

二九、家书中三个噩耗（二月廿九日）

得吾母一月十三日书，言大姊大哥于十二月二日三日先后死去。（大哥死于汉口，身后萧条，惨不忍闻。）吾家骨肉凋零尽矣！独二哥与余犹飘泊天涯一事无成耳！

吾于兄弟姊妹中最爱大姊。吾母常言："吾家最大憾事在大菊之非男儿。"使大姊与大哥易地而处，则吾家决不致败坏至于今日之极也。

大哥一生糊涂，老来途穷，始有悔意，然已来不及矣。大哥年来大苦，生未必较死乐也。

十年去家，遂与骨肉永诀，欲哭无泪，欲诉无所，出门惘惘不知何适。呜呼哀哉！

吾母书中又言冬秀之母吕夫人亦于一月七日病死，濒死犹以婚嫁未了为遗憾。

甲辰之春，余始识夫人于外婆家，于今十余年矣。游子久客，遂令夫人抱憾以殁，余不得辞其责也。

三〇、伊丽鹗论教育宜注重官能之训练（三月六日）

Advocating the training of children in the uses of their senses, that they may develop as keen a perception as that of the practitioner in medicine, Dr. Charles W. Eliot, President Emeritus of Harvard College, in a pamphlet which will shortly be issued by the General Education Board calls attention to certain defects in our present educational methods.

"In respect to the training of their senses," says Dr. Eliot, "the children of well-to-do parents nowadays are often worse off than the children of the poor, because they are not called upon to perform services in the household or on the farm which give practice in accurate observation and manual dexterity. The train in [1] of the senses should always have been a prime object in human education.

"The kind of education the modern world has inherited

[1] "The train in"，手稿本为"The training"。

from ancient times was based chiefly on literature. As a result the programs of secondary schools in the United States allotted only an insignificant portion of school time to the cultivation of the perceptive power through music and drawing, and, until lately, boys and girls in secondary schools did not have their attention directed to the fine arts by any outsider or voluntary organizations."

That medicine and surgery have attained their remarkable progress in the last twenty-five years Dr. Eliot attributes to the training which the practitioner receives in accurate diagnosis, and its consequent high development of the perceptive faculties. Similar training in other branches of education Dr. Eliot believes to be of prime importance for the coming generation.

"The changes which ought to be made immediately in the programs of American secondary schools, in order to correct the glaring deficiencies in the programs," he says, "are, chiefly: The introduction of more hand, ear, and eye work, such as drawing, carpentry, turning, music, sewing, and cooking, and the giving of much time to the sciences of observation. These sciences should be taught in the most concrete manner possible—that is, in laboratories, with ample experimenting done by the individual pupil with his own eyes and hands, and in the field, through the pupil's own observation, guided by expert leaders." [1]

上所记伊丽鹗校长之言，余读之深有所感矣。吾国旧教育之大病，在于放弃官能之教练，诵读习字之外，他无所授。犹忆余幼时酷嗜画人像，然既无师资，又无范本，其所本者，石印小说之绘像而已。不独此也，即偶有所作，均不敢以示人。一日为塾师所见，大遭诟责，桌屉中所有绘像皆被搜去，遂不敢更为矣。音乐则更无机会可学。犹忆一年，里中秋赛，应有童子昆腔乐队，翰香叔欲令余与列其中，后家人以为吾家子弟不应学吹弹与“子弟”（俗谓优伶为“子弟”[2]）为伍，遂不果。至今思之，以为憾事。吾不知果有绘画与音乐之天资否。然即令有之，经此二十年之压抑挫折，更能余几何乎？后之言教育改良者当知所从事矣。

余幼时酷嗜小说，家人禁抑甚力。然所读小说尚不少。后来之文学观念未必非小说之功。此种兴趣所以未为家人塾师之阻力所摧残者，盖有二因：一以小说易得。余以一童子处于穷乡，乃能得读四五十种小说，其易求可见。二则以有近仁之助力。近仁与余每以所得小说互传观之，又各作一手折记所读小说，每相见，辄互稽所读多寡以相夸焉。

然以家人干涉之故，所读小说皆偷读者也。其流毒所及盖有二害，终身不能挽救也。一则所得小说良莠不齐，中多淫书，如《肉蒲团》之类，害余不浅。倘家人不以小说为禁物而善为选择，

[1] 以上英文在手稿本中为一则剪报，并有胡适所注下划线。

[2] 此后，手稿本还有“盖‘梨园子弟’之省文云”。

则此害可免矣。二则余常于夜深人静后偷读小说，其石印小字之书伤目力最深，至今受其影响。

教育之宗旨在发展人身所固有之材性。目之于视，耳之于听，口之于言，声之于歌，手之于众技，其为天赋不可放废之材性一也。岂可一概视为小道而听其荒芜残废哉？

教育之方法首在鼓舞儿童之兴趣，今乃摧残其兴趣，禁之罚之，不令发生，不可谓非千古一大谬哉！

三一、泽田吾一来谈（三月十九日）

今晨忽闻叩门声，纳之，乃一日人，自言名泽田吾一[1]，乃东京商业学校教员在此治化学。其人苍老似五十许人[2]。手持一纸，上书白香山诗："老来尤委命，安处即为乡"二句，来问余"安处"之安系主观的安，还是客观的安。不意纽约俗尘中尚有如此[3]雅人也。

泽田君言，余治哲学，过日本时当访其友狩野亨吉博士。博士尝为京都大学[4]文学院长。其人乃"真哲学家"，藏汉籍尤富，今以病居东京。

君又言治日文之难，如主词之后应用"ハ"或"ガ"，此两字非十年之功辨不清也。

---

[1] 手稿本中，"泽田吾一"旁还有胡适所标日语发音"せワダゴイチ"。

[2] 五十许人，手稿本为"五十余人"。

[3] 如此，手稿本为"如许"。

[4] 京都大学，手稿本为"西京大学"。

三二、往访泽田吾一（三月廿六日）

夜访泽田吾一君于其室，谈甚欢。君嘱余写一诗示之，因书七年前旧作《秋柳》一绝与之。其诗曰：

但见萧飕万木摧，尚余垂柳拂人来。
词人漫说柔条弱，也向西风舞一回。

泽田君言日本有谚语云：

柳ノ枝雪ニ折无シ。（雪压不断杨柳条。）

与吾诗意正同。余大喜，因记之。

三三、吾国古籍中之乌托邦（三月廿九日）

吾曩谓吾国人未尝有精心结构之乌托邦，以视西人柏拉图之《共和国》，穆尔之《乌托邦》，有愧色矣。今始知吾此说之大谬不然也。吾国之乌托邦正复不逊西人。今试举二者以实吾言。

第一，《管子》乃绝妙之乌托邦也。管仲之霸业，古人皆艳称之。然其所行政策，《左传》绝无一语及之。今所传其“作内政以寄军令”及“官山海”（盐铁官有）诸制，皆仅见《管子》之书（《国语》所载全同《小匡》篇，盖后人取《管子》之文以为《齐语》耳），疑未必真为管仲所尝行者也。以适观之，其书盖后人伪托管子以为乌托邦，近人所谓“托古改制”者是也（说详余所作《读管子》上下）。然其政治思想何其卓绝（法治主义），而其经济政策何其周密也。后人如《国语》之作者（不知何人，然决非左氏也），如司马迁，不知《管子》之为伪书，乃以乌托邦为真境，岂非大可笑乎？

第二，《周礼》乃世间最奇辟之乌托邦之一也。此书不知何人所作，然决非“周公致太平之迹”也。《周礼》在汉世，至刘向父子校书始得著录。其时诸儒共排以为非。林孝存（亦作临孝存，名硕）至作十论七难以排之[1]。何休亦以为六国阴谋之书。何休之言近似矣。要之，此书乃战国时人“托古改制”者之作。他日当详考诸书，为文论之。然其结构之精密，理想之卓绝，真足压倒一切矣。

三四、柳子厚（三月廿九日）

吾国人读书无历史观念，无批评指摘之眼光。千古以来，其真足称“高等考据家”者（西方考据之学约有二端：其寻章摘句，校讹补阙者，曰校勘家〔Textual criticism〕。其发奸擿伏，定作者姓氏，及著书年月，论书之真伪，文中窜易者，谓之高等考据家〔Higher criticism〕），唯柳子厚一人耳。如《王制》一书，汉人卢植明言“汉文帝令博士诸生作此篇”（见注疏），而后人犹复以为周制（如马氏《绎史》），抑何愚也！

三五、刘田海（四月五日）

西人之治汉学者，名 Sinologists or Sinologues。其用功甚苦，而成效殊微。然其人多不为吾国古代成见陋说所拘束，故其所著书往往有启发吾人思想之处，不可一笔抹煞也。今日吾国人能以

[1] 以排之，手稿本为“以排弃之”。

中文[1]著书立说者尚不多见，即有之，亦无余力及于国外。然此学（Sinology）终须吾国人为之，以其事半功倍，非如西方汉学家之有种种艰阻不易摧陷，不易入手也。

顷遇一刘田海君，字瀛东，其人为刘锡鸿星使之子，足迹遍天下，搜集东西古籍甚富，专治历史的地理学颇精，其治学方术近于西洋之 Sinologue。[2]

三六、叔永诗（四月五日追记）

叔永寄二诗：

送　雪

长冬冱穷阴，数月雪封地。
赠我粉本图，谢君琼瑶意。
几日春风回，送汝将远逝。[3]

雪　答

今年与君居[4]，不谓时当久。
修短共乘化，别离亦何有。
更作飞泉声，入君梦里吼。

适去绮色佳时赠叔永诗有“此邦邮传疾无比，月月诗筒未应绝”

[1] 中文，手稿本为“中西文”。

[2] 其治学方术近于西洋之 Sinologue，手稿本为“目中所见吾国人士之足称 Sinologue 者，仅此君耳”。

[3] 胡适原注：“原文五六句与三四句互易。”

[4] 胡适原注：“原文居作期。”

之句。别后叔永寄诗无数，而适来此后作诗甚少，视叔永有愧色矣。[1]

三七、忆绮色佳（四月五日）

前月有《忆绮色佳》一绝，以其不佳，故不留稿。今记叔永“更作飞泉声，入君梦里吼”之句，复忆前诗，因写于此，以存一时鸿爪云尔。

别后湖山无恙否？几番游子梦中回。
街心车作雷声过，也化惊湍入梦来。[2]

三八、吾国历史上的文学革命（四月五夜）

文学革命，在吾国史上非创见也。即以韵文而论：三百篇变而为骚，一大革命也。又变为五言，七言，古诗，二大革命也。赋之变为无韵之骈文，三大革命也。古诗之变为律诗，四大革命也。诗之变为词，五大革命也。词之变为曲，为剧本，六大革命也。何独于吾所持文学革命论而疑之？

文亦遭几许革命矣。孔子以前无论矣。孔子至于秦汉，中国文体始臻完备，议论如墨翟、孟轲、韩非，说理如公孙龙、荀卿、庄周，记事如左氏、司马迁，皆不朽之文也。六朝之文亦有绝妙之作，如吾所记沈休文、范缜形神之辩，及何晏、王弼诸人说理之作，都有可观者。然其时骈俪之体大盛，文以工巧雕琢见长，

---

[1] [2] 此后，手稿本有“又记”两字。

文法遂衰。韩退之“文起八代之衰”，其功在于恢复散文，讲求文法，一洗六朝人骈俪纤巧之习。此亦一革命也。唐代文学革命巨子不仅韩氏一人，初唐之小说家，皆革命功臣也（诗中如李杜韩孟，皆革命家也）。“古文”一派至今为散文[1]正宗，然宋人谈哲理者似悟古文之不适于用，于是语录体兴焉。语录体者，以俚语说理记事。今举数例如下：

大程子

到恍然神悟处，不是智力求底道理，学者安能免得不用力？

百理具在，平铺放着。几时道“尧尽君道”添得些君道多？“舜尽子道”添得些孝道多？元来依旧。

二程子

莫说道：“将第一等让与别人，且做第二等。”才如此说，便是自弃。

朱　子

知得如此，是病。即便不如此，是药。

学问须是大进一番，方始有益。若能于一处大处攻得破，见那许多零碎是这一个道理，方是快活。然零碎底非是不当理会。但大处攻不破，纵零碎理会得些少，终不快活。今且道他那大底是甚物事。天下只有一个道理。学只要理会得这一个道理。

[1]“散文”后，手稿本有“（非韵文）”。

陆　子

今人略有些气焰者，多只是附物，元非自立也。若某则不识一字，亦须还我堂堂地做个人。

善学者如关津，不许胡乱放过人。

要当轩昂奋发，莫恁[1]地沉埋在卑陋凡下处。

吾友近来精神都死，却无向来亹亹之意。防闲，古人亦有之。但他底防闲与吾友别。吾友是硬把捉。……某平日与兄说话，从天而下，从肝胆中流出，是自家有底物事，何尝硬把捉？

自立自重，不可随人脚跟，学人言语。

凡此诸例，皆足示语录体之用。此亦一大革命也。至元人之小说，此体始臻极盛。今举《水浒传》《西游记》中语数则，以示其与语录体之关系。

《水浒》

武松劈手（把残酒）夺来，泼在地下，说道："嫂子，休要恁地不识廉耻！"把手只一推，争些儿把那妇人推一交。武松睁起眼来道："武二是个顶天立地噙齿带发男子汉，不是那等败坏风俗没人伦的猪狗！嫂嫂休要这般不识廉耻！倘有些风吹草动，武二眼里认得是嫂嫂，拳头却不认得嫂嫂！再来，休要恁地！"（二十三回）

石秀押在厅下，睁圆怪眼，高声大骂："你这与奴才做奴

[1]　恁，手稿本为"凭"。

才的奴才！我听着哥哥将令早晚便引军来打你城子，踏为平地，把你砍做三截，先教老爷来和你们说知！”（六十二回）

《西游》

行者笑道：“师父，你原来不晓得，我有几个草头方儿能治大病。管情医得他好便了。就是医死了，也只问个‘庸医杀人’罪名，也不该死，你怕怎的？”（六十八回）

那大圣坐在石崖上，骂道：“你这馕糠的夯货！你去便罢了，怎么骂我？”八戒跪在地下道：“哥呵！我不曾骂你。若骂你，就嚼了舌头根。”行者道：“你怎么瞒得过我？我这左耳往上一扯，晓得三十三天人说话。我这右耳往下一扯，晓得十代阎王与判官算帐。你骂我岂不听见？”叫，“小的们，选大棍来！先打二十个见面孤拐，再打二十个[1]背花，然后等我使铁棒与他送行！”（三十一回）

总之，文学革命，至元代而登峰造极。其时，词也，曲也，剧本也，小说也，皆第一流之文学，而皆以俚语为之。其时吾国真可谓有一种“活文学”出世。倘此革命潮流（革命潮流即天演进化之迹。自其异者言之，谓之“革命”。自其循序渐进之迹言之，即谓之“进化”可也），不遭明代八股之劫，不受明初七子诸文人复古之劫，则吾国之文学必已为俚语的文学，而吾国之语言早成为言文一致之语言，可无疑也。但丁（Dante）之创意大利文，却叟（Chaucer）诸人之创英吉利文，马丁路得（Martin

[1] 个，手稿本无。

Luther）之创德意志文，未足独有千古矣。惜乎五百余年来，半死之古文，半死之诗词，复夺此“活文学”之席，而“半死文学”遂苟延残喘，以至于今日。今日之文学，独我佛山人（吴趼人），南亭亭长（李伯元），洪都百炼生诸公之小说可称“活文学”耳。文学革命何可更缓耶？何可更缓耶？

三九、李清照与蒋捷之《声声慢》词（四月七日）

《声声慢》两阕：

（一）李清照

寻寻觅觅，冷冷清清，凄凄惨惨戚戚。乍暖还寒时候，最难将息。三杯两杯淡酒，怎敌他晓来风急？雁过也，正伤心，却是旧时相识。　满地黄花堆积，憔悴损，如今有谁堪摘？守着窗儿，独自怎生得黑！梧桐更兼细雨，到黄昏，点点滴滴。这次第，怎一个愁字了得！

（二）蒋捷

黄花深巷，红叶低窗，凄凉一片秋声。豆雨声来，中间夹带风声。疏疏二十五点，丽谯门不锁更声。故人远，问谁摇玉佩，——帘低[1]铃声。　彩角声吹月堕；渐连营马动，四起笳声。闪烁邻灯，灯前尚有砧声。知他诉愁到晓，碎哝哝多少蛩声！诉未了把一半分与雁声。

此两词皆“文学”的实地试验也。易安词连用七叠字作起，后复

[1]　低，手稿本为“底”。

用两叠字，读之如闻泣声。竹山之词乃“无韵之韵文”，全篇凡用十声字，以写九种声，皆秋声也。读之乃不觉其为无韵之词，可谓为吾国无韵韵文之第一次试验功成矣。

无韵之韵文（Blank Verse）谓之起于竹山之词或未当；六朝唐骈文之无韵者，皆无韵之韵文也；惟但可谓之“无韵之文”，或谓之“文体之诗”（Prose Poetry），非“无韵之诗”也。若佛典之偈，颂，则真无韵诗矣。[1]

四〇、胡绍庭病逝（四月八日）

得怡荪及孟邹来书，惊悉胡绍庭病死北京。嗟夫二十年造一人才，而乃以委土壤如此，真可浩叹！

绍庭，吾绩人，名祖烈，后改名平。初娶怡荪之妹，早死。复聘程乐亭之妹，不知已娶否。

四一、写定《读管子》上下两篇[2]（四月八夜）

上篇论《管子》非管子自作，乃战国末年治调和之道家学者[3]所作，而托于管子以自重耳。证据如下：

（一）书中记管子死后事实，如西施，吴王好剑，楚王好细腰之类。

（二）书中《立政》篇攻墨子寝兵兼爱之说。

---

[1] 此段后，手稿本有“又记”两字。

[2] 胡适原题。

[3] 道家学者，手稿本为“道学者”。

（三）书中学说乃合名法阴阳诸家之言，而成一调和之道家，即韩非司马谈所谓道家也。

下篇乃驳梁任公“管子”中语。

第一，太史公所言尝见《管子》诸篇不足为据。

第二，《管子》书中学说乃周末最后之产儿，决非管子时代所能发生。

第三，梁氏所谓“十之六七为原文，十之三四为后人增益”，其说殊无所据。与其臆测，何如宁缺无滥?

下篇颇多要紧之意见。久不作规矩文字，殊苦有意思而不能畅达也。

四二、评梁任公《中国法理学发达史论》（四月十三日记完）

梁任公著《管子》（宣统元年），其论《管子》书中之法治主义及其经济政策，皆有可取之处。惟梁先生以此诸项为管子所尝实行，所尝著述，此则根本错误，不容不辨。

书末附《中国法理学发达史论》，有足取者，节录一二，以备参考。

法之起因（二章）

（一）儒家　人生而有欲。欲而不得，则不能无求。求而无度量分界，则不能不[1]争。争则乱，乱则穷。先王恶其乱也，故制礼义以分之，以养人之欲，给人之求。使欲必不穷

[1] 不，手稿本为“无”。

于物，物必不屈于欲。两者相持而长，是礼之所以起也。故礼者，养也。(《荀子·礼论》；参看《王制》《富国》二篇。)

(二)墨家　古者民始生未有刑政之时，盖其语人异义。……其人兹众，其所谓义者亦兹众。……明夫天下之乱，生于无政长。(**适按：此近于霍布士之说。**)是故，选天下之贤可者，立以为天子。……天子惟能壹同天下之义，是以天下治也。(《墨子·尚同》上[1])

(三)法家　古者未有君臣上下之别。……于是智者诈愚，强者陵弱。……故智者假众力以禁强虐，而暴人止；为民兴利除害，正民之德，而民师之。……名物处违，是非之分，则赏罚行矣。上下设，民生体，而国都立矣。……(《管子·君臣》下[2])

天地设而民生之。当此之时也，民知其母而不知其父。其道亲亲而爱私。亲亲则别，爱私则险。民生众，而以别险为务则有乱。[3]当此之时，民务胜而力征。务胜则争，力征则讼，讼而无正，则莫得其性也。(**适按：此近于洛克之说。**)故贤者立中，设无私，而民日仁。当此时也，亲亲废，上贤立矣。凡仁者以爱利为道，而贤者以相出为务。民众而无制，久而相出为道则有乱。故圣人承之，作为土地货财男女之分。分定而无制不可，故立禁。禁立而莫之司不可，故立官。官

[1]　上，手稿本无。

[2]　下，手稿本无。

[3]　“而以别险为务则有乱”，手稿本为“无以别险”。

设而莫之一不可，故立君。既立其君，则上贤废而贵贵立矣。（《商君书·开塞》；参看[1]《君臣》篇。）

参看[2]《汉书·刑法志》。

法字之语源

法 《说文》："灋，荆也。平之如水，从水。廌，所以触不直者去之，从廌去。"

"解廌，兽也。似牛，一角。古者决讼，令触不直者。"

《释名》："法，逼也。莫不欲从其志，逼正使有所限也。"

《尔雅·释诂》："典，彝，法，则，刑，范，矩，庸，恒，律，戛，职，秩：常也。柯，宪，刑，范，辟，律，矩，则：法也。"

刑 《说文》："灋，荆也。"而刀部[3]有刑字，无荆字。

"刑，刭也。刭，刑也。"

"型，铸器之法也。"

刑又与形通。《左传》引诗"形民之力，而无醉饱之心"。杜注云，"形同刑，程量其力之所能为而不过也"。

《易·井卦》："改邑不改井。"王注曰，"井以不变为德者也"。故荆从井。

从刂者，刀以解剖条理。

（梁）荆也者，以人力制定一有秩序而不变之形式，可以

[1] [2] 参看，手稿本为"参观"。

[3] 部，手稿本为"剖"。

为事物之模范及程量者也。

律 《说文》："均布也。"段注云："律者，所以范天下之不一，而归于一，故曰均布。"

桂馥《义证》云："均布也者，义当是均也布也。《乐记》：'乐所以立均。'《尹文子·大道篇》：'以律均清浊。'《鹖冠子》：'五声不同均。'《周语》：'律所以立均出度也。'"

（梁）……盖吾国科学发达最古者莫如乐律。《史记·律书》云："王者制事立法，物度轨则，壹禀于六律。六律为万事根本焉。"……《汉书·律历志》云："夫律者，规圆矩方，权重衡平，准绳嘉量，探赜索隐，钩深致远，莫不用焉。"……然则律也者，可谓一切事物之总标准也。

《尔雅·释言》："律，遹，述也。"《释诂》："遹，遵，率，循也。"（参看[1]上所引《释诂》文。）

（下略）

法之观念（旧学派）

（1）儒家

（一）有自然法

天尊地卑，乾坤定矣。卑高以陈，贵贱位矣。……

圣人有以见天下之赜，而拟诸其[2]形容，象其物宜。圣人有以见天下之动，而观其会通，以行其典礼。……

[1] 参看，手稿本为"参观"。

[2] 其，手稿本无。

是以[1]明于天之道，而察于民之故，是兴神物，以前民用。一阖一辟谓之变。往来不穷谓之通见乃谓之象。形乃谓之器。制而用之谓之法。（以上皆见《易·系辞》）

（梁）欧西之言自然法者分二宗：有为之主宰者，有莫为[2]之主宰者。儒家之自然法，则谓有主宰者也。

《易·系辞》天垂象，圣人则之。

《书》天乃锡禹洪范九畴，彝伦攸叙。

《诗》天生烝民，有物有则。

《诗》不识不知，顺帝之则。

（二）惟知自然法者为能立法。

（三）惟圣人为能知自然法。

（四）故惟圣人为能立法。

《易》天地设位，圣人成能。

《易》天生神物，圣人则之。天地变化，圣人效之。天垂象见吉凶，圣人象之。河出图，洛出书，圣人则之。

《中庸》惟天下至诚为能尽其性。能尽其性，则能尽人之性。能尽人之性，则能尽物之性。能尽物之性，则可以赞天地之化育。可以赞天地之化育，则可以与天地参矣。（**适按：此《中庸》之逻辑。此种逻辑大似笛卡儿。**）

《中庸》惟天下至诚为能经纶天下之大经，立天下之

---

[1] 是以，手稿本为“是故”。

[2] 为，手稿本无。

大本。

（梁）儒家……研究支配人类之自然法，亦常置重于人类心理。孟子所谓“心之所同然者”是也。然其[1]此论又未尝不与“自然法本天”之观念相一贯。盖谓人心[2]所同然者，受之于天，故人心所同然，即天之代表也。

梁氏此论似矣，而未明“自然法”与“理法”（或性法）交承授受之关系。自然法（Law of nature, or Natural law）乃最初之学说，《易·系辞》所云是也。《中庸》所谓“天命之谓性，率性之谓道”，乃是由天然法进而为性法过渡之阶级。至孟子而此说乃大明。孟子曰，“至于心，独无所同然乎？心之所同然者，何也？谓理也，义也”。又曰，“尽其心者，知其性也。知其性，则知天矣”。（参看[3]上所引《中庸》“惟天下至诚”一章）则纯然性法（Law of reason）矣。孟子又曰，“圣人既竭目力焉，继之以规矩准绳，以为方员之平直，不可胜用也。既竭耳力焉，继之以六律〔以〕正五音，不可胜用也。既竭心思焉，继之以不忍人之政，而仁覆天下矣”。又曰，“规矩，方员之至也。圣人，人伦之至也”。此则以规矩方员与“先王之道”皆为竭人力所成，则皆人定法也。自然法云乎哉？其说虽与孔子《系辞》之说微有渊源之关系，而孟子之说为进化矣。

儒家认人民之公意与天意有二位一体之关系。……盖谓

[1] 其，手稿本无。

[2] “心”后，手稿本有“之”字。

[3] 参看，手稿本为“参观”。

民意者，天意之现于实者也。……故人民公意者，立法者所当以为标准也。……故《大学》曰："民之所好好之，民之所恶恶之。"《孟子》曰："所欲与之聚之，所恶勿施尔也。"……

若夫人民公意，于何见之？则儒家……以为……人民之真公意，惟圣人为能知之，而他则不能也。……故惟圣人宜为立法者也。故〔儒家与十七八世纪欧洲学者〕同主张人民公意说，而一则言主权在民，一则言主权在君，其观察点之异在此而已。

儒家言最近民权者莫如孟子。孟子对万章"尧以天下与舜"之问两章，其所论主权皆在民，故引《泰誓》曰，"天视自我民视，天听自我民听"。孟子固尝谓圣人为人伦之至矣。然彼不曰"人皆可以为尧舜"乎？又不曰"尧舜与人同"乎？故谓儒家皆言主权在君，殊不尽然。孟子直称桀纣为独夫。又曰，"民为贵，社稷次之，君为轻"。其言昭著，不容掩蔽也。

"主权在民"与"立法权在民"，非一事也。孟子主张主权在民者也，而未尝言立法权在民，此间有历史上关系，不可遽责古人。盖吾国前此本无国民立法之制。其在欧洲，则教会之大会议（Council），法之总会议（États-Généraux 始于一三〇二年），英之巴力门，皆国民立法机关之先声。更先于此，则希腊、罗马之共和政治尤古矣。欧洲十七八世纪之学者惟有所取法，有所观鉴，故国民立法之说大昌。吾国言民权者如孟子，惟无所取法，故其于民主立法之说寂然无闻。吾辈有历史观念者，未可遂厚非古人也。

孟子言民权必称尧舜，犹孟德斯鸠之称英伦，卢梭之称罗马瑞士也。此可见历史成例之重要矣。

儒家中惟荀子之说微有异同。（适按：此亦不然。孟子之说岂无异同乎?）荀子不认有自然法者也……而惟以人定法为归。

《性恶篇》……古者圣王以人之性恶，以为偏险而不正，悖乱而不治，是以为之起礼义，制法度，以娇[1]饰人之情性而化之。

荀子以性为恶，自不得复认有自然法。……荀子者，谓支配社会之良法恒反于自然者也。故其言正不正之标准，不以天，而惟以圣人。

《性恶篇》……故圣人化性而起伪。伪起于性而生礼义。礼义生而制法度。然则礼义法度者，是圣人之所生也。

《王制篇》天地者，生之始也。礼义者，治之始也。君子者，礼义之始也。故天地生君子，君子理天地。

《礼论篇》……君师者，治之本也。

《礼论篇》天能生物，不能辨物也。地能载人，不能治人也。宇中万物生人之属，待圣人然后分也。

《天论篇》天行有常，不为尧存，不为桀亡。应之以治则吉，应之以乱则凶。……惟圣人不求知天。

《天论篇》大天而思之，孰与物畜而制之?从天而颂之，孰与制天命而用之?（适按：此种"戡天"主义，何等精辟!）

---

[1] 娇，手稿本为"矫"。

推荀子之论，必归结于贵人而贱法。

《君道篇》有治人无治法……法不能独立。……得其人则存，失其人则亡……君子者，法之原也。故有君子，则法虽省，足有遍矣。无君子，则法虽具，失先后之施，不能应事之变，足以乱矣。

(2) 道家

道家亦认有自然法者也。然其言自然法之渊源，与自然法之应用，皆与儒家异。……彼不认自然法为出于天。故曰，"天法道，道法自然"。……其意盖谓一切具体的万有，皆被支配于自然法之下。而天亦万有之一也，故天亦自然法所支配，而非能支配自然法者也。而自然法不过抽象的认识，而非具体的独立存在也。故曰，"恍兮忽兮，其中有象"。夫自然法之本质既已若是，是故不许应用之以为人定法；苟应用之以为人定法，则已反于自然法之本性矣。故曰，"物或益之而损"。又曰，"夫代大匠斲者[1]，希有不伤其手矣[2]"。……故绝对的取放任主义，而谓制裁力一无所用。非惟无所用，实不可用也。……故道家对于法之观念，实以无法为观念者也。既以无法为观念，则亦无观念之可言。

梁氏此论，大谬有三：

第一，梁氏不知老子之自然法乃儒家法家言治言法之所自

[1] 者，手稿本无。

[2] 矣，手稿本为"者也"。

出。儒家之论无为之治及自然法，虽谓出于老子可也。（孔子尝受学于老子。《论语》尝称无为之治。《易》之言自然法亦与老子不悖。）若法家之出于老子，则《管子》《韩非》之书具在，不待吾赘言矣。

第二，老子未尝不许应用自然法以为人定法也。老子曰，“人法地，地法天，天法道，道法自然”。梁氏引其下半而去其上半，遂诬老子。老子处处教人法自然，故曰：“道常无为而无不为。侯王若能守之，万物将自化。”

第三，梁氏谓老子既以无法为观念，则亦无法之观念可言，则尤谬矣。老子之自然法，“无为”而已，“自然”而已。人定法宜“守”此“法”此，以听民之自然。“损之又损，以至于无为，无为而无不为。”后世法家无不以无为为最上目的者。老子与法家不同之处，在于老子欲以无为致无为，而法家欲以有为致无为。《管子》曰，“名正法备，则圣人无事”。（《白心》）又曰，“圣君任法而不任智……然后身佚而天下治也”。（《任法》）韩非曰，“法之为道，前苦而长利”。此皆以无事无为为鹄者也。虽谓法家之“法之观念”皆起于老子可也。（参看[1]王荆公《老子论》。）

（3）墨家

墨家[2]之持正义说及神意说，与儒家同；独其关于自然

[1] 参看，手稿本为“参观”。

[2] 家，手稿本为“子”。

法之观念，与儒家异。

《天志·下》墨子置天志以为仪法。

《法仪》天下从事者不可以无法仪。……为治法……莫若法天。……动作有为，必度于天。天之所欲则为之，天所不欲则止。

《天志·中》故子墨子之有天之意也，将以度王公大人之为刑政也。顺天之意，谓之善刑政。不顺天之意，谓之不善刑政。

墨家实以正义说为法学之根本观念者也。而正义之源一出于天。故曰兼采正义说与神意说也。……

认有自然法者，必谓自然法先于万有而存在，必谓自然法一成而不可变。（**适按：此亦不然。**）是故有所谓“命”者。《记·中庸》所谓可以前知，知此物也。而墨子非命，是不认自然法之存在也。（**适按：命与自然法是两物。**）凡语人类社会之法律，而以自然法为标准者，则标准必存于人类社会之自身。人心所同然者，即立法之鹄也。故人民总意说与自然法说恒相随。我国儒家说有然，欧洲十七八世纪之学说亦有然。墨家不认自然法，因亦不认人民总意。

此说亦有大误处。

（一）墨家认天志为正义之法仪，是未尝不认自然法也。欧洲学者多以自然法为上帝之法，虽孟德斯鸠亦持此说。

（二）谓人民总意说与自然法恒相随，亦大误也。霍布士认有自然法者也，而归结于君主专制。是其一例。

（三）墨子非不认人民总意者也。“人民之总意”与“人人之私意”有别。卢梭为人民总意说之最大巨子，而其辨总意（General will）与人人私意之总（The will of all）甚切。墨子所非者乃“一人一义，十人十义”“人是其义，以非人之义”。此乃人人之私意，而非总意也。总意所在，非尽人所能见，故有尚同之说，以壹同天下之义，使民交相爱，交相利焉。此天志也，而即人民总意也。

（四）墨家与儒家（孔子）大异之点在其名学之不同。孔子正名。其名之由来，出于天之垂象，出于天尊地卑。故其言政，乃一有阶级之封建制度，所谓“君君臣臣父父子子”者是也。墨子论名之由来，出于人人之知觉官能，西方所谓“实验派”（Empiricism）也。人见物，各以意名之。名之流行，由“互诺”而定。互诺者，西人所谓相约（Conventions）也。惟人人各有其义，又人人皆为名之起原（即正义之起原。梁氏谓墨家以正义之源一出于天，非也。墨家以天志为正义之法仪耳，非以天志为之原也），故墨子兼爱平等之说实以其名学为之根据。孟子虽非墨家兼爱之说，而其政治思想以民权为归宿，其受墨家之影响于无形之中者大矣。梁氏知孟子民意之说根据于“人心之所同然者何也义也理也”之说，是矣。而不知孟子之名学，已非复孔子之名学，乃变形的墨家之名学也。孟子曰，“圣人既竭目力焉，继之以规矩准绳，以为方员平直。……既竭心思焉，继之以不忍人之政”。此乃归纳的名学，乃实验的名学也。无墨子，必无孟子。孟子者，儒墨并立时代之产儿也。

梁氏引《尚同》篇而论曰：

> 由此观之，则墨子谓人民总意终不可得见；即见矣，而不足以为立法之标准。若儒家所谓“民之所好好之，民之所恶恶之”者，墨子所不肯承认也。

此尤厚诬墨子也。

第一，墨子所谓“天志”者，何也？曰，“天必欲人之相爱相利，不欲人之相恶相贼也”（《法仪》篇）。是墨之天志终以民利为归也。

第二，墨子所谓“壹同天下之义”者，非绝对的命令法也。乃欲建立正长，欲“上下情请为通。上有隐事遗利，下得而利之。下有蓄怨积害，上得而除之。是以数千万里之外有为善者，其室人未遍知，乡里未遍闻，天子得而赏之。……是以举天下之人，皆恐惧震动，惕栗不敢为淫暴。曰‘天子之视听也神’。先王之言曰，‘非神也夫唯能使人之耳目助己视听，使人之吻助己言谈，使人之心助己思虑，使人之股肱助己动作’。……故古者圣人之所以济事成功……者，无他故焉，曰，唯能以尚同为政者也”。此尚同（当作上同）之真意也。此与孟子引《泰誓》“天视自我民视，天听自我民听”何以异乎？墨子岂不承认“民之所好好之，民之所恶恶之”者乎？

第三，墨子言治，尤以民利为立法之鹄。其言曰：

> 仁之事者，必务求兴天下之利，除天下之害，将以为法乎天下。利人乎？即为。不利人乎？即止。（《非乐·上》）

> 言必有三表：……有本之者，有原之者，有用之者。于

> 何本之？上本之古者圣王之事。于何原之？下原察百姓耳目之实。于何用之？发以为刑政，观其中国家百姓人民之利。（《非命·上》）

此非人民总意之说耶？此非所谓“民之所好好之，民之所恶恶之”者乎？而谓“墨子谓人民总意终不可得见。即见矣，而不足以为立法之标准”。真厚诬墨子矣。

此书第五章论法治主义之发生：

（一）放任主义与法治主义

（二）人治主义与法治主义

（三）礼治主义与法治主义

（四）势治主义与法治主义

（五）法治主义之发生及其衰灭

梁氏为之图如下：

- 治术
  - 放任主义
  - 非放任主义
    - 人治
    - 非人治
      - 礼治
      - 非礼治
        - 势治
        - 非势治（即法治）

全章论诸家得失，甚多可采之处。以辞繁，不具载。

梁氏此书有大弱点三焉。

第一，不明历史上诸家先后授受之关系。即如上表，以“两别法”（Dichotomy）示诸家关系，何其疏也？其实诸家关系略如下表：

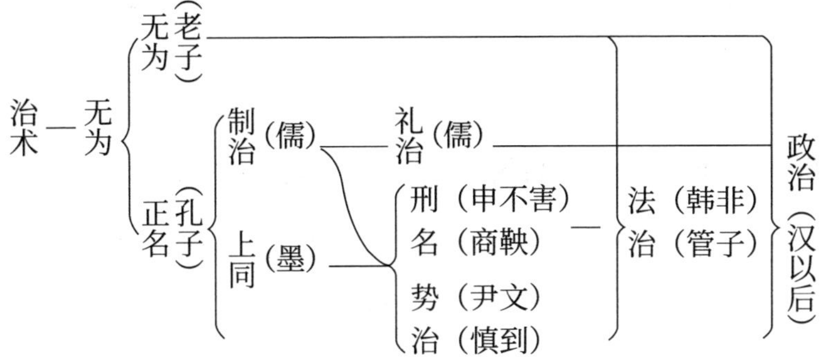

（注）“制治”叔向曰：“先王议事以制，不为刑辟。”《中庸》曰：“文武之政，布在方策。其人存，则其政举。其人亡，则其政息。”其说非“人治”所能尽，故以“制治”名之。“政治”者，以政为治，包举礼俗法律而调和之，吾无以名之，名之曰政治云尔。

第二，梁氏于孟子、墨子、老子、荀子之学说似无确见。

第三，梁氏不明诸家之名学，故于法家学理上之根据茫然无所晓。

四三、《沁园春》誓诗（四月十三日初稿[1]）

昨日读书不乐，因作一词自遣。

沁园春

更不伤春，更不悲秋，以此誓诗。任花开也好，花飞也好，月圆固好，日落何悲？我闻之曰，“从天而颂，孰与制天而用之？”更安用为苍天歌哭，作彼奴为！ 文章革命何疑！且准备搴旗作健儿。要前空千古，下开百世，收他臭腐，

[1] 初稿，手稿本无。

还我神奇。为大中华，造新文学，此业吾曹欲让谁？诗材料，有簇新世界，供我驱驰。

四四、怡荪、近仁抄赠的两部书（四月十三日[1]）

昨日怡荪寄赠所手抄之俞樾《读公孙龙子》一册，读之甚快。

友朋知余治诸子学，在海外得书甚不易，故多为余求书。去年近仁为余手写吴草庐《老子注》全书，今怡荪复为写此书，故人厚我无斁，可感念也。

四五、灯谜（四月十三日）

叔永寄示所作灯谜两条：

（一）"枝上红襟软语，商量定掠地双飞。"（此余《满庭芳》词中句也。）（打地名一）　鸟约

（二）闰十二月（打诗一句）"两山排闼送青来"

余寄叔永书曰："灯谜第二则甚妙。将'十二月'三字挤成一字，写'排'字'送'字之强硬手段如生。惟'两山'不知下落，又门内之'王'尚未逐出，非再革命不可。"

余所作灯谜，以

花解语（打魏武帝诗一句，对偶格）"对酒当歌"

为最得意。近作一条：

两（打欧阳永叔词一句）"双燕归来细雨中"

---

[1] 此后，手稿本有"又记"两字。

颇自喜。然此谜实脱胎于《品花宝鉴》中以晏叔原“落花人独立，微雨燕双飞”词射一“俩”字之谜，而远逊其工矣。[1]

叔永答书：“偶因赵宣仲示我旧谜一则，以‘两山相背背相连，两山相对对相连，两山相对不相连，一道文光直上天’打‘王曰叟’三字，此吾‘两山’二字之来历也。来书谓‘门内之王尚未[2]逐出’，岂知已化作两山乎？”附记之以志吾过。[3]

四六、《沁园春》誓诗（四月十四日改稿[4]）

沁园春

更不伤春，更不悲秋：以此誓诗。任花开也好，花飞也好，月圆固好，落日尤奇。春去秋来，干卿甚事，何必与之为笑啼？吾狂甚，耻与天和地，作个奴厮。 何须刻意雕辞。看一朵芙蓉出水时。倘言之不文，行之不远，言之无物，何以文为？为大中华，造新文学，此业吾曹欲让谁？诗材料，有簇新世界，供我驱驰。

今日改昨日[5]之词，似稍胜原稿。

古人有用庄生“亦与之为无町畦”（《人间世》）一语入诗者

[1] 此后，手稿本有“十三日”。

[2] “未”后，手稿本有“曾”字。

[3] 此后，手稿本有“十七日记”。

[4] 改稿，手稿本无。

[5] 昨日，手稿本为“前日”。

（似系韩退之）。今读“何必与之为笑啼”句，偶忆及之，故记之。

李白诗，“秋水出芙蓉，天然去雕饰”。乃指荷花，非木芙蓉也。

四七、《沁园春》誓诗（四月十六日第三次改稿[1]）

后两日又改作下半阕如下：

（上半阕同上）

文章要有神思。到琢句雕辞意已卑。定不师秦七，不师黄九；但求似我，何效人为？语必由衷，言须有物；此意寻常当告谁？从今后，倘傍人门户，不是男儿。（末句又拟改作[2]“从今后，待扫除陈腐，重铸新辞”。）

此一词改之数日始脱稿，犹未能惬意。甚矣，“做诗容易改诗难”也。

朱彝尊《解佩令》词：“不师秦七，不师黄九，倚新声玉田差近。”秦七，秦观也。黄九，山谷也。玉田，张炎（叔夏）也。余借用其语而意自不同。竹坨犹有所师。而余则欲不师古人耳。[3]

四八、吾国文学三大病（四月十七日[4]）

吾国文学大病有三：一曰无病而呻。哀声乃亡国之征，况无

[1] 第三次改稿，手稿本无。

[2] 末句又拟改作，手稿本无。下句改诗直接写于原诗旁。

[3] 此段后，手稿本有“自记”两字。

[4] “十七日”后，手稿本有“追记”两字。

所为而哀耶？二曰摹仿古人。文求似左史，诗求似李杜，词求似苏辛。不知古人作古，吾辈正须求新。即论毕肖古人，亦何异行尸赝鼎？“诸生不师今而师古”，此李斯所以焚书坑儒也。三曰言之无物。谀墓之文，赠送之诗，固无论矣。即其说理之文，上自韩[1]退之《原道》，下至曾涤生《原才》，上下千年，求一墨翟、庄周乃绝不可得。诗人则自唐以来，求如老杜《石壕吏》诸作，及白香山《新乐府》《秦中吟》诸篇，亦寥寥如凤毛麟角。晚近惟黄公度可称健者。余人如陈三立、郑孝胥，皆言之无物者也。文胜之敝，至于此极，文学之衰，此其总因矣。

顷所作词，专攻此三弊。岂徒责人，亦以自誓耳。

[1] 韩，手稿本无。

胡适留学日记

汇校本

四

曹伯言　曹杨　汇校

上海書店出版社
SHANGHAI BOOKSTORE PUBLISHING HOUSE

卷十三

一九一六年四月十八日 —— 一九一六年七月廿一日

民國五年四月

第十一冊

胡適劄記

J. C. BLAIR CO. MANUFACTURERS, HUNTINGDON, PENN'A.

此卷手稿本，封面题写“胡适札记”“第十一册”“民国五年四月”。

一、试译林肯演说中的半句（四月十八日）

赵宣仲（元任[1]）寄书问林肯“盖梯司堡（Gettysburg）演说”中之“The government of the people，by the people，for the people”一语当如何译法。此语梁任公尝以为不可逐译。今姑试为之：

此吾民所自有，所自操，所自为之政府。

然殊未能得原语之神情也。[2] 又译：

此主于民，出于民，而又为民之政府。

则三段不同文法矣。不如用反身动词（Reflexive verb）之为佳也。[3]

二、《沁园春》誓诗（四月十八夜第四次改稿）

重写定前所作词，此第四次稿也。

沁园春

更不伤春，更不悲秋，与诗誓之。看花飞叶落，无非乘化，西风残照，正不须悲。无病而呻，壮夫所耻，何必与天为笑啼？生斯世，要鞭笞天地，供我驱驰。　文章贵有神思。到琢句雕辞意已卑。更文不师韩，诗休学杜，但求似我，何效人为？语必由衷，言须有物，此意寻常当告谁？从今后，傥傍人门户，不是男儿。

[1] 元任，手稿本为“即元任”。

[2] 此后，手稿本有“民国五年四月十八日”。

[3] 此后，手稿本有“又记”两字。

三、作文不讲文法之害（四月十九日）

"子贡问君子。子曰：'先行其言，而后从之。'"朱注引周氏[1]曰："先行其言者，行之于未言之前。而后从之者，言之于既行之后。"邢昺疏曰："君子先行其言，而后以行从之。言行相副，是君子也。"

此两说皆未能满意。盖原文本不明白。"其言"，是谁之言？"之"，又指何物？指"言"耶？抑指"行"耶？"从"字又无主词。谁从之耶？依周说，则"言"从之也。依邢说，则"行"从之也。

此章可得以下诸说：

(1)〔君子〕先行其言，而后〔言〕之。

(2)〔君子〕先行其言，而后〔以行〕从之。

(3)〔君子〕先行其言，而后〔人〕从之。

(4) 先行〔君子之〕言，而后从之。（此"行"字、"从"字皆命令法。）

英文译本：

Marshman 译本[2]："He puts words into deeds first, and sorts what he says to the deeds."

此又为一说，略同周说 (1) 而稍异：

(5)〔君子〕先行其言而后〔顾行而言〕。

[1] "周氏"后，手稿本有"（濂溪?）"。

[2] 译本，手稿本无。

Legge 译本[1]："What he first says，as a result of experience，he afterwards follows up."

《华英四书》[2]："He acts before he speaks，and afterwards speaks according to his actions."

作文不讲文法之害如此。

此例甚多，不可胜举。更举一二：

（1）"学而时习之。""之"字何指？

（2）"博学之，审问之，慎思之，明辨之，笃行之。""之"字又何指？

（3）"父母唯其疾之忧。""其疾"是谁的病？

（4）"孟懿子问孝。子曰：'无违。'"违的甚么？

昨日有名 W. D. Gates 者演说，引"先行其言"一节，以示孔子与近世"致用主义"相同。其所引，盖 Marshman 所译。余以此章本无定论，未足为据。偶有所感，连类记此。

四、论文字符号杂记四则（四月廿三夜）

（一）[3] 闽清林和民君（有任[4]）读余《文字符号论》(《科学》二年一号)，移书谓"吾国无间接引语"。此亦不然。今试举数例：

[1] 译本，手稿本无。

[2] "《华英四书》"后，手稿本有"（王韬？）"。

[3] "（一）"前另起一行，手稿本有"论文字符号"。

[4] 有任，手稿本为"字有任"。

（1）孔子曰：……丘也闻“有国有家者，不患寡，而患不均”。

（2）曾子曰：吾闻诸夫子：“人未有自致者也。必也亲丧乎？”

（3）子夏曰：商闻之矣：“死生有命，富贵在天。……”

（4）[1] 此谓“身不修，不可以齐其家”。

以上在引号（“ ”）内之诸语，皆间接引语也。[2]

（二）林君又言吾所用线号（例如胡适）有不便处。如书写时，或排印时，一行已尽，而一名未完，势不得不分作两行，如：

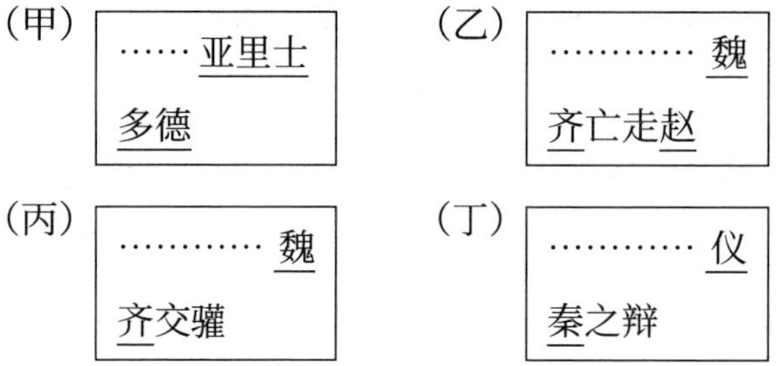

不知者，或误以（甲）例亚里士多德为二名，而（丁）例仪秦为一名。此言甚是。吾意此后当于一名截断分行之处加一短线，以示其为一名。如下例：

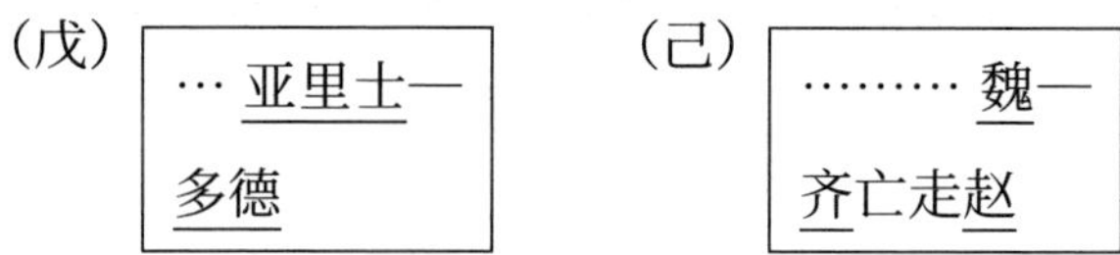

[1] 手稿本中，“（4）”为“（5）”，“（3）”后有：“（4）子谓‘薛居州善士也，使之居于王所’。”

[2] 此句在手稿本中为“以上以‘提要号’（～～～～）指出之诸语，皆间接引语也”。手稿本中，间接引语旁，皆有～～～～。

以（己）与（丙）比较而观，则其相异之处可见矣。

（三）吾前作赏鉴号，采用旧时连圈之法，至今思之，似不甚妥。连圈有二病：

（1）易与断句之圈相混；

（2）甚费力。

今拟以下诸说，而未能自决也。

（1）废赏鉴号而不用。

（2）或与提要号（～～～）同用一种符号。

（3）或用双线法（══）。例如：

……去年春恨却来时，落花人独立，微雨燕双飞。

（四）上所记“间接引语”，意有未尽，更记之。

（例一）儿童相见不相识，笑问“客从何处来？”

（例二）下马饮君酒，问“君何所之？”

此皆直接引语也。所用“客”字、“君”字，皆对称代名（Second Person Pronoun，用日本人译名）也。

（例三）儿女……怡然敬父执，问我来何方。

此间接称引也。所用“我”字，是自称代名（First Person Pronoun）。若改“我”为“客”，则直接引语矣。

（例四）林君寄余书曰：“君所作《文字符号论》有不妥处。”

此直接引语也。今易为间接：

（例五）林君寄余书，谓余所作《文字符号论》有不妥处。

此亦易对称代名为自称代名也。

五、《沁园春》誓诗（四月廿六日第五次改稿）

重写定《沁园春》词：

更不伤春，更不悲秋，与诗誓之。任花飞叶落，何关人事？莺娇草软，不为卿迟。无病而呻，壮夫所耻，何必与天为笑啼！吾狂甚，颇肠非易断，泪不轻垂。

文章贵有神思。到琢句雕辞意已卑。要不师汉魏，不师唐宋，但求似我，何效人为？语必由衷，言须有物，此意寻常当告谁？从今后，待划除臭腐，还我神奇。

〔附记〕 此词修改最多，前后约有十次。但后来回头看看，还是原稿最好，所以《尝试集》里用的是最初的原稿。廿三，五，七日。

六、读萧山来裕恂之《汉文典》[1]（四月廿九日）

此书眼光甚狭，殊不足取。记其足供调查者数事：

字数

时代	**字数**	**所据书**
周	九，〇〇〇	《籀文》（《说文》序）
秦	九，三五三	《小篆》（重刻《说文》序）
汉	一〇，五一六	《说文》
魏	一八，一五〇	《广雅》
晋	一二，八二四	《字林》

［1］ 胡适原题。

梁	二二, 七七九	《玉篇》
唐	三六, 一九四	《广韵》
宋	三四, 二三五	《通志六书略》
明	三三, 一七九	《字汇》
清	四二, 一七四	《康熙字典》

文字学古书

（一）体制

（甲）小学

《急就章》（汉史游）

《凡将篇》（汉司马相如）

《太甲篇》（班固）

《劝学》（蔡邕）

《埤苍》（魏张楫）

《三苍》（晋郭璞）

《小学篇》（王羲之）

《字指》（晋李彤）

《汉隶字源》（宋娄机）

《钟鼎款识》（宋薛尚功）

《俗书刊误》（明焦竑）

（乙）文字

《说文解字》

《字林》（晋吕忱）

《文字集略》（晋阮孝绪）

《玉篇》（梁顾野王）

《正名》（宋何承夫）

《干禄字书》（唐颜元孙）

《五经文字》（张参）

《九经字样》（唐元度）

《说文系传》（南唐徐锴）

《佩觿》（宋郭忠恕）

《类篇》（司马光）

《六书故》（戴侗）

《六书正讹》（元周伯琦）

《六书统》（元杨恒）

《说文长笺》（明赵宧光）

《六书本义》（赵㧑谦）

《说文解字注》（段玉裁）

《说文句读》（王筠）

《说文通训定声》（朱骏声）

（二）音韵

（甲）音韵

《字音》（晋孙炎） 《四声切韵》（齐周颙）

《四声谱》（梁沈约） 《切韵》（隋陆法言）

《唐韵》（唐孙愐） 《韵海鉴源》（颜真卿）

《广切韵》（李邕） 《切韵指元论》（僧鉴言）

《三十六字母图》（僧守温） 《唐广韵》（张参）

《切韵指掌图》（宋司马光） 《韵补》（吴棫）

《集韵》（丁度） 《九经韵补》（杨伯嵒）

《五音集韵》（金韩道昭） 《古今韵会》（元熊忠）

《洪武正韵》（明乐韶凤） 《古音四书》（杨慎）

《音学五书》（顾炎武） 《广雅》（顾氏校本）

（乙）音释

《经典释文》（唐陆德明） 《经典集音》（刘镕）

《音诀》（郭逸） 《群经音辨》（宋贾昌朝）

《周秦刻石音释》（元吾邱衍） 《经史正音切韵指南》（刘鉴）

《书文音义便考私编》（明李登）

《难字直音》（李登） 《毛诗古音考》（陈第）

《屈宋古音义》（陈第） 《石鼓文音释》（杨慎）

《读易韵考》（明张献翼） 《诗音辨略》（杨贞一）

（三）训诂

（甲）古文

《集古文》（张楫）
《古今官书》（晋卫宏）
《古文奇字》（郭显卿）
《尚书古字》（唐李商隐）
《古文略》（李商隐）
《古文杂字》（宋郭忠恕）
《汗简》（郭忠恕）
《古文字训》（宋夏竦）
《古文四声》（夏竦）
《金石遗文》（明丰道生）
《扩古遗文》（李登）
《奇字韵》（杨慎）
《古文字考》（都俞）
《石鼓文正误》（陶滋）

（乙）训诂

《尔雅》
《方言》（扬雄）
《说文解字》
《小尔雅》（孔鲋）
《释名》（刘熙）
《逸雅》（刘熙）
《广雅》（魏张楫）
《尔雅注》（晋郭璞）
《匡谬正俗》（唐颜师古）
《尔雅注》（宋郑樵）
《尔雅疏》（邢昺）
《埤雅》（陆佃）
《尔雅翼》（罗愿）
《名苑》（司马光）
《骈雅》（明朱谋㙔）
《字诂》（黄生）
《续方言》（清杭世骏）
《别雅》（吴玉搢）
《仓颉篇》（孙星衍）
《汇雅》（明张萱）
《方言据》（明魏濬）
《方言类聚》（明陈与郊）
《经籍纂诂》（清阮元）
《助字辨略》（刘洪）
《经传释词》（王引之）
《尔雅正义》（邵晋涵）
《尔雅义疏》（郝懿行）
《尔雅广疏》（周春）

七、古代文明易于毁灭之原因（四月三十日）

古代文明所以有毁灭之虞者，以其影响所被之疆域甚小，故一遭摧折，即绝灭无存。其有存者，幸也。今日之文明，则除地球毁灭外更无此虞矣。古代克里特（Crete，地中海东部一岛国）之文明至今始有人发现[1]之。希腊之科学，吾国古代之科学，今皆成绝学，亦以此也。

偶与友人苇李格曼女士（F.Fliegelman）谈及此，遂志之。苇女士治社会学，人类学甚精。

八、谈活文学

适每谓吾国"活文学"仅有宋人语录，元人杂剧院本，章回小说，及元以来之剧本，小说而已。吾辈有志文学者，当从此处下手。今记活文学之样本数则于下：

（一）词

（1）云一緺[2]，玉一梭，淡淡衫儿薄薄罗，轻颦双黛螺。
秋风多，雨如和，帘外芭蕉三两窠。——夜长，人奈何！

（南唐李后主《长相思》）

（2）独倚胡床，庾公楼外峰千朵。与谁同坐？明月，清风，我。　　别乘一来，有唱终须和。还知么？自从添个，风月平分破。

（苏东坡《点绛唇》）

（3）江水西头隔烟树，望不见江东路。思量只有梦来去，

[1] 现，手稿本为"见"。
[2] 緺，手稿本为"渦"。

更不怕，江阑住。　　灯前写了书无数，算没个人传与。直饶寻得雁分付，又还是，秋将暮。　（黄庭坚[1]《望江东》）

（4）有得许多泪，更闲却许多鸳被；枕头儿放处都不是。旧家时，怎生睡？　　更也没书来！那堪被雁儿调戏，道无书却有书中意：排几个"人人"字！　（辛稼轩《寻芳草》）

（5）谁伴明窗独坐？我和影儿两个。灯尽欲眠时，影也把人抛躲。无那，无那！好个悽惶的我！（向镐〔子諲〕《如梦令》）

（6）恨君不似江楼月：南北东西，南北东西，只有相随无别离。　　恨君却似江楼月：暂满还亏，暂满还亏，待得团圆是几时？　（吕本中《采桑子》）

（7）洞房记得初相遇。便只合，长相聚。何期小会幽欢，变作别离情绪？况值阑珊春色暮，对满眼乱花狂絮。直恐好春光，尽随伊归去。　　一场寂寞凭谁诉？算前言，总轻负。早知恁地难拚，悔不当初留住。其奈风流端正外，更别有系人心处。一日不思量，也攒眉千度。（柳耆卿《昼夜乐》）[2]

——五月十八日记[3]

（二）曲[4]

（1）《琵琶记·描容》

（《三仙桥》）

一从公婆死后，

[1] 黄庭坚，手稿本为"山谷"。

[2] 此后，手稿本有"（未完）"。

[3] 本卷第九、一〇、一一则三则日记，手稿本中原在此后。

[4] 此标题前，手稿本有"活文学（续）"。

要相逢，不能够，
除非是梦里暂时略聚首。
若要描，描不就，
教我未写先泪流。
写，写不出他苦心头。
描，描不出他饥症候。
画，画不出他望孩儿的睁睁两眸。
我只画得他发飕飕，
　和那衣衫敝垢。
我若画做好容颜，
　须不是赵五娘的姑舅。

〔跋〕适忆少时曾见李笠翁（渔）所改此出，似更胜原作，今不复记忆之矣。然此曲之为《琵琶记》第一佳构，则早有定论，不容疑也。

(2)《孽海记·思凡》
(《山坡羊》)
小尼姑年方二八，
正青春，被师父削去了头发。
每日里在佛殿上烧香换水，
见几个子弟们游戏在山门下。
他把眼儿瞧着咱，
咱把眼儿觑着他。
他与咱，咱共他，

两下里多牵挂。

冤家，

怎能彀成就了姻缘，

　　就死在阎王殿前，

由他把碓来舂锯来解，

　　把磨来挨，放在油锅里去炸。

由他！

则见那活人受罪，

那曾见死鬼带枷？

由他！

火烧眉毛，且顾眼下。

火烧眉毛，且顾眼下。

…………[1]

〔跋〕[2]此中亦大有妙理。司马君实曰："不知死者形既朽灭，神亦飘散，虽有碓烧舂磨，且无所施。"朱子《小学》取之。

（《哭皇天》）

又只见那两旁罗汉塑得来有些傻角。

一个儿抱膝舒怀，

　口儿里念着我。

一个儿手托香腮，[3]

[1] 省略号，手稿本为"中略"两字。

[2] 〔跋〕，手稿本无。

[3] 此句上方，手稿本有眉注"怀腮开为韵"。

　心儿里想着我。
一个儿眼倦开，
　朦胧的觑着我。
惟有布袋罗汉笑呵呵。
他笑我时光挫，
　　　光阴过，
有谁人，有谁人，
肯要我这年老婆婆？
降龙的恼着我，
伏虎的恨着我，
那长眉大仙愁着我，
说我老来时有甚么结果！
…………[1]

(《风吹荷叶煞》)
把袈裟扯破，
埋了藏经，
弃了木鱼，
丢了铙钹。
学不得罗刹女去降魔，
学不得南海水月观音座。
夜深沉，独自卧。
起来时，独自坐。

[1] 省略号，手稿本为“中略”两字。

有谁人孤悽似我？

似这等，削发缘何？

恨只恨说谎的僧和俗。

那里有天下园林树木佛？

那里有枝枝叶叶光明佛？

那里有江湖两岸流沙佛？

那里有八万四千弥陀佛？

从今去，

把钟楼佛殿远离却，

下山去寻一个年少哥哥。

凭他打我，骂我，说我，笑我，

一心不愿成佛，

　　不念弥陀，

　　般若波罗。

〔跋〕末[1]一段文妙，思想亦妙。[2]

吾抄此曲，非徒以其思想足取，亦以其畅快淋漓，自由如意，为文学中有数文字耳。

即以思想而论，此亦一种革命文字也。作者盖有见于佛教僧尼之制之不近人情，故作此剧，以攻击之。亦可谓“问题戏剧”（Problem Plays）之一也。

---

[1] 末，手稿本为“此”。

[2] 此句在手稿本中为眉注。从“恨只恨说谎的僧和俗”到“般若波罗”，旁有胡适所注波浪线。眉注写于此段文字上方。

在西方文学中，如卜朗吟之“Fra Lippo Lippi”命意与此相似。然卜氏之作，穆然远上，不可及矣。

(3)《长生殿》 弹词

(《九转货郎儿》)(六转)

恰正好，喜孜孜，《霓裳》歌舞。

不提防，扑通通，渔阳战鼓。

划地里，荒荒急急，纷纷乱乱，奏边书。

送得个九重内心惶惧。

早则是，惊惊恐恐，仓仓卒卒，

挨挨挤挤，抢抢攘攘，

出延秋西路。

携着个娇娇滴滴贵妃同去。

又则见，密密匝匝的兵，

重重叠叠的卒，

闹闹炒炒，轰轰划划，四下喧呼。

生逼散，恩恩爱爱，疼疼热热，帝王夫妇。

霎时间，画就一幅惨惨凄凄，绝代佳人绝命图。(下阙)[1]

——五月廿九日记

九、“反”与“切”之别(五月十八日)

反切之别。常人每不能辨之。

---

[1] “(下阙)”，手稿本为“(未完)”。

《韵会》(《康熙字典》引)："一音展转相呼谓之反，亦作翻。以子呼母，以母呼子也。切，谓一韵之字，相摩以成声，谓之切。"

《康熙字典》有切而无反。其卷首释例曰："断韵分音为之切，音声相和为之韵。能析诸字名派，所谓'论韵母之横竖，辨九音之清浊。呼开合之正副，分四声之平仄'，故名'字母切韵'。切字之法，如箭射标。切脚二字，上字为标，下字为箭。……中者便是。"

赵宣仲（元任）作文论 Chinese Phonetics（《月报》六卷七号），以例明之：

> 选（斯远切） 藓（斯掩切） 老（沦岛切[1]） 谈（提兰切[2]）

其说甚明，故记之。

古人多不分反与切。胡三省注《通鉴》"惓，逵员翻"。此实切也。又如：

> 复（扶又翻） 趋（七喻翻） 伎（渠绮翻）

皆宣仲所谓切也。[3]

一〇、记"的"字之来源："之""者"二字之古音（五月廿五日）

吾尝研究"的"字之文法（《季报》三年三号），知此字今用以代文言之"之"字、"者"字（此外用法尚多）。凡"之"字、

[1] [2] 切，手稿本为"反"。

[3] "古人多不分反与切……皆宣仲所谓切也"后，手稿本有"又记"两字。

“者”字之种种用法，多可以“的”字代之。因念此诸字变化沿革，或由于声韵的变迁，倘能求其历史的关系，则今之俗字，或竟为最古之字亦未可知。而吾人所谓俗者，不过一种无根据之恶感，蔽于积俗，而不知其非耳。(《月报》十一卷八号)

此诸字之关系沿革，大略如下：

赵宣仲曰：“‘之’字古盖读如今‘的’字。凡知，彻，澄三纽之字，原为舌上的端，透，定（Cerebral tt’&d)。其后此一类之音，变为照，穿，状（正齿），于是重复兴焉。”[1]

宣仲之言是也。“者”字之沿革略同此。“者”字古盖读如“堵”，后始变而为“煮”，后乃转为“者”耳。秦始皇《瑯琊台刻石》曰：

> 六合之内，皇帝之土：
> 西涉流沙，南尽北户；
> 东有东海，北过大夏。（索隐音户）
> 人迹所至，无不臣“者”。（音堵）
> 功盖五帝，泽及牛马。（音姥）
> 莫不受德，各安其宇。

又《诗·采绿》：

> 其钓维何？维鲂及鲔。
> 维鲂及鲔，薄言观“者”。(《韩诗》作睹）

又《楚辞·九歌》：

[1] 手稿本中，在本段文字之上，有眉注：“章太炎曰：古无舌上音。如中，古读如冬。(《庄子解故》三页）段玉裁曰：者，之也切。古音在五部，读如煑。(《说文》，𣅀，别事詈也。从白，𣥠声。𣥠，古文旅。)”

搴汀州[1]之杜若，

将以遗乎远“者”。（朱注：者[2]叶音渚，又音睹。）

时不可兮骤得，

聊逍遥兮容与。

皆可证古“者”之读“堵”也。观合“者”以成声之字，如都，阇，堵，覩，睹，屠诸字，又可见“者”字本[3]端，透，定纽也。

“之”字古音为“的”（或低），亦可于“诸”字见之。“诸”字乃“之乎”二字或“之于”二字快读合成之音。“诸”字古盖音“都”（例同上），其切音之式为：

之乎══════低乎══════诸══════tu

之于══════低于══════诸══════tü

当文言之“者”变为“止野切”之后，口语之“者”犹作“堵”声，后变而为“朵”声。缪袭《挽歌》云：

形容稍销歇，齿发行当堕。

自古皆有然，谁能离此“者”？

晋时“的”字在江左犹作“堵”声。《晋书·王衍传》曰：

衍口未尝言钱字。妇令婢以钱绕床下，不得行。衍晨起，呼婢曰：“举却‘阿堵’中物！”

“阿堵”犹今言“这个”也（《康熙字典》）。后“阿堵”变成“兀的”。“兀的”北音与“阿堵”相近。而“堵”变为“的”之沿革

[1] 汀州，手稿本为“芳州”。

[2] 者，手稿本无。

[3] “本”后，手稿本有“在”字。

可见也。

宋时“的”字尚读上声，为“底”。如罗仲素曰：

天下无不是“底”父母。

古只有“底”字。底止之底，亦音底。其指音乃后来之变音也。

“之”字作动字用者，古亦音低。如“宋牼将之楚”“若魂则无不之也”是也。亦作底，如《诗》“靡所底止”，今人言“抵某处”，即此字也。

“之”字作介字用者同此。如《诗》“之死矢靡他”，与《汉书·礼乐志》“抵冬降霜”同一来原。今人言“抵死不肯招”是也。

一一、元任论音与反切（五月廿五日）

赵宣仲言，中文之音凡有五部分：

一曰母（Initial），

二曰介（Medial，if any），

三曰韵 }{（Vowel Proper），

四曰韵尾 }{（Final Consonant，if any），

宣仲不为韵尾立名，统名之曰韵，余为造此名，省曰尾。

五曰声（The tone of the vowel），

如“梁”字（Liang）：

l 为母，

i 或[1] y 为介，

[1] 或，手稿本为“or”。

a 为韵，

ng 为韵尾，

其声为下平也。

宣仲谓反切法之大病，在于不能为精密的解剖。如：

选　斯远切（Süen）

薛　斯掩切（Sien）

两音之异在于音介之不同：一为 ü，一为 i（或为 y）也。其他四事：母同（s），韵同（e），尾同（n），声同（上）。

此种分析非有字母，不能为功也。

一二、美国诗人 Lowell 之名句（一失足成千古恨！）

Once to every man and nation comes
　the moment to decide,
In the strife of Truth with Falsehood,
　for the good or evil side.
　——James Russell Lowell（"The Present Crisis"）

一三、死矣袁世凯（六月七日）

袁世凯死于昨日。此间华人，真有手舞足蹈之概。此真可谓"千夫所指无病自死"者矣。吾对于袁氏一生，最痛恨者，惟其"坐失机会"一事。机会之来，瞬息即逝，不能待人。人生几何？能得几许好机会耶？袁氏之失机多矣：戊戌，一也；庚子，二也；辛亥壬子之间，三也；二次革命以后，四也。

使戊戌政变不致推翻，则二十年之新政，或已致中国于富强。即不能至此，亦决无庚子之奇辱，可无疑也。袁氏之卖康、梁，其罪真不可胜诛矣。二十年来之精神财力人才，都消耗于互相打消之内讧，皆戊戌之失败有以致之也。

辛壬之际，南方领袖倾心助袁，岂有私于一人哉？为国家计，姑与之以有为之机会以观其成耳。袁氏当是时，内揽大权，外得列强之赞助，傥彼果能善用此千载一时之机会，以致吾国于治安之域，则身荣死哀，固意中事耳。惜乎！袁氏昧于国中人心思想之趋向，力图私利，排异己，甚至用种种罪恶的手段以行其志，驯致一败涂地，不可收拾，今日之死晚矣。

袁氏之罪，在于阻止中国二十年之进步。今日其一身之身败名裂，何足以赎其蔽天之辜乎？

一四、论戊戌维新之失败于中国不为无利（六月七日）

吾谓[1] 戊戌政变之失败，遂令中国进步迟二十年。既而思之，塞翁失马，安知非福？使二十年前之维新果能成功，则中国今日虽或略强于今日之中国，然其政界现象必具以下诸点：

（1）满洲帝室，

（2）满洲贵胄，

（3）官僚政治（Bureaucracy），

（4）种族革命之运动。

[1] “吾谓”前另起一行，手稿本有“吾之希望”四字。

其结果必为一种皮毛的新政，暂时的治安，而共和之运动反为所阻滞；约如日本今日之政局，而未必有日本今日之精神能力；且种族革命终不可免，则以无根本的解决故也。

徒以戊戌失败之故，此二十年中中国之进步，皆起于下而非出于上。其结果乃有辛亥之革命及今日之革命，遂令数千年之帝制一旦推翻，三百年之满清亦同归于尽，今之官僚派余孽似亦有摧灭之势：则虽谓吾国政体问题已有几分根本的解决可也。而此几分根本的解决，皆戊戌失败之赐也。

吾之希望，在于此后之进行，已无满族，帝政，贵胄，官僚四者之阻力；他日之民国，其根基或较今日之日本为尤稳固也。

一五、尔汝二字之文法（六月七日）

尔汝[1]二字，古人用之之法，颇有足资研究者。余一日已睡，忽思及此二字之区别，因背诵《论语》中用此二字之句，细细较之[2]，始知二字果大有分别。明日，以《檀弓》证之，尤信。今先举《檀弓》一节，以证吾言：

> 子夏丧其子而丧其明，曾子吊之。……曾子哭，子夏亦哭，曰："天乎！予之无罪也！"曾子怒曰："商！汝[3]何无罪也？吾与汝事夫子于洙泗之间，〔汝[4]〕退而老于西河之上，

---

[1] "尔汝"前另起一行，手稿本有"记汝尔二字之文法"。

[2] 细细较之，手稿本为"细比较之"。

[3][4] 汝，手稿本为"女"。

使西河之民[1]疑汝于夫子，尔罪一也。丧尔亲，使民未有闻焉，尔罪二也。丧尔子，丧尔明，尔罪三也。——而曰汝（何）无罪欤？”（适按：退上疑有“汝”字。末句“何”字衍文。）

观此则，可知尔汝两字本有别。若无别，则忽用汝，忽用尔，何也？

余于《论语》《檀弓》两书所得结果，拟为通则数条如下：[2]

（甲）汝为单数对称代词：

汝弗能救欤？

汝与回也孰愈？

汝奚不曰。

汝何无罪也？

（乙）尔为众数对称代词[3]，犹今言“你们”：

子路、曾皙、冉有、公西华侍坐，子曰：“以吾一日长乎尔，毋吾以也。居则曰，不吾知也。如或知尔，则何以哉？”

孔子先反，门人后至。孔子问焉，曰：“尔来何迟也？”

（丙）尔为主有之次，如今言“你的”：

尔罪一也。

反哭于尔次。

丧尔亲。

丧尔子，丧尔明。

---

[1] 民，手稿本为“人”。

[2] 拟为通则数条如下，手稿本为“如下通则”。

[3] 词，手稿本为“名”。

盍各言尔志？

以与尔邻里乡党乎？

以上之尔字位于名词之前。

举尔所知。尔所不知，人其舍诸？

非尔所及也。

以上之尔字位于代词“所”之前。

（丁）尔汝同为上称下及同辈至亲之称。然其间亦不无分别。[1]用汝之时所称必为一人，而称一人不必即用汝，亦可用尔。称一人而用尔，每以略示敬意，略[2]示疏远之意，不如汝之亲狎也。

阳货谓孔子曰：“来，予与尔言。”

赐也，尔爱其羊，我爱其礼。

求，尔何如？赤，尔何如？点，尔何如？

子谓颜渊曰：“用之则行，舍之则藏：惟我与尔，有是夫？”

曾子曰：“尔将何之？”（以下《檀弓》）

平公呼而进之曰：“蒉，曩者尔心（此尔字是主有次）[3]或开予，是以不与尔言。”

旧说“尔心或开予”一句，适按，开字句绝亦可通，予属下句，今人犹言“开心”“心花大开”。[4]

[1] 然其间亦不无分别，手稿本为“而不无分别”。

[2] “略”前，手稿本有“或”字。

[3] 括号内文字，手稿本无。

[4] 此段文字，手稿本中为眉注。

夫子曰："由，尔责于人，终无已夫？"

夫子曰："赐，尔来何迟也？"

此与上（乙）条[1]所引"尔来何迟也"一语可参看。此二尔字亦可作"你的"解，则当隶（丙）条。

凡以众数之对称代名用作单数之称，其始皆以示疏远，或以示礼貌。此在欧文，盖莫不皆然。其后乃并废单数之代名而不用。此在欧文，亦复如是。欧文之废单数对称代名，乃数百年间事耳。其在吾国春秋时，犹用此区别。至战国时，则尔汝同为亲狎之称，轻贱之称。《孟子》全书中不用"汝"，亦少用"尔"，虽对[2]弟子，亦用"子"。又曰："人能充无受尔汝之实，无所往而不为义也。"则尔汝二字皆为所避而不用可知也。

以上诸通则，可以否定语意表示之，则较肯定语意之诸则尤为明显，亦更无例外可言。

（1）凡用汝之时，汝字所称，决非众数。

（2）称一人虽可用尔，而一人以上决不用汝。

此二则《论语》《檀弓》无一例外。

（3）凡尔作"你的"或"你们的"解时，决不可用汝代之。

《尚书·大禹谟》曰："天之历数在汝躬"，《论语·尧曰篇》引此句，作"在尔躬"。可见《尚书》之误，又可见此则之严也。

研究此种用法有何用乎？曰，可以为考据之用。战国以后，

---

[1]（乙）条，手稿本无。

[2]"对"后，手稿本有"其"字。

尔汝两字之用法已无人研究，故汉人伪作之书，其用对称代词，如尔字，汝字，乃字，皆无条理可寻，皆不合古人用法。其为伪托之书，于此可见一斑。

凡后人伪托古书，往往用后世之字及后世之文法，非有语学的（Philological）考据，不足以揭破之。

即如《尚书》中《盘庚》《太甲》《泰誓》诸篇，以此所列诸通则证之，其为伪托，可无疑也。

适于此说尚未能彻底根究，不敢断然决其必行，他日有暇，当遍考诸书以证实之。今姑记于此，以备一说云尔。

一六、马君武先生（六月九日）

马[1]君武先生于五月卅日自欧洲返国，道出纽约，相见甚欢。适与先生别九年矣。先生于丁未去国，辛亥革命时返国。明年，南京政府成立，先生为实业次长。及南北合并，先生被举为参议员。第二次革命将起，先生惧祸及，匆匆亡去，复至德治工科。去年得博士学位，今始归耳。

庚戌十月，先生寄书，中附一诗云：

离乡十载悄然忽归

故乡吾负汝，十载远别离。万里生还日，六洲死战时。

疾声唤狮梦，含泪拜龙旗。吾岁今方壮，服劳或有期。

“万里生还日，六洲死战时”，今日竟成诗谶。

[1] 马，手稿本无。

先生留此五日，聚谈之时甚多。其所专治之学术，非吾所能测其浅深。然颇觉其通常之思想眼光，十年以来，似无甚进步。其于欧洲之思想文学，似亦无所心得。[1] 先生负国中重望，大可有为，顾十年之预备不过如此，吾不独为先生惜，亦为社会国家惜也。[2]

马君武三十五岁影

[1] 此后，手稿本还有："略得一二普鲁士的口头禅而已。士别三日，便当刮目相待；今十年之别，乃无长进可言，颇令我失望也。"

[2] 此处，手稿本附有马君武、胡适照片各一幅，并有胡适图注，现补于此。

一七、喜朱经农来美（六月九日）

朱经农新自国中来，居美京，为教育部学生监督处书记，将以余力肄业于华盛顿大学。

经农为中国公学之秀，与余甚相得，余庚戌《怀人诗》所谓“海上朱家”者是也。革命后，国中友人，音问多疏，独时时念及汤保民及经农二人。今闻其来，喜何可言？惜不能即相见耳。

一八、杜威先生（六月十六日追记）

下附图乃杜威先生及安庆胡天濬君合影，陶知行（文濬）所摄。

杜威（John Dewey）为今日美洲第一哲学家，其学说之影响及于全国之教育心理美术诸方面者甚大，今为科仑比亚大学哲学部长，胡陶二君及余皆受学焉。

杜威先生与胡天濬

一九、麦荆尼逸事四则[1]

（一）美总统麦荆尼（McKinley）最爱其妻。麦氏作倭海倭（Ohio）邦总督时，寓某旅馆（余忘其名），有窗可望见总督署门

[1] 胡适原题。逸，目录中为“轶”。

外石级。麦氏每晨至署，其夫人必凭窗以远镜遥望之。麦氏下车，将入门，必回首遥望其夫人窗上，脱帽一笑，乃入门。（此则闻诸 President Charles F. Thwing of Western Reserve University）

（二）麦夫人后得风疾，疾作则耳鼻口皆颤动，[1] 状至骇人。麦氏作总统时，每有宴集，其夫人不居主妇之座（主妇之座在席之一端，与主人相对），而居其夫之次。麦氏每见其妻动作有异，知其疾将作，急以一白巾覆其面首，一面高声纵谈。客之常往来其家者，每见麦氏高声纵谈，则知其夫人病作，而麦氏强作镇静以对客耳（此则知者甚众）。

（三）庚子之役，北京既破，和约未成。一日，美国内阁开会，议远东局势。麦氏问应否令北京之美军退回天津。阁员自海伊（John Hay）至威尔逊（此别一威尔逊，时为农部长）皆主张不撤兵。麦氏一一问毕，徐徐言曰："我乃宪政国的总统，该负责任。今日之事，我主张令吾军退出北京。盖我军之入北京，本为保护使馆及教士商人。今此志已达，岂可更留？且吾美虽不贪中国一寸之土地，然地势悬隔，军人在外，不易遥制；吾诚恐一夜为军书惊起，开书视之，则冑芬统制（Colonel Chaffin）自支那来电，言已占领支那北地某省，已得土地几十万方英里，人民几百万矣。事到如此，便不易收束，不如早日退兵之为得计也。"遂决意令美国兵一律退出北京。（此则闻诸 Dr. Talcott Williams, Director of the School of Journalism at Columbia University.）

---

[1] 疾作则耳鼻口皆颤动，手稿本为"疾作则七窍颤动"。

（四）余在克利弗兰城（Cleveland，O.）见有“Mark”Hanna之铜像。[1] Hanna者，十余年前之大“政客”也。麦荆尼之得为总统，韩纳氏有大功焉。余一日见杜宏校长（President C.F. Thwing [2]），谈及韩纳氏之功罪。杜宏校长言：“韩纳一生长处在于忠于麦荆尼。韩纳最爱麦荆尼，其为政界运动，皆以爱麦荆尼故也。及其既入政界，阅历既深，才具益发展，遂成当日一重要人物，则非韩纳初愿所及也。”余因念及阿得勒[3]（Felix Adler）先生之伦理大法，其法曰：“人生立身行事，要足以引出他人

Hanna铜像

[1] 此处，手稿本附有Hanna铜像图片一幅，现补于此。

[2] 此后，手稿本有“of the Western Reserve University”。

[3] 阿得勒，手稿本为“亚得勒”。

最长最贵之处。”（So live as to elicit that which is best and noblest in others.）

二〇、“威尔逊之笑”（七月五日）

下附照片[1]为伊丝脱女士（Miss Bess East）所造。人皆谓此一笑大似威尔逊，谓之 Wilsonian Smile 云。呵呵！

“威尔逊”之笑

[1] 下附照片，手稿本为“此一照片”。

二一、恍如游子归故乡（七月五日追记）

余于六月十六日至绮色佳。去此八阅月矣。此次归来，恍如游子归其故乡，甚多感喟。戏谓此次归绮色佳为“小归”，明年归国可谓“大归”耳。小归者，归第二故乡也。大归者，归第一故乡也。

在绮留八日，客韦女士之家。

在绮时往见勃尔先生（George Lincoln Burr），与谈历史考据之学。余告以近治先秦诸子学，苦无善本。所用皆刻本，其古代抄本已无觅处，至竹书则尤不可得矣。是以今日学者至多不过能作许多独出心裁之读法（Reading），及许多独出心裁之讲解（Interpretation）而已矣。推其至极，不能出“猜测”之外。其猜之当否，亦无从知之。诸家之得失正如此猜与彼猜，相去一间耳。彼善于此则有之，究不知孰为正猜也。

先生亦以为不幸，谓“当着力访求古本。古本若在人间，或在地下，则今人之穷年注校，岂非枉费时力？西方新史学初兴之时，学者亦枉费几许有用之精神时力为笺校之工夫。至近世始以全力贯注于寻求古本原本耳”。先生因命余读：

Farrar：*History of Interpretation*.

Isaac Taylor：*History of the Transmission of Ancient Books to Modern Times*（1827）.

F. G. Kenyon：*Transmission of Knowledge*.

二二、陶知行与张仲述（七月五日）

陶知行与张仲述[1]

上图[2]右为歙县陶文濬（知行），左为天津张彭春（仲述）。两君皆今日留学界不可多得之人才也。

二三、白话文言之优劣比较（七月六日追记）

在绮色佳时与叔永、杏佛、擘黄（唐钺字）三君谈文学改良之法，余力主张以白话作文作诗作戏曲小说。余说之大略如下：

---

[1] 此图，手稿本缺。

[2] 上图，手稿本无。

（一）今日之文言[1]乃是一种半死的文字[2]，因不能使人听得懂之故。

（二）今日之白话是一种活的语言[3]。

（三）白话并不鄙俗，俗儒乃谓之俗耳。

（四）白话不但不鄙俗，而且甚优美适用。凡言语要以达意为主，其不能达意者[4]，则为不美。如：

“赵老头回过身来，爬在街上，扑通扑通的磕了三个头。”

若译作文言，更有何趣味？又如“嫖”字，岂非好字？何必故意转许多湾子而说“狎妓”“宿娼”“纵情青楼”。今如对众言“嫖”，无不懂者。若言“狎妓”，则懂者百之一二耳。如此而有舍“嫖”而择“狎妓”者，以为“嫖”乃俗字，而“狎妓”为典雅也，岂非顽固之尤哉？（又如“懂”字，亦一例也。）

（五）凡文言之所[5]长，白话皆有之。而白话之所长，则文言未必能及之。〔详下文（六）（4）〕

（六）白话并非文言之退化，乃是文言之进化。其进化之迹，略如下述：

（1）从单音的进而为复音的。

（例）辞　推　推辞

　　　法　律　法律

---

[1] 文言，手稿本为“文话”。

[2] 半死的文字，手稿本为“半死的话”。

[3] 活的语言，手稿本为“活的话”。

[4] 者，手稿本无。

[5] 所，手稿本无。

刑　罚　刑罚

救　药　救药

乐　音　音乐

（2）从不自然的文法进而为自然的文法。

（例）吾未之见。我没有看见他。[1] 己所不欲。自己不要的。

（3）文法由繁趋简。

（例）天所杀——所

杀人者——者

天之杀人——之

此三字皆可以“的”字代之。

（4）文言之所无，白话皆有以补充[2]。

（甲）表词的形容词：

这书是我的儿子的。

这计策是消极的，而非积极的。

文言以“者也”表之，然实不合文法。

（乙）副词的长顿：

他又在那里鬼鬼祟祟的干他的勾当了。

他把这事一五一十的告诉了我。

此例甚多，不可枚举。

（七）白话可产生第一流文学。

[1] “吾未之见。我没有看见他”，手稿本为“舜何人也？舜是何等人？”

[2] 补充，手稿本为“补之”。

（1）白话的诗词，

（2）白话的语录，

（3）白话的小说，

（4）白话的戏剧。

此四者皆有史事可证。

（八）白话的文学为中国千年来仅有之文学（小说，戏曲，尤足比世界第一流文学）。其非白话的文学，如古文，如八股，如札记小说，皆不足与于第一流文学之列。

（九）文言的文字可读而听不懂；白话的文字既可读，又听得懂。凡演说，讲学，笔记，文言决不能应用。[1] 今日所需，乃是一种可读，可听，可歌，可讲，可记的言语。要读书不须口译，演说不须笔译；要施诸讲坛舞台而皆可，诵之村妪妇孺而皆懂。不如此者，非活的言语也，决不能成为吾国之国语也，决不能产生第一流的文学也。

此一席话亦未尝无效果。叔永后告我，谓将以白话作科学社年会演说稿。叔永乃留学界中第一古文家，今亦决然作此实地试验，可喜也。

余于二十四日自绮往克利弗兰城（Cleveland，O.）。后数日，得杏佛寄一白话诗，喜而录之：

---

[1] “凡演说，讲学，笔记，文言决不能应用”句，手稿本为“居今之世，演说，讲书，笔记，皆不可免之事，文言的文字决不能应用”。

寄胡明复（白话）

自从老胡去，这城天气凉。

新屋有风阁，清福过帝王。

境闲心不闲，手忙脚更忙。

为我告“夫子”(赵元任也),《科学》要文章。

此诗胜南社所刻之名士诗多多矣。赵元任[1]见此诗，亦和作一首：

自从老胡来，此地暖如汤。

《科学》稿已去，“夫子”不敢当。

才完就要做，忙似阎罗王。(原注“Work like h——”)

幸有“辟克匿”(Picnic)，那时波士顿肯白里奇的社友还可大大的乐一场。

此等诗亦文学史上一种实地试验也，游戏云乎哉？

二四、记袁随园论文学[2]

袁简斋之眼光见地有大过人处，宜其倾倒一世人士也。其论文学，尤有文学革命思想。今杂记其论文论诗之语若干则如[3]下。

一　答沈大宗伯论诗书（《小仓山房文集》卷十七）[4]

……尝谓诗有工拙而无今古。自葛天氏之歌至今日，皆有工有拙。未必古人皆工，今人皆拙。即三百篇中，颇有未

[1]　“赵元任”前，手稿本有“尤可喜者”四字。

[2]　胡适原题。

[3]　如，手稿本为“于”。

[4]　括号内文字，手稿本为“文集十七卷”。

工不必学者，不徒汉晋唐宋也。今人诗有极工极宜学者，亦不徒汉晋唐宋也。然格律莫备于古，学者宗师[1]，自有渊源。至于性情遭际，人人有我在焉，不可貌古人而袭之，畏古人而拘之也。……天籁一日不断，则人籁一日不绝。孟子曰："今之乐犹古之乐。"乐，即诗也。唐人学汉魏，变汉魏。宋学唐，变唐。其变也，非有心于变也，乃不得不变也。使不变，则不足以为唐，不足以为宋也。子孙之貌莫不本于祖父，然变而美者有之，变而丑者亦有之。若必禁其不变，则虽造物有所不能。先生许唐人之变汉魏，而独不许宋人之变唐，惑也。且先生亦知唐人之自变其诗，与宋人无与乎？初盛一变，中晚再变。至皮陆二家，已浸淫乎宋氏矣。风会所趋，聪明所极，有不期其然而然者。故枚尝谓变尧舜者，汤武也，然学尧舜者，莫善于汤武，莫不善于燕哙。变唐诗者，宋元也；然学唐诗者，莫善于宋元，莫不善于明七子。何也？当变而变，其相传者心也。当变而不变，其拘守者迹也。鹦鹉能言而不能得其所以言，夫非以迹乎哉？……

至所云，"诗贵温柔，不可说尽，又必关系人伦日用"。此数语有褒衣大袖气象。仆口不敢非先生，而心不敢是先生。何也？孔子之言，《戴经》不足据也[2]，惟《论语》为足据。子曰："可以兴，可以群"，此指含蓄者言之，如《柏舟》

[1] 宗师，手稿本无。

[2] 也，手稿本无。

《中谷》是也。曰：“可以观，可以怨”，此指说尽者言之，如“艳妻煽方处”“投畀豺虎”之类是也。曰：“迩之事父，远之事君”，此诗之有关系者也。曰：“多识于鸟兽草木之名”，此诗之无关系者也。……

沈宗伯者，沈德潜也，时方辑《国朝诗别裁集》。

随园有《再与沈宗伯论诗书》（论绝体），《答施兰垞论诗书》（论唐宋诗），《答施兰垞第二书》（论[1]宋诗），皆可资参考。

二　答施兰垞第二书（《文集》卷十七）

……说者曰：“黄河之水，泥沙俱下，才大者无訾焉。”不知所以然者，正黄河之才小耳。独不见夫江海乎？清澜浮天，纤尘不飞；所有者，百灵万怪，珊瑚木难，黄金银为宫阙而已，乌睹所谓泥沙者哉？善学诗者，当学江海，勿学黄河。然其要总在识。作史（疑是诗字）者：才，学，识，缺一不可，而识为尤。其道如射然：弓矢，学也；运弓矢者，才也；有以领之使至乎当中之鹄而不病乎旁穿侧出者，识也。作诗有识，则不狥人，不矜己，不受古欺，不为习囿。……

三　答程戴园论诗书（《续集》卷三十）[2]

来谕谆谆教删集内缘情之作，云：“以君之才之学，何必以白傅、樊川自累？”大哉！足下之言，仆何敢当？夫白傅、樊川，唐之才学人也，仆景行之尚恐不及，而足下乃以为规，

[1]　论，手稿本无。

[2]　括号内文字，手稿本为“文集卷三十续”。

何其高视仆，卑视古人耶？足下之意，以为我辈成名，必如濂、洛、关、闽而后可耳。然鄙意以为得千百伪濂、洛、关、闽，不如得一二真白傅、樊川。……

仆平生见解有不同于流俗者。圣人若在，仆身虽贱，必求登其门。圣人已往，仆鬼虽馁，不愿厕其庙。……使仆集中无缘情之作，尚思借编一二以自污。幸而半生小过，情在于斯，何忍过时抹摋？吾谁欺？自欺乎[1]？

且夫诗者，由情生者也。有必不可解之情，而后有必不可朽之诗。情所最先，莫如男女。……缘情之作，纵有非是，亦不过三百篇中“有女同车”“伊其相谑”之类。仆心已安矣，圣人复生，必不取其已安之心而掉罄之也。……郑夹漈曰：“千古文章，传真不传伪。”古人之文，醇驳互殊，皆有独诣处，不可磨灭。自义理之学明，而学者率多雷同附和。人之所是是之，人之所非非之。问其所以是所以非之故，而茫然莫解。归熙甫亦云：“今科举所举千二百人，读其文，莫不崇王黜伯，贬萧、曹而薄姚、宋。信如所言，是国家三年之中例得皋、夔、周、孔千二百人也，宁有是哉？”足下来教是千二百人[2]所共是，仆缘情之作是千二百人所共非。天下固有小是不必是，小非不必非者；亦有君子之非，贤于小人之是者。先有寸心，后有千古，再四思之，故不如勿删也。

---

[1] 自欺乎，手稿本为“欺天乎”。

[2] 人，手稿本无。

四　与洪稚存论诗书（《续集》卷三十一）[1]

文学韩，诗学杜，犹之游山者必登岱，观水者必观海也。然使游山观水之人，终身抱一岱一海以自足，而不复知有匡庐、武夷之奇，潇湘、镜湖之妙，则亦不过泰山上一樵夫，海船中一柁工而已矣。古之学杜者无虑数千百家，其传者皆其不似杜者也。唐之昌黎、义山、牧之、微之，宋之半山、山谷、后村、放翁，谁非学杜者？今观其诗，皆不类杜。稚存学杜，其类杜处，乃远出唐宋诸公之上，此仆之所深忧也。……足下前年学杜，今年又复学韩。鄙意以洪子之心思学力，何不为洪子之诗，而必为韩子、杜子之诗哉？无论仪神袭貌，终嫌似是而非。就令是韩是杜矣，恐千百世后人，仍读韩杜之诗，必不读类韩类杜之诗。使韩杜生于今日，亦必别有一番境界，而断不肯为从前韩杜之诗。得人之得而不自得其得，落笔时亦不甚愉快。萧子显曰：“若无新变，不能代雄。”庄子曰：“迹，履之所出，而迹非履也。”此数语愿足下诵之而有所进焉。

五　答祝芷塘太史（《尺牍》卷十）

……沈隐侯云[2]：“文章当从三易：言易读，易解，易记也。”易记则易传矣。若险韵叠韵，当其作时，亦颇费捃摭；倘过三日，自家亦不省记矣。自家不记，而欲人记之乎？人

[1]　括号内文字，手稿本为“文集三十一卷续”。

[2]　云，手稿本为“曰”。

不能记，而欲人传之乎？……

阁下之师，专取杜韩白苏四家，而其他付之自郐无讥，有托足权门自负在太师门下之意，则身分似峻而反卑，门户似高而反仄矣。况非天宝之时世，而强为呻吟，无起衰之文章，而徒袭謦欬，抑末也。古作家最忌寄人篱下。陆放翁云："文章切忌参死句。"陈后山云："文章切忌随人后。"周亮工云："学古人只可与之夜中通梦，不可使之白昼现形。"[1] 顾宁人答某太史云："足下胸中总放不过一韩一杜，此诗文之所以不至也。"董香光论书法亦云："其始要与古人合，其后要与古人离。"凡此皆作家独往独来自树一帜之根本，亦金针度世之苦心。阁下诗有大似韩苏处，一开卷便是。后人读者，既读真韩真杜之诗，又谁肯读似韩似杜之诗哉？……（七月十一日记。）

六　答孙俌之（《尺牍》卷十）

……诗文之道，总以出色为主。譬如眉目口耳，人人皆有，何以女美西施，男美宋朝哉？无他，出色故也。……

又有再答李少鹤一书亦可看。[2]

袁随园有《牍外余言》一书，中多可诵之语，惜无暇，不能摘录之。（七月十二日记）[3]

---

[1] "学古人只可与之……白昼现形"句旁，手稿本有眉注"妙语"。

[2] 此后，手稿本有"十二日记"。

[3] 括号内文字，手稿本为"十二日又记"。

二五、得国际睦谊会征文奖金（七月十二日追记）

有国际睦谊会（American Association for International Conciliation）悬赏征文，拟题凡四。其一为“Is there a substitute for force in international relations？”吾以此题可借以发表吾一年来对于武力问题之思想变迁，故作一文投之。作文之时，适君武先生在此，日夜不得暇，每至半夜以后，客散人静时，始得偷闲为之，草草完篇。但以既已作始，不欲弃置之，初不作奢望也。然此文竟得奖金[1]百元，则真可谓傥来之财矣。

此文受安吉尔与杜威两先生的影响最大[2]，大旨约略如下：

IS THERE A SUBSTITUTE FOR FORCE IN INTERNATIONAL RELATIONS？

Ⅰ.（1）“A substitute for force” meaning a substitute which shall not involve a use of force—such a substitute there is none.

（2）Even the doctrine of non-resistance can only mean that, as Dewey points out，“under given conditions，passive resistance is more effective resistance than overt resistance would be.”

（3）The real problem is to seek a more economical and therefore more efficient way of employing force：a substitute for the present crude form and wasteful use of force.

Ⅱ.（1）What is the trouble with the world is not that force prevails，but that force does not prevail. The present war，which

[1] 奖金，手稿本为“赏金”。

[2] 受安吉尔与杜威两先生的影响最大，手稿本无。

is the greatest display of force ever undertaken by mankind，has only resulted in a dead lock. Has force prevailed？

（2）Why force has not prevailed？ Because force has been wasted. Force has been so used as to create for itself a host of rival forces which tend to cancel itself. Under the present system，force is employed to resist force and is canceled in the process of mutual resistance and results in total waste and sterility.

（3）In order that force may prevail，it must be organized and regulated and directed toward some common object.

（4）Government by law is an example of organized [1] force.

（5）Organization of force avoids waste and secures efficiency.

（6）The organizing of the forces of the nations for the enforcement of international law and peace.

Ⅲ. Some details of the plan.

二六、记第二次国际关系讨论会（七月十三日追记）

余之往克利弗兰城，为赴第二次国际关系讨论会（Conference on International Relations）（第一次 [2] 在绮色佳，余曾详记之，见卷十第五则 [3]）。今年到会者约九十余人。所讨论问题，有以下诸题：

[1] organized，手稿本为“organizing”。

[2] 次，手稿本为“会”。

[3] 见卷十第五则，手稿本无。

（1）们罗主义——G. H. Blakeslee

（2）强迫的军事教育

（3）海牙平和会之今昔

（4）财政的帝国主义（Financial Imperialism）——Frederic C. Howe

（5）“维持和平同盟会”（A League to Enforce Peace）

（6）“中立”——Louis S. Gannett

（7）报纸与战争

（8）国际高等法庭

（9）国家主义与世界主义——Prof. Edward B. Krehliel

（10）日本之亚洲政策——T. Iyenaga

（11）“门户开放”政策——胡适、郑莱[1]

（12）墨西哥——Luis Bosero

会中人物颇[2]觉寥寥。到会者代表此邦四十余大学，然殊无出色之人才。惟哈佛之 Louis S. Gannett 超然不群，足称人才[3]，他日所成未可限量。来宾中比国上议院议员拉方田（Senator Henri La Fontaine）诚恳动人，蔼然可亲，有德之士也。其次则 Paul U. Kellogg，Prof. G. H. Blakeslee，Prof. Manley O. Hudson，Dr. George W. Nasmyth，Dr. John Mez，皆其中人物也。所延演说之来宾以

[1] 郑莱，手稿本为“郑来”。

[2] 颇，手稿本为“殊”。

[3] 人才，手稿本为“英才”。

Fred. C. Howe 及 Luis Bosero 两人为最佳，余皆敷衍耳。人才之难得，随地皆如此，可叹可叹。去年之会有安吉尔先生（Norman Angell），今年安吉尔已归英伦，不能赴会，遂令此会减色不少。

此会始于六月廿一日，终于七月一日。余留绮城至廿五日始到会，七月一日离克利弗兰。二日过绮城，小住半日。夜以车归纽约，明晨到。计出门共十九日。[1]

Senator Henri La Fontaine (of Belgium) and his wife,
Señor Luis Bosero of Mexico

[1] 此处，手稿本附有照片五幅，并有胡适图注，现补于此。

Manley O. Hudson

The meeting room—Sr.Bosero was speaking

Wade Park, Cleveland, O.

Wade Park, Cleveland, O.

二七、觐庄对余新文学主张之非难（七月十三日追记）

再过绮色佳时，觐庄亦在，遂谈及“造新文学”事。觐庄大攻我“活文学”之说。细析其议论，乃全无真知灼见，似仍是前此少年使气之梅觐庄耳。

觐庄治文学有一大病：则喜读文学批评家之言，而未能多读所批评之文学家原著是也。此如道听途说，拾人牙慧，终无大成矣。此次与觐庄谈，即以[1]直告之，甚望其能改也。

吾以为文学在今日不当为少数文人之私产，而当以能普及最大多数之国人为一大能事。吾[2]又以为文学不当与人事全无关系。凡世界有永久价值之文学，皆尝有大影响于世道人心者也。(此说宜从其极广义言之，如《水浒》，如《儒林外史》，如李白、杜甫、白居易，如今之易卜生〔Ibsen〕、萧伯纳〔Shaw〕、梅脱林〔Maeterlinck〕，[3]皆吾所谓“有功世道人心”之文学也。若从其狭义言之，则语必称孔孟，人必学忠臣孝子，此乃高头讲章之流，文学云乎哉?)

觐庄大攻此说，以为 Utilitarian（功利主义）[4]，又以[5]为偷得 Tolstoi（托尔斯泰）[6]之绪余；以为此等十九世纪之旧说，久为今人所弃置。

余闻之大笑不已。夫吾之论中国文学，全从中国一方面着想，

---

[1] “以”后，手稿本有“此”字。

[2] 吾，手稿本无。

[3] 手稿本中，只有此三人的英文名，无中译。

[4] （功利主义），手稿本无。

[5] “以”后，手稿本有“吾”字。

[6] （托尔斯泰），手稿本无。

初不管欧西批评家发何议论。吾言而是也，其为 Utilitarian，其为 Tolstoian，又何损其为是。吾言而非也，但当攻其所以非之处，不必问其为 Utilitarian，抑为 Tolstoian 也。[1]

二八、克鸾女士（七月十三日）

吾友克鸾女士（Marion D. Crane）治哲学，[2] 新得博士于康南

Marion D.Crane

[1] 此后，手稿本还有如下两行文字："偶问郑来君，梅觐庄如何？君曰：'Rather impulsive, but not quite logical'，吾以为知人知言。"

[2] 此前文字，手稿本为"上页所揭小影，乃吾友克鸾女士（Marion D. Crane）之照。女士治哲学"，并有克鸾女士照片一幅及胡适图注，现补于此。本则日记末，手稿本还有"此影余此次在绮时所造"。

耳大学，今由大学授为“女学生保姆”（Adviser for Women）。此职乃今年新设者，其位与大学教授（Professor）同列，女士为第一人充此职。

康南耳为此邦男女同学最早之校。然校中男女实不平等。女学生除以成绩优美得荣誉外，其他一切政权皆非所与闻。校中之日报，至不登载女宿舍及其他关于女子之新闻。近来始稍稍趋于平权。今大学董事中有一妇人与焉，教员中亦有女子数人（皆在农院）。今以少年女子作女生保姆，俾可周知少年女生之志愿及其苦乐利病，亦张女权之一大进步也。

克鸾女士家似甚贫。其人好学，多读书，具血性，能思想。为人洒落不羁，待人诚挚，人亦不敢不以诚待之。见事敢为，有所不合，未尝不质直明言，斤斤争之，至面红口吃不已也。

二九、罗素被逐出康桥大学（七月十四日）

英国哲学家罗素（Bertrand Russell）参加“反对强迫兵役会”（No-Conscription Fellowship），作文演说，鼓吹良心上的自由。法庭判决他有违反“祖国防卫法”之罪，罚金。康桥大学前日革去他的名字及数学原理教职。[1]

“呜呼！爱国，天下几许罪恶假汝之名以行！”

元任来书论此事云：[2]

[1] 本段文字在手稿本中为一则英文剪报（见本卷末附一），无此摘译。

[2] 此句，手稿本为“赵元任来书曰”。

国际关系讨论会合影

绮色佳所照风景图

What insanity cannot war lead to！ The days of Bruno are always with us without eternal vigilance. Passed in one form, they come in another. [1]

三〇、移居（七月十六日）

予旅行归，即迁入新居。新居在 92 Haven Ave，本韦女士旧寓。女士夏间归绮色佳，依其家人，故余得赁其寓，为消夏计。其地去市已远，去大学亦近，僻静殊甚。友朋知者甚寡，即知亦以远故不常来，故余颇得暇可以读书。

同居者为云南卢锡荣君（晋侯）。

居室所处地甚高，可望见赫贞 [2] 河，风景绝可爱。[3]

人问我日对如许好风景，何以不作诗。此亦有说：太忙，一也；景致太好，非劣笔所敢下手，二也；年来颇不喜作全然写景的诗，正以其但事描写，三也。

〔附记〕 末 [4] 一段话，今已不然。六年三月记。

---

[1] 此后，手稿本有如下文字：“七月十四日即法国大革命纪念日。”又此后，手稿本还有一则杂记，分两次写成。第一次，附一图片，在其下写着：“此亦在国际关系讨论会时所照：1. Leona Gabel 2. Bess East 3. Leland R. Robinson 4. Louis S. Gannett 5. Daphne Hoffman　十五日记。”第二次，先写：“下图乃在绮色佳居韦女士家时所照。照相之时，余在韦宅楼上南望，图中大宅为 Prof. Davidson 之家。远见三塔矗起，乃大学书楼、地学院及女子宿舍三处之屋顶也。更远则绮色佳之山，纡徐可爱。余在韦宅楼上照相甚多，尽有佳者。仅印一份，已寄与韦女士。而原底都不幸失去，仅余此一幅存耳。此亦一种雪泥鸿爪，不可不记。　十五日记。”上述手稿本所附二图，现补于此。

[2] 赫贞，手稿本为“赫逞”。

[3] 此处，手稿本附风景图三幅，现补于此。胡适在图下写着：“此页及下页所示二图，即窗上所照，略示景物大致而已，未能得其佳处之什一也。”

[4] 末，手稿本为“此”。

窗上所照风景图

此图下有如下文字：See! the river greets you! The width，the depth, the length of it would be too small to carry the good i wish for you! The strength and light of it——may they be yours.　1915.

三一、国事有希望（七月十七日）

人问今日国事大势如何。答曰，很[1]有希望。因此次革命的中坚人物，不在激烈派，而在稳健派，即从前的守旧派。这情形大似美国建国初年的情形。美国大革命，本是[2]激烈的民党闹起来的。后来革命虽成功，政府可闹得太[3]不成样子。那时的美国，比今日的中国，正不相上下，怕还更坏呢。后来国中一般稳健的政客，如汉弥儿登、华盛顿之类，起了一次无血的革命，推翻了临时约法（The Articles of Confederation），重造新宪法，重组新政府，遂成今日的宪法。从前的激烈派如节非生之徒，那时都变成少数的在野党（即所谓反对党——Opposition），待到十几年

[1]　很，手稿本为“狠”。
[2]　是，手稿本为“系”。
[3]　太，手稿本为“大”。

后才掌国权。

我国今日的现状，顽固官僚派和极端激烈派两派同时失败，所靠者全在稳健派的人物。这班人的守旧思想都为那两派的极端主义所扫除，遂由守旧变为稳健的进取。况且极端两派人的名誉（新如黄兴，旧如袁世凯）皆已失社会之信用，独有这班稳健的人物如梁启超、张謇之流，名誉尚好[1]，人心所归。有此中坚，将来势力扩充，大可有为。

将来的希望，要有一个开明强硬的在野党，做这稳健党的监督，要使今日的稳健，不致变成明日的顽固，——如此，然后可望有一个统一共和的中国。

三二、政治要有计画（七月廿日）

人问今日何者为第一要务。答曰，今日第一要务，在于打定主意，定下根本政策（如前此内阁之“建国大计”）；既定之后，以二十年或五十年为期，总要百折不回有进无退的办去，才有救国的希望。

吾国几十年来的政府，全无主意，全无方针，全无政策，大似船在海洋中，无有罗盘，不知方向，但能随风飘泊。这种飘泊（Drift），最是大患。一人犯之，终身无成；一国犯之，终归灭亡。因为“飘泊”乃是光阴的最大仇敌。无有方针，不知应作何事，又不知从何下手，又不知如何做法，于是日复一日，年复一年，

[1] 尚好，手稿本为“完好”。

终成不可救。陆放翁诗曰：

一年老一年，一日衰一日，譬如东周亡，岂复须大疾！

正为“飘泊”耳。

欲免飘泊，须定方针。吾尝以英文语人云：

A bad decision is better than no decision at all.

此话不知可有人说过；译言：“打个坏主意，胜于没主意。”

今日西方人常提[1]“功效主义”（Efficiency）。其实功效主义之第一着手处便是“筹画打算”。不早日筹画打算，不早定方针，那有功效可言？

中国应定什么方针，我亦不配高谈。总之，须要先行通盘打算，照着国外大势，国内情形，定下立国大计，期于若干年内造多少铁路，立多少学堂，办几个大学，练多少兵，造多少兵船（依吾[2]的意思，海军尽可全行不办；因办海军已成无望之政策，不如把全力办陆军，如法国近年政策，即是此意），造几所军需制造厂；币制如何改良，租税如何改良，入口税则如何协商改良；外交政策应联何国，应防何国，如何联之，如何防之；法律改良应注重何点，如何可以收回治外法权，如何可以收回租借地：……凡此种种，皆须有一定方针，然后可以下手。若至今尚照从前的飘泊政策，则中国之亡，“岂复须大疾”吗？

[1] 提，手稿本为“提倡”。

[2] 吾，手稿本为“我”。

三三、太炎论“之”字（七月廿一日）

我从前说“之”字古音读“的”，“者”字古音读“都”；后读章太炎《新方言》略如此说法。太炎之说如下：

《尔雅》“之，闲也。”之训“此”者，与“时”同字（时从之声）。“之”“其”同部，古亦通用。《周[1]书》“孟侯，朕其弟。”“其”即“之”也。……《小雅·蓼莪》“欲报之德。”笺云，“‘之’犹‘是’也”。……今凡言“之”者，音变如丁兹切，俗或作“的”，之、宵音转也（作“底”者，亦双声相转）。然江南、运河而[2]东，以至浙江、广东，凡有所隶属者，不言“的”而言“革”（或作格[3]），则非“之”字之音变，乃“其”字之音变矣。马建忠《文通》徒知推远言“其”，引近言“之”，乃谓“之”“其”不可互[4]用。宁独不通古训，亦不通今义也。

太炎以为“之”与“时”同字，今检“时”字下云：

《尔雅》“时，寔，是也。”《广雅》“是，此也。”淮西蕲州谓“此”曰“时个”，音如“特”。淮南、扬州指物示人则呼曰“时”，音如“待”。江南、松江、太仓谓“此”曰“是个”，音如“递”，或曰“寔个”，音如“敌”。古无舌上音，齿音亦多作舌头。“时”读如“待”，“是”读如“提”，“寔”

[1] 周，手稿本无。
[2] 而，手稿本为“以”。
[3] 格，手稿本为“革”。
[4] 互，手稿本为“通”。

读如“敌”，今仅存矣。

又“只”字下云：

今人言“底”言“的”，凡有三义：在语中者，“的”即“之”字。在语末者，若有所指，如云“冷的热的”，“的”即“者”字（“者”音同“都”，与“的”双声）。若为词之必然，如云“我一定要去的”，“的”即“只”字（“的”字今在二十三锡，凡宵部字多转入此，为支部之入声。“只”在支部，故与“的”相为[1]假借）。作“底”者亦与“只”近（支脂合音）。然“咫”亦可借为“者”字。《贾子连语》“墙薄咫亟坏，绘薄咫亟裂，器薄咫亟毁，酒薄咫亟酸。”“薄咫”，即今语“薄的”也。

又卷二“周”字下云：

……又同父母者为周亲，今音转如“的”。（“的”本在宵，肴，豪部，“周”在幽部，通转最近）[2]

[1] 为，手稿本无。

[2] 此后，手稿本尚有一页胡适所记杂事备忘，现补于后。

N.W.	Aug. 31.
L.S.P.	Dec. 13
Mrs. P.	Nov. 29
C.W.	Apr. 17
Theodore	Apr. 23
Mrs. A.S.W.	June ~~26(?)~~ (27)
Mrs. G.R.W.	Sept. 5.
Loy Chang	Nov. 7.
N.B.S.	Jan. 9
A.H.	~~Dec~~ 17, 1891.

Bob	100.00
~~Eugene~~	~~10.00~~
N.B.S.	50.00
John	15.00
Corner	15.00 (?)

卷十三杂事备忘

卷十三附录

附一：

Special Cable to THE NEW YORK TIMES.

LONDON, Friday, July 14.—The Times says the Council of Trinity College, Cambridge, has removed the Hon. Bertrand Russell from his rectorate in logic and principles of mathematics in consequence of his conviction under the Defense of the Realm act.

Russell was fined at Mansion House on June 5 for making statements in a leaflet issued by the "No Conscription Fellowship" which were likely to prejudice recruiting.

Russell married Alys Smith of Philadelphia.

The Hon. Bertrand Arthur William Russell, who is the heir of Earl Russell, was fined $500 and costs, with the alternative of sixty-one days' imprisonment, for having written a leaflet defending the "Conscientious Objector" to service in the British Army.

He is well known in this country, having been for several years visiting lecturer on mathematics and philosophy at Harvard University, while his wife is the daughter of a Quaker merchant and preacher in Philadelphia, R. Pearsall Smith. Her mother was the famous Hannah Whitall Smith, author of "A Christian's Secret of a Happy Life," which has been translated into many languages and has reached a circulation of more than 1,000,000. During Marhc she was here delivering a series of lectures in behalf of the National Union of Women Suffrage Societies.

The Hon. Bertrand Russell was a lecturer and late Fellow of Trinity College, Cambridge, and had a most distinguished career at the university. While a student there he took the first class in mathematics and moral sciences, and has since written a number of widely read books, the last of which, published in 1914, was "Our Knowledge of the External World as a Field for Scientific Method in Philosophy."

He is one of several of the "intellectuals" of England who have gone on record as opposed to conscription. Others of these are Professor Gilbert Murray, Regious Professor of Greek at Oxford University; C. P. Trevelyan, M. P., a member of Lord Macualay's family, and Arthur Ponsonby, M. P., son of the private secretary of the late Queen Victoria.

卷十四

一九一六年七月二十二日 —— 一九一六年十一月四日

此卷手稿本，封面题写“胡适札记”“第十二册”“民国五年七月”。

一、答梅觐庄——白话诗（七月二十二日）

（一）[1]

“人闲天又凉”，老梅上战场。
拍桌骂胡适[2]，“说话太荒唐！
说什么‘中国要有活文学！’
说什么‘须用白话做文章！’
文字岂有死活！白话俗不可当！（原书中语）[3]
把《水浒》来比《史记》，
好似麻雀来比凤凰[4]。
说‘二十世纪的活字
胜于三千年的死字’，
若非瞎了眼睛，
定是丧心病狂！”

（二）

老梅牢骚发了，老胡呵呵大笑。
“且请平心静气，这是什么论调！
文字没有古今，却有死活可道。
古人叫做‘欲’，今人叫做‘要’。

---

[1] 诗前，手稿本有“答梅觐庄驳吾论‘活文学’书（白话诗）”。

[2] 胡适，手稿本为“老胡”。

[3] 此后，手稿本还有如下文字：“古人说‘于皇来牟，将受厥明，明昭上帝，迄用康年，命我众人，庤乃钱镈，奄观铚艾’。何必要说‘死后是非谁管得，满村听说蔡中郎’。古人说‘即出于余窍，子亦将承之’。岂不胜似‘放个屁也香。吁咈哉嚚讼可乎’。”后被删。

[4] 凰，手稿本为“皇”。

古人叫做‘至’(古音如‘垤’)，今人叫做‘到’。
古人叫做‘溺’，今人叫做‘尿’。
本来同是一字，声音少许变了。
并无雅俗可言，何必纷纷胡闹？
至于古人叫‘字’，今人叫‘号’；
古人悬梁，今人上吊：
古名虽未必不佳，今名又何尝不妙？
至于古人乘舆，今人坐轿；
古人加冠束帻，今人但知戴帽：
这都是古所没有，而后人所创造。
若必叫帽作巾，叫轿作舆，
何异张冠李戴，认虎作豹？
总之，
‘约定俗成谓之宜’，
荀卿的话很[1]可靠。
若事事必须从古人，
那么，古人‘茹毛饮血’，
岂不更古于‘杂碎’？岂不更古于‘番菜’？
请问老梅，为何不好？”

(三)

“不但文字如此，

---

[1] 很，手稿本为“狠”。

文章也有死活。

活文章，听得懂，说得出。

死文章，若要懂，须翻译。

文章上下三千年，

也不知死死生生经了多少劫。

你看《尚书》的古文，

变成了今文的小说。

又看《卿云》《击壤》之歌，

变作宋元的杂剧。

这都因不得不变，

岂人力所能强夺？

若今人必须作汉唐的文章，

这和梅觐庄做拉丁文有何分别？

三千年前的人说，

‘檀车幝幝，

四牡痯痯，

征夫不远。’

一千年前的人说，

‘过尽千帆皆不是，

斜晖脉脉水悠悠。’

三千年前的人说，

‘卜筮偕止，

会言近止，

征夫迩止。'
七百年前的人说,
'试把花卜归期,
才簪又重数。'
正为时代不同,
所以一样的意思,有几样的说法。
若温飞卿辛稼轩都做了《小雅》的文章,
请问老梅,岂不可惜?
袁随园说得好:
'当变而变,其相传者心。
当变而不变,其拘守者迹。'
天下那有这等蠢才,
不爱活泼泼的美人,
却去抱冷冰冰的冢中枯骨。"

(四)

老梅听了跳起,大呼"岂有此理!
若如足下之言,
则村农伧父皆是诗人,
而非洲黑蛮亦可称文士!
何足下之醉心白话如是!"(用原书中语,略改几字。)
老胡听了摇头,说道,"我不懂你。
这叫做'东拉西扯',
又叫做'无的放矢'。

老梅，你好糊涂。
难道做白话文章，
是这么容易的事？
难道不用‘教育选择’，（四字原书中语）
便可做一部《儒林外史》？”
老梅又说，
“一字意义之变迁，
必经数十百年，
又须经文学大家承认，
而恒人始沿用之焉。”（用原书中语，不改一字。）
老胡连连点头，“这话也还不差。[1]
今我苦口哓舌，算来却是为何？
正要求今日的文学大家，
把那些活泼泼的白话，
拿来‘锻炼’（原书中屡用此二字），拿来琢磨，
拿来作文演说，作[2]曲作[3]歌：——
出几个白话的嚣俄，
和几个白话的东坡。
那[4]不是‘活文学’是什么？
那[5]不是‘活文学’是什么？”

[1] 此句后，手稿本有“（歌韵）”。
[2] [3] 作，手稿本为“做”。
[4] [5] 那，手稿本为“这”。

（五）

“人忙天又热，老胡弄笔墨。
文章须革命，你我都有责。
我岂敢好辩，也不敢轻敌。
有话便要说，不说过不得。
诸君莫笑白话诗，
胜似南社一百集。”

二、答觐庄白话诗之起因（七月二十九日）

此诗之由来，起于叔永《泛湖》一诗。今将此诗及其所发生之函件附录于后：

（一）[1] 叔永《泛湖即事诗》原稿

荡荡平湖，漪漪绿波。言棹轻楫，以涤烦疴。
既备我餱，既偕我友。容与中流，山光前后。
俯瞩清涟，仰瞻飞艘。桥出荫榆，亭过带柳。
清风竞爽，微云蔽暄。猜谜赌胜，载笑载言。
行行忘远，息楫崖根。忽逢波怒，鼍掣鲸奔。
岸逼流回，石斜浪翻。翩翩一叶，冯夷所吞。
舟则可弃，水则可揭。湿我裳衣，畏他人视。
湿衣未干，雨来倾盆。濛濛远山，漠漠近澜[2]。

[1] “（一）”，手稿本为“附录一”。下至“（六）”，依次同，不再注。
[2] 近澜，手稿本为“远澜”。

乃据野亭，蓐食放观。“此景岂常？君当加餐。”

日斜雨霁，湖光静和。晞巾归舟，荡漾委蛇。

（二）胡适寄叔永书（七月十二日）

……惟中间写覆舟一段，未免小题大做。读者方疑为巨洋大海，否则亦当是鄱[1]阳洞庭。乃忽紧接“水则可揭”一句，岂不令人失望乎？……“岸逼流回，石斜浪翻”，岂非好句？可惜为几句大话所误。……

（三）叔永答胡适（七月十四日）

……足下谓写舟覆数句“未免小题大做”，或然。唯仆布局之初，实欲用力写此一段，以为全诗中坚。……或者用力太过，遂流于“大话”。今拟改“鼍掣鲸奔”为“万螭齐奔”，“冯夷”为“惊涛”，以避海洋之意。尊意以为何如？

（四）胡适答叔永（七月十六日）

……《泛湖》诗中写翻船一段，所用字句，皆前人用以写江海大风浪之套语。足下避自己铸词之难，而趋借用陈言[2]套语之易，故全段一无精采。足下自谓“用力太过”，实则全未用气力。趋易避难，非不用气力而何？……再者，诗中所用“言”字、“载”字，皆系死字，又如“猜谜赌胜，载笑载言”二句，上句为二十世纪之活字，下句为三千年前之死句，殊不相称也。……以上所云诸病，我自己亦不能免，

[1] 鄱，手稿本为“勫”。

[2] 陈言，手稿本为“陈语”。

乃敢责人无已时，岂不可嗤？然眼高手低，乃批评家之通病，受评者取其眼高，勿管其手低可也。一笑……

（五）叔永答胡适（七月十七日）

顷读来书，极喜足下能攻吾之短。今再以《泛湖》诗奉呈审正。……

《泛湖》诗改定之处：

清风竞爽。	改　清风送爽。
行行忘远，息楫崖根。	改　载息我棹，于彼崖根。
忽逢波怒，鼍掣鲸奔。	岸折波回，石漱浪翻。
岸逼流回，石斜浪翻。	翩翩一叶，横掷惊掣。
翩翩一叶，冯夷所吞。[1]	进吓石怒，退愓水瘥。
畏他人视。	改　畏人流睇。
乃据野亭，蓐食放观。	改　乃趋野亭，凭阑纵观。

（六）梅觐庄寄胡适书（七月十七日）

读致叔永片，见所言皆不合我意。……天凉人闲，姑陈数言。……

足下所自矜为“文学革命”真谛者，不外乎用“活字”以入文，于叔永诗中稍古之字，皆所不取，以为非“二十世纪之活字”。此种论调，固足下所恃为哓哓以提倡“新文学”者，迪亦闻之素[2]矣。夫文学革新，须洗去旧日腔套，

[1] “忽逢波怒……冯夷所吞”，手稿本为“以下”。

[2] 素，手稿本为“熟”。

务去陈言，固矣。然此非尽屏古人所用之字，而另以俗语白话代之之谓也。（适按[1]，此殊误会吾意。吾以为字无古今，而有死活。如“笑”字岂不甚古？然是活字。又如武后所造诸字，较“笑”字为今矣，而是死字也。吾但问其死活，不问其为古今也。古字而活，便可用。）以俗语白话亦数千年相传而来者，其陈腐亦等于“文学之文字”（即足下所谓死字）耳。大抵新奇之物，多生美（Beauty）之暂时效用。足下以俗语白话为向来文学上不用之字，骤以入文，似觉新奇而美，实则无永久之价值。因其向未经美术家之锻炼（适按，能用之而“新奇而美”，即是锻炼），徒诿诸愚夫愚妇无美术观念者之口，历世相传，愈趋愈下，鄙俚乃不可言。足下得之，乃矜矜自喜，眩为创获，异矣！如足下之言，则人间材智，教育，选择诸事，皆无足算，而村农伧父，皆足为诗人美术家矣。（适按，教育选择，岂仅为保存陈腐骨董之用而已耶？且吾所谓“活文字”，岂不须教育选择便可为之乎？须知作一篇白话文字，较作一篇半古不古之“古文”难多矣。）甚至非洲之黑蛮，南洋之[2]土人，其言文无分者，最有诗人美术家之资格矣。何足下之醉心于俗语白话如是耶？

至于无所谓“活文学”，亦与足下前此言之。……文字者，世界上最守旧之物也。足下以为英之Coloquial及Slang可以

[1] 适按，手稿本无，此篇后同，不再注。

[2] 之，手稿本无。

入英文乎？（适按，有何不可？）一字意义之变迁，必须经数十百年而后成，又须经文学大家承认之，而恒人始沿用之焉。（适按，今我正欲求“美术家”“诗人”及“文学大家”之锻炼之承认耳，而足下则必不许其锻炼，不许其承认，此吾二人之异点也。）足下乃视改革文字如是之易易[1]乎？

足下所谓“二十世纪之活字”者，并非二十世纪人所创造，仍是[2]数千年来祖宗所创造者。（适按，此即吾所谓文字无古今而有死活之说也。死字活字，既同为数千年祖宗所创造，足下何厚于彼而薄于此乎？）且字者，代表思想之物耳。而二十世纪人之思想，大抵皆受诸古人者。足下习文哲诸科，何无历史观念如是？如足下习哲学，仅读二十世纪哲人之书，而置柏拉图、康德于高阁，可乎？不可乎？（适按，此儗于不伦也。试问今之习柏拉图者，必人人读其希腊原文乎？且谓二十世纪之思想皆受诸古人，此亦不确。今之思想，非中世纪之思想也。思想与文字同无古今而有死活，皆不得不与时世变迁。当变而不变，则死矣。）

总之，吾辈言文学革命，须谨慎出之。尤须先精究吾国文字，始敢言改革。欲加用新字，须先用美术以锻炼之，非仅以俗语白话代之即可了事也。俗语白话[3]固亦有可用者，惟必须经美术家之锻炼耳。……（适按，所谓“美术”“美术家”“锻

[1] 易，手稿本无。

[2] 是，手稿本为“系”。

[3] 话，手稿本为“语”。

炼”云者，究竟何谓？吾意何须翘首企足日日望“美术家”“诗人”“文学大家”之降生乎？何不自己“实地试验”以为将来之“诗人”“美术家”“文学大家”作先驱乎？此吾二人大异之点也。）

三、杂诗二首[1]（七月二十九日）

中　庸

“取法乎中还变下，取法乎上[2]或得中。”

孔子晚年似解此，欲从狂狷到中庸。

孔　丘

“知其不可而为之”，亦“不知老之将至”。

认得这个真孔丘，一部《论语》都可废。

四、一首白话诗引起的风波（七月三十日补记）

前作答觐庄之白话诗，竟闯下了一场大祸，开下了一场战争。觐庄来信（二十四日）：

读大作如儿时听“莲花落”，真所谓革尽古今中外诗人之命者！足下诚豪健哉！盖今之西洋诗界，若足下之张革命旗者，亦数见不鲜……大约皆足下“俗话诗”之流亚，皆喜以前无古人，后无来者自豪，皆喜诡立名字，[3]号召徒众，以

[1] 胡适原题。

[2] 取法乎上，手稿本为“取法乎下”。

[3] “读大作……诡立名字”，手稿本为“称我作诡立名字”。

眩骇世人之耳目，而已则从中得名士头衔以去焉。

又曰：

文章体裁不同，小说词曲固可用白话，诗文则不可。[1]今之欧美，狂澜横流，所谓"新潮流""新潮流"者，耳已闻之熟矣。有心人须立定脚根，勿为所摇。诚望足下勿剽窃此种不值钱之新潮流以哄国人也。

又曰：

其所谓"新潮流""新潮流"者，乃人间之最不祥物耳，有何革新之可言！

觐庄历举其所谓新潮流者如下：

文学：Futurism，Imagism，Free Verse.

美术：Symbolism，Cubism，Impressionism.

宗教：Bahaism，Christian Science，Shakerism，Free Thought，Church of Social Revolution，Billy Sunday.

余答之曰：

……来书云，"所谓'新潮流''新潮流'者，耳已闻之熟矣"。此一语中含有足下一生大病。盖足下往往以"耳已闻之熟"自足，而不求真知灼见。即如来书所称诸"新潮流"，其中大有人在，大有物在，非门外汉所能肆口诋毁者也……足下痛诋"新潮流"尚可恕。至于谓"今之美国之通行小说，杂志，戏曲，乃其最著者"，则未免厚诬"新潮流"矣。……

[1] "文章体裁不同……诗文则不可"句，手稿本无。

足下岂不知此诸“新潮流”皆未尝有“通行”之光宠乎？岂不知其皆为最不“通行”（Unpopular）之物乎？其所以不通行者，正为天下不少如足下之人，以“新潮流”为“人间最不祥之物”而痛绝之故耳。……

老夫不怕不祥，单怕一种大不祥。大不祥者何？以新潮流为人间最不祥之物，乃真人间之大不祥已。……[1]

叔永来信亦大不以吾诗为然。其书略曰：

……足下此次试验之结果，乃完全失败是也。盖足下所作，白话则诚白话矣，韵则有韵矣，然却不可谓之诗。盖诗词之为物，除有韵之外，必须有和谐之音调，审美之辞句，非如宝玉所云“押韵就好”也。……

要之，白话自[2]有白话用处（如作小说演说等），然却不能用之于诗。如凡白话皆可为诗，则吾国之京调高腔何一非诗？吾人何必说西方有长诗，东方无长诗？但将京调高腔表而出之，即可与西方之莎士比亚、米而顿、邓耐生等比肩，有是事乎？……

乌乎，适之！吾人今日言文学革命，乃诚见今日文学有不可不改革之处，非特文言白话之争而已。[3]吾尝默省吾国今日文学界，即以诗论，其老者如郑苏盦、陈三立辈，其人头脑已死，只可让其与古人同朽腐。其幼者如南社一流

[1] 此后，手稿本有“七月卅日补记”。
[2] 自，手稿本无。
[3] “乌乎……而已”句，手稿本无。

人，淫滥委琐，亦去文学千里而遥。旷观国内，如吾侪欲以文学自命者，此种皆[1]薰莸之不可同器，舍自倡一种高美芳洁（非古之谓也）之文学，更无吾侪厕身之地。以足下高才有为，何为舍大道不由，而必旁逸斜出，植美卉于荆棘之中哉？……今且假定足下之文学革命成功，将令吾国作诗者皆京调高腔，而陶谢李杜之流，永不复见于神州，则足下之功又何如[2]哉！心所谓危，不敢不告。……足下若见听，则请他方面讲文学革命，勿徒以白话诗为事矣。[3]（廿四日）

吾作一长书答叔永，可三千余言，为录如下：[4][5]

叔永足下：

本不欲即覆足下长函，以不得暇也。然不答此书，即不能作他事，故收回前言而作此书。

足下来书忠厚质直，谆谆恳恳，所以厚我者深矣。适正以感足下厚我之深，故不得不更自尽其所欲言于足下之前。又以天下真理都由质直的辩论出来，足下又非视我为"诡立名目，号召徒众，以眩骇世人之耳目，而已则从中得名士头衔以去"

[1] "皆"后，手稿本有"如"字。

[2] 如，手稿本为"若"。

[3] "足下……为事矣"句，手稿本无。

[4] 此句在手稿本中为"吾作书答叔永，可三四千言，书长，不全录。且记书中要旨如下"。

[5] 以下这封长信在手稿本中并未全部抄录，只是节录要点，但在节录要点前有一小段文字是后来公开出版的版本中没有的，即："白话诗乃是第一次试验，就令'完全失败'，也算不得什么。从前有位名医，发明一种灵药，共经六百零六次试验，乃敢公诸天下（此药乃治花柳病者，即名'六百零六'云）。这才是科学的精神呢。……（廿六日）。"

者（老梅来函中语），若不为足下尽言，更当向谁说耶？

足下谓吾白话长诗，为“完全失败”，此亦未必然。足下谓此“不可谓之诗。盖诗之为物，除有韵之外，必须有和谐之音调，审美之词句，非如宝玉所云‘押韵就好’也”。然则足下谓吾此诗仅能“押韵”而已。适意颇不谓然。吾乡有俗语曰“戏台里喝采”，今欲不避此嫌，一为足下略陈此诗之长处。

第一，此诗无一“凑韵”之句（所谓“押韵就好”者，谓其凑韵也），而有极妙之韵。如第二章中“要”“到”“尿”“吊”“轿”“帽”诸韵，皆极自然。

第二，此诗乃是西方所谓“Satire”者，正如剧中之“Comedy”，乃是嬉笑怒骂的文章。若读者以高头讲章之眼光读之，宜其不中意矣。

第三，此诗中大有“和谐之音调”。如第四章“今我苦口哓舌”以下十余句，若一口气读下去，便知其声调之佳，抑扬顿挫之妙，在近时文字中殊不可多见（戏台里喝采）。又如第二章开端三十句，声韵亦无不和谐者。

第四，此诗亦未尝无“审美”之词句。如第二章“文字没有古今，却有死活可道”；第三章“这都因不得不变，岂人力所能强夺？”……“正为时代不同，所以一样的意思，有几样的说法”；第四章“老梅，你好糊涂！难道做白话文章，是这么容易的事？”此诸句那一字不“审”？那一字不“美”？

第五，此诗好处在能达意。适自以为生平所作说理之诗，无如此诗之畅达者，岂徒“押韵就好”而已哉？（足下引贾宝玉此语，令我最不服气。）

以上为“戏台里喝采”完毕。

“戏台里喝采”，乃是人生最可怜的事，然亦未尝无大用。盖人生作文作事，未必即有人赏识。其无人赏识之时，所堪自慰者，全靠作者胸中自信可以对得起自己，全靠此戏台里之喝采耳。足下以为然否？

今须讨论来函中几条要紧的议论：

第一，来函曰：“白话自有白话用处（如作小说演说等），然却不能用之于诗。”此大谬也。白话入诗，古人用之者多矣。案头适有放翁诗，略举数诗如下：

（一）温温地炉红，皎皎纸窗白，忽闻啄木声，疑是敲门客。

（二）少时唤愁作“底物”！老境方知世有愁。忘尽世间愁故在，和身忘却始应休。（**此诗暗用老子“天下大患，在吾有身。及吾无身，吾有何患？”之意，造语何其妙也！**）

（三）太息贫家似破船，不容一夕得安眠。春忧水潦秋防旱，左右枝梧且过年。

（四）不识如何唤作愁，东阡西陌且闲游。儿童共道先生醉，折得黄花插满头。

（五）斜阳古柳赵家庄，负鼓盲翁正作场。死后是非谁管得？满村听说蔡中郎。

（六）一物不向胸次横，醉中谈谑坐中倾，梅花有情应记得，可惜如今白发生。

（七）老子舞时不须拍，梅花乱插乌巾香。樽前作剧莫相笑，我死诸君思此狂。[1]

凡此皆吾所谓白话诗也。至于词曲，则尤举不胜举。且举一二首最佳者：

（一）山谷　江水西头隔烟树，望不见江东路。思量只有梦来去，更不怕江阑住。灯前写了书无数，算没个人传与。直饶寻得雁分付，又还是秋将暮。(《望江东》)

（二）稼轩　有得许多泪，更闲却许多鸳被；枕头儿放处都不是。——旧家时，怎生睡？更也没书来！那堪被雁儿调戏，道无书却有书中意：排几个“人人”字。(《寻芳草》)

（三）柳永　（上阕略）……一场寂寞凭谁诉？算前言，总轻负。早知恁地难拚，悔不当初留住。其奈风流端正外，更别有系人心处。一日不思量，也攒眉千度。(《昼夜乐》)

至于曲，则适在绮时曾写《琵琶记》一段。此外佳者更不可胜数。适此次作白话长诗，其得力处都在“杂剧”。

总之，白话未尝不可以入诗，但白话诗尚不多见耳。古之所少有，今日岂必不可多作乎？

老梅函云：“文章体裁不同，小说词曲固可用白话，诗文则不可。”请问“词曲”与“诗”有何分别？此其“逻辑”更不如足下之并不认白话词曲者矣。

足下云：“宋元人词曲又何尝尽是白话？”适并不曾说宋元词曲尽是白话，但说宋元人曾用白话作词曲耳。“杂剧”之

[1] 此处，手稿本还有龚自珍一首诗：“九州生气恃风雷，万马齐喑究可哀。我劝天公重抖擞，不拘一格降人材。”

佳，而全用白话填词者，以《孽海记》为最妙。

白话之能不能作诗，此一问题，全待吾辈解决。解决之法，不在乞怜古人，谓古之所无今必不可[1]有，而在吾辈实地试验。一次“完全失败”，何妨再来？若一次失败[2]，便“期期以为不可”[3]，此岂“科学的精神”所许乎？[4]

第二，来函云：“如凡白话皆可为诗，则吾国之京调高腔何一非诗？吾人何必说西方有长诗，东方无长诗？但将京调高腔表而出之，即可与西方之莎士比亚、米而顿、邓耐生比肩，有是事乎？”此足下以成败论人也。京调高腔未尝不可成为第一流文学。吾尝闻四川友人唱高腔《三娘教子》，其词并不鄙劣。京调中如《空城计》，略加润色，便成好诗。其《城楼》一段，吾尝听贵俊卿唱其所改定之本，乃大诧其为好诗。又吾友张丹斧尝用京调体为余作《青衣行酒》一出，居然好诗。又如唱本小说，如《珍珠塔》《双珠凤》之类，适曾读过五六十种，其中尽有好诗。即不能上比但丁、米而顿，定有可比荷马者。适以为但有第一流文人用京调高腔著作，便可使京调高腔成第一流文学。病在文人胆小不敢用之耳。元人作曲可以取仕宦，下之亦可谋生，故名士如高东嘉、关汉卿之流，皆肯作“曲”，作“杂剧”。今之京调高腔，皆不文不学之戏子为之，宜其不能佳矣。此则高腔京调之不幸也。

[1] 可，手稿本无。

[2] 失败，手稿本为“不成”。

[3] “期期以为不可”后，手稿本有“（原书中语）”。

[4] “此岂‘科学的精神’所许乎？”，手稿本为“未免过于性急矣……”。

京调中之七字体，即诗中常用之体。其十字句，如“我本是卧龙冈散淡的人”，大可经文人采用（佛书有用此体者）。他日有机会，定当一研究其变化之道，而实地试验之，然后敢论其文学的价值也。十字句之佳处，以文字符号表之，略可见一斑：

店主东，带过了，黄骠马——

不由得，秦叔宝，两泪如麻。

与上文所引：

我本是，卧龙冈，散淡的人。

即如此三句中，文法变化已不一。况第一句仅有九字，其第十字仅有音无字，唱者以 ma—a 读之，则其不为体格所拘束可知也。

且足下亦知今日受人崇拜之莎士比亚，即当时唱京调高腔者乎？莎氏之诸剧，在当日并不为文人所贵重，但如吾国之《水浒》《三国》《西游》，仅受妇孺之欢迎，受“家喻户晓”之福，而不能列为第一流文学。至后世英文成为“文学的言语”之时，人始知尊莎氏，而莎氏之骨朽久矣。与莎氏并世之倍根著“论集”（*Essay*），有拉丁文、英文两种本子。书既出世，倍根自言：其他日不朽之名，当赖拉丁文一本；而英文本则但以供一般普通俗人之传诵耳，不足轻重也。此可见当时之英文的文学，其地位皆与今日之京调高腔不相上下。英文之“白诗”（Blank Verse），幸有莎氏诸人为之，故能产出第一流文学耳。

以适观之，今日之唱体的戏剧有必废之势（世界各国之戏剧都已由诗体变为说白体），京调高腔的戏剧或无有升为第一流文学之望。然其体裁，未尝无研究及实验之价值也。

第三，来书云，“今且假定足下之文学革命成功，将令吾国作诗者皆京调高腔，而陶谢李杜之流永不复见于神州，则足下之功又何若哉！”此论最谬，不可不辨。吾绝对不认“京调高腔”与“陶谢李杜”为势不两立之物。今且用足下之文字以述吾梦想中文学革命之目的[1]，曰：

（一）文学革命的手段，要令国中的陶谢李杜皆敢用白话高腔京调做诗；又须令彼等皆能用白话高腔京调做诗。

（二）文学革命的目的，要令中国有许多白话高腔京调的陶谢李杜。换言之，则要令陶谢李杜出于白话高腔京调之中。

（三）今日决用不着“陶谢李杜的”陶谢李杜。若陶谢李杜生于今日而为陶谢李杜当日之诗，必不能成今日之陶谢李杜。何也？时世不同也。

（四）我辈生于今日，与其作不能行远不能普及的《五经》、两汉、六朝、八家文字，不如作家喻户晓的《水浒》《西游》文字。与其作似陶似谢似李似杜的诗，不如作不似陶不似谢不似李杜的白话高腔京调。与其作一个作“真诗”，走“大道”，学这个，学那个的陈伯严、郑苏龛，不如作一个“实地试验”“旁逸斜出”“舍大道而不由”的胡适。

[1] 今且用足下之文字以述吾梦想中文学革命之目的，手稿本为“今试以来书之‘文字’，作吾梦想中文学革命之宣言书”。

此四条乃适梦想中文学革命之宣言书也。

嗟夫，叔永！吾岂好立异以为高哉？徒以“心所谓是，不敢不为”。吾志决矣。吾自此以后，不更作文言诗词。吾之《去国集》，乃是吾绝笔的文言韵文也。足下以此意为吾序之，或更以足下所谓“心所谓危，不敢不告”者为吾序之，何如？

吾诚以叔永能容吾尽言，故哓哓如是。愿叔永勿以论战之文字视之，而以言志之文字视之，则幸甚矣。

适之。七月廿六日。[1]

From the porch

[1] 此后，手稿本还有如下一则杂记：“今晨得吾友 Raymond T. Kelsey 自克里弗兰来书。开书看之，乃吾在绮色佳所摄诸影片也。初以为失去，今始重得之，喜可知也。因以贴于此册。此诸片皆在韦女士家中所照。湖山皆旧相识。其第二、三两图，乃写草地上野花，极浓艳之致，远非初意所及料也。　七月卅一日。”手稿本于此后附图片五幅，并有胡适图注，现补于此。

The daisies

"Die Soldaten"

Miss Clifford Williams
in riding habit

五、杜甫白话诗（七月三十一日）

前记白话诗，顷见杜工部亦有白话诗甚多。其最佳者如：

每恨陶彭泽，无钱对菊花。如今九日到，自觉酒须赊。

又如：

漫道春来好，狂风大放颠，吹花随水去，翻却钓鱼船。

则更妙矣。

六、不要以耳当目（八月四日）

我最恨"耳食"之谈，故于觐庄来书论"新潮流"之语痛加攻击。然我自己实亦不能全无"以耳为目"的事。即如前日与人谈，偶及黑人自由国（Liberia），吾前此意想中乃以为在中美洲，此次与人谈，遂亦以为在中美洲，而不知其在非洲之西岸也。及后查之，始知其误。

Liberia为一美国人名Jehudi Ashmun者所创立，盖成于一八二二与一八二八之间。其时美国犹蓄奴。有好义之士创一美国殖民会（American Colonization Society），择地于非洲西岸之Cape Mesurado，资送已释之黑奴居之。至一八四七年始宣告为独立民主国。

记此则以自戒也。

七、死语与活语举例（八月四日）

吾所谓活字与死字之别，可以一语为例。《书》曰："惠迪吉，从逆凶。”“从逆凶”是活语，“惠迪吉”是死语。此但谓作文可用之活语耳。若以吾“听得懂”之律施之，则“从逆凶”亦但可为半活之语耳。

八、再答叔永[1]（八月四日）

……古人说，“工欲善其事，必先利其器”。文字者，文学之器也。我私心以为文言决不足为吾国将来[2]文学之利器。施耐庵、曹雪芹诸人已实地证明小说之利器在于白话。今尚需人实地试验白话是否可为韵文之利器耳。……

我自信颇能用[3]白话作散文，但尚未能用之于韵文。私心颇欲以数年之力，实地练习之。倘数年之后，竟能用文言白话作文作诗，无不随心所欲，岂非一大快事？

我此时练习白话韵文，颇似新习一国语言，又似新辟一文学殖民地。可惜须单身匹马而往，不能多得同志，结伴同行。然吾去志已决。公等假我数年之期。倘此新国尽是沙碛[4]不毛之地，则我或终归老于“文言诗国”，亦未可知。倘幸而有成，则辟除荆棘之后，当开放门户，迎公等同来莅止耳。“狂言人道臣当烹，我自不吐定不快，人言未足为重轻。”足下定笑我狂耳。……

[1] 胡适原题。
[2] “将来”后，手稿本有“之”字。
[3] 用，手稿本为“以”。
[4] 沙碛，手稿本为“沙漠”。

九、打油诗寄元任（八月二日作，四日记）

闻赵元任有盲肠炎[1]（Appendicitis），[2]须割肚疗治，作此戏之：

闻道“先生”病了，叫我吓了一跳。
“阿彭底赛梯斯”（Appendicitis）[3]，这事有点不妙！
依我仔细看来，这病该怪胡达。
你和他两口儿，可算得亲热杀：
同学同住同事，今又同到哈蕻（Harvard）。
同时“西葛吗鳃”（Sigma Xi），同时“斐贝卡拔”（Phi Beta Kappa）。
前年胡达破肚，今年“先生”该割。
莫怪胡适无礼，嘴里夹七带八。
要“先生”开口笑，病中快活快活。
更望病早早好，阿弥陀佛菩萨！

一〇、答朱经农来书（八月四日）

朱经农来书：

……弟意白话诗无甚可取。吾兄所作《孔丘诗》乃极古雅之作，非白话也。古诗本不事雕斫。六朝以后，始重修饰

[1] 盲肠炎，手稿本为“绞肠病（?）”。
[2] 此句前另起一行，手稿本有“打油诗”。
[3] （Appendicitis），手稿本无。

字句。今人中李义山獭祭家之毒，弟亦其一，现当力改。兄之诗谓之返古则可，谓之白话则不可。盖白话诗即打油诗。吾友阳君有“不为功名不要钱”之句，弟至今笑之。（二日）

答之曰：

足下谓吾诗“谓之返古则可，谓之白话则不可”。实则适极反对返古之说，宁受“打油”之号，不欲居“返古”之名也。古诗不事雕斫，固也；然不可谓不事雕斫者皆是古诗。正如古人有穴居野处者，然岂可谓今之穴居野处者皆古之人乎？今人稍明进化之迹，岂可不知古无可返之理？今吾人亦当自造新文明耳，何必返古？……

一一、萧伯纳之愤世语（八月十五日）

A friend of mine，a physician who had devoted himself specially to ophthalmic surgery，tested my eyesight one evening，and informed me that it was quite uninteresting to him because it was “normal”. I naturally took this to mean that it was like everybody else's；but he rejected this construction as paradoxical，and hastened to explain to me that I was an exceptional and highly fortunate person optically，“normal” sight conferring the power of seeing things accurately，and being enjoyed by only about ten per cent of the population，the remaining ninety per cent being abnormal. I immediately perceived the explanation of my want of success in fiction. My mind's eye，like my body's， was "normal": it saw things differently from other people's eyes, and saw them better.

Bernard Shaw—in Preface to *Plays Pleasant and Unpleasant*.

Better see rightly on a pound a week than squint on a million.

—Ibid.

The only way for a woman to provide for herself decently is for her to be good to some man that can afford to be good to her.

—Shaw in *Mrs. Warren's Profession*.[1]

一二、根内特君之家庭（八月廿一日追记）

八月中吾友根内特君[2]（Lewis S. Gannett）邀往其家小住。其家在彭省 Buck Hill Falls。其地在山中不通铁道。山中风景极佳，视绮色佳有过之无不及也。

根内特君之父，年七十六矣，而精神极好[3]，思想尤开通。其母亦极慈祥可亲。其姊乃藩萨（Vassar）毕业生，现在波士顿作社会改良事业。[4]

---

[1] 此后，手稿本还有一句评论："此纪实之言也。嗟夫，自由之道苦矣。"

[2] 根内特君，手稿本无。

[3] 好，手稿本为"王"。

[4] 此处，手稿本附有根内特家人照片两幅，并有胡适图注，现补于此。

Mr. William C. Gannett, father of my friend Lewis G.

Mr. Gannett and his daughter Charlotte

此一家之中，人人皆具思想学问，而性情又甚相投，其家庭之间，可谓圆满矣。

其姊似事父甚孝。其先意承志委曲将顺之情，在此邦殊不可多得也。

根君新识一女子与同事者，爱之，遂订婚嫁，而家中人不知也。根君在纽约为《世界报》作访员，此次乞假休憩，与余同归，始告其家人，因以电邀此女来其家一游。女得电，果来。女姓 Ross，名 Mary，亦藩萨毕业生也。其人似甚有才干，可为吾友良配。

女既至，家中人皆悦之，日日故纵此一双情人同行同出。每举家与客同出游山，则故令此两人落后。盖纽约地嚣，两人皆业报馆[1]访事，故聚首时少。即相聚，亦安能有此绝好山水为之陪衬点缀哉？

余自幸得有此机会观察此种家庭私事，故记之。

一三、宋人白话诗（八月二十一日）

东坡在凤翔，见壁上有诗云（惠洪《冷斋夜话》一）：

人间无漏仙，兀兀三杯醉。
世上没眼禅，昏昏一觉睡。
虽然没交涉，其奈略相似。
相似尚如此，何况真个是？

此亦白话诗也。

---

[1] 报馆，手稿本无。

一四、文学革命八条件（八月廿一日）

我主张用白话作诗，友朋中很[1]多反对的。其实人各有志，不必强同。我亦不必因有人反对遂不主张白话。他人亦不必都用白话作诗。白话作诗不过是我所主张“新文学”的一部分。前日写信与朱经农说：

新文学之要点，约有八事：

（1）不用典。

（2）不用陈套语。

（3）不讲对仗。

（4）不避俗字俗语。（不嫌以白话作诗词。）[2]

（5）须讲求文法。——以上为形式的方面。[3]

（6）不作无病之呻吟。

（7）不摹仿古人。[4]

（8）须言之有物。——以上为精神（内容）的方面。[5]

能有这八事的五六，便与“死文学”不同，正不必全用白话。白话乃是我一人所要办的实地试验。倘有愿从我的，无不欢迎，却不必强拉人到我的实验室中来，他人也不必定要捣毁我的实验室[6]。

---

[1] 很，手稿本为“狠”。

[2] （不嫌以白话作诗词。），手稿本无。

[3] “以上为形式的方面”句，手稿本为“此皆形式上一方面”。

[4] 此后，手稿本有“须语语有个我在”。

[5] “以上为精神（内容）的方面”句，手稿本为“此自精神上言之”。

[6] 此后，手稿本有“哩”字。

一五、寄陈独秀书[1]（八月廿一日）

……足下论文之言曰："吾国文艺犹在古典主义（Classicism）[2]，理想主义（Romanticism）时代，今后当趋向写实主义（Realism）。"此言是也。然贵报第三号（《青年杂志》）载谢无量君长律一首，附有记者案语，推为"希世之音"。又曰："子云、相如而后，仅见斯篇；虽工部亦只有此工力，无此佳丽。"细寻谢君此诗（八十四韵），所用古典套语，不下百余事。中如"温瞩延犀烬（此句若无误字，即为不通），刘招杳桂英"；"不堪追素孔，只是怯黔嬴"（下句更不通）；"义皆攀尾柱，泣为下苏坑"；"陈气豪湖海，邹谈必裨瀛"：在律诗中皆为下下之句。又如"下催桑海变，西接杞天倾"，上句用典已不当，下句本言高与天接之意，而用杞人忧天坠一典，不但不切，在文法上亦不通也。至于"阮籍曾埋照，长沮亦耦耕"，则更不通矣。夫《论语》记长沮、桀溺同耕，故用[3]"耦耕"。今一人岂可谓之"耦"耶？此种诗在排律中但可称下驷。稍读元白刘柳之长律者，皆知贵报之案语为过誉谢君而厚诬工部也。……适所以不能已于言者，诚以足下论文已知古典主义之当废，而独极称此种古典主义下下之诗，足下未能免于自相矛盾之诮矣。……

---

[1] 胡适原题。

[2] Classicism，手稿本为"Classicalism"。

[3] 故用，手稿本为"故曰"。

一六、作诗送叔永（八月廿二日）

读杏佛《送叔永之波士顿》诗，有所感，因和之，即以送叔永之行，并寄杏佛。（此诗有长序，今不录。）

（一）

“染于苍则苍，染于黄则黄”：
两千年的话，至今未可忘。
好人如电灯，光焰照一堂；
又如兰和麝，到处留余香。

（二）

吾友任叔永，人多称益友。
很[1]能感化人，颇像麹做酒。
岂不因为他，一生净无垢，
其影响所及，遂使风气厚？

（三）

在绮可三年，人人惜其去。
我却不谓然，造人如种树，
树密当分种，莫长挤一处。
看他此去两三年，东方好人定无数。

（四）

救国千万事，造人为最要。
但得百十人，故国可重造。

---

[1] 很，手稿本为“狠”。

眼里新少年，轻薄不可靠。

那得许多任叔永，南北东西处处到？

一七、打油诗戏柬经农、杏佛[1]（八月二十二日）

老朱寄一诗，自称“仿适之”。

老杨寄一诗，自称“白话诗”。

请问朱与杨，什么叫白话？

货色不道地，招牌莫乱挂。

〔注〕杏佛送叔永诗有“疮痍满河山，逸乐亦酸楚”“畏友兼良师，照我暗室烛。三年异邦亲，此乐不可复”之句，皆好。自跋云：“此铨之白话诗也。”经农和此诗寄叔永及余，有“征鸿金镲绾两翼，不飞不鸣气沈郁”之句。自跋云：“无律无韵，直类白话，盖欲仿尊格，画虎不成也。”

一八、窗上有所见口占（八月廿三日）

两个黄蝴蝶，双双飞上天。[2]

不知为什么，一个忽飞还。

剩下那一个，孤单怪可怜；

也无心上天，天上太孤单。[3]

〔自跋〕这首诗可算得一种有成效的实地试验。

---

[1] 胡适原题。

[2] 此句前另起一行，手稿本有“窗上有所见口占（白话诗）”。

[3] 诗旁，手稿本有“（此诗天、怜为一韵，还、单为一韵。）”。

一九、觐庄之文学革命四大纲[1]

一曰摈去通用陈言腐语。如今南社人作诗，开口“燕子”“流莺”“曲槛”“春风”等，已毫无意义，徒成一种文学上之俗套（Literary Convention）而已。……

二曰复用古字以增加字数。……字者，思想之符号。无思想，故无字。……字数增而思想亦随之，而后言之有物。偶一翻阅字典，知古人称二岁马曰“驹”，三四岁马曰“駣”，八岁马曰“駓”，白额马曰“馰”，马饱食曰“駜”，二马并驾曰“骈”。又知古人称无草木之山曰“岵”，有草木之山曰“峐”，小山与大山相并，而小山高过于大山者曰“峘”。其余字有精微之区别者，不可枚举。古人皆知之，而后人以失学与懒惰故，乃皆不之知，而以少许之字随便乱用。后人头脑之粗简可知。故吾人须增加字数，将一切好古字皆为之起死回生。……

三曰添入新名词。如“科学”“法政”新名字，为旧文学所无者。

四曰选择白话中之有来源有意义有美术之价值者之一部分以加入文学。然须慎之又慎耳。（八月八日来书）

觐庄以第二条为最要，实则四事之中，此最为似是而非，不可不辨。他日有暇当详论之。

---

[1] 胡适原题。

二〇、答江亢虎[1]（八月卅日）

……今日思想闭塞，非有“洪水猛兽”之言，不能收振聩发聋之功。今日大患，正在士君子之人云亦云，不敢为“洪水猛兽”耳。适于足下所主张，自视不无扞格不入之处，然于足下以“洪水猛兽”自豪之雄心，则心悦诚服，毫无间言也。……

江君提倡社会主义，满清时，增韫以“祸甚于洪水猛兽”电奏清廷。君闻之忻[2]然，且名其集曰《洪水集》。故吾书及之。

二一、赠朱经农（八月卅一日）

经农千里见访，畅谈极欢。三日之留，匆匆遂尽。别后终日不欢，戏作此诗寄之。[3]

六年你我不相见，见时在赫贞江边；
握手一笑不须说，你我如今更少年。

回头你我年老时，粉条黑板作讲师；
更有暮气大可笑，喜作丧气颓唐诗。

那时我更不长进，往往喝酒不顾命；
有时镇日醉不醒，明朝醒来害酒病。

[1] 胡适原题。
[2] 忻，手稿本为“昕”。
[3] 以下七首诗诗前，手稿本分别有序号“一”“二”“三”“四”“五”“六”“七”。

一日大醉几乎死，醒来忽然怪自己：
父母生我该有用，似此真不成事体。

从此不敢大糊涂，六年海外来读书。
幸能勉强不喝酒，未可全断淡巴菰。[1]

年来意气更奇横，不消使酒称狂生。
头发偶有一茎白，年纪反觉十岁轻。

旧事三日说不全，且喜皇帝不姓袁，
更喜你我都少年。"辟克匿克"[2]来江边，
赫贞江水平可怜。树下石上好作筵：
牛油面包颇新鲜，家乡茶叶不费钱。
吃饱喝胀[3]活神仙，唱个"蝴蝶儿上天"!

二二、读《论语》二则[4]（八月卅一日）

（一）牢曰："子云，'吾不试，故艺'。"（《子罕》）[5]

此旧读法也。何晏注曰：

试，用也。言孔子自云，"我不见用，故多技艺"。

适按：此说殊牵强。盖承此上一章所言"吾少也贱，故多能鄙事"

[1] 胡适原注："'淡巴菰'乃中国最早译 Tobacco 之名。菰音姑。"
[2] 胡适原注："'辟克匿克'（Picnic）者，携食物出游，即于野外食之。"
[3] 胀，手稿本为"涨"。
[4] 胡适原题。
[5] （《子罕》），手稿本无。

而误耳。吾意“吾不试故艺”五字当作一句读。“故艺”为旧传之艺，“试”乃尝试之意。言旧传之艺但当习之，无尝试之必要；唯新奇未经人道过之艺，始须尝试之耳。

（二）子贡方人。子曰：“赐也贤乎哉！夫我则不暇。”（《宪问》）[1]

阮元《校勘记》曰：

《释文》出“方人”云：“郑本作谤。谓言人之过恶。”案方与旁通。谤字从旁，古或与方通借，故郑本作谤。《读书脞录》云，“读《左传》襄十四年，‘庶人谤’。……昭四年《传》，‘郑人谤子产’。《国语》：‘厉王虐，国人谤王。’皆是言其实事，谓之为谤。……今世遂以谤为诬类，是俗易而意异也。始悟子贡谤人之义如此”。

此一事足存也。《校勘记》[2]又曰：

皇本作“赐也贤乎我夫哉我则不暇”。高丽本作“赐也贤乎我夫我则不暇”。

适按：高丽本是也。当读“赐也贤乎我夫！我则不暇”。上我字误作哉，形近而误也。皇侃本似最后出。校书者旁注哉字，以示异本。后人不察，遂并写成正文，而以文法不通之故，又移之于夫之下耳。

[1]（《宪问》），手稿本无。

[2]《校勘记》，手稿本无。

二三、又一则 [1]（九月一日）

曰："仁矣乎？"曰："未知焉得仁。"（《公冶长》）[2]

旧皆读"未知。焉得仁？"适按：此五字宜作一句读，谓"不知如何可称他做仁"也。

二四、论我吾两字之用法（九月一夜）

吾 [3] 前论古人用尔汝两字之法，每思更论吾我两字之用法。后以事多，不能为之。昨夜读章太炎《检论》中之《正名杂义》，见其引《庄子》"今者吾丧我"一语，而谓之为同训互举，心窃疑之。因检《论语》中用吾我之处凡百一十余条，旁及他书，求此两字的用法，乃知此两字古人分别甚严。章氏所谓同训互举者，非也。

马建忠曰：

> 吾字，案古籍中，用于主次偏次者其常。至外动后之宾次，惟弗辞之句则间用焉，以其先乎动字也。若介字后宾次，用者仅矣。
>
> **例** 吾甚惭于孟子！（主次）
>
> 何以利吾国？（偏次）
>
> 楚弱于晋，晋不吾疾也。（弗辞外动之宾次）[4]

---

[1] 胡适原题。

[2] （《公冶长》），手稿本无。

[3] "吾"前另起一行，手稿本有"论我与吾两字之用法"。其中"两"，目录中为"二"。

[4] 此后，手稿本有"（襄十一）"。

夫子尝与吾言于楚。（介字后之宾次。[1] 同一句法，《孟子》则用我字[2]："昔者，夫子尝与我言于宋。"）

又曰：[3]

我予两字，凡次皆用焉。

例 我对曰：无违！予既烹而食之矣。（主次）

于我心有戚戚焉！于予心犹以为速。（偏次）

愿夫子明以教我！尔何曾比予于是？（外动后之宾次）

尹公之他学射于我。天生德于予。（介字后之宾次）

胡适曰：马氏之言近是矣，而考之未精也。今为作通则曰：

（甲）吾字之用法

（一）主次：

例 吾从周。吾日三省吾身。（单数）

吾二人者，皆不欲也。（复数）

（二）偏次（即主有之次）：

例 吾日三省吾身。吾道一以贯之。

以上为单数，其常也。

犹吾大夫崔子也。

以上为复数，非常例也。

---

[1] 此后，手稿本有"成十六"。

[2] 则用我字，手稿本为"则易为我字"。

[3] 又曰，手稿本无。

(三）偏次（在所字之前）：

例 异乎吾所闻。[1]

此三[2]通则《论语》中无一例外。下文所举例外，皆传写之误也。

（例外一）“居则曰不吾知也。”此当作“不我知也”。《宪问篇》有“莫我知也夫”可证。马氏所举《左传》“晋不吾疾也”，与此同例。

（例外二）“毋吾以也。”“虽不吾以。”此两句之吾亦当作我。《诗经[3]》有“不我以”“不我与”“不我以归”“不我活兮”“不我信兮”，皆可证此为抄写之误。

故马氏所谓吾字可用于弗辞之句中外动字之后者，乃承其误者而言，非的论也。古人用吾字，无在宾次者。其宾次诸例，皆书写[4]时之误也。吾字用为介词后之宾次，亦后人抄写之误，皆当作我。马氏所举一例，可依《孟子》改正之。

（乙）我字之用法

（一）外动之止词（宾次）：

例 太宰知我乎？吾少也贱，故多能鄙事。

如有复我者，则吾必在汶上矣。

[1] “例　异乎吾所闻”，手稿本无。
[2] 三，手稿本为“两”。
[3] 经，手稿本无。
[4] 书写，手稿本为“写书”。

夫召我者而岂徒哉？如有用我者，吾其为东周乎？

以上为单数之我。[1]

伐我，吾求救于蔡而伐之。(《左传》[2] 庄十年)

夫何使我至于此极也？

以上为复数之我。

（二）介词之司词（宾次）：

例 孟孙问孝于我。善为我辞焉。

（三）偏次：

例 我师败绩。(《左传》[3] 庄九年)

葬我君庄公。(《左传》[4] 闵元年)

以上为复数，其常也。[5]

夫我乃行之。反而求之，不得吾心。夫子言之，于我心有戚戚焉。(看此处两用我，一用吾。)

以上为单数，非常例也。[6]

（四）主次：《论语》中主次用我，皆可解说。大抵我字重于吾字。用我字皆以示故为区别，或故为郑重之辞。

人皆有兄弟，我独无。

尔爱其羊，我爱其礼。

我则异于是。

---

[1] 此处，手稿本有眉批："此三例最有味。"

[2] [3] [4] 《左传》，手稿本无。

[5] 此句，手稿本为"复数为常"。

[6] 此句，手稿本为"单数为变"。

我则不暇。

我欲仁，斯仁至矣。

皆其例也。

《论语》中有两处用我字显系涉上文而误者：

（1）孟孙问孝于我，我对曰："无违。"（第二[1]我字当作吾）

（2）吾有知乎哉？无知也。有鄙夫问于我，空空如也。我叩其两端而竭焉。（第二我字应作吾，涉上文而误也。）

吾我两字可互用否？以上所说诸例，当作《论语》时（去孔子死后约五六十年）犹甚严。其后渐可通融。至孟子时，此诸例已失其严厉之效能。然有一例犹未破坏，则吾字不用于宾次是也。故《庄子》犹有"吾丧我"之言。虽至于秦汉之世，此例犹存。今则虽博学如章先生亦不知之矣。无成文之文法之害至于此极，可胜叹哉！

二五、读《论语》一则（九月二日）

去年[2]读《论语》至

事父母几谏。见志不从，又敬不违，劳而不怨。（《里仁》）[3]

谓旧读法非也。"见志不从"四字作一读读，始于包氏注，后儒因

[1] 第二，手稿本为"此下一"。

[2] "去年"前另起一行，手稿本有"读《论语》"。

[3] （《里仁》），手稿本无。

之，谓“见父母志有不从己谏之色”，甚荒谬。适谓当读如下法：

事父母，几谏见志。不从，又敬不违，劳而不怨。

“几谏见志”，谓婉词以谏，自陈见其志而已。

二六、尝试歌 有序（九月三日）

陆放翁[1]有诗云：

能仁院前有石像丈余，盖作大像时样也

江阁欲开千尺像，云龛先定此规模。
斜阳徙倚空长叹，尝试成功自古无。

此与吾主张之实地试验主义正相反背，不可不一论之。即以此石像而论，像之如何虽不可知，然其为千尺大像之样，即是实地试验之一种。倘因此“尝试”而大像竟成，则此石像未为无功也；倘因此“尝试”而知大像之不可成，则此石像亦未为无功也。“尝试”之成功与否，不在此一“尝试”，而在所为尝试之事。“尝试”而失败者，固往往有之。然天下何曾有不尝试而成功者乎？

韩非之言曰：“人皆寐则盲者不知，皆嘿则喑者不知。觉而使之视，问而使之对，则喑者盲者穷矣。”此无他，尝试与不尝试之别而已矣。诗人如陆放翁之流，日日高谈“会与君王扫燕赵”，夜夜“梦中夺得松亭关”。究竟其能见诸实事否，若无“尝试”，终不可知，徒令彼辈安享忧国忠君之大名耳。

---

[1] “陆放翁”前另起一行，手稿本有“尝试 有序”。

吾以是故，作《尝试歌》。

“尝试成功自古无”，放翁这话未必是。
我今为下一转语：“自古成功在尝试！”
请看药圣尝百草，尝了一味又一味。
又如名医试灵药，何嫌“六百零六”次？[1]
莫想小试便成功，天下无此容易事！
有时试到千百回，始知前功尽抛弃。
即使如此已无愧，即此失败便足记。
告人“此路不通行”，可使脚力莫枉费。
我生求师二十年，今得“尝试”两个字。
作诗做事要如此，虽未能到颇有志。
作《尝试歌》颂吾师：愿吾师寿千万岁！

二七、读《易》(一) [2]（九月三日）

“几者，动之微，吉之先见者也。”《正义》曰：“诸本或有‘凶’字者，其定本则无也。”

适按：吉下有“凶”字者，是也。此处阮元《校勘记》无一语。盖唐人所谓“定本”，已无此字。阮元所见诸本，以唐“石经”为最古，其他诸本更不及见有“凶”字之本[3]矣。

---

[1] 胡适原注：“‘六百零六’，花柳病药名。以造此药者经六百零六次试验，始敢行之于世，故名。”

[2] 胡适原题。

[3] 本，手稿本为“诸本”。

二八、早起[1]（九月三日）

早起忽大叫，奇景在眼前。
天与水争艳，居然水胜天。
水色本已碧，更映天蓝色：
能受人所长，所以青无敌。

二九、读《易》(二)[2]（九月四日）

“圣人有以见天下之赜，而拟诸其形容，象其物宜，是故谓之象。”韩康伯注曰：“乾刚坤柔，各有其体，故曰拟诸形容。”

适按：据韩注，则彼所见本“诸”下无“其”字，故以“诸”字作“各种”两字解。此说甚通。“诸”下之“其”字乃后世浅人依下文文法妄加入者也。又按：“见”字当读如“现”。下文“见天下之动”同此。[3]

“言天下之至赜而不可恶也，言天下之至动而不可乱也。拟之而后言，议之而后动。拟议以成其变化。”

《释文》“荀爽本恶作亚，云，‘次也’。”（段注说文引）适按：荀本是也。今读“恶”为“乌去声”，非。《释文》又曰：“郑姚桓玄荀柔之本，议作仪。”适按：作“仪”者是也。仪，法也。见《周语》注及《淮南》《精神训》注。

---

[1] [2] 胡适原题。

[3] 手稿本于下一行开头有“(三)”，似应为“读《易》(三)”。因此后面的三三则《读〈易〉(三)》、三六则《读〈易〉(四)》、三七则《读〈易〉(五)》似应为(四)至(六)。

三〇、王阳明之白话诗[1]（九月五日）

蔽月山（十一岁作[2]）

山近月远觉月小，便道此山大如月。

若人有眼大如天，还见山小月更阔。

山中示诸生

桃源在何许？西峰最深处。不用问渔人，沿溪踏花去。

池上偶然到，红花间白花。小亭闲可坐，不必问谁家。

溪边坐流水，水流心共闲。不知山月上[3]，松影落衣斑。

夜宿天池，月下闻雷。次早知山下大雨

天池之水近无主，木魅山妖竞偷取。

公然又盗山头云，去向人间作风雨。

睡起偶成

四十余年睡梦中，而今醒眼始朦胧。

不知日已过亭午，起向高楼撞晓钟。

起向高楼撞晓钟！尚多昏睡正懵懵。

纵令日暮醒犹得：不信人间耳尽聋。

良　知

个个人心有仲尼。自将闻见苦遮迷。

而今指与真头面，只是良知更莫疑。

人人自有定盘针。万化根源总在心。

---

[1] 胡适原题。

[2] 十一岁作，手稿本为“十二岁作”。

[3] 山月上，手稿本为“山上月”。

却笑从前颠倒见，枝枝叶叶外头寻。
无声无臭独知时。此是乾坤万有基。
抛却自家无尽藏，沿门持钵效贫儿。

示诸生

人人有路透长安。坦坦平平一直看。
尽道圣贤须有秘，翻嫌易简却求难。
只从孝弟为尧舜，莫把辞章学柳韩。
不信自心原具足，请君随事反身观。

答人问道

饥来吃饭倦来眠，只此修行玄更玄。
说与世人浑不信，却从身外觅神仙。

胡适曰：明诗正传，不在七子，亦不在复社诸人，乃在唐伯虎、王阳明一派。正如清文正传不在桐城、阳湖，而在吴敬梓[1]、曹雪芹、李伯元、吴趼人诸人也。此惊世骇俗之言，必有闻之而却走者矣。

"公安派"袁宏道之流亦承此绪。宏道有《西湖》诗云：

一日湖上行，一日湖上坐；一日湖上住，一日湖上卧。

又《偶见白发》云：

无端见白发，欲哭翻成笑。自喜笑中意，一笑又一笑。

皆可喜。曾毅《中国文学史》引此两诗，以为鄙俗，吾则亟称之耳。

---

[1] 吴敬梓，手稿本为"《儒林外史》"。

三一、他[1]（九月六日）

日来东方消息不佳。昨夜偶一筹思，几不能睡。梦中亦仿佛在看报找东方消息也。今晨作此自调。

你心里爱他，莫说不爱他。
要看你爱他，且等人害他。
倘有人害他，你如何对他？
倘有人爱他，更如何待他？[2]

〔注〕或问忧国何须自解，更何消自调。答曰：因我自命为“世界公民”，不持狭义的国家主义，尤不屑为感情的“爱国者”故。

三二、英国反对强迫兵役之人（九月七日）[3]

报载一书，说英国“反对强迫兵役会”（No-Conscription Fellowship）有会员一万五千人以上，其中有一千八百余人曾为此事被拘捕。其中有定罪至十年者。[4]

---

[1] 胡适原题。

[2] 胡适原注：“待字今音大概皆读去声。”

[3] 此条在手稿本中是一则英文剪报（见本卷末附一），为致晚报编辑的一封读者来信，说英国人因反对强迫兵役被政府拘捕判刑。胡适在剪报边旁记着：“下文转载一书，可与第十一册六十页所记参看。”记中所说参看第十一册第六十页，即本书第十三卷第二九则。又记：“后见一书（亦见此报九月十三日），言受十年苦工监禁罪者共有三十四人之多。”又记：“书中所言之 Gilbert Murray，乃英国第一希腊文学专家，现为康白利奇大学希腊文教长。今年夏间来科仑比亚大学讲演希腊文学。余往听之，适此君方讲沙福克利（Sophocles）之《伊的朴斯王》（*Oedipus Tyrannus*），即用其所自为之译本。讲时声容都佳，令听者动容。盛名之下，果无虚士也。然其人对于英政府摧残民气士气之举，何其护短如此！　九月七日。”详见本卷末附二。另，此后，手稿本有一则删除的札记，现补于此，见图一、图二。

[4] 此中文摘译，手稿本无。

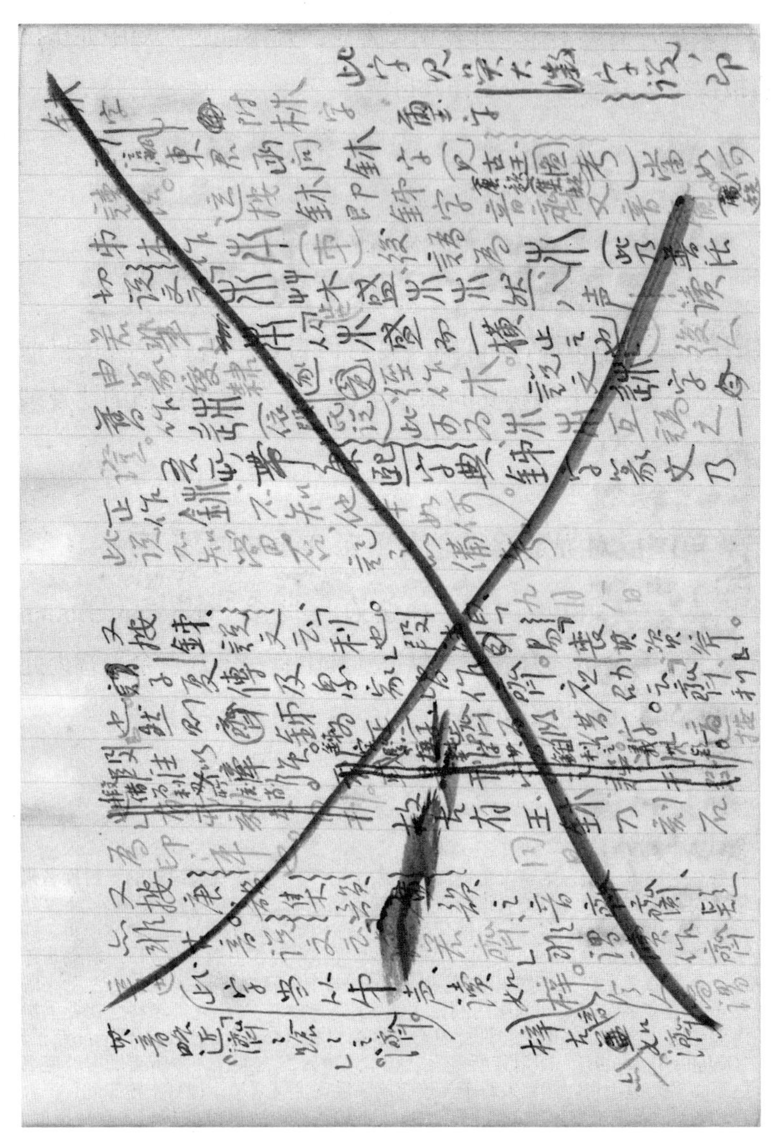

图一

图二

三三、读《易》(三[1])（九月十二日）

《易·系辞》下第二章，可作一章进化史读。其大旨则“见乃谓之象，形乃谓之器，制而用之谓之法，利用出入民咸用之谓之神”之意也。此数语含有孔子名学之大旨。包犧氏一章，则叙此作器制法之历史也。此章中象卦制器之理，先儒说之，多未能全满人意。今偶以适所见及记于此，以俟博学君子是正之。其不可解者，则记所疑焉。

（一）作结绳而为罔罟，以佃以渔，盖取诸《离》。

韩说：“罔罟之用，必审物之所丽：鱼丽于水，兽丽于山也。”孔疏以“象卦制器不当取卦名”疑之，是也。朱注以为“象两目”，疑亦不尽当。此象殊不易解。

（二）耒耜，象《益》。☴☳

☴是木，☳象动。《益》卦乃草木生长之象，故曰“益”。草木始于种子，终成本干，益之至也。

（三）交易货物，象《噬嗑》。☲☳

☲（电）☳（雷）象争轧，故曰“噬嗑”。《噬嗑》者，“颐中有物”之谓，今所谓“啮”也。鉴于争轧，乃为日中之市，聚天下之民，交易而退，各得其所，所以去纷争也。

（四）垂衣裳而天下治，象《乾坤》。

《乾坤》者，“简易”之象，《系辞》中再三言之。韩说谓“垂衣裳以辨贵贱乾尊坤卑之义也”。其说似更有理。

---

[1] 三，手稿本为“四”。

（五）舟楫，象《涣》。䷺

☴（木）在☵（水）上之象。此最明显。

（六）服牛乘马，引重致远，象《随》。䷐

《随》乃“休息”之象。“泽（☱）中有雷（☳），君子以向晦入宴息。”盖眠睡之象。牛马以行远，而乘者可休息不劳，故象之。

（七）重门击柝，以待暴客，象《豫》。䷏

韩朱皆曰豫备之意，是也。然此但由卦名言之，非卦象也。此卦“雷出地奋”，天下事之不可测不可预防者，无过此者矣。以象豫备，何其切当也。朱注曰：“雷出地奋，和之至也。”可谓梦呓！

此卦象所谓“建侯行师”“作乐崇德”，祭天祀祖，皆以备不可预度之患也。《豫》之六二曰：“介于石，不终日，贞吉。”孔子论之曰：“知几其神乎？……几者，动之微，吉凶之先见者也。君子见几而作，不俟终日。”知几，豫之至也。

（八）杵臼，象《小过》。䷽

朱说，“下止上动”，是也。此言大有科学意味[1]。

（九）弧矢，象《睽》。䷥

旧说皆以为“睽乖”，然后威以服之。此又舍象取名矣。《睽》之象曰：“上火下泽，睽，君子以同而异。”火向上，而在上，泽向下，而在下：所取道相反而所志（心之所之）相同。故曰“以同而异”。又曰：“天地睽而其事同也，男女睽而其志通也。”弧矢

[1] 意味，手稿本为“气味”。

之用，以挽为推。亦“所取道相反而所志相同”之象也。此象亦有科学意味。

（十）宫室，上栋下宇，以待风雨，象《大壮》。䷡

旧说皆非也。“雷（☳）在天（☰）上”，乃将有暴雨之意。故云，“以待风雨”。亦“思患而预防之”之意。

（十一）棺椁，象《大过》。䷛

旧说皆以过厚为言，非也。

《大过》之象曰：“泽灭木”，乃朽腐之意。唯惧其“速朽”，故为之棺椁以保存之。既而思之，木在水中并不腐朽。“泽灭木”，盖是淹没之意耳。故曰“大过大者过也”，言惟大物乃能不有淹没之虞耳。惧其沦没，故为之棺椁以保存之。封之树之，以志其所在也。

（十二）书契，象《夬》。䷪

旧说皆以“夬，决也”为言。然皆以决为决断之意，则非也。决之本义，《说文》曰：“下流也。”（依段玉裁校本）《夬》之象曰：“泽上于天”，“君子以施禄及下，居德则忌”。朱注曰：“泽上于天，溃决之势也。施禄及下，溃决之意也。”近之矣，而未尽然也。泽上于天，乃下雨之象，所谓“下流”也。施禄及下亦“下流”之意。书契之作，一以及下，一以传后。传后亦及下也。《夬》之上六曰：“无号，终有凶。”号即名号之号，符号之号，盖谓书契文字之类也。故曰：“无号之凶，终不可长也。”旧读号为呼号之号，故不可解也。卦象：“扬于王庭，孚号（孚号，信其名号也）有厉，告自邑，不利即戎，利有攸往。”号亦同此。

三四、中秋夜月（九月十二日）

昨夜为旧历中秋，作诗四句，写景而已。

小星躲尽大星少，果然今夜清光多。
夜半月从江上过，一江江水变银河。[1]

Fort Washington Park
September, 1916.
卢锡荣（左） 胡适

三五、《虞美人》 戏朱经农（九月十二日）

经农[2]寄二词，其序曰："昨接家书，语短而意长；虽有白字，颇极缠绵之致。……"其词又有"传笺寄语，莫说归期误"之句，因作一词戏之。（此为吾所作白话词之第一首。）

---

[1] 此处，手稿本附有胡适和卢锡荣照片一幅，并有胡适图注，现补于此。

[2] "经农"前另起一行，手稿本有"戏经农"。

The Hudson from Fort Washington Point

at Fort Washington Park　云南卢锡荣　吉林王征　陕西张耘

先生几日魂颠倒，他的书来了！虽然纸短却情长，带上两三白字又何妨？　　可怜一对痴儿女，不惯分离苦；别来还没几多时，早已书来细问几时归。[1]

三六、研（读《易》四[2]）（九月十四日）

《说文》:“研，礳也。礳，石硙也（今省作磨）。”又“碎，礳也（段作䃺）。砻，礳也（今谓磨谷取米曰砻）”。研字本谓礳而碎之之意。故易有“夫易，圣人之所以极深而研几也”。又曰:“能说诸心，能研诸虑。”研，犹今言“细细分析”也。译成英文，当作 Analysis。今人言“研究”，本谓分析而细观之。古人如老、孔，皆以“天下大事必作于细”，故其论断事理，先须礳而碎之，使易于观察，故曰研也。[3]

三七、几（读《易》五[4]）（九月十四日）

余尝谓《列子》《庄子》中“种有几”一章，含有生物进化论之精义，惜日久字句讹错，竟不能读耳。章首之“种有几”之“几”字，即今所谓“种子”(Germ)，又名“精子”，又名“元子”。《说文》:“几，微也，从𢆶从戍。”“𢆶，微也，从二幺。”“幺，

[1] 此白话词前，手稿本有“虞美人（白话）”。另，此处手稿本附有风景照一幅，并有胡适图注，现补于此。

[2] 四，手稿本为“五”。

[3] 此处，手稿本附有卢锡荣、王征、张耘三人合影一幅，并有胡适图注，现补于此。

[4] 五，手稿本为“六”。

此张耘之照，
作于 Fort Washington Park

小也，象子初生之形。”又曰：“虮，虱子也。”今徽州俗话犹谓虱子为虱虮，蚕子为蚕虮。“种有几”之“几”，正是此意，但更小于虱子蚕子耳。章末“程生马，马生人，人又反入于机。万物皆出于机，皆入于机”（此据《庄子》，其《列子》本不可用也）。此处三个“机”字皆当作“几”。此承上文“种有几”而言，故曰“又反入于几”。若作机，则何必曰“又”曰“反”乎？

顷读《易》至“极深而研几也”，阮元《校勘记》云：“《释文》，几，本或作机。”此亦几机互讹之一例也。故连类记之。

《易》曰：“几者，动之微，吉凶之先见者也。”此“几”之定义最明切。《庄子》《列子》之“几”即出于此。[1]

[1] 此处，手稿本附张耘照片一幅，并有胡适图注，现补于此。

三八、答经农[1]（九月十五日）

余初作白话诗时，故人中如经农、叔永、觐庄皆极力反对。两月以来，余颇不事笔战，但作白话诗而已。意欲俟“实地试验”之结果，定吾所主张之是非。今虽无大效可言，然《黄蝴蝶》《尝试》《他》《赠经农》四首，皆能使经农、叔永、杏佛称许，则反对之力渐消矣。经农前日来书，不但不反对白话，且竟作白话之诗，欲再挂“白话”招牌。吾之欢喜，何待言也！

经农之白话诗有“日来作诗如写信，不打底稿不查韵。……觐庄[2]若见此种诗，必然归咎胡适之。适之立下坏榜样，他人学之更不像。请看此种真白话，可否再将招牌挂？”诸句皆好诗也。胜其所作《吊黄军门墓》及《和杏佛送叔永》诸作多多矣。惟中段有很[3]坏的诗，因作三句转韵体答之。

寄来白话诗很[4]好，读了欢喜不得了，要挂招牌怕还早。

“突然数语”吓倒我，“兴至挥毫”已欠妥，[5]“书未催成”更不可。[6]

且等白话句句真，金字招牌簇簇新，大吹大打送上门。

结三句颇好。

[1] 胡适原题。
[2] 觐庄，手稿本为“静庄”。
[3][4] 很，手稿本为“狠”。
[5] 胡适原注：“挥的是羊毫，还是鸡毫。”
[6] 胡适原注：“‘书被催成墨未浓’，是好白话诗。‘书未催成’，便不甚通。”

三九、哑戏（九月十六日）

昨夜去看一种戏，名叫“哑戏”(Pantomime)。“哑戏”者，但有做工，无有说白，佐以音乐手势，而观者自能领会。

四〇、改旧诗[1]（九月十六日）

（一）读大仲马《侠隐记》《续侠隐记》

仲马记英王查尔第一之死，能令读者痛惜其死而愿其能免。此非常魔力也。戊申，作四诗题之。其一云：

从来桀纣多材武，未必武汤皆圣贤。

太白南巢一回首，恨无仲马为称冤。

今改为：

从来桀纣多材武，未必汤武真圣贤。

那得中国生仲马，一笔翻案三千年！

（二）读司各得《十字军英雄记》

原诗作于丁戊之间：

岂有酖人羊叔子？焉知微服武灵王？

炎风大漠荒凉甚，谁更横戈倚夕阳？

此诗注意在用两个古典包括全书。吾近主张不用典，而不能换此两典也。改诗如下：

岂有酖人羊叔子？焉知微服赵主父？

十字军真儿戏耳，独此两人可千古。

[1] 胡适原题。

此诗子耳为韵，父古为韵。[1]

第一首可入《尝试集》，第二首但可入《去国集》。

四一、到纽约后一年中来往信札总计（九月廿二日）

吾于去年九月廿二日到纽约，自此日为始，凡往来信札皆列号择要记之，至今日为周年之期。此一年之中，往来书札如下：

收入　九百九十九封

寄出　八百七十四封

甚矣，无谓酬应之多也！

四二、白话律诗[2]（十月十五日）

昨日戏以白话作律诗，但任、朱诸人定不认此为白话诗耳。

江上秋晨

眼前风景好，何必梦江南？
云影渡山黑，江波破水蓝。
渐多黄叶下，颇怪白鸥贪。
小小秋蝴[3]蝶，随风来两三。

古人皆言鸥闲。以吾所见，则鸥终日回旋水上捉鱼为食，其忙可怜，何闲之有乎？

[1] 此句后，手稿本有“又记”两字。
[2] 胡适原题。
[3] 蝴，手稿本为“胡”。

四三、打油诗一束[1]（十月廿三日）

打油诗何足记乎？曰，以记友朋之乐，一也。以写吾辈性情之轻率一方面，二也。人生那能日日作庄语？其日日作庄语者，非大奸，则至愚耳。

（一）寄叔永、觐庄

觐庄有长书来挑战，吾以病故，未即答之。觐庄闻吾病，曰，“莫不气病了？”叔永以告，余因以此戏之。

居然梅觐庄，要气死胡适。
譬如小宝玉，想打碎顽石。
未免不自量，惹祸不可测。
不如早罢休，迟了悔不及。

觐庄得此诗，答曰：“读之甚喜，谢谢。”吾读之大笑不可仰。盖吾本欲用“鸡蛋壳”，后乃改用“小宝玉”。若用“鸡蛋壳”，觐庄定不喜，亦必不吾谢矣。

（二）答陈衡哲女士

女士答吾征文书曰：“‘我诗君文两无敌’（此适赠叔永诗中语），岂可舍无敌者而他求乎？”吾答书有“细读来书颇有酸味”之语。女士答云，“请先生此后勿再‘细读来书’。否则‘发明品’将日新月盛也，一笑”。吾因以此寄之。

不“细读来书”，怕失书中味。
若“细读来书”，怕故入人罪。

[1] 胡适原题。

得罪寄信人，真不得开交。

还请寄信人，

下次寄信时，

声明读几遭。

（三）答胡明复

明复寄二诗。其第一首云：

纽约城里，有个胡适。

白话连篇，成倯[1]样式！

第二首[2]乃所谓《宝塔诗》也：

痴！

适之！

勿读书[3]，

香烟一支！

单做白话诗！

说时快，做时迟，

一做就是三小时！

余答之曰：

咦！

希奇！

[1] 胡适原注：“倯，吴语之‘什么’。”

[2] 首，手稿本为“诗”。

[3] 胡适原注：“吴人读‘书’如‘诗’。”

胡格哩[1]，

嫑[2]我做诗！

这话不须提。

我做诗快得希，

从来不用三小时。

提起笔，何用费心思？

笔尖儿嗤嗤嗤嗤地[3]飞，

也不管宝塔诗有几层儿！

（四）和一百〇三年前之“英伦诗”

林和民以英人 Sir J. F. Davis 所录华人某之“英伦诗”十首示余。其诗为五言律，间有佳者。其写英伦风物，殊可供史料，盖亦有心人也。其㊄㊉两章云：

㊄ 两岸分南北，三桥隔水通。

舟船过胯下，人马步云中。

石磴千层叠，河流九派溶。

洛阳天下冠，形势略相同。

㊉ 地冷难栽稻，由来不阻饥。

浓茶调酪润，烘面裹脂肥。

美馔盛银盒，佳醪酌玉卮。

土风尊饮食，入席预更衣。

余以为今人可和此君而为“美国诗”或“纽约诗”。因戏为

[1] 胡适原注：“吴语称人之姓而系以‘格哩’两字，犹北人言‘李家的’‘张家的’也。”

[2] 胡适原注：“吴语‘勿要’两字合读成一音（fiao），犹北京人言‘别’也。”

[3] 地，手稿本为“的”。

之，成一章云：

> 一阵香风过，谁家的女儿？
> 裙翻驼鸟腿，靴像野猪蹄。
> 密密堆铅粉，人人嚼“肯低”[1]。
> 甘心充玩物，这病怪难医！

四四、戒骄（十月廿三日）

前日作一极不可宥之事，以骄气陵人，至人以恶声相报。余犯此病深矣。然受报之速而深，无如此次之甚者，不可不记也。

“Judge not, that ye be not judged!”

四五、读《论语》[2]（十一月一日）

> 子曰：“君子耻其言而过其行。”（《宪问》）[3]

阮元《校勘记》曰：

> 皇本，高丽本，“而”作“之”，“行”下有“也”字。按《潜夫论·交际篇》，“孔子疾夫言之过其行者”，亦作“之”字。

阮校是也，“而”当作“之”。朱子曰：

> 耻者，不敢尽之意；过者，欲有余之辞。

此曲为之说耳。

---

[1] 胡适原注：“Candy，糖也。”

[2] 胡适原题。

[3] （《宪问》），手稿本无。

四六、打油诗又一束[1]

（一）纽约杂诗（续[2]）

（2）The “New Woman”

头上金丝发，一根都不留。
无非争口气，不是出风头。
生育当裁制，家庭要自由。
头衔“新妇女”，别样也风流。

（3）The “School Ma’am”

挺着胸脯走，堂堂女教师。
全消脂粉气，常带讲堂威。
但与书为伴，更无人可依。
人间生意尽，黄叶逐风飞。

（二）代经农答“白字信”

经农来书云：“白字信又来，有‘对镜剧怜形影瘦，沾巾常觉泪痕多’二句，不知从何小说中抄来，可怪。”余答之曰：“白字信中两句诗大不妙，兄不可不婉规之。若兄不忍为之，适请代庖何如？”

保重镜中影，
莫下相思泪。
相思了无益，
空扰乱人意。

[1] 胡适原题。
[2] “续”后，手稿本有“上页”两字。

（三）寄[1]陈衡哲女士

你若"先生"我，
我也"先生"你。
不如两免了，
省得多少事。

四七、写景一首[2]（十一月一日）

昨日大雾，追思夏间一景，余所欲作诗纪之而未能者。忽得四句，颇有诗意，因存之。

雨脚渡江来，
山头冲雾出。
雨过雾亦收，
江楼看落日。

四八、打油诗[3]

（一）再答陈女士（十一月三日）

陈女士答书曰：

所谓"先生"者，"密斯忒"云也。
不称你"先生"，又称你什么[4]？
不过若照了，名从主人理，

[1] 寄，手稿本为"戏"。
[2] [3] 胡适原题。
[4] 么，手稿本为"吗"。

我亦不应该，勉强“先生”你。

但我亦不该，就呼你大名。

“还请寄信人，下次寄信时，申明”要何称。

适答之曰：

先生好辩才，驳我使我有口不能开。

仔细想起来，呼牛呼马，阿猫阿狗，有何分别哉？

我戏言，本不该。

“下次写信”，请你不用再疑猜：

随你称什么，我一一答应响如雷，决不敢再驳回。

（二）纽约杂诗（续）（十一月四日）

（4）总论

四座静毋哗，听吾纽约歌。

五洲民族聚，百万富人多。

筑屋连云上，行车入地过。

“江边”园十里，最爱赫贞河。

（三）塔诗

陈女士有英文塔诗嘲斐贝卡拔会（Phi Beta Kappa [1]）会员，因答之曰：

Right !

You might

Freely write,

[1] Phi Beta Kappa，手稿本为“看本册23页”，即本卷第九则。

In scorn and spite,

To your heart's delight,

On what "Oil of midnight"

Has made to shine in daylight.

卷十四附录

附一：

TO THE EDITOR OF THE EVENING POST:

SIR: May I reply to some of Prof. Gilbert Murray's statements about conscientious objectors and Mr. Bertrand Russell, reported in your edition of July 14?

Mr. Murray says the No-Conscription Fellowship claims to have a membership of 10,000 men, but that the Government estimate places the figure at one-tenth that number. As a matter of fact the No-Conscription Fellowship claims between 15,000 and 20,000 members, of whom 1,828 have already been arrested and handed over to the military authorities. The arrests continue at the rate of about 150 a week. I am sorry to say that it is not true that, owing to the leniency of the Government, "objectors, to be punished, must almost insist upon it." The following letter from one of the extremists, who has been through the whole test, will show what they still have to face. The writer, Stuart Beavis, was arrested here, sent to France soon afterwards, court-martialled for refusing to obey orders, sentenced to death, and the sentence commuted to ten years' penal servitude. Many of the men so arrested have been kept in solitary confinement for eight weeks, some in dark cells, in irons, some with a food allowance of eight ounces of bread and two cups of water twice daily. I say nothing of the severer forms of torture, which I believe are of rare occurrence and are forbidden by the authorities. Their occurrence, however, is well attested. Speaking in the House of Lords on July 4, the Marquis of Crewe said; "I have in my pocket cases which I could hardly venture to deal with in public."

下划线为胡适所注

附二：

"Winchester Prison, 6th July, 1916.

"You will see by the address . . . where I am now, sentenced as you know by now, no doubt, to undergo a term of ten years' penal servitude, so I am a full-blown convict for refusing to kill or help to kill another man. I am allowed to write one letter within the first seven days and receive one reply, and receive a visit from three persons, the visit to last twenty minutes, also within the first seven days. . . .

"I do not like the look of Mr. Asquith's latest proposal, which we heard of during the journey yesterday, as I cannot see that it alters the real position. I, personally, cannot see how a man can logically accept work of national importance on the condition of being released. It appears to me not to differ fundamentally from accepting non-combatant work. As soon as one makes a condition of that sort it is tantamount to bargaining the right to dispose of his conscience, and it rather looks as though I shall have to stick on in prison for the completion of my term. And even here I can see troubled waters ahead, as I cannot undertake to do work here that is of a military nature, and then I shall make myself liable to all sorts of penalties and not be allowed the privilege of writing letters or receiving visits should they insist on giving me such tasks. That will also make it highly improbable of any remission for good conduct taking place, so I am making up my mind to go through some dark times. However, I am going to try and keep smiling, remembering that others have gone through far worse for their fellows, and

下划线为胡适所注

things may brighten up yet. 'Prepare for the worst, but hope for the best,' has been my motto all through, and I still have it nailed across my mental threshold."

Mr. Murray says that the No-Conscription Fellowship set out to conduct a propaganda among enlisted men and elsewhere against service in the army. The fact is that the No-Conscription Fellowship is a fellowship of men who have conscientious convictions against military service, and have united for mutual comfort and support. It has never tried to prevent any one from enlisting nor, of course, to prevent enlisted men from serving. The pamphlet, for the writing of which Mr. Russell was fined, was a simple statement of the treatment meted out to one of the first conscientious objectors, who was arrested and handed over to the military, court-martialled, and condemned to two years in prison. As Mr. Russell paradoxically pleaded in his defence, the logical result of such a statement of what would happen to a man if he refused to obey military orders, would not be to manufacture more disobedient men, but to frighten doubters into obedience.

pamphlet was, of course, written to make public the treatment of conscientious objectors, and not to influence recruiting.

Mr. Russell has stated publicly that those who believe in the war ought to fight.

Mr. Murray says that Mr. Russell's appointment at Trinity College was a special one requiring renewal "once in so often," and he presumes that the authorities simply decided not to renew. The fact is that Mr. Russell's lectureship was renewable every five years, and had been renewed as late as last October. Mr. Russell has now been further victimized by having his passport to America refused, so that he cannot keep his contract to lecture at Harvard.

Americans should receive with skepticism statements about the anti-war minority in England made in the ordinary press or by governmental apologists like Mr. Gilbert Murray, as the censor no longer permits the official publications of this group, the *Labour Leader* and the *Tribunal,* to leave the country.

M. MINTURN SCOTT.

Waterside Copse, Liphook, Hants, August 14.

卷十五

一九一六年十一月六日——一九一七年三月廿日

此卷手稿本，封面题写“胡适札记”“第十三册”。

一、欧阳修《易童子问》[1]（十一月六日）

——三卷，载于《宋元学案》卷四——

此书下卷论《系辞》《文言》《说卦》而下“皆非圣人之作。而众说淆乱，亦非一人之言。昔之学《易》者杂取以资其讲说。而说非一家，是以或同或异，或是或非”。其根据凡有数事：

（一）文字繁衍丛脞不类圣人之言。

例 （1）《文言》说潜龙勿用。

（2）《系辞》说易简。

（3）《系辞》《说卦》说六爻三极。

（4）《系辞》说系辞焉而明吉凶。

（二）害经惑世，自相乖戾。

例 （1）《文言》说元亨利贞。

（甲）是四德　四德之说见《左传》襄九年，在孔子生前十五年。

（乙）非四德　“乾元者[2]，始而亨者也；利贞者，性情也。”

（2）说作《易》。

（甲）“河出图，洛出书，圣人则之。”

（乙）“包牺氏……观象于天……观法于地……始作八卦。”

（丙）“昔者圣人之作《易》也，幽赞于神明而生

---

[1] 胡适原题。

[2] 者，手稿本无。

著，参天两地而倚数，观变于阴阳而立卦。”

（三）其他根据。

（1）四德之说见《左传》……“盖方左氏传《春秋》时，世犹未以《文言》为孔子作也，所以用之不疑。然则谓《文言》为孔子作者出于近世乎？”

（2）“‘知者观乎彖辞，则思过半矣。’‘八卦以象告，爻彖以情言’，以常人之情而推圣人，可以知之矣。”

此谓若彖是孔子所作，必不自称述之如此。

（3）“其以乾坤之策三百有六十当期之日，而不知七八九六之数同，而乾坤无定策。此虽筮人皆可以知之矣。”

此则适不明白。

（4）“何谓”“子曰”者，讲师之言也。“说卦”“杂卦”者，筮人之占书也[1]。

欧阳氏此书，乃吾国考据学中少见之大胆议论，故记之。

二、希望威尔逊连任（十一月九日）

此次美国总统选举，我自始至终望威尔逊连任，以其为美国开国以来第一流总统之一也。此次共和党候选人休斯（Charles E. Hughes）于选举竞争期内毫无所建白。其所主张无一非共和党之陈腐口头禅。故休氏之旧交如 *The N. Y. Evening Post* 主者 O. G. Villard 初袒之，后皆变而与之为敌。国中明达之士如 President Charles

[1] 筮人之占书也，手稿本为“噬人之言也”。

W.Eliot，John Dewey 皆助威氏而攻休氏。吾前语人，若此次休斯得胜，则此邦人士之政治知识，真足使我失望矣。前见《晚邮报》中之 Simeon Strunsky 亦作此语，喜其与余所见略同，故作书投之。

A Hughes Victory and Cynicism [1]

To the Editor of *The Evening Post*:

Sir: As an absolutely disinterested student of American politics, I cannot refrain from writing you that in to-night's Post-Impressions. I find the most satisfactory argument in favor of President Wilson's reëlection that has ever appeared during the whole campaign. The argument is as follows: "The reason why I want to see Mr. Wilson reëlected by an overwhelming majority is that I dread the thought of going cynical. If Mr. Hughes is he winner next Tuesday, I shall be driven into acknowledging that the world must be taken as you find it, and that habit is bound to triumph over the idea."

Having had the unusual privilege of witnessing two Presidential campaigns during my student years in this country, I feel warranted to believe that the unexpected success of the Progressive party in 1912 seems to indicate that Mr. Simeon Strunsky and those who hold the same views may yet be saved from "going cynical".

"SIN AE"

New York, November 4.

[1] 此信，手稿本缺。

三、吾对于政治社会事业之兴趣（十一月九日）

余每居一地，辄视其地之政治社会事业如吾乡吾邑之政治社会事业。以故，每逢其地有政治活动，社会改良之事，辄喜与闻之。不独与闻之也，又将投身其中，研究其利害是非，自附于吾所以为近是之一派，与之同其得失喜惧。故吾居绮色佳时，每有本城选举，我辄有所附同，亦有所攻斥。于全国选举亦然。一九一二年，我衣襟上戴 Bull Moose（野鹿）徽章者两月，以示主张进步党也。去年则主张纽约女子参政权运动。今年则主张威氏之连任。

此种行为，人或嗤之，以为稚气。其实我颇以此自豪。盖吾人所居，即是吾人之社会，其地之公益事业，皆足供吾人之研究。若不自认为此社会之一分子，决不能知其中人士之观察点，即有所见及，终是皮毛耳。若自认为其中之一人，以其人之事业利害，认为吾之事业利害，则观察之点既同，观察之结果自更亲切矣。且此种阅历，可养成一种留心公益事业之习惯，今人身居一地，乃视其地之利害得失若不相关，则其人他日归国，岂遽尔便能热心于其一乡一邑之利害得失乎？

四、戏叔永[1]（十一月九日）

叔永作《对月》诗三章，其末章曰：

不知近何事，明月殊恼人。
安得驾蟾蜍，东西只转轮。

---

[1] 胡适原题。

我戏为改作曰：

不知近何事，见月生烦恼。
可惜此时情，那人不知道。

五、黄克强将军哀辞 [1]（十一月九日）

黄克强（兴）将军前日逝世，叔永有诗挽之。余亦有作。

当年曾见将军之家书，
字迹飞动似大苏。
书中之言竟何如？
“一欧吾儿，努力杀贼”：
八个大字，
读之使人感慨奋发而爱国。
呜呼将军，何可多得！

六、编辑人与作家 [2]

美国“世纪”杂志编辑人吉尔得（Richard Watson Gilder）死后，其“书札”近始出版，《纽约晚邮报》评论此书，并论其人，谓此君阅读外来投稿，最留心人才，对于作家最富于同情心；彼自言作编辑人须有三德：一须有思想，二须有良心，三须有良好的风味（Good taste），彼实能兼有之。

---

[1] 哀辞，目录中为“哀词”。

[2] 此则日记在手稿本中是一则英文剪报（见本卷末附一），无以下中文摘译，胡适在剪报旁注：“From *Letters of Richard Waston Gilder* (Editor of *The Century*), ed. by Rosamond Gilder. (Houghton Mifflin, Boston)。”

七、舒母夫妇（十一月九日）

吾友舒母（Paul B. Schumm），为康南耳大学同学。其人沉默好学能文，专治“风景[1]工程”（Landscape Architecture），而以其余力拾取大学中征文悬赏，如诗歌奖金，文学奖金之类，以资助其日用。其人能思想不随人为是非。吾所知康南耳同学中，其真能有独立之思想者，当以 Bill Edgerton 与君为最上选矣（毕业院中人不在此数）。

去年以君之绍介，得见其父母。其父 George Schumm 持“无政府主义”，以蒲鲁东（Proudon）、斯宾塞（Herbert Spencer）[2]诸人之哲学自娱；而其人忠厚慈祥，望之不知其为持无政府主义者也。

一日，余得一书，书末署名为鲁崩女士（Carmen S. Reuben）。书中自言为吾友舒母之妻。已结婚矣，以自命为“新妇人”（New Woman），故不从夫姓而用其本姓（通例，妇人当从夫姓，如 Carmen Reuben Schumm）。此次以尝闻其夫及其翁称道及余，又知余尚在纽约，故以书邀余相见。余往见之，女士端好能思想，好女子也，诚足为吾友佳偶。尝与吾友同学，故相识。今年结婚。婚后吾友回绮色佳理旧业；女士则留纽约以打字自给，夜间则专治音乐。自此以后，吾与之相见数次，深敬其为人，此真“新妇

[1] 风景，手稿本为“形胜”。
[2] 蒲鲁东、斯宾塞，手稿本只有英文人名，无中译。

人”也。

昨夜吾与女士同赴舒母先生（吾友之父）之家晚餐，因记其夫妇之事于[1]此。

八、发表与吸收

Expression is the best means of appropriating an impression.[2]（你若想把平时所得的印象感想变成你自己的，只有表现是最好的方法。）此吾自作格言。如作笔记，作论文，演说，讨论，皆是表现。平日所吸收之印象皆模糊不分明；一经记述，自清楚分明了。

九、作《孔子名学》完，自记二十字[3]（十一月十七日）

推倒邵尧夫，烧残“太极图”。

从今一部《易》，不算是天书。

一〇、陈衡哲女士诗[4]（十一月十七日）

月

初月曳轻云，笑隐寒林里。

不知好容光，已印清溪底。

[1] 于，手稿本为“如”。

[2] 此后文字，手稿本无，只有“——S.H.”。

[3] [4] 胡适原题。

风

夜闻雨敲窗，起视月如水，
万叶正乱飞，鸣飙落松蕊。

叔永以此两诗令适猜为何人所作。适答之曰:“两诗妙绝。……《风》诗吾三人（任杨及我）若用气力尚能为之,《月》诗则绝非吾辈寻常蹊径。……足下有此情思，无此聪明。杏佛有此聪明，无此细腻。……以适之逻辑度之，此新诗人其陈女士乎?”叔永来书以为适所评与彼所见正同。此两诗皆得力于摩诘。摩诘长处在诗中有画。此两诗皆有画意也。

一一、纽约杂诗（续）(十一月十七日）

(5) **Tammany Hall** [1]

赫赫“潭门内[2]”，查儿斯茂肥。
大官多党羽，小惠到孤嫠。
有鱼皆上钓，惜米莫偷鸡。
谁人堪敌手？北地一班斯。

查儿斯茂肥（Charles Murphy）者，[3] 纽约城民主党首领。其党羽以潭门内堂[4]（Tammany Hall）为机关部。其势力极大，纽约之人士欲去之而未能也。其党之手段在能以小惠得民心。此如田氏厚施，王莽下士，古今来窃国大奸皆用此法也。班斯

[1] 此标题前，手稿本有“纽约杂诗”。
[2] 潭门内，手稿本为“贪门裡”。
[3] 查儿斯茂肥（Charles Murphy）者，手稿本为“茂肥者”。
[4] 潭门内堂，手稿本无。

(Wm Barnes) 者，纽约省共和党首领，居赫贞河上游之瓦盆尼(Albany，纽约省会)，与茂肥中分纽约省者也。

一二、美国之清净教风（十一月十八日）

美洲建国始于英国清净教徒（The Puritans）之避地西来。清净教徒者，痛恨英国国教（The Anglican Church—Episcopalian）之邪侈腐败，而欲扫除清净之者也。英国大革命即起于此。及王政复辟，清净教徒结会西迁，将于新大陆立一清净新国，故名其土曰"新英兰"。其初建之时，社会政权多在教士之手。故其初俗崇礼义，尊天，笃行，以卫道自任。其遗风所被，至于今日，尚有存者。今所谓美国之"清净教风"(Puritanism）者是也。此风在今日已失其宗教的性质，但呈一种极陋隘的道德观念。其极端流于守旧俗，排异说，与新兴之潮流为仇。故"Puritanism"一字每含讽刺，非褒词矣。

此"清净教风"之一结果在于此邦人之狭义的私德观念，往往以个人私德细行与政治能力混合言之，甚至使其对于政治公仆私德之爱憎，转移其对于其人政策之爱憎。如故总统麦荆尼所享盛名，大半由于其私人细事之啧啧人口也。数年以来，余屡闻人言，于今总统威尔逊氏之家庭细事，大半有微词。一年中以此告者不下七八人。在绮色佳时，闻某夫人言威氏妻死未一年即再娶，其影响或致失其再任之机会。余初闻而不信之。及来纽约，乃屡闻之。一日余与此间一洗衣妇人谈及选举事，此妇人告我此间有多人反对威氏之再任，以妇人界为尤甚，其理由之一，则谓威氏妻死未期年即再娶也。又一日，余与吾友墨茨博士谈。博士告我，言斯丹福大学（Leland Stanford University）前校长朱尔丹氏（President David Starr Jordan）自言虽极赞成威氏之政策，然此次选举几不欲投威氏之票。其故云何？则以威氏妻死不期年而再娶，又以威氏作王城大学（Princeton University）校长时，曾以花球赠一妇人。朱尔丹氏为此邦名人之一，其思想之陋狭至此，可谓怪事！此尤可见此邦之狭陋的 Puritanism 也。

此种陋见最足阻碍社会之进步。如今之新体戏剧，小说，多直写男女之事不为之隐讳，其在欧洲久能通行无忌者，至此邦乃不能出版，不能演唱。又如“生育裁制”之论，久倡于欧洲，如荷兰乃以政府命令施行之，而在[1]此邦则倡此说者有拘囚之刑，刊布之书[2]有销毁之罚。可谓顽固矣！

余非谓政治公仆不当重私德也。私德亦自有别。如贪赃是私德上亦是公德上之罪恶，国人所当疾视者也。又如休弃贫贱之妻，而娶富贵之女以求幸进，此关于私德亦关于公德者也，国人鄙之可也。至于妻死再娶之迟早，则非他人所当问也。

一三、月诗[3]（十二月六日）

一

明月照我床，卧看不肯睡。窗上青藤影，随风舞娟媚。

[1] 而在，手稿本为“至于”。

[2] 刊布之书，手稿本为“刊布其说者”。

[3] 胡适原题。

二

我但玩明月，更不想什么。月可使人愁，定不能愁我。

三

月冷寒江静，心头百念消。欲眠君照我，无梦到明朝。

数月以来，叔永有《月诗》四章，词一首，杏佛有《寻月诗》《月诉词》[1]，皆抒意言情之作。其词皆有愁思，故吾诗云云。

一四、打油诗答叔永（十二月廿日）

昨[2]得叔永一片，言欲以一诗题吾白话之集。其诗云：

文章革命标题大，白话工夫试验精。

一集打油诗百首，“先生”合受“榨机”名。[3]

吾亦报以诗曰：

人人都做打油诗，[4]这个功须让“榨机”。

欲把定盦诗奉报：“但开风气不为师。”

一五、“打油诗”解[5]（十二月廿一日）

唐人张打油《雪诗》曰：

江上一笼统，井上黑窟窿。黄狗身上白，白狗身上肿。

[1] “《月诉词》”后，手稿本还有“陈女士亦有《寒月词》”。

[2] “昨”前，手稿本有“打油诗”。“昨”后，手稿本有“（十二月十九）”。

[3] 胡适原注：“‘榨机’两字，陈女士初用之。”

[4] 胡适原注：“朱任杨陈皆为之。”

[5] 胡适原题。

故谓诗之俚俗者曰“打油诗”。（见《升庵外集》）

一六、古文家治经不足取（十二月廿六日）

顷得吴挚甫《点勘墨子读本》，读之终卷，仅得可采者一二事耳。古文家治经治古籍最不足取，以其空疏也。如《经说上》“凡牛枢非牛”，下注云：“枢者，区之借字，《华严经音义》引《论语》马注，‘区，别也’。”桐城先生岂并《十三经注疏》亦未之见耶？若然，则古文家读书之少真可令人骇怪矣。（“区，别也”。乃《论语》“区以别矣”句之马融注，见何晏《集解》，今在《十三经注疏》之中。）

又按此说未免轻易冤枉人。适又记。

一七、论训诂之学（十二月廿六日）

考据之学，其能卓然有成者，皆其能用归纳之法，以小学为之根据者也。王氏父子之《经传释词》《读书杂记[1]》，今人如章太炎，皆得力于此。吾治古籍，盲行十年，去国以后，始悟前此不得途径。辛亥年作《诗经言字解》，已倡“以经说经”之说，以为当广求同例，观其会通，然后定其古义。吾自名之曰“归纳的读书法”。其时尚未见《经传释词》也。后稍稍读王氏父子及段（玉裁）、孙（仲容）、章诸人之书，始知“以经说经”之法，虽已得途径，而不得小学之助，犹为无用也。两年以来，始力屏臆测

---

[1] 记，手稿本为“志”。

之见，每立一说，必求其例证。例证之法约有数端。

（一）引据本书　如以《墨子》证《墨子》，以《诗》说《诗》。

（二）引据他书　如以《庄子》《荀子》证《墨子》。

（三）引据字书　如以《说文》《尔雅》证《墨子》。[1]

一八、论校勘之学（十二月廿六日）

校勘古籍，最非易事。盖校书者上对著者下对读者须负两重责任，岂可轻率从事耶？西方学者治此学最精。其学名 Textual Criticism。今撷其学之大要，作校书略论。

（一）求古本。愈古愈好。

（1）写本（印书发明之前之书）。

（2）印本（印书发明之后之书）。

若古本甚众而互有异同，当比较之而定其传授之次序，以定其何本为最古。其律曰：

凡读法相同者，大概为同源之本。

今为例以明之。如某书今有七本互为异同。七本之中，第一本（a）与他本最不同，其次三种（bcd）最相同，又次三种（efg）最相同。如此，可假定此七本所出盖本于三种更古之本（如图）。若以 bcd 三本相同之处写为一本，则

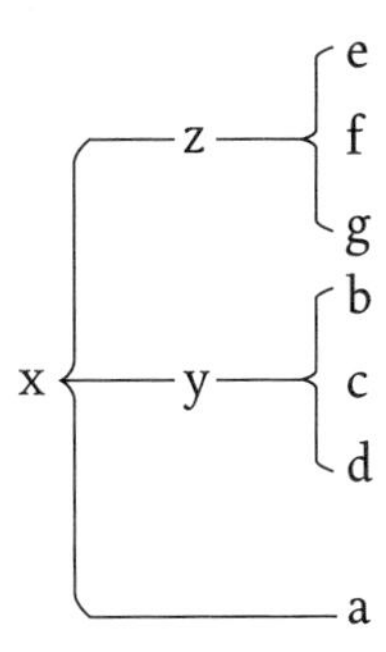

[1]　此后另起一行，手稿本有“又说注书”。

得 y 本；更以 efg 相同之处写为一本，则得 z 本。更以 yza 三本相同之处写为一本，则得 x 本。x 本未必即为原本，然其为更古于 abcdefg 七本则大概可无疑也。

（二）求旁证。

（1）丛钞之类。如马总《意林》，及《北堂书钞》《群书治要》《太平御览》之类。[1]

（2）引语。如吾前据《淮南子》所引“美言可以市尊，美行可以加人”，以正王弼本《老子》“美言可以市，尊行可以加人”是也。

（3）译本。

（三）求致误之故。

（甲）外部之伤损：

（1）失叶。

（2）错简。

（3）漶灭。

（4）虫蛀。

（5）残坏。

（乙）内部之错误：

（1）细误。

（a）形似而误。如《墨经》“恕”误“恕”，“宇”误“守”，“字”误“宇”，“冢”误“家”，是也。

[1] 此后，手稿本还有“《昭明文选》及其他诗文选，亦属此类”。

（b）损失笔画。如吾前见《敦煌录》中“昌”作“昌”，“害”作“宫”，之类。

（c）损失偏旁。

（2）脱字。

（a）同字相重误脱一字。

（b）同字异行，因而致误。如两行皆有某字，写者因见下行之字而脱去两字之间诸文。

（c）他种脱文。

（3）重出。

（4）音似而误。

（5）义近而误。

（6）避讳。如《老子》之“邦”字皆改为“国”，遂多失韵。

（7）字倒。

（8）一字误写作两字。

（9）两字误写成一字。

（10）句读之误（文法解剖之误）。如《老子》“信不足，焉有不信”，“焉”作“乃”解。后人误读“信不足焉”为句，又加“焉”字于句末。（见王氏《读书志余》）

（11）衍文（无意之中误羡）。

（12）连类而误。写者因所读引起他文，因而致误。

（13）旁收而误。旁收者，误将旁注之字收作正文也。例如，《老子》三十一章注与正文混合为一，今不知何者为注为正文矣。又如，《孟子》“必有事焉而勿正心勿忘勿助长也”。或谓

"勿正心"乃"勿忘"之误，此一字误作两字之例也。吾以为下"勿忘"两字，乃旁收之误。盖校者旁注"勿忘"二字，以示"勿正心"三字当如此读法。后之写者，遂并此抄入正文耳。

（14）章句误倒。此类之误，大概由于校书者注旧所挩误于旁。后之写者不明所注应入何处，遂颠倒耳。

（15）故意增损改窜。此类之误，皆有所为而为之。其所为不一：

（a）忌讳。如满清时代刻书恒去胡虏诸字。又如，历代庙讳皆用代字（上文6）。

（b）取义。写者以意改窜，使本文可读而不知其更害之也（上文10）。

（c）有心作伪。

校书以得古本为上策。求旁证之范围甚小，收效甚少。若无古本可据，而惟以意推测之，则虽有时亦能巧中，而事倍功半矣。此下策也。百余年来之考据学，皆出此下策也。吾虽知其为下策，而今日尚无以易之。归国之后，当提倡求古本之法耳。[1]

一九、近作文字

近作数文，记其目如下：

（一）《文学改良私议》。（寄《新青年》）

（二）《吾我篇》《尔汝篇》。（登《季报》）

---

[1] 此后另起一行，手稿本有"右说校书"。

（三）Review of Prof. B. K. Sarkar's *Chinese Religion through Hindu Eyes*.（登 *The Hindusthanee Student*. Nov. 1916.）

（四）A Documentary History of the Recent Monarchical Movement in China.（登 *The Journal of Race Development*.）

二〇、印像派诗人的六条原理

On the whole，one cannot help admiring the spirit that animates the "new poets" in spite of some of their ludicrous failures to reach a new and higher poetry in their verse. They at least aim for the real，the natural；their work is a protest against the artificial in life as well as poetry. It is curious to note，moreover，that the principles upon which they found their art are simply，as Miss Lowell，quoted by Professor Erskine，tells us，"the essentials of all great poetry，indeed of all great literature." These six principles of imagism are from the preface to *Some Imagist Poets*:

1. *To use the language of common speech，but to employ always the exact word，not the nearly exact nor the merely decorative word.*

2. *To create new rhythms—as the expression of new moods—* and not to copy old rhythms，which merely echo old moods. We do not insist upon "free verse" as the only method of writing poetry. *We fight for it as for a principle of liberty*. We believe that the

individuality of a poet may often be better expressed in free verse than in conventional forms. In poetry a new cadence means a new idea.

3. To allow *absolute freedom in the choice of the subject*.

4. *To present an image*,（hence the name "Imagist."）We are not a school of painters，but we believe that *poetry should render particulars exactly and not deal in vague generalities*，however magnificent and sonorous.

5. To produce *poetry that is hard and clear*，never blurred nor indefinite.

6. Finally，most of us believe that *concentration* is of the very essence of poetry.[1]

From *the N. Y. Times* Book Shechor[2]

此派所主张与我所主张多相似之处。

二一、诗词一束[3]（六年一月十三日记）

采桑子慢　江上雪

正嫌江上山低小。多谢天工，教银雾重重，收向空濛雪海中。　江楼此夜知何梦？不梦骑虹，也不梦屠龙，梦化尘寰作玉宫。

此吾自造调，以其最近于《采桑子》，故名。

[1] 以上英文，手稿本缺。

[2] Shechor，手稿本为"Section"。

[3] 胡适原题。

沁园春　廿五岁生日自寿（五年十二月十七日）

弃我去者，二十五年，不再归来。对江明雪霁，吾当寿我，且须高咏，不用衔杯。种种从前，都成今我，莫更思量更莫哀。从今后，要那么收果，先那么栽。　宵来一梦奇哉，似天上诸仙采药回。有丹能却老，鞭能缩地，芝能点石，触处金堆。我笑诸仙，诸仙笑我。敬谢诸仙我不才，葫芦里，也有些微物，试与君猜。

沁园春　（以一字为韵）

（1）过年（六年元旦）

江上老胡，邀了老卢，下山过年。碰着些朋友，大家商议，醉琼楼上，去过残年。忽然来了，湖南老聂，拉到他家去过年。他那里，有家肴市酿，吃到明年。　何须吃到明年？有朋友谈天便过年。想人生万事，过年最易，年年如此，何但今年？踏月江边，胡卢归去，没到家时又一年。且先向，贤主人夫妇，恭贺新年。

（2）新年（一月二日）

早起开门，送出病魔，迎入新年。你来得真好，相思已久，自从去国，直到今年。更有些人，在天那角，欢喜今年第七年。何须问，到明年此日，谁与过年？　回头请问新年：那能使今年胜去年？说："少做些诗，少写些信，少说些话，可以长年。莫乱思谁，但专爱我，定到明年更少年。"多谢你，且暂开诗戒，先贺新年。

曩见蒋竹山作《声声慢》，以"声"字为韵，盖创体也。自此以来，以吾所知，似无用此体者。病中戏作两词，用二十五个“年”字，此亦一“尝试”也。[1]

四言绝句（一月十二日）

月白江明。永夜风横。明朝江上，十里新冰。

译杜诗一首 [2]

杜工部有诗云：

漫说春来好，狂风大放颠。吹花随水去，翻却钓鱼船。

此诗造语何其妙也。因以英文译之：

Say not Spring is always good,

For the Wind is in wild ecstasy:

He blows the flowers to flow down the stream,

Where they turn the fishman's boat upside down. [3]

二二、黄梨洲《南雷诗历》[4]（一月廿日）

病中读梨洲诗，偶摘录一二。其古诗多佳者，不能录于此也。

---

[1] 此后，手稿本还有如下一则札记：“校《墨经》戏作　《墨经》云：‘久，弥异时也。宇，弥异所也。’《说》曰：‘今久古今且莫。宇东西家南北。’王引之校衍上‘今’字及‘家’字，又读‘且’为‘旦’。适以为校书者不当轻易衍字。此文似当读‘久，合古今旦莫。宇，冢东西南北’。冢，即今蒙字也。此论 Time & Space，而其造语甚妙，戏用以入诗：久合古今旦莫，宇冢南北东西。除了一个情字，何物可以当之。”

[2] 译杜诗一首，手稿本无。

[3] 此后，手稿本有“一月十三日记”六字和如下一则札记：“《他》五章　得冬秀书作此：病中得他书，不满八行纸。全无要紧话，颇使我欢喜。我不认得他，他不认得我。我却常念他，这是为什么？岂不因我们，分定长相亲。由分生情意，所以非路人。天边一游子，生不识故里。终有故乡情，其理亦如此。岂不爱自由，此意无人晓。情愿不自由，也是自由了。　一月十六日。”

[4] 胡适原题。

偶　书

书院讲章村学究，支那语录莽屠儿。

蓦然跳出两般外，始有堂堂正正旗。

过塔子岭

西风飒飒卷平沙，惊起斜阳万点鸦。

遥望竹篱烟断处，当年曾此看桃花。[1]

东湖樵者祠

“东湖樵者之神位”，下拜寒梅花影边。

姓氏官名当世艳，一无凭据足千年。

过东明寺

独对千峰侧，心原与境讹。吾身已再世，古寺恰三过。

岁月尘蒙壁，牛羊夕下坡。好风四面至，吹泪压藤萝。

梦寿儿

自从儿殡后，无日不寒霖。天意犹怜汝，老夫何复心？

看书皆寿字，入梦契中阴。一半黄髯在，还留白自今。[2]

梨洲自序甚可诵，今录之：

《诗历》题辞

余少学诗南中，一时诗人如粤韩孟郁（上桂），闽林茂之（古度），黄明立（居中），吴林若抚（云凤），皆授以作诗

[1]　此后，手稿本还有如下文字：“断句　满溪明月浸桃花。难销字脚模糊血，打破支那笼统禅。云割山川皆半面，天分肥瘦觉千般。”

[2]　此后，手稿本还有如下文字：“断句　书到老来方可著，交从乱后不多人。死犹未肯输心去，贫亦其能奈我何。握中算子饶王伯，筑里新声杂铁铅。头白未曾成一事，灯青犹可役双眸。”

之法：如何汉魏，如何盛唐；抑扬声调之间，规模不似，无以御其学力，裁其议论，便流入于中晚，为宋元矣。余时颇领崖略。妄相唱和。稍长，经历变故，每视其前作，修辞琢句，非无与古人一二相合者。然嚼蜡了无余味。明知久久学之，必无进益，故于风雅意绪阔略。其间驴背篷底，茅店客位，酒醒梦余，不容读书之处，间括韵语以销永漏，以破寂寥，则时有会心。然后知诗非学之而致。盖多读书，则诗不求工而自工。若学诗以求其工，则必不可得。读经史百家，则虽不见一诗，而诗在其中。若只从大家之诗章参句炼，而不通经史百家，终于僻固而狭陋耳。

适按：此亦一偏之见也。单读书亦无用；要如梨洲所谓"多历变故"，然后可使"横身苦趣，淋漓纸上"耳。

夫诗之道甚大：一人之性情，天下之治乱，皆所藏纳。古今志士学人之心思愿力，千变万化，各有至处，不必出于一途。今于上下数千年之间，而必欲一之以唐；于唐数百年之中，而必欲一之以盛唐。盛唐之诗，岂其不佳？然盛唐之平奇浓淡，亦未尝归一，将又何所适从耶？是故论诗者，但当辨其真伪，不当拘以家数。若无王孟李杜之学，徒借枕藉咀嚼之力，以求其似，盖未有不伪者也。一友以所作示余。余曰："杜诗也。"友逊谢不敢当。余曰："有杜诗，不知子之为诗者安在？"友茫然自失。此正伪之谓也。余不学诗，然积数十年之久，亦近千篇，乃尽行汰去，存其十分之一二。师友既尽，孰定吾文？但按年而读之，横身苦趣，淋漓纸上，不可谓不逼真耳。南雷黄宗羲题。

二三、论诗杂诗[1]（一月二十夜）

病又作，中夜不能睡，成四诗：

（一）诗三百篇惟寺人孟子及家父两人姓名传耳，其他皆无名氏之作也。其诗序所称某诗为某作，多不可信。

三百篇诗字字奇，能欢能怨更能思。

颇怜诗史开元日，不见诗人但见诗。

（二）周末文学，传者至少。其传者，荀卿、屈原、宋玉之赋而已，皆南人也。北方文学乃无传者。

“从天而颂之，孰与制天命而用之？”

最爱荀卿《天论赋》，可作倍根语诵之。

（三）韩退之诗多劣者。然其佳者皆能自造语铸词，此亦其长处，不可没也。

义山冤枉韩退之，“涂改《清庙》《生民》诗”。

“牵头曳足断腰膂，挥刀纷纭刌脍脯”，

三百篇中无此语。

（四）此一诗因读梨洲诗序而作。陈伯严赠涛园诗云：“涛园抄杜句，终岁秃千毫。……百灵噤不下，此老仰弥高。”可怜！

“学杜真可乱楮叶”，便令如此又怎么？

可怜“终岁秃千毫”（陈伯严诗），学像他人忘却我。

---

[1] 胡适原题。

二四、威尔逊在参议院之演说词（一月二十二日）[1]

威尔逊在参议院的演说，提议一个“无胜利的和平”(a peace without victory)，主张只有平等的国家可以有永久的和平。他又主张各国联合为一个维持和平的大同盟。他说这不过是一种门罗主义的扩充而已。文中陈义甚高，民族自决，海洋自由，海军裁缩，皆有发挥。全文甚长，抄其结语如下：

I am proposing，as it were，that the nations should with one accord adopt the doctrine of President Monroe as the doctrine of the world：That no nation should seek to extend its policy over any other nation or people，but that every people should be left free to determine its own policy，it's own way of development，unhindered，unthreatened，unafraid，the little along with the great and powerful.

I am proposing that all nations henceforth avoid entangling alliances which would draw them into competition of power. Catch them in a net of intrigue and selfish rivalry，and disturb their own affairs with influences intruded from without. There is no entangling alliance in a concert of power. When all unite to act in the same sense and with the same purpose，all act in the common interest and are free to live their own lives under a common protection.

I am proposing government by the consent of the governed；that

[1] 此则在手稿本中只有威尔逊演说词的英文剪报，旁有胡适注：“President Wilson's speech to the Senate, Jan. 22, 1917.”，无以下这段中文导语。

freedom of the seas which in international conference after conference representatives of the United States have urged with the eloquence of those who are the convinced disciples of liberty; and that moderation of armaments which makes of armies and navies a power for order merely, not an instrument of aggression or of selfish violence.

These are American principles, American policies. We can stand for no others. And they are also the principles and policies of forward-looking men and women everywhere, of every modern nation, of every enlightened community. They are the principles of mankind and must prevail.

二五、罗斯福论“维持和平同盟”

罗斯福近有书致参议员波拉（Borah），力攻“维持和平同盟”之主张，其结论尤近于丑诋：[1]

The position of Mr. Holt and his associates in these international proposals is precisely like that of an individual who in private life should demand that if a ruffian slapped the face of a decent citizen's wife, and if the decent citizen promptly knocked the ruffian down, the peace League should, in the interest of the ruffian, attack the man who objected to having his wife's face slapped. Faithfully yours.

THEODORE ROOSEVELT.

[1] 此则在手稿本中为罗斯福致波拉信件全文的英文剪报（见本卷末附二），无这句中文引语。

罗斯福，小人也；其人可以处得志而不能处失志；失志则如疯狗不择人而噬矣。即如此“维持和平同盟”之议，罗氏二年前力主之；及其仇塔虎脱与威尔逊皆主之，罗氏忽变其初心，而力攻击丑诋之矣。

二六、维持平和同盟会之创立 [1]

PROPOSALS

We believe it to be desirable for the United States to join a league of nations binding the signatories to the following:

First: All justiciable questions arising between the signatory powers, not settled by negotiation, shall, subject to the limitations of treaties, be submitted to a judicial tribunal for hearing and judgment, both upon the merits and upon any issue as to its jurisdiction of the question.

Second: All other questions arising between the signatories and not settled by negotiation, shall be submitted to a council of conciliation for hearing, consideration and recommendation.

Third: The signatory powers shall jointly use forthwith both their economic and military forces against any one of their number that goes to war, or commits acts of hostility, against another of the signatories before any question arising shall be submitted as provided in the foregoing.

[1] 此则中的英文，手稿本缺。此则文末，手稿本有“一月廿四日”。

The following interpretation of Article Three has been authorized by the Executive Committee：“The signatory powers shall jointly use，forthwith，their economic forces against any of their number that refuses to submit any question which arises to an international judicial tribunal or council of conciliation before threatening war. They shall follow this by the joint use of their military forces against that nation if it actually proceeds to make war or invades another’s territory without first submitting，or offering to submit，its grievance to the court or council aforesaid and awaiting its conclusion.”

Fourth：Conferences between the signatory powers shall be held from time to time to formulate and codify rules of international law，which，unless some signatory shall signify its dissent within a stated period，shall thereafter govern in the decisions of the Judicial Tribunal mentioned in Article One.

“维持平和同盟”（The League to Enforce Peace）之议起于此邦。此邦人士如何耳特（Hamilton Holt）、塔虎脱（W. H. Taft）[1]之流皆主之。前年六月十七日何耳特[2]氏招此邦名流百人会于菲城之独立厅[3]，组织一“维持平和同盟”会。塔虎脱氏今为之长。此会所主四大纲如上所列。四事之中，尤以第三事为要。

两年以来，欧美政治家及政治学者多主张之。至前日（二十

[1] 何耳特、塔虎脱，手稿本中仅有英文人名，无中译。

[2] “何耳特”后，手稿本有“（Holt）”。

[3] 独立厅，手稿本为“独立所”。

二日）威尔逊破百余年之成例，至参议院[1]宣言，以此为将来外交政策之根本，则世界国际史真开一新纪元矣。[2]

二七、补记尔汝[3]（一月廿四日）

《论语》：

> 子谓子贡曰："女与回也孰愈？"[4]对曰："赐也何敢望回？……"子曰："……吾与女弗如也。"（《公冶长》）[5]

包注："吾与汝俱不如。"邢疏同。朱注："与，许也。"旧注以"与"为连字，而朱以为动字，朱注盖本《先进篇》"吾与点也"之语。顷见阮元《校勘记》曰：

> 《释文》出"吾与尔"云，"尔本或作女，音汝"。案《三国志·夏侯渊传》曰："仲尼有言，吾与尔不如也。"正作"尔"字，盖与陆氏所据本合。

此则甚可玩味。作"尔"者是也。吾前作《尔汝篇》，以为凡今言"你的""你们的"，古皆用"尔"不用"汝"，《马氏文通》所谓"偏次"者是也（看札记十三卷第一五则[6]）。今若依朱注，则"吾与汝弗如也"同于"吾许汝之弗如也"，汝在偏次，故当

[1] 参议院，手稿本为"元老院"。

[2] 此后，手稿本有一则英文剪报，胡适旁注："W.J. Byran. 删。"亚东本据此删除，现恢复，见本卷末附三。

[3] 胡适原题。

[4] 此句，手稿本为"子曰：'赐也，女与回也孰愈。'"

[5] （《公冶长》），手稿本无。

[6] 十三卷第一五则，手稿本为"十一卷页廿七"。

雪中江景

用尔。"尔弗如"犹今言"你的不及他"也。此又可证此律之严也。[1]

二八、一九一六年来往信札总计

吾自一九一六年正月一日到十二月卅一日，一年之间，凡收到一千二百十封信，凡写出一千〇四十封信。[2][3]

[1] 此后，手稿本还有一条杂记，为一则载有三首英文诗的剪报（见本卷末附四），并有胡适旁记："此诙谐诗三章，皆论此邦之教育情形，皆有深意可供省览，故记之。John Erskine为哥校英文教员，James Harvey Robinson为哥校历史教员，二人皆负重望。其第三诗之作者，不知为谁也。"

[2] 此后，手稿本附有一幅雪中江景照，胡适在其下题诗："江上还飞雪，西山雾未开。浮冰三百亩，载雪下江来。 廿五日。"又旁记："亩字（原为'丈'字。——校者）杏佛所改，极好。丈尺皆长度，亩乃面积之度也。"现补图于此。

[3] 此后，手稿本中还夹有一小则英文剪报，见本卷末附五。

二九、中国十年后要有什么思想

一月廿七日至斐城（Philadelpha）演说。斐城在纽约与华盛顿之间，已行半途，不容不一访经农。故南下至华盛顿小住，与经农相见甚欢。一夜经农曰：

我们预备要中国人十年后有什么思想？

此一问题最为重要，非一人所能解决也，然吾辈人人心中当刻刻存此思想耳。

三〇、在斐城演说

斐城之演说乃 Haverford College Alumni Association 之“年宴”所招。此校新校长为前在康南耳之康福先生（William W. Comfort）。此次年宴席后演说者本为美国前总统塔虎脱氏，及康南耳大学校长休曼氏。休曼校长辞不能来，康福先生荐适代之。适以其为异常优宠，却之不恭，故往赴之。此次所说为“美国能如何协助中国之发达”，稿另有刊本。塔总统所说为“维持和平同盟会[1]”。[2]

三一、湖南相传之打油诗

上天老懵懂，打破石灰桶。黑狗身上白，白狗身上肿。

陈嵩青说湖南相传“打油诗”作此式。此诗各地相传多有不同之

---

[1] 维持和平同盟会，手稿本为“维持平和同盟会”。

[2] 此后，手稿本尚有“即前文所记（参看　页）者也”（未注明具体页码——校者），即参看本卷第二六则。又此后，手稿本还附有一则英文剪报（见本卷末附六），旁有作者手记：“The Fetish of the Open Door，四月间作。附记于此。”

处。曩见小说《七侠五义》中亦有此诗，末二句同此，而首二句不同，今不复记忆矣。

三二、记朋友会教派（二月五日）

斐城演说后，寓于海因君（Joseph H. Haines）之家。此君今业商，而其家中藏历史文学美术之书满十余架。其新婚之夫人尤博雅[1]，富于美术观念。

海因君为 Haverford College 毕业生。此校本为朋友会（Society of Friends）教派中人所办[2]，故其中学生大半皆朋友会派信徒也。

朋友会者，耶稣教之一派，世所称匮克派（Quakers）是也。此派创于英人乔治（名）福克司（George Fox）。福克司痛耶教之沦为罗马教与英国国教，溺于繁文缛礼，而失其立教之精神，故倡个人内省自悔自修之说以警众。福氏本一织匠之子，素无声望，而其精诚动人，所至风靡。官府初以为妄言惑众，拘之判以笞罪。福氏持耶稣之不抗主义，俯首受鞭。鞭已，更请再鞭。(耶稣曰："你们莫与恶抗。若有人打你脸的左边，更把右边让他打。"——《马太书》五章三十九节。）鞭者卒感悔，竟成福氏之信徒。其后从者日众，遂成新派。福氏初说法时在一六四七年，至今二百七十年矣。今其徒虽不甚众（不出二十万人?），而其足迹遍于天下。吾国四川省亦多此派传教人也。

[1] 博雅，手稿本为"儒雅"。

[2] 所办，手稿本为"所派"。

此派初兴之时，其精神最盛。其信天修行，绝世无匹。其人每说法传道，精诚内充，若有神附。以其畏事上帝，故有“匮克”之称。“匮克”者，震恐战栗之谓。

此派教旨之特色：

（一）人人可直接对越上帝，不须祭司神父之间接。

（二）不用洗礼。

（三）不用祭司神父。（另有一支派，今亦用牧师。）

（四）每集会时，众皆闭目静坐，无有乐歌，无有演讲。无论何人，心有话说，即起立发言，或宣教义，或致祷词。说完，仍坐下默思。

（五）男女平等，皆可发言，皆可当众祈祷。（耶教初兴时，使徒如保罗〔St. Paul〕，对妇女极不平等〔看《哥林多前书[1]》十四章三十四五节〕。此派在十七世纪中叶独倡此风，可称女权史上一新纪元也。）

（六）深信耶稣“不与恶抗”之说。（此即老子之不争主义。娄师德所谓唾面自乾者近似之。）以此故，乃反对一切战争。凡信此教者皆不得当兵（此条实际上多困难。当此邦南北战争[2]之时已多困难。及今日英国强迫兵制之实行。此教中人因不愿从军受拘囚之罪者，盖不知凡几）。

海因夫人语我以此派中人之婚礼，甚有足供研究者，故记之于下：

---

[1] 哥林多前书，手稿本为“哥林多书前篇”。

[2] 南北战争，手稿本为“南北分争”。

男女许婚后，须正式通告所属朋友会之长老。长老即行调查许婚男女之性行名誉。若无过犯，乃可许其结婚。

结婚皆在本派集会之所。（此派不称之为“教会”〔Church〕，但称会所而已。）结婚之日，男女皆须当众宣言情愿为夫妇。宣言毕，长老起立，问众中有反对者不。若无异词，长老乃发给婚书。

海因夫人以婚书示我。其书以羊皮纸为之。首有长老宣言某人与某女子已正式宣告，愿为夫妇，当即由某等给与证书。下列长老诸人署名，次列结婚夫妇署名，其下则凡与会者皆一一署名。海因夫人婚书上署名者盖不下三百人。

海因夫人言朋友会中人因婚礼如此慎重，故婚后夫妇离异之事竟绝无而仅有也。

吾与此君夫妇此次为初交。海因君为年宴主事者，故与我有书信往来。吾既允演说，海因君函问我欲居 Bellvue-Strafford 旅馆耶，抑愿馆其家耶。此旅馆为斐城第一大旅馆，犹纽约之 Waldorf-Astoria 也。吾宁舍此而寓其家，正知其为朋友会中人，故欲一看其家庭内容耳。今果不虚此愿也。

三三、小诗（二月五日）

空蒙不见江，但见江边树。狂风卷乱雪，滚滚腾空去。

三四、寄经农、文伯

自美京归时，作一诗寄经农、文伯。（文伯，吉林王征字。）

日斜橡叶非常艳，雪后松林格外青。

可惜京城诸好友，不能同我此时情。

三五、迎叔永

叔永将自波士顿迁校来纽约，吾自美京作此迎之。

真个三番同母校，况同“第二故乡”思。
会当清夜临江阁，同话飞泉作雨时。[1]

三六、王壬秋论作诗之法[2]（二月十一日）

> ……诗者，持也。持其志无暴其气，掩其情无露其词。直书己意始于唐人，宋贤继之，遂成倾泻。歌行犹可粗率，吾言[3]岂容屠沽？无如往而复之情，岂动天地鬼神之听？……乐必依声，诗必法古，自然之理也。欲己有作，必先有蓄。名篇佳制，手披口吟，非沉浸于中，必不能炳着于外。……但有一戒，必不可学元遗山及湘绮楼。遗山初无功力而欲成大家，取古人之词意而杂糅之，不古不唐，不宋不元，学之必乱。（**适按[4]此言真不通。遗山在元之前，有何“不元”之理乎？**）余则尽法古人之美，一一而仿之，熔铸而出之。功成未至而谬拟之，必弱必杂，则不成章矣，故诗有家数，犹书有家样。不可不知也。（《大中华》二卷一期）

此老自夸真可笑。

---

[1] 诗后，手稿本有“追记”两字。
[2] 胡适原题。
[3] 吾言，手稿本为“五言”。
[4] 适按，手稿本无。

三七、袁政府"洪宪元年"度预算追记[1]

岁入	
经常	426, 237, 145
临时	45, 709, 565
岁入总计	471, 946, 710 元
岁出	
经常	
1 外交	3, 276, 677
2 内务	49, 653, 982
3 财政	53, 531, 625
4 陆军	135, 813, 986
5 海军	17, 101, 779
6 司法	7, 665, 772
7 教育	12, 611, 583
8 农商	3, 762, 244
9 交通	1, 577, 408
10 蒙藏院	947, 230
总计	285, 942, 286 元
临时	
总计（注）	185, 577, 150
岁出总计	471, 519, 436

（注）岁出临时总计项内有：[2]

陆军　　6, 438, 727 元

财政　　175, 302, 789 元

其临时费"财政"一目包括：[3]

预备金　　20, 000, 000 元

币制经费　　5, 000, 000 元

银行股本　　10, 000, 000 元

国债　　137, 683, 527 元

[1] 胡适原题。

[2] [3] 此句，手稿本为"内有"。

三八、无理的干涉（二月十二日）

初十夜哥仑比亚大学世界学生会之俄国学生请大文豪托尔斯太（Tolstoi）之子伊惹·托尔斯太伯爵（Count Ilya Tolstoi）演说。不意大学俄文科教长 Prof. J. D. Prince 素不喜托氏之理论者，出而干涉，竟令大学书记禁止此会用大学讲室为会场，托氏遂不能演说。托氏谓人曰：[1]

> I thought for a while that I was back in Russia and not in "free" America. Worse than that—for the precise address I intened to give had been delivered last October in Moscow and the address had been approved by the Chief of Police before it was delivered.

此不独本校之辱，亦此邦之羞也。

三九、落日[2]（二月十七日）

黑云满天西，遮我落日美。忽然排云出，团圞堕江里。

四〇、叔永柬胡适（二月十七日）[3]

昔与君隔离，一日寄一片。今来居同地，两三日一见。
岂曰道路遥？车行不数站。楼高懒出门，避人时下键。
门[4]户徒为尔，有窗临街店。仰视屋矗天，俯聆车掣电。

[1] 以下英文，手稿本中为一则英文剪报。

[2] 胡适原题。此则于手稿本中在第四一则之后，诗后有“十七日作　追记”。

[3] 手稿本中，此为粘贴的任叔永赠诗手迹，诗名为《柬胡适》。

[4] 门，手稿本为“闭”。

夜半喧雷声，惊魂作梦魇。一事每怪君，新诗频染翰。
问君何能然，所居远尘玷。赫贞著胜名，清幽独占断。
冬积冰棱棱，秋浮月艳艳。朝暾与夕曛，气象复万变。
昔负绮城佳，今当赫贞餍。我心苦尘烦，山林庶可砭。
已见赫贞夕，未观赫贞旦。何当侵辰去，起君从枕畔[1]。

四一、"赫贞旦"答叔永[2]（二月十九日）

"赫贞旦"如何？听我告诉你。昨日我起时，东方日初起，
返照到天西，彩霞美无比。赫贞平似镜，红云满江底。
江西山低小，倒影入江紫。朝霞都散了，剩有青天好。
江中水更蓝，要与天争姣。谁说海鸥闲，水冻捉鱼难，
日日寒江上，飞去又飞还。何如我闲散，开窗面江岸，
清茶胜似酒，面包充早饭。老任倘能来，和你分一半。
更可同作诗，重咏"赫贞旦"。

四二、寄郑莱书（二月廿一日）

...Very often ideas got beyond the control of men and carried men, philosophers, et al., along with it. That ideas have had "an ancestry and posterity of their own"（in the words of Lord Acton）is an indictment against the intellectual passivity and

[1] 畔，手稿本为"簟（畔）"。
[2] 胡适原题。

slovenness of mankind. We have allowed ideas to run wild and work disaster to the world. Think of the idea of nationalism...

We have succeeded in controling nature, and it is high time for us to think about how to control ideas...

The first step in this direction is to find a criterion to test the value of ideas...Ideas must be tested in terms of "the values of life." ...

The other step... is to find a way for the control of the formation of ideas. This I believe to lie in the direction of systematically gathering, interpreting, and diffusing the facts of life. We must have statistics, laboratories, experiment stations, libraries, etc, to furnish us with facts about the real conditions of society, the nation and the world. Without facts no truly workable ideas can be formed.

Heretofore ideas have come from the air, from the "world of ideas." Hereafter, ideas should come from the laboratories... [1]

四三、又记吾我二字 [2]（二月廿二日）

杨复吉 [3]《梦阑琐笔》云：

元赵惪《四书笺义》曰："吾我二字，学者多以为一义，殊不知就己而言则曰吾，因人而言则曰我。'吾有知乎哉?'

[1] 此后，手稿本有"To Loy Chang, Feb.21, 1916"。

[2] 胡适原题。

[3] "杨复吉"前，手稿本有"国朝"两字。

就己而言也。‘有鄙夫问于我’，因人之问而言也。”按此条分别甚明。“二三子以我为隐乎？”我，对二三子而言。“吾无隐乎尔”，吾，就己而言也。“我善养吾浩然之气”，我，对公孙丑而言，吾，就己而言也。

以是推之，“予惟往求朕攸济”，予即我也，朕即吾也。“越予冲人，不卬自恤”，予即我也，卬即吾也。其语似复而实非复。[1]

此一则见俞樾《茶香室丛钞》卷一[2]。

杨氏所释孟子一句，则非也。“吾浩然之气”之吾乃是偏次，谓“我的”也。

吾国旧日无文法学之名词，故虽有知之者而不能明言之也。

四四、记灯谜[3]（二月廿三日）

俞樾全集中有《隐书》一卷，皆谜也。中有多则，久流传人间。然殊多中下之作。有“祀典”一谜，射“祭遵”，吾读之，因作一谜云：

弟为尸　　射　　祭仲

吾又有一则云：

多中本有一。去了这个一，换上一个壹，请问是何物？　　射　　Money

[1] 以上三段文字在手稿本中为一则贴件，且为由左至右横写，为手稿本中所罕见。

[2] 卷一，手稿本无。

[3] 胡适原题。

陈女士有一谜云：

t（英文字母）　射　“宛在水中央”

四五、兰镜女士

附图为兰镜女士（Miss Jeannette Rankin），[1] 乃美国妇女作国会议员之第一人也。[2]

兰镜女士 [3]

[1] 此句，手稿本为“此为兰镜女士”。

[2] 此后，手稿本有一则英文剪报，后被删，现恢复，见本卷末附七。

[3] 此图，手稿本缺。

四六、哥仑比亚大学本年度之预算

哥仑比亚大学（本科与研究院）	3,349,485 元
巴纳得学院（女子部）	156,449 元
师范学院	879,975 元
药学院	46,618 元
总计	4,432,527 元 [1]

此哥仑比亚大学今年之预算也。此一校去年共用四百万金元。今年预算乃至四百五十万金元。此与吾国全国之教育年费相去无几矣。

四七、威尔逊连任总统演说辞要旨

下 [2] 所载为昨日威尔逊第二任总统就职演说辞中之要旨。[3]

We stand firm in armed neutrality，since it seems that in no other way we can demonstrate what it is we insist upon and cannot forego. We may even be drawn on，by circumstances，not by our own purpose or desire，to a more active assertion of our rights as we see them and a more immediate association with the great struggle itself.

We are provincials no longer. The tragical events of the thirty months of vital turmoil through which we have just passed have

[1] 以上内容在手稿本中为一则英文剪报（见本卷末附八），无中译。

[2] 下，手稿本为“下页”。

[3] 以下英文，手稿本缺。

made us citizens of the world. There can be no turning back. Our own fortunes as a nation are involved, whether we would have it so or not.

And yet we are not the less Americans on that account. We shall be the more American if we but remain true to the principles in which we have been bred. They are not the principles of a province or of a single continent. We have known and boasted all along that they were the principles of a liberated mankind. These, therefore, are the things we shall stand for, whether in war or in peace:

That all nations are equally interested in the peace of the world and in the political stability of free peoples, and equally responsible for their maintenance.

That the essential principle of peace is the actual equality of nations in all matters of right or privilege.

That peace cannot securely or justly rest upon an armed balance of power.

That Governments derive all their just powers from the consent of the governed and that no other powers should be supported by the common thought, purpose, or power of the family of nations.

That the seas should be equally free and safe for the use of all peoples, under rules set up by common agreement and consent, and that, so far as practicable, they should be accessible to all upon equal terms.

That national armaments should be limited to the necessities of national order and domestic safety.

That the community of interest and of power upon which peace must henceforth depend imposes upon each nation the duty of seeing to it that all influences proceeding from its own citizens meant to encourage or assist revolution in other States should be sternly and effectually suppressed and prevented.

四八、论“去无道而就有道”（三月七日）

王壬秋死矣。十年前曾读其《湘绮楼笺启》，中有与子妇[1]书云：

> 彼入吾京师而不能灭我，更何有瓜分之可言？即令瓜分，去无道而就有道，有何不可？……（今不能记其原文，其大旨如此耳。）

其时读之甚愤，以为此老[2]不知爱国，乃作无耻语如此。十年以来，吾之思想亦已变更。今思“去无道而就有道，[3]有何不可”一语，惟不合今世纪之国家主义耳。平心论之，[4]“去无道而就有道”，本吾国古代贤哲相传旧旨，吾辈岂可以十九世纪欧洲之异论责八十岁之旧学家乎？

---

[1] “子妇”后，手稿本有“（杨度之妹？）”。

[2] 此老，手稿本无。

[3] 去无道而就有道，手稿本为“即令瓜分，去无道而就有道”。

[4] “平心论之”后，手稿本有“实亦无可非”。

吾尝谓国家主义（民族的国家主义）但有一个可立之根据，其他皆不足辩也。此惟一之根据为何？曰："一民族之自治，终可胜于他民族之治之"一前提而已。譬如我国之排满主义之所以能成立者，正以满族二百七十年来之历史已足证其不能治汉族耳。若去一满洲，得一袁世凯，未为彼善于此也。未为彼善于此，则不以其为同种而姑容之，此二三次革命之所以起也。

若以袁世凯与威尔逊令人择之，则人必择威尔逊。其以威尔逊为异族而择袁世凯者，必中民族主义之毒之愚人也。此即"去无道而就有道"之意。

吾尝冤枉王壬秋。今此老已死，故记此则以自赎。

若"一民族之自治终可胜于他民族之治之"一前提不能成立，则民族主义国家主义亦不能成立。

然此前提究可成立乎？

此问题未可一概而论也。此前提之要点在一"终"字。终也者，今虽未必然，终久必然也。如此立论，驳无可驳，此无穷之遁辞也。

今之论者亦知此前提之不易证实，故另立一前提。威尔逊[1]连任演说辞中有云：

> That Governments derive all their just powers from the consent of the governed and that no other powers should be

[1] "威尔逊"前，手稿本有"前页（55）"。

supported by the common thought, purpose, or power of the family of nations.

此言“政府之权力生于被治者之承认”。此共和政治之说也，而亦可为民族主义之前提。如英国之在印度，若印度人不承认之，则革命也可。又如美国多欧人入籍者，今以二百万之德国人，处于美国政府之下，若此二百万德人承认美国政府，则不革命也。

然被治者将何所据而“承认”与“不承认”乎？若云异族则不认之，同族则认之，是以民族主义为前提，而又以其断辞为民族主义之前提也。此“环中”之逻辑也。若云当视政治之良否，则仍回至上文之前提，而终不能决耳。

今之挟狭义的国家主义者，往往高谈爱国，而不知国之何以当爱；高谈民族主义，而不知民族主义究作何解。（甚至有以仇视日本之故而遂爱袁世凯且赞成其帝政运动者）。故记吾所见于此，欲人知民族主义不能单独成立。若非种皆必当锄去，则中国今日当为满族立国，又当为蒙藏立国矣。

四九、艳歌三章 [1]（三月六日）

《墨经》云，“景不徙，说在改为”。经说云，“景，光至景亡；若在，尽古息”。《列子》公子牟云：“景不徙，说在改也。”

---

[1] 胡适原题。另，此则《艳歌三章》，为“三月六日作”；但前一则《论“去无道而就有道”》，则是“三月七日”记。时序前后颠倒，手稿本原文如此。

《庄子·天下篇》曰："飞鸟之影未尝动也。"今用其意，作诗三章。

飞鸟过江来，投影在江水。鸟逝水长流，此影何曾徙？

风过镜平湖，湖面生轻绉，湖更镜平时。此绉终如旧。

为他起一念，十年终不改。有召即重来，若忘而实在。

五〇、吾辈留学生的先锋旗（三月八日）

You shall know the difference now that we are back again.

—*Iliad*, xviii, 1.125.

英国前世纪之"牛津运动"(The Oxford Movement)(宗教改良之运动）未起时，其未来之领袖牛曼（Newman)、傅鲁得[1]（Froude)、客白儿（Keble）诸人久以改良宗教相期许。三人写其所作宗教的诗歌成一集。牛曼取荷马诗中语题其上，即上所记语也。其意若曰：

如今我们已回来，你们请看分晓罢。（语见 Ollard: *Oxford Movement*）

其气象可想。此亦可作吾辈留学生之先锋旗也。[2]

---

[1] 傅鲁得，手稿本为"傅奴得"。

[2] 此后，手稿本还有追记词一首："满庭芳　和陈女士寒月词韵（去年十一月作）　删《尝试集》时，删去此词。昨检视所删诗词，独此词未有存稿。以其下半颇能得白话词之本色，故追记之。　试问江头，'聪明冰雪'，究因何事多愁，究因何事，'怅怨'对寒流？岂为平和梦断，到如今血污三洲。（女士持世界平和主义者也。）莫非是，潇湘烟雨，归梦上归舟。　凝眸何所见？无枝不秃，何地非秋。有赪贞画舫，时过江楼。欲倩他传一信，这回不是钓诗钩，是我的新词一首，劝你莫'含忧'。　十一日。"

五一、俄国突起革命

俄国突起革命，市战三日而功成，俄沙退位，逊于其弟密雪儿大公。大公亦谦让不敢当也。吾意俄国或终成民主耳。此近来第一大快心事，不可不记。[1]

五二、读报有感（三月廿日）

英国报载二月一个月中德国人死伤者六万人；又德国自开战以来，死伤总数（海军及属地尚不在内）为四百十万余人。同日报载英国财政大臣罗氏报告，从一九一六年四月一日到一九一七年三月底，一年之中，英国政府每日平均支出六百万金镑。（每镑合美金五元，是每天支出三千万金元。）[2]

今晨[3]报纸有此两则，读之恻然，附记于此，并系以诗：

挥金如泥，杀人如蚁。阔哉人道，这般慷慨！

吾徽人读“蚁”字如“霭”，此古音也。今用以与“慨”为韵，“慨”亦读上声也。

五三、赵元任辨音（三月廿日）

赵元任前来书云（去年十月廿三日）：

（一）凡“影”纽之字，皆以韵起，或以喉端音起（喉端

[1] 此处，手稿本附英文剪报两则（见本卷末附九），在其下，胡适记：“此上所附，一为俄沙退位之诏，一为大公谦逊之宣言。”

[2] 手稿本无此段中文，但附有英文剪报两则，见本卷末附十。

[3] “今晨”后，手稿本有“之”字。

音者〔Glottal stop〕，如德文之ein）。其字皆属上声。（此上声，指上平，上上，上去，上入，非仅第二声也。）

（二）凡“影”纽之字，皆以“h”（或后“Ch”）起。其以“y”及“ü”为介者，以“hy”（或前“Ch”即“hs”）起。其字皆在上声。

（三）凡属“喻”纽之字，皆以韵起。其字皆在下声。（下声指下平，下上，下去，下入。）

疑凡“喻”纽之字，本以w y ü三介之一发端。其前无纽音，故此三介皆成韵也。

〔注〕有数种方言，其“喻”纽之字皆读以“ng”（疑）发端。其“影”“匣”二纽则决不然也。

（四）“匣”纽之字，在江浙则以有音之“h”（孩）或“y”起，在官话则以“h”或“hs”起。其字皆属下声。

			（官）	（苏）		（官）	（苏）	
例（1）	影	衣	i^1	i^1	汪	w^{1-}	w^1	呜
（2）	晓	希	hsi^1	hsi^1	荒	hw^1	hw^1	呼
（3）	喻	移	yi_1	yi_1	王	w_1	w_1	吾
（4）	匣	奚	hsi_1	yi_1	黄	hw_1	hw_1	胡

原书为英文，此吾所译也。

适按：元任此说辨之甚精。惟其论“喻”纽下一注，有未尽然者。盖“影”纽以韵起之字，在各方言中亦有以“ng”起者，如

（上平）哀，安，恩，谙，欧，鸦，在吾徽则读如Ngai，Ngan，Ngun，Ngau，Ngeu，Ngo。

（上去）爱，懊。

（上上）蔼，蚁。（此疑是下上）

（上入）恶，鸭。

则不独“喻”纽为然也。适意以为古代“疑”纽之字上声为影，下声为疑，疑又变为喻耳。

因论蚁字，连类记此。吾徽无“上上”“下上”及“上入”“下入”之别，仅有六声耳。今惟广州有八声，其他则至多仅有七声耳。（如秦音能别“上入”“下入”，而不能别“上去”“下去”，又不能别“上上”“下上”也。福州虽有八声，其“上上”“下上”实已无别，但存其名耳。）

元任辨音最精细，吾万不能及也。[1]

[1] 此后，手稿本尚有一页胡适所记杂事备忘，现补于后。

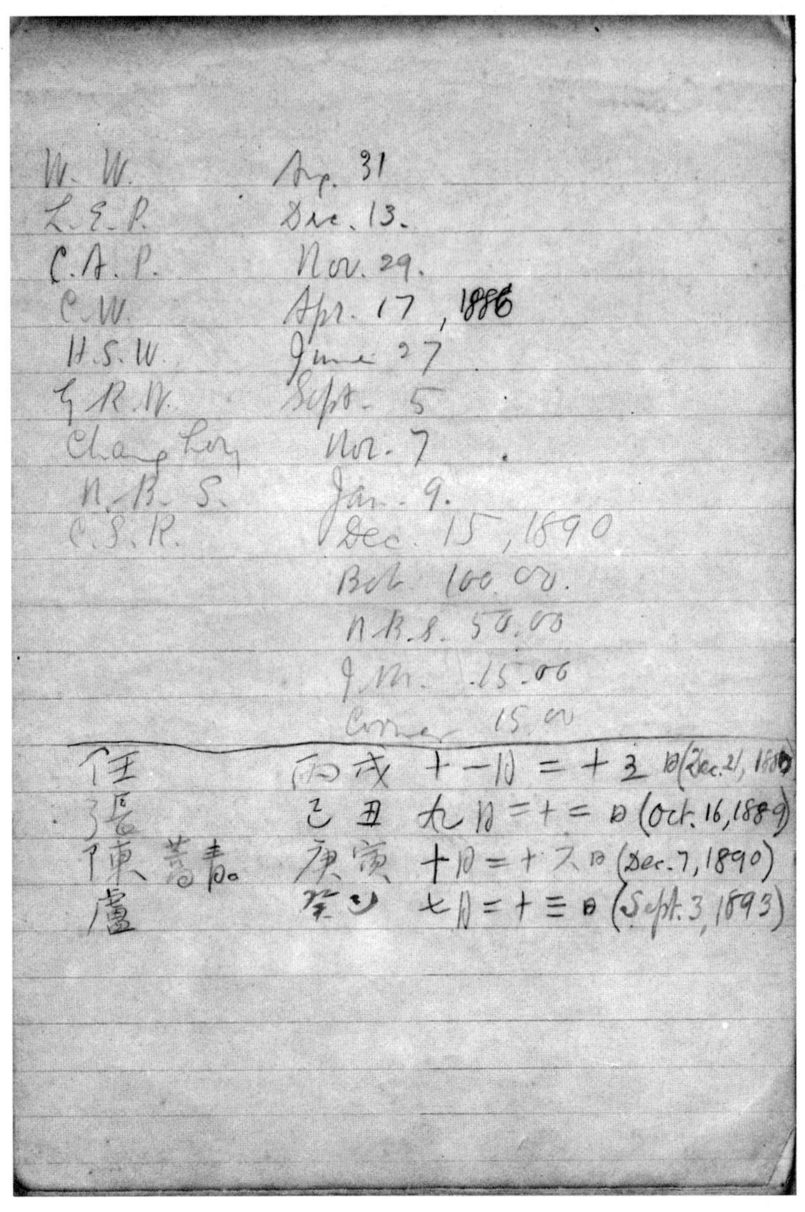
W. W. Aug. 31
L. E. P. Dec. 13.
C. A. P. Nov. 29.
C. W. Apr. 17, 1886
H. S. W. June 27
F. R. W. Sept. 5
[illegible] Nov. 7
N. B. S. Jan. 9.
C. S. R. Dec. 15, 1890
Bal. 100.00.
N. B. S. 50.00
J. M. 15.00
Corner 15.00
任 丙戌 十一月 = 十三日 (Dec. 21, 1886)
張 己丑 九月 = 十二日 (Oct. 16, 1889)
陳蕚青 庚寅 十月 = 十六日 (Dec. 7, 1890)
盧 癸巳 七月 = 十三日 (Sept. 3, 1893)

卷十五杂事备忘

卷十五附录

附一：

The best praise given Gilder as an editor is that of Cable, who speaks of his maturity in youth and his human interest in writers. "He was peculiarly an author's editor, and not merely a publisher's. He never dealt with one's literary products merely as wares for the market, but with their source, their author, and with his pages as things still hopefully in the making. He was the author's true friend for true service. He held the highest standards of literary service, and in striving to lift and hold others up to them, he spoke with a fidelity which every now and then was unflattering and vigorous." Gilder was not a critic who could have taken high literary rank, and he spoke occasionally of the difficulty of judging his "betters." But he did have what he called the three editorial requisites: "Ideas," conscience, and good taste. With this equipment, his letters show him genuinely anxious, first, to raise the literary standards of America, and second, to make the *Century* a national magazine that would reach two millions of readers. He remained editor till his death in 1909. The interest hetook in a great variety of civic questions is well reflected in Miss Gilder's volume.

下划线为胡适所注

附二：

The letter, which was written from New York on Jan. 15, is as follows:

My Dear Senator Borah:

I notice in The New York Sun a letter from Mr. Hamilton Holt, Vice Chairman of the League to Enforce Peace, in which he refers to some recent remarks both by you and myself.

Mr. Holt takes exception to your recent statement in the Senate. Your statement was absolutely justified; but it did not go nearly far enough. Mr. Holt also attempts to controvert my statement. I desired, in protesting against the action of the various gentlemen, including President Wilson, who are advocating a league to enforce peace, to assail them in their strongest position. Therefore I took the public speeches and addresses of these prominent men who have advocated the formation of such a league; for their speeches and addresses have been read by thousands of citizens, for every single citizen who has read the resolutions drawn up by the body to which Mr. Holt belongs. As he objects to my not having discussed these particular resolutions, however, I gladly do so; and I point out that you were far too lenient in your statement of the matter.

Mr. Holt points out, apparently as a matter of pride, that the League to Enforce Peace has deliberately chosen a deceptive title, 'and that it has no more idea of enforcing peace than it has of enforcing righteousness, but only, to use his own words, intends to 'enforce delay.' The league does not propose to concern itself with the righteousness or unrighteousness of any action; it simply proposes that when a wrong has been done the wrongdoing nation and the wronged nation shall be forced to bring their case before some outside council, and that the league shall go to war against whichever refuses to take this action.

Now, there are certain wrongs which no nation ought for one moment to discuss before taking action: and it is profoundly immoral for would-be philanthropists to decline to pass judgment in such cases on the wrong and merely propose to take action against the nation which itself acts; for, of course, it is likely that in such a case it is the wronged nation which will act.

Let me give a concrete case: If Germany should sink another Lusitania, or Mexico commit another massacre like that at Carrizal, and if the United States in such case deemed it her duty to take immediate action. (As I, for one, would certainly advocate,) the proposal of Mr. Holt and his associates is that the League to Enforce Peace should declare war not against the wrongdoer, but against the wronged party!

A more preposterous absurdity, a more wicked absurdity, could hardly be devised. Mr. Holt admits that the title, the "League to Enforce Peace," is a flagrant misstatement of the purposes of the league. He says it is only a league to enforce delay. But it is much worse than this. It is a league in the interest of the wrongdoers, a league which expressly waves aside all considerations of justice and righteousness, and proposes to make war on any deeply wronged and high-spirited nation which acts immediately against the transgressor. The proposal is too silly to work very much mischief; for in practice no nation would be so base as to carry it out.

But it is a thoroughly immoral thing to ask the United States to make promises which it would be disgraceful to keep, which, moreover, the nation, while composed of self-respecting men, could not keep and would not have the slightest intention of keeping. This is what the League to Enforce Peace, as interpreted by Mr. Holt, is now doing. He and his associates have adopted the proposal of Mr. Bryan's Peace Commission treaties, which likewise provided for talking over before outsiders all wrongs, including those to which no self-respecting nation would for one moment submit. But Mr. Holt and his associates stand on a lower level than Mr. Bryan, for, at least, Mr. Bryan did not propose to go to war in the interest of brutal offenders against those wronged nations which instantly resented the wrongs.

The position of Mr. Holt and his associates in these international proposals is precisely like that of an individual who in private life should demand that if a ruffian slapped the face of a decent citizen's wife, and if the decent citizen promptly knocked the ruffian down, the Peace League should, in the interest of the ruffian, attack the man who objected to having his wife's face slapped. Faithfully yours,

THEODORE ROOSEVELT.

附三：

The fourth objection that I see to this plan is fundamental and cannot be changed by a suggestion that I shall make in a moment. The fourth objection is that when we turn from moral suasion to force, we step down and not up. I prefer to have this nation a moral power in the world rather than a policeman. Therefore, while I have no doubt whatever of the high motives and of the laudable purpose of those who stand for the doctrines of the League, I cannot bring myself to believe that it is a step in advance.

附四：

ODES ON EDUCATION PLAN.

Columbia Professors Make Merry Over Rockefeller Proposal.

Apropos of the proposal to make education "practical and modern," two Columbia University professors have had a lot of fun writing poems at each other on the subject of the education of the Reilly family. Professor John Erskine started it when he wrote a poem he called an "Ode to Doctor Abraham Flexner." Dr. Flexner is of the Rockefeller General Education Board and an exponent of the "modernization" of education. In his "ode," Dr. Erskine said:

Just after the Board had brought the schools up to date,
To prepare you for your Life Work
Without teaching one superfluous thing,
Jim Reilly presented himself to be educated.
He wanted to be a bricklayer.
So they taught him to be a perfect bricklayer
And nothing more.
He knew so much about bricklaying that the contractor made him a foreman.
But he knew nothing about being a foreman.
So he spoke to the School Board about it.
And they put in a night course for him
On how to be a foreman
And nothing more.
He became so excellent a foreman that the contractor made him a partner.
But he knew nothing about figuring costs,
Nor about bookkeeping,
Nor about real estate,
And he was too proud to go back to night school.
So he hired a tutor, who taught him these things.
Prospering at last and meeting other men as wealthy as he,
Whenever the conversation started, he'd say to himself:
"I'll lie low till it comes my way—
"Then I'll show 'em!"
But they never mentioned bricklaying,
Nor the art of being a foreman,
Nor the whole duty of being a contractor,
Nor figuring costs,
Nor real estate;
So Jim never said anything,
But he sent his son to college.

The Life of Jim's Son Tom.

In reply, Dr. James Harvey Robinson wrote an "Ode to Professor John Erskine." This is it:

Jim Reilly's son Tom didn't know what he wanted to do.
So he took Latin and Mathematics and hoped they'd discipline his mind
And prepare him for sharing in polite intercourse.
After three years he knew that two straight lines perpendicular to the same plane
Are parallel to each other.
And for a short time he could say what were both sine and cosecant;
But a month after the examination he unhappily forgot which was which.
He had learned a list of diminutives; only culum and bulum remained to him—
So sweet was their euphony.
He knew the mute with "l" or "r" played a mystic role in the higher life,
Which in moments of depression he felt he didn't grasp.
An old book by a man for the old
Tightened the reins of his youthful spirit.
When he reached the two gates of slumber at the end of Lib. VI.
They gave him ready exit, and he never began Lib. VII.
But he had the elements of a liberal education, and,
Like his Philistine father before him,
Whenever the conversation started, he'd say to himself:
"I'll lie low till it comes my way—
"Then I'll show 'em!"
But they never mentioned the Caesural pause,
And rarely the first Archilochian strophe,
Nor Vercingetorix, nor the mute with "l" or "r."
He never got far enough to meet a reflection of Horace's
About those on whose cradles Melpomene smiles,
But he knew he couldn't play an Isthmian game as well as T. R.
Father Jim took him into the office.
He did not seem the worse for disciplining his mind.
He could make a deal unice securus, however disadvantageous to the buyer,
And he knew the difference betwixt a Martini and a Bronx,
And appreciated the roundness of a maiden's arm,
Without the help of Horace.

What Happened to Grandson George.

The Century Magazine reprints the two odes, and adds a third, an "Ode to Professor James Harvey Robinson," by "F. L. A." This says:

When Tom Reilly had grown to elderly prosperity,
So that he rode downtown in his limousine at ten A. M., preceded by six inches of cigar,
He said to his son George:
"George, college did worlds for me.
I don't remember a darned thing I learned there, but
The fellows I played round with are now my fellow-directors,
And my intimacy with them is profitable.
Which college do you prefer?"
And George said,
"Thank you, father."
And selected the college that had just made a clean sweep in major sports.

So George went.
He learned lots of things.
Although he didn't catch the sort of cultivation to which occasional contact with the Faculty exposed him,
He learned that the most important thing in life
Is that the score on November 20 should be 16—0 and not 0—16.
And the next most important thing is to get by with a C in at least three out of five courses.

He learned what loyalty to an educational institution is,
To smoke cigarettes on the bleachers and yell at last practice.
He learned that the first and great commandment is,
Thou shalt bet on thy teams and refrain from independent thinking and look with a skeptic eye on Phi Beta Kappa.
Thus did college instill in George a sense of proportion,
A sense of permanent values.
So he went out into the world,
And he said, "I'll lie low till it comes my way,
Then I'll show 'em."
And it came his way.
He could talk sports and stocks and drinks and motor cars with the best of the brokers.
And he got promoted in the bank because he had belonged to Beta Veta Delta and played left tackle.
Today he has three limousines to his father's one,
And a town house
And a yacht
And a place at Tuxedo
And a camp in the Adirondacks with twenty guest-rooms and thirty baths.
And when the application blanks for the boat race come around
He puts fifty dollars on the crew,
And with the words,
"It isn't the studies that count in college,
It's the college life,"
He thanks his father's memory for his education.

附五：

Special Cable to THE NEW YORK TIMES.

MEXICO CITY, March 11.—After six years of civil strife, Mexico wrote the word "democracy" in capital letters in her history today, when Presidential and Congressional elections were held in a most fair and orderly manner. A sweeping victory for General Venustiano Carranza is claimed in political quarters here, although no figures are available tonight.

executed in all markets.

MACKAY & CO

14 Wall Street, New York.

附六:

WHEN any historic policy is stripped of its proper setting or background, it soon degenerates into a meaningless catchword and its real value is often lost sight of. Thus the policy of the "Open Door" in China, because it is little understood, has come to assume in the minds of many Americans such an undue importance as actually to obscure the real issues of the Far Eastern situation and to obstruct the minds of America and China from seeking their solutions in more fruitful and constructive directions. It seems that the time has come for us to properly evaluate this traditional policy in order that we may determine whether it may not yet serve as a guiding principle in dealing with the new complications that are rapidly developing in the Far East.

For the sake of invitng fruitful discussion on this subject, the present writer wishes to frankly state his own opinion that the Open Door policy is no longer adequate as a constructive "China policy." This contention is based on three reasons: first, the Open Door policy is purely economic; second, its effect with respect to the maintenance of Chinese independence and integrity is merely nominal and essentially negative; and, thirdly, it ignores entirely China's own rights and interests.

POLICY CHIEFLY ECONOMIC.

That the Open Door is purely economic is evident. The John Hay note of September 1899 which inaugurated the policy was actuated by "a sincere desire to insure to the commerce and industry of the United States and of all other nations perfect equality of treatment within the limits of the Chinese Empire for their trade and navigation.''' The three articles contained in this note merely pledge each of the powers, first, not to interfere with any treaty port or vested interest within any so-called "sphere of influence" or leased territory it may claim in China; second, to apply the Chinese treaty tariff to all imports without distinction; and, lastly, to levy no excessive harbor dues or railway charges in discrimination against the shipping or transportation of merchandise belonging to other nations within its "sphere." It may be noted in passing that the John Hay note officially recognized the "spheres of influence" as an accomplished fact.

The inadequacy of such an exclusively economic principle as a constructive policy in China was pointed out as early as 1900 by Prof. Paul Reinsch, now American Minister to China, who wrote in his World Politics: "As long as freedom of opportunity is preserved within these spheres, as long as treaty ports are kept open and their number is gradually increased, THE POLICY DESIGNATED BY THE TERM 'OPEN DOOR' IS PRACTICALLY IN FORCE, EVEN THOUGH THE POLICING OF THE EMPIRE MAY HAVE BEEN DIVIDED UP AMONG THE POWERS." To confirm Prof. Reinsch's words, the reader may be referred to a letter from a Japanese publicist, Mr. K. K. Kawakami, published in the New York Times for April 11, 1915; that is, in the midst of those exciting days of Sino-Japanese negotations. After quoting the John Hay note in full, Mr. Kawakami maintains that the Japanese program in China violates neither the letter nor the spirit of the Open Door as conceived by Mr. Hay and accepted by the powers. He then proceeds to quote from a letter written by a British merchant in Chang-Chun expressing his deep gratitude to the Japanese administration in Manchuria. The British merchant's letter ends in these words: "Woe betide the day if the country is handed back to the control of the Chinese!"

A LOGICAL CONCLUSION.

In other words, if your object is merely to secure equal opportunity of commerce and industry in China, then it matters very little whether China be under British control or Japanese control. Thus the New York Evening Post in an editorial published on June 17, 1915, after pointing out the increase of American trade in Korea from about $2,500,000 in 1911 to $4,000,000 in 1913, arrives at this perfectly reasonable conclusion: "The problem of foreign opportunity in Korea therefore assumes this aspect: whether Japan's efforts in developing the resources of the country, and so widening the opportunities for foreign trade in general, do not compensate for such special advantages as Japan enjoys. American trade in the old Hermit Kingdom was negligible. American trade under a modernized Korea shows a veary healthy increase. IT IS A CONSIDERATION WHICH HOLDS FOR OTHER REGIONS OF THE FAR EAST." I have italicized the last sentence to show the logical conclusion of a purely economic policy.

"But," the defender of the Open Door will perhaps say, "has not the Open Door always been associated with the principle of maintaining the independence and integrity of China?" It is true that the maintenance of the independence and integrity of China was fully embodied in all such international agreements as the Anglo-German Agreement of October 1900, the three Anglo-Japanese Treaties of Alliance, and the Franco-Japanese and the Russo-Japanese Agreements of 1907. But the essentially negative and nominal character of such stipulation only lends support to the contention that the Open Door, even though widened to include the maintenance of Chinese territorial integrity, can no longer meet the new exigencies of the Far East.

THE POLICY HAS NO CONSTRUCTIVE VALUE.

In the first place, this principle has no positive or constructive value: it was necessitated by a sort of balance of power in China, and has aimed only at maintaining a territorial and political status quo in China as long as any failure of such maintenance is feared to be disastrous to all powers concerned. Its sole object has been to muddle through a complicated situation without making any attempt at fundamentally improving it.

In the second place, all such pledges and arrangements seem to have no more than a mere nominal force. As soon as the balance of power breaks down,—as it is now breaking down,—as soon as any power, with the acquiescence of its allies, is in a position to dictate the terms of dividing the spoils, so soon the phrase "the independence and integrity of China" becomes a mere scrap of paper. The first treaty of alliance between Great Britain and Japan (1902), for example, specifically stipulates the maintenance of "the territorial integrity of the Empire of China and the Empire of Korea." But when Japan had established her rule over Korea by right of the Russo-Japanese War, it was an exceedingly easy matter for the Two High Contracting Parties, when renewing the treaty, to strike out the few insignificant words "and the Empire of Korea." To use the words of the editorial quoted, "it is a consideration which holds for other regions in the Far East."

CHINESE NATION NOT CONSIDERED.

The last and fundamental defect of the Open Door, however, lies in the fact that, while professing to be a "China policy," it completely ignores the interests and rights of the Chinese nation. All the treaties and agreements relating to China read very much like "Hamlet with Hamlet left out." Each power is actuated by its own "special interests" in China; and if the powers are pleased to insure the independence and integrity of China and the principle of equal opportunity for the commerce and industry of all nations, it is only because such insurance is deemed expedient for the preservation of the common interests of all powers in China.

In all their dealings with China, there has never been any consideration of China's own rights and claims in her own land and in the world at large. This total disregard of China's own interests and aspirations seems to be a fundamental defect in all the traditional "China policies," the Open Door not excepted. For after all, the real and final solution of the China problem must be sought in China herself.

And if the world cannot rid itself of the sentiment of nationalism, China has an equal title to the rights and claims appertaining to a self-conscious nationality. Any policy which refuses to reckon with the just claims of this rapidly growing national consciousness will in the end defeat itself, and the world will pay heavily for it. Are we not now witnessing the fruits of a Turkey policy with Turkey left out?

AS TO A NEW POLICY.

As to what the future American policy in China should be, that is a problem we must leave to American statesmanship to solve. It seems to the present writer, however, that if there is to be a new "China policy" at all, it must possess, among other things, these main characteristics. First, it must aim at removing the source of all international rivalry and friction by helping the Chinese people in their struggle to secure a good and enlightened nationalistic government. Secondly, it must be a world-policy: that is to say, it must constantly take into consideration, not merely the "special interests" of any one nation or nations, but also the fundamental and lasting interests of the whole world of which China forms an integral part.

A policy so characterized cannot content itself with merely insuring an economic equality of opportunity and treatment in China. Indeed, in realizing its object,—namely, the strengthening of China—the new policy may even require some such economic sacrifices as the revision of the outrageously unjust treaty of tariff of 5 per cent ad. val.—a revision which China so badly needs. In short, no new "China policy" can be worthy of its name unless it be one which strives to aid and facilitate the creation and development of a New China of the Chinese, by the Chinese, and for the common advancement of humanity.

附七：

The polling places were opened at 8 o'clock this morning, remaining open until 6 this afternoon. During the whole day thousands of persons flocked to cast their votes. A feature was the voting of the Indians, who never had cast ballots before and took a deep, earnest interest.

In the fifth district here Miss Herlinda Galindo, a woman suffragist, was elected to the Lower House of Congress. She will be the first woman ever seated in the Chamber of Deputies.

附八：

COLUMBIA BUDGET $4,432,527

Record Sum Due in Part to High Cost of Labor and Materials.

Columbia University will require $4,432,527 in appropriations next year. The budget was adopted yesterday by the Trustees after a long meeting, at which every effort was made to pare down this record figure. The appropriation last year was <u>$4,077,701,</u> which was considered a record that need not be equaled this year. As explained by the Trustees, however, the high cost of labor and materials makes this impossible, and the problem has been to keep the figures within $5,000,000.

The Department of Buildings and Grounds alone will require $306,248, which is an exceedingly high figure for that department. The Trustees explain this item by stating:

"The appropriation for the care and maintenance of the buildings and grounds of the university shows a very large increase, due to the advance in wages and in the cost of supplies. Wages have been advanced from 12 per cent. to 25 per cent., and the cost of various items in the list of supplies has gone up from 14 per cent. in one case to as high as 117 per cent. in another case."

The main items of the budget are:

Educational administration and instruction	$2,460,770
Buildings and grounds	306,248
Library	127,727
Business administration	83,880
Annuities	37,280
Taxes and other charges upon the Loubat and Williamsbridge properties	109,069
Interest on the corporate debt	124,510
Payment on account of redemption fund	100,000
Total	$3,349,485
Barnard College	156,449
Teachers College	879,975
College of Pharmacy	46,618
Grand total	$4,432,527

下划线为胡适所注

附九（两则）：

Manifesto of the Czar on His Own and Son's Abdication and His Brother's Promise to Rule if the People Will It

PETROGRAD, March 17, (via London.)—Following is the text of the manifesto in which the Russian Emperor announced his abdication and that of his son, the document having been largely prepared in advance by the Duma committee which went to interview him:

We, Nicholas II., by the Grace of God Emperor of all the Russias, Czar of Poland, and Grand Duke of Finland, &c., make known to all our faithful subjects:

In the day of the great struggle against a foreign foe, who has been striving for three years to enslave our country, God has wished to send to Russia a new and painful trial. Interior troubles threaten to have a fatal repercussion on the final outcome of the war. The destinies of Russia and the honor of our heroic army, the happiness of the people, and all the future of our dear Fatherland require that the war be prosecuted at all cost to a victorious end. The cruel enemy is making his last effort, and the moment is near when our valiant army, in concert with those of our glorious Allies, will definitely chastise the foe.

In these decisive days in the life of Russia we believe our people should have the closest union and organization of all their forces for the realization of speedy victory. For this reason, in accord with the Duma of the empire, we have considered it desirable to abdicate the throne of Russia and lay aside our supreme power.

Not wishing to be separated from our loved son, we leave our heritage to our brother, the Grand Duke Michael Alexandrovitch, blessing his advent to the throne of Russia. We hand over the Government to our brother in full union with the representatives of the nation who are seated in the legislative chambers, taking this step with an inviolable oath in the name of our well-beloved country.

We call on all faithful sons of the Fatherland to fulfill their sacred patriotic duty in this painful moment of national trial and to aid our brother and the representatives of the nation in bringing Russia into the path of prosperity and glory.

May God aid Russia.

①

Grand Duke Michael's Statement.

LONDON, March 17.—The declaration made by Grand Duke Michael concerning acceptance of the throne, as received here from the Russian semi-official news agency, reads:

This heavy responsibility has come to me at the voluntary request of my brother, who has transferred the imperial throne to me during a period of warfare which is accompanied with unprecedented popular disturbances.

Moved by the thought, which is in the minds of the entire people, that the good of the country is paramount, I have adopted the firm resolution to accept the supreme power only if this be the will of our great people, who, by a plebiscite organized by their representatives in a constituent assembly, shall establish a form of government and new fundamental laws for the Russian State.

Consequently, invoking the benediction of our Lord, I urge all citizens of Russia to submit to the Provisional Government, established upon the initiative of the Duma and invested with full plenary powers, until such time, which will follow with as little delay as possible, as the constituent assembly, on a basis of universal, direct, equal, and secret suffrage, shall, by its decision as to the new form of government, express the will of the people.

②

附十（两则）：

LONDON, March 19.—According to official lists kept here, the total casualties of the Germans reported for the month of February in killed, dead due to wounds and sickness, men made prisoner, and missing, aggregate 60,471, making the total German casualties since the beginning of the war, exclusive of those in the navy or the colonies, 4,148,163. The February losses are given as follows:

Killed or dead from wounds or sickness	13,826
Prisoners	1,396
Missing	7,279
Seriously wounded	12,451
Slightly wounded	25,519
Total	60,471

①

LONDON, March 19.—Replying to a question in the House of Commons today, Andrew Bonar Law, Chancellor of the Exchequer, said that the daily average expenditure of the British Government from April 1, 1916, to March 31, 1917, would work out at £6,000,000.

Bonar Law said that the nominal total national debt was estimated at £3,900,000,000. The total estimated amount due from Great Britain's allies and the dominions, the Chancellor said, was £964,000,000.

The Chancellor said that the average daily payments between Feb. 11 and March 31 would amount to £7,260,000. In that period especially heavy payments were falling due, which had increased by a daily average of more than £1,000,000, and the daily expenditure for the year would consequently work out at £6,000,000.

②

卷十六

一九一七年三月二十一日——一九一七年六月一日

此卷手稿本，封面题写“胡适札记”“第十四册”。

一、《沁园春》俄京革命（三月廿一日）[1]

前日报记俄京革命之第一日，有此一段：[2]

> Groups of students，easily distinguished by their blue caps and dark uniforms，fell into step with rough units of rebel soldiers，and were joined by other heterogeneous elements，united for the time being by a cause greater than partisan differences.

吾读之有感，因作《沁园春》词记之：

> 吾何所思？冻雪层冰，北国名都。想乌衣蓝帽，轩昂年少，指挥杀贼，万众欢呼。去独夫“沙”，张自由帜，此意如今果不虚。论代价，有百年文字，多少头颅。

此仅半阕，他日当续成之。[3]

二、读厄克登致媚利书信（三月廿七日）

月前在旧书摊上得一书，为英国厄克登勋爵[4]（Lord Acton 1834—1902）寄格兰斯顿之女媚利之书（媚利后嫁为朱鲁〔Drew〕夫人）。厄氏为十九世纪英国第一博学名宿，尤长于史学。后为康桥大学史学院长，今康桥所出之《康桥近世史》，即其

---

[1] 此则前，手稿本还有如下一条札记：“怀君武先生　八年不见马君武，见时蓄须犹未黑。自言归去作工人，今在京城当政客。　看报作此。　六年三月廿一日。”

[2] 此后英文，在手稿本中为一则英文剪报。

[3] 此后，手稿本另页空白处记：“此条未入札记，乃临时为《季报》所写，今以补入。”但未见补入之札记。此后手稿本有五页空白。

[4] 勋爵，手稿本为“男爵”。

所计画者也[1]。

厄氏有“蠹鱼”之名，以其博学而不著书也。其所欲著之《自由史》终身不能成，朱鲁夫人戏以“将来之圣母”称之。(“圣母”者，耶稣之母，古画家如拉飞尔皆喜用以为画题。英文豪詹姆斯〔Henry James，本美国人[2]〕有名著小说曰《将来之圣母》，记一画家得一美人，将用以为“圣母”之法本，瞻视之二十年不敢下笔，而美人已老，画师之工力亦销亡，遂掷笔而死)。

然吾读此诸函，论英国时政极详，极多中肯之言。虽在异域，如亲在议会。其关心时政之切，其见事之明，皆足一洗其“蠹鱼”之谤矣。

人言格兰斯顿影响人最大，独厄氏能影响格氏耳，其人可想。

此诸书皆作于五六年之间[3](1879—1885)，而多至八万言(尚多删节去者)。其所论大抵皆论学、论文、论政之言也。此亦可见西国男女交际之一端，故记之。

书中多可采之语，如云：

> The great object in trying to understand history，political，religious，literary or scientific，is to get behind men and to grasp ideas．Ideas have a radiation and development，an ancestry and posterity of their own，in which men play the part of godfathers and godmothers more than that of legitimate parents....Those

[1] 所计画者也，手稿本为“所手创也”。

[2] 美国人，手稿本为“美人”。

[3] 五六年之间，手稿本为“五年之间”。

elements of society must needs react upon the state; that is, try to get political power and use it to qualify the Democracy of the constitution (in France). And the state power must needs try to react on society, to protect itself against the hostile elements. This is a law of Nature, and the vividness and force with which we trace the motion of history depends on the degree to which we look beyond persons and fix our gaze on things....This is my quarrel with Seeley (*The Expansion of England*). He discerns no Whiggism but only Whigs.... (PP. 99—100).

又如其论邓耐生（Tennyson，大诗人）曰：

His (Tennyson's) want of reality, his habit of walking on the clouds, the airiness of his metaphysics, the definiteness of his knowledge, his neglect of transitions, the looseness of his political reasoning—all this made up an alarming *cheval de frise* [1] .... (P. 114)

此论实甚切当。

...All understanding of history depends on one's understanding the forces that make it, of which religious forces are the most active and the most definite. (P. 279)

I think that faith implies sincerity, that it is a gift that does not dwell in dishonest minds. To be sincere a man must battle with

[1] 手稿本中，此处有胡适所加下划线。

the causes of error that beset every mind. He must pour constant streams of electric light into the deep recesses where prejudice dwells, and passion, hasty judgments, and wilful blindness deem themselves unseen. He must continually grub up the stumps planted by all manners of unrevised influence.（P. 279—280）

读此节可想见其人。

三、眏（三月廿九日）

吾徽人谓闭目为“眏”，音夹。《韩非子·说林》曰：“今有人见君则眏其一目，奚如？”即此字。今说作睫动，一曰眇也，皆非也。

卢晋侯言，云南亦作此语。

四、中国科学社第一次年会合影

下[1]所附影片，见《科学》第三年一号。此中不独多吾旧友故交，其中人物，大足代表留美学界之最良秀一分子，故载之于此。

五、林琴南《论古文之不宜废》（四月七日）

文无所谓古也，唯其是。顾一言是，则造者愈难。汉唐之《艺文志》及《崇文总目》中，文家林立，而何以马班韩柳独有千古？然则林立之文家均不是，唯是此四家矣。顾寻常之笺牒简牍，率皆行之以四家之法，不惟伊古以来无是事，

[1] 下，手稿本为“下页”。

中国科学社第一次年会合影[1]

[1] 此图，手稿本缺。

即欲责之以是，亦率天下而路耳。（不通！）[1] 吾知深于文者万不敢其（不通！）设为此论也。然而一代之兴，必有数文家撑拄于其间。是或一代之元气，盘礴郁积，发泄而成至文，犹大城名都，必有山水之胜状，用表其灵淑之所钟。文家之发显于一代之间亦正类此。呜呼，有清往矣！论文者独数方姚。而攻掊之者麻起，而方姚卒不之踣。或其文固有其是者存耶？方今新学始昌，即文如方姚，亦复何济于用？然而天下讲艺术者，仍留古文一门，凡所谓载道者，皆属空言，亦特如欧人之不废腊丁耳。知腊丁之不可废，则马班韩柳亦自有其不宜废者，吾识其理，乃不能道其所以然，此则嗜古者之痼也。民国新立，士皆剽窃新学，行文亦泽之以新名词。夫学不新而唯词之新，匪特不得新，且举其故者而尽亡之，吾甚虞古系之绝也。向在杭州，日本斋藤少将谓余曰："敝国非新，盖复古也。"时中国古籍如皕宋楼[2]藏书，日人则尽括而有之。呜呼，彼人求新而惟旧之宝，吾则不得新而先殒其旧！意者后此求文字之师，将以厚币聘东人乎？夫马班韩柳之文虽不协于时用，固文字之祖也。（不通！）嗜者学之，用其浅者以课人，辗转[3]相承，必有一二巨子出肩其统，则中国之元气尚有存者。若弃掷践唾而不之惜，吾恐国未亡而文字已先之，几何不为东人之所笑也！[4]

[1] "不通"为胡适批注。后同，不再注。

[2] "楼"后，手稿本有"之"字。

[3] 辗转，手稿本为"转转"。

[4] 以上文字在手稿本中为一则中文剪报，并有胡适所加标记与批注。

此文中“而方姚卒不之踣”一句，“之”字不通。

此文见上海《民国日报》(六年二月八日)。

六、汉学家自论其为学方法

顾亭林答李子德书：

三代六经之音失其传也久矣。其文之存于世者多后人所不能通，而辄以今世之音改之，于是有改经之病。……故愚以为读九经自考文始，考文自知音始。以至诸子百家之书亦莫不然。

戴东原与段玉裁书：

经以载道，所以明道者，辞也。所以成辞者，字也。学者当由字以通其辞，由辞以通其道。某自十七岁时有志问道，谓非求之六经孔孟不得，非从事于字义制度名物无由以通其言语。为之数十年，灼然知古今治乱之源在是。宋儒讥训诂之学而轻语言文字，是犹度江河而弃舟楫也。(见段撰《戴东原年谱》)

钱大昕《十驾斋养新录》：

经史当得善本。……若日读误书，妄生驳难，其不见笑于大方者鲜矣。

惠栋《九经古义》序曰：

五经出于屋壁，多古字古言，非经师不能辨。经师之义存乎训。识字审音，乃知其义。是故古训不可改也，经师不可废也。[1]

[1] 此后，手稿本还有一句：“上所记，皆汉学家自论其为学之方法之言。”

七、几部论汉学方法的书

论汉学方法之书，最要者莫如下列诸籍：

（一）段玉裁《与诸同志论校书之难》书。（《经韵楼集》）

（二）王引之《经义述闻》卷廿九——三十，《通说》上下。

（三）王引之《经传释词》。

（四）阎若璩《古文尚书疏证》。[1]（一百廿八卷）

惠栋《古文尚书考》。（二卷）

（五）俞樾《古书疑义举例》。

（六）章炳麟《国故论衡》。[2]

八、杜威先生小传

此小传见于三月廿六日《独立》周报，作者为 Edwin E. Slosson。[3]

If some historian should construct an intellectual weather map of the United States he would find that in the eighties the little arrows that show which way the wind blows were pointing in toward Ann Arbor，Michigan，in the nineties toward Chicago，Illinois，and in the nineteen hundreds toward New York City，

[1] 《古文尚书疏证》，手稿本为"《尚书古文疏证》"。

[2] 此后，手稿本还有一条相关的札记："相传戴东原少时，塾师授以《大学章句》经一章，东原问曰：'此何以知为孔子之言而曾子述之。'师云：'朱子云然。'又问：'朱子何时人，曾子何时人，两人相去几多年。'师曰：'几二千年。'（当作千余年）曰：'然则朱子何以知其然。'师不能答。此说确否不可知。然大足写汉宋学之区别。"

[3] 此段文字，手稿本中为英文："From Edwin E. Slosson, in *The Independent*, March 26, 1916."。此后英文小传正文及杜威照片，手稿本缺。

indicating that at these points there was a rising current of thought. And if he went so far as to investigate the cause of these local upheavals of the academic atmosphere he would discover that John Dewey had moved from one place to the other. It might be a long time before the psychometeorologist would trace these thought currents spreading over the continent back to their origin, a secluded class-room where the most modest man imaginable was seated and talking in a low voice for an hour or two a day.

Knowing that every biographer is expected to show that the subject of his sketch got his peculiar talents by honest inheritance I wrote to Professor Dewey to inquire what there was in his genealogy to account for his becoming a philosopher. His ancestry is discouraging to those who would find an explanation for all things in heredity.

My ancestry, particularly on my father's side, is free from all blemish. All my fore-fathers earned an honest living as farmers, wheelwrights, coopers. I was absolutely the first one in seven generations to fall from grace. In the last few years atavism has set in and I have raised enough vegetables and fruit really to pay for my own keep.

John Dewey was born in Burlington, Vermont, October 20, 1859, the son of Archibald S. and Lucina A. (Rich) Dewey. His elder brother, Davis Rich Dewey, is professor of economics and statistics in the Massachusetts Institute of Technology and the

PROFESSOR DEWEY

JOHN DEWEY TEACHER OF TEACHERS

杜威先生像

author of the Special Report on Employees and Wages in the 12th Census as well as of many other works on finance and industry.

John Dewey went to the State University in his native town and received his A. B. degree at twenty. Being then uncertain whether his liking for philosophical studies was sufficient to be taken as a call to that calling he applied to the one man in America most competent and willing to decide such a question, W. T. Harris, afterward United States Commissioner for Education, but then superintendent of schools in St. Louis. Think of the courage and enterprize of a man who while filling this busy position and when the war was barely over started a *Journal of Speculative Philosophy* and founded a Philosophical Society and produced a series of translations of Hegel, Fichte and other German metaphysicians. It would be hard to estimate the influence of Dr. Harris in raising the standards of American schools and in arousing an interest in intellectual problems. When young Dewey sent him a brief article with a request for personal advice he returned so encouraging a reply that Dewey decided to devote himself to philosophy. So, after a year spent at home reading under the direction of Professor Torrey of the University of Vermont, one of the old type of scholarly gentleman, Dewey went to Johns Hopkins University, the first American university to make graduate and research work its main object. Here he studied under George S. Morris and followed him to the University of Michigan as Instructor in Philosophy after receiving his Ph. D. at Johns Hopkins in 1884. Two years later he married Alice Chipman of Fenton，Michigan，who has been ever since an effective collaborator in his educational and social work. In 1888 he went to the University of Minnesota as Professor of Philosophy but was called back to Michigan at the end of one year.

When President Harper went thru the country picking up brilliant and promising young men for the new University of Chicago Dewey was his choice for the chair of philosophy. During the ten years Dewey spent on the Midway Plaisance he had the opportunity to try out the radical ideas of education of which I have spoken. In 1904 Dewey was called to Columbia University where he has since remained.

九、九流出于王官之谬（四月十一日）

此说[1]出自班固，固盖得之刘歆。其说全无凭据，且有大害，故拟作文论其谬妄。今先揭吾文之大旨如下：

（一）刘歆以前之论周末诸子者，皆不作如此说。

（a）《庄子・天下篇》。

（b）《荀子・非十二子篇》。

（c）司马谈《论六家》。

（d）《淮南子・要略》。

[1]“此说”前另起一行，手稿本有“九流皆出于王官说之谬”。

（二）学术无出于王官之理。

（a）学术者，应时势而生者也。（《淮南·要略》）

（b）学术者，伟人哲士[1]之产儿也。

（三）以九流为出于王官，则不能明周末学术思想变迁之迹。

（四）《艺文志》所分九流最无理，最不足取。

（a）不辨真伪书。

（b）不明师承。

（c）不明沿革。

一〇、访陈衡哲女士（四月十一日追记）

四月七日与叔永去普济布施村（Poughkeepsie）访陈衡哲女士。吾于去年十月[2]始与女士通信，五月以来，论文论学之书以及游戏酬答之片，盖不下四十余件。在不曾见面之朋友中，亦可谓不常见者也。此次叔永邀余同往访女士，始得见之。[3]

一一、觐庄固执如前（四月十一日追记）

此次节假，觐庄与擘黄皆来游纽约。吾与觐庄日日辨论文学改良问题。觐庄别后似仍不曾有何进益，其固执守旧之态仍不稍改。夫友朋讨论，本期收观摩之益也，若固执而不肯细察他人之观点，则又何必辩也？

---

[1] 哲士，手稿本为“志士”。

[2] “十月”后，手稿本有“十日”两字。

[3] 此后，手稿本有“亦了一件心愿耳”。手稿本还附有此次访晤的照片两幅，参见本卷第二一则末注。

一二、作《论九流出于王官说之谬》（四月十六日）

作《论九流出于王官说之谬》成，凡四千字：

（一）刘歆以前无此说也。

（二）九流无出于王官之理也。

（三）《七略》所立九流之目皆无征，不足依据。

（四）章太炎之说亦不能成立。

（1）其所称证据皆不能成立。

（2）古者学在官府之说，不足证诸子之出于王官。

（五）结论。

此文寄与秋桐。

一三、记荀卿之时代[1]（四月十七日）

荀卿之时代最难定。《史记》列传为后人误读。刘向因之，以为方齐威王、宣王[2]之时，孙卿"年五十始来游学""至齐襄王时，孙卿最为老师"。又云："春申君死而孙卿废。"此最无理不可从。故唐仲友曰（宋淳熙八年台州本序）："春申君死当齐王建二十八年，距宣王八十七年。向言卿以宣王时来游学，春申君死而卿废。设以宣王末年游齐，年已百三十七矣。"唐氏又言，"据迁传，参卿书"，卿盖"以齐襄王时游稷下，距孟子至齐五十年矣。……去之楚，春申君以为兰陵令。以谗去，之赵，与临武君议兵。入秦见应侯昭王。以聘反乎楚，复为兰陵令。既废，家兰

[1] 胡适原题。

[2] 齐威王、宣王，手稿本为"齐宣王、威王"。

陵以终”。

晁公武《郡斋读书志》引向序“年五十”乃作“年十五”。汪中《荀卿子年表跋》云：“颜之推《家训·勉学篇》：‘荀卿五十始来游。’之推所见《史记》古本已如此，未可遽以为讹字也。”胡元仪《郇卿别传考异》与卢文弨《荀子补注》皆据应劭《风俗通·穷通篇》作“年十五”。

胡元仪又引桓宽《盐铁论·毁学篇》云：“李斯之相秦也，始皇任之，人臣无二。然而荀卿为之不食，睹其罹不测之祸也。”因云：“李斯相秦，在始皇三十四年，是年郇卿尚存，犹及见之。其卒也，必在是年之后矣。”故别传云：“李斯为秦相，卿闻之不食，知其必败也。后卒，年盖八十余矣。”《盐铁论[1]》是何等书，岂可用作史料？其中《论儒篇》云：“及湣王……矜功不休，百姓不堪，诸儒谏不从，各分散。慎到、捷子亡去，田骈如薛，而孙卿适楚。”此本无征验之言，而胡氏即据之云：“是郇卿、湣王末年至齐矣。”夫此所引即令有据，亦但可证湣王末年郇卿自齐适楚耳，不能知其何年至齐也。

吾以为诸说受病之根，在于误读《史记·孟轲荀卿列传》。此传已为后人误增无数不相关之语，故不可读。吾意此传当如下读法：

（一）孟子列传自“孟轲，邹人也”……至“作《孟子》七篇”。

（二）自“其后有驺子之属”以下另为一段。

[1] 论，手稿本为“篇”。

“齐有三驺子”为总起。

“其前驺忌”至“先孟子”为一段。

“其以驺衍”以下为第二段。

此段先述驺衍之言至“天地之际焉”止。又论之曰：“其术皆此类也。然要其归必止乎仁义，节俭，君臣，上下，六亲之施，始也滥耳（言但以泛滥汪洋之言始耳）。王公大人初见其术[1]，惧然顾化，其后不能行之。”此下又记驺衍之事，至“其游诸侯见尊礼如此”（此段疑亦后人增入）。此下“岂与仲尼菜色”……至“牛鼎之意乎”，盖后人所增耳。

又“自如（“如”字原在“稷下先生”下，依王念孙校移此。[2]王曰：“自如，统下之词。《田完世家》正作‘自如驺衍’。”……）驺衍与齐之稷下先生淳于髡、慎到、环渊、接子、田骈、驺奭之徒各著书言治乱之事以干世主”，盖原文所有。此下则又后人所增也。

“驺奭者”……至“齐能致天下贤士也”为第三段。

此三段分说“三驺子”。

其淳于髡诸节定是后人所加。淳于髡别有列传（《史记》一百二十六），不当复出。

下文“驺衍之术迂大而闳辩。奭也文具难施。淳于髡久与处，时有得善言。故齐人颂曰：‘谈天衍，雕龙奭，炙毂过髡。’”一

---

[1] 术，手稿本为“言”。

[2] “‘如’字原在‘稷下先生’下，依王念孙校移此”句，手稿本为“移‘如’字于上，依王念孙校也”。

段疑当在上文“于是齐王嘉之”之上，以总结三驺子耳（或系后人妄加者）。

（三）荀卿列传。

“荀卿，赵人。年五十，始来游学于齐（此下一段为错简）。田骈之属皆已死齐襄王时（此十一字当作一句读）。而荀卿最为老师。”……此下至“因葬兰陵”止。其下之言，皆后人所添也。

旧读“田骈之属皆已死”七字为句，而以“齐襄王时”属下文，又不知“驺衍之术”一段为错简，故刘向因之致误。诸家之聚讼，亦皆因此一误而生。不知“齐襄王时，而荀卿最为老师”一语文理不通。若上四字属此，则决不至有“而”字也。

如此说，则荀卿至齐之时，盖在王建已立，君王后未死之时，故追言“田骈之属已死齐襄王时”。襄王之死在西历前二六五年，去春申君之死（前二三八）凡二十七年，荀卿死在春申君之后，故其五十岁至齐之时，必不能在王建未立之先也。

刘向之说矛盾百出，不足辩也。

其改“年五十”为“年十五”者亦非。《史记》言“年五十始来游学”。言始者，迟之之词也。若十五，则何尚云“始来”乎?《风俗通》作“齐威王之时”（胡元仪所据本），亦作“齐威宣王之时”（卢文弨所据本），今姑定为宣王时。宣王死时在西历前三二四年（依《史记》），去春申君之死已八十六年。使荀卿于宣王末年至齐，已十五岁，则当春申君[1]之死已百余岁矣。此说不

[1] 君，手稿本无。

可信也。

胡元仪之说更不足信。其不[1]谓荀卿死于秦始皇三十四年（前二一三）李斯作相之后，故不得谓荀卿之至齐为当威宣王之时，因谓卿之来齐当在湣王末年。又试定为湣王三十九年（前二八五）(此依《史记》也，依纪年当作二十九年)。谓卿当生于赧王十六年（前二九九)。果尔，则当襄王死时，荀卿仅有三十四岁，岂可谓“最为老师”乎?

故吾意以为荀卿至齐盖在齐王建之初年，约当西历前二六〇年之际。其时卿年已五十。当春申君死时，卿年约七十矣。其死当在其后数年之间，盖寿七十余岁。不及见李斯之相秦（前二一三)，亦不及见韩非之死也（前二三三)。

一四、《沁园春》新俄万岁[2]（四月十七夜）

吾前作《沁园春》词纪俄国大革命，仅成半阕。今读报记俄国临时政府大赦旧以革命暗杀受罪之囚犯。其自西伯利亚赦归者盖十万人云。夫囚拘十万志士于西伯利亚，此俄之所以不振，而罗曼那夫皇朝之所以必倒也。而爱自由谋革命者乃至十万人之多，囚拘流徙，摧辱惨杀而无悔，此革命之所以终成，而“新俄”之未来所以正未可量也。吾读之有感，因续成前词而序之如下。

---

[1] 不，手稿本为“说”。

[2] 胡适原题。

词曰：

客子何思？冻雪层冰，北国名都。看乌衣蓝帽，轩昂年少，指挥杀贼，万众欢呼。去独夫"沙"，张自由帜，此意如今果不虚。论代价，有百年文字，多少头颅。　冰天十万囚徒，一万里飞来大赦书。本为自由来，今同他去；与民贼战，毕竟谁输！拍手高歌，"新俄万岁！"狂态君休笑老胡。从今后，看这般快事，后起谁欤？[1]

一五、清庙之守[2]（四月二十日）

《艺文志》言墨家盖出于清庙之守，吾已言其谬矣。今念清庙究是何官，此说汉儒无人能言之。《诗·清庙》郑笺云："清庙者，祭有清明之德者之宫也。谓祭文王也。天德清明，文王象焉，故祭之而歌此诗也。"《正义》引贾逵《左传》注云："肃然清静，谓之清庙。"

夫汉儒不能明知清庙为何物，乃谓清庙之官为墨家所自出，不亦诬乎？

一六、我之博士论文（五月四日）

吾之博士论文于四月廿七日写完。五月三日将打好之本校读一过，今日交去。

此文计二百四十三页，约九万字。

[1] 此处，手稿本附有一则英文剪报，见本卷末附一。
[2] 胡适原题。

属稿始于去年八月之初，约九个月而成。

中国古代哲学方法之进化史

（A Study of The Development of Logical Method in Ancient China）

目

绪　言　哲学方法与哲学

第一篇　记时代

第二篇　孔子之名学

　第一卷　孔子之问题

　第二卷　《易经》

　第三卷　象

　第四卷　辞

　第五卷　正名正辞

第三篇　墨家之名学

　第一书　总论

　第二书　墨子

　　第一卷　实行主义

　　第二卷　“三表”

　第三书　“别墨”

　　第一卷　“墨辩”

　　第二卷　原知

　　第三卷　故，法，效

　　第四卷　推

第五卷　惠施

第六卷　公孙龙

第四篇　进化论与名学

第一卷　进化论

第二卷　庄子之名学

第三卷　荀子

第四卷　荀子（续）

第五卷　法家之名学[1]

一七、新派美术（五月四日）

吾友[2]韦莲司女士（Miss Clifford Williams）所作画，自辟一蹊径[3]，其志在直写心中之情感，而不假寻常人物山水画为寄意之具，此在今日为新派美术之一种实地试验。[4]

欧美美术界近数十年新派百出，有所谓 Post-Impressionism，Futurism，Cubism 种种名目。吾于此道为门外汉，不知所以言之。上月纽约有独立美术家协会之展览会（Exhibition of The Society of Independent Artists），与列者凡千余人。人但可列二画。吾两次往观之，虽不能深得其意味，但觉其中"空气"皆含有"实地试验"之精神。其所造作或未必多有永久之价值者，然此

[1] 此后，手稿本有"（完）"。

[2] "吾友"前，手稿本有"此为"两字。

[3] "自辟一蹊径"前，手稿本有"女士之画"四字。

[4] 此段文字前，手稿本附有韦莲司女士的作品一幅，现补于此。

'TWO RHYTHMS, 1916," BY MISS CLIFFORD WILLIAMS

韦莲司女士作品

"试验"之精神大足令人起舞也。

女士之画[1]亦陈此会中，会开数日，即为人买去。会中陈品二千余事，售去者仅三十六事。

一八、读致韦女士旧函（五月四日）[2]

昨在韦女士处见吾两三年来寄彼之书一大束，借回重检读之，乃如读小说书，竟不肯放手。此中大率皆一九一五与一九一六两年之书为多，而尤以一九一五年之书为最要。吾此两年中之思想感情

[1] 之画，手稿本为"此画"，即所附韦莲司女士之画。

[2] 此则日记上，手稿本有三行眉注："1914—7""1915—58""1916—1917—14□"，疑为胡适致韦莲司信件的年份与数量。

之变迁多具于此百余书中，他处决不能得此真我之真相也。[1]

一九、宁受囚拘不愿从军（五月六日）

四月廿八日美国议会通过“选择的征兵制”(Selective Draft)，此亦强迫兵制之一种也。

自此以来，吾与吾友之非攻者谈，每及此事，辄有论难。诸友中如 Paul Schumm，Bill Edgerton，Elmer Beller，Charles Duncan 皆不愿从军。昨与贝勒（Beller）君谈，君言已决意不应征调，虽受囚拘而不悔。吾劝其勿如此，不从军可也，然亦可作他事自效，徒与政府抵抗固未尝不可，然于一己所主张实无裨益。

吾今日所主张已全脱消极的平和主义。吾惟赞成国际的联合，以为平和之后援，故不反对美国之加入，亦不反对中国之加入也。

然吾对于此种“良心的非攻者”(Conscientious Objectors)，但有爱敬之心，初无鄙薄之意；但惜其不能从国际组合的一方面观此邦之加入战团耳。

因念白香山《新丰老人折臂歌》:

无何天宝大征兵，户有三丁点一丁。

……

是时翁年二十四，兵部牒中有名字。

夜深不敢使人知，偷将大石椎折臂。

向之宁折臂而不当兵者，与今之宁受囚拘而不愿从军者，正同

[1] 此后，手稿本有“始于 Nov.2，1914.”。

一境地也。

二〇、关于欧战记事两则

杜威（John Dewey）先生昨与我言两事，皆可记：

（一）日政府曾愿以兵助战，而以在中国[1]之自由行动权为索偿之条件。俄法皆无异议，惟英外相葛雷（Sir Edward Gray）坚持不肯，议遂不果行。（杜威先生言闻诸某英人云）

（二）又言得最可靠之消息，威尔逊总统曾亲语人云："若俄国革命未起，则吾之政策将止于'武装的中立'，或不致与协约国联合也。"

此两事皆足生人乐观，故记之。

适按[2]：葛雷之拒日本，其志盖别有在，未必有爱于中国，亦未必为人道主义而出此耳。

二一、瞎子用书（五月八日）

今日至华盛顿堡公园小憩，在山石上检得一本瞎子所读的杂记[3]，虽已破碎，却还可读，因带回细看。此杂记名：[4]

Matilda Ziegler Magazine for the Blind，published monthly by the Matilda Ziegler Publishing Co. for the Blind，Inc.，250 W. 54th St.，N. Y. C.

---

［1］ 中国，手稿本为"支那"。

［2］ 适按，手稿本为"又按"。

［3］ 杂记，手稿本为"杂志"，此篇中后同，不再注。

［4］ 此后，手稿本粘附盲文杂志两页，现截取部分补于此。

盲文杂志内页一

盲文杂志内页二

首页[1]之第一句，依法读去，乃是：

And the birds will soon be singing everyday.

读时须用手摸去，久用亦不费力了。

另一页[2]乃是字母的读法。其法有每字母用一记号者，有每字用一号者，亦有每于常用语尾用一号者。如上举一例之第一号乃是表示句首的大写。第二号乃是 and。第三号乃是 the。第四, 五, 六, 七, 八号合成 birds 一字。又如 singing 一字仅用三个记号，如⠌ ⠬ ⠬。第一号为 s，第二三号皆 ing 尾之号。

常打牌者，每揸一牌，一摸即知其为何牌，不用翻看。此种瞎子用书，即用此理。[3]

二二、绝句（五月十七日）

五月东风著意寒，青枫叶小当花看。

几日暖风和暖雨，催将春气到江干。（看本卷第二七则）[4]

---

[1] 首页，手稿本为"此页"。在"此页"前，手稿本先有一句："剪下半页，黏在此册，以示模样。"

[2] 另一页，手稿本为"下页"。

[3] 手稿本此后的两页有大面积空白，前页右边竖写："前记白香山《新丰折臂翁》诗，一日戏译之为英文。"后页近下边写："红笔所改，乃吾友舒母（Paul Schumm）及许伯（Merton J. Hubert）两君之力。第廿七八两句，两君虽有所润色，然不如直删去之。此诗所用乃无韵诗之常格（Blank Verse）。"但这两页中并无这两条提及的诗文。又，此后手稿本附有照片两幅，胡适旁记："四月初七日与叔永同访陈衡哲女士时所造影二种。第一张叔永所照，第二张陈女士所照。"现补于此。

[4] 看本卷第二七则，手稿本为"看下文 49 页"。另，此诗前手稿本有"五月十七日作一绝句"。

胡适与陈衡哲（任叔永摄）

胡适与任叔永（陈衡哲摄）

二三、纽约《世界报》（五月十九日）

吾友根内特君（Lewis S. Gannett）以电话告我，言将归与洛斯女士（Ross）结婚。吾因招之晚餐。餐后与之同往纽约《世界报》一游（根君与洛女士皆此报中访事）。此报社自晨至晚出报七八次。社中自主笔以下至告白房及印刷所工人，凡用人二千二百人，可谓盛矣。惜夜间匆匆不能详观其中一切组织而为之记耳。（参看卷十四第一二则）[1]

二四、在白原演说（五月廿日）

二十日去白原（White Plains）演说，题为“Mohism：China's Lost Religion”。

下午主人 Max Meyer 君以汽车携我游观新成之“水源湖”（Reservoir Lake）[2]。车行湖滨，风景佳绝。此湖为纽约城水供来源之一，亦人造湖之一种，而风物清秀可爱，令我思杭州西湖不置。

午餐席上遇 Prof. Overstreet 先生。此君为纽约大学哲学教师。其人思想极开朗，尝读其著作，今始见之。

二五、祁暄“事类串珠”（五月廿七日）

此间同学祁君暄，即尝发明中国打字机者。其人最重条理次序，每苦吾国人办事无条理，藏书无有有统系的目录，著述无有易于检查的“备查”，字典无有有条理的“检字”……故以其余力，

---

[1] 参看卷十四第一二则，手稿本为“参看十二卷 27 页”。

[2] “水源湖”（Reservoir Lake），手稿本为“Reservoir Lake（?）”。

创一备检法（An Index System），自名之曰“祁暄事类串珠”。今以其法施诸图书馆之目录。[1]

其法以第一字之画数为第一步，以此字之部首之画数为第二步，以此字为第三步。[2] 如查《中论》，先检“中”字画数。既得四画，乃查中字部首“丨”之画数既得一画，乃查“丨”部。既得“丨”部，乃查“中”字。[3]

祁君言有圣约翰大学藏书楼徐君不久将此诸种“备检片”印刷试用。记之以备他日访求之用。

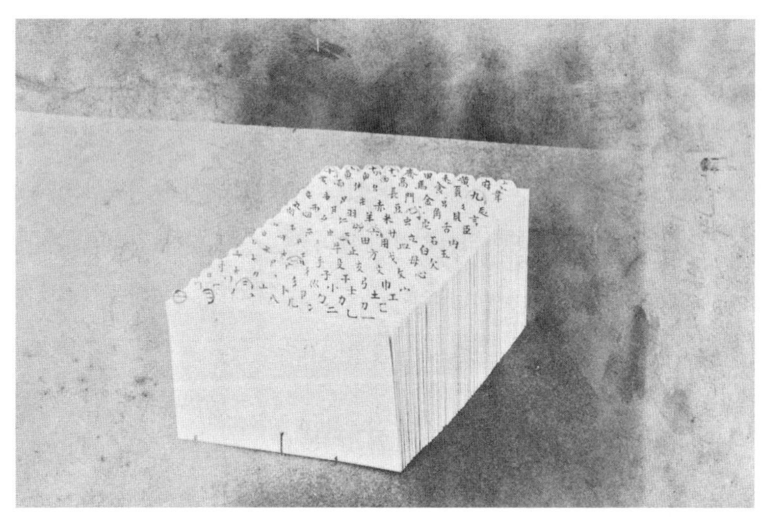

备检片图示一

[1] 此后，手稿本尚有文字：“前页之图，为书目总式。此上三图：（A）为依门类之目；（B）为依书名之目；（C）为依著者之目。”

[2] 此后，手稿本尚有文字：“此图与下图示此法之详细用法。下图所示尤明。”

[3] 此后，手稿本尚有：“此为藏信札、文牍之法。”并附有祁暄备检片图示六幅，现补于此。

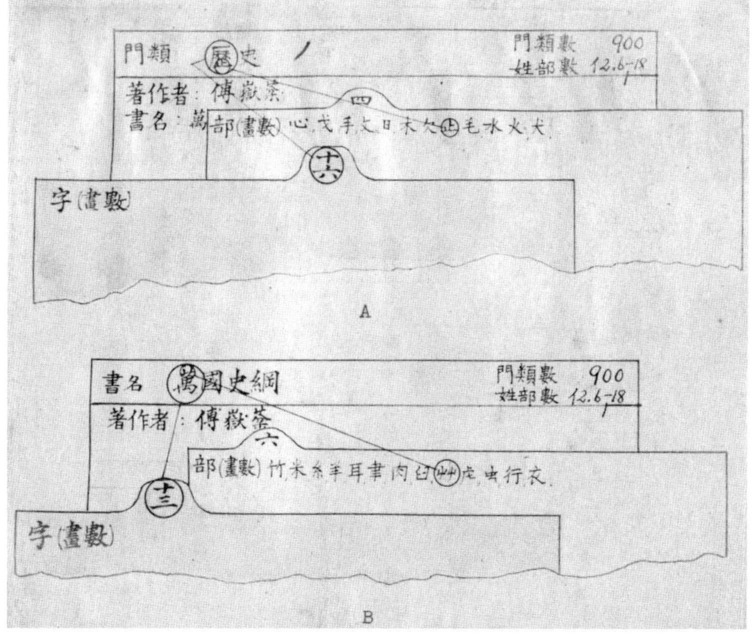

备检片图示二

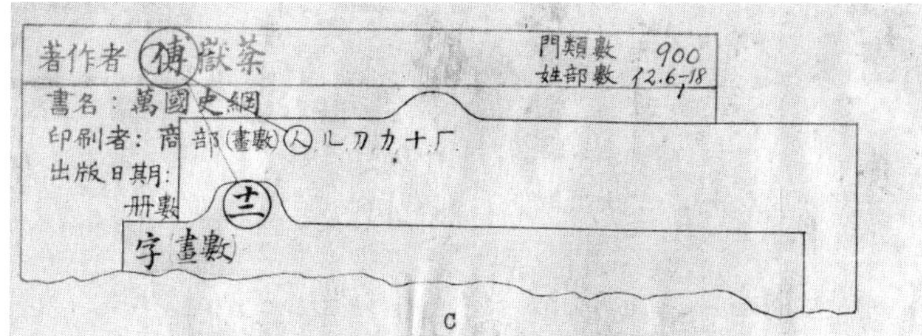

备检片图示三

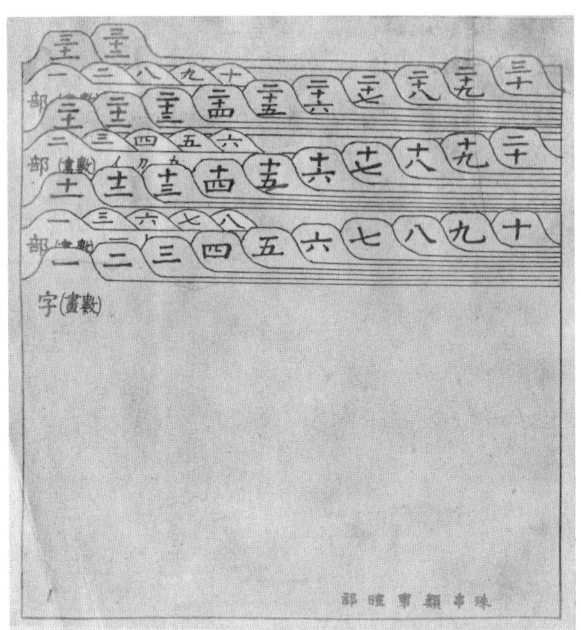

备检片图示四

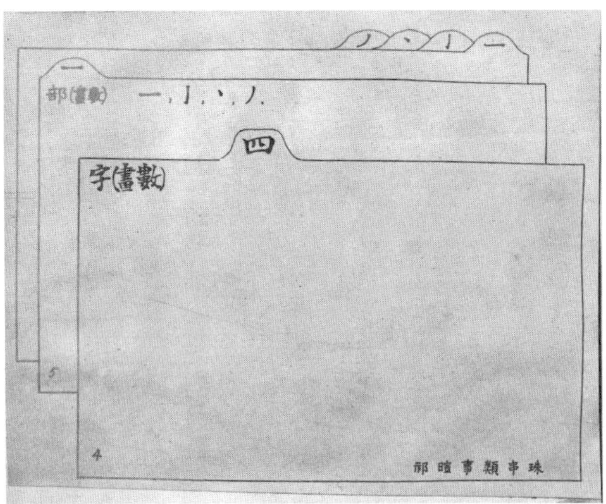

备检片图示五

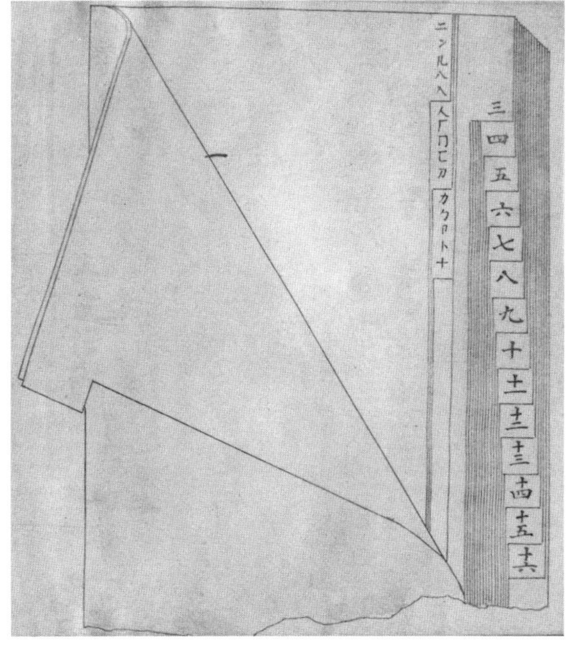

备检片图示六

二六、博士考试（五月廿七日追记）

五月廿二日，吾考过博士学位最后考试。主试者六人：

Professor　John Dewey

Professor　D. S. Miller

Professor　W. P. Montague

Professor　W. T. Bush

Professor　Frederich Hirth

Dr. W. F. Cooley

此次为口试，计时二时半。

吾之“初试”在前年十一月，凡笔试六时（二日），口试三时。

七年留学生活，于此作一结束，故记之。

二七、改前作绝句[1]（五月廿九日）

五月西风特地寒，高枫叶细当花看。
忽然一夜催花雨，春气明朝满树间。

美洲之春风皆西风也。作东风者，习而不察耳。[2]

华盛顿堡公园一

[1] 胡适原题。此后，手稿本还有“（40页）”。

[2] 此后，手稿本附有摄影照片三幅，胡适旁记：“华盛顿堡公园”，现补于此。

华盛顿堡公园二

华盛顿堡公园三

二八、辞别杜威先生（五月卅日）

昨往见杜威先生辞行。先生言其关心于国际政局之问题乃过于他事。嘱适有关于远东时局之言论，若寄彼处，当代为觅善地发表之。此言至可感念，故记之。

二九、朋友篇　寄怡荪、经农[1]（六月一日）

——将归之诗一——

粗饭尚可饱，破衣未为丑。人生无好友，如身无足手。
吾生所交游，益我皆最厚。少年恨污俗，反与污俗偶。
自视六尺躯，不值一杯酒。倘非良友力，吾醉死已久。
从此谢诸友，立身重抖擞。去国今七年，此意未敢负。
新交遍天下，难细数谁某。所最爱敬者，乃亦有八九。
学理互分剖，过失赖弹纠。清夜每自思，此身非吾有：
一半属父母，一半属朋友。便即此一念，足鞭策吾后。

今当重归来，为国效奔走。可怜程（乐亭）郑（仲诚）张（希古），少年骨已朽。

作歌谢吾友，泉下人知否？

三〇、文学篇　别叔永、杏佛、觐庄（六月一日）[2]

将归国，叔永作诗赠别，有“君归何人劝我诗”之句。因念

[1] 此标题，手稿本中为“朋友篇（将归之诗一），寄怡荪、经农”，章希吕将其分为日记标题和诗作标题。

[2] 以下文字，在手稿本中为一则贴件。

吾数年来之文学的兴趣，多出于吾友之助。若无叔永、杏佛，定无《去国集》。若无叔永、觐庄定无《尝试集》。感此作诗别叔永、杏佛、觐庄。

我初来此邦，所志在耕种。文章真小技，救国不中用。
带来千卷书，一一尽分送。种菜与种树，往往来入梦。
匆匆复几时，忽大笑吾痴。救国千万事，何一不当为？
而吾性所适，仅有一二宜。逆天而拂性，所得终希微。
从此改所业，讲学复议政。故国方新造，纷争久未定；
学以济时艰，要与时相应。文章盛世事，岂今所当问？
明年任与杨，远道来就我。山城风雪夜，枯坐殊未可。
烹茶更赋诗，有倡还须和。诗炉久灰冷，从此生新火。
前年任与梅，联盟成劲敌，与我论文学，经岁犹未歇。
吾敌虽未降，吾志乃更决。暂不与君辩，且著《尝试集》。
回首四年来，积诗可百首。“烟士披里纯”，大半出吾友。
佳句共欣赏，论难见忠厚。今当远别去，此乐难再有。
暂别不须悲，诸君会当归。作诗与君期：明年荷花时，
春申江之湄，有酒盈清卮，无客不能诗，同赋归来辞！[1]

[1] 此后，手稿本有“民国六年六月一日　适”。另，此后空一页，手稿本附有当时哥伦比亚大学教职人员和各学院学生情况表（见本卷末附二），以及美国《新共和》杂志简介的剪报（见本卷末附三）。

卷十六附录

附一：

THRONGS OF EXILES ON WAY TO RUSSIA

Endless Chain of Sledges From Siberia

100,000 RELEASED BY REVOLT

TYUMEN, Siberia, March 31, via Petrograd and London, April 3.—Fifty thousand sledges, carrying victims of the old régime back to freedom in the new Russia from the mines and convict settlements of Siberia, are speeding in endless chain across the snows of North Asia toward the nearest points on the Trans-Siberian Railway. Their passengers range from members of the old terrorist societies to exiles who were banished by administrative decree without trial or even known offence.

It is a race against time, as the spring thaw is imminent and the roads, even in the coldest settlements of the Lower Lena, will soon be impassable. Exiles who do not reach the railroad within a fortnight must wait six weeks or two months until the ice melts and river navigation begins.

In order to witness this unprecedented migration a correspondent of the Associated Press came here in company with a member of the Duma, M. Rosenoff, and two members of the former Council of Empire. The three officials were sent by the Provisional Government to explain to the natives in these remote Russian outposts the nature of the great change which has come to the country. Their mission carries them to some scores of thousands of heathen Asiatic tribesmen, and they are especially directed to instruct voters in regard to the coming Constituent Assembly which will decide the form of Russia's new Government.

The cars were met by a vast crowd at the railroad station, which cheered them tumultuously. The returning exiles returned the cheers, but they were in a deplorable physical condition, shaggy, uncouth, unwashed, and extremely emaciated. Many were crippled with rheumatism, two had lost hands and feet from frost bites, and one, who attempted flight a week before the revolution, had been shot in the leg when he was recaptured. He was lying in a prison hospital when he learned that he was a free man.

The exiles had started west so hurriedly that they arrived in an extraordinary variety of incongruous garb. Some wore new costumes which had been supplied by sympathizers along their route, and some had handsome fur overcoats covering their hideous jail uniform. Among those who wore this latter costume was a young millionaire aristocrat from Odessa who had been sentenced to life ten years ago, for fomenting a revolutionary mutiny in the Black Sea fleet. Others of the party wore shaggy sheep and wolf skins as a protection against the bitter Siberian blasts. One man from the Irkutsk city jail wore the gold braided uniform tunic of the dismissed Governor of Irkutsk under a ragged and greasy overcoat.

The president of the Exile Reception Committee, in Ekaterinburg, gave the correspondent a general picture of the present conditions and prospects of the exiles. He said that there were probably altogether 100,000 persons in Siberia who had been released under the Amnesty measure of the Provisional Government. This number comprises political offenders, including Terrorists convicted after trial; persons suspected of furthering revolutionary propaganda and exiled without trial by order of the Secret Police, gendarmerie, or the Minister of the Interior; finally, some tens of thousands of peasants exiled without trial by decrees of the village communal councils. Many of the latter will remain in Siberia voluntarily, where conditions of life and work are excellent under the reform Government.

附二：

Columbia University 1916–1917.

OFFICERS

Professors (not including 3 administrative officers of professorial rank)	172		
Associate Professors	55		
Assistant Professors	111		
Clinical Professors	25		
Associates	47		
Instructors	202		
Curators	3		
Lecturers and other special officers of instruction	35		
Assistants	80		
Clinical Assistants	109		
UNIVERSITY OFFICERS OF INSTRUCTION		839	
INSTRUCTORS IN EXTENSION TEACHING NOT INCLUDED ABOVE		66	
OTHER INSTRUCTORS IN TEACHERS COLLEGE		127	
OTHER INSTRUCTORS IN COLLEGE OF PHARMACY		10	
			1042
UNIVERSITY OFFICERS OF ADMINISTRATION			43
OTHER OFFICERS OF ADMINISTRATION, BARNARD COLLEGE, TEACHERS COLLEGE, AND COLLEGE OF PHARMACY			11
			1096
EMERITUS OFFICERS			15
TOTAL			1111
HORACE MANN SCHOOL (*not included above*)			77

STUDENTS

Columbia College	1294	
School of Law	434	
College of Physicians and Surgeons	423	
Schools of Mines, Engineering & Chemistry	253	
Graduate Faculties	1222	
School of Architecture	78	
School of Journalism	146	
Barnard College	699	
Teachers College	2141	
College of Pharmacy	438	
Extension Teaching	5346	
School of Business	44	
Unclassified University Students	155	
TOTAL		12673
Deduct duplicates in Extension Teaching		761
Net Total in Winter Session		11912
Preceding Summer Session		8023
Grand Total		19935
Deduct duplicates in Summer Session		1759
Grand Net Total		18176

附三：

THE NEW REPUBLIC began publication on November 7, 1914, with 875 subscribers. At the end of its first year 10000 people—subscribers and newsstand patrons—were buying it each week. To-day these 10000 have increased to 17000. On account of its large library, club and college circulation, and because of the extraordinary frequency with which it is quoted in the responsible press, it is fair to assume that at least 50000 people see the paper each week and read some part of it.

¶ The New Republic is not an expensive paper to buy, but it is an expensive paper to publish. Not the cost of printing it, nor even the cost of selling it, but the cost of editing it is what makes it expensive. And as long as the paper maintains its editorial standard, this cost is the same whether one person buys it or 50000. Only by adding to the buyers can we reduce the cost.

¶ For instance, ten months ago it actually required an outlay of $13 to fill a subscription for which we received $4. Since that time the number of subscriptions has been doubled, yet the cost of filling a subscription is still $3 more than the $4 we receive. Until this deficit is removed we are not paying our way. Profit is not a necessity with The New Republic, but being self-supporting is. We must pay our way or we can scarcely hope to survive. A magazine begins to exist, as the publishers say, when it is two years old and has 30000 subscribers. This magazine to-day is at that turning point. If every reader would secure one new subscriber now, we should be close the mark of breaking-even by November 7th, the end of our second year.

THE *ships show how The New Republic's circulation has grown. The black bars show how much more than the* $4 *received for it every subscription has nevertheless cost us to fill.*

And is costing. Black bar July 1916, *shows your present subscription still costing the paper* $3 *more than the* $4 *you pay.*

The phantom ship lies where there are no more black bars. Its mast touches 30000 *paid readers. At this point if there is no profit at least there is no loss. It is the point that we shall have to reach to keep on with the voyage.*

Friend and passenger! Speed the ship toward the mark with one subscription more.

卷十七

一九一七年六月九日——一九一七年七月十日

此卷手稿本，封面题写“胡适札记”“第十五册”“归国记”。

归国记

民国六年六月九日离纽约。

十日晨到绮色佳，寓韦女士之家。连日往见此间师友，奔走极忙。

在绮五日（十日至十四日），殊难别去。韦夫人与韦女士见待如家人骨肉，尤难为别。

吾尝谓朋友所在即是吾乡。吾生朋友之多无如此邦矣。今去此吾所自造之乡而归吾父母之邦，此中感情是苦是乐，正难自决耳。

吾数月以来，但安排归去后之建设事业，以为破坏事业已粗粗就绪，可不须吾与闻矣。何意日来国中警电纷至，南北之分争已成事实，时势似不许我归来作建设事。倪嗣冲在安徽或竟使我不得归里。北京为倡乱武人所据，或竟使我[1]不能北上。此一扰乱乃使我尽掷弃吾数月来之筹画，思之怅然。

十四日下午离绮色佳。夜到水牛城。半夜后到尼格拉瀑，将过加拿大界。吾先以所带来之纽约中国领事证书交车上侍者。侍者言定可安然过境。故吾脱衣就寝。二时，忽被关吏叫醒，言证书不够，不得过界。吾言纽约领事证书何以无效。关吏言，“吾但知认加拿大政府命令，不能认中国领事证书也”。吾知与辩无益，但问其人姓名，乃穿衣下车去。

---

[1] 我，手稿本无。

时夜已深，车马都绝。幸有警察为我呼一汽车，载至尼格拉瀑市，投一旅馆，睡了三点钟。

明晨（十五日[1]），吾发电与加拿大移民总监 W. D. Scott，[2]又发两电，一寄纽约领事，一寄 Bill Edgerton。吾曾约 Bill 在芝加哥相待，故发电告之也。

是晨读 *Seven Arts* 六月份一册。此为美国新刊月报，价值最高。中有 Randolph Bourne 之“The War and the Intellectual”。其以此次美国之加入战团归罪此邦之学者，其言甚辩。又有一文述杜威之学说，亦佳。

下午得移民总监回电曰：

Apply again to Inspector in Charge Wilcox.

—W. D. Scott.

乃往见之。其人已得总监电，为我料理一切，语意皆甚谦恭。是夜夜半，过境遂无留滞。昨日之关吏以过境凭文交我，自言昨日所为，乃由职司所在不容不尔。吾亦笑谢之。昨日之警察闻吾重过此，特上车寻我，执手为别，亦可感也。

此事之过，不在关吏，而在我与纽约领事馆。吾前得黄监督

[1] 日，手稿本无。

[2] 手稿本中有胡适致总监 W. D. Scott 的电文，现抄录如下：“I, a Chinese graduate student of Columbia University, am returning to China via Niagara Falls, N. Y., Chicago, Portal, N. D., and Vancouver, sailing June 21, on ‘Empress of Japan’. Through misunderstanding, I have only credentials from Chinese Consul at New York and from Columbia University. I was not allowed to cross border at Suspension Bridge. May I ask you to wire immediate permission to cross Canada to enable sailing? Address Hotel Imperial, Niagara Falls, N. Y.”。

鼎通告，嘱令先作书通知移民总监，得其一札便可通行无阻。吾既得此通告，未及遵行，因往见领事。领事处力言无须费如许周折，言一纸证书已足了事。吾信其言，遂取证书去，不更通告移民总监，此留滞之原因也。幸早行一日，否则一日之延搁将误行期矣。

十六日下午到芝加角，小留两时。Bill Edgerton 已行。本欲一访饶树人（毓泰），以电话向大学询问其住址，乃不可得，怅然而止。树人来此数年，以肺病辍学甚久。其人少年好学，志大而体力沮之，亦可[1]念也。

欲见《季报》总理任嗣达君（稷生），亦不可得。六时半开车。

十七日到圣保罗（St. Paul）。途中遇贵池许传音博士，为意利诺大学之新博士。其博士论题为"Parliamentary Regulation of Railway Rates in England"。

换车得头等车。车尾有"观览车"，明窗大椅，又有书报，甚方便也。

车上遇日人朝河贯一先生，在耶尔大学教授日本文物制度史者。

昨日读爱耳兰人丹山尼勋爵（Lord Dunsany）之戏本五种，甚喜之。丹氏生于一八七八年，今年未四十，而文名噪甚。此册中诸剧如下：

[1]"可"后，手稿本有"哀"字。

（1）*The Gods of the Mountain*

（2）*The Golden Doom*

（3）*King Argimēnēs and the Unknown Warrior*

（4）*The Glittering Gate*

（5）*The Lost Silk Hat*

自芝加角以西，为“大平原”(The Prairies)，千里旷野，四望空阔，凡三日余，不见一邱一山。十七日尚时时见小林，俗名“风屏[1]”(Windbreak）者。十八日乃几终日不见一树，使人不欢。幸青天绿野，亦自有佳趣。时见小湖水色蓝艳，令我思赫贞河上之清晨风景。有时黄牛骊马，啮草平原，日光映之，牛马皆成红色，亦足观也。此数千里之平野乃新大陆之“大中原”，今尚未经人力之经营，百年之后，当呈新象矣。

火车路线在尼格拉出境后，又由犹龙口（Port Huron）入美国境。十八日晨到“门关”(Portal，N. D.)，重出美境，入加拿大。从此去美国矣。不知何年更入此境？人生离合聚散，来踪去迹，如此如此，思之惘然。

十九日晨六时起，火车已入加拿大之落机山。落机山贯穿合众国及加拿大。吾来时仅见南段之山，今去此乃见北段耳。落机（Rocky）者，山石荦确之意。其高峰皆石峰无土，不生树木。山巅积雪，终古不化。风景绝佳。下所附诸图，[2]仅见其百一

[1] 风屏，手稿本为“风坡”。

[2] 详见图（一）至图（四）及胡适所写图注。此四图，手稿本缺前两幅。

而已。[1]

车上读薛谢儿女士（Edith Sichel）之《再生时代》（*Renaissance*）。“再生时代”者，欧史十五、十六两世纪之总称，旧译“文艺复兴时代”。吾谓文艺复兴不足以尽之，不如直译原意也。书中述欧洲各国国语之兴起，皆足供吾人之参考，故略记之。

中古之欧洲，各国皆有其土语，而无有文学。学者著述通问，皆用拉丁。拉丁之在当日，犹文言之在吾国也。国语之首先发生者，为意大利文。意大利者，罗马之旧畿，故其语亦最近拉丁，谓之拉丁之“俗语”（Vulgate）。（亦名 Tuscan，以地名也。）

“俗语”之入文学，自但丁（Dante）始。但丁生于一二六五年，卒于一三二一年。其所著《神圣喜剧》（*Divine Comedy*）及《新生命》[2]（*Vita Nuova*），皆以“俗语”为之。前者为韵文，后者为散文。从此开“俗语文学”之先，亦从此为意大利造文学的国语，亦从此为欧洲造新文学。

稍后但丁者有皮特赖（Petrarch，1304—1374）及包高嘉（Boccaccio，1314—1375）两人。皮氏提倡文学，工诗歌，虽不以国语为倡，[3]然其所作白话情诗风行民间，深入人心。包氏工散文，其所著小说，流传一时，皆以俗语为之。遂助但丁而造意大

---

[1] 此后，手稿本尚有一幅照片，并有图注：“田山。此图中之火车，与吾辈所乘同为加拿大太平洋铁道公司之火车。车尾即‘观览车’也。”此段文字为从左至右横写。因旁有“删此图”之批注，故未排入亚东初版，现补于后（见图五）。

[2] 《新生命》，手稿本为“《新人生》”。

[3] 虽不以国语为倡，手稿本为“而不以国语为倡”。其后“然其所作……深入人心”句，手稿本无。

（一）落机山风景　三姊妹山

（二）十峰山

（三）鲁意丝湖及维多利亚冰山

（四）施梯芬山（高一万零五百二十三尺）及劣马河。
河水作淡翠色，极可爱。

（五）车尾“观览车”

利文学。

此后有阿褒梯（Leon Battista Alberti，1405—1472）者，博学多艺。其主张用俗语尤力。其言曰：“拉丁者，已死之文字，不足以供新国之用。”故氏虽工拉丁文，而其所著述乃皆用俗语。

继阿氏者，有诗人鲍里谢那（Poliziano）及弗罗连斯之大君罗冷槎（Lorenzo de Medici）。罗冷槎大君，亦诗人也。两人所作俗语诗歌皆卓然成家。俗语入诗歌而“俗语文学”真成矣。

此外名人如大主教彭波（Cardinal Bembo）著《用俗语议》，为俗语辩护甚力。

意大利文自但丁以后不二百年而大成。此盖由用俗语之诸人，皆心知拉丁之当废，而国语之不可少，故不但用以著述而已，又皆为文辩护之。以其为有意的主张，辅之以有价值的著作，故其收效最速。

吾国之俗语文学，其发生久矣。自宋代之语录，元代之小说，至于今日，且千年矣。而白话犹未成为国语。岂不以其无人为之明白主张，无人为国语作辩护，故虽有有价值的著述，不能敌顽固之古文家之潜势力，终不能使白话成为国语也。

法国国语文学之发生，其历史颇同意大利文学。其初仅有俚歌弹词而已。至尾央（Villon, 1431—?）之歌词，马罗（Marot, 1496—1544）之小词，法文始有文学可言。后有龙刹（Pierre de Ronsard, 1524—1585）及杜贝莱（Joachim Du Bellay, 1525—1560）者，皆诗人也。一日两人相遇于一村店中，纵谈及诗歌，皆谓非用法语不可。两人后复得同志五人，人称“七贤”(Pléiade)，[1] 专以法语诗歌为倡。七贤之中，龙刹尤有名。一五五〇年杜贝莱著一论曰“La défense et illustration de la langue française”，力言法国俗语可与古代文字相比而无愧，又多举例以明之。七贤之著作，亦皆为“有意的主张，辅之以有价值的著作”，故其收效亦最大也。

七贤皆诗人也。同时有赖百莱（Rabelais, 1500—1553）者，著滑稽小说 *Pantagruel* 及 *Gargantua* 以讽世。其书大致似《西游记》之前十回。其书风行一时，遂为法语散文之基础。

赖百莱之后有曼田（Montaigne, 1533—1592）者，著“杂论”(Essay)，始创“杂论”之体，法语散文至此而大成。

---

[1] “人称‘七贤’(Pléiade)”，手稿本为“号称 Pléiade”。

及十七世纪而康尼儿（Corneille, 1606—1684，戏剧家），巴士高（Pascal, 1633—1664，哲学家），穆烈尔（Molière, 1622—1673），雷信（Racine, 1639—1699）（二人皆戏剧家）诸人纷起，而法国文学遂发皇灿烂，为世界光矣。

此外德文英文之发生，其作始皆极微细，而其结果皆广大无量。今之提倡白话文学者，观于此，可以兴矣。

二十日到文苦瓦（Vancouver）。吾先与张慰慈（祖训）约，会于此。慰慈先二日到，今晨迎我于车站。同居一旅馆。慰慈为澄衷旧同学，五年前来美，今在埃阿瓦大学（University of Iowa）得博士学位。其论文题为"A Study of the Commission and City-Manager Plan of Municipal Government in the United States"。吾七年前去国时，在上海旅馆中与慰慈及仲诚为别，今仲诚死已数年，与慰慈话旧，不胜今昔之感矣。

在轮船公司得朋友书几封。读 C. W. 一短书及 N. B. S. 一长书，使我感慨。

二十一日上船。船名日本皇后。同舱者五人：贵池许传音，北京郑乃文，日本永屋龙雄，及慰慈与吾也。

追记杂事：

十二日在绮色佳，适当吾师克雷敦先生（Professor James Edwin Creighton）在康南耳大学教授二十五年之期。其旧日哲学学生之已成名者十余人各贡其专治之学，著为文章，合为一集刊行之，以为“克雷敦先生纪念集”。是夜行奉献仪。大学校长休曼先生致颂词。哲学教授汉门先生（Prof. N. A. Hammond）主席。哲学教授阿尔贝（Prof. Ernst. Albee）为学生中之最长者，致献书之词。词毕，以精装之册奉献于先生。先生致答谢词。

明日，吾购得此册，于舟车中读之。克雷敦先生为此邦“理想派”哲学（Idealism）之领袖，故其徒所为言论，往往针对“实验派”（Pragmatism）（Instrumentalism）及“实际派”（Neo-Realism）为反对的评论。此集所攻，大抵以杜威[1]（John Dewey）一派之实验主义为集矢之的。其积极一方面，则重新表章其所谓“物观的理想主义”之学说焉。（物观的理想派者〔Objective Idealism〕，以自别于巴克黎〔G. Berkeley〕之主观的理想主义也。）

吾在康南耳大学时，有一老妇人名威特夫人（Mrs. Joseph Waite）者，年六十余矣，犹日日抱书上课听讲。吾与同班数次，[2]每心敬其人，以为足为吾辈少年人之模范。今年吾重来此，遇之于途。夫人喜告我曰：“胡君，吾已于春间得学士学位矣。”吾因申贺意，并问其将来何作。夫人言将重入学，专治哲学，一年后可得硕士学位。吾闻之，深感叹其老年好学，故追记之。

追记杂事竟。

---

[1] “杜威”后，手稿本有“先生”两字。

[2] 吾与同班数次，手稿本为“吾与之同班者数次”。

二等舱中有俄国人六十余名，皆从前之亡命，革命后为政府召回者也。闻自美洲召回者，有一万五千人之多。其人多粗野不学，而好为大言，每见人，无论相识不相识，便高谈其所谓“社会主义”或“无政府主义”者。然所谈大抵皆[1]一知半解之理论而已。其尤狂妄者，自夸此次俄国革命之成功，每见人辄劝其归国革命，“效吾国人所为”。其气概之浅陋可厌也。其中亦似有二三沉静深思之士，然何其少也！

头等客中有托尔斯泰之子伊惹·托尔斯泰公爵（Count Ilya Tolstoy）。一夜二等舱之俄人请其来演说其父之学说。演说后，有讨论甚激烈。皆用俄语，非吾辈所能懂。明夜，又有其中一女子名 Gurenvitch 者，演说非攻主义，亦用俄语。吾往听之，虽不能懂，但亦觉其人能辩论工演说也。演毕，亦有讨论甚烈。后闻其中人言，此一群人中多持非攻主义，故反对一切战争。惟少数人承认此次之战为出于不得已。

自纽约到文苦瓦，约三千二百英里。
自文苦瓦到上海，五千四百一十二英里。
以中国里计之，自纽约到上海，凡二万八千五百里。[2]

廿七日，与朝河贯一先生谈。先生言曾劝英国书贾丹特

[1] “皆”后，手稿本有“‘口头禅’而已”。
[2] 此后，手稿本有一段文字及红色删除标记，胡适旁记“此条误”，现影印于此。

此條误

（Dent）于其所刊行之“人人丛书”（Everyman’s Library）中加入中国日本之名著。（先生言丹特但愿加入日本名著，曾以书询先生，先生因劝其并列中日两国书云。）丹特君已允加入五册。中两册为中国重要书籍。（日本三册，中国仅得两册，未免不公。）先生因问我此两册应如何分配。吾谓此两册之中，第一册当为儒家经籍，宜包：

（一）《诗经》（吾意《诗经》当另为一册）

（二）四书

（三）《孝经》

第二册当为非儒家经籍，宜包：

（一）《老子》（全）

（二）《庄子》（内篇）

（三）《列子》（第七篇——杨朱篇）

（四）《墨子》（选）

（五）《韩非子》（选）

先生甚以为然，因问我肯编译此两册否。吾以为此事乃大好事业，可收教育的功效，遂许之。（吾久有志于此举。前年在绮时，散仆生〔Prof. M. W. Sampson〕先生曾劝我为之。彼时以人望轻，即言之亦不得人之听，故不为也。）先生言丹特君但许每页得五十钱，此仅足偿打字费。故彼意欲令丹特于五十钱一页之外，另出打字费。若能办到此一层，彼当以书告我。我[1]诺之。[2]（此事后来竟无所成，我甚愧对朝河先生。——廿三年九月胡适记。）[3]

舟中无事，读新剧若干种，记其目如下：

（1）Oscar Wilde：*Lady Windermere's Fan.*

（2）W. B. Yeats：*The Hour-Glass.*

（3）Lady Gregory：*The Rising of the Moon.*

（4）Hermann Sudermann：*The Vale of Cotent.*

（5）Eugène Brieux：*The Red Robe.*

---

[1] 我，手稿本为“吾”。

[2] “廿七日，与朝河贯一先生……我诺之”，手稿本中，上述文字上有删除标记。

[3] 括号中文字，手稿本无。

（6）Björnstjerne Björnson：*Beyond Human Power*.

二等舱里的俄国人嫌饭食不好，前天开会讨论，举代表去见船主，说这种饭是吃不得的。船主没有睬他们。昨夜竟全体“罢饭”，不来餐堂。餐时过了，侍者们把饭菜都收了。到了九点钟，他们饿了，问厨房里要些面包、牛油、干酪、咖啡[1]，大吃一顿。[2]

此次归国，叔永、杏佛、经农皆有诗送行。后经农远道自美京来别，叔永有“喜经农来，期杏佛不至”诗。杏佛三叠其韵，其第三首为《再送适之》，为最自然，因录之于此：

遥泪送君去，故园寇正深。共和已三死，造化独何心？
腐鼠持旌节，饥乌满树林。归人工治国，何以慰呻吟？

柳亚子寄杏佛书（节录）

……胡适自命新人，其谓南社不及郑陈，则犹是资格论人之积习。南社虽程度不齐，岂竟无一人能摩陈郑之垒而夺其鳌弧者耶？又彼创文学革命。文学革命非不可倡，而彼所言殊不了了。所作白话诗直是笑话。中国文学含有一种美的性质。纵他日世界大同，通行“爱斯不难读”，中文中语尽在

[1] 咖啡，手稿本为“加非”。

[2] 此后，手稿本有“船上的侍者们暗地里好笑”，并有如下一段评语：“其实二等舱的饭食并不算坏，比我们学生们平日吃的好得多呢。这些穷人平日那有这种饭吃。如今却这般挑剔，想来可笑。这时俄国国内的人，怕连面包都不够吃呢。”

淘汰之列，而文学犹必占美术中一科，与希腊罗马古文颉颃。何必改头换面为非驴非马之恶剧耶！……弟谓文学革命所革在理想不在形式。形式宜旧，理想宜新，两言尽之矣。……

此书未免有愤愤之气。其言曰："形式宜旧，理想宜新。"理想宜新，是也。形式宜旧，则不成理论。若果如此说，则南社诸君何不作《清庙》《生民》之诗，而乃作"近体"之诗与更"近体"之词乎？[1]

七月三夜月色甚好。在海上十余日，此为第一次见月。与慰慈诸君闲步甲板上赏月，有怀美洲诸友。明日作一词邮寄叔永、杏佛、经农、亦农、衡哲诸君：

百字令

几天风雾，险些儿把月圆时辜负。待得他来，又苦被如许浮云遮住。多谢天风，吹开孤照，万顷银波怒。孤舟带月，海天冲浪西去。　遥想天外来时，新洲曾照我故人眉宇。别后相思如此月，绕遍人寰无数。几点疏星，长天清迥，有湿衣凉露。凭阑自语，吾乡真在何处？

陆放翁词云：

……重到故乡交旧少。凄凉。却恐他乡胜故乡。

此即吾"吾乡真在何处"之意。

---

[1] 此后，手稿本有一首诗："天风　天风入吾园，为我花间住。珍重谢天风，吹花上天去。"后被删。

连日与同船的俄人闲谈，知此间六十余人中，无政府党凡四十五人，其他二十人则社会党人也。以吾所观察，觉无政府党中除两三领袖之外，皆无意识之急进少年也。其中领袖如前所记之女子名 Gurenvitch 夫人者，及一老人名 Rohde 者，皆似有定见有阅历之人。社会党中人数虽少，然吾所与谈者皆似稳重通达事理之人。

上所记两党人数之多寡，实系偶然，不可据此遂说俄国之无政府党多于社会党可三倍也。

七月五日下午四时船进横滨港，始知张勋拥[1]宣统复辟之消息。复辟之无成，固可断言。所可虑的，今日之武人派名为反对帝政复辟，实为祸乱根苗。此时之稳健派似欲利用武人派之反对复辟者以除张勋一派，暂时或有较大的联合，[2]他日终将决裂。如此祸乱因仍，坐失建设之时会，世界将不能待我矣。

因船期甚短，故已决计不去东京一游，拟与慰慈上岸寄信买报。方登岸，即遇嘉定潘公弼君，言东京友人郭虞裳、俞颂华两君知吾与慰慈归国，坚邀去东京相见。两君因今日有考试，故托潘君来迎。诸君情意不可却，遂以电车去东京，与郭俞两君相见甚欢。两君皆澄衷同学也。此外尚有戴君克谐（字蔼庐）与颂华同居。诸君邀至一中国饭馆晚餐。虞裳言有湖南醴陵李君邦藩

[1] 张勋拥，手稿本无。

[2] “暂时或有较大的联合”，手稿本为“此或非南方诸省所能承认，即令暂时承认，暂时联合”。

(字石岑)曾读吾文，闻吾来甚思一见。因以书招之来，席上相见，谈及傅君剑、谢诮庄诸故人，皆醴陵人也。

诸君欲我与慰慈在东京住一二日，然后以火车至长崎上船，吾辈以不欲坐火车，故不能留。是夜九时，与诸君别，回横滨。半夜船行。

在东京时，虞裳言曾见《新青年》第三卷第三号，因同往买得一册。舟中读之。此册有吾之《历史的文学观念论》(本为致陈独秀先生书中一节)，及论文学革命一书。此外有独秀之《旧思想与国体问题》，其所言今日竟成事实矣。又有日本人桑原隲藏博士之《中国学研究者之任务》一文，其大旨以为治中国学宜采用科学的方法，其言极是。其所举欧美治中国学者所用方法之二例，一为定中国汉代“一里”为四百米突（十里约为二英里半），一为定中国“一世”为三十一年。后例无甚重要，前例则历史学之一大发明也。末段言中国籍未经“整理”，不适于用。“整理”即英文之 Systematize 也。其所举例，如《说文解字》之不便于检查，如《图书集成》之不合用，皆极当。吾在美洲曾发愿“整理”《说文》一书，若自己不能为之，当教人为之。又如《图书集成》一书，吾家亦有一部，他日当为之作一“备检”。[1]

此外，有刘半农君《我之文学改良观》，其 [2] 论韵文三事：

（一）改用新韵

[1] 此后，手稿本原有：“为学界造福之事业也。”后被删。

[2] “其”前，手稿本原有“其文辞浮于意，惟”。后被删。

（二）增多诗体

（三）提高戏曲之位置

皆可采。第三条之细目稍多可议处。其前二条，则吾所绝对赞成者也。

《新青年》之通信栏每期皆有二十余页（本期有二十八页）。其中虽多无关紧要之投书，然大可为此报能引起国人之思想兴趣之证也。

七日晨到神户，与慰慈上岸一游。

前读朝河贯一先生之《日本封建时代田产之原起》（The Origin of the Feudal Land Tenure in Japan，By Prof. K. Asakawa，in *The American Historical Review*，Vol.XX，No.1，Oct. 1914）一文，其中多有味之事实，当摘记之。[1]

---

[1] 当摘记之，手稿本为“故摘记之于此”。接着是下文“附注”，“附注”之后手稿本尚有“摘记”，其文如下：“一、均田　唐时，日本力求维新。西历七〇一年，采中国古代之‘均田制’。其大纲如下：（甲）爵官　凡有爵有官者，毋须出调与庸，但出租而已。其官爵高者有俸田，食禄终其身。（乙）平民　每人受田若干（原著不明言亩数），皆须出租庸调。（注）日本时已采唐代租庸调之制。均田之法，殊不完备。但于已注册之田计亩均分之。一家之家长依其家丁数受田。其制多弊。可耕之田未注册者定多，一也。法不禁得田者卖去或典质其田，日久则均田之意全失，二也。贵族时享特别免赋权，三也。堕民（不自由之人）受田少而不纳税，四也。佛寺专横，多侵夺人田产，五也。积此诸弊，均田制遂失败，而‘分据制度’起矣。二、庄　庄者，私产也。（此与吾国之赐庄及今世之私家庄，颇相似。）均田之制日久废弛，朝廷与僧寺奢侈日增，人口亦日增加，于是有‘官田’租与平民耕种之证也。”以上文字，从前页“在东京时”一段开始，中间包括“七日晨到神户，与慰慈上岸一游”，直到此“‘官田’租与平民耕种之证也”，一头一尾，在手稿本中，加上了两个括号括住。以上摘记后，手稿本又有：“七日，过神户，与慰慈上岸一游。”

〔附注〕“封建制度”，乃西文“Feudalism”之译名，其实不甚的确。此制与吾国历史上所谓“封建”者有别。今以无适当之名，故暂用之。吾问朝河君日本学者曾用何名。君言除“封建制度”外，有用“知行制度”者。“知行”乃公文中字，其时佃人投靠，所立文契中有此字样，其实亦不成名词也。今日吾忽思得“分据制度”“割据制度”，似较“封建制度”为胜。

八日，自神户到长崎，舟行内海中，两旁皆小岛屿，风景极佳。美洲圣洛能司河（St. Lanrence River）中有所谓“千岛”者，舟行无数小岛之间，以风景著称于世。吾未尝见之，今此一日海程所经，亦可称亚洲之“千岛”耳。

到长崎未上岸。

十日，到上海。二哥，节公，聪侄，汪孟邹，章洛声，皆在码头相待。二哥年四十一耳，而须发皆已花白。甚矣，境遇之易老人也！聪侄十一年不见，今年十八而已如吾长。节公亦老态苍然，行步艰难，非复十年前日行六十里（丁未年吾与节公归里，吾坐轿而节公步行）之节公矣。[1]

[1] 此后，手稿本还有“自十日到”四字，后被删。空四页后，还有“Hammock（悬床）”。

北京杂记

一九一七年九月十一日——一九一七年十一月三十日

此卷手稿本，封面题写“胡适杂记”“第十七册改为第十六册”。

北京杂记一

第十六册仅记三四页，来京时此册在行箧中，为运送者所误，久而不至。故别记第十七册。

适

民国六年九月十一日（北京）[1]

与钱玄同先生谈。先生专治声音训诂之学。其论章太炎先生之《国故论衡》，甚当。其言音韵之学，多足补太炎先生所不及。其论入声以广州音为据，谓凡阳声之字：

以 m 收者入声以 p 收。

以 n 收者入声以 t 收。

以 ng 收者入声以 k 收。

例如：

覃韵之字入声如“合”，粤音为 Hap。

真韵之字入声如“逸”，粤音为 Yat。

阳韵之字入声如“灼”，粤音为 Sek。

此论为前人所未发，王、孔、章，皆不明此义也。

再记“鉥”字（九月十二日）

吾前为刘田海先生作“鉥字说”。今在里中见吴大澂之《字说》，亦有“鉥字说”。其说以“鉥”为古“玺”字。其言甚辩，远胜吾所作。吾既录其全文以寄刘先生矣，又自记于此以备遗忘。

白话词（九月十二晨补记）

如梦令

一

他把门儿深掩，不肯出来相见。难道不关情？怕是因情

[1] 胡适在家住了 34 天，8 月 30 日离家，经芜湖，转上海，9 月 10 日到北京，就任北京大学文科教授。

生怨。休怨，休怨，他日凭君发遣。

二

几次曾看小像，几次传书来往。见见又何妨？休做女孩儿相。凝想，凝想，想是这般模样。

芜湖路上作此，盖颇受石鹤舫先生词之影响也。

九月十六日

读沈恩孚所编《国文自修书辑要》。中有江易园先生（谦）之《说音》一篇。其书集合前人之说以为简明之通则，甚便学者。吾喜其书，故节抄之于下[1]：

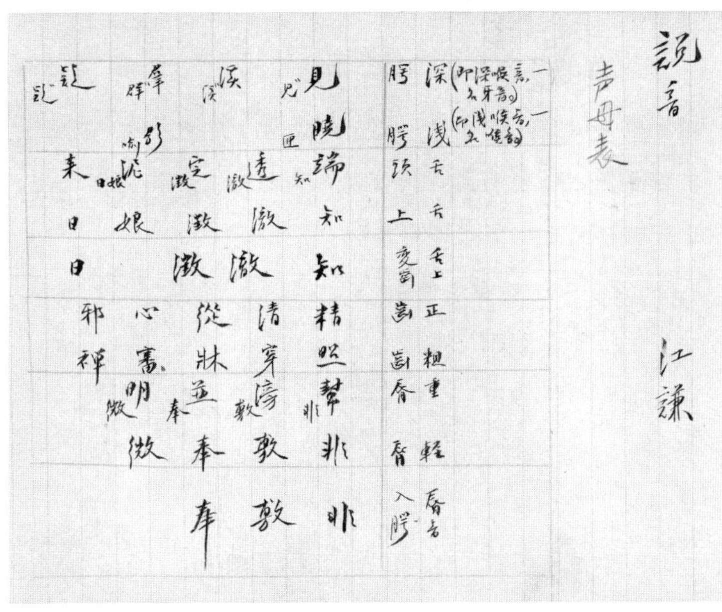
說音

声母表

江謙

[1] 以下节抄表似与原表有异，现将节抄表影印于此。

说明（节抄）

（四）见溪群疑，今黄河流域扬子江流域人大抵读柔声。唯闽人概读刚声，尚存古音之旧。故增列四字，旁加符号，令读者知声母作用有一柔一刚之妙。一柔一刚即一阴一阳。

（五）知见见"之一阴一阳而为一母，即知晓匣之一阴一阳而为一母，影喻之一阴一阳而为一母。所谓阴阳一太极。**（适按：此语不通。）**

（六）晓必增匣，影必增喻。以此例之，则见必增见"，溪必增溪"，疑必增疑"。若见可该见"……则晓可该匣，影可该喻。无庸增匣增喻。可知造声母者，未能阐发一阴一阳之妙用，故义例不一……

（七）以晓匣影喻一阴一阳之例推之，泥来也，精照也，清穿也，心审也，亦符一阴一阳之例。其他声母，或偏于阴，或偏于阳，不能一致。其实每一声母皆有一阴一阳之用，本之天籁，无古今南北皆然。

（八）……略举义例……

	阴阳
见	坚固
	健刚
溪	启开
	顷刻
疑	仰昂
	吟哦

晓匣　喜欢
影喻　隐约
　　　抑扬
端　　丁当
　　　的当
透　　剔透
　　　倜傥
泥来　玲珑
　　　牣辘
精照　嗟咨
　　　彳亍
清穿　青葱
　　　凄怆
心审　参商
　　　细琐
帮　　边旁
　　　标本
滂　　劈破
　　　匹配
明　　弥满
　　　迷茫
非敷奉　菲芳
　　　匪弗

微　　　味玩

（轻唇音至微母，阴阳之分亦较微。）

（九）凡同一声母之字，无论或为阴声或为阳声，皆谓之双声，亦谓之同纽。如坚固、顷刻。

若一为见母，一为溪母，则谓之旁纽双声。如观看、揭去、间嵌。

推之见溪群疑，影喻晓匣，深腭浅腭，皆有相互环通之妙，亦可谓之宽格的旁纽双声。

（十）远稽训诂，近察方言，近转旁通，大抵不违轨则。见溪群疑晓匣影喻，为腭音一类。见与溪为近转，而与晓匣影喻疑为旁通。

端透定泥来知澈澄娘日为舌音一类。端与透为近转，而与其他诸纽为旁通。

……齿音一类，精照与清从穿床为近转，而与心邪审禅为旁通。

唇音一类，帮与滂、非与敷为近转，而与明微为旁通。

至于群为见浊，定为端浊，澂为知浊，从为清浊，邪为心浊，床为穿浊，禅为审浊，并为帮浊，奉为非浊，虽列两母，实则一声。清浊者韵之事，非声之事也。……

适按：江先生以阴阳为声之事，而以清浊为韵之事。此适与事实相反。盖音纽（Consonants）之有清浊，乃其固然，与韵无涉。而声之有刚柔（阴阳），则全是韵之关系。盖纽本无刚柔，而韵（Vowel）则有柔刚。韵中，如歌麻冬东皆刚韵也，其支微尤则柔韵也。以字母表之，则 aou 为刚，而 eiüy 为柔。柔韵前之纽则作柔声，刚韵前之纽则作刚声。如见纽合刚韵之 o 声则为歌，合柔韵之 e 声则为基。他如下例：

丁（Ting）　　的（Tih）　（柔）

当（Tong）　　当（Tong）（刚）

劈	i	坚	i	菲	e
破	o	固	u	芳	o
启	e	迷	e	抑	i
开	a	茫	o	扬	o

皆是也。故吾谓江先生此说殊未当。

（十一）上所举为通转正则。此外闽人读非敷奉如晓匣，则轻唇缩入浅腭。然胡邱即为方邱，蝮即为虺，古训可征。吾绩北乡读胡为敷（H → F），而读方为荒（F → H）。

舌上舒为齿音，齿音缩入舌上，舌上混入深腭，亦为出轨。然古人互训亦间有斯例。可知古训已有方言之殊……

（十二）略

（十三）古人声音训诂之例可举者：

（1）同音

（2）一音之转

（3）双声

（4）叠韵

（5）重言

（6）急读缓读

而双声之用最多。以字广于同音，而义亲于叠韵故也。我国学者惯习诗赋，故叠韵观念，尚易明了；至于双声，往往忽略。段氏知转注大抵同部。孔氏发明韵部对转。章太炎氏益之以阴轴、阳轴、旁转、对转、次旁转、次对转。韵之说至矣，而双声之用，阐发未宏。刘融斋谓韵有古今之分，双声无古今一也。今方言互异，亦皆韵变而声不殊。故知声可以知故训方言之根，知韵可以究变化纷纭之迹。此表专为阐发声母之用。至于韵，则章氏之成均图未能有以易之也。

适按：此表以泥来娘日同归舌音，似太含混。“舌头”不足以状泥，“舌上”亦不足以状娘也。来日二纽更不易归纳。

原书尚有《声母柔刚表》《切音法》两种，今不抄。

芋魁（九月十六日）

苏东坡诗：“芋魁饭豆吾岂无。”吾初不知芋魁是何物，今疑魁字古音从斗声，读如“头”。芋魁即今言“芋头”也。后人附会奎宿为魁星，乃并读魁为奎耳。此说不知然否。

饭豆即今之豌豆，非转为奉耳。

后人读古字，声音之变，有不循常轨者。如“这”字，今用作“者”字，而读如者去声。又如禅字，今以梵文考之，古音从单声，在定纽，今成齿音矣。此乃由舌头变为齿音，尚有线索可寻，不如上二例之特异也。

十八日坐车过西华门南池子，见一店家招牌大书“菜魁”两字。顾视店中所有，皆萝菔、芋魁之类。吾忽念吾绩人谓菜根为“菜斗”，竹根为“竹斗”，树根为“树斗”，斗字皆读入声。皆即魁字。

《说文》云：“魁，羹斗也。从斗，鬼声。”此在许君时，已误读鬼声，而义犹不误。今吾绩人谓小孩所用木椀、竹椀为“魁”，读如斗入声。（此即《说文》之枓字。）许君误收魁字入斗部，遂从鬼声。此字宜在鬼部从斗声。

十九日补记

己酉杂稿（十七日）

在程意君处，见吾手抄之《己酉杂稿》一册，乃己酉春夏所作诗，计诗二十二首。今重读之，颇可见八年前之思想意境。其诗多不足存者。因抄其可存者三首于此。

酒　醒

酒能销万虑，已分醉如泥。烛泪流干后，更声断续时。

醒来还苦忆，起坐一沉思。窗外东风峭，星光淡欲垂。

菊部四之一　陆菊芬《纺棉花》

永夜亲机杼，悠悠念远人。朱弦纤指弄，一曲翠眉颦。

满座天涯客，无端旅思新。未应儿女语，争奈不胜春。

晨风篇（Daybreak）　郎菲罗（Longfellow）原著

晨风海上来，狂吹晓雾开。

晨风吹行舟，解缆莫勾留。

晨风吹村落，报道东方白。
晨风吹平林，万树绿森森。
晨风上林杪，惊起枝头鸟。
风吹郭外田，晨鸡鸣树巅。
晨风入田阴，万穗垂黄金。
冉冉上钟楼，钟声到客舟。
黯黯过荒坟，风吹如不闻。

九月十七日

八年前（庚戌）吾在京师得诗十字云：

垂杨新拂道，乔木自参天。

盖当时新人物极少，各部大员如庆王、那桐、邹嘉来，皆老朽之人物也。其时适京中诸大街新种杨柳，长一二尺而已，而道旁人家院子中之数百年大树往往有之。故以为喻。

今旧地重来，则向之诸老朽皆已不见，而“新人物”乃遍地皆是。宜若可以有为矣，而卒成今日之现状者何耶？[1]

九月十七日

今日大雨竟日，气象萧瑟，令人不欢。上午吾在图书馆读书。下午雨更大，乃不能出室门。饭后思睡，睡起雨犹未止。忽得绍

---

[1] 此后，手稿本尚有如下一段文字，后被删，现恢复于此：“吾观于道上之杨柳而知其故矣。此八年前所种柳，至今日乃不见长大。其状憔悴，至可怜悯。此岂不以北京之街心不适于种柳。根本已错，故不发展耶。吾姑以此说为‘新人物’解嘲。”

之快信，始知明侄已于廿五夜（十一夜）病故。读之绕屋而走，不知身在何所。

明侄为先大哥之长子，年十九。初在上海普益习艺所学图画。今夏本可卒业。忽得脚肿攻心之病。吾此次在芜，本不思绕道上海，因闻知此信，故变计去上海一看。吾到时，明已入宝隆医院。在院仅见一次，即匆匆北来。初闻其热已尽退，方极喜欢，岂意其遽至于此！

大哥所遗二子，其幼者名思齐，六七岁时忽发狂疾，疾已，而口耳皆失其作用，遂成聋哑。今长者又死去，大哥有子而如无子矣。伤哉，伤哉！

九月廿日

前记魁字，谓应在鬼部从斗声。后见钱玄同先生，因以此说质之。钱先生谓此说虽有理，而此字何以从鬼？吾初无以对也。后思此鬼字盖含奇异之义。如芋魁、竹魁、菜魁，皆与寻常须形之根不同。以其鬼头鬼脑，故从鬼耳。

又疑从鬼之字，多含“块然”之义，故块字从鬼。又“魁梧”之魁字，隗字，岿然之岿字（鬼，归也。），皆有此意。“羹斗”之制，盖如今人以一段竹或一块木为之，故亦从鬼。芋魁、菜魁、竹魁，皆成一块，故亦从鬼也。

吾绩人谓竹根之块形者为“竹魁”，其竹魁外之须根则曰“竹根”。竹笋之下部亦曰“笋魁”。

九月廿日

读大学教员归安崔觯甫先生（适）之《史记探源》八卷，甚喜之。

此君因读《新学伪经考》而有所触，故著此书，以考证《史记》今本之非太史公原稿。谓其中通篇皆伪者，凡二十有九：

一、文纪

二、武纪

三—八、年表（五—十）

九—十六、八书

十七、三王世家

十八、张苍列传

十九、南越列传

廿、东越列传

廿一、朝鲜列传

廿二、西南夷列传

廿三、循吏列传

廿四、汲郑列传

廿五、酷吏列传

廿六、大宛列传

廿七、佞倖列传

廿八、日者列传

廿九、龟策列传

其为后人（如刘歆等）所增窜者盖几于全书皆是。

此书与《新学伪经考》，皆西人所谓“高等的校勘”（Higher Criticism）之书也。清代的考据家大概多偏于“书本的校勘”（Textual Criticism）。其能当“高等的校勘”之称者，惟阎百诗、惠定宇之于梅氏《古文尚书》耳。（袁枚亦尝议“三礼”。）书本的校勘，到俞樾、孙诒让可算到了极点。到了这时代，自然会生出些“高等的校勘”来。有前者而后人可不读误书，有后者而后人可不读伪书。伪书之害更胜于误书，高等的校勘所以更不可少。

九月廿七日抄

方东澍 《汉学商兑》三卷 （道光丙戌）

此书甚少可取之处。然其所拾汉学家攻击宋儒之语甚多，故足供史料。今摘抄其要者：

毛奇龄 《西河集·辨道学》

……是以道书有《道学传》，专载道学人，分居道观，名为道士。士者学人之称。而《琅书经》曰：“士者何？（**适按：士疑当作道。**）理也。自心顺理，惟道之从，是名道学。又谓之理学。”逮至北宋，陈抟以华山道士与种放、李溉辈张大其学，竟搜道书《无极尊经》及张角《九宫》，倡太极河洛诸教，作道学纲宗。（**此系书名耶？**）而周敦颐、邵雍、程颢兄弟师之，遂纂道教于儒书之间。至南宋，朱熹直匄史官洪迈，为陈抟作一名臣大传。而周程诸子，则又倡道学总传于《宋史》中（**此句不通，当加“于”字在周程之上。**），使道学变作儒学。凡南宋诸儒，皆以得附希夷道学为幸。如朱氏寄陆子静书曰："熹衰病益深，幸叨祠禄，遂为希夷直下孙，良以自庆。"又答吕子约书云："熹再叨祠禄，遂为希夷法眷。冒忝之多，不胜惭惧。"（原注：按朱子《周易参同契考异》跋末，自署"空同道士邹䜣"。）是道学本道家学……其为非圣学，断断如也。

（附）方氏引朱子答周益公书，云：

以道为高远元妙而不可学耶？则道之得名，正以人生日用当然之理，犹四海九州百千万人当行之路耳。非若老佛之所谓道者，空虚寂灭而无与于人也。以道为迂远疏阔而不必学耶？则道之在天下、君臣、父子之间，起居动息之际，皆有一定之明法，不可顷刻而暂废。故子游诵夫子之言曰："君子学道则爱人，小人学道则易使。"而夫子是之……

此两段可参看。宋儒多受禅宗及道教之影响，然其异于禅道，亦自有在。盖宋儒皆以禅道为"无与于人"，无与于"人生日用当然之理"。故谓程朱为道家，程朱不服也。谓陆王为禅宗，陆王亦不服也。但可谓程朱陆王皆儒家而深受道家禅宗之影响者耳。

顾亭林　论明人议从祀

……弃汉儒保残守缺之功，而奖末流论性谈天之学，语录之书日增月益，五经之义委之榛芜：自明人之议从祀始也……

茅星来　《近思录》后序

自《宋史》"道学""儒林"分传，而言程朱之学者，但求之身心性命之间，不复以通今学古为事……

袁桷（元人）《困学纪闻》序

先生出，知濂洛之学淑于吾徒之功甚溥。然简便日趋，偷薄固陋，瞠目拱手，面墙背芒，滔滔相承，恬不为耻。

黄宗羲[1]

明人讲学，袭语录之糟粕，不以六经为根柢，束书不读。

钱大昕　《惠徵士论》

儒林之名，徒为空疏藏拙之地。

又　《论尔雅》

后之儒者，废训诂而谈名理，目记诵为俗生，诃多闻为丧志。持论甚高，实便于束书不观，游谈无根。

黄震　《日抄》

《尚书》“人心惟危，道心惟微”四语……岂为心设哉？近世喜言心学，舍全章本旨而独论人心道心。甚者单摭道心二字，而直谓心即是道，盖陷于禅学而不自知其去尧舜禹授受天下之本旨远矣。蔡九峰之作《书传》……其后进此书于朝，乃因以“三圣传心”为说。世之学者遂指此书十六字为传心之要，而禅学者借以为据依矣。

顾亭林[2]

心不待传也。流行天地，贯彻古今而无不同者，理也。理具于吾心而验于事物。心者，所以统宗此理而别白其是

[1] 下文未注明出处。全祖望《鲒埼亭集》卷十一《梨洲先生神道碑文》有：“公谓明人讲学，袭语录之糟粕，不以六经为根柢，束书而从事于游谈。”

[2] 下文未注明出处。文见《日知录》卷十八“心学”条。后面戴震、汪中、阮元的文字均未注明出处。

非……禅学以理为障，而独指其心曰："不立文字，独传心印。"圣贤之学，自一心而达之家国之用，无非至理之流行，明白洞达，人人所同，历千载而无间者，何传之云？俗说"浸淫"，虽贤者不能不袭用其语。

戴 震

以理为学，以道为统，以心为宗。探之茫茫，索之冥冥，不如反求之六经。

又

程朱以理为如有物焉，得之于天而具于心。启天下后世人人凭在己之意见而执之曰理，以祸斯民。更淆之以无欲之说，于得理益远，于执其意见益坚，而祸斯民甚烈。离人情而求诸心之所具，安得不以意见当之！

又

古圣人以体民之情，遂民之欲为得理。今以己之意见不出于私为理，是以意见杀人。

又

古人之学在通民之欲，体民之情，故学成而民赖以生。后儒冥心求理，其绳以理，酷如商韩之用法。彼自以为理得，而天下受其害者众也。

又

圣人之道，使天下无不达之情，求遂其欲而天下治。后儒不知情之至于纤悉无憾是为理；而其所谓理者，同于酷吏之所谓法。

又

宋以来儒者，以己之见硬坐为古圣贤立言之意，而语言文字实未之知。其于天下之事以己之见强断行之，而事情原委隐曲实未能得，是以大道失而行事乖，而天下受其咎。不知者且以躬行实践之儒归焉不疑。夫躬行实践，释氏之教亦尔……然则君子何以辟之哉？愚人睹其功而不睹其害，君子深知其害故也。

汪　中

……宋世禅学盛行。士君子入之既深，遂以被诸孔子。是故求之经典，惟《大学》之格物致知，可与传合而未畅其旨也。一以为误，一以为缺，举平日之所心得者，悉著之于书，以为本义固尔。然后欲俯则俯，欲仰则仰，而莫之违矣。习非胜是，一国皆狂。即有特识之士，发悟于心，止于更定其文以与之相争，则亦不思之过也。诚知其为儒家之绪言，记礼者之通论，则无能置其口矣……

方氏原注举：

《大学》改本，有王柏、季木、高攀龙、葛寅亮，皆见毛奇龄《大学证文》。

主古本者：黎立武、董槐、叶梦鼎、车清臣、方正学、王阳明、李安溪。又杨慈湖亦斥《大学》非圣人之言。

阮　元

圣贤之教，无非实践。学者亦实事求是，不当空言穷理。《大学集注》，格亦训至，物亦训事，惟云“穷至事物之理”。

至外增穷字，事外增物字，加一转折，变为穷理二字，遂与实践迥别。

阮氏以“格物”作“至事”，解为实践，其说甚有理。

方氏又引车清臣言格物之格……当依《玉篇》作比方思量之义。

阮元又有《论孟仁字说》，甚可看。

九月廿七日又记

方氏此书，惟中卷之下所论汉学家之流弊及其矫枉过正之外，皆尚可供参考。

九月廿八日

方氏对于王引之之《经义述闻》，独极崇拜，有“实足令郑朱俛首，自汉唐以来未有其比也”之语。此实持平之论。盖清初说经之家，门户之见太深，而考证之法未备。故其说经，过崇汉儒，一弊也。过抑宋儒，二弊也。过崇《说文》，三弊也。既攻宋儒说性理，而东原与芸台诸公皆高谈性理，四弊也。考证之法未备，过信伪书，五弊也。至高邮王氏父子，则此诸弊尽去。其考校训诂，博极群书而取择极精；其所论证，皆有法度；其足令反对者俛首无辞，宜矣。

读康有为《新学伪经考》十四卷（九月廿八日）

吾求此书甚久，遍问琉璃厂，乃不可得，今始于崔觯甫先生处借得读之。

此书出版于光绪辛卯年，较吾年大数月耳。

此书辨证刘歆造伪经一案甚辩。其书之旨，在于尊孔，而不知孔教之势力全赖此诸经。今去此诸经，而独尊一极似“断烂朝报”之《春秋》，则孔教亦随之而更衰矣。

康氏尚有《毛诗伪证》《古文尚书伪证》《古文礼伪证》《周官伪证》《明堂月令伪证》《费氏易伪证》《左氏伪证》《国语伪证》《古文论语伪证》《古文孝经伪证》《尔雅伪证》《小尔雅伪证》《说文伪证》诸书，今皆不易得见矣。

九月廿八日

有姚际恒（新安人）之《古今伪书考》，偶一翻阅，未能细读。此亦高等的校勘也。

吾欲分“汉学”为三门：

一、校勘学　广求古本，兼搜旁证，以校正古书之脱误。

二、训诂学　旁征博引，以求通古书之意义。

三、考据学，或名考证学　外搜故书，内明本旨，大之据学说之是非，小之据一字一句之纰缪，以考定古书全部或一部分的真伪。（此即“高等的校勘”。）

训诂之学，自汉以来皆有之，至清代而大盛。

校勘之学，如陆德明《经典释文》已开其端，至清代此学乃成专门学耳。

考据之学，唐人如柳子厚已为之。宋人如欧阳修、叶水心、王柏诸人皆尝为之。宋人之于《周官》，辨之尤力，盖有所为而为之也。清人如赵翼、阎若璩、惠定宇，则法度尤密矣。

说彼（九月卅日　中秋）

吾作《墨经新诂》，于“攸，不可两不可也。辩，争彼也”两则，更改最多。吾初从张皋文之说，以攸为彼之误，更读彼为句。后以彼字终无义，疑不能明。

后见章太炎《庄子解故》，以“彼出于是”之彼字作非解，盖古音非、彼同纽相通耳。吾读此，有所悟，遂以《墨经》之彼亦通非，有相非之义。又见《史记·英布传》“闻者共俳笑之”句，又悟古人或有佊字，其音同俳，而有相非之义。

后以此说问钱玄同先生，先生不以为然，但云以彼通非解已足。

吾以为《庄子》之彼，通非已足。而《墨经》之彼终不能确当。

钱先生言古本有“佊”字，见《广雅·释诂二》，训“衺也”。

吾以为攸（㪔）为佊之误，佊又误为彼。佊即诐字。《说文》：“诐，辩论也。古文以为颇字，从言皮声。”此正合《墨经》之义。后人之驳字，盖即诐佊之转。佊训衺，诐亦训衺，皆稍后之义，非原意也。

《孟子·公孙丑篇》：“诐辞知其所蔽，淫辞知其所陷，邪辞知其所离，遁辞知其所穷。”此诐字定不训衺。

十月四日

适之自太平洋舟中以《百字令》寄怀美洲诸友，作此以答。

君我不相识，相识藉文字。

有时意见合，文字且可弃。

有时或误会，不“驳”不称意。

学理互磋磨，诗文有必寄。

赫贞百里流，邮书去来易。

既而君东归，颇感日展地。

所幸本忘形，别离亦何为。

愿学爱（爱谋生）与嘉（嘉莱儿），敬励永无异。

他年吾归来，彼此进德智。

相期沪水滨，重序赫贞谊。（S. H. C）

“为”韵可改“畏”。

爱谋生（Emerson）（美国人）与嘉莱儿（Carlyle）（英国人），两人相交最深，而始终未尝（?）相见。嘉氏屡招爱氏游英，以图相会，爱氏不肯往。

百字令（十月四日）

七月三日所作《百字令》，颇嫌其太文，今改易几处，重录于此：

几天风雾，险些儿把月圆时辜负。待得他来，又还被如许浮云遮住。多谢天风，吹开明月，万顷银波怒。孤舟载月，海天冲浪归去。　遥想多少故人，如今都在，明月飞来处。

别后相思如此月，曾绕地球无数。几颗疏星，长天空阔，有湿衣凉露。低头自语："吾乡真在何许？"

十月七日

中秋日（九月卅日），回忆一月前（阴历七月十五）与曹胜之君同在南陵江中。舟小，吾与胜之共卧火舱中。天大热，虽露天而睡，亦不成寐。是日大雨，雨后月色昏黄。江中极静。吾高歌东坡、稼轩词以自遣。时与胜之夜话，甚欢。今已一月矣。遂写是夜事，作一诗寄之。

空江雨后月微明，卧听船头荡桨声。
欲把江名问舟子，答言从小不知名。

吾在里中时，有赠胜之诗，今追录之。

我从海外来，君将海外去。相逢同话旧，各有难堪处。
我昔与君嬉，剪纸折作马。吹来复吹去，忽堕长筵下。
今年重见君，爱君意兴豪。门前死南八，抱了满街跑。[1]
我昔幼小时，种竹如指粗。今竹已成林，长者两丈余。
对竹一叹息，去日已如斯。那能更少年，与君同游嬉。
君家旧家风，师竹复友梅。[2]
新种"芙蓉"花，皎皎迎风开。[3]

---

[1] 胡适原注："吾乡六月有'保安会'，奉雷万春、南霁云为'大王''小王'。俗有'跳大王小王'之举。"

[2] 胡适原注："君之先人庸斋世伯手创'师竹友梅馆'。"

[3] 胡适原注："君之家庭有难言者。君今年纳一婢，名'芙蓉'。"

芙蓉正开时，看花人去了。愿早早归来，莫待芙蓉老。

再说“佊”字（十一月三十日）

王念孙《广雅疏证（二）》云：

佊者，《玉篇》音陂髮切。《广韵》又音彼，引《埤仓》云：“佊，邪也。”又引《论语》“子西佊哉”。今《论语》作彼，马融注云：“彼哉彼哉，言无足称也。”与《广韵》所引异义。案：彼字读偏佊之佊，于义为长。《广韵》所引，当是郑、王、虞诸人说也。

据此，则佊之误为彼，益信。

仲甫

10.00

中國.

10.00

10.00 中國.

北京杂记杂事备忘

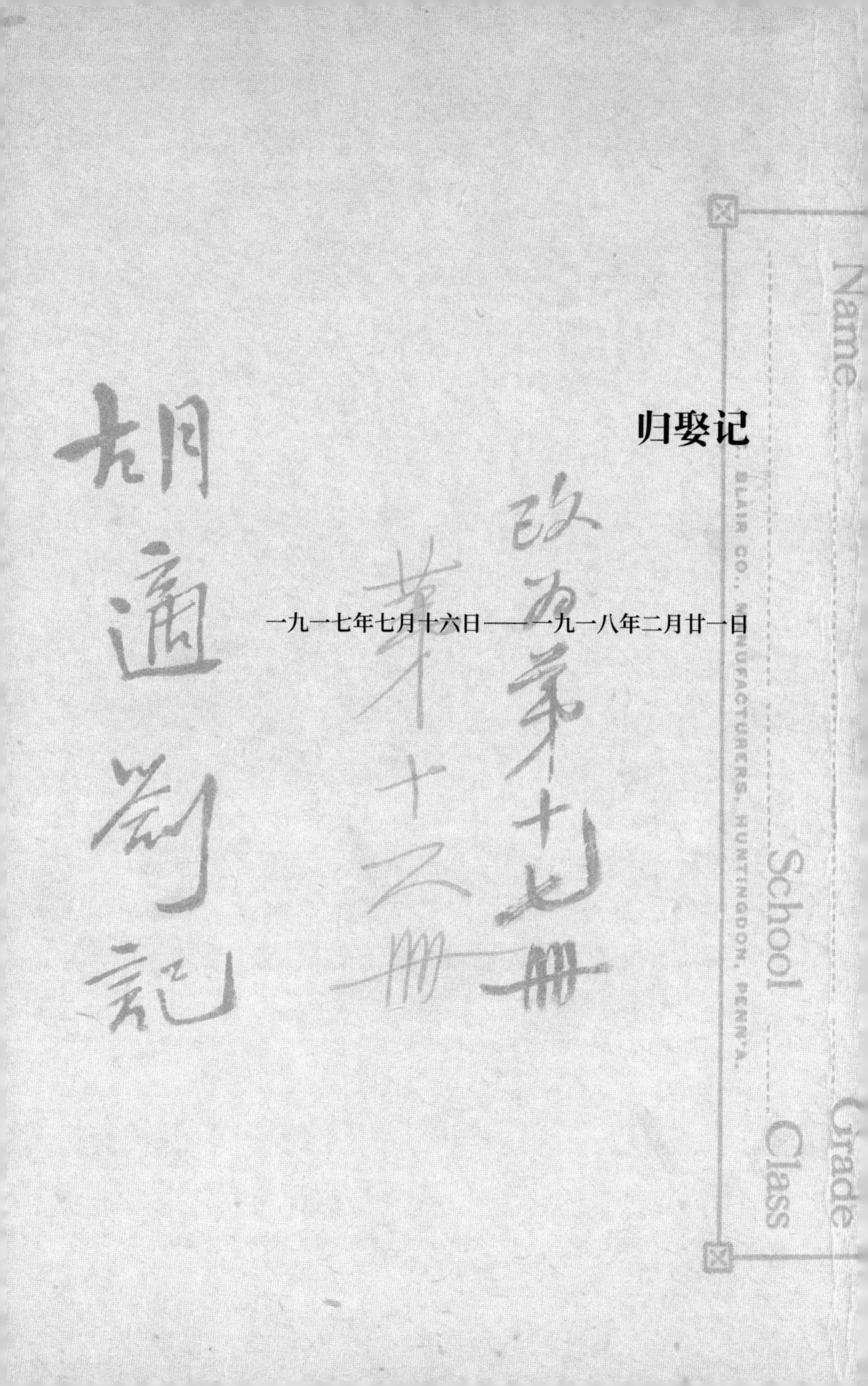

归娶记

一九一七年七月十六日——一九一八年二月廿一日

此卷手稿本，封面题写“胡适札记”“第十六册改为第十七册”。

嚼筋（六年七月十六日　在上海新旅社）[1]

孙诒让《札迻》(光绪廿年版）卷七，页十七八云，《淮南子·主术训》:“聋者可令嗺筋而不可使有闻也。”王念孙云:“嗺筋未详。《易林》蒙之离亦云:‘抱关传言，聋跛摧筋。’”案:……嗺当为嚼之讹。嚼俗作噍(《广雅·释言》云:“噍，茹也。咀，噍也。”《玉篇·口部》云:“噍同嚼。”)，与嗺形近而误。《易林》展转传写，又误作摧，益不可通矣。《考工记·弓人》云:“筋欲敝之。”敝注，郑司农云:“嚼之当孰。”贾疏云:“筋之椎打嚼啮，欲得劳敝。”是嚼筋为汉时常语，即谓椎打之使柔熟以缠弓弩也。

适按：吾徽至今尚有“嚼弓筋”之语，言哓哓多口而无当也。亦云“瞎嚼筋”。此盖即《淮南子》与《易林》“嚼筋”之义。

张九成《论语绝句》（八月一日　在里中）[2]

在近仁处，见南汇吴省兰所辑《艺海珠尘》(八集），其中（丝集）有宋张九成之《论语绝句》一百首，皆白话诗也。

张九成字子韶，宋绍兴二年进士第一人。历宗正少卿，谪南安军，起知温州。丐祠，卒，谥文忠。

此百首诗，为题所限，颇多迂腐之语。然实专意作白话诗之第一人。其诗亦间有佳者。今录数章于此。

---

[1]　1917年7月10日，胡适学成归国，乘轮船回到阔别七年的上海。

[2]　1917年7月27日，胡适从上海回到安徽绩溪上庄，与离别了十年的母亲团聚。

吾不复梦见周公

向也于公隔一层，寻思常在梦魂中。

于今已是心相识，尔自西行我自东。

子见南子，子路不悦

未识机锋莫浪猜，行藏吾只许颜回。

苟能用我吾何慊，不惜因渠也一来。

适按：辛稼轩词云“长忆商山，当年四老，尘埃也走咸阳道。为谁书到便幡然，至今此意无人晓”。此诗意同而不及辛词之含蓄。

必也狂狷乎

狂狷虽云执一偏，一偏所执尚能坚。

不然欲与中行士，往往其中亦未全。

辞达而已矣

扬雄苦作艰深语，曹操空嗟幼妇词。

晚悟师言达而已，不须此外更支离。

此一首可作全书之题词。

道地（八月廿六日）

俗话称货物真确可靠者曰“道地”。各地药店招牌多书“川广道地药材”，故吾前作诗曾云：

请问朱与杨，什么叫白话？

货色不道地，招牌莫乱挂。

实则吾亦不解“道地”两字作何解。顷见宋严羽答吴景仙书，中有云：

> 世之技艺犹各有家数。市缣帛者必分道地，然后知优劣，况文章乎。

详玩此节，似古者中国区域分道。办货者亦依“道地”分别货色之高下。如今言“万载夏布”“常熟米”是也。其后道制废而“道地”之称犹存，遂不易解矣。

此第十六册札记，为运送公司所误，吾到京后数月始收到。故另作第十七册。今又归里，带有此册，即用为“归娶记”本子。

民国六年十二月　适

归娶记

十二月十六日，由北京起程。

火车中读沙法克尼（Sophocles）戏曲五种：

一、《葬兄记》*Antigone*

二、《争甲记》*Ajax*

三、《复仇记》*Electra*

四、《归国记》*Philoctetes*

五、《英雄末路记》*Oedipus at Colonus*

《葬兄记》与《归国记》皆极佳，余殊平平。

吾前读其《孽冤记》*King Oedipus*，又尝听英国希腊文学大家穆莱 Gibert Murray 自诵其所译《孽冤记》。

沙法克尼与墨翟同时，为希腊名家之一。今所传仅七剧，上所记六剧之外，其一为《毒袍记》*The Trachinnian Maidens*，吾未之读。

火车中极冷。窗上积人口出汽皆成冰花，丽则可喜。吾见之，深念此天然之美也。然向者积汽封玻窗时，亦是天然，何以不美？美者，竟因何故？因又念“美”之一字寔不易解说。若说天然为美，如秋水芙蓉是美，然粪坑中蛆，亦是天然，又何以不得为美？若说美是人力，则北地妇女抹粉涂脂亦是人工，又何以不美？因为下一界说：

美者，天工人力所呈现象能引起吾人愉快的感情者也。

状词语尾之“尔”

吾乡状词语尾为“尔”字，今读如尼去声。如“慢慢尔来”“快快尔去”“好好尔做”。此即古人“尔”字，如“徐徐尔”“纵纵尔”是也。

形容词语尾之“的”

吾乡形容词语尾为“呐”字，此即“的”字。“的”字在端透定，变为泥。吾乡泥娘无别，故读如“呐”。例如：

“好呐罢?”“好呐。”(好的。)

“某人呐?”(读如“门呐”。)(谁的?)

“是我呐。”(是我的。)

到南京，以电话约陶知行来会。知行九月归国，现在南京高等师范。

到芜湖，以轿归里。

十九夜在夜航船上，忽思仲甫前拟采用胡彬夏女士之直行圈点法，用三种符号如下：

、＝，

〵＝；

○＝●

惟苦无“冒号”。仲甫、玄同、尹默诸人皆不能有以补之。吾亦不能得第四种符号。今夜忽思得一种“、、”号，可作冒号。如下：

、 ⸒ ⸌⸌ ○

此种似可用，因急以书告仲甫诸人。

重唇音

吾乡有许多轻唇音字犹读重唇音。例：木筏读木排，甫读普，缚读博。此皆古音也。

又问话语尾“乎”字亦读如“罢”：能喝一杯罢？你来罢？

又问话语尾“未”字读“曼”（即“无”字）：吃饭曼？（吃饭了吗？）他来曼？（他来了吗？）此亦古音也。

淖——溛

轿上读《淮南子·原道训》，有“甚淖而溛，甚纤而微”两句，高诱注云：“溛亦淖也。夫饘粥多瀋者谓溛，溛读歌讴之歌。”庄逵吉曰：“按《说文解字》，溛，多汁也，读若哥。”

吾乡谓粥之多汁者曰“淖”，又曰“淖溛溛”。溛，读若呵。

二十一日大雪，行七十里，宿笮溪桥。

二十二日雪霁，行九十里到家。

三溪道中。见大雪里一个红叶，极爱之，因攀摘下来，夹在书里，为作一诗：

雪色满空山，抬头忽见你。
我不知何故，心里狠欢喜。
还想做首诗，写我欢喜的道理。
不料此理狠难写，抽出笔来还搁起。

记一场无谓的笔墨官司

到家数日，日日闻绩溪县知事李懋延在乡征粮、扰民不堪，怨声载道。乡里小民痛苦无所呼吁，绅民又委缩不敢与直言。我一时高兴，作一书与知事，其略云：

> ……古者冬日省刑，所以体天和重民命也。况今当刑律革新之时，为政者用刑，尤宜慎重将事。今闻执事在乡数日，无一日不用非刑。铁索盈担，杖责盈千。差役横行，尤为民患。甚至以些小积欠，横迫已故学员之孀妇。尤甚者，竟以供应不周，杖责地保数百。请问执事，此几百板子，载在新刑律第几条？无怪乎乡里不平之声之载道矣。又闻执事讯事往往用极惨酷之掌责。此种非刑废止已久。执事出任民牧，岂无所闻知耶？……

此人极笨。得此书后，读之半点钟，始可了解。读后，乃以之遍各在座诸绅，遂致喧传众口。一时人心大快。此人初极愤激，自言拼将知事的官不要了，要和我争一口气。数日后，忽倩人办贺礼送来。吾本无意与斗气，遂收其联幛，而送一桌酒往谢之。

此人本市贩出身，不知用了几个钱，弄得知事做。在乡时，常对人言："如今做官，资格是用不着了，须要会运动。即如兄弟到省十五日，便挂牌署事了。"又闻此次段芝贵任陆军总长，此人（亦合肥人）发电往贺，段有电复之。此人出此电，遍示来访者。其卑鄙可想也。

上头有段芝贵、倪嗣冲一流人，下面自然有这一班害民的官。记之一叹。

此人在绩，劣迹多端，不能备举也。

记我的婚礼

十二月廿九日，送轿。用大轿，不用花轿。

卅日下午，轿至。新妇由女傧六人迎入新房小憩。

下午三时，行结婚礼。

证婚人　胡昭甫先生

主婚人　江子儁叔

　　　　胡朗山兄

介绍人　曹敏斋姑公　｝俱已故

　　　　冯敦甫母舅　｝

司礼人　胡近仁叔

行礼次序

奏乐

请男女长亲入座

请来宾入座

请证婚人及主婚人入座

请新妇新郎入座

乐止

司礼人宣告行婚礼（以下由司礼人一一宣告）

新妇郎就礼案前立

司礼人宣读结婚证书（商务印书馆之本）

请新妇郎用印

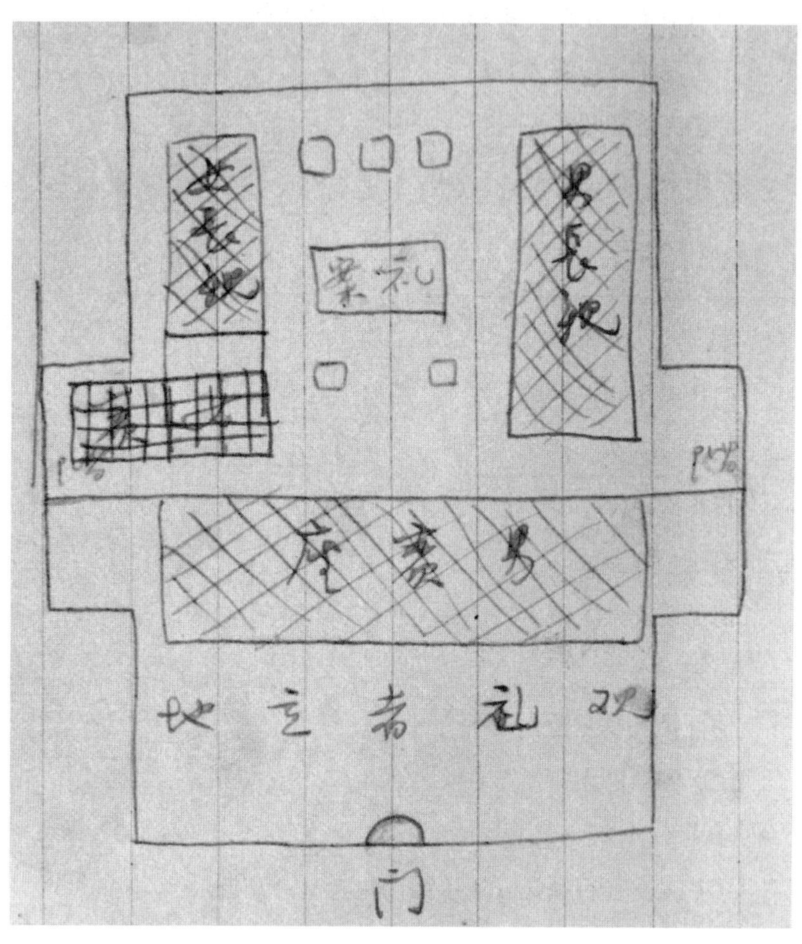

胡适手绘礼堂图

请男女家主婚人用印

请证婚人用印

请证婚人授婚约指环与主婚人

请主婚人授婚约指环与新妇新郎

新妇郎行相见礼，一鞠躬

新妇郎谢证婚人，一鞠躬

新妇郎谢主婚人，一鞠躬

新妇郎见男女长亲，一鞠躬

新妇郎见来宾，一鞠躬

新妇新郎受贺。贺者合一鞠躬，新妇新郎答一鞠躬

演说

　来宾　许怡荪

　　　　曹子才

　　　　柯泽舟

　　　　胡衡卿

　新郎演说

礼成，散坐

奏乐

吾此次所定婚礼，乃斟酌现行各种礼式而成，期于适用而已。

此次所废旧礼之大者，如下：

一、不择日子。是日为吾阴历生日，适为破日。

二、不用花轿、凤冠、霞帔之类。

三、不拜堂，以相见礼代之。

四、不拜天地。

五、不拜人，以相见礼代之。

六、不用送房、传袋、撒帐诸项。

七、不行拜跪礼。

吾初意本不拜祖先，后以吾母坚嘱不可废，吾重违其意，遂于三朝见庙，新夫妇步行入祠堂，三鞠躬而归，不用鼓乐。

此次婚礼所改革者，其实皆系小节。吾国婚礼之坏，在于根本法之大谬。吾不能为根本的改革，而但为末节之补救，心滋愧矣。

根本的大谬为何？吾国婚礼，自称为“父母之命，媒妁之言”。其实若真能办到这八个字，亦未尝不有好处。今之定婚者，皆取决于无目的算命先生，及泥塑木雕的菩萨。父母不敢自信其耳目，又不敢信媒人之耳目，于是委责于瞎子及泥菩萨。而不知婚姻之事，父母媒妁即能真用其耳目心思，犹恐不免他日之悔，况不用其耳目心思而乞灵于无耳目心思之瞎子菩萨乎？此真荒谬野蛮之尤者矣。

吾友□□□[1]之母最迷信神佛。吾友少时，其母召算命者，

[1] □□□，原文如此。

问之曰：“你在这一乡，命也算得多了。可有真好八字的女儿吗？”算命者言有某姓女，命最贵，一乡无其匹。母大喜，遂托人求此女之八字（庚帖），为吾友聘之。此女大吾友三岁，入门未半年，而以事见绝于其夫。吾友本欲离婚，其母又不肯从，但令女屏居灶下，作苦工自给，不与吾友相见。此一乡最贵之命之女，今堕活地狱矣！

吾订婚于江氏，在甲辰年。[1] 吾母择妇甚苛，虽不能免“合婚”“对八字”之陋俗，而不废耳目之观察。吾家在乡间为世家，故吾少时，一乡年岁相等之女子，几无一人不曾“开八字”来吾家者。吾母卒无所取。癸卯之冬，曹敏斋姑公欲为其姊之孙女作媒，吾母以道远不之注意。盖其姊适旌德江村，距吾村三十里，又皆山道，交通极不便，故也。甲辰之春，吾之吾母在外家（中村）看戏。吾岳母吕夫人亦来游，名为看戏，实则看女婿也。吾与吕夫人居数日，虽知其意在择婿，亦不之避。别后吾即去上海。去后数月，婚议乃定。是吾之婚事，乃由两家母亲亲自留意打听而成。作媒者初为敏斋丈，后丈去世，吾母舅敦甫公代之。故吾之定婚，乃完全“父母之命，媒妁之言”之定婚也。吾之十余年不思翻悔者，亦正以此。倘此系瞎子菩萨之婚约，则吾决不承认也。

吾于乙巳、丙午之际，即已作书劝吾母令冬秀读书放足。吾母极明白大义，即为我致此意于江宅。卒以家乡无女塾，未能多

[1] 甲辰年，公元1904年，其时胡适13周岁。

读书；又为物议所沮，未能早放足。至数年前始放足，以过迟故，收效甚少。吾之记此，以见吾十余年前，即已存补救之意，初无悔婚之心也。

定婚后不数年，冬秀即已往来吾家。时为数月之留。盖旌德语言与吾乡大异，若不曾如此办法，恐今日闺房之中尚须请人作翻译也。

戊申[1]之秋，吾母已择定婚期，决计迎娶。吾以不欲早婚故，飞函沮止之。费了许多心力，才得止住。然两家都已为婚嫁之预备。今次婚时，吾家所用爆竹，尚多十年前陈物。（吾本不欲用爆竹，以其为十年故物，故不忍不用之。）女家嫁妆，亦十年前所办。奁中刀剪，多上锈者；嫁衣针线，有坏脱者矣。独爆竹愈陈年乃愈响耳！

吾与冬秀通信，盖始于游美以后。冬秀此次带来吾历年寄与他的信，匆匆展览一过，颇多感喟。欲作一诗题之，匆匆未果也。

吾岳母吕夫人死于民国四年之末。未死时，吾家遣吉娘往视其病。吕夫人含泪语之曰："只要吾家嗣糜（吾乳名）来家，我一把扯住了他，我便死也甘心了！"吾闻此语，为之终日不欢。婚后七日，吾与冬秀"回门"，同谒其墓，作一诗，纪感云：

回首十四年前，
　初春冷雨，

[1] 戊申，公元1908年。其时胡适17周岁，在上海中国公学读书。

中村箫鼓，

有个人来看女婿。

匆匆别后，便轻将爱女相许。

只恨我十年作客，归来迟暮；

到如今，待双双登堂拜母，

只剩得荒草新坟，斜阳凄楚！

最伤心，不堪重听，灯前人诉，

阿母临终语！

吾去夏归国，以种种原因，未能迎娶。惟颇欲与冬秀一见，故以书与江宅，欲冬秀来吾家小住几日。时冬秀已病，故不能来。吾匆匆即须北去，故不能待其病愈。因以书与其兄约，自往其家一见。吾于旧历七月七日至江村，宿一夜。冬秀坚不肯出见。吾虽怏怏失望，然殊不欲使人难堪，故次晨作一书与之，嘱其勿以此事介意，亦不责之也。吾次晨即归，亦不复请见。既归，人有问我曾见冬秀否者，吾但以“见了”答之，盖不欲多一番无谓之闲话也。惟吾母知之。吾母甚怒，以为他有意使我下不去。吾离家后，吾母不复令人去问冬秀病状，亦不复令人去接他来吾家。冬秀病愈后，殊不自安，乃亲来吾家，为吾母道所以不见之故。盖其家嫂与婶皆不赞成此举，故冬秀不便出见，此乃无母之苦。使其母在时，当可一见矣。

吾当时虽欲一见，然并不曾存必欲见之之心。盖吾于此婚一切皆已随便将就，何必作此最后之为难？

吾自江村归后数日即北去。道上作小词两首自嘲云：

如梦令

他把门儿深掩，不肯出来相见。难道不关情？怕是因情生怨。休怨！休怨！他日凭君发遣。

几度曾看小像，几次传书来往。见见又何妨？休做女孩儿相。凝想，凝想，想是这般模样。

此次婚礼前数日，吾以书寄江子儁叔云：

此次所用婚礼，乃系新式。第一须要新妇能落落大方，不作寻常新娘子态。望丈以此意叮嘱令侄女。……此种事譬如做戏。新郎新妇都是正角色。若正角色不能撑场面，戏便做不成了。

此次冬秀乃极大方，深满人意。

吾作新婚诗云：

十三年没见面的相思，如今完结。
把一桩桩伤心旧事，从头细说。
你莫说你对不住我，
　我也不说我对不住你，——
　且牢牢记取这十二月三十夜的中天明月！

此诗第四句，即指上文所记之事也。

此次贺联甚多。惟张子高（准）一联，最佳。云：

两个黄蝴蝶，
同此月团圞。

上联为吾《蝴蝶》诗句，下联为吾《今别离》词句也。

吾亦自作数联云：

远游六万里，
旧约十三年。
三十夜大月亮，
廿七岁老新郎。
谢他好月照好日，
讨个新人过新年。

婚后七日，吾与新妇归宁，住两日而归。归时在杨桃岭上，望江村、庙首诸村，及其他诸山，作一诗云：

重山叠嶂，
　都似一重重奔涛东向！
山脚下几个村乡，
　百年来多少兴亡，
　不堪回想。
更何须回想！
想十万万年前，这多少山头，
　都不过是大海里一些儿微浪暗浪！

杨桃岭上有矿石可烧石灰，其石为水成岩，故知此地古代盖在海中，不独诸山之作波涛起伏之状足为证也。

婚后廿八日，吾即匆匆北去。“新婚诗”修改未了，便须做“新婚别”了。旧历十二月十五日起程。是夜宿三溪。作一诗云：

十几年的相思，刚才完结；

没满月的夫妻，又匆匆分别。

昨夜灯前细语，全不管天上月圆月缺。

今宵别后，便觉得这窗前明月，格外清圆，格外亲切！

你该笑我，饱尝了作客情怀，别离滋味，还逃不了这个时节！

十七日为满月之期。是夜宿夜行船上，作一词云：

生查子

前度月来时，你我初相遇；
相对说相思，私祝长相聚。
今宵月重来，照我荒洲渡；
中夜梦回时，独觅船家语。

新历二月二日到北京。共离京四十九日。

归娶记（完）

新婚杂诗　补作一首（二月廿一日）

记得那年，
　你家办了嫁妆，
　我家备了新房，
　只不曾捉到我这个新郎！
这十年来，
　换了几朝帝王，
　看了多少世态炎凉；
　锈了你嫁奁中的刀剪，
　改了你多少嫁衣新样；
　更老了你和我人儿一双！
只有那十年陈的爆竹呵，越陈偏越响！

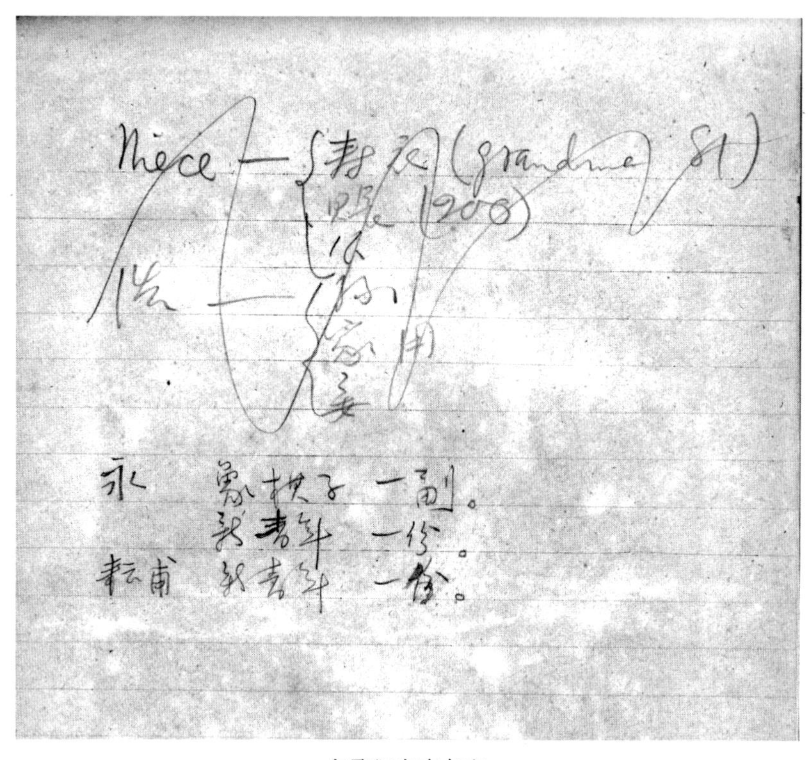

永 象棋子 一副。
新青年 一份。
耘甫 新青年 一份。

归娶记杂事备忘

图书在版编目(CIP)数据

《胡适留学日记》汇校本:全四册/胡适著;曹伯言,曹杨汇校. —上海:上海书店出版社,2024.10

ISBN 978-7-5458-2265-6

Ⅰ. ①胡… Ⅱ. ①胡… ②曹… ③曹… Ⅲ. ①胡适(1891—1962)-日记 Ⅳ. ①K825.4

中国国家版本馆 CIP 数据核字(2023)第 152451 号

责任编辑 徐矜婧 杨何林

封面设计 汪 昊

《胡适留学日记》汇校本(全四册)

胡 适 著

曹伯言 曹 杨 汇校

出 版 上海书店出版社

(201101 上海市闵行区号景路 159 弄 C 座)

发 行 上海人民出版社发行中心

印 刷 苏州市越洋印刷有限公司

开 本 890×1240 1/32

印 张 42.125

字 数 700,000

版 次 2024 年 10 月第 1 版

印 次 2024 年 10 月第 1 次印刷

ISBN 978-7-5458-2265-6/K·482

定 价 680.00 元